经以恒七

辑传闻来

贺教育印

重大改向项目

心子主张

李瑞林
敬书于八

教育部哲学社会科学研究重大课题攻關项目

"十四五"时期国家重点出版物出版专项规划项目

我国高校"双一流"建设推进机制与成效评估研究

RESEARCH ON THE ADVANCEMENT MECHANISM AND EFFECTIVENESS EVALUATION OF CHINA'S DOUBLE WORLD-CLASS PROJECT

刘念才 刘莉 著

中国财经出版传媒集团

经济科学出版社
Economic Science Press

·北京·

图书在版编目（CIP）数据

我国高校"双一流"建设推进机制与成效评估研究/
刘念才，刘莉著．－－北京：经济科学出版社，2023.12
教育部哲学社会科学研究重大课题攻关项目 "十四
五"时期国家重点出版物出版专项规划项目
ISBN 978-7-5218-5427-5

Ⅰ.①我…　Ⅱ.①刘…②刘…　Ⅲ.①高等教育-研
究-中国　Ⅳ.①G649.2

中国国家版本馆 CIP 数据核字（2023）第 247855 号

责任编辑：孙丽丽　纪小小
责任校对：靳玉环
责任印制：范　艳

我国高校"双一流"建设推进机制与成效评估研究
刘念才　刘　莉　著
经济科学出版社出版、发行　新华书店经销
社址：北京市海淀区阜成路甲 28 号　邮编：100142
总编部电话：010-88191217　发行部电话：010-88191522
网址：www.esp.com.cn
电子邮箱：esp@esp.com.cn
天猫网店：经济科学出版社旗舰店
网址：http://jjkxcbs.tmall.com
北京季蜂印刷有限公司印装
787×1092　16 开　31.5 印张　600000 字
2023 年 12 月第 1 版　2023 年 12 月第 1 次印刷
ISBN 978-7-5218-5427-5　定价：126.00 元
（图书出现印装问题，本社负责调换。电话：010-88191545）
（版权所有　侵权必究　打击盗版　举报热线：010-88191661
QQ：2242791300　营销中心电话：010-88191537
电子邮箱：dbts@esp.com.cn）

课题组主要成员

首 席 专 家	刘念才
主 要 成 员	刘　莉　　冯倬琳　　杨　希　　陈丽媛
	姜　凡　　田　琳　　林　婕　　吴　燕
	吴　娴　　高露阳　　李　雯　　黄　优
	郭　鑫　　董彦邦　　蔡心兰　　马斯塔力·古海尔
	何　薇　　肖　港　　李亭松　　彭丹秋
	赵丽文　　赵一玮　　徐一情　　李珺婷
	马春梅　　李玉洁　　朱军文　　刘少雪
	杨　颉　　黄福涛

总　序

　　哲学社会科学是人们认识世界、改造世界的重要工具，是推动历史发展和社会进步的重要力量，其发展水平反映了一个民族的思维能力、精神品格、文明素质，体现了一个国家的综合国力和国际竞争力。一个国家的发展水平，既取决于自然科学发展水平，也取决于哲学社会科学发展水平。

　　党和国家高度重视哲学社会科学。党的十八大提出要建设哲学社会科学创新体系，推进马克思主义中国化、时代化、大众化，坚持不懈用中国特色社会主义理论体系武装全党、教育人民。2016 年 5 月 17 日，习近平总书记亲自主持召开哲学社会科学工作座谈会并发表重要讲话。讲话从坚持和发展中国特色社会主义事业全局的高度，深刻阐释了哲学社会科学的战略地位，全面分析了哲学社会科学面临的新形势，明确了加快构建中国特色哲学社会科学的新目标，对哲学社会科学工作者提出了新期待，体现了我们党对哲学社会科学发展规律的认识达到了一个新高度，是一篇新形势下繁荣发展我国哲学社会科学事业的纲领性文献，为哲学社会科学事业提供了强大精神动力，指明了前进方向。

　　高校是我国哲学社会科学事业的主力军。贯彻落实习近平总书记哲学社会科学座谈会重要讲话精神，加快构建中国特色哲学社会科学，高校应发挥重要作用：要坚持和巩固马克思主义的指导地位，用中国化的马克思主义指导哲学社会科学；要实施以育人育才为中心的哲学社会科学整体发展战略，构筑学生、学术、学科一体的综合发展体系；要以人为本，从人抓起，积极实施人才工程，构建种类齐全、梯队衔接的高校哲学社会科学人才体系；要深化科研管理体制改革，发挥高校人才、智力和学科优势，提升学术原创能力，激发创新创造活力，建设中国特色新型高校智库；要加强组织领导、做好统筹规划、营造良好学术生态，形成统筹推进高校哲学社会科学发展新格局。

哲学社会科学研究重大课题攻关项目计划是教育部贯彻落实党中央决策部署的一项重大举措，是实施"高校哲学社会科学繁荣计划"的重要内容。重大攻关项目采取招投标的组织方式，按照"公平竞争，择优立项，严格管理，铸造精品"的要求进行，每年评审立项约40个项目。项目研究实行首席专家负责制，鼓励跨学科、跨学校、跨地区的联合研究，协同创新。重大攻关项目以解决国家现代化建设过程中重大理论和实际问题为主攻方向，以提升为党和政府咨询决策服务能力和推动哲学社会科学发展为战略目标，集合优秀研究团队和顶尖人才联合攻关。自2003年以来，项目开展取得了丰硕成果，形成了特色品牌。一大批标志性成果纷纷涌现，一大批科研名家脱颖而出，高校哲学社会科学整体实力和社会影响力快速提升。国务院副总理刘延东同志做出重要批示，指出重大攻关项目有效调动各方面的积极性，产生了一批重要成果，影响广泛，成效显著；要总结经验，再接再厉，紧密服务国家需求，更好地优化资源，突出重点，多出精品，多出人才，为经济社会发展做出新的贡献。

作为教育部社科研究项目中的拳头产品，我们始终秉持以管理创新服务学术创新的理念，坚持科学管理、民主管理、依法管理，切实增强服务意识，不断创新管理模式，健全管理制度，加强对重大攻关项目的选题遴选、评审立项、组织开题、中期检查到最终成果鉴定的全过程管理，逐渐探索并形成一套成熟有效、符合学术研究规律的管理办法，努力将重大攻关项目打造成学术精品工程。我们将项目最终成果汇编成"教育部哲学社会科学研究重大课题攻关项目成果文库"统一组织出版。经济科学出版社倾全社之力，精心组织编辑力量，努力铸造出版精品。国学大师季羡林先生为本文库题词："经时济世　继往开来——贺教育部重大攻关项目成果出版"；欧阳中石先生题写了"教育部哲学社会科学研究重大课题攻关项目"的书名，充分体现了他们对繁荣发展高校哲学社会科学的深切勉励和由衷期望。

　　伟大的时代呼唤伟大的理论，伟大的理论推动伟大的实践。高校哲学社会科学将不忘初心，继续前进。深入贯彻落实习近平总书记系列重要讲话精神，坚持道路自信、理论自信、制度自信、文化自信，立足中国、借鉴国外，挖掘历史、把握当代，关怀人类、面向未来，立时代之潮头、发思想之先声，为加快构建中国特色哲学社会科学，实现中华民族伟大复兴的中国梦做出新的更大贡献！

教育部社会科学司

摘　要

近年来，"双一流"建设成为我国高等教育强国建设的引领性、标志性工程，成为现代化强国建设的重要力量。在长期稳定的国家战略推动下，我国一流大学的综合实力显著提升，已经表现出冲击世界一流大学的实力和冲击世界顶尖大学的潜力，标志着我国的世界一流大学建设已经进入一个新的阶段：在数量规模产生成效的基础上，进入高质量内涵式发展阶段。在世界一流大学建设的新阶段，中国特色的世界一流大学，要能够在高精尖指标上产生突破，要能够满足国家重大战略需求，要能够在全球范围内具有号召力和影响力。因此，需要设计培养高质量人才、取得突破性原创成果、建设国际学术大师队伍、促进创新型经济发展、强化国际影响力、满足国家战略重大需求等方面的高精尖指标，引导我国世界一流大学的高质量内涵式发展。

课题组在二十余年世界一流大学研究积累的基础上，依托优势、攻坚克难、开拓创新，紧紧围绕"双一流"建设总体方案的目标与任务，沿着从理论到实践、从宏观到微观、从建设到评价以及动态调整的逻辑，从原创研究、人才培养、学术大师、经济贡献、品牌影响力、服务国家战略六大维度定量评价我国"双一流"建设大学/学科的国际水平与国家贡献，并进行深入的案例研究，探讨"双一流"建设的推进与动态调整机制，为我国"双一流"建设成效评价和推进机制研究提供了新的视角，为加快推进"双一流"建设提供了有价值的现实依据、可借鉴的国际经验和可参考的建设路径。

课题紧紧围绕"双一流"建设总体方案的目标与任务，探讨"双一流"建设的推进与动态调整机制，定量评价我国"双一流"建设大学/学科的国际水平及国家贡献。课题共设五个子课题，前三个子课题围绕"双一流"推进机制，按目标分解、推进机制、动态调整的逻辑展开；后两个子课题聚焦成效评估，从国际水平与国家贡献两个角度展开。为了扎实推进研究，课题组围绕国际水平、国家贡献、推进机制设置了 10 个专题。围绕一流大学设置了 6 个专题，分别是世界一流大学人才培养指数与案例研究、世界一流大学原创研究指数与案例研究、世界一流大学学术大师指数与案例研究、世界一流大学品牌影响力指数与案例研究、世界一流大学经济贡献指数与案例研究、世界一流大学服务国家战略指数与案例研究；围绕一流学科设置了 4 个专题，分别是社科类一流学科的指数与案例研究、理学类一流学科的指数与案例研究、工学类一流学科的指数与案例研究、生命医学类一流学科的指数与案例研究。

本研究的创新之处在于：

（1）紧紧围绕"双一流"建设的战略目标任务开展研究，扎根中国大地，研究中国问题，对"双一流"建设目标进行了多维分解。我国的世界一流大学建设需要在推进人类福祉、成为卓越榜样和服务国家需求等理念的指引下，以大学自身定位及其全球实力为限域，明晰新阶段的分类发展目标定位。在高等教育强国理念、大学及学科发展规律的指导下，在目标设置理论以及 SMART 原则的基础上，对世界一流大学/学科建设的战略目标进行了分解，并分解出我国世界一流大学/学科建设的近期、中期和远期目标。

（2）国际视野与中国特色相结合，研制了世界一流大学/学科指数并进行了定量分析。以服务"双一流"建设为宗旨，本着"高标准、可定量、可实现、国际可比"的原则，从人才培养、原创研究、学术大师、经济贡献、品牌影响力、服务国家战略等关键维度，设计了能引领未来发展的世界一流大学指数和世界一流学科指数以及相应的高精尖指标体系，并对标世界顶尖大学/学科、世界一流大学/学科，分析了我国"双一流"建设大学/学科的水平、进步及差距。

（3）创新性地构建了"双一流"建设的"三阶动态调整体系"。在对世界各国重点建设项目的动态调整进行深入研究的基础上，提出了"双一流"建设的"三阶动态调整体系"。该体系包括纵向三阶和横向三阶两个视角：纵向三阶体现出项目建设的多元梯度，延展机构的纵深动态发展空间；横向三阶体现出项目建设的多元状态，判断机构在横阶发展的动态表现。

习近平总书记在党的十九届五中全会上指出，"新时代新阶段的发展必须贯彻新发展理念，必须是高质量发展"①。过去二十多年，我国一流大学为国家发展做出重要贡献的同时，整体实力也取得了长足进步。在新时代新阶段，我国的世界一流大学建设必须有效解决国际影响力较弱、学术大师和突破性创新较少等亟须突破的问题，需要紧密结合国家战略发展以实现科技前沿领域的重大创新，需要积极维护全球共同利益和成为全球卓越榜样以赢得世界一流的国际声誉。因此，每个专题都在研究发现的基础上，对我国一流大学/学科建设提出了政策建议。

---

① 《关系我国发展全局的一场深刻变革——习近平总书记关于完整准确全面贯彻新发展理念重要论述综述》，中国政府网，2021 年 12 月 8 日，https：//www.gov.cn/xinwen/2021 – 12/08/content_5659205.htm。

Abstract

In recent years, developing "double world-class" universities and disciplines has become a leading and iconic project in China's pursuit of a robust higher education system, contributing significantly to the nation's aspiration of becoming a modern and powerful global force. With the support of long-term national strategies, China's top-tier universities have remarkably enhanced their overall capabilities, demonstrating the strength and potential to compete with their counterparts in the world. This signifies the commencement of a new phase in the world-class university movement in China, shifting from focusing on quantity and scale to prioritizing high-quality development. In this new phase, China's top-tier universities are aspiring to foster major scientific breakthroughs, to serve the major strategic needs of the country, and to gain global impact. Thus, it is imperative to define indicators that enable to cultivate high-quality talent, to achieve groundbreaking original research, to develop academic elites, to promote innovative economic development, to strengthen global impact, and to fulfil national strategic demands. These indicators will serve as a guiding framework to facilitate the nuanced and substantive advancement of China's world-class universities.

Drawing upon more than 20 years' research experience and expertise on academic excellence, the research team analyzes and explores the advancement and dynamic adjustment mechanisms in developing the Double World-Class Project (hereafter the Project). In align with the goals outlined in the Project's overall plan, the research team intends to evaluate the international standings and national contributions of the universities and disciplines selected in the Project and provide in-depth case studies across six dimensions: original research, talent development, renowned scholars, economic impact, brand influence, and service to national strategies. This study offers a fresh perspective on evaluating the effectiveness of the Project and understanding its advancement and dynamic adjustment mechanisms. It further provides valuable foundations and international experiences to accelerate the construction of the Project.

This study is structured into five sections. The first three sections intend to decompose the goals of the Project, analyze the advancement mechanism, and discuss the dynamic adjustment. The remaining two sections focus on project effectiveness and evaluation in terms of international standings and national contributions. This study has selected 10 themes to deepen the analysis. Six themes, at the world-class university level, focus on developing indices on original research, talent development, academic elites, economic impact, brand influence, and service to national strategies. The other four themes, at the world-class discipline level, encompass indices on social science, science, engineering, and life science disciplines. These themes and analyses are further enriched with related case studies.

This study presents three original aspects.

First, the study places strong emphasis on and conducts a comprehensive analysis of the strategic objectives of the Project, taking into account specific issues and challenges in the Chinese context. The movement of world-class universities in China is guided by the principles of promoting well-being, achieving academic excellence, and fulfilling national needs. The study positions Chinese universities within the local context while identifying their global strengths. Guided by the ideas of building a robust higher education system and governing university and discipline development, the study adopts goal-setting theory and the SMART principle to decompose and identify immediate, medium-term, and long-term goals for developing world-class universities and disciplines in the new phase of the Project.

Second, by integrating an international vision with distinct Chinese characteristics, the study has developed indices for world-class universities and disciplines and conducted quantitative analysis. The design of these indices is based on the principles of high standards, measurability, feasibility, and international comparability. The indices incorporate key dimensions, such as talent cultivation, original research, academic elites, economic contributions, brand influence, and service to national strategies. Furthermore, the study examines the performance of the selected universities and disciplines in the Project in comparison to their leading counterparts in the world, providing insights into the global standings of Chinese universities and disciplines.

Third, referring to extensive literature and research on excellence initiatives worldwide, the study introduces the original concept of a "Three – Stage Dynamic Adjustment System" to further develop the Project. This system emphasizes that developing academic excellence is a multifaced and complicated concept. Selected universities and disciplines should evaluate their needs and directions, design diversified measures and make adjustments accordingly, and achieve their goals at different stages, thereby forming their own paths to academic excellence.

During the Fifth Plenary Session of the 19th Central Committee, President Xi Jinping emphasized the importance of implementing new ideas and pursuing high-quality development in the new era of China's development. Over the past two decades, China's leading universities have made significant contributions to national development while experiencing notable advancements in overall strength globally. However, in the current era, we must address critical challenges to achieve breakthroughs while developing academic excellence. These challenges include enhancing Chinese universities' international influence, fostering a greater number of academic elites and breakthrough innovations, closely aligning with national strategic needs to drive major science and technology advancement, and actively contributing to global common good. This study examines these challenges and proposes policy recommendations and implications.

目　录

Contents

Contents

绪 论

全球重点建设的历史回顾

自 20 世纪 90 年代以来，全球约有 30 个国家或地区先后制定了世界一流大学或学科重点建设计划。重点建设计划是以主管高等教育的各级政府为主，对有优势和潜力的大学或学科进行集中资助，推动世界一流大学或学科建设，进而显著提升国家高等教育实力和国际竞争力的高等教育计划。[①]

全球卓越计划不谋而合地在建设目标、建设重点、建设推手、建设对象和建设力度上达成了一些共识，然而本研究注意到各国在战略共识的基础上，受经济、政治、文化、科技等影响，其具体战术的选择存在差异。建设目标上，在以提升国际竞争力为建设目标的战略共识基础上，各国根据自身发展，选择了产生国际影响力、强化国际影响力和巩固国际领先优势等不同的战术目标。如德国卓越战略（Excellence Strategy）强调巩固已有的国际竞争力并不断在全球教育市场中扩大优势；俄罗斯 5—100 计划（Project 5 - 100）强调形成并加速提升自身的国际竞争力，从而融入国际高等教育市场。建设重点上，在以科研挑战为建设重点的战略共识基础上，各国或选择在特定学科领域开展突破，或选择开发交叉融合的跨学科领域，或选择强化对未来科研领袖的培养等作为自己的战术。如澳大利亚卓越研究中心计划（ARC Centres of Excellence）将国家优先关注的气候、生物、量子计算等领域作为该项目提倡开展研究的领域；法国卓越大学计划（Initiatives d'Excellence，IDEX）要建设若干跨学科的卓越中心。建设推手上，

---

① 冯倬琳、刘雪莹、姜雅萃、刘念才：《世界一流大学重点建设项目的评价标准与评价要素》，载于《高等教育研究》2017 年第 1 期。

在政府力量作为主要建设推手的战略共识基础上，各国政府选择了适合自己的战术，以直接、间接或委托的方式助力卓越计划。如日本全球顶级大学计划（Top Global University Program）的管理机构是日本政府的教育部门——文部科学省；澳大利亚卓越研究中心计划的管理机构是澳大利亚研究理事会，该机构需定时向政府汇报。建设对象和力度上，各国卓越计划在建设对象的选择和建设力度的把控等具体策略方面，会基于本国情况在一定区间的战略共识基础上选择合适的建设方式。如俄罗斯 5—100 计划明确要求建设 5 所左右的世界一流大学，资助年限以 4 年为周期①；日本全球顶级大学计划建设的顶尖学校为13 所，大致以 10 年为周期②。

本章按照计划建设时该国家或地区经济发展阶段进行划分，将这些项目分为发达国家或地区项目和新兴经济体国家或地区项目两类，根据资料信息的可获得性，聚焦这些国家或地区的典型案例，对建设情况分别进行梳理分析。

第一节　全球一流大学重点建设情况

本节从建设目标、建设内容和建设评价三个方面概述和解析一流大学重点建设情况，其中建设目标包含建设目的和重点，建设内容包含经费和资助项目，建设评价包含评价流程和评价标准。截至 2018 年，存续的一流大学重点建设计划涉及 9 个国家或地区（见表 0-1）。

一、发达国家一流大学重点建设

1. 发达国家一流大学重点建设项目的目标

对发达国家一流大学重点建设的资料梳理后发现，各计划的建设目的主要聚焦提高国际竞争力。法国 IDEX 计划通过促进多学科合并与重组，加快科技创新

---

① Ministry of Education and Science of the Russian Federation. World – Class Russian Education！. Project 5 – 100, https：//5top100. ru/en/about/more – about/, 2019 – 01 – 10.

② Ministry of Education, Culture, Sports, Science and Technology. *Top Global University Project*. MEXT, http：//www. mext. go. jp/b_menu/houdou/26/09/__icsFiles/afieldfile/2014/10/07/1352218_02. pdf, 2020 – 02 – 11.

世界一流大学重点建设项目概况

表0-1

国家或地区	建设时间	计划名称	建设目的	建设重点	投入经费	遴选数量	评选流程	评选标准
法国	2010年	卓越大学计划[a]	跻身世界大学前列；加快科技创新和科技转让	国际竞争力；科学影响力	约77亿欧元（751.3亿元人民币）	第一期：8所；第二期：9所	评审团审查；外部专家评价；指导委员会提议；总理决议	研究；培训；开放与伙伴关系；行政管理；领导力；实施方式
日本	2014年	全球顶级大学计划[b]	提高国际兼容性和竞争力	大学国际化；行政制度改革；培养学生全球化能力	未公开	共37所 A类：13所 B类：24所	审查委员会负责面及答辩审查；文部及科学省最终评选	国际化；管理；教育改革
德国	2016年	卓越战略计划[c]	提高国际研究领域中的地位	开展研究	约1.48亿欧元（10.09亿元人民币）	第一期：9所；第二期：11所	草案提案审查与决策；完整提案审查与决策	原创性；连贯性；先期质量；未来影响；学术经历；国际竞争力；团队多样性；独立性；平等机会；质量保证；发展规划；设施；合作；资金
印度	1997年	卓越潜力大学计划[d]	达到世界一流大学的科研教学水平	适应现代教学方法	未公开	"九五"期间：5所 "十五"期间：4所 "十一五"期间：6所 "十二五"期间：10所	大学教育资助委员会速交申请；大学工作组参加讨论；专家组评分；专家评审访问；委员会核定	在评等制度中获评5星或A级及以上

续表

国家或地区	建设时间	计划名称	建设目的	建设重点	投入经费	遴选数量	遴选流程	评选标准
俄罗斯	2013年	5—100计划[e]	2020年至少有5所大学跻身世界百强大学之列	提高全球地位；提高学生就业率；挖掘学术研究潜力	约605亿卢布（109.81亿元人民币）	共21所；第一轮：15所；第二轮：6所	组织国际委员会和外国专家等进行公开选拔	未公开
越南	2008年	新型大学项目[f]	2020年进入世界大学前200名	设置灵活管理和教学模式，培养学生创新思维能力	约4亿美元（29.2亿元人民币）	共3所	由多国合作办学，非遴选产生	未公开
韩国	2013年	21世纪智慧韩国高水平大学建设工程[g]	建设全球研究型大学；培养高水平专业人才；提升教育和研究质量	研究生教育和研究质量；研究生院科研能力；产学合作	约2 729.13亿韩元/年（15.35亿元人民币）	共525个项目团队	第一阶段校级评选；第二阶段部门级评选	课程组成和运作；研究生就业；研究生科研能力；参与教授科研成果合作；系统改进；支持计划
中国*	2017年	"双一流"建设计划[h]	推动一批高水平大学进入世界一流行列或前列	一流师资；创新人才；科学研究；传承文化；成果转化	约919亿元（人民币/周期）	世界一流大学建设高校共42所；A类：36所；B类：6所	竞争优选；专家评选；政府比选；动态筛选	人才培养；教师队伍建设；科学研究；社会服务；文化传承创新；国际交流合作

续表

国家或地区	建设时间	计划名称	建设目的	建设重点	投入经费	遴选数量	评选流程	评选标准
中国台湾	2018年	高等教育深耕计划[i]	解决发展不均衡问题；培育优质人才	平等受教权；国际竞争力	约141亿新台币（30.27亿元人民币）	第一部分：220个项目；第二部分：24所	世界一流大学专家提供咨询；审查委员会进行书面和简报审查	研究能力；国际影响力；学校特色；国际人才培育；社会议题解决能力

资料来源：世界一流大学重点建设项目要点内容及数据由各国或地区教育相关部门的官方网站整理得出。详见：

a. Ministry of Education. *Investments for the Future Programme.* France in the United Kingdom, https：//uk. ambafrance. org/Investments – for – the – Future – Programme, 2019 – 01 – 10.

b. Ministry of Education, Culture, Sports, Science and Technology. *Top Global University Project.* MEXT, http：//www. mext. go. jp/b_menu/houdou/26/09/_icsFiles/afieldfile/2014/10/07/1352218_02. pdf, 2020 – 02 – 11.

c. German Research Found. *Excellence Strategy.* DFG, http：//www. dfg. de/en/research_funding/programmes/excellence_strategy/index. html, 2019 – 01 – 10.

d. University Grants Commission. *Guidelines For Universities With Potential For Excellence During the XI plan Period* (2007 – 2012) . UGC, https：//www. ugc. ac. in/oldpdf/xiplanpdf/upe290409. pdf, 2019 – 01 – 10.

e. Ministry of Education and Science of the Russian Federation. *World – Class Russian Education!* . Project 5 – 100, https：//5top100. ru/en/about/more – about/, 2019 – 01 – 10.

f. University World News. *Vietnam*：*US$ 400 million to build world – class universities.* the VietNamNet Bridge site, https：//www. universityworldnews. com/post. php？ story = 20090618184936629, 2019 – 01 – 10.

g. Ministry of Education. 두뇌한국21. BrainKorea 21, https：//bkplus. nrf. re. kr/sub01/sub101/list. do, 2019 – 01 – 10.

h. 国务院：《关于印发统筹推进世界一流大学和一流学科建设总体方案的通知》，中华人民共和国中央人民政府网站，2019 年 1 月 10 日，http：//www. gov. cn/zhengce/content/2015 – 11/05/content_10269. htm。

i. 中国台湾教育部门：《高等教育深耕计画》，中国台湾教育部门网站，2019 年 1 月 10 日，https：//www. edu. tw/News_Content. aspx？ n = D33B55D537402BAA&s = 333F49BA4480CC5B。

* 不包括港澳台。

和技术转让步伐，促进法国经济的增长。①② 日本全球顶级大学计划通过增加国际学生和教师比例、设定绩效指标、增加英语课程的设置等措施提高日本高等教育国际兼容性和竞争力。③ 德国卓越战略通过大力支持大学开展研究，提高德国在国际研究领域的地位。④

2. 发达国家一流大学重点建设项目的内容

截至 2018 年，存续的发达国家一流大学重点建设项目主要分布在中西欧和东亚地区。法国的 IDEX 计划实际资助时间为 2010~2022 年⑤，德国卓越战略为德国卓越计划的接续项目，实际资助时间为 2019~2025 年⑥，日本全球顶级大学计划实际资助时间为 2014~2023 年⑦。根据项目建设的侧重进行分类，法国 IDEX 计划、德国卓越战略和日本全球顶级大学计划都属于学术发展类，主要聚焦学术卓越性。⑧

发达国家重点大学建设计划斥资巨大，法国对 IDEX 计划共投入 77 亿欧元（约 751.3 亿元人民币）⑨，平均每年投入约 8.5 亿欧元（约 83 亿元人民币）⑩。德国卓越战略每年获得约 5.3 亿欧元（约 37.7 亿元人民币），其中"卓越集群"（Exzellenzcluster）获得 3.9 亿欧元（约 27 亿元人民币），"卓越大学"（Exzellenzuniversitten）获得约 1.5 亿欧元（约 10.5 亿元人民币）资助。⑪⑫

---

① Ministry of Education. *Second Programme D'investissements D'avenir*. The French National Research Agency, https：//anr. fr/fileadmin/aap/2014/ia – idex – isite – 2014. pdf, 2020 – 02 – 11.

② 张惠、张梦琦：《法国创建世界一流大学的战略实践——以索邦大学为例》，载于《比较教育研究》2016 年第 6 期。

③ Ministry of Education, Culture, Sports, Science and Technology. *Top Global University Project*. MEXT, http：//www. mext. go. jp/b_menu/houdou/26/09/__icsFiles/afieldfile/2014/10/07/1352218_02. pdf, 2020 – 02 – 11.

④ German Research Found. *Excellence Strategy*. DFG, www. dfg. de/en/research_funding/programmes/excellence_strategy/index. html, 2020 – 02 – 11.

⑤ Ministry of Education. *Investments for the Future Programme*. France in the United Kingdom, https：//uk. ambafrance. org/Investments – for – the – Fu – ture – Programme, 2019 – 01 – 10.

⑥ German Research Found. *Excellence Strategy*. DFG, http：//www. dfg. de/en/research _ funding/programmes/excellence_strategy/index. html, 2019 – 01 – 10.

⑦ Ministry of Education, Culture, Sports, Science and Technology. *Top Global University Project*（2014 – 2023）. MEXT, https：//tgu. mext. go. jp/en/downloads/pdf/sgu. pdf, 2019 – 01 – 10.

⑧ 冯倬琳、刘雪莹、姜雅荦、刘念才：《世界一流大学重点建设项目的评价标准与评价要素》，载于《高等教育研究》2017 年第 2 期。

⑨ 本章经费以建设时间当年的汇率进行换算。

⑩ Ministry of Education. *Future investment：Excellence Initiative*. Republic French, http：//www. enseignementsup – recherche. gouv. fr/, 2019 – 01 – 10.

⑪ German Research Found. *Excellence Strategy*. DFG, https：//www. dfg. de/en/research _ funding/excellence_strategy/index. html, 2019 – 01 – 10.

⑫ German Research Found. *Review Process for Clusters of Excellence in the Excellence Strategy* 2018 *Reviewer Survey*. DFG, https：//www. dfg. de/download/pdf. /dfg_im_profil/geschaeftsstelle/publikationen/studien/bericht_infas_exstra_gutachterbefragung_en. pdf, 2019 – 05 – 24.

发达国家重点大学建设计划评选的项目根据设置不同各有差异，法国 IDEX 计划共有 12 所院校参与遴选，最终选出 8 所；日本全球顶级大学计划参与遴选的学校众多，共有 104 所院校参与，最终评选出 20 所；德国卓越战略有 88 所院校参与，最终评选出 57 所院校，资助项目较多。

3. 发达国家一流大学重点建设项目的评价

在评选流程上，法国 IDEX 计划和德国卓越战略类似，分为两个评选阶段。法国 IDEX 计划分为预选阶段和正式选拔阶段[①]，德国卓越战略包括草案提案阶段和完整提案阶段[②]。法国 IDEX 计划采用外部专家协助进行评价，并且由法国总理对项目遴选结果和资助金额进行签署确定。[③]德国卓越战略由专门的评审员全程进行在线调查。[④]这些项目都包含预选阶段，且评选流程较为严格，过程涉及内外部多个利益主体的参与。

在评选标准上，发达国家一流大学重点建设计划主要围绕项目研究类、人员类、管理类以及开放与合作伙伴关系情况进行评选。项目研究类标准如德国卓越战略在研究上强调原创性和质量等[⑤]；法国 IDEX 计划看重研究的力度和强度等[⑥]。人员类标准如德国卓越战略看重研究人员的学术经历等；法国 IDEX 计划强调人员的培训等。[⑦]管理类标准如德国卓越战略重视大学发展规划和人员编制、财政和基础设施框架等。[⑧]开放与合作伙伴关系标准如日本全球顶级大学计划根据项目设置和目标更看重申请项目的开放程度，以及项目所体现出的国际化程度等。[⑨]

二、新兴经济体一流大学重点建设

1. 新兴经济体一流大学重点建设项目的目标

新兴经济体[⑩]一流大学重点建设项目以科研实力达到国际水准为目标，提升

①③⑥⑦　Ministry of Education. *Second Programme D'investissements D'avenir.* The French National Research Agency，https：//anr. fr/fileadmin/aap/2014/ia - idex - isite - 2014. pdf，2020 - 02 - 11.

②④　German Research Found. *Review Process for Clusters of Excellence in the Excellence Strategy* 2018 - *Reviewer Survey.* Zenodo，https：//zenodo. org/record/3077603，2020 - 02 - 11.

⑤⑧　German Research Found. *Excellence Initiative*（2005 - 2017）. DFG，http：//www. dfg. de/en/research_funding/programmes/excellence_initiative/index. html，2019 - 01 - 10.

⑨　Ministry of Education, Culture, Sports, Science and Technology. *Top Global University Project*（2014 - 2023）. MEXT，https：//www. mext. go. jp/component/english/__icsFiles/afieldfile/2017/09/13/1395487_001. pdf，2019 - 01 - 10.

⑩　韩国于 2021 年被国际货币基金组织（IMF）列入发达经济体，本书按照还原项目的真实情况为原则，以项目建设时的国家经济情况为准，对重点建设项目建设时的目的重点、遴选情况、建设内容、评价情况等进行分析。

大学质量使其达到国际高水平，为其他大学树立标杆，从而带动国家的整体研究水平提升。例如印度卓越潜力大学计划（Universities with Potential for Excellence，UPE 计划）旨在帮助高校达到世界一流大学的科研教学水平，成为高等教育榜样，从而带动整体的发展。① 我国台湾地区高等教育深耕计划（Higher Education Sprout Project）的建设初衷是克服大学发展空间的限制、解决各校盲目追求排名和教师晋升等发展不均衡的问题，通过重视课程、师资和教学，培育多元优质人才，带动我国台湾地区的发展。② 此外，俄罗斯 5—100 计划还强调要帮助俄罗斯大学融入全球教育市场。③

2. 新兴经济体一流大学重点建设项目的内容

截至 2018 年，存续的新兴经济体一流大学重点建设项目分布主要在亚洲和东欧等地区。印度 UPE 的平均资助周期为 5 年④，俄罗斯 5—100 计划的平均资助周期为 4 年⑤，韩国 BK21 Plus 项目（Brain Korea 21 Program for Leading Universities & Students，BK21 Plus 项目）的平均资助周期为 7 年⑥。根据 2021 年软科世界大学学术排名（ShanghaiRanking's Academic Ranking of World Universities，ARWU），全球拥有世界百强大学的 2 个新兴经济体国家或地区都有重点大学或学科建设计划。在全球拥有世界 200 强大学的 5 个新兴经济体里，有 3 个拥有重点大学或学科建设计划。根据计划的建设侧重，印度 UPE 计划、俄罗斯 5—100 计划、越南新型大学项目（New Model University Project，NMU 项目）、韩国 BK21 Plus 项目、我国台湾地区高等教育深耕计划都属于学术发展类，相关建设项目都聚焦于学术卓越性。

新兴经济体重点大学建设与发达国家重点大学建设类似，资金投入也较为巨大。例如俄罗斯 5—100 计划 2013～2017 年每年投入资金约 151 亿卢布（约 31.08 亿元人民币）。⑦ 韩国教育部（Ministry of Education）和韩国国家基金研究

①④　University Grants Commission. *Guidelines for Universities with Potential for Excellence During the XI plan Period*（2007－2012）. UGC, https：//www. ugc. ac. in/oldpdf/xiplanpdf/upe290409. pdf, 2019－01－10.

②　中国台湾教育部门：《高等教育深耕计畫》，中国台湾教育部门网站，2019 年 1 月 10 日，https：//www. edu. tw/News_Content. aspx? n = D33B55D537402BAA&s = 333F49BA4480CC5B。

③⑤　Ministry of Education and Science of the Russian Federation. *World－Class Russian Education*！. Project 5－100, https：//5top100. ru/en/about/more－about/, 2019－01－10.

⑥　Ministry of Education. *사업소개*. Brain Korea 21, https：//bkplus. nrf. re. kr/sub01/sub101/list. do, 2019－01－10.

⑦　Ministry of Education and Science of the Russian Federation. *Постановление Правительства России от 16 марта 2013 г. № 211 "О мерах государственной поддержки ведущих университетов Российской Федерации в целях повышения их конкурентоспособности среди ведущих мировых научно－образовательных центров"*. MOE, https：//xn－－80abucjiibhv9a. xn－－p1ai/% D0% B4% D0% BE% D0% BA% D1% 83% D0% BC% D0% B5% D0% BD% D1% 82% D1% 8B/3208, 2019－01－10.

会（National Research Foundation of Korea）每年为 BK21 Plus 投资约 2 729.13 亿韩元（约 15.35 亿元人民币）。[①] 截至 2018 年，我国台湾地区深耕计划总投资合计 141 亿元新台币（约 30.27 亿元人民币）。[②] 此外，2009 年越南政府从世界银行（World Bank）和亚洲开发银行（Asia Development Bank）贷款 4 亿美元（约 26.04 亿元人民币）用于新型大学的建设。[③]

新兴经济体重点大学计划资助院校呈现两极分布，大多数项目集中在 7 所左右，少数涉及几十所。例如印度 UPE 在第九个五年计划期间[④]，印度教学资助委员会选出了 5 所大学提供财政支援[⑤]，在第十个五年计划期间，另有 4 所大学获得了计划资助，第十一个五年计划期间选出了另外 6 所大学，第十二个五年计划期间又选出了 10 所大学予以资助。[⑥] 俄罗斯 5—100 计划 2013 年选出了 15 所院校，2015 年又选出了 6 所院校。越南新型大学项目截至 2020 年共实际资助了 3 所大学。韩国 BK21 Plus 资助学校相对较多，参与项目的大学涉及 57 所。

3. 新兴经济体一流大学重点建设项目的评价

截至 2018 年，存续的新兴经济体一流大学重点建设计划由多方国内外专家参与评选，评选参与人员涉及国内外大学校长、院士、学者等，参与方和参与人员更加多元化。例如韩国 BK21 Plus 评选研究小组由来自同一学科的多所大学的研究人员组成。[⑦] 我国台湾地区高等教育深耕计划审查委员会包括世界一流大学校长、美国科学院院士、全世界知名学者和我国台湾地区的专家等。[⑧] 印度 UPE 邀请教育工作者、质量管理专家、少数学科专家及教资会人员等进行共同研讨。[⑨] 值得一提的是，越南新型大学项目并非根据评选来建立，而是越南教育部与国外

[①] 赵俊芳、崔鸣哲：《21 世纪智慧韩国高水平大学建设工程研究》，载于《比较教育研究》2016 年第 5 期。

[②] 中国台湾教育部门：《高等教育深耕计畫審查結果公布》，中国台湾教育部门网站，2019 年 1 月 10 日，https：//epaper. edu. tw/news. aspx? news_sn = 56585。

[③] University World News. Vietnam：US$ 400 million to build world-class universities. the VietNamNet Bridge site，https：//www. universityworldnews. com/post. php? story =20090618184936629，2019 – 01 – 10.

[④] 印度的五年计划时间为：第九个五年计划 1997 ~ 2002 年，第十个五年计划 2002 ~ 2007 年，第十一个五年计划 2007 ~ 2012 年，第十二个五年计划 2012 ~ 2017 年。

[⑤] University Grants Commission. XII Plan Guidelines for Universities with Potential for Excellence（UPE）/Universities of Excellence（UoE）Scheme. UGC，https：//www. ugc. ac. in/pdf. news/1952943 _XII – Plan – Guidelines – For – UPE – and – UoE – Revised. pdf，2019 – 05 – 12.

[⑥] 冯倬琳、刘念才：《世界一流大学评价与建设》，上海交通大学出版社 2019 年版，第 137 ~ 184 页。

[⑦] Ministry of Education. 사업소개. Brain Korea 21，https：//bkplus. nrf. re. kr/sub01/sub101/list. do，2019 – 01 – 10.

[⑧] 中国台湾教育部门：《当前教育重大政策》，中国台湾教育部门网站，2019 年 1 月 10 日，https：//www. edu. tw/News_Content. aspx? n = D33B55D537402BAA&s = 333F49BA4480CC5B。

[⑨] University Grants Commission. Guidelines for Universities with Potential for Excellence During the XI plan Period（2007 – 2012）. UGC，https：//www. ugc. ac. in/oldpdf/xiplanpdf/upe290409. pdf，2019 – 01 – 10.

大学共同合作新建立的大学。①

新兴经济体一流大学重点建设评价流程也同样严格，包含年度评价、中期评价和终期评价等。例如印度 UPE 由印度教学资助委员会（以下简称"教资会"）主席组成的常务委员会对项目进行中期评价，项目的最后一年会进行终期评价，教资会主席会访问每一所大学，根据计划的目标来评估大学的表现和成就，并就下一阶段的大学专业计划向有关大学提出建议，供该计划下的常务委员会考虑以酌情修改建设方案。② 韩国 BK21 Plus 包含年度评价、中期评价和终期评价等。③ 我国台湾地区高等教育深耕计划由教育部门通过严谨的检核机制，定期检视研究中心的学术研究、产学合作、人才培育、研究人员的绩效、学校配套机制和国际合作等执行成效，从而有效提升高教研究能量，强化国际竞争力。④

新兴经济体一流大学重点建设的评选标准与其他项目略有不同，强调人才培养的评选比重。例如 BK21 Plus 主要重视课程的组成和运作、研究生的培养和就业、教育的国际化，努力改善制度提高大学教育水平等。⑤ 我国台湾地区高等教育深耕计划也涉及要培育重点领域国际一流人才，提高卓越国际声望等。⑥

三、我国一流大学重点建设

1. 我国一流大学重点建设项目的目标

我国的世界一流大学和一流学科建设计划（简称"双一流"建设），是继"211 工程"和"985 工程"之后实施的一流大学重点建设的新计划。2015 年国务院印发了关于《统筹推进世界一流大学和一流学科建设总体方案》（简称《总

---

① Asian Development Bank. *Viet Nam*：*Preparing the Higher Education Sector Development Project*（*HESDP*）. ADB，https：//www. adb. org/sites/default/files/project – document/63092/42079 – 01 – vie – tacr – 03. pdf，2019 – 01 – 10.

② University Grants Commission. *University Grants Commission New Delhi PE Bureau*. UGC，https：//www. ugc. ac. in/pdfnews/1952943_XII – Plan – Guidelines – For – UPE – and – UoE – Revised. pdf，2019 – 01 – 10.

③ Ministry of Education. *Brain Korea* 21 *Phase II A New Evaluation Model*. RAND，https：//www. rand. org/content/dam/rand/pubs/monographs/2008/RAND_MG711. pdf，2019 – 01 – 10.

④ 中国台湾教育部门：《高等教育深耕計畫審查結果公布》，中国台湾教育部门网站，2019 年 1 月 10 日，https：//www. edu. tw/News_Content. aspx？n = 9E7AC85F1954DDA8&s = 8365C4C9ED53126D。

⑤ Ministry of Education. 사업소개 . BrainKorea 21，https：//bkplus. nrf. re. kr/sub01/sub101/list. do，2019 – 01 – 10.

⑥ 中国台湾教育部门：《當前教育重大政策》，中国台湾教育部门网站，2019 年 1 月 10 日，https：//www. edu. tw/News_Content. aspx？n = D33B55D537402BAA&s = 333F49BA4480CC5B。

体方案》）的通知①；2017 年 1 月经国务院同意，教育部、财政部、国家发展和改革委员会（以下简称"国家发改委"）（简称"三部委"）印发《统筹推进世界一流大学和一流学科建设实施办法（暂行）》（简称《实施办法》），标志着"双一流"建设进入实施操作阶段②。2022 年，三部委印发《关于深入推进世界一流大学和一流学科建设的若干意见》，标志着我国"双一流"建设的改革成效初见，推动高等教育强国建设迈上新的历史起点。③

"双一流"建设的总体目标是"推动一批高水平大学和学科进入世界一流行列或前列，加快高等教育治理体系和治理能力现代化，提高高等学校人才培养、科学研究、社会服务和文化传承创新水平，使之成为知识发现和科技创新的重要力量、先进思想和优秀文化的重要源泉、培养各类高素质优秀人才的重要基地，在支撑国家创新驱动发展战略、服务经济社会发展、弘扬中华优秀传统文化、培育和践行社会主义核心价值观、促进高等教育内涵发展等方面发挥重大作用"④。具体分为三个步骤：到 2020 年，若干所大学和一批学科进入世界一流行列，若干学科进入世界一流学科前列；到 2030 年，更多大学和学科进入世界一流行列，若干所大学进入世界一流大学前列，一批学科进入世界一流学科前列，高等教育整体实力显著提升；到本世纪中叶，一流大学和一流学科的数量和实力进入世界前列，基本建成高等教育强国。⑤ 2022 年颁布的《关于深入推进世界一流大学和一流学科建设的若干意见》进一步明确，2030 年更多的大学和学科进入世界一流行列。⑥

2. 我国一流大学重点建设项目的内容

三部委在总结以往重点建设经验的基础上，充分借鉴教育体制改革、科技体制改革、高等院校设置、国家重大科技专项等工作的推进机制，积极推进"双一

---

① 教育部：《国务院关于印发统筹推进世界一流大学和一流学科建设总体方案的通知》，中华人民共和国教育部网站，2019 年 1 月 10 日，http：//www. moe. gov. cn/jyb_xxgk/moe_1777/moe_1778/201511/t20151105_217823. html。

② 教育部、财政部、国家发改委：《统筹推进世界一流大学和一流学科建设实施办法（暂行）》，中华人民共和国教育部网站，2020 年 7 月 1 日，http：//www. moe. gov. cn/srcsite/A22/moe_843/201701/t20170125_295701. html。

③ 教育部、财政部、国家发改委：《关于深入推进世界一流大学和一流学科建设的若干意见》，中华人民共和国教育部网站，2022 年 1 月 29 日，http：//www. moe. gov. cn/srcsite/A22/s7065/202202/t20220211_598706. html。

④⑤ 国务院：《关于印发统筹推进世界一流大学和一流学科建设总体方案的通知》，中华人民共和国教育部网站，2022 年 6 月 14 日，http：//www. moe. gov. cn/jyb_xxgk/moe_1777/moe_1778/201511/t20151105_217823. html。

⑥ 教育部、财政部、国家发改委：《关于深入推进世界一流大学和一流学科建设的若干意见》，中华人民共和国教育部网站，2022 年 6 月 14 日，http：//www. moe. gov. cn/srcsite/A22/s7065/202202/t20220211_598706. html。

流"建设高校认定遴选机制的改革创新。[①] "双一流"建设高校通过"竞争优选、专家评选、政府比选、动态筛选"产生。根据《总体方案》和《实施办法》,组建"双一流"建设专家委员会,充分发挥高层次战略专家作用,具体承担遴选认定和审核建设的有关工作。[②] 在确定一流学科建设范围时,专家委员会根据国家战略、水平标准、特殊需求等原则,论证确定认定标准,再根据认定标准遴选产生拟建设高校。[③] 此外,"双一流"建设充分依托第三方评价,综合考虑有关第三方评价的权威性、影响力及高校认可度,注重既有成效的客观评价、整体评价、质量评价,形成一流大学建设高校认定标准。[④]

世界一流大学计划认定标准主要使用了人才培养、学科水平、贡献奖励及政策导向四类指标,要求建设高校人才培养质量突出、社会认可度较高;拥有高水平、有特色的学科,在普遍接受的第三方评价中有良好表现。[⑤] 同时评选标准也参考是否有服务国家发展战略布局需求,经过国家长期重点建设,具有较好学科建设基础的,或具有行业特殊性、学科特色优势鲜明、具有不可替代性的高校。[⑥] 2017 年"双一流"建设计划遴选产生 137 所高校建议名单。在具体遴选认定中,专家委员会充分考虑了"一带一路"及国家区域布局等重大战略,对中西部地区给予了支持。若干具备较强综合实力、优势特色鲜明、在同类高校中居于前列且对国家重大战略布局具有重要意义的中西部高校,列入拟建设高校名单。[⑦]

2022 年三部委发布《关于深入推进世界一流大学和一流学科建设的若干意见》,提出深入推进"双一流"高质量建设,锚定目标、保持定力,在已有成绩和宝贵经验的基础上"稳中求进"。"稳"在坚持正确方向,坚持立德树人,坚持特色一流,坚持服务国家,坚持持续投入;"进"在直面问题挑战,聚焦难点、突出重点、找准突破点,勇于改革创新,努力做到"九个更加":党的全面领导更加坚强、高质量人才培养体系更加完善、学科布局更加优化、科研创新能力更加强大、师资队伍建设成效更加显著、服务区域和行业发展更加有力、对外开放

---

①②③ 教育部、财政部、国家发改委:《有关负责人就"双一流"建设有关情况答记者问》,中华人民共和国教育部网站,2022 年 2 月 21 日,http://www.moe.gov.cn/jyb_xwfb/s271/201709/t20170921_314928.html。

④⑤ 教育部:《扎实推进中国特色世界一流大学和一流学科建设》,中华人民共和国教育部网站,2019 年 10 月 25 日,http://www.moe.gov.cn/jyb_xwfb/s271/201709/t20170921_314928.html。

⑥ 教育部:《关于政协十二届全国委员会第五次会议第 3270 号(教育类 315 号)提案答复的函》,中华人民共和国教育部网站,2019 年 10 月 25 日,http://www.moe.gov.cn/jyb_xxgk/xxgk_jyta/jyta_xwb/201803/t20180306_328999.html。

⑦ 教育部:《关于公布世界一流大学和一流学科建设高校及建设学科名单的通知》,中华人民共和国教育部网站,2022 年 2 月 27 日,http://www.moe.gov.cn/srcsite/A22/moe_843/201709/t20170921_314942.html。

合作水平更加提高、高校主体作用更加突出、经费投入机制更加多元。①

3. 我国一流大学重点建设项目的评价

"双一流"建设既考虑国家发展的重大战略需求,同时也重视区域及行业建设的特殊需要,对"双一流"建设院校实施分层分类建设评价,鼓励和引导不同类型建设院校合理定位、凝练特色,在各自领域争创一流,不仅是为这些院校自身发展考虑,也出自全面深化高教体系改革的任务,特别是支撑国家发展全局的战略目标需要。②

与"211 工程"和"985 工程"计划不同,"双一流"建设计划实施动态监测,成效评价指标体系及《"双一流"建设成效评价办法(试行)》(简称《评价办法》)的制定是由"双一流"建设动态监测与成效评价课题组到多所高校进行调研、举办座谈会,通过文本研究、实地调研、数据分析、模型构建等方式进行研究,经过为期一年半的时间详细考察的结果。各"双一流"建设高校需要根据教育部制定的《"双一流"建设监测指标体系(试行)》方案,按照该指标体系在动态监测系统上填报数据进行动态监测。③

"双一流"建设监测指标体系围绕五大建设任务、五大改革任务④进行设计,从"党和人民的满意度""世界一流的对标度""建设目标的达成度"和"对国家战略与区域发展、人才培养、学术等方面的贡献度"四个维度进行构建,并包含大学和学科两个监测体系。⑤"双一流"建设大学监测指标体系主要有 11 个监测项目、24 个监测要素和 50 多个核心监测点,其中 11 个监测项目包括大学建设进展、加强和改进党对高校的领导、培养拔尖创新人才、建设一流师资队伍、提升科学研究水平、传承创新优秀文化、着力推进成果转化、完善内部治理结构、实现关键环节突破、扩大社会参与机制、深化国际交流合作。⑥

对建设成效进行评估,将根据建设高校的建设方案和自评报告,并参考有影

---

① 教育部:《稳中求进,锐意创新 深入推动"双一流"高质量建设》,中华人民共和国教育部网站,2022 年 2 月 22 日,http://www.moe.gov.cn/jyb_xwfb/moe_2082/2022/2022_zl04/202202/t20220214_599086.html。

② 教育部:《完善分类建设评价,推进高等教育高质量内涵式发展》,中华人民共和国教育部网站,2022 年 2 月 22 日,http://www.moe.gov.cn/jyb_xwfb/moe_2082/2022/2022_zl04/202202/t20220214_599085.html。

③⑤⑥ 教育部、财政部、国家发改委:《关于发布〈"双一流"建设监测指标体系(试行)〉(高校填报部分)的通知》,南京中医药大学网站,2022 年 5 月 20 日,http://syl.njucm.edu.cn/_upload/article/files/26/91/9110c36841168fa7c2e688fbfe61/e829ba47-6844-432f-89cc-0c0f432647df.pdf。

④ 五大建设任务指建设一流师资队伍、培养拔尖创新人才、提升科学研究水平、传承创新优秀文化和着力推进成果转化;五大改革任务指加强和改进党对学校的领导、完善内部治理结构、实现关键环节突破、构建社会参与机制和推进国际交流合作。

响力的第三方评价。^① 根据评价结果对实施有力、成效明显的高校或学科加大支持力度；对进展缓慢、缺乏实效的高校或学科提出警示并减小支持力度；对于建设过程中出现重大问题、不再具备建设条件且经警示整改仍无改善的高校及学科，及时调整出建设范围。^② 建设期后期将根据建设高校的建设方案、整体自评报告和有影响力的第三方评价报告，对建设成效进行期末评价。^③ 根据期末评价结果等情况，重新确定下一轮建设范围，打破身份固化，不搞终身制。^④

第二节　全球一流学科重点建设情况

本节聚焦一流学科重点建设情况，从建设目标、建设内容和建设评价三个方面进行概述和解析。截至 2018 年，存续的一流学科计划涉及 16 个国家或地区的 19 个计划项目（见表 0 - 2）。

一、发达国家一流学科重点建设

1. 发达国家一流学科重点建设项目的目标

发达国家一流学科重点建设计划的建设目的主要是提升科研国际竞争力。例如加拿大卓越研究中心网络计划（Networks of Centres of Excellence，NCE 计划）通过与国际机构建立合作伙伴关系，提升高校协同创新能力，提升加拿大在工程、卫生、自然、社会和生物医学等领域的科学实力和将科研成果转化为实体经济的能力。^⑤ 芬兰卓越中心计划（Centres of Excellence，CoE 计划）通过在不同的学科和研究领域之间建立研究联盟关系，促进研究基础设施的有效利用，提供本国与国际合作的机会，提高科学研究能力。^⑥ 丹麦卓越中心计划（Centres of Excellence，CoE 计划）通过为顶尖研究人员提供最佳的工作条件和组织条件，增强

---

①②③　教育部、财政部、国家发改委：《关于印发〈"双一流"建设成效评价办法（试行）〉的通知》，中华人民共和国教育部网站，2022 年 3 月 23 日，http：//www. moe. gov. cn/srcsite/A22/moe_843/202103/t20210323_521951. html。

④　教育部、财政部、国家发改委：《有关负责人就"双一流"建设有关情况答问》，中国政府网，2022 年 4 月 8 日，http：//www. gov. cn/zhengce/2017 - 09/21/content_5226573. htm。

⑤　Government of Canada. *NCE Programs Overview*. Networks of Centres of Excellence，http：//www. nce - rce. gc. ca/Programs - Programmes/Index_eng. asp，2019 - 10 - 25.

⑥　Academy of Finland. *Finnish Centres of Excellence*. AKA，https：//www. aka. fi/en/research - funding/programmes - and - other - funding - schemes/finnish - centres - of - excellence/，2019 - 10 - 25.

表0-2　世界一流学科重点建设项目概况

国家或地区	建设时间	计划名称	建设目的	建设重点	投入经费	遴选数量	评选流程	评选标准
加拿大	1989年	卓越研究中心网络计划[a]	提升协同创新能力；将科研成果转化为实体经济	工程、卫生、自然、社会和生物医学等领域	约0.9亿美元/年（7亿元人民币）	共47个中心	国内外专家同行审查；秘书处专家小组评估；常设遴选委员会建议；指导委员会最终裁决	未公开
加拿大	2007年	商业与研究卓越中心网络计划[b]	结合专业知识与商业，促使创新科研成果更快投入市场	环境、自然资源和能源、健康与生命科学以及信息技术等领域	约278.12万美元/机构/年（2174.9万元人民币）	共31个中心	专家小组审查与评估；战略顾问同行评估；指导委员会建议；指导委员会最终裁决	加拿大优先问题的解决能力；工作记录和潜力；商业合作伙伴吸引力；商业计划、重点和一致性
加拿大	2007年	企业导向卓越中心网络计划[c]	帮助解决企业研发和商业化挑战	健康与生命科学、制造业、自然资源和能源等领域	1200万美元/年（9384万元人民币）	共7个中心	国内外专家同行审查；战略顾问同行评估；指导委员会建议；指导委员会最终裁决	对加拿大的益处；申请人的过往记录和潜力；商业计划的力度
加拿大	2010年	卓越中心网络知识流动活动计划[d]	集中解决具有高度战略重要性的问题	促进社会、卫生和经济发展；促进知识流动活动	约120万美元/年（819.6万元人民币）	共2个中心	国际知名专家评估；评选委员会建议；指导委员会最终裁决	预期的影响和增值；协作模式；战略计划；拟订团队；管理和治理
丹麦	1991年	卓越中心计划[e]	聚集研究顶尖人员，增强科学研究能力	多学科领域发展	约276.27万欧元/机构（0.25亿元人民币）	共81个中心	执行局审核意向和大纲；国际同专家组审查；文员会最终确定	研究计划影响力；突破性研究潜力；领导者地位与管理能力；国际研究环境；青年科学家培养条件

续表

国家或地区	建设时间	计划名称	建设目的	建设重点	投入经费	遴选数量	评选流程	评选标准
芬兰	1994年	卓越中心计划f	加强国际竞争力，建立跨领域研究联盟	发展具有创造性和生产性的研究和培训环境	约0.56亿欧元（5.1亿元人民币）	共152个中心	科学院科学顾问处理申请；国际专家小组评审；评审决策者决定	科学价值与产出；研究及营运计划的价值及可行性；研究人员培训的潜力
挪威	1999年	卓越中心计划g	设立长期基础研究中心，提高研究质量，达到更高国际标准	海洋研究、信息通信技术、医学和健康以及能源/环境等学科领域	约1.55亿挪威克朗（1.66亿元人民币）	共53个中心	国际裁判评估；研究委员会评估	女性担任领导职位的比例高；对社会和商业发展做出重大贡献；在特定的、未被满足的、具有知识发展需求的领域有贡献
瑞士	1999年	国家研究能力中心计划h	培育出杰出科学家	研究前沿、青年研究人员培养、性别平等、知识转移等领域	约6 879万瑞士法郎/机构（4.16亿元人民币）	共36个中心	国家科学基金会推荐；联邦经济事务、教育和研究部门采纳；政府裁决确认	科学质量；性别平衡
新西兰	2001年	卓越研究中心计划i	开展卓越研究与科研合作，提高整体研究实力	各大学科领域都有所涉猎	约3.08亿新西兰元（11.3亿元人民币）	共20个中心	提交意向与申请；专家评审小组评分；咨询委员会评估及最终评选	研究团队学术实力；划学术实力；创新性；影响力；多样性与包容性
日本	2007年	世界顶级国际研究中心计划j	推进前沿研究；创建跨学科领域；建立国际研究环境；改革研究组织	各大学科领域都有所涉猎	约7亿日元/年（0.46亿元人民币）	共13个中心	未公开	世界领先的科学卓越和认可度；全球研究环境与体制改革；未来价值

续表

国家或地区	建设时间	计划名称	建设目的	建设重点	投入经费	遴选数量	评选流程	评选标准
以色列	2011年	卓越研究中心计划[k]	从根本上加强国际研究领域中的地位	多学科领域发展	约4.5亿新锡克尔（7.97亿元人民币）	共16个中心	未公开	未公开
澳大利亚	2009年	卓越研究中心计划[l]	提高科学研究国际地位；解决挑战性问题；吸引国际合作与产学合作	各大学科领域都有所涉猎	约2.75亿澳元（18.52亿元人民币）	共43个中心	提交意向与申请；评选意向咨询委员会评估	研究计划的质量及创新；研究者的资质；机构支持；管理与领导；成果与联系等
爱尔兰	2012年	科学基金研究中心计划[m]	建立世界领先的大规模研究中心；促进经济发展	各大学科领域都有所涉猎	约0.26亿欧元/机构（2.08亿元人民币）	共17个中心	专家评估研究计划；监督小组审查等性；执行委员会和董事批准	团队质量；卓越科研成果；关键效绩指标；业务计划；工作环境支持等
卢森堡	2015年	国家研究卓越中心计划[n]	对战略性领域研究方案、有效解决社会经济问题	集中资助一个学科领域	未公开	共1个中心	未公开	未公开
印度	1997年	卓越潜力学科资助计划[o]	促进跨学科领域及多学科领域创新研究，在短时间内取得领导地位	未公开	未公开	共21个中心	大学教育资助委员会递交申请；大学应邀参加工作坊、讨论行动计划	高质量领博士课程；行动计划；国内外知名机构教员；跨学科和多学科工作经验；特定领域的研究经验；应用研究经验等

17

续表

国家或地区	建设时间	计划名称	建设目的	建设重点	投入经费	遴选数量	评选流程	评选标准
中国香港	1998年	卓越学科领域计划ᵃ	建设世界级研究机构，使受资助院校跻身世界学术翘楚之列	达到国际认可的卓越标准；帮助社会经济发展；发展已有优势	约0.73亿港币/机构（0.78亿元人民币）	共24个中心	小组委员会提供意见；教资会初步筛选；评审小组深入评估	未公开
新加坡	2007年	卓越研究中心计划ᵃ	吸引顶尖研究人才，加强研究生教育，培训研究人员，促进知识创新	环境系统、能源系统、人类系统和城市系统等领域	未公开	共5个中心	学术研究委员评审；国际审查小组阶段性审查	未公开
马来西亚	2010年	高等教育卓越中心计划ᵃ	2020年前成为国际学生和教师的主要选择；提升竞争力与创新精神	人力资本；高影响力期刊；科学网络和联系；社会生活质量	未公开	共20个中心	未公开	符合国家优先事项；跨学科；管理和组织；质量管理系统；财务、人力资源管理；研究资助；研究出版物；研发支出
中国	2017年	"双一流"建设ᵇ	推动一批高水平学科进入世界一流行列或前列	一流师资；创新人才；科学研究；传承文化；成果转化	约919亿元人民币/周期	第一轮：140所 第二轮：147所	竞争优选；专家评选；政府比选；动态筛选	人才培养；科学研究；社会服务；教师队伍建设

资料来源：世界一流学科重点建设项目要点内容及数据由各国或地区教育相关部门的官方网站整理得出。详见：

a. Government of Canada. *NCE Programs Overview. Networks of Centres of Excellence*, http：//www.nce-rce.gc.ca/Programs-Programmes/Index_eng.asp, 2019-10-25.

b. Government of Canada. *Centres of Excellence for Commercialization and Research Program. Networks of Centres of Excellence*, http：//www.nce-rce.gc.ca/Programs-Programmes/CECR – CECR/Index_eng. asp, 2019 – 10 – 25.

c. Government of Canada. *Centres of Excellence for Commercialization and Research Program*. Networks of Centres of Excellence, http: //www. nce – rce. gc. ca/Programs – Programmes/CECR – CECR/Index_eng. asp, 2019 – 10 – 25.

d. Government of Canada. *Networks and Centres by Program*. Networks of Centres of Excellence, http: //www. nce – rce. gc. ca/NetworksCentres – CentresReseaux/ByBrogram – ParProgramme_eng. asp, 2019 – 01 – 11.

e. Danish National Research Foundation. *What is a Center of Excellence*. DNRF, https: //dg. dk/en/what – is – a – center – of – excellence, 2019 – 10 – 25.

f. Academy of Finland. *Finnish Centres of Excellence*. AKA, https: //www. aka. fi/en/research – funding/programmes – and – other – funding – schemes/finnish – centres – of – excellence/, 2019 – 10 – 25.

g. The Research Council of Norway. *Nove Boje Znanja*. NoveBojeZnanja, http: //novebojeznanja. hr/, 2019 – 10 – 25.

h. Swiss National Science Foundation. *Swiss National Centres of Competence in Research (NCCR)*. SNSF, https: //www. snf. ch/SiteCollectionDocuments/NIFU_Final_Report. pdf, 2019 – 10 – 25.

i. Ministry of Education. *CoREs and Effect*. Education Counts, https: //www. educationcounts. govt. nz/__data/assets/pdf. _file/0005/115853/CoREs – and – effect – Feb – 2013. pdf, 2019 – 01 – 11.

j. Japan Society for the Promotion of Science. *World Premier International Research Center Initiative (WPI)*. JSPS, https: //www. jsps. go. jp/english/e – toplevel/, 2021 – 10 – 17.

k. Planning and Budget Committee. *The I – CORE Program*. I – CORE, http: //www. i – core. org. il/The – I – CORE – Program, 2019 – 01 – 11.

l. Australian Research Council. *ARC Centres of Excellence*. ARC, https: //www. arc. gov. au/grants/linkage – program/arc – centres – excellence, 2021 – 10 – 17.

m. Science Foundation Ireland. *Agenda 2020 Excellence and Impact*. SFI, https: //www. sfi. ie/, 2019 – 01 – 17.

n. Luxembourg National Research Fund. *Launch of National Centre of Excellence in Research in Parkinson's Disease*. FNR, https: //www. fnr. lu/launch – national – centre – excellence – research – parkinsons – disease, 2019 – 10 – 25.

o. University Grants Commission. *XI – Plan Guidelines for Centres with Potential for Excellence in Particular Areas (CPEPA)*. UGC, https: //www. ugc. ac. in/oldpdf. xiplanpdf. centerpontentialexcellence. pdf, 2019 – 10 – 25.

p. The University Grants Committee. *Areas of Excellence (AoE) Scheme 2018/19 (Eighth Round) Funding Results*. UGC, https: //www. ugc. edu. hk/doc/eng/ugc/publication/press/2018/pr31122018. pdf, 2019 – 01 – 11.

q. The National Research Foundation. *Research Centres of Excellence*. NRF, https: //www. nrf. gov. sg/programmes/research – centres – of – excellence, 2019 – 06 – 17.

r. Ministry of Higher Education. *The National Higher Education Strategic Plan Beyond 2020*. The International Labour Organization, http: //www. ilo. org/dyn/youthpol/en/request. fileutils. docHandle? p_uploaded_file_id = 477, 2019 – 01 – 11.

s. 国务院:《关于印发统筹推进世界一流大学和一流学科建设总体方案的通知》, 中华人民共和国中央人民政府网站, 2019 年 1 月 10 日, http: //www. gov. cn/zhengce/content/2015 – 11/05/content_10269. htm。

丹麦的科学研究能力。[①] 瑞士的国家研究能力中心计划 (The National Centres of Competence in Research, NCCR 计划) 通过重视青年研究人员培养、强调性别平等提升科研竞争力等。[②] 加拿大 NCE、商业与研究卓越中心计划 (Centres of Excellence for Commercialization and Research, CECR 计划)、企业导向卓越中心网络计划 (Business-led Networks of Centres of Excellence, BL - NCE 计划)[③]、卓越中心网络知识流动计划 (NCE Knowledge Mobilization, NCE - KM 计划)、卓越中心国际知识转化平台网络计划 (NCE International Knowledge Translation Platforms, NCE - IKTP 计划), 芬兰 CoE 计划, 澳大利亚卓越研究中心计划 (ARC Centers of Excellence), 爱尔兰科学基金研究中心计划 (SFI Research Centres) 和卢森堡国家研究卓越中心计划 (National Centres of Excellence in Research, NCER 计划) 强调以联盟和多方合作的形式进行建设; 此外挪威卓越中心计划 (Centres of Excellence, 挪威语为 Sentre for Fremragende Forskning, SFF 计划) 重视基础研究, 澳大利亚的项目还重视科研创新。

截至 2018 年, 存续的发达国家一流学科重点建设项目的建设重点是各学科大类的建设。加拿大 NCE 计划旨在提升工程、卫生、自然、社会科学和生物医学等领域的科学实力。加拿大 CECR 计划涉及自然科学、生物医学和工程技术学科, 将环境、自然资源和能源、健康与生命科学以及信息和通信技术等相关领域作为优先资助对象。[④] 加拿大 BL - NCE 计划研究领域涉及生命科学、工程类 (包括航空和电子信息)、自然资源和能源几大学科。[⑤] 挪威的 SFF 计划优先建设海洋研究、信息通信技术、医学和健康以及能源/环境学科四个研究领域。[⑥] 卢森堡 NCER 计划专门关注帕金森疾病治疗研究。[⑦]

2. 发达国家一流学科重点建设项目的内容

截至 2018 年, 存续的发达国家一流学科重点建设项目分布在北美洲、欧洲、

---

① Danish National Research Foundation. *What is a Center of Excellence*. DNRF, https: //dg. dk/en/what - is - a - center - of - excellence, 2019 - 10 - 25.

② Swiss National Science Foundation. *The National Centres of Competence in Research NCCRs*. SNSF, http: // www. snf. ch/Seiten/PageNotFoundError. aspx? requestUrl = http: //www. snf. ch/SiteCollectionDocuments/nfs/nccr_ guide_2018. pdf, 2019 - 10 - 25.

③ 加拿大商业与研究卓越中心计划、企业导向卓越中心网络计划于 2018 年合并为一个项目。

④⑤ Government of Canada. *Centres of Excellence for Commercialization and Research Program*. Networks of Centres of Excellence, http: //www. nce - rce. gc. ca/Programs - Programmes/CECR - CECR/Index _ eng. asp, 2019 - 10 - 25.

⑥ The Research Council of Norway. *Nove Boje Znanja*. NoveBojeZnanja, http: //novebojeznanja. hr/, 2019 - 10 - 25.

⑦ Luxembourg National Research Fund. *Launch of National Centre of Excellence in Research in Parkinson's Disease*. FNR, https: //www. fnr. lu/launch - national - centre - excellence - research - parkinsons - disease, 2019 - 10 - 25.

大洋洲和亚洲。根据 ARWU2021 年排名，全球拥有世界百强大学的 18 个国家里，14 个国家拥有重点大学或学科建设计划，占比 77.8%，其中拥有重点学科计划的发达国家有 8 个。[①] 全球拥有世界 200 强大学的 26 个国家里，其中 9 个发达国家拥有重点学科建设计划，占比 34.6%。[②]

这些计划按照建设侧重点可分为知识应用类、学术发展类和队伍建设类。[③]加拿大 NCE 计划、NCE – KM 计划、CECR 计划、BL – NCE 计划，丹麦 CoE 计划，芬兰 CoE 计划，挪威 SFF 计划，瑞士 NCCR 计划，爱尔兰科学基金研究中心计划，新西兰卓越研究中心计划（Cenres of Research Excellence，CoREs 计划），澳大利亚卓越研究中心计划和卢森堡 NCER 计划都属于知识应用类，主要聚焦于知识转化与成果应用。以色列卓越研究中心计划属于学术发展类，主要聚焦于学术卓越。日本世界顶级国际研究中心计划（The World Premier International Research Center Initiative，WPI 计划）属于队伍建设类，主要聚焦于人才的引进与发展。

发达国家重点学科建设计划的经费来源较为多样，不仅由政府单方面投入，还有来自其他企业、非营利组织等合作伙伴的赞助支持。例如加拿大 NCE 计划由政府、企业和非营利组织等合作伙伴每年提供近 9 000 万美元（约 7 亿元人民币）的支持。[④] 加拿大 BL – NCE 计划每年拨款 1 200 万美元（约 9 384 万元人民币），其中至少一半的研究费用由企业等合作伙伴支付。[⑤] 瑞士 NCCR 计划的经费来自瑞士国家科学基金会、本地机构自筹资金、项目参与者自筹资金和第三方资金，平均每年获得 0.87 亿瑞士法郎（约 4.16 亿元人民币）的资助。[⑥] 新西兰 CoREs 计划每年获得约 0.31 亿新西兰元（约 1.16 亿元人民币）的资助，包含官方投入和企业融资。[⑦] 爱尔兰科学基金研究中心计划每年获得 100 万 ~ 500 万欧元（817.7 万 ~ 4 075.92 万元人民币），该计划的大部分经费由爱尔兰科学基金

① Shanghai Ranking. *Academic Ranking of World Universities*. ARWU，http：//www. shanghairanking. com/ARWU – Statistics – 2019. html，2019 – 10 – 25.

② 冯倬琳、刘念才：《世界一流大学评价与建设》，上海交通大学出版社 2019 年版，第 137 ~ 184 页。

③ 冯倬琳、刘雪莹、姜雅萃、刘念才：《世界一流大学重点建设项目的评价标准与评价要素》，载于《高等教育研究》2017 年第 12 期。

④ Government of Canada. *Networks of Centres of Excellence Program*. Networks of Centres of Excellence，http：//www. nce – rce. gc. ca/Programs – Programmes/NCE – RCE/Index_eng. asp，2019 – 01 – 11.

⑤ Government of Canada. *Networks and Centres by Program*. Networks of Centres of Excellence，http：//www. nce – rce. gc. ca/NetworksCentres – CentresReseaux/ByBrogram – ParProgramme_eng. asp，2019 – 01 – 11.

⑥ Swiss National Science Foundation. *The National Centres of Competence in Research NCCRs*. SNSF，http：//www. snf. ch/SiteCollectionDocuments/nccr_brochure_e. pdf，2019 – 01 – 11.

⑦ Ministry of Education. *CoREs and Effect*. Education Counts，https：//www. educationcounts. govt. nz/__data/assets/pdf. _file/0005/115853/CoREs – and – effect – Feb – 2013. pdf，2019 – 01 – 11.

会直接投入，其他经费由行业合作伙伴和企业赞助投资。[①]

发达国家一流学科重点建设项目的资助时间大多为 5～21 年不等。加拿大 NCE－KM 计划最少资助 5 年，最多资助 10 年；而加拿大 NCE 计划每个项目的资助时间最少 5 年，最多 21 年。芬兰 CoE 计划的平均资助时间为 5 年。加拿大 CECR 计划最少资助 5 年，最多资助 15 年。新西兰 CoREs 计划和爱尔兰科学基金研究中心计划平均资助时间为 6 年。澳大利亚卓越研究中心计划平均资助时间为 8 年。加拿大 BL－NCE 计划、丹麦 CoE 计划、挪威 SFF 计划和日本 WPI 计划平均资助时间为 10 年。瑞士 NCCR 计划资助时间为 12 年。

关于资助机构数目，通常每一期集中资助 10 个左右。例如挪威 SFF 计划第一期资助 21 个中心，第二期 9 个中心，第三期 13 个中心，第四期 10 个中心。[②] 瑞士 NCCR 计划第一期资助 14 个中心，第二期 6 个中心，第三期 8 个中心，第四期 8 个中心。[③] 新西兰 CoREs 计划第一期资助 7 个中心，第二期 7 个中心，第三期 6 个中心。[④] 澳大利亚卓越研究中心计划在 2011 年第一期项目中共资助了 13 个中心，2014 年第二期项目资助了 12 个中心，2017 年第三期项目资助了 9 个中心。[⑤]

3. 发达国家一流学科重点建设项目的评价

发达国家重点学科建设项目与重点大学建设项目的评价类似，通常采用提交意向和正式提交申请这两个步骤，同时大多数项目聘请国际专家协助审核。例如丹麦 CoE 计划在第一阶段邀请项目负责人提交意向书和简短的大纲提案，执行局对项目进行单独审核，在第二阶段由一组该领域的国际专家对申请者提交的完整申请进行审查，并由委员会对申请人面试进行最终选拔。[⑥] 挪威 SFF 计划先由内部相关部门对申请草案进行筛选处理，再由国际专家对申请者的完整申请进行科

---

① Science Foundation Ireland. *Agenda* 2020 *Excellence and Impact.* SFI, https：//www. sfi. ie/, 2019 － 01 － 17.

② The Research Council of Norway. *Centres of Excellence in the Nordic Countries.* NoveBojeZnanja, http：// novebojeznanja. hr/UserDocsImages/Dokumenti% 20i% 20publikacije/Novi% 20i% 20dodani% 20dokumenti% 20i% 20publikacije/（2d）% 20Visoko% 20obrazovanje,% 20znanost% 20i% 20tehnologija/Vozt% 20Centres% 20of% 20Excellence% 20in% 20the% 20Nordic% 20countries. pdf, 2019 － 01 － 11.

③ Swiss National Science Foundation. *Guide* 2018 *National Centres of Competence in Research.* SNSF, http：//www. snf. ch/Seiten/PageNotFoundError. aspx? requestUrl ＝ http：//www. snf. ch/SiteCollectionDocuments/nfs/nccr_guide_2018. pdf, 2019 － 01 － 11.

④ Ministry of Education. *CoREs and Effect.* Education Counts, https：//www. educationcounts. govt. nz/__ data/assets/pdf. _file/0005/115853/CoREs － and － effect － Feb － 2013. pdf, 2019 － 01 － 11.

⑤ Australian Research Council. *The I － CORE Program.* I － CORE, http：//www. i － core. org. il/The － I － CORE － Program, 2019 － 01 － 11.

⑥ Danish National Research Foundation. *What is a Center of Excellence.* DNRF, https：//dg. dk/en/what － is － a － center － of － excellence, 2019 － 10 － 25.

学审查，最后部门会进行面试，根据审查结果和面试结果作出资助决定。① 加拿大 NCE 计划等项目由国内和国际专家组成的专家小组根据项目标准对申请进行评估，再与申请人展开面谈和书面评估，由常设遴选委员会负责审查申请和专家组报告，由指导委员会进行项目的最终裁决。②

在评选标准上，发达国家一流学科重点建设计划大体分为科研能力、组织管理、社会服务三种。科研能力标准如丹麦 CoE 计划要求中心提交聚焦于突破性研究的研究计划，同时项目负责人需在国际科学界拥有较高地位，能够建立良好的国际研究环境和高质量的研究队伍，并培养青年研究人员。③ 组织管理标准如加拿大 CECR 计划看重申请人促进合作关系的潜力，希望通过合作解决本国优先需求来显著扩大加拿大的竞争优势。④ 服务社会标准如挪威 SFF 计划看重项目服务社会的能力，要求对促进可持续的社会和商业发展做出重大贡献，发展需要应对重大社会挑战的知识领域，可对挪威贸易和工业进行重组。⑤ 此外，一些项目还重视团队人员的平衡，例如瑞士 NCCR 计划特意强调团队的性别平等⑥，挪威 SFF 计划着重要求提高女性担任领导职务的比例⑦，新西兰 CoE 计划还提及要考虑团队的民族多样性和包容性等。⑧

二、新兴经济体一流学科重点建设

1. 新兴经济体一流学科重点建设项目的目标

新兴经济体一流学科重点建设计划的目的主要是促进特定学科领域达到世界水准。印度卓越潜力学科资助计划（Centres with Potential for Excellence in Particu-

---

① The Research Council of Norway. *Norwegian Centres of Excellence Scheme*. Forskningsradet, https：//www. forskningsradet. no/en/apply － for － funding/funding － from － the － research － council/sff/, 2019 － 10 － 25.

② Government of Canada. *Networks of Centres of Excellence Program*. Networks of Centres of Excellence, http：//www. nce － rce. gc. ca/Programs － Programmes/NCE － RCE/Index_eng. asp, 2019 － 01 － 11.

③ Danish National Research Foundation. *What is a Center of Excellence*. DNRF, https：//dg. dk/en/what － is － a － center － of － excellence, 2019 － 10 － 25.

④ Government of Canada. *Centres of Excellence for Commercialization and Research Program*. Networks of Centres of Excellence, http：//www. nce － rce. gc. ca/Programs － Programmes/CECR － CECR/Index_eng. asp, 2019 － 10 － 25.

⑤⑦ The Research Council of Norway. *Nove Boje Znanja*. NoveBojeZnanja, http：//novebojeznanja. hr/, 2019 － 10 － 25.

⑥ Swiss National Science Foundation. *Guide 2018 National Centres of Competence in Research*. SNSF, http：//www. snf. ch/Seiten/PageNotFoundError. aspx? requestUrl = http：//www. snf. ch/SiteCollectionDocuments/nfs/nccr_guide_2018. pdf, 2019 － 01 － 11.

⑧ Ministry of Education. *CoREs and Effect*. Education Counts, https：//www. educationcounts. govt. nz/__data/assets/pdf. _file/0005/115853/CoREs － and － effect － Feb － 2013. pdf, 2019 － 10 － 25.

lar Areas，CPEPA 计划）通过打破学科界限，教职员定期进行课程合作，促进多学科领域的创新学术研究，在短时间内使特定学科领域取得领导地位。① 新加坡卓越研究中心计划（Campus for Research Excellence and Technological Enterprise，CREATE 计划）通过建立一流研究中心，吸引世界顶尖研究人才，加强大学研究生教育，培训合格的研究人员，最终促进各学科领域的知识创新，重点建设环境系统、能源系统、人类系统和城市系统。② 我国香港地区卓越学科领域计划（Areas of Excellence Scheme，AoE 计划）通过建设世界级的研究机构，使受资助的院校能够发挥所长，各学科领域在现有优势的基础上持续发展，跻身世界学术翘楚之列。③ 马来西亚高等教育卓越中心计划（Higher Education Institution Centres of Excellence，HICoE 计划）使马来西亚成为国际学生和教师的主要选择，力图将马来西亚转变为具有竞争力和创新精神的高收入发达国家。④ 新兴经济体国家或地区一流学科重点建设计划重视各学科的研究实力，以此提升该学科的国际地位。

2. 新兴经济体一流学科重点建设项目的内容

截至 2018 年，存续的新兴经济体一流大学重点建设项目主要分布在亚洲地区。我国香港地区 AoE 计划的建设时间是 5 ~ 10 年不等。根据计划的建设侧重，印度 CPEPA 计划、我国香港地区 AoE 计划、新加坡卓越研究中心计划（Research Centres of Excellence，RCE 计划）和马来西亚 HICoE 计划都属于学术发展类，聚焦学术卓越性。

新兴经济体重点学科建设现有的资料里还没有针对印度、马来西亚和新加坡等计划关于经费的具体描述。根据可检索资料，我国香港地区 AoE 计划平均一所学校共获得 7 313 万元港币（约 6 550 万元人民币）。⑤

新兴经济体重点学科建设与发达国家重点学科建设情况类似，资助学校较少，平均每一期资助 6 个。例如我国香港地区 AoE 计划八轮评选中每轮平均选出

---

① University Grants Commission. *XI – Plan Guidelines for Centres with Potential for Excellence in Particular Areas（CPEPA）*. UGC，https：//www. ugc. ac. in/oldpdf. xiplanpdf. centerpontialexcellence. pdf，2019 – 10 – 25.

② The National Research Foundation. *Research Centres of Excellence*. NRF，https：//www. nrf. gov. sg/programmes/resea – rch – centres – of – excellence，2019 – 10 – 25.

③ The University Grants Committee. *Areas of Excellence Scheme*. UGC，https：//www. ugc. edu. hk/eng/rgc/aoes/aoes_sc – heme. html，2019 – 10 – 25.

④ Ministry of Higher Education. *The National Higher Education Strategic Plan Beyond 2020*. The International Labour Organization，http：//www. ilo. org/dyn/youthpol/en/equest. fileutils. docHandle？p_uploaded_file_id = 477，2019 – 10 – 25.

⑤ The University Grants Committee. *Areas of Excellence（AoE）Scheme 2018/19（Eighth Round）Funding Results*. UGC，https：//www. ugc. edu. hk/doc/eng/ugc/publication/press/2018/pr31122018. pdf，2019 – 01 – 11.

3 个中心。① 新加坡共建立了 5 个卓越研究中心。② 马来西亚 HICoE 计划到 2020 年共建立了 20 个中心，其中 6 个卓越中心升级为高等教育卓越中心。③

3. 新兴经济体一流学科重点建设项目的评价

新兴经济体一流学科重点建设中关于评价的具体描述，根据检索资料，印度项目的评价体系较为完整。印度 CPEPA 计划中心每年提交年度报告，每两年执行委员会会对项目进行监督评估，对项目实施进行相应的修订调整。每五年由专家委员会进行总结性评估，执行委员会根据建议决定是否继续资助 5 年。④

三、我国一流学科重点建设

1. 一流学科重点建设项目的目标

以学科建设为基础是新时代我国高等教育改革和发展的经验总结，通过实施"211 工程"和"985 工程"等建设项目，我国高等教育高层次人才培养的能力明显提高，为经济社会持续健康发展服务的能力显著提升，学科建设水平和能力的提高成为我国高等教育历史性变化的重要标识⑤，因此新的大学重点建设项目开始突出学科建设的作用，坚持"以一流为目标、以学科为基础、以绩效为杠杆、以改革为动力"的基本原则，推动一批高水平大学和学科面向国家重大战略需求、经济社会主战场、世界科技发展前沿开展重点建设，全面提升我国高等教育在人才培养、科学研究、社会服务、文化传承创新和国际交流合作中的综合实力，推动一批学科进入一流学科前列或行列。⑥ 一流大学建设高校重在一流学科基础上的学校整体建设、重点建设，全面提升人才培养水平和创新能力；一流学

---

① The University Grants Committee. *Areas of Excellence Scheme*. UGC，https：//www. ugc. edu. hk/eng/rgc/aoes/aoes_sch – eme. html，2019 – 01 – 11.

② The National Research Foundation. *Research Centres of Excellence*. NRF，https：//www. nrf. gov. sg/programmes/research – centres – of – excellence，2019 – 06 – 17.

③ Ministry of Higher Education. *The National Higher Education Strategic Plan Beyond* 2020. The International Labour Organization，http：//www. ilo. org/dyn/youthpol/en/equest. fileutils. docHandle? p_uploaded_file_id = 477，2019 – 01 – 11.

④ University Grants Commission. *University Grants Commission New Delhi*. UGC，https：//www. ugc. ac. in/pdfnews/2758219_guideline – CPEPA. pdf，2019 – 01 – 11.

⑤ 顾海良：《"双一流"建设要坚持以学科建设为基础》，载于《中国高等教育》2017 年第 19 期。

⑥ 教育部：《教育部学位管理与研究生教育司负责人就〈统筹推进世界一流大学和一流学科建设实施办法（暂行）〉答记者问》，中华人民共和国教育部网站，2019 年 10 月 25 日，http：//www. moe. gov. cn/jyb_xwfb/s271/201701/t20170125_295695. html。

科建设高校重在优势学科建设，促进特色发展。①

2. 一流学科重点建设项目的内容

"双一流"建设以立德树人为根本，强调服务国家经济社会发展，特别是国家重大战略，引导高校把"四个服务"② 作为建设的出发点和落脚点。专家委员会将高校和学科对社会的贡献以及国家重大战略和行业区域发展需要作为建设高校认定标准的重要因素，积极引导高校服务国家经济社会发展。③ 《实施办法》允许高校结合学校综合改革方案和专家委员会咨询建议，自主确定学科建设口径和范围，支持鼓励高校积极发展经济社会急需的学科特别是新兴学科、交叉学科。④

"双一流"建设注重区域协调发展，重点围绕服务国家重大战略，并有利于加快中西部高等教育的发展。根据认定标准，2017 年遴选产生 140 所一流学科建设高校建议名单，共计 465 个学科，包含自定学科 44 个。⑤ 其中不加"自定"标识的学科，是根据"双一流"建设专家委员会确定的标准而认定的学科；加"自定"标识的学科，是根据"双一流"建设专家委员会的建议由高校自主确定的学科，并按照专家委员会的咨询建议修改后由高校自行公布。⑥

2022 年，在深入推进"双一流"的新阶段，教育部提出"双一流"建设高校要率先通过推进学科专业调整、夯实基础学科建设、加强应用学科建设、推进中国特色哲学社会科学体系建设、推动学科交叉融合等举措，实现服务新发展格局，优化学科专业布局。⑦ 同时，鼓励建设高校着力发展国家急需学科，以及关系国计民生、影响长远发展的战略性学科，同时兼顾适应需要的新兴学科和交叉

---

① 教育部：《教育部学位管理与研究生教育司负责人就〈统筹推进世界一流大学和一流学科建设实施办法（暂行）〉答记者问》，中华人民共和国教育部网站，2019 年 10 月 25 日，http：//www. moe. gov. cn/jyb_xwfb/s271/201701/t20170125_295695. html。

② "四个服务"是：为人民服务，为中国共产党治国理政服务，为巩固和发展中国特色社会主义制度服务，为改革开放和社会主义现代化建设服务。

③ 教育部、财政部、国家发改委：《关于印发〈"双一流"建设成效评价办法（试行）〉的通知》，中华人民共和国教育部网站，2021 年 3 月 23 日，http：//www. moe. gov. cn/srcsite/A22/moe_843/202103/t20210323_521951. html。

④ 教育部：《教育部对十二届全国人大五次会议第 1285 号建议的答复》，中华人民共和国教育部网站，2019 年 10 月 25 日，http：//www. moe. gov. cn/jyb_xwfb/s271/201709/t20170921_314928. html。

⑤ 教育部、财政部、国家发改委：《关于公布世界一流大学和一流学科建设高校及建设学科名单的通知》，中华人民共和国教育部网站，2019 年 10 月 25 日，http：//www. moe. gov. cn/srcsite/A22/moe_843/201709/t20170921_314942. html。

⑥ 高文涛、郝文武：《中国"双一流"建设的学校，学科和地区分布分析》，载于《当代教师教育》2018 年第 11 期。

⑦ 教育部、财政部、国家发改委：《关于深入推进世界一流大学和一流学科建设的若干意见》，中华人民共和国教育部网站，2022 年 6 月 14 日，http：//www. moe. gov. cn/srcsite/A22/s7065/202202/t20220211_598706. html。

学科，采用动态调整模式，更好满足国家需要、适应科技进步大潮。① 学校的学科布局体现学校的面貌，体现特色和优势，形成充满活力的学科生态。② 2022 年"双一流"建设共涉及 147 所高校，其中新增学科数量为 58 个。③

3. 一流学科重点建设项目的评价

根据《总体方案》与《实施办法》，"双一流"重点建设计划组建"双一流"建设专家委员会承担审核建设方案的有关工作。"双一流"建设计划强化绩效评价，根据高校办学目标实现程度动态调整支持力度，真正将高校引导到教学质量提高和一流学科建设上，通过一流学科率先突破，示范和带动提升高校综合实力和国际竞争力。④ 每五年一个建设周期，建设高校实行总量控制、开放竞争、动态调整。⑤ "双一流"建设学科监测指标体系主要包括 5 大监测项目、14 个监测要素和 30 多个核心监测点，其中 5 大监测项目指学科建设进展、培养拔尖创新人才、建设一流师资队伍、提升科学研究水平和社会服务。⑥

2022 年《关于深入推进世界一流大学和一流学科建设的若干意见》主要体现在要基于国家高质量发展的全局来理解分类建设评价。⑦ 对"双一流"建设学科实施分层分类建设与评价，鼓励和引导不同类型建设学科合理定位，在各自领域争创一流，支撑国家发展全局的战略目标需要；从高等教育内涵式发展的整体来定位分类建设评价，强化学科重点建设，按照基础研究、工程技术、人文社会科学人才培养的不同规律和需求标准，完善多元评价体系和常态化监测系统，基于大数据常态化监测，着力建设"监测—改进—评价"机制，强化诊断功能，落实高校的建设主体责任；根据高校自主特色发展模式的创新来

---

①⑦　教育部、财政部、国家发改委：《关于深入推进世界一流大学和一流学科建设的若干意见》，中华人民共和国教育部网站，2022 年 6 月 14 日，http：//www. moe. gov. cn/srcsite/A22/s7065/202202/t20220211_598706. html。

②　教育部：《稳中求进，锐意创新 深入推动"双一流"高质量建设》，中华人民共和国教育部网站，2022 年 2 月 22 日，http：//www. moe. gov. cn/jyb_xwfb/moe_2082/2022/2022_zl04/202202/t20220214_599086. html。

③　教育部、财政部、国家发改委：《关于公布第二轮"双一流"建设高校及建设学科名单的通知》，中华人民共和国教育部网站，2022 年 6 月 14 日，http：//www. moe. gov. cn/srcsite/A22/s7065/202202/t20220211_598710. html。

④　教育部：《"双一流"引弓满弦蓄待发》，中华人民共和国教育部网站，2019 年 10 月 25 日，ht-tp：//www. moe. gov. cn/jyb_xwfb/s5147/201703/t20170309_298771. html。

⑤　教育部：《教育部学位管理与研究生教育司负责人就〈统筹推进世界一流大学和一流学科建设实施办法（暂行）〉答记者问》，中华人民共和国教育部网站，2019 年 10 月 25 日，http：//www. moe. gov. cn/jyb_xwfb/s271/201701/t20170125_295695. html。

⑥　教育部、财政部、国家发改委：《关于发布〈"双一流"建设监测指标体系（试行）〉（高校填报部分）的通知》，南京中医药大学网站，2022 年 5 月 20 日，http：//syl. njucm. edu. cn/_upload/article/files/26/91/9110c36841168fa7c2e688fbfe61/e829ba47－6844－432f－89cc－0c0f432647df. pdf。

实施分类建设评价。① 对不同类型的建设高校给予不同的支持政策，不拘泥于一级学科，允许部分高校按领域和方向开展学科建设。② 选择若干高水平大学，全面赋予自主设立建设学科、自主决定评价周期等权限，鼓励探索办学新模式。③ 对于区域特征突出的建设高校，支持面向区域重大需求强化学科建设等，从而深化体制机制改革。④

---

①③　教育部：《完善分类建设评价，推进高等教育高质量内涵式发展》，中华人民共和国教育部网站，2022 年 2 月 22 日，http：//www. moe. gov. cn/jyb_xwfb/moe_2082/2022/2022_zl04/202202/t20220214_599085. html。

②　教育部：《服务创新发展，完善管理机制 推动高层次人才培养与高水平科学研究相互促进》，中华人民共和国教育部网站，2022 年 2 月 22 日，http：//www. moe. gov. cn/jyb_xwfb/s271/202202/t20220214_599080. html。

④　教育部、财政部、国家发改委：《关于深入推进世界一流大学和一流学科建设的若干意见》，中华人民共和国教育部网站，2022 年 6 月 14 日，http：//www. moe. gov. cn/srcsite/A22/s7065/202202/t20220211_598706. html。

第一章

高等教育强国建设与"双一流"建设目标分解研究[*]

第一节　高等教育强国建设与"双一流"建设

一、高等教育强国建设需要"双一流"建设

1. 世界各国高等教育强国建设的经验总结

1983 年，美国学者伯顿·克拉克（Burton R. Clark）根据林德布洛姆（Lindblom）的制度分析框架及多国高等教育发展的社会事实，首次提出高等教育发展的政府、市场、大学"三角协调模式"，这一模式体现了大学与国家发展之间的密切关系，即国家发展需要大学为之做出贡献，大学发展需要国家、市场等外部力量提供支撑。世界科学活动中心的转移表明，一个国家成为高等教育强国的标志是拥有一批享有世界声誉的一流大学、一流的学科成果与学术系统的强势话语权。①

---

　　*　本章主要内容已发表在《清华大学教育研究》2021 年第 3 期。
　　①　张学文、刘益东：《科教兴国视野下高等教育强国建设：内在逻辑与行动路向》，载于《教育研究》2023 年第 3 期。

在任何国家，大学都是敏锐反映本国历史和特性的一面可靠镜子。[①] 世界一流大学不仅体现了一个国家的高等教育发展水平，而且象征一个国家的科学与文化实力。[②] 世界各国高等教育发展的经验表明，"世界一流大学作为国家创新体系的重要组成部分，是培养创新型人才、吸引和聚集杰出科技人才，并力图解决国民经济重大科技问题、实现技术转移和成果转化的重要智力支撑"[③]。

与世界科学中心一样，世界高等教育中心经历了从意大利到英国、法国、德国、美国的四次转移。[④] 世界高等教育中心最突出的特征就是其高等教育系统在世界高等教育格局中具有引领作用，它比其他系统体现出更强的全球影响力和辐射力。[⑤]

2. 中国高等教育强国建设的现实需求

习近平总书记高度重视"双一流"建设，在多次重要讲话中强调要加快建设中国特色世界一流大学，实现高等教育内涵式发展[⑥]，并指出"建设中国特色、世界一流大学要扎根中国大地，走出一条建设中国特色、世界一流大学的新路"[⑦]。可见，"双一流"建设是党中央面向实现"两个一百年"宏伟目标作出的重大战略决策，是中华民族伟大复兴的一项基础工程。[⑧]

"双一流"建设的初心使命就是教育报国。一方面，要打造一批各具特色的世界一流高校，其中既要涌现一批世界一流的研究型大学，这些高校致力于探索未知世界、引领知识创新、登顶世界科技高峰；也要涌现一批世界一流的特色型大学，这些高校立足行业特色，致力于核心技术研发，能够卓越地推动科学技术成果向现实生产力转化。另一方面，还要建设一批实力雄厚的世界一流学科，其中既要涌现一批综合实力强劲的一级学科，也要打造一批在某些方面冒尖的学科方向或学科点，还要形成一批支撑区域经济社会发展的优质特色学科。[⑨]"双一流"建设服务的是国家战略，通过"双一流"建设这一战略部署，想国家之所想、急国家之所急、应国家之所需，面向世界科技前沿、面向经济主战场、面向

---

① 李志民：《如何理解"双一流"建设的战略意义？》，中国教育在线，2020 年 3 月 18 日，http：//www.edu.cn/ke_yan_yu_fa_zhan/special_topic/zbwjt/201709/t20170925_1556603.shtml。

② 潘懋元：《双一流为高等教育强国建设注入强大动力》，载于《人民日报》2017 年 11 月 19 日。

③ 刘莉、刘念才：《世界一流大学建设与中国梦》，上海交通大学出版社 2018 年版，第 8 页。

④⑤ 赵婷婷、田贵平：《"高等教育强国"特征：基于高等教育中心转移的国际经验分析》，载于《国家教育行政学院学报》2019 年第 7 期。

⑥⑨ 翁铁慧：《加快推进"双一流"建设努力建设高等教育强国》，载于《中国高教研究》2019 年第 11 期。

⑦ 新华社：《坚持党的领导传承红色基因扎根中国大地 走出一条建设中国特色世界一流大学新路》，载于《人民日报》2022 年 4 月 26 日。

⑧ 马俊杰：《百年未有之大变局下的"双一流建议"》，人民论坛网，2020 年 9 月 17 日，http：//www.rmlt.com.cn/2020/0917/593594.shtm。

国家重大需求、面向人民生命健康，把人力资源转化为巨大的人才资源优势。[①]

"双一流"建设承担着教育强国"领头羊"的重要职责，引领着各级各类教育的发展方向。通过推进"双一流"建设，逐步构建高水平的人才培养体系，使高质量、多样化、具有家国情怀和全球视野的拔尖创新人才竞相涌现，促进基础教育领域的人才培养模式优化。同时开展高水平的科学研究和知识服务，为其他高校提供标杆、做出示范，并在文化传承与创新上带动其他高校共同发挥更大作用。[②]

二、大学与学科发展的基本规律需要"双一流"建设

1. 大学功能的演变

从 11 世纪末大学产生至 18 世纪末 19 世纪初，大学主要承担人才培养的任务。16～18 世纪，在科学革命的推动下，社会对大学的人才培养提出了新的要求，科学研究和研究生教育逐渐受到重视，大学肩负起了人才培养和科学研究的双重任务。19 世纪 60 年代，以 1862 年美国《莫雷尔法案》（Morrill Act）的颁布和 1904 年"威斯康星理念"（the Wisconsin Idea）的提出为代表，这一时期的大学有人才培养、科学研究和社会服务三大功能。[③] 可见，大学三项基本功能的发展是随着社会变迁而逐步变化的，随着功能的演变，大学从游离于社会之外到处于社会边缘，最终走向社会中心。[④]

世界一流大学处于高等教育金字塔的顶端，在高等教育教育系统中发挥引领作用，因此要在更高的层次上实现大学的三大功能。本研究关注一流大学的人才培养、原创研究及经济贡献、服务国家等功能。一流大学要很好地实现这些功能，离不开学术大师的大力支撑。同时，为了发挥世界一流大学的引领作用，还需要世界一流大学扩大品牌影响，因此，本课题也专门研究了世界一流大学的学术大师和品牌影响力。

2. 现代学科的分类发展

英国萨塞克斯大学（University of Sussex）教育系原系主任、世界著名高等教育学教授托尼·比彻（Tony Becher）在 C. P. 斯诺学科"两分法"（自然学科领域和人文学科领域）的基础上，参考了考珀（Kolb）和比格蓝（Biglan）对学科的分类方法，从认识论和社会学角度提出了包含四个领域的知识分类框架，即纯

---

① 汤哲远：《深刻把握"双一流"建设的时代意蕴》，载于《中国教育报》2022 年 5 月 26 日。

② 翁铁慧：《加快推进"双一流"建设 努力建设高等教育强国》，载于《中国高教研究》2019 年第 11 期。

③④ 田琳：《世界一流大学的功能研究》，上海交通大学博士学位论文，2020 年。

硬科学（pure hard science）、纯软科学（pure soft science）、应用硬科学（applied hard science）和应用软科学（applied soft science）。不同类型学科的发展逻辑存在差异：纯硬学科主要遵循的是知识演绎逻辑；纯软学科的发展以社会与政治逻辑为主；应用学科以实践逻辑为主。[1] 纯硬科学以数学和物理学为代表，知识发展具有累积性和线性特征，知识结构类似树型，注重普遍性和客观性，不受个人价值倾向的影响，有清晰的正误标准，对所要解决的重要问题能够达成共识，成果的表现形式为某种发现或理论[2]；纯软科学的"软"表现在知识划分标准的灵活性，即不强调知识划分的硬性指标，而是专注于知识的价值性，强调多元化的学科分类方法，这以人文学科和纯社会科学学科为典型代表[3]；应用硬科学包括"应用"和"硬"两个方面，这类学科的知识发展目的性强，强调将硬性知识付诸实践，一般采用定量与定性评价相结合的方式来评估产品或技术结果。应用硬科学以机械工程学为代表；应用软科学通常指应用社会科学，强调知识的实用性、功能性和功利性，注重专业实践，将软知识（通常是案例研究和案例法则）内化为职业技能，最终形成规约草案或程序步骤，如教育学、法学、行政管理等。[4]

根据国务院学位委员会和教育部 2011 年颁布、2018 年修订的《学位授予和人才培养学科目录》，我国的学科分为哲学、经济学、法学、教育学、文学、历史学、理学、工学、农学、医学、军事学、管理学、艺术学 13 个学科门类。《中华人民共和国学科分类与代码国家标准》（GB/T13745—2009）依据学科研究的对象、特征和方法等将学科划分为自然科学、农业科学、医药科学、工程与技术科学和人文与社会科学 5 个门类。

结合托尼·比彻的学科分类，根据我国学科分类的特点，我们将这 13 大学科门类归为五大类：理学、工学、生命医学、社会科学、人文学科。由于人文学科的特殊性，研究难度太大，从可行性角度考虑，在一流学科的研究部分，本研究只选择前四类进行研究。

三、"双一流"建设目标的推进与实现需要战略目标分解

1. "双一流"建设战略目标成功实现的需要

现代管理学奠基人彼得·德鲁克（Peter F. Drucker）在 1954 年出版的《管理的实践》（*Practice of Management*）中首次提出"依靠目标进行管理"（Man-

---

① ③ ④ 刘艳春：《学科分类体系下一流学科建设的路径选择》，载于《江苏高教》2019 年第 8 期。
② 杜鹏、洪云等：《我国不同学科类型专业学会差异化研究》，载于《科学与社会》2023 年第 13 期。

agement By Objectives，MBO）①，后来人们习惯上称其为"目标管理"。目标管理必须首先从目标清晰化做起。② 目标只有在分解之后才能变得更加清晰，才能让大家看到可操作性，才能让管理者更加有效地跟踪，这就是目标分解的价值所在。③ 目标分解不是目的，而是为了更好地保证整体目标实现所采取的手段。④ 只有通过对整体目标实施步骤的有效拆解，才有可能准确地评估目标实现的资源性和时间性。⑤ 目标分解必然形成一系列的目标，即目标簇。目标簇能否完整地回归总目标是研究者需要关注的问题。目标分解归根到底是为了实现总目标，如果目标簇不能回归总目标，从本质上说目标分解是失败的。⑥ 目标分解管理在管理学中被称为"管理中的管理"⑦，是目标管理的基石。

"双一流"建设目标属于战略目标（strategic objectives）。战略目标为政府或部门提供了发展愿景，成为未来一段时间内努力的聚焦点。战略目标通常是笼统的，应分解为具体的短期目标，通过实现短期目标来达到实现长期目标的效果。短期目标的设定应以战略目标为指导，以完成战略目标为目的。⑧ 战略目标的定量化是使目标具有可检验性的最有效方法。⑨ 因此，"双一流"建设目标需要有明确的、可以指导行动的目标。

2. "双一流"建设成效评估的需要

《统筹推进世界一流大学和一流学科建设总体方案》指出"双一流"建设的一个基本原则是：坚持以绩效为杠杆。建立激励约束机制，鼓励公平竞争，强化目标管理，突出建设实效。构建中国特色的世界一流大学和一流学科评价体系，充分激发高校内生动力和发展活力，引导学校不断提升办学水平。⑩ 2017 年《统筹推进世界一流大学和一流学科建设实施办法（暂行）》第一章第二条指出，"以中国特色、世界一流为核心，落实立德树人根本任务，以一流为目标、以学科为基础、以绩效为杠杆、以改革为动力，推动一批高水平大学和学科进入世界

---

① ［美］彼得·德鲁克著，陈驯译：《管理——使命、责任、实践》（实践篇），机械工业出版社 2019 年版，第 78 页。

② 郜军：《目标管理——写给中层经理人的工作目标管理宝典》，电子工业出版社 2019 年版，第 11 页。

③④⑤ 郜军：《目标管理——写给中层经理人的工作目标管理宝典》，电子工业出版社 2019 年版，第 105 页。

⑥ 舒杨：《目标管理中的目标分解》，载于《经营与管理》2009 年第 3 期。

⑦ 吴冬梅：《高校教育管理目标分解探微》，载于《沿海企业与科技》2016 年第 3 期。

⑧ 陈凯、肖鹏：《预算绩效目标管理的国际比较与启示——基于目标设置理论的研究视角》，载于《经济研究参考》2019 年第 12 期。

⑨ 金伟：《企业目标及企业战略目标》，载于《环渤海经济瞭望》2011 年第 3 期。

⑩ 国务院：《关于印发统筹推进世界一流大学和一流学科建设总体方案的通知》，中华人民共和国国务院，2020 年 6 月 21 日，http：//www.moe.gov.cn/jyb_xxgk/moe_1777/moe_1778/201511/t20151105_217823.html。

一流行列或前列"①，再次强调"以绩效为杠杆"。可见，"双一流"属于目标管理，重视绩效，其建设成效评估对于"双一流"建设非常重要。"评估必须基于绩效。评估是一种判断，总是需要有清晰的标准，才能下判断。"② 因此，"双一流"目标要实现，需要有可分解、可考核的目标。

第二节 "双一流"建设目标分解的研究进展

一、世界一流大学/学科建设目标的研究进展

世界一流大学的建设目标在学界备受关注，学者们通过文本分析、比较研究等多种方式对各国世界一流大学的建设目标进行了研究。龚兴英、陈时见阐述了日本 21 世纪 COE 计划的最终目的，即通过若干个世界最高水平的研究基地推动有关大学成为具有国际竞争力、独特个性的世界最高水平大学。③ 陈利达对德国卓越战略和我国"985 工程"政策目标进行比较后发现，两项政策的目标取向是基本一致的，但是两项政策的目标在细节上有些不同，如德国重视以"纯学术"标准进行评价，我国则强调实现科研实力提升与国家需求、创新能力、成果转化相结合。④ 张惠、刘宝存认为，法国卓越大学计划有明确清晰的总目标，即为法国打造 5～10 所具备国际竞争力和国际视野的世界顶尖大学，改善法国高校近年来在全球性大学排名中不够突出的状况。⑤ 刘宝存、张伟阐述了德国卓越战略、俄罗斯 5—100 计划、法国卓越大学计划、韩国 BK21 Plus 工程、日本 21 世纪 COE 计划与全球 COE 计划、印度卓越潜力大学计划与创新大学计划等世界一流大学建设计划的目标，并指出这些计划都是为了提升大学在全球性大学排名中的位次，赢得自身在高等教育领域中的话语权。⑥ 马利凯指出，在重点建设的目标

① 教育部、财政部、国家发改委：《统筹推进世界一流大学和一流学科建设实施办法（暂行）》，中华人民共和国教育部网站，2020 年 7 月 1 日，http://www.moe.gov.cn/srcsite/A22/moe_843/201701/t20170125_295701.html。

② ［美］彼得·德鲁克著，齐若兰译：《管理的实践》，机械工业出版社 2019 年版，第 152 页。

③ 龚兴英、陈时见：《日本"21 世纪 COE 计划"：背景、内容及意义》，载于《比较教育研究》2007 年第 7 期。

④ 陈利达：《中德世界一流大学建设政策的比较研究》，天津师范大学硕士学位论文，2013 年。

⑤ 张惠、刘宝存：《法国创建世界一流大学的政策及其特征》，载于《高等教育研究》2015 年第 4 期。

⑥ 刘宝存、张伟：《国际比较视野下的创建世界一流大学政策研究》，载于《比较教育研究》2016 年第 6 期。

导向上，日本的 COE 计划、韩国 BK21 Plus 工程及我国台湾的迈向顶尖大学计划锁定的目标均是建设世界一流的大学。① 赵俊芳、车旭认为，韩国 BK21 Plus 工程建设目标比较综合，包括建设世界级的研究生院；培养高质量研究开发人才，提高整个国家的科研能力；培养专门化的地方性大学，加强产业界和大学的联系；改革大学教育体系以培养创新型人才四个方面。② 王战军、雷琨认为，日本的全球顶级大学计划建设目标明确，即通过实施世界一流大学建设计划达到提升特色、培养人才、提高知名度和排名的目标。③ 刘昊指出，提升大学的科研能力是德、法两国建设世界一流大学政策的主要目标，两国也均明确把提升该国的大学在大学排行榜上的位次作为世界一流大学建设的政策目标之一。④

自 20 世纪 90 年代启动世界一流大学建设以来，学界对我国世界一流大学建设的研究比较多，但是对建设目标的研究并不多。"985 工程"建设报告指出，"985 工程"的建设目标是经过若干年的努力，建成若干所世界一流大学和一批国际知名的高水平研究型大学。⑤ "双一流"建设启动后，对建设目标的研究逐渐增多。包水梅、常乔丽指出，"双一流"建设战略的政策目标和具体建设任务实际上比较笼统模糊，意味着"双一流"建设战略的指向比较模糊，具体要达成的目标和要完成的任务比较笼统，这种模糊性难免会导致政策实施随意、政策评估缺乏标准、政策运行缺乏基本方向。⑥ 姜璐、董维春等以我国 42 份一流大学建设方案为样本进行研究发现，目标维（角色定位）是高校建设一流大学的"指南针"，我国建设世界一流大学在目标维上表现为：整体布局"三步走"、目标定位"分梯队"、建设速度"分步伐"。⑦ 李文平指出，近二十年来，我国世界一流大学建设在阶段性目标设定上呈高度稳定状态。⑧ 王建华指出，高等教育重点

① 马利凯：《治理理论视阈下中国高等教育重点建设质量保障研究》，吉林大学博士学位论文，2016 年。

② 赵俊芳、车旭：《对"世界一流大学建设工程"的反思——基于中韩政策的比较》，载于《教育发展研究》2016 年第 7 期。

③ 王战军、雷琨：《日本"全球顶级大学计划"中期评估及启示》，载于《中国高等教育》2019 年第 22 期。

④ 刘昊：《德国和法国建设世界一流大学政策的共性争论与启示》，载于《现代教育管理》2022 年第 2 期。

⑤ "985 工程"建设报告编研组：《"985 工程"建设报告》，高等教育出版社 2011 年版，第 12 页。

⑥ 包水梅、常乔丽：《世界一流大学建设政策运行机制：香港的经验与启示》，载于《教育发展研究》2016 年第 23 期。

⑦ 姜璐、董维春、张海滨：《目标、策略与保障：我国建设世界一流大学的三维行动路径》，载于《江苏高教》2018 年第 10 期。

⑧ 李文平：《我国世界一流大学建设政策的特征与发展——基于"985 工程"与"双一流"建设的政策文本比较》，载于《现代教育管理》2020 年第 3 期。

建设的核心是效率，必须着眼于明确的、具体的目标。①

自 2010 年《国家中长期教育改革和发展规划纲要（2010—2020 年)》明确提出"世界一流学科"② 这一概念以来，在世界一流学科方面的研究逐渐增多，但是对世界一流学科建设目标的研究较少。包水梅、常乔丽阐述了我国香港地区建设世界一流学科的卓越学科领域计划的具体发展目标。③ 申超、杨梦丽对我国"双一流"建设高校建设方案的分析发现，这些高校在学科建设目标表述上模糊性与精准性并存。④ 胡建华指出，"双一流"建设中的世界一流学科建设与国家重点学科建设相比，体现出目标的升级、范围的扩大、标杆的提升，突出了高校学科建设的国际视野。⑤

二、"双一流"建设目标分解的研究进展

自 2015 年以来，"双一流"建设逐渐成为学界的热点，但是对"双一流"建设目标的研究并不多。杨兴林指出，"双一流"建设的直接目的在于加强资源整合，创新高等教育领域重点建设的实施方式，有效解决"211 工程"、"985 工程"、优势学科创新平台建设、特色重点学科项目建设方面存在的身份固化、竞争缺失、重复交叉等问题，提升我国高等教育整体实力和水平；"双一流"建设的根本目的是"进一步提升我国高等教育的综合实力和国际竞争力，进而为我国实施创新驱动发展战略，实现'两个一百年'奋斗目标和中华民族伟大复兴的中国梦提供强有力的人才支撑和科学技术支撑"⑥。张剑、朱立明指出，"双一流"建设以一流为目标，以学科为基础。⑦ 洪成文、牛欣欣认为，"双一流"建设的一个宏伟目标是将我国建设成为社会主义高等教育强国，另一个目标是实现一批

---

① 王建华：《"双一流"建设中一流学科建设政策检视》，载于《苏州大学学报》（教育科学版）2020 年第 2 期。

② 国家中长期教育改革和发展规划纲要工作小组办公室：《国家中长期教育改革和发展规划纲要（2010—2020)》，中华人民共和国教育部网站，2020 年 5 月 12 日，http：//old. moe. gov. cn/publicfiles/business/htmlfiles/moe/info_list/201407/xxgk_171904. html.

③ 包水梅、常乔丽：《世界一流大学建设政策运行机制：香港的经验与启示》，载于《教育发展研究》2016 年第 23 期。

④ 申超、杨梦丽：《一流学科建设蓝图是如何描绘的——基于 41 所"双一流"建设高校建设方案的文本分析》，载于《高等教育研究》2018 年第 10 期。

⑤ 胡建华：《"双一流"建设对我国高校学科建设的影响》，载于《江苏高教》2018 年第 7 期。

⑥ 杨兴林：《关于"双一流"建设的三个重要问题思考》，载于《江苏高教》2016 年第 2 期。

⑦ 张剑、朱立明：《"双一流"建设的"道"与"器"》，载于《中国高等教育》2017 年第 19 期。

院校、一批学科进入世界一流。① 眭依凡、李芳莹认为，"双一流"建设的目标在于缩小我国高校与世界一流大学的差距。② 周光礼、蔡三发等认为，"双一流"建设的目标是建设世界一流大学及推动高等教育强国建设。③ 也有一些研究关注"双一流"建设目标实施过程中的问题，如刘益东认为，"双一流"建设的巨大挑战在于以绩效为导向的"战略目标"与以教师发展和学生发展为核心的世界一流大学文化产生了内在冲突。④ 洪成文、牛欣欣认为，"双一流"建设的目标能否顺利实现，关键在于实施过程中能否及时发现政策漏洞，打好政策"补丁"。⑤

关于世界一流大学/学科建设目标分解的研究更少。陈利达指出，德国在政策颁布之初公布了政策内容涉及的研究生院、卓越集群、未来构想三条资助线各自的分目标，结合每条资助线的特点，提出了具体、明确的发展目标。⑥ 李志民谈到"双一流"建设的目标和思路如何分解时指出，国家"双一流"政策同时聚焦世界一流大学和世界一流学科建设，突出大学对知识的责任和社会进步的推动作用，通过分层和分类的建设思路，鼓励高校的"差别化发展"。⑦

综上，已有研究对世界一流大学/学科建设目标、"双一流"建设目标进行了一些思考与探索，对于"双一流"建设具有参考与启发意义。但是已有研究对世界一流大学/学科建设目标分解的研究、对"双一流"建设目标分解的研究非常少，更缺乏对建设目标进行可操作性分解的研究。

第三节 "双一流"建设目标分解的理论基础

一、"双一流"建设战略目标分解的基本原则

美国管理学兼心理学教授爱德温·洛克（Edwin A. Locke）于 1967 年最先提

---

① ⑤ 洪成文、牛欣欣：《提高"双一流"建设目标实现度：政策"补丁"的研究视角》，载于《北京教育》2018 年第 1 期。

② 眭依凡、李芳莹：《"学科"还是"领域"："双一流"建设背景下"一流学科"概念的理性解读》，载于《高等教育研究》2018 年第 4 期。

③ 周光礼、蔡三发、徐贤春等：《世界一流大学的建设与评价：国际经验与中国探索》，载于《中国高教研究》2019 年第 19 期。

④ 刘益东：《论"双一流"建设中的学术文化困境》，载于《教育科学》2016 年第 3 期。

⑥ 陈利达：《中德世界一流大学建设政策的比较研究》，天津师范大学硕士学位论文，2013 年。

⑦ 李志民：《"双一流"建设的目标和思路如何分解?》，中国教育在线，2020 年 5 月 25 日，ht-tp：//www.edu.cn/rd/special_topic/zbwjt/201709/t20170925_1556605.shtml。

出目标设置理论（Goal Setting Theory），认为目标本身就具有激励作用，目标能把人的需要转变为动机，使人们的行为朝着一定的方向努力，并将自己的行为结果与既定的目标相对照，及时进行调整和修正，从而实现目标。[①] 该理论认为挑战性的目标是激励的来源，因此特定的目标会增进绩效；困难的目标被接受时，会比容易的目标获得更佳的绩效。[②]

德鲁克在《管理实践》一书中提出目标管理的 SMART 原则。SMART 一词是由 specific、measurable、attainable、relevant、time-based 五个英文单词的首字母合成。该原则要求所制定的目标必须是具体的、可以衡量的、可以达到的、和其他目标具有相关性且有明确截止期限的。[③] 按照 SMART 原则分解出的目标具有可操作性、可评估性，也更容易实现。

根据目标设置理论和 SMART 原则，在对"双一流"建设目标进行分解时要遵循以下五大原则：

原则一：目标是具体的、明确的。即目标清晰明了，不能含糊，要用明确具体的语言，清楚地说明要达到的效果或结果。

原则二：目标是可以衡量的。即目标是可观测的、客观的，可以评价，具有可操作性。衡量的指标是数量化或者行为化的，验证这些指标的数据或者信息是可以获取的。如果目标无法衡量，就无法确定是否真正实现了目标。

原则三：目标是可以达到的。即目标具有较高的可行性，同时发挥目标的激励与引导作用，具有适度的挑战性，经过努力能够实现。

原则四：目标是实际的且与其他目标具有相关性。即切合实际，与其他目标合力为上一层目标的实现服务。

原则五：目标具有明确的截止期限。即完成目标的时间节点非常清晰。

二、"双一流"建设战略目标分解的相关概念界定

随着"双一流"建设方案的颁布，世界一流大学被学术界普遍关注。努力成为世界一流大学已经成为一个全球现象。[④] 但是，关于什么是世界一流大学（world-class university），国内外学术界没有公认的概念。世界著名比较高等教育专家美国波士顿学院菲利普·阿特巴赫教授（Philip G. Altbach）指出，所有人都

---

①② 王德清：《现代管理学原理》，西南师范大学出版社 2007 年版，第 201~205 页。

③ 饶莉、廖奕：《GFG 目标管理在优化高校科研管理模式过程中的应用》，载于《管理观察》2009 年第 28 期。

④ Philip G. Altbach, Jamil Salmi. （Eds）. *The Road to Academic Excellence: Emerging Research Universities in Developing and Transition Countries* [R]. Washington, D. C.: The World Bank, 2011, P. 10.

向往世界一流大学，每个国家都觉得他们的国家可以做到，但问题是，没有人知道世界一流大学是什么，也没人知道如何实现它，每个人都只是知道这个概念。[1] 我国学者也指出这一概念的模糊性，如清华大学原校长王大中教授指出，世界一流大学是个模糊概念，它是通过比较产生的，或者是过程性的，抑或是综合性的，还有可能是一个群体性的概念。[2] 从世界一流的定义看，学界、管理界等都有不同版本的各种定义；从定性理解看，确实也道明了世界一流大学的核心所在；但从评判标准看，实操性不强、普及性不高。[3] 随着"双一流"建设的推进，世界一流学科进入人们的视野，并作为一个政策性概念[4]，逐渐成为高等教育领域的热点之一[5]。另外，关于什么是世界一流学科，也没有明确的概念界定。有学者指出，"双一流"建设战略目标中的"一流"，其标准究竟是指大学在世界大学学术排名中的名次，还是指高校学术成果在世界上的影响力和贡献度、毕业生的成就、高校对国家经济社会发展的贡献度等，在国务院印发的《统筹推进世界一流大学和一流学科建设总体方案》中并没有明确说明，之后也没有进一步出台相关文件明确上述问题。[6]

有目标是重要的，但仅有目标是不够的，目标的清晰化和目标的意义同样重要。"双一流"建设作为我国高等教育的重大战略，需要建立在目标管理的基础之上。目标管理是一种科学的、先进的管理理念和管理方法，它通过调研和协商制定目标、对目标进行分解、严格监督过程实施及完成情况和对结果进行奖惩等手段实现成员的自我管理，最终顺利完成目标。[7] 因此，研究"双一流"建设目标的分解对于"双一流"建设的有效推进具有十分重要的现实意义。

根据目标管理的 SMART 原则，概念的清晰化、明确化是"双一流"建设战略目标分解的基础。因此，要对"双一流"建设目标进行分解，首先要对这些模糊的概念进行具体化、清晰化。

———————————

① Philip G. Altbach. The Costs and Benefits of World – Class Universities. *International Higher Education*, 2003，Vol. 1，pp. 5 – 8.

② 王大中：《建设世界一流大学的战略思考与实践》，载于《清华大学教育研究》2003 年第 3 期。

③ 吴云峰、张端鸿：《大学排名的一致性研究——以 QS、THE、USNews、ARWU 四个排行榜为例》，载于《上海教育评估》2017 年第 3 期。

④ 武建鑫：《世界一流学科的政策指向、核心特质与建设方式》，载于《中国高教研究》2019 年第 2 期。

⑤ 屈廖健、刘宝存：《芝加哥大学社会学的学科建设史考察：兴起、路径及困境》，载于《清华大学教育研究》2017 年第 4 期。

⑥ 包水梅、常乔丽：《世界一流大学建设政策运行机制：香港的经验与启示》，载于《教育发展研究》2016 年第 23 期。

⑦ 饶莉、廖奕：《目标管理在优化高校科研管理模式过程中的应用》，载于《管理观察》2009 年第 28 期。

世界一流大学：世界一流大学是一个国际比较的概念，在理论和实践上没有统一的标准。学界主要用定性、定量两种方法进行界定。定性的方法主要从世界一流大学的要素、特征和标准的角度进行界定，如菲利普·阿特巴赫[①]、凯瑟琳·莫尔曼（Kathryn Mohrman）[②]、贾米尔·萨尔米（Jamil Salmi）[③]、丁学良[④]、许智宏[⑤]等。定量方法主要从全球性大学排名的角度进行界定，如戴维·罗宾逊（David Robinson）[⑥]、潘懋元[⑦]、刘念才[⑧]、刘宝存[⑨]、胡乐乐[⑩]、郭丛斌[⑪]等。本研究认为：世界百强的大学可以界定为世界一流大学。

世界一流学科：世界一流学科也是一个国际比较的概念，也没有统一的标准。学界主要用定性、定量两种方法进行界定。定性的方法主要从特征、条件、贡献等方面进行界定，如赵沁平[⑫]、周光礼等[⑬]、洪成文[⑭]、李燕[⑮]、眭依凡等[⑯]、耿有权[⑰]、冯用军等[⑱]。定量的方法主要从全球性学科排名的角度界定世界一流学科，在全球高等教育界十分流行[⑲]，如有学者认为进入夸夸雷利·西蒙兹排名（Quacquarelli Symonds，QS）世界前100名的学科，可称为"世界一流学科"[⑳]，

① Philip G. Altbach. Peripheries and Centers：Research Universities in Developing Countries. *Asia Pacific Education Review*，2009，Vol. 10，No. 1，P. 1527.

② Kathryn Mohrman，Wanhua Ma，David Baker. The Research University in Transition：The Emerging Global Model. *Higher Education Policy*，2008，Vol. 21，No. 4，P. 527.

③ Jamil Salmi. *The Challenge of Establishing World – Class Universities*. Washington，D. C.：The World Bank，2009，P. 8.

④ 丁学良：《什么是世界一流大学》，载于《高等教育研究》2001 年第 22 期。

⑤ 朱建华：《北大原校长许智宏：中国目前无世界一流大学》，载于《长江日报》2010 年 4 月 15 日。

⑥ David Robinson. GATS and the OECD/UNESCO Guidelines and the Academic Profession. *International Higher Education*，2015，No. 39.

⑦ 潘懋元：《一流大学与排行榜》，载于《求是》2002 年第 5 期。

⑧ 刘念才、程莹、刘莉等：《我国名牌大学离世界一流有多远》，载于《高等教育研究》2002 年第 2 期。

⑨ 刘宝存、张伟：《国际比较视野下的创建世界一流大学政策研究》，载于《比较教育研究》2016 年第 6 期。

⑩ 胡乐乐：《世界一流大学的界定、特征与我国的挑战》，载于《学位与研究生教育》2016 年第 8 期。

⑪ 郭丛斌、孙启明：《中国内地高校与世界一流大学的比较分析——从大学排名的视角》，载于《教育研究》2015 年第 2 期。

⑫ 赵沁平：《建设一流学科培养创新人才》，载于《中国高等教育》1999 年第 2 期。

⑬ 周光礼、武建鑫：《什么是世界一流学科》，载于《中国高教研究》2016 年第 1 期。

⑭ 洪成文：《学科调整要符合知识、市场、教育逻辑》，载于《中国教育报》2018 年 1 月 16 日。

⑮ 李燕：《世界一流学科评价及建设研究》，中国科学技术大学博士学位论文，2018 年。

⑯ 眭依凡、李芳莹：《"学科"还是"领域"：双一流建设背景下"一流学科"概念的理性解读》，载于《高等教育研究》2018 年第 4 期。

⑰⑲ 耿有权：《世界一流学科：八种定位法及其价值探析》，载于《江苏高教》2017 年第 1 期。

⑱ 冯用军、赵雪：《中国"双一流"战略：概念框架、分类特征和评估标准》，载于《现代教育管理》2018 年第 1 期。

⑳ 刘立：《从 QS 排名看"世界一流学科"建设：以化学为例》，搜狐教育，2020 年 3 月 4 日，https：//www. sohu. com/a/224827272_472886.

也有些学者认为在全球性排名前 20 的学科才可称为"世界一流学科"[1]。本研究认为：世界百强的学科可以界定为世界一流学科。

前列与行列："双一流"建设总体目标中提到"推动一批高水平大学和学科进入世界一流行列或前列"[2]。《现代汉语词典》对前列和行列的解释是：前列，最前面的一列，比喻带头或领先的地位[3]；行列，人或物排成的直行和横行的总称[4]。因此，描述世界一流大学/学科的前列、行列都是相对概念。冯倬琳[5]等学者以及一些大学[6]对相关概念进行了探讨，但没有达成一致意见。本研究认为：进入世界一流行列可以界定为进入世界百强；进入世界一流前列可以界定为进入世界 50 强乃至世界 25 强。

第四节 "双一流"建设目标的分解研究

一、世界一流大学建设目标的分解

1. 一流大学建设高校的发展目标

在《统筹推进世界一流大学和一流学科建设总体方案》发布后两年左右的时间里，42 所一流大学建设高校陆续发布了各自的世界一流大学建设方案，确立了世界一流大学建设的近期、中期和远期目标。对这些方案中提出的建设目标进行统计分析发现：42 所一流大学建设高校预计 2050 年将全部进入世界一流大学行列，其中 36 所将于 2030 年进入；42 所一流大学建设高校中的 35 所预计将于 2050 年进入世界一流大学前列，其中 13 所计划 2030 年进入世界一流大学前列（见表 1 - 1）。

---

[1] 李燕：《世界一流学科评价及建设研究》，中国科学技术大学博士学位论文，2018 年。
[2] 国务院：《关于印发统筹推进世界一流大学和一流学科建设总体方案的通知》，中华人民共和国国务院网站，2022 年 4 月 21 日，http：//www. gov. cn/zhengce/content/2015 - 11/05/content_10269. html。
[3] 中国社会科学院语言研究所词典编辑室：《现代汉语词典》（第 7 版），商务印书馆 2016 年版，第 1041 页。
[4] 中国社会科学院语言研究所词典编辑室：《现代汉语词典》（第 7 版），商务印书馆 2016 年版，第 516 页。
[5] 冯倬琳、刘念才：《世界一流大学评价与建设》，上海交通大学出版社 2019 年版。
[6] 中山大学：《中山大学一流大学建设方案》，科学评价网，2020 年 3 月 10 日，https：// www. sciping. com/27219. html。

41

表 1 - 1　　42 所一流大学建设高校的世界一流大学建设目标统计　　单位：所

数量	2020 年	2030 年	2050 年
进入世界一流大学行列的高校数	15	36	42
进入世界一流大学前列的高校数	0	13	35

注：数据的年份与上述不一致的取靠近的值，如 2022 年放在 2020 年里、2035 年放在 2030 年里。

资料来源：笔者根据 42 所一流大学建设高校公布的世界一流大学建设方案统计。

2. 一流大学建设高校在全球性大学排名中的表现

对 2021 年 42 所一流大学建设高校进入三大全球性大学排名[①]的结果进行统计发现，我国没有 1 所一流大学建设高校同时进入三大全球性大学排名的前 25，有 2 所（清华大学、北京大学）同时进入三大全球性大学排名的前 50，6 所（清华大学、北京大学、浙江大学、上海交通大学、中国科学技术大学、复旦大学）同时进入三大全球性大学排名的前 100；有 13 所一流大学建设高校进入其中一个及以上全球性大学排名的前 100，30 所进入其中一个及以上全球性大学排名的前 200，51 所进入其中一个及以上全球性大学排名的前 500（见表 1 - 2）。

表 1 - 2　　　　2021 年 42 所一流大学建设高校进入三大
全球性大学排名前 500 的数量分布情况　　单位：所

数量	同时进入三大排名的高校数量	进入其中两个及以上排名的高校数量	进入其中一个及以上排名的高校数量
前 25	0	2	2
前 50	2	2	7
前 100	6	6	13
前 200	7	9	30
前 300	10	13	39
前 400	13	18	48
前 500	18	23	51

注：三大全球性大学排名的数据截至 2022 年 2 月 15 日。

资料来源：笔者根据 42 所一流大学建设高校公布的世界一流大学建设方案统计。

---

① 三大全球性大学排名是指软科世界大学学术排名（ShanghaiRanking's Academic Ranking of World Universities，ARWU）、泰晤士高等教育世界大学排名（Times Higher Education World University Rankings，THE）、QS 世界大学排名（Quacquarelli Symonds World University Rankings，QS）。

对 2010 年以来 42 所一流大学建设高校在三大全球性大学排名中的平均表现及趋势进行统计发现，进入世界百强的数量呈稳步增长趋势（见图 1-1）。从图 1-1 的增长趋势可以预计 2025 年将有 7 所左右高校进入全球性大学排名的百强之列，这个数量与 2021 年同时进入三大全球性大学排名 200 强的数量基本相当，因此可以用于后面的目标分解。

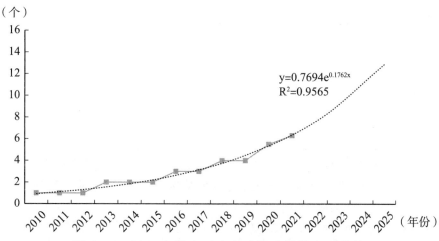

（个）

$y=0.7694e^{0.1762x}$
$R^2=0.9565$

**图 1-1　2021 年进入三大全球性大学排名百强的
一流大学建设高校的平均数量及趋势**

注：三大全球性大学排名的数据截至 2022 年 2 月 15 日。

资料来源：三大全球性大学排名及笔者测算。

自 1985 年起，清华大学确立了建设世界一流大学的长远目标，之后逐步明确"三个九年，分三步走"的总体战略，积极探索"中国特色、世界一流"的发展道路。[1] 以清华大学作为代表性高校，研究统计发现，在 2021 年发布的三大全球性大学排名中，清华大学已经在 QS、THE 中位居前 20 名，在一流大学建设高校中表现最佳。本研究统计了自 2013 年以来清华大学在三大全球性大学排名中的平均表现及趋势，发现近十年来清华大学在三大全球性大学排名中的位置呈现快速上升趋势（见图 1-2）。

3. 世界一流大学建设目标的分解方案

根据《统筹推进世界一流大学和一流学科建设总体方案》与《统筹推进世界一流大学和一流学科建设实施办法（暂行）》等文件精神，参考 42 所一流大学建设高校发布的世界一流大学建设方案中的建设目标及其在三大全球性大学排

---

① 清华大学：《清华大学一流大学建设方案》，清华大学官网，2020 年 7 月 8 日，https：//www. ts-inghua. edu. cn/publish/newthu/openness/jbxx/2017syljsfa. htm。

名中的表现，在目标设置理论以及 SMART 原则的指导下，对世界一流大学建设的战略目标进行分解。

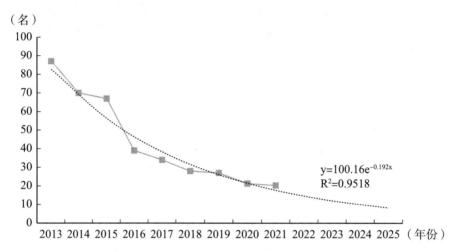

图 1-2　清华大学在三大全球性大学排名中的平均表现及趋势

注：三大全球性排名的数据截至 2022 年 2 月 15 日。

资料来源：三大全球性排名及笔者测算。

2025 年的目标分解：在 42 所一流大学建设高校公布的世界一流大学建设方案中基本没有提到 2025 年的建设目标，但是各高校都制订了"十四五"规划，因此对 2025 年的目标进行可操作的分解具有重要的现实意义。根据图 1-1 和表 1-2 的分析，2021 年进入全球性大学排名前 200 的高校数量可以用来预测 2025 年进入全球性大学排名前 100 的数量；根据图 1-2 的分析，2021 年进入全球性大学排名前 50 的高校可以用来预测 2025 年进入全球性大学排名前 25 的高校。参照上面的分解原则，同时进入三大全球性大学排名的数量可以作为分解目标的下限数，进入三大全球性大学排名中至少一个的数量可以作为分解目标的上限数。以此类推，得到 2025 年的目标分解方案（见表 1-3）。

表 1-3　　世界一流大学建设的目标分解（2025～2050 年）　　　　单位：所

年份	世界 25 强	世界 50 强	世界百强
2025	2～3（中值 2）	3～6（中值 4）	7～22（中值 14）
2030	3～6（中值 4）	7～22（中值 14）	8～29（中值 18）
2050	7～22（中值 14）	8～29（中值 18）	14～36（中值 25）

注：中值只取整数部分。

资料来源：笔者根据 42 所一流大学建设高校公布的世界一流大学建设方案统计。

2030 年的目标分解：随着 "双一流" 建设的推进，42 所一流大学建设高校的排名表现将稳步提高，2021 年进入全球性大学排名前 300 的高校完全有可能在 2030 年进入全球性大学排名的前 100。参照上面的分解原则，同时进入三大全球性大学排名的数量可以作为分解目标的下限数，进入三大全球性大学排名中至少一个的数量可以作为分解目标的上限数。以此类推，得到 2030 年的目标分解方案（见表 1-3）。

2050 年的目标分解：经过 30 年的建设，2021 年进入全球性大学排名前 500 的高校完全有可能在 2050 年进入全球性大学排名的前 100，也就是说 42 所一流大学建设高校的大部分进入世界一流大学行列。参照上面的分解原则，同时进入三大全球性大学排名的数量可以作为分解目标的下限数，进入三大全球性大学排名中至少一个的数量可以作为分解目标的上限数。以此类推，得到 2050 年的目标分解方案（见表 1-3）。

二、世界一流学科建设目标的分解

1. "双一流" 建设学科的发展目标

根据教育部发布的 "双一流" 建设学科名单[1]，137 所高校的 465 个学科入选 "双一流" 建设学科。统计发现："双一流" 建设学科分布在除军事学外的 12 大学科门类的 108 个学科，每个学科建设的高校数量平均值在 4 左右。这 108 个学科涉及了理学、工学、生命医学、社会科学、人文学科等领域。

世界一流学科是在世界范围内比较而产生的，因此学科的国际可比性非常重要。"自然科学、社会科学与人文学科有着不同的属性，其横向可比性也是有差别的。"[2] 在 465 个 "双一流" 建设学科中，理学、工学、生命医学类学科的国际可比性较强，而人文学科的国际可比性较弱。社科类学科的国际可比性差异较大，如经济学学科的国际可比性较强，而法学学科更具有国别色彩。[3] 此外，还有相当数量的学科是中国特色学科，比如中国史、中国语言文学、马克思主义理论、中医学、中药学、中西医结合等。[4]

---

[1] 教育部：《"双一流" 建设学科名单》，中华人民共和国教育部网站，2020 年 6 月 25 日，http://www.moe.gov.cn/s78/A22/A22_ztzl/ztzl_tjsylpt/sylpt_jsxk/201712/t20171206_320669.html。

[2] 阎凤桥：《我国高等教育 "双一流" 建设的制度逻辑分析》，载于《中国高教研究》2016 年第 11 期。

[3] 方跃平、邹放鸣：《我国学科类型化评估机制的完善》，载于《江苏高教》2018 年第 7 期。

[4] 软科：《想学有 "中国特色" 的学科，该去哪儿?》，搜狐教育，2019 年 10 月 9 日，https://www.sohu.com/a/345689577_111981。

为了进行后续的对比分析，我们选择了国际可比性较强且具有代表性的部分学科，并按照国际可比的口径对相关的"双一流"建设学科进行了归并统计，具体包括：工学领域 8 个学科、理学领域 5 个学科、生命医学领域 6 个学科、社会科学领域 8 个学科（见表 1-4）。

表 1-4　国际可比性和代表性较强的学科及"双一流"建设的数量统计

学科领域	国际可比性和代表性较强的学科	"双一流"建设的数量（个）	平均每个学科建设的数量（个）
工学	材料科学与工程	30	13
	计算机科学与技术（含软件工程）	19	
	电子电气工程（含电气工程、电子科学与技术）	13	
	机械工程	10	
	化学工程与技术	9	
	环境科学与工程	9	
	土木工程	8	
	矿业工程	6	
理学	化学	25	12
	数学	14	
	地球科学（含地质学、地球物理学）	9	
	物理学（含天文学）	9	
	地理学	3	
生命医学	农学（含作物学、畜牧学、植物保护、草学、林学、水产、园艺学、农业资源与环境）	20	11
	生物学	16	
	基础医学	8	
	临床医学	8	
	药学	7	
	口腔医学	4	
社会科学	管理学（含管理科学与工程、工商管理）	12	6
	经济学（含应用经济学、理论经济学、经济学和计量经济学、金融学）	11	
	政治学	6	

续表

学科领域	国际可比性和代表性较强的学科	"双一流"建设的数量（个）	平均每个学科建设的数量（个）
社会科学	法学	6	6
	公共管理（含社会政策与管理）	3	
	社会学	2	
	新闻传播学	2	
	教育学	2	
总计（个）	27	271	10

资料来源：笔者按照国际可比的口径对相关的"双一流"建设学科进行归并统计。

根据上述国际可比性较强的代表性学科清单，对"双一流"建设的数量进行统计分析发现：工学领域代表性学科的平均建设数量最多，达到 13 个，理学领域代表性学科的平均建设数量为 12 个，生命医学领域代表性学科的平均建设数量为 11 个，社会科学领域代表性学科的平均建设数量最少，仅为 6 个（见表 1 - 4）。

2. "双一流"建设学科在全球性学科排名中的表现

对国际可比性和代表性较强的"双一流"建设学科（见表 1 - 4）进入两大全球性学科排名（软科世界一流学科排名[①]与 QS 世界大学学科排名[②]）的结果进行统计分析发现：平均每个学科同时进入两大全球性学科排名前 100 的高校数量达到 6 所，且平均每个学科已有 1 所高校同时进入两大全球性学科排名的前 25；平均每个学科进入至少 1 个全球性学科排名的数量则更多（见表 1 - 5）。

对国际可比性和代表性较强的"双一流"建设学科（见表 1 - 4）2017 ~ 2020 年间平均每个学科同时进入两大全球性学科排名前 100 的高校数量及趋势进行分析发现，其呈稳步增长趋势。从图 1 - 3 的拟合线可以预测，到 2025 年，国际可比性和代表性较强的"双一流"建设学科（见表 1 - 4）平均每个学科同时进入两大全球性学科排名前 100 的高校数量将从现在的 6 所增至 10 所左右。

---

① 软科：《软科世界一流学科排名》，中国最好大学网，http：// www. zuihaodaxue. com/arwu_subject_rankings. html，2020 年 8 月 20 日。

② QS. *QS World University Rankings by Subject*，Top Universities，https：// www. topuniversities. com/subject - rankings/2019，2020 - 08 - 20.

表 1 - 5　　　　　**国际可比性和代表性较强的"双一流"建设**

学科在两大全球性学科排名中的表现　　　单位：个

变量	进入前 25 的数量	进入前 50 的数量	进入前 100 的数量	进入前 200 的数量	进入前 300 的数量	进入前 500 的数量
同时进入两大全球性学科排名的学科平均值	1	3	6	10	14	20
进入两大全球性学科排名中至少一个的学科平均值	2	5	10	19	30	47

注：学科平均值采用四舍五入的方法，取整数。

资料来源：笔者对国际可比性和代表性较强的"双一流"建设学科（见表 1 - 4）进入两大全球性学科排名（软科世界一流学科排名与 QS 世界大学学科排名）的结果进行统计得出。

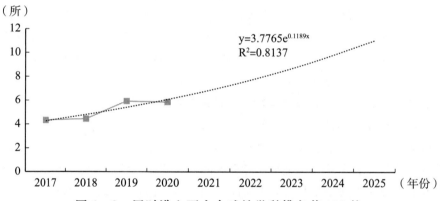

（所）

$$y=3.7765e^{0.1189x}$$
$$R^2=0.8137$$

图 1 - 3　同时进入两大全球性学科排名前 100 的

代表性"双一流"学科的平均表现

资料来源：结合两大全球性学科排名及笔者测算。

3. 世界一流学科建设目标的分解方案

根据《统筹推进世界一流大学和一流学科建设总体方案》《统筹推进世界一流大学和一流学科建设实施办法（暂行）》等文件精神，参考世界一流学科的建设目标及其在两大全球性学科排名中的表现，在目标设置理论以及 SMART 原则的指导下，对世界一流学科的建设目标进行分解。

2025 年的目标分解：在"双一流"建设高校公布的世界一流学科建设方案中基本没有提到 2025 年的建设目标，但是各高校都以"十四五"规划为蓝图开展学科建设，因此对 2025 年的目标进行可操作的分解具有重要的现实意义。根据图 1 - 3 和表 1 - 5 的分析，2020 年进入全球性学科排名前 200 的学科数量可以用来预测 2025 年进入全球性学科排名前 100 的数量；参照全球性大学排名的预测分析，2020 年进入全球性学科排名前 50 的学科数量可以用来预测 2025 年进入全球性学科排名前 25 的学科数量。参照上面的分解原则，同时进入两大全球性学科排名前 100 的数量可以作为分解目标的下限数，进入至少一个全球性学科排名前 100 的数量可以作为分解目标的上限数。以此类推，得到 2025 年的目标分解方案（见表 1 - 6）。

表 1 - 6   世界一流学科建设的目标分解（2025 ~ 2050 年）   单位：个

年份	世界 25 强	世界 50 强	世界百强
2025	3 ~ 5（中值 4）	6 ~ 10（中值 8）	10 ~ 19（中值 14）
2030	6 ~ 10（中值 8）	10 ~ 19（中值 14）	14 ~ 30（中值 22）
2050	10 ~ 19（中值 14）	14 ~ 30（中值 22）	20 ~ 47（中值 33）

注：中值只取整数部分。
资料来源：笔者测算。

2030 年的目标分解：随着"双一流"建设的推进，"双一流"建设高校的排名表现将持续稳步提高，2020 年进入全球性学科排名前 300 的学科完全有可能在 2030 年进入全球性学科排名的前 100。参照上面的分解原则，同时进入两大全球性学科排名前 100 的学科数量可以作为分解目标的下限数，进入至少一个全球性学科排名前 100 的学科数量可以作为分解目标的上限数。以此类推，得到 2030 年的目标分解方案（见表 1 - 6）。

2050 年的目标分解：经过 30 年的建设，2020 年进入全球性学科排名前 500 的高校完全有可能在 2050 年进入全球性排名的前 100。参照上面的分解原则，同时进入两大全球性学科排名前 100 的学科数量可以作为分解目标的下限数，进入至少一个全球性学科排名前 100 的学科数量可以作为分解目标的上限数。以此类推，得到 2050 年的目标分解方案（见表 1 - 6）。

第五节   关于促进"双一流"建设目标实现的政策建议

本研究根据相关高校的"双一流"建设目标及其在全球性排名中的表现，在目标设置理论以及 SMART 原则的指导下，对世界一流大学/学科建设的战略目标进行分解，结果发现：《统筹推进世界一流大学和一流学科建设总体方案》《统筹推进世界一流大学和一流学科建设实施办法（暂行）》等文件中提出的战略目标是可以分解的，并具体分解出近期、中期和远期的世界一流大学/学科建设目标。到 2030 年，将有 18 所左右的一流大学建设高校进入世界一流大学行列，其中相当数量的高校将进入世界一流大学前列。"双一流"建设是一项长期的、复杂的系统工程，经过坚定的、持续的推进，"双一流"建设的战略目标完全能够实现。

一、建立并落实"双一流"建设的动态调整机制

《统筹推进世界一流大学和一流学科建设实施办法（暂行）》指出："打破身份固化，建立建设高校及建设学科有进有出的动态调整机制。"根据有进有出的原则，进入"双一流"建设名单的高校或学科在动态调整过程中有可能调出，而与"双一流"建设失之交臂的高校或学科有可能在动态调整中调入。建立并落实动态调整机制，将促进高校、学科之间的良性竞争，从而加快"双一流"建设的步伐。

在动态调整的过程中，需要充分考虑建设数量与"双一流"战略目标的匹配。以国际可比性和代表性较强的学科为例，平均每个学科的"双一流"建设数量在 10 个左右（其他学科的平均建设数量更少），难以满足中长期建设高等教育强国的战略要求，在未来的动态调整过程中可以逐步调整与增加。与此同时，在未来的动态调整中，需要充分考虑不同学科之间的相对平衡，"双一流"建设数量明显偏少的学科可以尽早调整与增加。

二、直面并克服国际因素对"双一流"建设的负面影响

近年来，无论从国际贸易的发展指数看，还是从跨国投资的指数看，全球化都在退步。[①]"逆全球化"的发展，无论对发达国家还是对发展中国家来说，都造成了很大的影响。[②] 中国成为逆全球化趋势的最大受害者。[③] 随着中国的日益强大，一些西方国家不愿意看到一个强大的中国，更不愿意自己的霸主地位受到冲击，找各种莫须有的借口对我国实施打压、抹黑、丑化。这些已经开始对我国的科技和高等教育发展产生负面影响，未来若干年的国际形势具有很大的不可预

①② 丁一凡：《逆全球化：趋势、影响及对策》，搜狐财经，2020 年 7 月 28 日，https：//www.sohu.com/a/126972929_479726。

③ 海关总署：《中国成为逆全球化趋势最大受害者》，第一财经，2020 年 7 月 31 日，https：//www.yicai.com/news/5204670.html。

测性，"双一流"建设可能会遇到各种意想不到的国际挑战。

无论国际环境如何变化，只要我们直面国际挑战、坚持改革开放、持续强化国际交流与合作、坚定推进"双一流"建设，就能在很大程度上克服各种国际因素的负面影响，推动一批高水平大学和学科进入世界一流行列、前列，为实现我国"两个一百年"的奋斗目标、实现中华民族伟大复兴的中国梦提供有力支撑。

第二章

世界一流大学人才培养指数与案例研究

第一节　研究背景与思路

一、研究背景

人才是国家综合实力的重要衡量指标之一，我国正面临着世界百年未有之大变局，对一流人才的渴求比历史上任何时期都更加强烈。2005 年，温家宝总理在看望钱学森时，钱老感慨："这么多年培养的学生，还没有哪一个的学术成就，能够跟民国时期培养的大师相比。为什么我们的学校总是培养不出杰出人才？"①自此，"钱学森之问"引起社会各界关注，成为一道困扰中国教育事业发展的艰深命题。一流人才培养是一流大学教育的根本任务，对国家战略发展以及我国"双一流"建设具有重要意义。

1. 一流人才对国家战略发展具有重要意义

全面推进世界一流大学建设是新时期我国高等教育发展的重大战略任务，世

---

① 贺迎春：《秦亚青回应"钱学森之问"：真正的大师敬畏学问》，人民网，2014 年 7 月 29 日，http://edu.people.com.cn/n/2014/0729/c1006-25364264.html。

界一流大学不仅是知识发现、科技创新、优秀文化思想产生的重要源泉，更是培养各类高素质优秀人才的重要基地。2015 年，国务院发布的《统筹推进世界一流大学和一流学科建设总体方案》明确提出"突出人才培养的核心地位"，将培养"具有历史使命感和社会责任心，富有创新精神和实践能力的各类创新型、应用型、复合型优秀人才"作为"双一流"建设的五大任务之一。

放眼全球，世界一流大学无不以培养具有全球竞争力的领袖型人才为己任。人才是实现民族振兴、赢得国际竞争的重要战略资源。通过高质量的人才培养，为国家经济建设和社会发展提供强有力的人力资源支撑和智力支持，是一流大学的根本职能。一流人才是各行业的领军者和决策者，直接从事和负责相关政策制定、决断和选择，处于机构和组织的塔尖地位。[1] 一流人才将直接或间接影响整个机构、组织或群体的各项利益及发展方向，对国家社会稳定和经济发展产生深远影响。[2][3]

2. 一流人才培养与一流大学建设相互促进

一流人才是一流大学的声誉载体，能否培养出世界一流的人才是衡量一流大学社会声誉和学术地位的重要指标。一流人才毕业后服务于经济建设的各个领域，对母校的社会声誉产生直接影响。培养出各行业一流人才的数量越多、质量越高，大学的社会声誉也越高，越能吸引优秀学子争相报考。正是因为培养了一批又一批改变社会经济发展、人类历史进程的一流人才，大学才被社会称颂，被一代又一代学人向往。[4] 因此，人才培养是大学竞争力之根本。

一流大学是一流人才的成长摇篮，重视人才培养是一流大学内涵式发展的必然结果。一流大学不仅拥有国际领先实验室，更汇聚了全球顶尖学术大师，形成了良好的学术氛围，引领着科学研究的国际前沿，在世界范围内享有至高学术声望，这些都为培养出世界一流的人才提供了肥沃土壤。世界一流大学与一流学科建设只有紧紧抓住人才培养的核心使命，不断提高人才培养能力，特别是行业引领型人才培养能力[5]，才能为国家发展和社会进步提供源源不断的优秀人才。

随着我国创建世界一流大学进程的加快，科学研究竞争力和社会影响力均显著提高，但在一流人才培养模式改革和能力建设方面进展相对缓慢，制约着我国

---

① J. W. Payne, et al. *The Adaptive Decision Maker.* Cambridge：Cambridge University Press，1993，pp. 1 - 15.

② A. M. Pettigrew. *The Politics of Organizational Decisionmaking.* London：Routledge，2014，pp. 195 - 205.

③ 史秋衡、陈志伟：《发达国家顶尖人才培养体系特征研究》，载于《教育研究》2016 年第 6 期。

④ 眭依凡：《一流本科教育改革的重点与方向选择——基于人才培养的视角》，载于《现代教育管理》2019 年第 6 期。

⑤ 赵倩、宋永华、伍宸：《世界一流大学引领型人才培养模式创新研究——以伦敦大学学院的文理学位项目为例》，载于《高等工程教育研究》2018 年第 1 期。

建设世界一流大学的发展进程。① 因此，亟须建立适应新时代与新使命要求的评价体系，为一流人才培养指引方向。

二、国内外研究进展

随着高等教育的发展，人才培养的内涵也不断丰富与扩展。起初教学式人才培养主要指向专门人才的培养。② 随着经济与社会的发展，社会对人才提出了更高的要求，先前的人才培养模式亟须改进。2019 年，中共中央、国务院印发《中国教育现代化 2035》，明确提出要"提升一流人才培养与创新能力"③。2022 年三部委联合印发的《关于深入推进世界一流大学和一流学科建设的若干意见》进一步指出要"着力培养堪当民族复兴大任的时代新人，打造一流人才方阵"，"更加突出'双一流'建设培养一流人才、服务国家战略需求、争创世界一流的导向"。④ 教育质量评价体现的是大学文化选择的核心环节价值判断，即根据教育目标和社会需求的满足程度对教育结果和人才培养质量进行价值评定。⑤ 教育部组织的"高等学校本科教学工作水平评估"、社会机构发布的大学排行榜等大都涉及人才培养质量的评价。大学人才培养中心任务的内涵已发生转变，这不仅体现在培养人才的数量增长上，同时体现在培养人才的类型、层次和规格的多样性上。唯其如此，才能满足社会和经济发展对人才的专业化、精细化需求。⑥

人才培养评价指标的设计与选取通常体现着院校特征和专业性质等，或者说在不同的人才培养定位中，人才培养的质量内涵也存在不同。有学者认为科学研究能力和理论研究水平是学术型、研究型人才培养质量评价的重点，主要体现在学位论文的质量方面。⑦ 对于技术型、应用型人才培养质量的评价，学科知识的标准则相对被弱化，以能力为核心的质量评价制度受到重视。而对于职业院校人才培养而言，毕业生就业率、就业质量、创业成效、用人单位满意度、学生持续

---

① 王树国：《关于一流大学拔尖人才培养模式的思考》，载于《中国高等教育》2011 年第 2 期。

②⑥ 史秋衡、季玟希：《中华人民共和国成立 70 年来大学职能的演变与使命的升华》，载于《江苏高教》2019 年第 6 期。

③ 中共中央、国务院：《中国教育现代化 2035》，中华人民共和国教育部网站，2022 年 5 月 30 日，http：//www.moe.gov.cn/jyb_xwfb/s6052/moe_838/201902/t20190223_370857.html。

④ 教育部、财政部、国家发改委：《关于深入推进世界一流大学和一流学科建设的若干意见》，中华人民共和国教育部网站，2022 年 5 月 30 日，http：//www.moe.gov.cn/srcsite/A22/s7065/202202/t20220211_598706.html。

⑤ 李志巧：《中国特色社会主义大学文化选择研究》，华南理工大学出版社 2017 年版，第 79 ~ 82 页。

⑦ 李雪梅、王秉中、甘国龙：《博士生导师人才培养质量评价体系研究——基于理工科博士生学术成果质量的视角》，载于《学位与研究生教育》2017 年第 5 期。

发展能力以及其对区域产业经济发展的服务贡献能力是评价的重要指标。① 对于育人目标的不同定位，便形成了不同的人才培养评价指标。

随着高等教育的发展与社会对人才需求的变化，人才培养质量的构成要素也不断拓展。学者们开始关注"拔尖人才""一流大学人才""创新人才"等类型的人才培养与评价研究。在创新人才培养评价方面，谢为群、许烁和于丽英将社会需求分为低级需求、中级需求和高级需求，从专业基础素质能力、创新创业思维和意识、社会实践能力、个人特质把握能力以及团队协作能力五个维度，构建了高校创新创业人才培养质量评价体系。② 曾月征与袁乐平从知识结构、教学体系、教师创新能力、考核评价和校园文化建设等方面对创新型人才培养指标体系进行构建。③

根据人才培养全过程的不同阶段，已有研究将人才培养评价体系设计为输入、过程、输出和成果三个一级指标。人才培养输入指标，以定量指标为主，衡量大学人才培养活动的人力、财力和物力资源投入大小，包括新生质量、生师比、财政资源、物质资源、教师资源等，其中获得优质生源和优质教师资源是学者们关注的重点。④ 在高等教育的相关评价中，学科评估、质量认证等普遍从高等教育的输入指标入手。⑤ 人才培养过程指标，主要用于衡量大学人才培养项目、活动和服务质量，通常难以量化，包括人才培养使命和目标课程设置、学习生活、组织和管理等。张东明、李亚东和黄宏伟在构建人才培养评价指标体系时，选取了"生均选修课程学分数""生均参加国内外学术会议场次数""生均参加省部级以上科研项目数"等指标对学生培养过程进行评价。⑥ 人才培养输出和成果指标，通常与毕业生表现有关，反映大学对学生、社会和国家的深远影响，包括毕业率、毕业生就业率、攻读更高学位的学生比例、优秀毕业生比例、学位授予数量、毕业生满意度、雇主满意度、杰出校友、校友捐赠、校友

① 余明辉、郭锡泉：《现代职业教育体系下专业人才培养质量的测量与评价》，载于《中国高教研究》2015 年第 9 期。

② 谢为群、许烁、于丽英：《创新创业人才培养质量评价与提升》，载于《中国高校科技》2019 年第 11 期。

③ 曾月征、袁乐平：《创新型人才培养评价指标体系的构建》，载于《统计与决策》2016 年第 18 期。

④ Chalmers M. *Review of Australian and international performance indicators and measures of quality of teaching and learning in higher education* [R]. Carrick Institute for Learning and Teaching in High Education, 2007, P. 72.

⑤ 陆晓静、罗鹏程：《"双一流"建设高校本科人才培养与质量保障双向互动的实证研究》，载于《湖南师范大学教育科学学报》2020 年第 3 期。

⑥ 张东明、李亚东、黄宏伟：《面向一流人才培养的研究生教育质量评价方法初探——基于层次分析与模糊综合评判的指标体系研究》，载于《研究生教育研究》2020 年第 2 期。

薪资等。①② 人才培养评价指标体系的构建如果同时关注人才培养的输入、过程、输出与成果等因素，虽然能够较为全面地概括人才培养活动的全过程，但在很大程度上会弱化人才培养的结果，即培养的人才是否优秀。所以，本研究更倾向使用输出与成果指标来评价大学人才培养取得的成效。

三、研究思路

1. 核心概念

（1）人才培养。

人才培养是大学的第一职能，是大学的首要任务和根本职能。人才培养对于高校来说是重要的发展起点③，为了实现高等教育的目标任务，大学必须在教育教学实践中作出相应选择，设置哪些专业、发展什么学科、设置哪些课程、选用哪种教材、采用什么样的人才培养模式、运用哪些具体的培养方法以通过教学完成培养人才的重要任务。学校教育教学工作的一切方面都必须有选择地围绕着人才培养这一根本任务和使命来组织、管理和运转。④

本研究的人才培养主要关注国内外一流大学的人才培养结果，即一流大学是否培养出了在推动科技创新、经济发展、人类社会发展等方面做出杰出贡献的一流人才。

（2）人才培养指数。

人才培养质量是测量高校育人目标的实现程度和教育结果的有效尺度。人才培养质量的评价结果对高校的办学定位、教师的教学科研工作、学生的文化适应以及学校的培养目标调整等方面都发挥着重要的引导作用。依据一定的评价指标对大学教育教学质量作出价值判断的参考数值结果即人才培养指数。本研究的一流大学人才培养指数是对国内外一流大学人才培养质量进行定量评价后形成的数值结果的简称。

2. 研究问题

基于人才培养的重要性，本章以国内外一流大学为样本，依次探讨以下三个

---

① Chalmers M. *Review of Australian and international performance indicators and measures of quality of teaching and learning in higher education* ［R］. Carrick Institute for Learning and Teaching in High Education，2007，P. 72.

② Tang C. W.，Wu C. T. Obtaining a picture of undergraduate education quality：a voice from inside the university. *Higher Education*，2010，Vol. 60，No. 3，pp. 269 – 286.

③ 钱国英、徐立清、应雄：《高等教育转型与应用型本科人才培养》，浙江大学出版社 2007 年版，第 2～3 页。

④ 李志巧：《中国特色社会主义大学文化选择研究》，华南理工大学出版社 2017 年版。

方面的问题：首先，如何对一流大学的人才培养进行衡量？其次，我国"双一流"建设高校在人才培养指标上的表现如何？与世界一流大学相比，是否存在差距？最后，国内外一流大学的人才培养机制有何特点？国外一流大学人才培养的哪些方面值得我国学习借鉴？

3. 研究思路

基于上述研究问题，本章按照以下步骤展开分析：第一，指标建构，根据已有研究建构一流大学人才培养指数的指标体系；第二，指数计算，根据指标设计，开展数据探索与搜集，对原始数据进行处理后，分别计算各个指标得分，对不同指标得分进行加权平均得到人才培养指数得分；第三，量化比较，将国内外一流大学样本分为四组，对国内与国际样本组进行比较，考察国内外一流大学在人才培养指标与指数上存在的差距；第四，案例分析，通过案例探讨不同大学的人才培养机制；第五，基于量化比较与案例研究的结果，提出促进一流大学人才培养机制改革的政策建议。

第二节　一流大学人才培养指数设计

一、国内外样本选取

本研究的国际组样本选取了 2020 年 ARWU 排名前 100 位的 20 所大学。其中，10 所来自 ARWU 排名前 25 位的大学[1]，组成世界顶尖大学组；另外 10 所来自 ARWU 排名第 76～100 位的大学[2]，组成世界一流大学组。

国内组样本共选取了既进入"双一流"建设名单，同时也进入 ARWU 排名前 500 位的 36 所中国高校。其中，进入 ARWU 排名前 150 位的 13 所"双一流"建设高校，组成国内 A 组[3]；另外，进入 ARWU 排名 150～500 位的 23 所"双一流"建设高校，组成国内 B 组。

受时间与数据可获得性的限制，本章的中外一流大学样本选取未能实现覆盖

---

[1]　包括哈佛大学、斯坦福大学、剑桥大学、麻省理工学院、普林斯顿大学、哥伦比亚大学、加州理工学院、牛津大学、耶鲁大学、多伦多大学。

[2]　包括麦吉尔大学、普渡大学、名古屋大学、西澳大利亚大学、巴塞尔大学、佛罗里达大学、澳大利亚国立大学、加州大学戴维斯分校、卡内基梅隆大学、匹兹堡大学。

[3]　包括清华大学、北京大学、复旦大学、上海交通大学和中国科学技术大学等大学。

全样本，可能会对结果产生影响。不过，研究通过分类取样选取了四个大学样本组，尽可能体现不同类别的一流大学人才培养在指标表现上的差异。

二、指标体系设计

人才培养结果观认为，大学的资源和声誉并不能告诉我们大学的人才培养质量，而毕业生是大学人才培养的最终产品，根据校友取得的成就推断大学的人才培养质量更为可靠。有研究对 1987～1996 年出现在《福布斯》（Forbes）中的美国大型企业高管数据进行分析发现，约 73.3% 的企业高管拥有美国排名前 50 位大学的学位。[①] 陈沛、刘念才对全球 10 000 家企业高管的教育背景进行分析发现，在全球万家企业高管拥有的全部学位中，34% 的学位来自不到全球大学总数 1% 的世界一流大学，62% 的学位来自不到全球大学总数 5% 的世界知名大学。在全球 500 强企业中，高管拥有世界一流大学学位的比例更高。[②] 拥有引领学科或产业发展，甚至得到世界级奖项认可的校友，是对一所大学人才培养水平最直接的肯定。

在全球化背景下，各国学子的择校范围扩大到全球，对国际学生的吸引力也代表着大学人才培养的能力，国际学生也是衡量世界一流大学人才培养的关键指标之一。当代大学生正面临着多元文化的冲击，国际学生的到来有利于将之培养为具有跨文化视野和国际理解能力的人才、适应国家未来发展需要的国际化人才。[③] 国际学生群体是未来领导者和世界公民的重要组成部分，学成回国后将在各国学术界、政界和实业界成为其领域的骨干或领导者，在促进两国交流、科学技术发展方面发挥积极作用，对其所在国及我国产生重大的政治和经济影响[④]，对于解决当今世界人类所面临的重大挑战具有重要意义。

此外，博士生的培养更是一所大学培养高层次创新人才的重要体现。博士生教育作为学术研究与产业的桥梁，已超出单纯的学术领域，关系到国家科教兴国战略和人才强国战略，成为推动国家经济和社会发展的重要因素。[⑤] 博士生教育质量不仅能够衡量一个国家的教育水平，也反映出一个国家经济实力、科学技术

---

① Jalbert T., Furumo K., Jalbert M. Does Educational Background Affect CEO Compensation And Firm Performance? *Journal of Applied Business Research*, 2011, Vol. 27, No. 1, pp. 15 – 39.

② 陈沛、刘念才：《全球万家企业高管教育背景与世界一流大学的关系研究》，载于《高等教育研究》2016 年第 11 期。

③④ 崔国文、姚崇兰：《关于世界一流大学与留学生培养的思考》，载于《清华大学教育研究》1994 年第 2 期。

⑤ 王任模、屠中华、刘惠琴、姚强、杨斌：《博士生培养质量与规模研究》，载于《研究生教育研究》2017 年第 3 期。

发展水平和国家软实力。①②

因此,本研究的评价指标从一流大学人才培养的输出端选取,既包括学术领域和商业领域的知名校友,也包括国际学生和博士生在人才培养总量中的占比。基于相关研究与实践经验,结合构建人才培养评价指标的现实需求,本章选取国际著名校友、国际学生比例、博士生比例构建人才培养评价指标体系,对国内外一流大学在人才培养方面的表现进行国际比较。其中,国际著名校友指标由一流大学培养出的高被引科学家(highly cited researchers)、诺贝尔奖(Nobel Prize)获得者、500 强企业高管 3 个二级指标合成(见表 2-1)。

表 2-1   人才培养指数的评价指标体系

指标	定义
国际著名校友	高被引科学家人数 诺贝尔奖(科学领域)获奖人数 全球 500 强企业高管人数
国际学生比例	国际留学生(学历教育)占全体学生的比例
博士生比例	博士毕业生(授予博士学位数)占全体毕业生 (授予本硕博三类学位数)的比例

三、数据搜集与分析

1. 国际著名校友

指标界定:国际著名校友指标由全球高被引科学家、诺贝尔奖得主及《财富》世界 500 强企业高管三个维度构成:(1)全球高被引科学家是指来自世界各地的自然科学和社会科学领域的论文被引次数位于同一学科前 1% 的研究人员。全球高被引科学家指标是统计从同一所大学毕业的校友中入选全球高被引科学家的人数。(2)诺贝尔奖得主是统计从同一所大学毕业的校友中获得诺贝尔奖的人数,包括诺贝尔物理学奖、化学奖、医学奖与经济学奖,不含文学奖与和平奖。(3)世界 500 强企业高管是统计从同一所大学毕业的校友中在世界排名前 500 企业中担任高管的人数。

数据搜集:(1)高被引科学家的原始数据来自科睿唯安公司 2020 年 11 月发

① 王大中:《稳定博士生招生规模着重提高培养质量》,载于《学位与研究生教育》2005 年第 2 期。
② 黄宝权:《创建一流大学背景下对我国博士研究生招生制度的思考》,载于《长春工业大学学报》(高教研究版)2012 第 4 期。

布的高被引科学家名单（Highly Cited Researchers List 2020）①，共计 6 389 名高被引科学家，其中 3 796 人入选 21 个自然科学和社会科学领域的高被引科学家，2 593 人入选跨学科领域的高被引科学家。当高被引科学家同时归属两个学科时，计 1 人次。根据名单通过检索履历获得其教育信息，进而对其获得本科、硕士、博士学位的大学名称进行汇总。（2）诺贝尔奖得主的原始数据来自诺贝尔奖官方网站公布的 2001～2020 年的获奖人名单。② 根据名单通过检索履历获得其教育信息，进而对其获得本科、硕士、博士学位的大学名称进行汇总。（3）500强企业高管的原始数据来自 BvD – Orbis 全球企业数据库。③ 该数据库包含了全球超过 3 亿家企业的管理层、评级报告、原始财务报表等行业信息。首先从数据库中筛选出 2019 财年营业收入（operating revenue）排名全球前 500 的企业；然后导出上述企业高管的教育信息。需要说明，不论高被引科学家、诺贝尔奖得主，还是 500 强企业高管，作为校友，如果其在同一所大学获得多个学位，该大学计入 1 人次；如果在不同大学获得多个学位，每所获得过学位的大学，各计入 1 人次。

2. 国际学生比例

指标界定：国际学生比例是统计 2019 年样本大学中国际学生人数占在校生总人数的比例。国际学生在非国籍所在国接受教育，通常包括学历教育与非学历教育两类，本研究仅计入学历教育的国际学生人数。在校生总人数包括本科、研究生不同层次的在校生总人数。

数据搜集：国内数据中的国际学生人数和在校生总人数通过国内样本大学官网公布的年度报告搜集。国外数据中的国际学生人数与在校生总人数通过各个国家的高等教育数据库、政府网站统计数据，以及大学官网搜集。其中，美国样本大学的数据来自美国高等教育综合数据系统（Integrated Postsecondary Education Data System，IPEDS）数据库④，英国数据来自英国高等教育统计局（Higher Education Statistics Agency，HESA）数据库⑤，澳大利亚数据来自澳大利亚教育部官网⑥，其他国家样本大学的数据来自各个大学官网。鉴于不同国家、不同机构（大学之间、大学与政府之间）的统计数据截止时间存在差异，当指定年份的数

---

① Highly Cited Researcher. Web of Science Group，https：//recognition. webofsciencegroup. com/awards/highly – cited/2020/，2021 – 02 – 20.
② Nobel Prizes and Laureate. The Nobel Prize，https：//www. nobelprize. org/prizes/，2021 – 05 – 16.
③ Welcome to the new Orbis interface. Orbis，https：//orbis. bvdinfo. com，2021 – 05 – 16.
④ Use the Data. IPEDS. https：//nces. ed. gov/ipeds/use – the – data，2021 – 02 – 16.
⑤ Table 1 – HE student enrolments by HE provider 2014/15 to 2019/20. HESA. https：//www. hesa. ac. uk/data – and – analysis/students/table – 1，2021 – 02 – 16.
⑥ 2019 Section 7 Overseas students. Australian Government Department of Education，Skills and Employment. https：//docs. education. gov. au/node/53021，2021 – 02 – 16.

据缺失时，优先采用相邻年份的数据。

3. 博士生比例

指标界定：博士生比例是指 2019 年样本大学毕业的博士生人数占本科、硕士和博士全体毕业生人数的比例，或授予的博士学位数占授予的本科、硕士和博士学位总数的比例。

数据搜集：国内数据来自样本大学公布的 2019 届毕业生就业质量年度报告，通过各高校就业指导服务中心或者就业信息网检索下载。国外数据来自各个国家的高等教育数据库、政府网站统计数据，以及大学官网。其中，美国样本大学的数据来自 IPEDS 数据库①，英国数据来自 HESA 数据库②，澳大利亚数据来自澳大利亚教育部官网③，其他国家样本大学的数据来自各个大学官网。鉴于不同国家、不同机构（大学之间、大学与政府之间）的统计数据截止时间存在差异，当指定年份的数据缺失时，优先采用相邻年份的数据。

4. 指数算法

在完成上述数据搜集后，首先，对所有原始值进行统计处理，改善原始数值分布；其次，分别计算出世界一流大学组在各个指标上的平均值作为参照，设为 1 分；再次，通过计算单一大学的单一指标值与世界一流大学组在相同指标上的平均值的比值，得到该校在该指标上的得分；最后对三个指标得分进行简单加权，得到人才培养指数。

第三节 我国一流大学人才培养指数表现及分析

一、一流大学人才培养指数的表现

在国际著名校友指标上，世界顶尖大学组是世界一流大学组的 2.51 倍，其中哈佛大学得分最高。国内 A 组在该指标的得分与世界顶尖大学组存在较大差距，但与世界一流大学组表现接近。国内 A 组部分大学培养出的国际著名校友的

---

① Use the Data. IPEDS. https：//nces. ed. gov/ipeds/use – the – data，2021 – 02 – 16.

② Table 1 – HE student enrolments by HE provider 2014/15 to 2019/20. HESA. https：//www. hesa. ac. uk/data – and – analysis/students/table – 1，2021 – 02 – 16.

③ 2019 Section 7 Overseas students. Australian Government Department of Education，Skills and Employment. https：//docs. education. gov. au/node/53021，2021 – 02 – 16.

数量已基本达到世界一流大学的水平。不过，国内 B 组在该指标上只有世界一流大学组的 56%，说明国内大部分的"双一流"建设大学培养出的国际著名校友数量与世界一流大学仍有一定差距（见表 2-2）。

表 2-2　　　　　　　　　　人才培养指数的得分

组别	国际著名校友	国际学生	博士生	指数得分
世界顶尖大学组	2.51	1.13	1.30	2.19
世界一流大学组	1.00	1.00	1.00	1.00
国内 A 组	1.01	0.47	1.11	0.94
国内 B 组	0.56	0.35	0.77	0.55

资料来源：笔者测算。

在国际学生指标上，世界顶尖大学组与世界一流大学组表现相当，其中得分最高的样本大学是世界一流大学组中的卡内基梅隆大学，国际学生占比超过40%。国内 A 组的国际学生指标得分仅为世界顶尖大学组、世界一流大学组得分的 1/2。国内 A 组中国际学生指标得分最高的大学也仅为世界一流大学组的 64%（见表 2-3），存在较大差距。国内 B 组的国际学生指标得分不足世界一流大学组大学的 40%（见表 2-2），反映出国内大部分"双一流"建设大学在国际学生人才培养方面与世界一流大学存在较大差距。

表 2-3　　　　我国一流大学人才培养指数及其指标得分

大学组别/名称	指数得分	国际著名校友	国际学生	博士生
世界顶尖大学组	2.19	2.51	1.13	1.30
世界一流大学组	1.00	1.00	1.00	1.00
清华大学	1.46	1.63	0.52	1.50
北京大学	1.38	1.56	0.52	1.31
浙江大学	1.24	1.36	0.64	1.20
中国科学技术大学	1.14	1.26	0.37	1.33
南京大学	1.11	1.25	0.40	1.05
复旦大学	1.09	1.15	0.60	1.35
南开大学	0.96	1.07	0.41	0.93
吉林大学	0.92	1.06	0.32	0.78
上海交通大学	0.92	0.94	0.64	1.23
武汉大学	0.87	0.97	0.38	0.86

大学组别/名称	指数得分	国际著名校友	国际学生	博士生
东南大学	0.80	0.86	0.43	0.91
山东大学	0.79	0.89	0.41	0.66
哈尔滨工业大学	0.74	0.74	0.51	1.01
天津大学	0.69	0.71	0.49	0.87
东北大学（沈阳）	0.67	0.75	0.28	0.64
西安交通大学	0.67	0.68	0.46	0.90
四川大学	0.65	0.66	0.38	0.93
华中科技大学	0.61	0.61	0.42	0.93
厦门大学	0.59	0.64	0.23	0.73
华南理工大学	0.57	0.61	0.33	0.65
中山大学	0.56	0.58	0.27	0.83
湖南大学	0.55	0.63	0.21	0.51
兰州大学	0.51	0.54	0.27	0.65
大连理工大学	0.51	0.54	0.29	0.60
中南大学	0.51	0.49	0.39	0.84
中国农业大学	0.47	0.43	0.25	1.12
西北工业大学	0.47	0.43	0.40	0.88
北京师范大学	0.46	0.41	0.40	1.00
北京理工大学	0.46	0.41	0.41	0.89
同济大学	0.45	0.38	0.46	0.93
电子科技大学	0.43	0.43	0.34	0.62
华东师范大学	0.38	0.30	0.46	0.88
中国海洋大学	0.33	0.27	0.31	0.78
郑州大学	0.31	0.30	0.36	0.29
北京航空航天大学	0.30	0.19	0.52	0.85
重庆大学	0.28	0.24	0.23	0.68

资料来源：笔者测算。

在博士生指标上，国内 A 组的博士生指标得分为世界一流大学组的 1.11 倍，接近世界顶尖大学组的水平；不过，国内 B 组指标得分仅为世界一流大学组的 77% 。国内组得分最高的大学是世界一流大学组的 1.50 倍（见表 2 - 3）。

由此可见，在博士生培养方面，我国"双一流"建设大学之间差距较大，表现较好的 A 组已经接近世界顶尖大学水平，但国内 B 组与世界一流大学仍然存在较大差距。

对三个分指标进行加权后，国内 A 组的人才培养指数是世界一流大学组的94%，是世界顶尖大学组的43%，说明我国顶尖大学在人才培养方面近年表现接近世界一流大学，与世界顶尖大学还存在一定差距（见表 2 - 2）。国内大学中的6 所高校得分已超过世界一流大学组得分的平均水平。国内 B 组在人才培养指数上与世界一流大学组的差距明显，仅为世界一流大学组的55%（见表 2 - 3）。

综上表现，国内 A 组虽然在吸引国际学生方面与世界一流大学还存在一定差距，但在培养国际著名校友、博士生等方面已经达到了世界一流大学的水平。国内 B 组与世界一流大学相比，在人才培养指数三个指标上均存在较大的差距。总体上看，我国一流大学的人才培养水平与世界一流大学仍然存在一定的差距。

二、一流大学人才培养指数分析

通过上述指标得分发现，在国际著名校友上，我国"双一流"建设高校与世界顶尖大学仍然存在一定差距。从评选诺贝尔奖的百年历程来看，近半数诺贝尔奖获得者具有学科知识交叉的背景，而我国高校在人才培养方面普遍存在学科视野狭隘、创新能力不足等问题。[1] 我国高校的学科专业大多是依据学科门类、一级学科、二级学科的分类来设置。这种传统的学科管理体制和模式加剧了不同学科之间的壁垒，不利于拔尖创新人才的培养。[2]

在国际学生培养方面，我国"双一流"建设高校，不论与世界顶尖大学还是世界一流大学相比，均存在较大差距。不少高校品牌特色不明显，缺乏吸引海外留学生的核心竞争力，缺乏对不同教育和文化背景下来华留学生的学习特点与需求的了解，因此难以开设出满足国际学生多元化需求的高质量课程。[3] 加之，教师和管理人员存在国际化意识不强、经验不足等问题，难以保证留学生专业选择、培养方案优化等工作的有效实施。[4]

---

① 陈武元、王怡倩：《我国高校人才培养的痛点、短板与软肋》，载于《厦门大学学报》（哲学社会科学版）2021 年第 6 期。

② 陈伟斌：《"双一流"建设背景下新兴交叉学科建设路径思考》，载于《中国大学教学》2021 年第9 期。

③ 金中坤、王文琴、金政：《基于产教融合的应用型本科院校来华留学生培养》，载于《教育与职业》2021 年第 10 期。

④ 王尧美、谢娜：《高等教育国际化背景下的来华留学生教育》，载于《中国成人教育》2017 年第24 期。

在博士生培养方面，我国"双一流"建设高校之间差距较大，表现较好的大学已经接近甚至超越世界顶尖大学水平，但多数大学与世界一流大学仍然存在一定差距。博士生的培养同样受制于我国大学传统的单向治理体系，院系之间普遍存在学科壁垒，难以形成有效的合作机制，导致博士生培养过程中缺乏多学科交叉的研究平台，存在跨学科交流与资源共享不足等问题。[①]

在"双一流"建设的背景下，如何缩小我国高校与世界一流大学之间在人才培养上的差距是新时代迫切需要研究和解决的问题。随着经济、社会、文化、环境的不断变化，科学问题与社会问题呈现出交叉化、综合化的特征。重大问题的解决仅仅依靠单一学科知识是远远不够的，交叉学科人才的需求日益凸显出来。结合国内外一流大学的发展经验，本研究将探索交叉学科人才培养模式视为我国"双一流"建设高校突破人才培养"瓶颈"的重要出路之一。

第四节　一流大学人才培养的典型案例研究

基于对我国一流大学人才培养现状与存在问题的分析，本节以美国卡内基梅隆大学（Carnegie Mellon University，CMU）、新加坡国立大学（National University of Singapore，NUS）和北京大学为案例，对交叉学科人才培养进行分析，为我国高质量人才培养途径的创新提供新的思路。美国卡内基梅隆大学重点打造多学院共建与学院内部交叉相结合的培养体系，经过多年的发展，形成了独特的交叉学科培养模式；新加坡国立大学逐步探索交叉学科特色项目与选修课程相结合的培养路径，为学生打造广泛多元的学习环境，开拓多重教育路径，培养学生的跨学科能力；北京大学积极建构实体研究中心与虚体研究平台相结合的育人模式，通过充分发挥学科齐全的优势，建设一流交叉学科研究基地，促进前沿科学发展，培养跨学科人才。

一、打造多学院共建与学院内部交叉相结合的培养体系：以卡内基梅隆大学为例

卡内基梅隆大学校董事会主席詹姆斯·罗哈尔（James Rohr）在 2025 战略计

---

① 袁本涛、李莞荷：《博士生培养与世界一流学科建设——基于博士生科研体验调查的实证分析》，载于《江苏高教》2017 年第 2 期。

划（Strategic Plan 2025）中强调科技与人文的交融是卡内基梅隆大学保持全球领先的关键所在。① 经过多年发展，卡内基梅隆大学的交叉学科人才培养项目分为两大类：一类是多学院共建的交叉学科人才培养项目，以 BXA 跨学院学位项目系列（BXA Intercollege Degree Programs）为例；另一类是通过学院内部优化多学科资源建成的交叉学科人才培养项目，以计算机科学学院人工智能本科专业项目（Bachelor of Science in Artificial Intelligence，BSAI）为例。②

1. 多学院共建交叉学科：以 BXA 项目为例

BXA 跨学院学位系列计划旨在将创意和学术学科的课程结合在一起，非常适合需要整合创造性和学术性工作的学生。③ 该计划提倡通过交叉学科主题的创新方法，鼓励 BXA 学生对知识和挑战重新定义，进而培养独立、积极进取和全面发展的学者和艺术家。④

传统的交叉学科人才培养项目多以某一专业为基础，与其相关专业联合建立，而卡内基梅隆大学的 BXA 跨学院学位系列项目中的每个项目都是由两个来自不同学院的专业联合建立。"B"（Bachelor）代表四个项目皆为本科学位项目，"X"则代表学科的融合与随之而来的创新、好奇心的交融，"A"（Arts）代表与艺术学院（College of Fine Arts）共建，包括计算机科学与艺术本科学位（Bachelor of Computer Science and Arts，BCSA）、人文与艺术本科学位（Bachelor of Humanities and Arts，BHA）、理学与艺术本科学位（Bachelor of Science and Arts，BSA）、工程与艺术辅修专业（Engineering and Arts additional major，EA）四个项目。

（1）培养目标。

BXA 项目专为那些希望通过富有挑战性的学术课程将才能和热情转变为未来职业的学生而设计。BXA 项目的愿景是让学生终身受益，成为自己教育经历和成长的领导者、创新和复杂学习方法的创造者，以及在交叉学科的世界中肩负责任的贡献者。项目强调学生对两个学科领域知识的整合与应用，培养能进行交叉学科交流与创造的学生，期望学生拥有艺术和 X 学科的基础知识和自己的专长领域知识，能够整合自己拥有的交叉学科知识技能，由此实现个人目标，为社会做出

---

① James Rohr. *Strategic Plan* 2025. Carnegie Mellon University, https：//www.cmu.edu/strategic-plan/, 2020-04-16.

② Interdisciplinary Programs. Carnegie Mellon University, https：//www.cmu.edu/academics/interdisciplinary-programs.html, 2020-04-16.

③④ BXA Intercollege Degree Programs. Carnegie Mellon University, https：//www.cmu.edu/interdisciplinary/programs/index.html, 2020-04-16.

我国高校"双一流"建设推进机制与成效评估研究

贡献。① BXA 的技术、学术和实践，使学生能够利用自己的创造力和学术技能来创建、教授、交流和创新交叉学科。②

（2）培养方案。

BXA 项目的交叉学科人才培养课程体系中包括四个课程组：艺术学院强化课程组、X 学院强化课程组、通识教育课程组以及自由选修课。前两组分别由两个学院自行组织开设专业课程，通识教育课程组包含 X 学院开设的通识课程与 BXA 项目专门开设的交叉学科研讨会。③ 学生不仅可以学习到不同专业的基础课程以进行交叉学科学习实践，还可以通过学习通识教育课程，尤其是通过交叉学科研讨会，增加不同学科之间学习与实践融合的可能性。④

鉴于 BXA 项目包含 BCSA、BHA、BSA、EA 四个项目，下文将以 BCSA 为例。BCSA 学生需要从艺术学院的建筑、艺术、设计、戏剧或音乐专业中选择一门，同时选择计算机科学学院设立的计算机科学专业。⑤ 如果要获得计算机科学与艺术学士学位，至少需要完成 380 个学分，包括计算机学院强化课程 111 个学分、艺术学院 108 个学分、通识教育课程 121 个学分（其中 36 个学分来自 BXA 项目开设的交叉学科研讨会）以及 40 个学分的自由选修课（见表 2 - 4）。⑥

表 2 - 4   BCSA 培养方案

课程类别	学分
BCSA 通识教育课程	121
SCS 强化课程	111
CFA 强化课程	108
自由选修课	40
BCSA 毕业学分要求	380

资料来源：BCSA Curriculum. Carnegie Mellon University，https：//www. cmu. edu/interdisciplinary/academics/bcsa - curriculum. html。

另外，参与 BXA 项目的学生会得到广泛的支持，交叉学科学位课程的学术顾问是艺术学院和 X 学院之间的主要顾问和联络人。每个学生都拥有两个学术顾问：艺术学院的一名顾问指导学生的艺术领域，X 学院的一名顾问指导他

①② BXA Intercollege Degree Programs. Carnegie Mellon University，https：//www. cmu. edu/interdisciplinary/programs/index. html，2020 - 04 - 16.

③④ BXA Programs. Carnegie Mellon University，https：//www. cmu. edu/interdisciplinary/programs/index. html，2020 - 04 - 16.

⑤⑥ BCSA Curriculum. Carnegie Mellon University，https：//www. cmu. edu/interdisciplinary/academics/bcsa - curriculum. html，2020 - 04 - 16.

们的 X 专业领域。① 另外，还有 BXA 学术顾问向学生提供咨询服务，包括解决在项目中如何确定重点学习方向等问题。②

（3）培养特色：BXA 交叉学科研讨会。

引导学生培养交叉学科素养，是所有 BXA 学位的通识教育要求的一部分。BXA 交叉学科研讨会在交叉学科的背景下向学生介绍批判理论和美学理论，并向他们提供在研究和实践中集中运用方法论的经验。③通过一系列的 BXA 交叉学科研讨会、作品集（BXA junior portfolio）和毕业项目（capstone project）将不同专业融合在一起，为学生提供指导以及在整个本科生职业生涯中建立学习共同体并与同龄人互动的机会。④

BXA 研讨会 Ⅰ：建造多宝阁（Wunderkammer），9 学分。通过多宝阁的概念，向大一和大二年级以上转入 BXA 计划的学生介绍交叉学科工作领域。学生学习交叉学科的理论和实践读物，特别强调解释性理论。每周的美学和批判理论方面的阅读会向学生介绍特定的分析词汇，并在课堂讨论和书面回答中让学生应用这些词汇。⑤在学期末，学生将构思、研究、制作并提出创意性的最终项目。⑥

BXA 研讨会 Ⅱ：知识转移（transferring knowledge），9 学分。适用于在大二或更高学年期间转入 BXA 计划的学生。该研讨会涉及如何在不同的媒体模式中表达知识——在不同学科中用合适的语言、符号、逻辑来获取和表达知识。⑦在研讨会中，学生需要完成相应的书面作业并对课程材料进行创造性回应。⑧

BXA 研讨会 Ⅲ：解构学科（deconstructing disciplines），9 学分。BXA 大三年级学生将学习批判理论、学科结构、交叉学科方法及研究内容。⑨该课程每周开办一次，要求学生通过阅读、在线讨论与研讨会，创作创意作品以及进行科研训练，为 BXA 毕业项目做准备。⑩

BXA 研讨会 Ⅳ与 Ⅴ：毕业项目研究（capstone project research），18 学分，涵盖学生高年级的两个学期，课程目标是展示学生如何将他们课程的交叉学科元素组成一个综合项目。BXA 毕业项目让学生有机会展示对交叉学科工作的掌握程度，既可以是学术活动，也可以是创造性活动。学生可以采用多样化的展示形式，如书面论文、创意作品汇编、实验和报告、计算机程序或动画等来完成该项目。⑪

---

① ③ ④　BXA Intercollege Degree Programs. Carnegie Mellon University, https：//www. cmu. edu/interdisciplinary/programs/index. html, 2020 – 04 – 16.

②　邓嘉瑜：《美国研究型大学跨学科人才培养的模式研究》，华南理工大学学位论文，2016 年。

⑤ ⑥ ⑦ ⑧ ⑨ ⑩ ⑪　BXA Intercollege Degree Programs. Carnegie Mellon University, https：//www. cmu. edu/interdisciplinary/academics/courses. html, 2020 – 04 – 16.

2. 学院内部交叉学科：以 BSAI 项目为例

卡内基梅隆大学是美国最早设立人工智能本科专业的大学①，通过教授学生人工智能课程，扩展学生思考的广度，提高学生运用多学科知识解决问题的能力。为了顺应人工智能时代的发展需求，2018 年卡内基梅隆大学率先在计算机科学学院内部开展交叉学科人才培养的 BSAI 项目。相比于该校"多学院共建式"交叉学科人才培养模式，BSAI 是卡内基梅隆大学在交叉学科人才培养模式创新方面的又一次尝试。

（1）培养目标。

人工智能的发展正在以前所未有的冲击力影响着现代科技与产业的发展，卡内基梅隆大学计算机科学学院的人工智能本科人才培养项目的目标为"培养跨界、复合的研究创新、技术研发和产业应用人才"②。这样的人才不仅要能够在人工智能时代将计算机科学、数学、统计建模等学科的知识融会贯通，还要能够将大量的数据转化为科学可行的决策，从而为产业发展、社会进步服务。

（2）培养方案。

BSAI 项目的学生需要修读数学、统计学、计算机科学、人工智能、科学与工程以及人文与艺术等课程，在计算机科学学院内部实现交叉学科需求。其中，包括三组核心课程：数学与统计学、计算机科学和人工智能；三组选修课：伦理选修课、AI 选修课和计算机学院选修课；两组计算机科学学院通识课：人文与艺术、科学与工程。③ BSAI 项目在核心课程中也为学生留出了选择空间，比如人工智能核心课程中的导论板块可以在"自然语言处理导论"与"计算机视觉导论"中选择一门，以满足学生自身偏好与选择需求。④

（3）培养特色：堆栈式学习系统。

人工智能必须理解人类的需求，并且基于这种理解做出明智的设计决策。⑤这就要求学生不仅需要学习建模、机器学习、大数据管理等方面的知识，也要学习规划与行动、伦理方面的知识。基于这一理念，BSAI 项目设计了一套基于人工智能堆栈技术模块（AI stack）的培养方案。堆栈作为一个"工具箱"（tool-box），由一个个"技术模块"（technology blocks）构成，每个模块都包含一系列科学家和研究人员在开展新计划时可以获取的技术，每个模块都依赖于另一个模

---

① Carnegie Mellon Launches Undergraduate Degree in Artificial Intelligence. Carnegie Mellon University, https：//www. cmu. edu/news/stories/archives/2018/may/ai – undergraduate – degee. html, 2020 – 04 – 16.

②③④ B. S. in Artificial Intelligence. Carnegie Mellon University, https：//www. cs. cmu. edu/bs – in – artificial – intelligence/curriculum, 2020 – 04 – 16.

⑤ CMU AI, Carnegie Mellon University, https：//ai. cs. cmu. edu/about, 2021 – 04 – 16.

块来获得支持。① 学生以及研究人员不需要精通堆栈中所有的技术模块，而是专注于一个领域并从堆栈的其他部分寻求帮助，以利用不同技术模块之间的彼此支撑关系。②

二、探索特色项目与课程相结合的培养路径：以新加坡国立大学为例

新加坡国立大学是新加坡首屈一指的国际顶尖高校，也是亚洲历史最悠久的高校之一。新加坡国立大学基于特色项目与选修课程相结合的设计，形成了交叉学科的人才培养特色。

1. 交叉学科特色项目

新加坡国立大学科学学院于 1996 年成立并设立了面向本科生的综合性科学教育特色项目（Special Programme in Science，SPS），这是一项面向 21 世纪知识经济的人才发展计划，目标人群是有志于科学研究、具有科学热情且具备一定科研水平的学生。SPS 可以说是新加坡国立大学的"科学的大熔炉"，将来自理学院不同学科的学生召集到一个紧密联系的社群中。

（1）培养目标。

通过交叉学科的方式将当代科学领域的广泛知识传递给学生是 SPS 项目的主要特征。该项目将学生的知识扩展到其专业以外的学科，并为其提供进行独立研究、与专业导师交流的机会。通过"从分子到原子""细胞""地球""宇宙""探索科学"和"综合科学项目"六个模块的学习，学生可以进行多学科的研究、同伴学习和获得专业教师指导。③

（2）培养方案。

SPS 只针对理学院的本科新生开放，同时对于学生的专业也有一定的限制，只有数学、应用数学、统计数据、数据科学与分析、物理、化学、生命科学、计算生物学、药物科学、环境专业背景的学生可以申请。SPS 实施严格的招生选拔，根据学生对跨学科科学研究的兴趣和参与团队项目的能力进行选择。④ SPS 聘请了数学、物理等多个学科方向的专业教师来共同参与教学管理，学生在老师的指导和实践中接受跨学科的学术训练。⑤

---

①② CMU AI, Carnegie Mellon University, https：//ai. cs. cmu. edu/about, 2021－04－16.

③ NUS SPS, National University of Singapore, https：//www. science. nus. sg/education/undergraduates/special－programmes/special－programme－in－science－sps, 2021－04－16.

④⑤ NUS SPS, National University of Singapore, http：//sps. nus. sg/faq, 2021－04－16.

SPS 课程主要分成"研究型课程模块"和"专题集成模块"两大模块。研究型课程模块涉猎的学科范围比较广泛，学生需要通过参加一系列讲座、小组合作、文献综述等工作来进行综合性研究项目。[①] 专题集成模块由 4 个特别设计的模块组成，每个模块都将使用数学和统计学作为探究课题的工具，集合了生物学、化学和物理学三个学科[②]（见表 2 – 5）。

表 2 – 5　　　　　　　　　　SPS 项目时间表

学年		研究型课程模块	专题集成模块
大一年级	第 1 学期	SP2171 – 发现科学	SP2173 – 从原子到分子
	第 2 学期		SP2174 – 细胞
大二年级	第 1 学期	SP3172 – 综合科学项目	
	第 2 学期		SP3175 – 地球 SP3176 – 宇宙
大三和大四年级		朋辈导师项目/交流项目	

SPS 的研究型课程模块为培养学生分析、计算、沟通和人际交往能力打下了基础。完成这些模块后，学生将具备必要的知识、技能和经验，以便评估、计划和开展科学研究。尽管 SPS 高度重视科学研究，但并不要求加入 SPS 的学生都从事科学研究或留在学术界。"发现科学"和"综合科学项目"不仅为学生提供了从事学术研究的途径，也为学生提供了转化知识和技能的途径。"发现科学"的课程目标是让学生具备信息素养以及文学评论、写作、演讲、访谈和编程等优秀科学家必备的基本技能；同时结合 21 世纪的时代特点，使学生将从课程中获得的基本技能转移到非学术或非研究环境。[③]"综合科学项目"模块类似于一个本科生研究项目，为学生提供了开展综合性项目的机会，以期学生在未来的科学研究工作方面拥有更大的主动性。[④]

SPS 专题集成模块打破了物理、数学、化学和生物学学科之间的传统界限，旨在使学生对多学科性质的学科具有更丰富的认识。这些课程均采用新颖的教学法和评估方法，并且基于编程、可视化、建模等技术，整合各个学科的思想。通过设计课程主题并对其进行排序以协调不同学科领域，从"原子"开始，前进到"细胞"，然后到"地球"，最后到"宇宙"。"从原子到分子"课程将带领学生学习物理学科中的原子，进而向化学学科中的分子扩展，从而为"细胞"课程奠

---

①②③④　NUS SPS，National University of Singapore，https：//www. science. nus. edu. sg/education/under-graduates/special – programmes/special – programme – in – science – sps，2021 – 04 – 16.

定基础。"细胞"课程以简单细菌为模型生物，探索了几种生物学过程中的关键原理。"地球"课程专注于影响地球发展的物理、化学和生物过程。通过采用系统教学方法，以使学生了解大气、生物圈、水圈和岩石圈，理解地球各个组成部分之间的互连性。[①]"宇宙"课程追溯理论和观测宇宙学的发展，包括从牛顿宇宙学、哈勃观测到宇宙大爆炸、恒星和黑洞的形成，再到宇宙起源和命运的最新观点。[②]

2. 交叉学科选修课程

新加坡国立大学的通识教育课程体系和自主设计课程是其交叉学科选修课程的重要组成部分。通识教育课程体系由"人类文化""思维表达""新加坡研究""提问"和"定量推理"五大领域组成。其中，"人类文化"旨在培养学生对不同观点和文化的理解；"思维表达"通过对观点的分析、形成与表达以培养学生的批判性思维；"新加坡研究"旨在培养学生的公民意识和跨文化意识；"提问"为学生提供了交叉学科主题，以鼓励学生探索出更加丰富的观点；"定量推理"为学生提供信息处理方法。[③]学生需要从每个领域中完成 4 个学分的通识教育模块，总计 20 学分。[④]通识教育课程涵盖广泛的知识领域，超越了单一学科专门性的界限，能够使学生接触到多个学科领域的内容，拓展学生的知识面。[⑤]

此外，新加坡国立大学学生还可以通过完成自主设计课程，获得选修课程要求的 8 个学分。"自主设计课程"（Design Your Own Module）是新加坡国立大学于 2019 年 2 月提出的一项课程改革计划，以鼓励学生通过大规模开放式在线课程（Massive Open Online Courses）在聘请教师或行政人员的指导下探索自己学科之外的学习内容。这是学生追求学科外兴趣、扩大知识面并将学习视为终身学习的一种选择，旨在在学习过程中赋予学生自主学习的权利。学生在计划学习时具有更大的灵活性，且不会破坏其结构化的学科学习。[⑥]在学者、行政人员或行业专家的指导下，10 名或更多学生为一组，探索自主设计课程。[⑦]在这个过程中，教师不仅要为学生提供不同主题的慕课，还要参与到学生自主设计课程之中，在目标设定、学习计划、结果评价上给予学生适当的帮助。[⑧]自主设计课程与传统课程相比，学生的角色更加多样化。在这一过程中，学生不仅是知识的接受者，还可以是学习内容的设计者、专业知识的分享者、合作者等。通过学生们交叉学科内容的分享与交流，大学不同学院之间的学科交融也得到了发展。

①② NUS SPS, National University of Singapore, http：//sps. nus. edu. sg/academic – programme/, 2021 – 04 – 16.

③④⑤ NUS Register Office, National University of Singapore, https：//www. nus. edu. sg/registrar/academic – information – policies/undergraduate – students/general – education/five – pillars, 2021 – 04 – 16.

⑥⑦⑧ NUS Register Office, National University of Singapore, https：//www. nus. edu. sg/registrar/academic – information – policies/undergraduate – students/design – your – own – module, 2021 – 04 – 16.

三、建构实体研究中心与虚体研究平台相结合的育人模式：以北京大学为例

为了更好地促进跨学科领域的合作与研究，北京大学打破学科壁垒，成立前沿交叉学科研究院这一实体与虚体相结合的新型院系组织。交叉学科研究院涵盖数学、物理学、化学、生物学、医学和工学等学科的众多交叉研究领域，包括纳米科学与技术研究中心、生物医学跨学科研究中心、定量生物学中心、生命科学联合中心、大数据科学研究中心、环境与健康研究中心、磁共振成像研究中心、科学史与科学哲学研究中心、脑科学和类脑科学研究中心、睡眠医学研究中心等研究机构。[1]

1. 实体交叉学科研究中心：以定量生物学中心为例

北京大学定量生物学中心正式成立于 2011 年，前身是原北京大学理论生物学中心。作为实体交叉学科研究中心，定量生物学中心在前沿交叉学科研究院的宏观调控下实行自我组织管理，基于理论和实验开展关于生物学交叉的理论生物学与系统生物学方向的跨学科研究与人才培养工作。[2]

（1）培养目标。

定量生物学中心旨在培养以定量研究为手段、围绕理论与系统生物学领域重大科学问题开展交叉研究、具有创新研究能力的高层次人才。定量生物学中心希望通过交叉学科的课程学习，使学生具有坚实而广博的理论基础、系统的专门知识和熟练的专业技能，熟悉本学科国内外的研究及发展动态，具有独立从事科学研究和承担专门技术工作的能力。[3] 同时，该中心希望学生具有较强的创新能力、组织协调及交流能力、强烈的事业心和良好的合作奉献精神；对待科学问题要思维开放、学风严谨，具有实事求是的精神，以满足社会在教学、科研和应用等方面的人才需求。[4]

（2）培养方案。

定量生物学中心课程的设置包括三部分：第一部分是必修课程，包括理论与系统生物学理论与实践、技术课程，以及参加一定数量的定量生物学中心学术报告、担任助教等。[5] 中心以定期或不定期的形式通知学生属于本课程考查范围的

① 学院简介，北京大学前沿交叉学科研究院，2021 年 5 月 30 日，http：//www.aais.pku.edu.cn/about。

② 培养计划，北京大学定量生物学中心，2021 年 5 月 30 日，http：//cqb.pku.edu.cn/zhaosheng/news.php? class2＝96。

③④⑤ 研究生培养方案，北京大学定量生物学中心，2021 年 5 月 30 日，http：//cqb.pku.edu.cn/zhaosheng/shownews.php? id＝45。

讲座和报告，学生在第一、第二学年参加中心 3/4 以上的报告和讲座，方可获得本课程的学分。[①] 第二部分是根据学生本科专业背景，有针对性地选修中心所推荐的选修课程。非生物、化学背景的研究生，应修读生命学院或化学学院的分子生物学、细胞生物学和生物化学等相关本科生课程，至少达到 6 学分。[②] 第三部分是根据学生研究方向，在导师及指导小组的指导下，从数学学院、物理学院、化学学院、生命学院以及工学院、信息学院选修相关专业的课程。

根据定量生物学中心研究生培养方案，对中心研究生入学第一学年实行实验室轮转学习（lab rotation），并将这一培养环节以《理论与系统生物学实验》课程的形式对研究生进行考查和评定。[③] 原则上这一学年安排三轮轮转，每轮轮转学习结束时，指导老师会针对该学生的表现填写评定表并及时交给中心管理人员，一方面作为考核委员会评分的参考，另一方面也让学生知道其做得好坏与需要改进的地方。学生就轮转实习完成书面总结报告，并向轮转学习的考核委员会进行口头答辩报告。考核委员会由本课程负责教师组织，并负责对每一轮轮转学习的口头答辩报告进行考核评分。[④] 三轮轮转学习的总评分低于 70 分者为不及格。[⑤]

此外，定量生物学中心定期举办"头脑风暴"活动，围绕复杂主题进行头脑风暴活动，旨在促进多学科交叉，增强课题组之间的合作，培养研究生、本科生的创新能力。活动主要以学生自建团队的形式进行周期研讨，以口头报告的形式进行汇报答辩，包括启动会、中期评审以及总决赛三个阶段。[⑥] 在活动过程中，老师会与学生进行交流，并帮助学生调整课题方向、保证课题进度等。[⑦]

2. 虚体交叉学科研究平台：以大数据科学研究中心为例

北京大学依托数学、统计学、计算机科学、软件、公共卫生与预防医学、心理学、社会学、金融学等学科于 2015 年设置了数据科学与大数据技术交叉学科专业，并依托前沿交叉学科研究院成立了大数据科学研究中心。[⑧] 作为一个虚体机构，大数据科学研究中心是北京大学发挥人才培养、科学研究和社会服务三大功能的一种组织形式，负责统筹数据科学交叉学科的人才培养项目，组织校内各单位的大数据相关研究，同时作为"北京大数据研究院"在北京大学内部的协调

①② 研究生培养方案，北京大学定量生物学中心，2021 年 5 月 30 日，http：//cqb. pku. edu. cn/zhaosheng/shownews. php？id＝45。

③④⑤ 研究生实验室轮转，北京大学定量生物学中心，2021 年 5 月 30 日，http：//cqb. pku. edu. cn/zhaosheng/shownews. php？id＝44。

⑥⑦ 学术活动，北京大学定量生物学中心，2021 年 5 月 30 日，http：//cqb. pku. edu. cn/xueshu/shownews. php？id＝851。

⑧ 中心介绍，北京大学大数据科学研究中心，2021 年 5 月 30 日，https：//www. ds. pku. edu. cn/index. htm。

中心。学校专门成立了北京大学大数据科学委员会，由各院系相关负责人共计
20 位专家组成，为北京大学大数据学科的发展制定规划。①

（1）培养目标。

大数据科学研究中心"面向国家社会经济建设，瞄准国际学科前沿，发挥
北京大学文、理、医、工、社等学科综合优势，实现多学科交叉和产学研结
合，培养学生具备坚实宽广的数据科学理论基础和系统深入的专门知识"②。
研究中心不仅注重相关学科理论、方法的教学，还重视学生跨学科研究能力的
培养。在掌握大数据科学研究方法的同时，学生还需善于发现学科的前沿性问
题、具有严谨的科学态度、能够独立从事高水平研究工作。③ 毕业后学生可以
在工业技术、健康医疗、环境、能源、交通等多个领域从事专业性工作，成为
研究型高端人才。④

（2）培养方案。

大数据科学研究中心的直博生和硕博连读生应修 40 个学分，其中必修 29
个，选修 11 个。其专业课程包括统计学习、应用与计算数学、信息科学、领域
专题研讨四个模块，学生可根据研究方向，在导师指导下选择必修课和选修课。
硕士起点的博士生应修总学分数为 19 个学分，其中公共必修课 4 个学分，专业
必修 15 个学分。专业必修课分为两部分，第一部分包括高等机器学习、深度学
习、学科前沿研究讨论班、文献导读、教学实习，以及论文写作指导类课程。⑤
第二部分专业必修课是从信息科学、统计学习、应用与计算数学三个课程模块中
至少选择 4 门课程。⑥

综上，交叉学科不仅是知识经济时代科技创新与发展的驱动力，也是当代国
内外高校高水平人才培养的有效途径。不论是美国卡内基梅隆大学多学院共建与
学院内部交叉相结合的培养体系，还是新加坡国立大学交叉学科特色项目与选修
课程相结合的培养路径，抑或是北京大学积极建构实体研究中心与虚体研究平台
相结合的育人模式，均可看出以提升人才培养质量为目标的交叉学科人才培养模
式是现代教育改革的重要主题。高水平人才的培养离不开知识的创新与融合，交
叉学科人才培养模式在拓宽学生的知识视野、培养学生的创新精神、提升学生的

---

① 中心介绍，北京大学大数据科学研究中心，2021 年 5 月 30 日，https：//www.ds.pku.edu.cn/in-dex.htm。

②③④ 人才培养，北京大学大数据科学研究中心，2021 年 5 月 30 日，https：//www.ds.pku.edu.cn/rcpy/yjsjy/index.htm。

⑤⑥ 研究生教育，北京大学大数据科学研究中心，2021 年 5 月 30 日，https：//www.ds.pku.edu.cn/rcpy/yjsjy/index.htm。

实践能力方面具有重要作用。①②

第五节　关于我国一流大学人才培养的政策建议

通过构建人才培养评价指标体系进行国际比较发现，在人才培养指数上，国内 A 组与世界一流大学组较为接近，但与世界顶尖大学组仍存在较大差距。具体到 3 个指标，国内 A 组的国际著名校友、博士生指标已达到世界一流大学组水平，但与世界顶尖大学仍存在较大差距；而在国际学生指标上，与世界顶尖大学组、世界一流大学组均存在较大差距。另外，鉴于交叉学科人才培养模式作为一流大学优化人才培养的创新途径，本研究进一步对美国卡内基梅隆大学、新加坡国立大学与北京大学的交叉学科人才培养案例进行了深入探讨，为改进我国一流大学本科阶段与研究生阶段不同层次的人才培养工作提出以下建议。

一、加强跨学院/学科的专业与课程建设，提高本科人才培养水平

对于本科生而言，将交叉学科理念融入课程体系设计与教学活动是开展人才培养工作的重点之一。以卡内基梅隆大学的跨学院学位项目为例，学生不仅可以学习到不同专业的基础课程以进行交叉学科学习实践，还可以通过学习通识教育课程，尤其是交叉学科研讨会，增加不同学科之间学习实践融合的可能性。

基于此，本研究建议：第一，高校在注重学生专业基础的同时，应积极联合不同院系，共同开展通识教育课程、跨学科专业课程等以培养学生的综合能力，提高学生的多学科适应性；第二，在交叉学科课程体系的设计中，各院系需要明确顶层设计中的各个专业模块，优化学科内、学科间课程体系结构和课程设置，满足本科生交叉学科学习的多元需求；第三，在课程教学过程中，教师也要注重对本科生探索性学习和自主性学习的引导，创设合适的问题情境以鼓励学生进行跨学科问题的解决。

---

① 李克武、胡中波、郑伦楚：《以学科交叉路径培养本科拔尖创新人才的探讨》，载于《中国高等教育》2011 年第 7 期。
② 吴伟、何秀、姜天悦、严晓莹：《多学科交叉培养研究生的困境与出路》，载于《教育发展研究》2018 年第 21 期。

二、加强跨学院/学科的平台建设，提高研究生培养水平

作为更高层次的人才，研究生的培养工作与本科生区别很大，除了进行交叉学科课程学习外，相关工作的开展更依赖交叉学科平台的建立来促进跨学科领域的合作与研究。为此，北京大学通过建立前沿交叉学科研究院这一新型的院系组织，推进实体与虚体相结合的交叉学科研究平台，探索科研与管理机制创新，提升人才培养质量。

基于此，本研究建议加强跨学院/学科的平台建设，提高研究生培养水平。具体而言，首先，优化传统院系管理体制，以学科交叉项目为依托，通过不同学科之间的交流与探讨，鼓励研究生以文理渗透、医工融合等形式进行合作；其次，各院系积极搭建交叉学科交流平台，通过定期举办高层次交叉学科研讨会等方式促进不同学院之间交叉学科研究成果的交流；最后，推进院系之间共享师资储备库的建立，通过设立双聘制导师、聘任合作指导教师、兼职教师等方式充分吸引不同学科的教师资源，进而促进高质量的研究生培养。

第三章

世界一流大学原创研究指数与案例研究

第一节 研究背景与思路

一、研究背景

1. 原始创新是科技强国的基础

原始创新（original innovation）是科学技术发展与进步的原动力，是决定国家间科技竞争成败的重要因素。[1] 由于对科技发展、产业带动的基础性作用，原始创新成为建设世界科技强国的关键因子[2]。基础研究原始创新是科学之本、技术之源，对经济社会发展起着支撑和前瞻引领作用，关系着科技发展的潜力和经济社会发展的未来。[3] 自 2006 年全国科技大会首次提出自主创新以来，我国对原始创新越来越重视。2018 年 4 月，国务院印发的《国务院关于全面加强基础科学研究的若干意见》指出"突出原始创新，促进融通发展。把提升原始创新能力

---

① 成全、董佳、陈雅兰：《创新型国家战略背景下的原始性创新政策评价》，载于《科学学研究》2021 年第 39 卷第 12 期。

② 刘天星：《原始创新：建设世界科技强国之"锥"》，载于《科技前沿》2017 年 10 月 18 日。

③ 于绥生：《论基础研究原始创新的特点》，载于《技术与创新管理》2017 年第 4 期。

摆在更加突出位置，坚定创新自信，勇于挑战最前沿的科学问题，提出更多原创理论，做出更多原创发现"①。2019 年 11 月，习近平总书记在中国科学院建院七十周年之际对原始创新提出了新的期望："加快打造原始创新策源地，加快突破关键核心技术，努力抢占科技制高点，为把我国建设成为世界科技强国做出新的更大的贡献。"② 2020 年 1 月，科技部等五部委颁布的《加强"从 0 到 1"基础研究工作方案》中提出，"加强'从 0 到 1'基础研究，取得重大开创性的原始创新成果，是国际科技竞争的制高点"③。2021 年 3 月，十三届全国人大四次会议通过的《中华人民共和国国民经济和社会发展第十四个五年规划和 2035 年远景目标纲要》提出要"加强原创性引领性科技攻关""在事关国家安全和发展全局的基础核心领域，制定实施战略性科学计划和科学工程"。④ 同年 5 月，在中国科学院第二十次院士大会、中国工程院第十五次院士大会和中国科学技术协会第十次全国代表大会上，习近平总书记发表重要讲话，强调"加强原创性、引领性科技攻关，坚决打赢关键核心技术攻坚战"⑤。

2. 一流大学是原创研究的主力军

原创研究是一流大学的有机组成部分，两者之间存在互动关系：一方面，一流大学是原始创新的最重要来源，对原始创新有着突出贡献。统计发现，全世界所有大学获得诺贝尔科学奖的人次占同期获奖总人次的 3/4 左右⑥，其中，少数处于世界前列的一流大学的诺贝尔奖获得者遥遥领先于其他大学⑦；另一方面，原始创新对建设一流大学同样有着强大的推力，这种推力主要表现在：有助于提升大学的学术声誉、提升教师的学术层次、吸纳教育经费、建设一流实验室。⑧ 因此，一流大学是基础研究的主力军，原创研究是一流大学不可推卸的

---

① 国务院：《国务院关于全面加强基础科学研究的若干意见》，中国政府网，2018 年 1 月 19 日，http://www.gov.cn/zhengce/content/2018 - 01/31/content_5262539.htm。

② 《习近平致中国科学院建院 70 周年的贺信》，人民网，2019 年 11 月 2 日，http://cpc.people.com.cn/n1/2019/1102/c64094 - 31433949.html。

③ 科技部，发展改革委，教育部，中科院，自然科学基金委：《加强"从 0 到 1"基础研究工作方案》，中华人民共和国科学技术部网站，2020 年 1 月 21 日，http://www.cac.gov.cn/2020 - 03/04/c_1584872637385792.htm。

④ 《中华人民共和国国民经济和社会发展第十四个五年规划和 2035 年远景目标纲要》，中国政府网，2021 年 3 月 13 日，http://www.gov.cn/xinwen/202103/13/content_5592681.htm。

⑤ 中国科学院：《两院院士大会中国科协第十次全国代表大会召开 习近平发表重要讲话》，新华网，2021 年 5 月 28 日，https://www.cas.cn/zt/hyzt/ysdh20th/yw/202105/t20210528_4790362.shtml。

⑥ 李立国：《"双一流"高校的内涵式发展道路》，载于《国家教育行政学院学报》2018 年第 9 期。

⑦ 陈丽媛、杨建华、高磊：《一流大学学术大师的指标表现及其引育机制研究：基于国际比较的视野》，载于《上海交通大学学报》（哲学社会科学版）2019 年第 3 期。

⑧ 杨宁、王建东、冯志敏：《试论原始创新与一流大学的互动关系》，载于《高教探索》2001 年第 2 期。

使命与责任。中共中央、国务院颁布的《中国教育现代化2035》明确提出，"加强高等学校创新体系建设，建设一批国际一流的国家科技创新基地，加强应用基础研究，全面提升高等学校原始创新能力"①。2021年3月，三部委联合下发的《"双一流"建设成效评价办法（试行）》也对我国一流大学建设高校的基础研究水平提出了更高的要求，即在基础研究领域取得"从0到1"的重大原始创新成果。②

二、国内外研究进展

与一流大学原创研究评价相关的文献大多集中在高校原始创新能力评价与提升方面，专门针对一流大学的比较少。

1. 高校原始创新能力评价与提升方面

在高校原始创新能力评价方面，学界的讨论主要集中在评价体系的构建方面，主要包括与原始创新活动相关的投入、产出和环境。李玉琼、邹树梁、孟娟在分析创新能力演化规律、原始创新的特点及内容、原始创新能力评价指标体系构建原则的基础上，设计了由4个一级指标（基础支撑能力、投入能力、产出能力、管理能力）、12个二级指标和40个三级指标构成的我国高校原始创新能力评价指标体系。③ 王亮、孙绍荣、李世珣通过分析影响科技原创力水平的主要因素，依据我国相关的科技政策，构建了包含四个一级指标（产出能力、资源、硬环境、软环境）的科技原创力评价指标体系。④ 李海超、张赟、陈雪静从人力资源投入、科研经费投入、环境支撑以及产出水平四个方面构建了我国高科技产业原始创新能力评价指标体系，对我国高科技产业原始创新能力进行了评价与分析，并提出了提升高科技产业原始创新能力的策略。⑤ 邢纪红和龚惠群构建了由资源水平、创新氛围、管理水平和产出水平四个方面构成的高校原始创新能力评价指标体系，并以南京高校调查问卷所得数据为研究样本进行实证分析，证明了

---

① 中共中央、国务院：《中国教育现代化2035》，中华人民共和国教育部网站，2019年2月23日，http：//www.moe.gov.cn/jyb_xwfb/s6052/moe_838/201902/t20190223_370857.html。
② 教育部、财政部、国家发改委：《关于印发〈"双一流"建设成效评价办法（试行）〉的通知》，中华人民共和国教育部网站，2021年3月23日，http：//www.moe.gov.cn/srcsite/A22/moe_843/202103/t20210323_521951.html。
③ 李玉琼、邹树梁、孟娟：《我国高校原始创新能力评价指标体系设计》，载于《南华大学学报》（社会科学版）2007年第3期。
④ 王亮、孙绍荣、李世珣：《科技原创力评价指标体系研究》，载于《中国科技论坛》2005年第2期。
⑤ 李海超、张赟、陈雪静：《我国高科技产业原始创新能力评价研究》，载于《科技进步与对策》2015年第7期。

所构建指标体系的有效性。[1]

在高校原始创新能力提升方面，王章豹和汪立超分析了我国高校原始创新能力不足的表现形式，剖析了造成这种现象的主要原因，并从学科、人才队伍、创新基地、评价体系和创新文化五个方面，探讨了加强高校原始创新能力的基本建设路径。[2] 杨丽萍从重大奖项、基础研究实力和发明专利三个方面对我国高校原始创新的现状进行了分析，从中揭示了我国高校在原始创新中存在的问题。[3] 汪立超、强晓华、曹明等将生态位理论应用于高校原始创新能力提升中，在界定高校原始创新生态位概念及内涵基础上，提出了构建高校原始创新能力建设路径的生态位维度策略、生态位宽度策略和原始创新生态系统的协同进化策略。[4] 陈良雨研究发现，在实践过程中，非共识研究在评价环境、干预行为、学术司法、多元参与等方面存在的问题制约着高校原始创新能力提升。因此，在非共识研究视角下，高校原始创新能力提升可以从创新包容的评价机制、构建科学的干预模式、建立开放的申诉程序以及拓展多元支持体系等方面进行尝试。[5] 黄祥嘉选取部分教育部、工信部直属的行业特色高校为研究对象，从"双一流"学科、国家重点实验室、国家自然科学基金、国家科技奖励四个维度，分析了其原始创新现状和存在的问题，并从优化创新环境、服务行业发展、培养青年人才、强化基础研究和完善学科体系五个方面，提出了行业特色高校原始创新能力提升策略。[6]

2. 一流大学原始创新能力评价与提升方面

一流大学原始创新能力评价与提升方面的文献相对较少。王成军、方明、秦素通过比较美国、日本一流研究型大学激发原始性创新的科研环境特征，从人才培养、科学研究、创新人才吸引三个角度探究如何提高我国研究型大学的原始性创新能力。[7] 刘永林、张敏、刘泽政指出，在创新型国家建设的背景下，应以"双一流"建设为契机，整体提升我国高等教育的一流人才培养和创新能力，进一步

---

① 邢纪红、龚惠群：《高校原始创新能力评价指标体系研究——基于南京高校的实证研究》，载于《江苏高教》2017 年第 3 期。

② 王章豹、汪立超：《我国高校原始创新能力不足的成因分析及其建设路径》，载于《辽宁教育研究》2007 年第 4 期。

③ 杨丽萍：《我国高校原始创新能力的不足及发展对策研究》，长安大学硕士学位论文，2008 年。

④ 汪立超、强晓华、曹明等：《基于生态位理论视角的高校原始创新能力建设策略》，载于《中国电力教育》2013 年第 287 卷第 28 期。

⑤ 陈良雨：《非共识研究与高校原始创新能力提升》，载于《科技进步与对策》2021 年第 38 卷第 12 期。

⑥ 黄祥嘉：《行业特色高校原始创新能力提升策略——基于 14 所部属高校的样本分析》，载于《中国高校科技》2021 年第 4 期。

⑦ 王成军、方明、秦素：《基于诺贝尔科学奖的研究型大学原始性创新能力提升研究》，载于《演化与创新经济学评论》2020 年第 1 期。

夯实以创新能力为核心的人才基础、打造以基础研究为驱动的创新引擎、优化以双轮驱动为支撑的条件保障、营造以开放包容为理念的文化环境，全面提升高校原始创新能力。①

基于已有相关文献，我们发现高校原始创新能力评价指标体系差异较大，指标体系的设计缺乏国际可比性，实证研究也较少，并且对一流大学原创研究进行评价的专门文献呈现稀缺状态。

三、研究思路

1. 核心概念

（1）原创研究。

1952 年，美国社会学家伯纳德·巴伯（Bernard. Barber）在其著作《科学与社会秩序》中多次提到"科学创新"。他所说的"科学创新"是指科学发现或者发明，也可以看作原始性创新的雏形。② 原始性创新是我国于 2005 年末提出的全新概念，是创新研究的新扩展。③ 随着现代科学的发展，科学创新分为两种，即原始性创新以及跟踪性创新。原始性创新的概念是能够推动自然科学发展的各项科研成果，如方法、理论、发明等，作为科学家贡献给科学共同体的一种未曾出现、没有命名的东西存在。④ 原始性创新更强调本原性的、原初的创新，强调非模仿性的、独立自主的创新。⑤ 原始性创新侧重基础研究领域的创新，通过敏锐观察、独特思维和创意实验，引领新方向、开拓新领域、孕育新学科，表现为发现新现象与形成新概念、新理论体系等。⑥

原始性创新的概念存在多种提法，如原始创新、原始性创新、源头创新、根本性创新、基础创新等。⑦ 原创性（originality）是原始性创新的简称，是科学创新的最高形式，是指通过科学实验和理论研究探索事物的现象结构、运动及其相互作用规律的过程，或者运用科学理论解决经济社会发展中关键的开创性科学技术问题的过程。⑧ 科学社会学家罗伯特·金·默顿（Robert King Merton）指出，

①　刘永林、张敏、刘泽政：《"双一流"建设背景下高校原始创新能力的提升路径》，载于《科学管理研究》2020 年第 38 卷第 5 期。

②⑦　汪寅：《科技原始创新问题初探》，中国科学技术大学博士学位论文，2007 年。

③　苏屹、李柏洲：《原始创新研究文献综述》，载于《科学管理研究》2012 年第 30 卷第 2 期。

④　刘琳琳：《基于原始性创新的科研人员创新潜力研究》，载于《科学管理研究》2014 年第 32 卷第 3 期。

⑤　邹承鲁、陈述彭：《自然、科学、人文三大领域聚焦原始创新》，载于《中国软科学》2002 年第 8 期。

⑥　石元春：《谈发展生物质产业中的几个问题》，载于《中国基础科学》2005 年第 7 卷第 6 期。

⑧　沈超、王学力：《原始性创新的影响因素及其机制与模式分析》，载于《科技管理研究》2008 年第 8 期。

原创性是科学的最高价值。科学作为一种社会制度，将原创性视为最高价值。从科学家转型为科学社会学家的约翰·齐曼（John Ziman）提出，所谓原创性，就是给人类知识宝库"添新砖、加新瓦"，比如，提出新科学问题，探索新研究方法，获得新数据，提出新理论、新解释，或者是以上的组合。可以说，原创性是科学的精气神。[①] 原始性创新可以分为三个层面：第一个层面是基础研究，是对未知世界知识的探索，如数学、物理、生物中的基础性课题等；第二个层面是重大发展攻关，是从人类、区域发展的角度组织的研发攻关，如国际间的人类基因组计划、美国的阿波罗登月计划、我国的"两弹一星"计划等；第三个层面是针对促进经济发展和提升人民生活水平而开展的研发活动，如新药的研制、芯片设计等。[②]

（2）一流大学原创研究指数。

原始性创新是一流大学重要的使命与责任之一。哈佛大学原校长陆登庭（Neil Rudenstine）曾指出：建设世界一流大学要有高水平的原创性研究、高水平的教师，培养高水平的人才，以及充足的办学经费等。[③] "自 1901 年诺贝尔奖首次颁奖以来，诺贝尔自然科学三大奖中约有 500 人获奖，其中 70% 以上来自研究型大学。"[④] 在统计学上，任何两个数值对比形成的相对数都可以称为指数。本研究的一流大学原创研究是对国内外一流大学原创研究水平定量评价比较后形成的数值结果的简称。

2. 研究问题

基于国际可比数据与经典案例，本章探讨三个方面的问题：第一，如何评价一流大学的原创研究？第二，我国"双一流"建设大学与世界顶尖大学、世界一流大学在原创研究方面的差距如何？第三，世界顶尖大学/世界一流大学为什么在原创研究方面表现突出？有哪些经验可以借鉴？

3. 研究思路

本研究的具体思路如下：第一，在对原创研究内涵进行研究的基础上，结合一流大学建设的实践进行指数设计，并对每个指标内涵与统计方法进行清晰界定。第二，对一流大学自然科学、工程科学、社会科学研究方面的原始创新水平与能力进行测度，选择国内外四组样本，进行数据搜集与整理，计算指标得分，对研究结果进行对比研究。第三，选择有代表性的世界一流大学，对其科研管理机制进行深入探索，挖掘其原创性研究水平高的主要因素。第四，根据数据和案例分析的结果，提出促进一流大学原创研究能力提升的政策建议。

---

① 刘立：《科研评价要突出"唯原创性"标准》，载于《中国科学报》2019 年 3 月 20 日。
② 陈雅兰：《原始性创新的理论与实证研究》，武汉理工大学博士学位论文，2005 年。
③ 刘承波：《十九大对"双一流"建设的新要求新期望》，载于《中国科学报》2017 年 12 月 19 日。
④ 王章豹、汪立超：《我国高校原始创新能力不足的成因分析及其建设路径》，载于《现代大学教育》2007 年第 3 期。

第二节 一流大学原创研究指数设计

一、国内外样本选取

本研究共选取国际组和国内组两组样本，具体如下。

国际组样本：本章从 2020 年 ARWU 排名前 25 的大学中选取 10 所[1]作为世界顶尖大学样本组，从排名为 76 ~ 100 的大学中选取 10 所[2]作为世界一流大学样本组。

国内组样本：13 所进入 2020 年 ARWU 排名前 150 名的我国"双一流"建设大学组成国内 A 组；23 所位于 2020 年 ARWU 排名 151 ~ 500 名之间的"双一流"建设大学组成国内 B 组，共 36 所。

二、指数体系设计

研究发现，能够反映一流大学原创研究水平并对我国大多数一流大学都有意义的指标并不多。"诺贝尔自然科学奖代表着物理学、化学、生理学和医学前沿研究的最高水平和发展走向，标志着科学原始性创新的重大成就。"[3]但是我国一流大学相关人员获得诺贝尔科学奖的数量太少，仅北京大学有一名校友（屠呦呦）获奖，教师队伍在诺贝尔科学奖方面并没有实现零的突破。因此，诺贝尔奖不太适用于评价我国一流大学现阶段的原创研究。在充分考虑指标的代表性、现实性与可比性的基础上，本研究拟定了三个既有代表性又有国际可比性的一流大学原创研究评价指标，分别是突破性研究论文、国际权威学术期刊论文、前沿研究方向的活跃度。尽管这三个指标都是与论文相关的指标，但都不是普通的论文指标，而是与原创研究关系相当密切的三个论文指标。

1. 突破性研究论文

《自然》（Nature）、《科学》（Science）在学术界被公认为世界顶级科技期刊。

---

① 包括哈佛大学、斯坦福大学、剑桥大学、麻省理工学院、加州大学伯克利分校、普林斯顿大学、哥伦比亚大学、加州理工学院、牛津大学、芝加哥大学。

② 包括乌普萨拉大学、麦吉尔大学、普渡大学、伊拉兹马斯大学、莱顿大学、新加坡国立大学、名古屋大学、洛桑联邦理工学院、莫纳什大学、西澳大利亚大学。

③ 黄涛：《原创研究何以可能——诺贝尔自然科学奖的启示》，载于《科技导报》2009 年第 24 期。

《自然》是世界上最早的国际性科技期刊，由英国麦克米伦出版社出版，自 1869 年创刊以来，始终如一地报道和评论全球科技领域最重要的突破，刊载论文几乎覆盖了所有自然科学领域。[①]《自然》以报道科学世界中的重大发现、重要突破为使命，要求科研成果新颖、引人注意，且该项研究在该领域之外具有广泛意义，无论是报道一项突出的发现，还是某一重要问题的实质性进展，均应使其他领域的科学家感兴趣。[②]《科学》由美国科学促进会主办和发行，经过同行评议，发表重要的原创研究成果、综述，并分析科学研究与科学政策。[③] 因此，《自然》《科学》期刊的论文（简称"N&S 论文"）是突破性研究论文的标志。虽然有部分 N&S 论文并非原创性研究，但并不影响其代表突破性研究的水平。

2. 国际权威学术期刊论文

每个学科都有一些公认度比较高的国际权威学术期刊，2020 年上海软科教育信息咨询有限公司（Shanghai Ranking Consultancy）（以下简称"软科"）公布了 47 个领域中的 151 本国际权威学术期刊。调查结果来自不同学科领域的知名和有影响力的领导者，并以透明的方式向公众展示。[④]

截至 2020 年 4 月，软科调查了来自世界前 100 所大学的 10 000 多名教授。他们来自不同的学科领域，其中许多是他们所在学院或部门的负责人，要求他们列出所在学科的顶尖期刊（the top tier journals）。[⑤] 一本期刊被认定为某个学科的顶尖期刊需满足以下两个条件：至少获得 2 票；得票数达到或超过本学科参加调查总人数的一半，或者曾入选 2019 年顶尖期刊。[⑥]

鉴于此，这些国际权威学术期刊上的论文能代表该学科原创研究的最高水平。虽然软科还没有调查全部的学科，但是已经涵盖了自然科学、工程科学和社会科学的大多数主流学科[⑦]，所以对一流大学在这些国际权威学术期刊上的论文进行统计是有意义的。

---

① 马丽娜：《科技论文合著现象发展趋势研究——以英国〈自然〉杂志为例》，载于《情报探索》2010 年第 10 期。

② 本刊编辑部：《英国〈自然〉杂志简介》，载于《中国动脉硬化杂志》2017 年第 10 期。

③ Science. Information for authors, *Science*, http：//www. sciencemag. org/authors/science – information – authors，2021 – 08 – 08.

④⑤⑥ ShanghaiRanking：ShanghaiRanking Academic Excellence Survey 2020 Methodology, ShanghaiRanking, http：//archive. shanghairanking. com/subject – survey/survey – methodology – 2020. html，2021 – 08 – 08.

⑦ 学科列表：数学、物理学、化学、地球科学、生态学、机械工程、电子工程、控制科学与工程、生物医学工程、计算机科学与工程、土木工程、化学工程、材料科学与工程、纳米科学与技术、能源科学与工程、水资源工程、航空航天工程、遥感技术、冶金工程、生物学、兽医学、临床医学、公共卫生、口腔医学、护理学、药学、经济学、统计学、法学、政治学、社会学、教育学、新闻传播学、心理学、工商管理、金融学、管理学、旅游休闲管理、农林经济管理、图书情报科学。软科：《"学术卓越调查"：软科世界一流学科排名指标揭秘》，2018 年 11 月 19 日，http：//www. zuihaodaxue. com/news/20180718 – 685. html。

3. 前沿研究方向的活跃度

2013 年，科睿唯安（时为汤森路透知识产权与科技事业部）开始发布《研究前沿》（*Research Fronts*）报告，通过持续跟踪全球最重要的科研和学术论文，研究分析论文被引用的模式和聚类，特别是成簇的高被引论文频繁地共同被引用的情况，可以发现研究前沿。[①] 当一簇高被引论文共同被引用的情形达到一定的活跃度和连贯性时，就形成一个研究前沿，而这一簇高被引论文便是组成该研究前沿的核心论文。[②]研究前沿的分析为揭示科学研究的脉络提供了一个独特的视角。[③]研究前沿由一组高被引的核心论文和一组共同引用核心论文的施引文献组成。核心论文来自基本科学指标（Essential Science Indicators，ESI）数据库（http://esi. incites. thomsonreuters. com）中的高被引论文，即在同学科同年度中根据被引频次排在前 1% 的论文。这些有影响力的核心论文的作者、机构、国家在该领域均做出了不可磨灭的贡献。[④] 通过对该研究前沿的施引文献的分析，可以发现该领域的最新进展和发展方向。[⑤]

研究前沿中的原发性原创发现虽然比较少，但如 CRISPR/Cas 基因组编辑技术[⑥]、希格斯玻色子[⑦]、引力波[⑧]等原创性研究也都很快在研究前沿中得以体现，而研究前沿中的继发性原创发现的占比较高，如 PD－1/PD－L1 免疫抑制剂应用[⑨]的最新进展和冷冻电镜[⑩]的应用。此外，ESI 中的研究前沿与科学家认为的研究前沿问题不同，前者更多的是对最新进展和发展方向的揭示，但是它能够反映出该研究领域的活跃度已达到较高的国际水平。活跃度是判断研究潜力的关键，我们认为，研究前沿的贡献能够代表原创性或突破性研究的潜力。

在对上述三个指标进行清晰界定的基础上，本研究结合国内外一流大学原创研究的实际表现与认可程度，经过多次试测，确立了较为合理的统计方法。三个

---

①②③⑤　中国科学院科技战略咨询研究院、中科院文献情报中心和科睿唯安：《2017 研究前沿》，力学所内网，2021 年 8 月 8 日，http：//swgk. imech. ac. cn/download/2017/12/7/83643. pdf。

④　中国科学院科技战略咨询研究院、中科院文献情报中心和科睿唯安：《2016 研究前沿》，力学所内网，2018 年 10 月 5 日，http：//swgk. imech. ac. cn/download/2016/12/23/141823. pdf。

⑥⑦　中国科学院文献情报中心、汤森路透知识产权与科技事业部、新兴技术未来分析联合研究中心：《2014 研究前沿》，中国科学院微生物研究所内网，2018 年 10 月 5 日，http：//www. whiov. ac. cn/xwdt_105286/kydt/201411/W020141111411139459501. pdf。

⑧　中国科学院文献情报中心、汤森路透知识产权与科技事业部、新兴技术未来分析联合研究中心：《2015 研究前沿》，中文互联网数据研究资讯中心，2018 年 12 月 19 日，http：//www. 199it. com/archives/398814. html。

⑨　中国科学院科技战略咨询研究院、中科院文献情报中心和科睿唯安：《2018 研究前沿》，科睿唯安网，2019 年 5 月 17 日，https：//clarivate. com. cn/blog/2018researchfronts。

⑩　中国科学院科技战略咨询研究院、中科院文献情报中心和科睿唯安：《2017 研究前沿》，科睿唯安网，2018 年 12 月 19 日，http：//swgk. imech. ac. cn/download/2017/12/7/83643. pdf。

指标的定义与统计方法见表 3 - 1。

表 3 - 1 　　　　　　一流大学原创研究指数的评价指标体系

指标	指标定义
突破性研究论文	《自然》《科学》论文
国际权威学术期刊论文	每个学科若干本权威刊物
前沿研究方向的活跃度	《研究前沿》核心论文数

注：每个指数由相关指标简单加权而得；指数、指标只分等级不给数值，等级设为 0.1 的倍数，是相对于世界一流大学对照组平均值的比值；为避免不必要的指数波动，可采用五年（平均）数据。

三、数据搜集与分析

1. 突破性研究论文

指标界定：突破性研究论文是指在《自然》和《科学》上发表的研究论文（article）。

数据搜集：以科睿唯安科学网（Web of Science，WOS）数据库（http：// www. webofscience. com）为数据来源，统计在 2016～2020 年间以第一作者的署名机构发表的论文数量；如果有多个第一作者或单个作者有两个及以上的署名机构，只统计第一个第一作者的第一单位。

2. 国际权威学术期刊论文

指标界定：国际权威学术期刊论文是指在软科 2020 年公布的 47 个领域 151 本国际权威学术期刊上发表的研究论文。

数据搜集：基于科睿唯安 WOS 数据库，本研究确定在 2016～2020 年间发表的研究论文数量。

3. 前沿研究方向的活跃度

指标界定：前沿研究方向的活跃度是指科睿唯安的 ESI 数据库中 143 个研究前沿的核心论文。

数据搜集：以《研究前沿》中 2015～2020 年发表的核心论文（论文、综述）数据为基础，提取核心论文的第一作者的地址信息，分析其机构信息，检索相应的大学名称，并进行机构归并，对于不同地区相同名称的大学进行区域的区分。如果一位作者同时有两个单位，每个单位均计算贡献。

4. 指数算法

首先，对所有原始值进行统计处理，改善原始数值分布；其次，分别计算出世界一流大学组在各个指标上的平均值作为参照，设为 1 分；最后，通过计算单一大学的单一指标值与世界一流大学组在相同指标上的平均值的比值，得到该校在该指标上的得分。对三个指标得分赋予同等权重，进行简单加权，得到原创研究指数。

第三节　我国一流大学原创研究指数表现及分析

一、一流大学原创研究指数的表现

基于已搜集的定量数据，本研究选择国内外四组样本，比较分析它们在自然科学、工程科学、社会科学研究领域原始创新方面的水平与能力。

1. 突破性研究论文指标表现

统计结果显示，在突破性研究论文方面，世界顶尖大学组平均得分为 3.22分，超过其他三组大学，在四组样本中明显处于领先地位。国内 A 组得分略低于世界一流大学组，与世界顶尖大学组差距较大，国内 B 组在这一指标上的表现较弱（见表 3－2）。

表 3－2　　　　　　　　突破性研究论文指标的得分

组别	指标得分
世界顶尖大学组	3.22
世界一流大学组	1.00
国内 A 组	0.99
国内 B 组	0.38

资料来源：笔者测算。

在国内 A 组中（见表 3－3），有 1 所大学的得分超过世界顶尖大学组中个别大学的得分，但是距离世界顶尖大学组的平均得分还存在较大差距。除此以外，有 5 所大学的得分超过世界一流大学组的得分。在国内 B 组中，有 16 所大学的得分超过本组平均得分，但是有 5 所大学在这个指标上的得分为 0。

表 3-3 我国一流大学原创研究指数及其指标得分

大学组别/名称	指数得分	突破性研究论文	权威期刊论文	前沿研究方向的活跃度
世界顶尖大学组	2.27	3.22	1.70	1.89
世界一流大学组	1.00	1.00	1.00	1.00
清华大学	2.04	2.33	1.96	1.83
北京大学	1.69	1.82	1.78	1.48
中国科学技术大学	1.53	1.43	1.71	1.45
浙江大学	1.50	1.23	1.64	1.62
上海交通大学	1.28	0.87	1.58	1.40
复旦大学	1.26	1.23	1.33	1.22
中南大学	0.87	0.00	0.90	1.70
哈尔滨工业大学	1.03	0.55	1.14	1.39
华中科技大学	1.15	0.67	1.18	1.59
南京大学	1.39	0.82	2.10	1.24
东南大学	0.85	0.39	0.88	1.28
中山大学	1.13	0.67	1.34	1.38
西安交通大学	1.11	0.82	1.25	1.25
北京航空航天大学	0.94	0.67	1.16	0.97
吉林大学	0.76	0.39	0.96	0.95
山东大学	0.77	0.27	1.05	1.00
四川大学	0.88	0.39	1.05	1.21
华南理工大学	0.88	0.27	1.03	1.34
天津大学	0.92	0.39	1.35	1.02
电子科技大学	0.90	0.39	0.70	1.60
武汉大学	1.24	0.67	1.54	1.51
北京理工大学	0.67	0.00	0.91	1.10
北京师范大学	0.84	0.61	1.05	0.85
大连理工大学	0.71	0.00	0.99	1.15
湖南大学	0.97	0.39	0.90	1.62
南开大学	0.92	0.67	1.05	1.03
西北工业大学	0.89	0.55	0.90	1.23

续表

大学组别/名称	指数得分	突破性研究论文	权威期刊论文	前沿研究方向的活跃度
同济大学	0.86	0.55	0.95	1.09
厦门大学	0.90	0.67	1.00	1.03
中国农业大学	0.66	0.55	0.57	0.86
重庆大学	0.74	0.00	0.89	1.33
东北大学（沈阳）	0.53	0.00	0.73	0.85
郑州大学	0.58	0.00	0.82	0.93
华东师范大学	0.67	0.39	0.77	0.85
兰州大学	0.68	0.39	0.84	0.82
中国海洋大学	0.63	0.61	0.67	0.61

资料来源：笔者测算。

2. 国际权威学术期刊论文指标表现

统计结果显示，在国际权威学术期刊论文方面，世界顶尖大学组的平均得分最高，国内 A 组的平均得分超过世界一流大学组，与世界顶尖大学组差距不大，国内 B 组的表现略低于世界一流大学组（见表 3 - 4）。

表 3 - 4　　　　　国际权威学术期刊论文指标的得分

组别	指标得分
世界顶尖大学组	1.70
世界一流大学组	1.00
国内 A 组	1.45
国内 B 组	0.95

资料来源：笔者测算。

在国内 A 组中（见表 3 - 3），有 4 所大学表现较好，得分超过世界顶尖大学组的平均得分。在国内 B 组中，有 9 所大学的得分超过了世界一流大学组的平均得分。

3. 前沿研究方向的活跃度指标表现

研究结果显示，在前沿研究方向的活跃度方面，世界顶尖大学组平均得分最高，国内 A 组的平均得分明显高于世界一流大学组，但距离世界顶尖大学组还有明显差距，国内 B 组的平均得分略高于世界一流大学组（见表 3 - 5）。

表 3 - 5　　　　　　　　前沿研究方向的活跃度指标的得分

组别	指标得分
世界顶尖大学组	1.89
世界一流大学组	1.00
国内 A 组	1.45
国内 B 组	1.08

资料来源：笔者测算。

在国内 A 组中（见表 3 - 3），有 1 所大学得分较高，不仅超过本组平均得分，而且略低于世界顶尖大学组的平均得分。国内 B 组的平均得分超过世界一流大学组，但低于国内 A 组的平均得分，其中有 3 所大学超过国内 A 组的平均得分。

4. 一流大学原创研究指数表现

研究结果显示，在一流大学原创指数的表现方面，世界顶尖大学组遥遥领先，是其他三组得分的两倍左右。国内 A 组得分明显高于世界一流大学组，但明显低于世界顶尖大学组。国内 B 组得分表现最弱，低于世界一流大学组（见表 3 - 6）。

表 3 - 6　　　　　　　　原创研究指数的得分

组别	指数得分
世界顶尖大学组	2.27
世界一流大学组	1.00
国内 A 组	1.29
国内 B 组	0.81

资料来源：笔者测算。

国内两组样本中只有 1 所大学的原创指数得分大于 2。有 11 所大学的原创指数得分大于 1，但是小于 2。这 11 所大学不仅包括国内 A 组的 10 所大学，也包括国内 B 组的 1 所大学（见表 3 - 3）。

二、一流大学原创研究指数表现的分析

数据显示，国内 A 组与世界顶尖大学组的差距主要表现在突破性研究论文方面，国内 B 组与世界一流大学的差距也主要表现在突破性研究论文方面。该研究

结果与国内学者对于我国一流大学在原创研究方面表现的分析具有较高的一致性。张淑林等的分析发现，我国一流大学在顶级或著名科学家（各学科领域被引用次数最多的科学家）、顶级或著名科学奖项［诺贝尔奖（Nobel Prize）和菲尔兹奖（Fields Medal）］等卓越科研指标方面的表现明显落后于美国、英国、德国、日本的一流大学。① 陈卫静和张宇娥的分析发现，一流大学建设高校在 2020 年 ESI 的 TOP100 研究前沿中，40 个研究前沿的高被引论文量占比均在 5% 以下。② 刘莉、董彦邦等的分析发现，一流大学建设高校（2000～2017 年）获得的国家科技三大奖（国家自然科学奖、国家技术发明奖和国家科技进步奖）中的一等奖数量约占获奖总数的 12%，二等奖数量约占获奖总数的 17%。③ 国内一流大学突破性研究成果较少的原因可能主要有以下几个方面：

1. 科研评价过度量化

长期以来，高校重视运用量化方法来评价科研绩效，在"论文篇数、获奖项数等简单的'数字化'竞争中，学术 GDP 越来越高"④。一些科研人员为发表而科研，科研环境越来越浮躁，不正当的科研竞争越来越激烈。如 2013 年第三次全国科技工作者状况调查结果显示：61.3% 的科研人员把学术不端行为归结为现行评价制度的驱使。⑤ 原始性创新具有长期性、风险性等特点，这些特点与我国现有的人员评价制度并不相容，从事原始性创新的科学家和学生很容易在评价制度中处于劣势，并直接影响其切身利益。⑥ 因此，归根结底，科研评价的过度量化对我国一流大学原创研究产生了制约作用。

2. 高层次创新人才短缺

定量比较的结果显示，国内 A 组在原创研究的一些主要指标方面已经超过世界一流大学组，但是与世界顶尖大学还有一段距离。国内 B 组与世界一流大学的差距也主要表现在原创研究方面。"高层次人才的严重短缺导致原始性创新的匮乏。"⑦ 科学史研究表明，学科带头人或领军型科学家是科研团队的核心力量，

① 张淑林、崔育宝、李金龙等：《大学排名视角下的我国"世界一流大学"建设现状、差距与路径》，载于《清华大学教育研究》2018 年第 1 期。

② 陈卫静、张宇娥：《我国世界一流大学建设的成效分析——以 ESI 数据库为视角的量化比较》，载于《中国高校科技》2021 年第 5 期。

③ 刘莉、董彦邦、朱莉等：《科研评价：中国一流大学重大原创性成果产出少的瓶颈因素》，载于《高等教育研究》2018 年第 8 期。

④ 刘恩允：《高校科研评价的问题与对策》，载于《高等工程教育研究》2004 年第 1 期。

⑤ 中国科协"第三次全国科技工作者状况调查"课题组：《呼唤平等宽容创新的科学文化——第三次全国科技工作者状况调查报告之三》，载于《光明日报》2015 年 3 月 20 日。

⑥ 王聪：《知识生产过程中的原始性创新及其在我国评价制度中的风险》，载于《自然辩证法研究》2015 年第 31 卷第 7 期。

⑦ 张瑾、田伟：《谈高校科技原始性创新》，载于《技术与创新管理》2005 年第 2 期。

是科技原始创新的一个重要影响因素，但是我国在很多领域与学科缺乏能独当一面、凝聚力量的核心人物，这是制约我国科技原始创新的一个重要原因。[1]

3. 创新文化尚未形成

"世界一流大学各有特色，但其共同特点是支撑创新的文化。"[2] 但是在功利主义的影响下，加上我国高校科研管理体制机制不健全，导致我国高校学术生态环境异化，出现了学术氛围浮躁、学术成果重量轻质等现象，甚至学术不端行为屡见不鲜。另外，"一些文化因素产生的消极影响，使一些优秀科学家过早地退出了科研第一线，宽容失败的观念、自由平等的学术争论氛围尚未形成，创新精神受到压制"[3]。

第四节　一流大学原创研究的典型案例研究

原创研究是一流大学重要的使命与责任之一。[4] 本研究以芝加哥大学、麻省理工学院和苏黎世联邦理工学院为样本，探究世界一流大学在支持和保障原创研究方面所作的探索。芝加哥大学（The University of Chicago，简称"芝大"），创办于 1890 年，致力于"为所有人提供高等教育机会"[5]，在化学、经济学、物理学、生理学或医学领域共有 99 位诺贝尔奖得主。[6] 麻省理工学院（Massachusetts Institute of Technology，MIT），创立于 1861 年，截至 2020 年 10 月，共有 96 位诺贝尔奖得主、77 位麦克阿瑟天才奖得主、15 位图灵奖得主。[7] 瑞士苏黎世联邦理工学院（Eidgenössische Technische Hochschule Zürich，ETH），创建于 1854 年，截至 2021 年，共产生了 21 位诺贝尔奖得主、2 位菲尔兹奖获得者和 2 位普利兹克奖获得者。[8] 通过对三所样本大学相关制度文本的分析发现，芝大通过多种方

---

① 汪寅：《从 0 到 1：科技原始创新初探》，中国经济出版社 2021 年版，第 162 页。

② 施一公：《顶尖科技人才依然匮乏》，2020 年 10 月 28 日，http：//www. cinn. cn/headline/202010/t20201028_234892. html。

③ 严建新：《我国原始创新能力不足的原因和对策研究》，广西大学硕士学位论文，2005 年。

④ 刘莉、董彦邦、岳卫平等：《一流大学原创研究的评价与比较》，载于《上海交通大学学报》（哲学社会科学版）2019 年第 27 卷第 3 期。

⑤ The University of Chicago，History，https：//www. uchicago. edu/about/history/，2021 - 03 - 02.

⑥ The University of Chicago. Nobel Laureates，https：//www. uchicago. edu/who - we - are/global - impact/accolades/nobel - laureates，2023 - 12 - 04.

⑦ MIT，About MIT，https：//www. mit. edu/about/，2022 - 03 - 03.

⑧ ETH Zurich，ETH in figures，https：//ethz. ch/en/the - eth - zurich/portrait/eth - zurich - in - figures. html，2021 - 10 - 21.

式支持学术，专注探究；MIT 打造一流平台，凝聚创新人才；ETH 多措并举，激发科研创新潜力。

一、支持学术，专注探究：以美国芝加哥大学为例

130 多年来，力图推动创新变革的芝大学者们发现了快速眼动睡眠；发展了碳 14 年代测定法；构思了黑洞研究；拓展了人类对恐龙进化的理解；重建了早期宇宙的演化，成为古代近东科学考古的先驱。[①] 芝大首任校长威廉·雷尼·哈珀（William Rainey Harper）提出芝大最重要的传统和基本原则为"实现在所有学科上的完全言论自由"；任期最长的校长罗伯特·梅纳德·赫钦斯（Robert Maynard Hutchins）指出，"学术自由是优秀大学的先决条件，作为大学优良传统的继承者，必须保证随着时间的流逝，芝大的传统决不动摇"[②]。现任校长罗伯特·齐默（Robert J. Zimmer）在其就职演说中讲道："古往至今，芝大一直专注于探究，芝大与众不同的一切都源于这一承诺。"[③] 研究芝大的发展历史，可以将其科研卓越的主要成因归纳如下。

1. 提供全方位的研究支持，助力发展研究思想

研究支持是帮助教师顺利开展科学研究、实现研究从萌芽到成熟的重要保证。芝大的"研究开发支持团队"为教师提供了全阶段与全方位的支持与服务，为教师科研发展助力添翼，成为芝大科研成果源源不断产出的保障。为助力发展教师的研究思想，芝大在打破研究壁垒、获得企业支持、制订增长计划、探索潜在应用等方面提供了全方位支持：

打破研究壁垒。从事复杂研究项目的教师常常面临许多障碍，包括资金困难、官僚主义、缺乏合作者等。因此，"研究开发支持团队"与教师、大学领导和外部合作伙伴密切合作以破除这些障碍，并为资金、合作和研究制定长期策略。[④]

协助教师获得企业支持。教师联系波尔斯基中心就可以获得助力启动或推进研究的早期资金和资源，包括专业指导和概念验证资金。[⑤] 可见，"研究开发支持团队"在为教师摆脱阻碍研究发展的重要障碍、筹集研究必需资金过程中起到不可或缺的作用。

---

① The University of Chicago, Employee Handbook For Staff, http：//humanresources. uchicago. edu/fpg/handbook/2020 - 11 - 10％20Employee％20Handbook％20FINAL. pdf, 2021 - 03 - 02.

② 盛军开：《芝加哥大学校长学术治理理念研究——以哈珀、赫钦斯为中心》，载于《现代教育科学》2019 年第 3 期。

③ The University of Chicago：History, https：//www. uchicago. edu/about/history/, 2021 - 03 - 27.

④⑤ Office of Research and National Laboratories of the University of Chicago. *Develop Your Idea*, https：//researchinnovation. uchicago. edu/develop - your - idea, 2021 - 03 - 06.

协助教师制订增长计划。芝大的"研究开发支持团队"为教师的复杂研究制订多年的资金、合作和研究增长计划。计划的制订通过举办研讨会和寻找种子基金两种方式：一是"研究开发支持团队"与教师、大学领导合作，召开围绕复杂研究思想的研讨会，确定一组潜在的多学科合作者，为复杂研究建立强大的团队，并在大学内外建立创造性的伙伴关系，从而确立起应对复杂研究问题的机构优势[①]；二是校园里有大量的资源用于早期研究，"研究开发支持团队"会帮助教师通过种子融资平台了解更多关于融资机会的信息[②]。可见，研究增长计划的制订与研究资金的筹集为研究的有序推进提供了全方位的支持。

2. 实施教师发展项目，提供专业学术指导

教师发展项目（Faculty Development Program）是专门为教师开发的原创性大学文化发展项目，在多个主题上为教师提供额外的专业知识和指导。其中，奖金、晋升和终身职位、教学、导师指导、领导力、学术领导系列、学术交流网络、健康八个规划领域是项目的核心。[③]

教师发展项目为教师们创造研讨的机会，在特定领域取得成功的学者经常就教师发展项目的八大领域举办主题研讨会，分享专业知识，这有利于学者们相互借鉴、取人之长。[④] 为了吸引所有学者都能参与到教师发展项目中，芝大推行了各种各样的组织形式，包括研讨会、在线交流和长期同行问责论坛。[⑤] 教师发展项目还在奖金、晋升和终身职位[⑥]、学术交流网络[⑦]等方面为芝大教师的学术卓越和交流提供了专业学术指导。

通过优秀学术生涯共享，芝大帮助教师建立学术卓越的动态职业生涯。芝大致力于在教师职业生涯的各个阶段提供支持，教师发展项目提供了教师在任期和晋升过程中的总体概况，包括讨论相关政策和流程、在任期时间表上绘制重要的标志里程碑、制定策略以保持教师在任期和晋升过程中的发展动力等环节。[⑧]同时，奖金、晋升和终身职位规划分享了以任期、奖金、筹集资金、招聘、领导和管理团队、管理研究项目为主题的学术生涯实践。[⑨]不同主题的学术生涯实践分享使教师们提前了解职业发展进程中可能遇到的困难以及解决策略，为其实现学

①② Office of Research and National Laboratories of the University of Chicago. *Develop Your Idea*，https：//researchinnovation. uchicago. edu/develop – your – idea，2021 – 03 – 06.

③④⑤ The University of Chicago，Faculty Development Program，https：//facultydevelopment. uchicago. edu/about/programming – areas/，2021 – 03 – 05.

⑥⑧⑨ The University of Chicago. Faculty Development Program. Scholarship，Promotion，and Tenure，https：//facultydevelopment. uchicago. edu/about/programming – areas/scholarship/，2021 – 03 – 05.

⑦ The University of Chicago，Faculty Development Program，Academic Communicators Network，https：//facultydevelopment. uchicago. edu/about/programming – areas/academic_communicators/，2021 – 03 – 05.

95

术卓越提供参考与借鉴。

芝大还搭建起广泛的学术交流网络（Academic Communicators Network，ACN）。ACN 由各自领域内被广泛认可为领军者的科学研究人员组成①，致力于帮助教师提高与外界的有效沟通能力。ACN 不仅帮助教师就自身的研究进行交流，确保其研究工作得到充分探讨，而且提高了教师作为专家的声誉和学术项目的知名度，并将教师的研究发现和学术观点进行推广。②

3. 设置多样性咨询委员会，延续平等包容的科研氛围

2015 年 2 月，由芝大校长和学术副校长组成的多样性咨询委员会成立，其职责是在与校园社区成员协商的情况下审查制度的实践情况，以"建立一个激发所有人科研志趣的学习社区"。在平等开放的学习社区中，包容自由的文化氛围为芝大创造出孕育科研的良好环境，教师能够充分大胆地发挥自己的想象力和创造性，通过交流与合作开展多样性的研究。同时，多样性咨询委员会鼓励理事会考虑各种形式的多样性和包容性，并对吸引和留住多样化教师、学生和工作人员的最佳方法提出建议；同时提出应加强大学内部的多样性和包容性；提出改进现有倡议的机构协调措施。③ 多样性咨询委员会对于多样性、包容性和公平性的承诺体现了大学的使命——不断生产和交流知识，鼓励批判性思维。这一多样性理念促进了原创性研究的开展，促进了具有挑战性的方法和新经验的产生，从而培育出更能代表人类能力、努力和抱负的学生群体。④

为了促使多样性咨询委员会能够有效营造并维持平等包容的科研氛围，芝大采取了如下举措：首先，设立副校长办公室来协调教师招聘及留用；其次，设置多元文化学生事务办公室（Office of Multicultural Student Affairs）来保证学生代表的多样性；再次，创建博士后奖学金项目（Postdoctoral Fellowship Program），以寻找有潜力的、有能力在大学获得终身职位的年轻学者；最后，通过大学领导的公开声明、校园新闻、公共关系和战略规划，增加多元价值观的沟通。⑤

总之，芝大在创建之初对科学探究就秉持着开放严谨的态度，通过一系列措施使得芝大的科学研究既能贴近实际、开拓创新，又能推动科学领域的重大突破与变革。正如现任学术副校长李嘉仪（Ka Yee C. Lee）所说，"芝大致力于开放和严谨的探究、自由的表达以及对卓越的追求，这种卓越表现在从艺术到医学，从理解宇宙到塑造社会政策和经济，从哲学到应对城市生活的挑战，学者们推动

---

① Uchicago News, Academic Communicators Network, https：//news. uchicago. edu/faculty, 2021 – 03 – 05.

② The University of Chicago, Faculty Development Program, Academic Communicators Network, https：// facultydevelopment. uchicago. edu/about/programming – areas/academic_communicators/, 2021 – 03 – 05.

③④⑤ The University of Chicago, Final Report of the Diversity Advisory Council, https：//provost. uchicago. edu/sites/default/files/documents/reports/ReportDiversityAdvisoryCouncilJanuary2017_0. pdf, 2021 – 03 – 06.

知识前沿的愿望、创造新领域研究的能力，贯穿于每一种探究模式"①。现任校长罗伯特·齐默近年来也指出，"2020 年地方和国家都面临着新冠疫情等诸多挑战，在这种关键时候，教师们孜孜不倦地寻找新的学习方法以支持研究，这是学术使命的基础。我们仍将牢记学校的价值观，坚守核心使命，创造新知识和提高人类的生活质量，继续努力建立一个包容的校园环境，确保芝大的教育能够惠及来自各种背景的人"②。可见，对科学知识的崇高追求，对教师研究的大力扶持与帮助，对科研活力的激发与科研氛围的营造，成为芝大保持在世界一流大学前列的不竭动力。

二、打造一流平台，凝聚创新人才：以美国麻省理工学院为例

麻省理工学院是一所世界顶尖的研究型大学，它始终朝着一个目标努力，那就是通过教育、研究和创新创造一个更美好的世界。150 多年来，MIT 不断取得改变世界的卓越研究成果，创造了若干基本技术，启动了全新产业，如杰伊·弗里斯特（Jay Forrest）在研制电子计算机的过程中，首次将输出设备设置为显示器，实现实时处理，对个人电子计算机的发展产生了巨大影响；诺尔曼·列文森（Norman Levenson）对数学中最难也是最著名的问题之一——黎曼猜想，取得了求解的突破性进展。③ 研究发现，MIT 科研实力强劲的主要原因如下。

1. 实行校聘教授制度，卓越人才引领科研发展

"校聘教授"（institute professor）④ 是麻省理工学院授予教师的一项荣誉，表彰教师在学院层面乃至更广泛的学术界范围内将领导能力、学术成就、社会服务结合，为教育、科研、文化做出突出贡献，并为荣誉获得者提供更多发展的机会，这一制度体现了 MIT 对高层次人才发展的重视。⑤ 因此，校聘教授不是职称晋升体系中的最高等级，也不同于其他荣誉奖项，它的授予对象是对学科有突出贡献并具有发展潜力的教师。校聘教授这一荣誉既是学校对其已有贡献的肯定，帮助其提高士气、激发潜力，也包含着对其未来成就的期望，充分保证其学术自

---

① ②　The University of Chicago. Annual Report，https：//annualreport. uchicago. edu/，2021 – 04 – 02.

③　Massachusetts Institute of Technology. 2020 MIT Facts，https：//web. mit. edu/facts/research. html，2020 – 01 – 05.

④　注：在其他学校，校聘教授被称为"university professor"，通常代表该大学的最高学术地位。

⑤　MIT Policies. Special Professional Appointments，https：//policies. mit. edu/policies – procedures/20 – faculty – and – other – academic – appointments/22 – special – professorial – appointments，2021 – 03 – 15.

由，鼓励其开展卓越研究。

MIT 校聘教授的遴选标准主要包括两个方面：一是在科研和教学方面取得突出成就，这与普通的任命和晋升标准相同，并且应对学科、学校和学术界发展做出特殊贡献；二是拥有杰出的领导才能和社会服务经历。[①] 校聘教授在学校中拥有独立的管理办法，他们并不受到某一个具体学院的管辖，而是直接由副校长统一领导，所以不需要参与具体学院的日常工作，而且可以自由开展各种类型的科研项目，这为其开展跨学科、跨领域研究提供了便利，这一举措可以激励那些具有发展潜力的高层次人才做出更卓越的研究。[②]

截至 2022 年 5 月，麻省理工学院共有校聘教授 22 人，其中 11 人已退休。[③] 9 位教授获得"校聘教授"后的年均成果产出量超过获聘前，6 位教授现拥有以个人姓名命名的实验室，他们的研究方向主要集中在生命科学领域，包括菲利普·夏普（P. A. Sharp）、罗伯特·兰格（Robert Langer）、埃米利奥·比齐（Emilio Bizzi）等，他们带领团队成员持续做出学术贡献。[④] 可见，校聘教授都在各自学术领域获得多方认同，在获聘后他们继续探索以努力取得新的科研成果，引领其专业领域的发展，这不仅表明麻省理工学院为他们提供了更宽广的发展平台和进一步的支持，而且印证了校聘教授制度是激发教师科研潜力的一大积极激励措施。

2. 重视文理交叉融合，促进一流文科发展

麻省理工学院被誉为"世界理工大学之最"，是一所理工科为主的综合性大学，与此同时，其文科领域实力也十分强劲。2022 年泰晤士高等教育世界大学学科排名中，MIT 的经济学位列世界第 1，人文艺术位列世界第 2，社会科学位列世界第 2。[⑤] MIT 始终认为文科是必不可少的，其对于教育伟大的公民、工程师、科学家和学者，以及维持学院的创新能力发挥着重要作用。因此，MIT 的教师和学生也需要深入了解人类的复杂性，并熟练掌握文科所培养的思维模式和创造力。

MIT 的文科发展策略主要是借助理工科的优势进行学科交叉，规划专业发展

①② Massachusetts Institute of Technology. MIT Policies. Special Professorial Appointments，https：//policies. mit. edu/policies – procedures/20 – faculty – and – other – academic – appointments/22 – special – professorial – appointments，2021 – 03 – 07.

③ MIT Offices & Services Directory. Institute Professors，https：//officesdirectory. mit. edu/institute – professors，2022 – 03 – 24.

④ 江珊、刘少雪：《世界一流大学高层次人才队伍建设制度探析——基于麻省理工学院"校聘教授"追溯研究的视角》，载于《江苏高教》2017 年第 4 期。

⑤ The Rankings，https：//www.timeshighereducation. com/world – university – rankings，2022 – 03 – 23.

路线、制订研究计划时坚持与科学、工程同样严格的学术标准。[①] MIT 文科的发展是培植与工程、科学及数学直接相关的文科，因此，MIT 大多数文科专业都充分利用了学校理工科的优势，实行学科交叉，如经济学的技术经济研究、语言学的机器语言研究、政治学的技术政策研究等。[②]

以语言学为例，20 世纪六七十年代，在诺姆·乔姆斯基（Noam Chomsky）和莫里斯·哈勒（Morris Halle）的领导下，麻省理工学院对语言学项目进行了改革，迅速获得了国际声誉，成为人类语言语音学、形态学和句法模型的领先研究中心。该中心使用自然科学的知识工具来研究语言。20 世纪 90 年代，语言学研究与大脑和认知科学系建立了联系，以扩大人类语言研究的研究工具和方法的范围，交叉后的两者在语言习得、句子处理和神经影像学方面开展了重要的研究工作，并整合了实验语音学和语言学习的计算模型研究。[③]

MIT 以文科为特色、以工科为主流、以理科为基础，将文科发展与自然科学的技术、成果相结合，加强了学科之间的交流，拓展了研究内容，通过不同学科的协作，不断促进文理交叉融合，实现跨学科知识创新。

3. 搭建可视化合作网络，服务于科研信息咨询

MIT 的科研信息咨询机构成立于 1986 年，被称为院校研究（institutional research）机构，隶属于副校长办公室（Office of the Provost），基本职责是搜集、完善和规范院校数据，为院校及个人决策提供信息和咨询服务，是 MIT 发展的"智囊"机构。[④] 其主要工作内容包括：战略规划决策支持，涵盖学校长期发展规划、院系发展规划、学术发展规划等宏观战略设计；专题研究，包括科研项目以及某些特定项目的专题研究等。[⑤]

通过教师科研合作网络（Faculty Research Collaboration）搜索研究主题或教师名称，可以了解教师如何相互协作开展科研工作。例如，在搜索框中输入"Artificial Intelligence"，便呈现出所有开展人工智能研究的教师网络，点击一位教师的名字即可了解其在该领域发表的文章、被授予的专利证书、研究合作者等。词云图通过提取关键字在二维空间中排布，向人们展示了文本的主要内容，检索者可以直观地看出该教师研究领域的重点分布情况，提升检索效率。网络可

[①] MIT. The President's Report 1961，https：//libraries. mit. edu/archives/mithistory/presidents – reports/1961. pdf，2021 – 03 – 29.

[②] MIT School of Humanities，Arts，and Social Sciences. About，https：//shass. mit. edu/about/brief – history，2021 – 03 – 15.

[③] Department of Linguistics and Philosophy，About the MIT Linguistics Program，https：//linguistics. mit. edu/about/，2021 – 03 – 20.

[④] Office of the Provost，Institutional Research，https：//ir. mit. edu/about，2021 – 03 – 07.

[⑤] Office of the Provost，Data Browser，https：//ir. mit. edu/data – browser，2021 – 03 – 29.

视化工具可以显示节点之间的关系，找出具有相关关系的文献、作者、学科和群体，绘出网络视图，构建显示科研合作关系的知识地图。[①] 通过这一动态网络，教师对同行开展的研究内容会有较为明晰的了解，从而便于教师寻找志同道合者开展合作研究，无论是学科内部还是交叉学科的合作，都有助于 MIT 研究的多样化。

MIT 强劲的科研实力、一流的科研活力与其重视发展一流文科、实行校聘教授制度、设立科研信息咨询机构密不可分，更离不开国家政治、经济、科技等方面的发展。回顾历史，1607 年，英国向美国输入移民并将传统大学文化带入美国，为美国大学建设奠定了思想和制度基础。"二战"结束后，美国一流大学的建设同国家的安全与发展紧密结合，领导了新一轮的科学革命，其学术优势和科技优势奠定了美国政治、经济霸权的基础，其政治、经济霸权也促进了高等教育发展进程。在这一时代背景之下，MIT 倚靠美国国防科技的研发需要而迅速崛起，这一发展历史为其强调科学和工程学习，专注人类价值和社会目标的建设方向奠定了良好基础。

自进入新世纪以来，MIT 在沿袭其传统办学理念的同时，加强国际化发展战略，进一步巩固其在全球科技领域及教育界的国际领先地位。[②] 在科研方面，MIT 的师生把实验室搬到世界各地，创造性地解决世界上最艰巨的挑战和难题，使科研项目和实地考察遍布全球，推动科学前沿发展，将前沿知识用以解决人类面临的挑战性问题。[③] 而且，基于科技本身国际化的特质、现代科技的进步以及跨国企业，MIT 的国际间科研合作需求显著增加。近年来，MIT 国外科研项目明显增加，且更加明确地定位于符合美国国家利益、符合 MIT 教育核心利益、满足其重要研究需求的预定国家和领域内，并注重国际科研项目为教师、学生提供课程资源、国际化机会以及对跨学科领域研究的促进作用。[④] 在这一背景之下，麻省理工学院定能开展更多卓越研究，履行其科研使命，彰显其科研实力。

三、多措并举，激发科研创新潜力：以瑞士苏黎世联邦理工学院为例

ETH 建校以来产生了一大批原创性科研成果。阿尔伯特·爱因斯坦（Albert

---

① 冯新翎、何胜、熊太纯、武群辉、柳益君：《"科学知识图谱"与"Google 知识图谱"比较分析——基于知识管理理论视角》，载于《情报杂志》2017 年第 36 卷第 1 期。

② MIT, Global MIT, https：//global. mit. edu/mits - global - strategy/, 2022 - 03 - 24.

③ MIT. Our Programs, https：//global. mit. edu/programs/, 2022 - 03 - 24.

④ 许军华、邱延峻、蒲波：《麻省理工学院国际化战略特征分析及其启示》，载于《江苏高教》2014 年第 2 期。

Einstein）在校工作期间发现相对论原理，奠定了现代物理学的基础；赫尔曼·施陶丁格（Hermann Staudinger）提出高分子的概念，推动了高合子合成工业发展；尼古拉斯·沃斯（Niklaus Wirth）开发 Pascal 编程语言，深刻影响了后来的计算机教育。[①] ETH 科研实力雄厚的主要原因如下：

1. 设立能力中心，激发跨学科创造活力

ETH 设立能力中心（Competence Center），实现"面向全新科学领域快速成立跨学科合作网络"[②]。能力中心采取会员制，促进会员们在国家或学校项目资助体系开展科研合作。近年主题包括人工智能、能源科学、先进材料制造等。[③]

能力中心采取更加灵活的建制和组织形式，有利于打破传统的学科、院系壁垒。能力中心的建立由校长或负责产学研的副校长提议，学校管理层审批通过后交付各院系管理，每四年认证一次，认证标准包括科学卓越性、跨学科合作附加值、对教学和知识转移的贡献以及财务可持续性等。[④] 能力中心运营一般不超过八年，以保证仪器设备流动性、跨学科交叉程度和科研合作附加值。[⑤]

能力中心为促进学者交流和学科融合做出了巨大贡献。学校依托能力中心孵化出跨院系、跨学科的大规模研究项目，在战略领域研究活动中发挥了积极作用。[⑥] 例如能源科学中心（Energy Science Center，ESC）汇聚来自苏黎世联邦理工学院十个院系的六十多位教授，融合经济、社会与工程技术各领域的关键专业知识，跨领域发展能源科学新知识和新技术[⑦]，在研究范围、财务密集程度、知名度和影响力等方面远远超过 ETH 传统学院。[⑧]

2. 构建四螺旋创新生态系统，实现创新资源高效配置

ETH 通过构建四螺旋创新生态系统，使得机构、产业、政府和社会之间以多边、多形态、多节点和多层次方式开展协同创新[⑨]，实现知识创新资源的动态整合和科研创新。

学术机构合作层面，ETH 早在 1975 年就与苏黎世大学创立两校教授深度合

---

① ETH Zurich. Portrait 2019，https：//ethz. ch/content/dam/ethz/common/docs/publications/info/ETH_Infobroschuere_Portraet – EN. pdf，2021 – 02 – 25.

② ETH Zurich. Competence Centres，https：//ethz. ch/en/research/interdisciplinary – structures/competence – centres. html，2021 – 04 – 15.

③④⑤ ETH Zurich. Richtlinien für Kompetenzzentren der ETH Zürich，https：//rechtssammlung. sp. ethz. ch/Dokumente/419. pdf，2021 – 04 – 08.

⑥⑦ ETH Energy Science Center. Research Overview，https：//esc. ethz. ch/research. html，2021 – 04 – 18.

⑧ ETH Energy Science Center. Vision and Mission，https：//esc. ethz. ch/about/vision – and – mission. html，2021 – 04 – 18.

⑨ 武学超：《模式 3 知识生产的理论阐释——内涵、情境、特质与大学向度》，载于《科学学研究》2014 年第 32 卷第 9 期。

作的"双教授职位制",形成两所大学优势互补的合作格局。[①] 此外,ETH 作为 ETH Domain 研究联合体的重要成员,在跨学科前沿领域开展大规模深度合作。2019 年校内最高科学奖项罗斯勒奖(Rössler)获得者马克西姆·科瓦连科(Maksym Kovalenko)提出:"我的团队汇聚了来自 ETH Domain 各个学科的科学家,让我保持对整个开发链的控制,这是我科研成功的关键。"[②] 21 世纪以来,ETH 积极参与各种国际高校联盟,包括国际研究型大学联盟(International Alliance of Research Universities,IARU)、世界经济论坛的全球大学领导人论坛(The Global University Leaders Forum)等[③],逐步实现由地方性合作实体向国家性或全球性科研创新网络的转变。

产业合作层面,ETH 开展继续教育与职业教育,为瑞士工业界高层次人才提供一流服务。采取大学、工厂和实验室相结合的新型教学模式,促进抽象知识在工业实践中的运用。[④] 此外,围绕健康、数据科学和先进制造等重大领域,与工业界搭建技术与工具共享平台,让知识生产直接服务经济社会发展。主校区和洪格堡校区是该区域的"科学城",为区域创新发展输送大量智力资源。[⑤]

政府合作层面,积极参与政府主导的多层次科研协同计划。如与苏黎世州、苏黎世银行共同创立苏黎世创新园区(the Swiss Innovation Park),联合当地企业、科研院所和居民,为重大问题的跨学科研究注入人本理念和公益性特征[⑥];主导了瑞士 10 个国家研究能力中心(共 22 个)[⑦],培育高层次人才,开展对瑞士学术、经济和社会具有战略意义的主题研究。

此外,ETH 还积极与公众互动,强化科研机构、企业和公众之间的联系。一方面,进行知识共享和公益教育。比如两年一度的"科学日"(Scientifica:Zurich Science Day),设立系列讲座、互动实验和科学沙龙,为超过 20 000 名公民答疑解惑。[⑧] 另一方面,帮助社区公民直接或间接参与决策。例如定期召开圆桌会

---

① 武学超、薛奥:《瑞士地方大学如何走向世界一流——苏黎世大学学术卓越的生成逻辑及启示》,载于《研究生教育研究》2019 年第 1 期。

② ETH Zurich. Maksym Kovalenko receives Rössler Prize, https://ethz. ch/en/news - und - veranstaltungen/eth - news/news/2019/06/roessler - prize - 2019. html,2019 - 04.

③ ETH Zurich. University alliances, https://ethz. ch/en/the - eth - zurich/global/network/university - alliances. html,2021 - 04 - 08.

④⑤⑥ 郡海霞、李欣旖、王世斌:《四螺旋创新生态:研究型大学引导区域协同创新机制探析——以苏黎世联邦理工学院为例》,载于《高等工程教育研究》2020 年第 2 期。

⑦ ETH Zurich. National Centres of Competence in Research, https://ethz. ch/en/research/interdisciplinary - structures/nccrs. html,2021 - 04 - 08.

⑧ ETH Zurich. Sustainability Report 2019/2020, https://ethz. ch/content/dam/ethz/main/eth - zurich/nachhaltigkeit/Berichte/Nachhaltigkeitsbericht/ETHzurich_Sustainability_Report_2019_2020_web. pdf#page = 80,2021 - 05 - 20.

议，听取社区民众、州政府和市议会等利益相关群体的诉求，制定更加符合区域公众利益的高校创新政策。①

3. 推动学术职业性别平等，激发女性科学研究潜力

ETH 在推动学术职业性别平等方面做出了诸多尝试，充分发挥女性高层次学术人才的创新潜能，提升学校国际竞争力。主要包括两方面：

一方面，提高学术职业群体中的女性比例。ETH 颁布了《教授层面的性别策略》改善学术职业的性别失衡情况：招聘广告中采用性别中立或对女性友好的词汇，明确鼓励女性候选人申请；设立专门招聘名额吸引顶尖女科学家就职；综合考虑产假、行业经验和非学术能力等因素，适当放宽女性助理教授的年龄上限；鼓励各院系通过直接任命等方式提高女教师比例。②

另一方面，促进科研人才评聘中的男女机会均等。ETH 不断提高科研人才招募与晋升过程中的决策公平、程序公平，尽可能减少结构性性别歧视问题。在招聘启事发布之前，各院系须证明有足够数量的女性受众；各院系遴选委员会（Search Committees）中必须包括至少三名女教授；每个遴选委员会设有一名性别与多样性倡导者（gender and diversity advocate），负责向校长报告招聘过程中的男女平衡情况、争取潜在女性候选人的努力和评估程序的透明度、公正性。为进一步提高女教授的影响力，学校充分保障女教授参与学校内部重要委员会（例如研究委员会或战略委员会）的权利，鼓励其担任学校管理层职位，在院系层设有性别平等职位等。③

经过持续努力，ETH 的性别平等措施取得显著成效，女性从事学术职业的就业环境不断优化。近年来，女性研究者占全体员工比重逐年上升，高层次女科学家占比显著增加，女教授从 7.1%（2006 年）上升至 14.3%（2019 年），女性在学校管理岗位以及最高决策层的可见度提高。④ 越来越多的 ETH 女科学家获得科技奖励，并在不同研究领域产生了巨大影响。2020 年，尼古拉·斯波尔丁（Nicola Spaldin）被欧盟任命为欧洲科学研究委员会（the ERC Science Council）成员。⑤ 2021 年，安妮·拉卡顿（Anne Lacaton）和让－飞利浦·瓦萨尔（Jean-

---

① 郇海霞、李欣旖、王世斌：《四螺旋创新生态：研究型大学引导区域协同创新机制探析——以苏黎世联邦理工学院为例》，载于《高等工程教育研究》2020 年第 2 期。

②③ ETH Zurich. Gender Strategy on the Professorial Level，https：//ethz. ch/content/dam/ethz/main/eth－zurich/ArbeitenLehrenundForschen/professuren/berufungen/en/ETH_Zurich_Gender_Strategy_Professorial_Level_11. 02. 2021. pdf，2021－04－15.

④ ETH Zurich. Equality Monitoring 2019/2020，https：//ethz. ch/content/dam/ethz/associates/services/Anstellung－Arbeiten/chancengleichheit/Strategie_und_Zahlen/monitoring－und－studien/2019－2020/Equality_Monitoring_general_report19－20_engl. pdf，2021－04－08.

⑤ ETH Zurich. Nicola Spaldin becomes member of the ERC Science Council，https：//ethz. ch/en/news－and－events/eth－news/news/2020/12/nicola－spaldin－member－erc－science－council. html，2021－04－15.

Philippe Vassal）获得"建筑界诺贝尔奖"——普里兹克奖（the Pritzker Prize），成为历史上仅有的六位女性获奖者之一。[①]

综上，ETH 设立组织更加灵活的能力中心，构建四螺旋创新生态系统，以及推动学术职业性别平等措施，有效提高了创新资源利用效率并激发各方科研潜力，以"社会责任、开放多元、团队合作"理念为指导[②]，面向经济、社会与自然发展需求持续开展世界一流水平的研究。通过"通力合作为社会福祉、公共环境和自然资源做出贡献，研究创造面向未来的知识技术"[③]，ETH 通过对科研人才的重视和对科研环境的优化助力其实现科研卓越。

第五节　关于我国一流大学原创研究的政策建议

在"双一流"建设的背景下，原创研究越来越重要。为提升原创研究能力，加快世界一流大学建设的步伐，本研究基于定量比较与案例分析的结果，提出如下政策建议。

一、改革科研评价体系，聚焦高精尖指标

2021 年，习近平总书记在清华大学考察时强调，"一流大学是基础研究的主力军和重大科技突破的策源地"[④]。因此一流大学的原创水平直接关系着国家的原始创新能力。但是定量比较的结果显示，国内顶尖大学和国内一流大学整体原创研究水平有待进一步提升。

建议国内顶尖大学和国内一流大学通过科研评价体系改革，减少面上的评价指标，提升高精尖指标的比重，如在基础研究领域以具有国际影响力的国内科技期刊、业界公认的国际顶级或重要科技期刊的论文作为高精尖指标，注重标志性

① ETH Zurich. Pritzker Prize awarded to ETH professor Anne Lacaton，https：//ethz. ch/en/news – and – events/eth – news/news/2021/03/pritzker – preis – fuer – eth – professorin. html，2021 – 04 – 05.

② ETH Zurich. Strategy，https：//ethz. ch/content/dam/ethz/main/eth – zurich/portraet/Strategie/ETH＿SEP＿21 – 24＿EN＿Web. pdf，2021 – 05 – 27.

③ ETH Zurich. Mission，https：//ethz. ch/en/the – eth – zurich/portrait/self – image – and – values/mission – statement. html，2021 – 05 – 27.

④ 郝江震、白宇：《习近平在清华大学考察时强调 坚持中国特色世界一流大学建设目标方向，为服务国家富强民族复兴人民幸福贡献力量》，人民网，2021 年 4 月 19 日，http：//politics. people. com. cn/n1/2021/0419/c1024 – 32082038. html。

成果的原创性、国际影响力和对国家重大战略需求的支撑。构建全方位的科技人才成长体系，营造包容性的学术环境，引导更多的科技人才潜心原创研究，对于非共识性研究成果和失败研究结果，应对成果本身的前瞻性和战略性以及科技人才在研究过程中付出的努力给予充分的认可，激励那些甘心"坐冷板凳"、具有原创潜力的高校科技人才"十年磨一剑"，持续产出影响世界的原创性成果。

二、构建多元化支撑体系，激发原始创新活力

案例研究发现，芝加哥大学、麻省理工学院和苏黎世联邦理工学院通过多种方式，为教师科学研究提供全方位的支持。芝大在打破研究壁垒、获得企业支持、制订增长计划、探索潜在应用等方面为教师提供全阶段与全方位的支持与服务，为教师科研发展助力添翼；麻省理工学院设立科研信息咨询机构，搭建科研合作网络，为教师科研合作提供服务和支持；苏黎世联邦理工学院则通过构建四螺旋创新生态系统，促进教师以多边、多形态、多节点和多层次的方式开展协同创新。

建议我国一流大学转变科研管理的理念，以服务为导向，以教师为根本，通过多种举措为教师的科学研究构建高效、多元的支撑体系与科研服务平台。通过建立分类科研数据库，精准对接不同研究领域、不同研究类型的科研服务需求，搭建多层次的科研服务体系，促使教师潜心科学探究，提升科研效率，激发广大教师的原始创新活力。

第四章

世界一流大学品牌影响力指数与案例研究

第一节　研究背景与思路

一、研究背景

1. 大学品牌影响力是世界一流大学建设的重要内容

大学国际品牌是在全球市场和全球竞争中具有杰出表现、得到国际上广泛认可、具有强大国际竞争优势的大学品牌。大学国际品牌应具有广泛的国际知名度、认知度、美誉度、偏好度、满意度和忠诚度；具有巨大的经济价值；具有较高的国际市场占有率和市场全球化程度；具有高度的超越地理文化边界的能力；拥有完整的全球化品牌规划；具有高度的知识产权保护能力等特征。[①]

一流大学处于学术系统的核心位置，被认为是在全球知识经济浪潮中提升一国竞争力所不可或缺的部分。[②] 一流大学的地位建立在声誉与感知的基础之上，具有一定的主观性，需要大学在很多方面有卓越的表现[③]，因此它们不仅要拥有

---

① 杨明刚：《国际知名品牌发展规律及特征探讨》，载于《国外社会科学》2007 年第 1 期。
② 于洪良、张瑾琳：《高校品牌建设刍议》，载于《国家教育行政学院学报》2008 年第 3 期。
③ 刘念才、Jan Sadlak：《世界一流大学：特征·排名·建设》，上海交通大学出版社 2007 年版，第 86 页。

雄厚的财力以建设学术设施和聘任最优秀的教授，还要有充分的学术自由，开展前沿性研究，坚持科研与教学的最高学术标准[①]，以及重视品牌的建设与国际传播，赢得广泛的心理认同。一流大学的精英地位不是一种自我宣言，而是依赖于国际认可[②]，在竞争中赢得品牌和声誉，最终建立起世界公认的品牌[③]，这是一流大学建设的题中之义。

2. 学科品牌建设可作为大学重点建设的突破口

品牌作为一种无形资产和稀缺资源，在提升学科影响力方面发挥着重要的作用。一所大学想要建成世界一流大学，必须重视一流学科的建设，学科是"概括大学制度的最佳端点"[④]。纵观世界一流大学的建设经验，大多是通过建立学科品牌、保持自身特色发展起来的。[⑤] 如作为世界范围内最早创办的商学院，美国宾夕法尼亚大学沃顿商学院是最早将品牌化发展思路引入办学实践的商学院之一，该学院充分利用其在商学院历史上的开创性地位，将打造"全世界第一所商学院"作为品牌定位。[⑥] 香港科技大学建校时间虽然不长，但由于其扬长避短，重点发展纳米材料研究，取得了国际瞩目的学术地位，大大提升了该校的国际影响力。[⑦] 正如美国加州大学伯克利分校校长、著名华裔科学家田长霖所言："世界上地位上升很快的学校，都是在一、两个领域首先取得突破。重点建设大学一定要想办法扶植最优异和最有发展前景的学科，把它变成全世界最好的，等它有名气了，其他学科也就会自然而然发展起来。"[⑧] 2015 年 10 月 24 日，国务院印发《统筹推进世界一流大学和一流学科建设总体方案》，强调"坚持以学科为基础，打造更多学科高峰，带动学校发挥优势，办出特色"[⑨]。该方案的提出为高校积极挖掘学科优势特点、开展学科品牌建设提出了政策指导。

---

① ［美］菲利普·G. 阿特巴赫著，覃文珍译：《世界一流大学的成本与收益》，载于《北京大学教育评论》2004 年第 1 期。

② Q. Wang, Y. Cheng, and N. C. Liu. *Building world-class universities: Different approaches to a shared goal.* Brill Sense, 2012, P. 2.

③ 袁本涛、江崇廓：《论大学的品牌——兼论我国高校合并与创建世界一流大学的战略》，载于《科技导报》2000 年第 7 期。

④ ［美］伯顿·克拉克著，王承绪、徐辉等译：《高等教育新论》，浙江教育出版社 2001 年版，第 1 ~ 22 页。

⑤ 陆振康：《一流学科建设是创建世界一流大学的重中之重》，载于《江苏高教》2004 年第 5 期。

⑥ 钱明辉、徐志轩：《关于图书情报与档案管理学科品牌化的思考》，载于《图书与情报》2019 年第 6 期。

⑦ 王宝玺、于晴：《亚洲世界一流大学建设的特点及启示——以东京大学、新加坡国立大学和香港科技大学为例》，载于《高校教育管理》2018 年第 6 期。

⑧ 马陆亭：《一流学科建设的逻辑思考》，载于《高等工程教育研究》2017 年第 1 期。

⑨ 国务院：《关于印发统筹推进世界一流大学和一流学科建设总体方案的通知》，中华人民共和国教育部网站，2020 年 9 月 10 日，http://www.moe.gov.cn/jyb_xxgk/moe_1777/moe_1778/201511/t20151105_217823.html。

二、国内外研究进展

关于大学品牌的相关研究、使用大学官网研究大学品牌影响的相关研究等在以往的研究中已有所阐述，本章聚焦选择学科品牌，尤其是文科品牌的建设路径开展分析，因此研究进展部分主要围绕学科品牌建设和营销相关研究展开。

1. 高等教育视域中的品牌研究

在全球化背景之下，无论是否出自本意，几乎所有的高等教育机构都不可避免地卷入全球化进程之中。[①] 品牌对学校的根本意义在于它代表着很高的信誉和知名度，一个著名品牌是学校的一笔巨大无形资产。[②] 大学品牌能够展现大学的特色，防范同质化发展，进而有利于多元化高教生态的形成。随着国外大学纷纷将目光转向我国教育市场，大学被推进了一场无国界的品牌竞争之中，实施品牌战略势在必行。[③][④] 对资源、学生和教师的全球竞争推动全球的大学开展品牌推广活动，大学也如同企业一般通过阐述其愿景和使命来彰显品牌的差异。[⑤]

伴随着高等教育大众化、市场化和国际化的发展进程以及教育需求的多样化，20 世纪 80 年代，品牌营销被引入高等教育领域，其研究也引起高等教育学术界的广泛关注。[⑥] 诺依曼·鲁斯（Neumann Ruth）提出，市场化可能导致高等教育文化的转型，他将高等教育市场化看成一种新的高等教育文化重建，提出高等教育机构必须为各种各样的顾客和赞助者（学生、政府、雇佣者、企业、校友和捐赠者等）提供高质量的服务，在这种新文化形态中，高等教育机构与社会的关系变成了提供者和需求者的关系。[⑦] 汉斯·沃森斯塔（Hans J. J. Vossensteyn）指出，高等教育市场化是高等教育走向分权化、增强竞争性和引入经营方法的新趋势，其在生产者和使用者之间建立起一种更加直接的联系。[⑧] 事实上，伯顿·克拉克（Burton R. Clark）曾用三角模型表示影响和制约高等教育发展的要素，

---

① Scott P. *The Globalization of Higher Education*. Buckingham：Open University Press，1998，pp. 108 – 129.

② 冯家贵、梁元星：《大学品牌及其塑造策略》，载于《改革与战略》2006 年第 6 期。

③ 钟瑶、黄龙：《当今高校品牌战略的构建》，载于《湖南工程学院学报》（社会科学版）2007 年第 3 期。

④ 吴钊、路新平：《高校品牌战略探析》，载于《西北工业大学学报》（社会科学版）2001 年第 1 期。

⑤ G. Drori，Branding universities：Trends and strategies. *International Higher Education*，2015，Vol. 21，No. 71，pp. 3 – 5.

⑥ 李艳艳：《基于品牌管理的薄弱学校转变策略研究》，西南大学硕士学位论文，2013 年。

⑦ R. Neumann，Disciplinary Differences and University Teaching. *Studies in Higher Education*，2001，Vol. 26，No. 2，pp. 135 – 146.

⑧ H. Vossensteyn，Fiscal Stress：Worldwide Trends in Higher Education Finance. *Journal of Student Financial Aid*，2004，Vol. 34，No. 1，pp. 39 – 55.

三角形的左边是国家权力和学术权威，右边是市场，大多数国家围绕三角形模型的左边开展高等教育活动。[1] 因此，从高等教育发展历史来看，早期世界范围内绝大多数国家的高等教育机构都是围绕政府权力和学术权威开展高等教育活动的[2]，市场方面的影响较为有限。

2. 学科品牌的建设路径研究

相对于大学品牌建设而言，学科品牌建设是一个很好的切入点。学科品牌建设能够体现学校发展的具体方向，是学校在新时代背景下强化办学适应力和核心竞争力的标志。关于如何创建学科品牌，学者们从品牌意识、师资队伍、学科管理等多方面开展研究，分析高校学科品牌的建设和发展。长期以来，我国大学受到国家的保护，品牌意识比较淡薄。因此要构建大学的学科品牌影响力，首先要从战略高度提高大学特别是学校领导的品牌意识。[3] 高校应当具备品牌意识，坚持优先发展已有建设基础的特色学科，在特色学科中培育出品牌学科。在打造学科品牌前，高校要识别自身的学科特点，挖掘学科价值，凸显本学科与其他相关学科的差别，在此基础上明确本学科在整个高等教育体系和科学体系中的位置，便于公众识别并建立对于本学科的认知。[4] 重视学科队伍建设对学科品牌建设的重要意义，注重培养优秀的学科带头人和学科骨干，高校可以从自身实际出发，大手笔引进优秀人才，为优秀人才的成长提供良好的氛围、土壤以及从探索青年教师成长的规律等方面培养优秀的学术带头人。[5] 在学科管理方面，建立品牌管理的绩效考核体系，对学科的建设导向、人才引进和资金控制等各方面起到保驾护航的作用。

本章在对世界一流大学品牌影响力指数的数据分析基础上，在案例部分聚焦从品牌视角探讨大学学科的品牌建设。

三、研究思路

1. 核心概念

（1）大学品牌。

品牌是经济发展的产物，也是竞争之后沉淀下来的结果，随着社会经济与生

---

① 余明阳、朱纪达、吴玫：《大学品牌》，广东经济出版社2004年版，第34～63页。

② 钱明辉、徐志轩：《关于图书情报与档案管理学科品牌化的思考》，载于《图书与情报》2019年第6期。

③ 朱永新、王明洲：《论大学的核心竞争力》，载于《教育发展研究》2004年第21期。

④ 陆振康：《一流学科建设是创建世界一流大学的重中之重》，载于《江苏高教》2004年第5期。

⑤ 刘献君：《关于师资建设和管理的几个问题》，载于《高等教育研究》2003年第4期。

产力的不断发展，品牌的内涵更加丰富，学术界关于品牌的界定主要分为品牌标识理论、品牌个性理论、品牌关系理论以及品牌价值理论。品牌标识理论强调品牌的基础功能就是识别与区分不同的产品和服务，该理论认为品牌是名称、名词、符号、设计或者有关组合，它的最终目标是使之同竞争对手的产品和服务区别开来。[①] 品牌个性理论突出品牌产品区别于其他同类产品所具有的内在个性，成为表达客户的个性身份、客户的喜好和使用的重要手段，给人留下深刻印象，占据市场地位。[②] 品牌关系理论强调产品与消费者之间的关系，需要重视消费者体验，否则产品就会失去成为品牌的机会。[③] 品牌价值理论着重论述品牌的价值，认为品牌建设对于企业具有决定性的意义，其凝聚着包含产品质量在内的所有要素，能够让顾客信任其产品的功能利益或附加值。[④][⑤]

本研究采用"品牌标识理论"，即品牌被认为是一种名称、术语、标记、符号或设计的"综合体"，使公众对于组织及其产品产生独特的认知和理解，从而将其与竞争者的产品或服务区分开来。大学品牌是在长期发展过程中在人们心目中所形成的关于这所大学办学水平、科研水平、学科建设和教学质量等方面的知名度和美誉度[⑥]，是一所大学在创建、发展过程中逐步积淀下来的凝结在大学名称中的跨越时间和空间的社会认可程度[⑦]。

（2）大学品牌影响力。

理论界关于"影响力"的定义普遍都认可"影响力是产生影响的一种能力"。戈麦斯（Gomez D.）认为影响力体现了影响者与受众之间的相互作用，是指个体通过发布一定的信息来期待其他个体的反应，从而产生的行为与态度上的变化，影响的双方既可以是个人也可以是群体。[⑧] 米歇尔·贝兹尔（Michele M. Betsill）认为当一个行为体有意识地向另一个行为体传输信息，而这些信息改变了后者的行为，使其做出了原本不会做出的举动，这个时候就可以说产生了

---

① ［美］菲利普·科特勒著，卢泰宏、高辉译：《营销管理》，中国人民大学出版社 2001 年版，第 486 页。

② D. A. Aaker, and A. L. Biel. *Brand equity & advertising：advertising's role in building strong brands.* Psychology Press, 2013, pp. 67 – 81.

③ 瞿艳平、陈海波：《国内外品牌关系理论的演化趋势》，载于《江汉论坛》2010 年第 10 期。

④ 年小山：《品牌学》，清华大学出版社 2003 年版，第 86 ~ 127 页。

⑤ ［美］约翰·菲利普·琼斯著，孙连勇、李树荣译：《广告与品牌策划》，北京机械工业出版社 1999 年版，第 21 ~ 164 页。

⑥ 徐同文：《大学如何实施品牌战略》，载于《光明日报》2006 年 2 月 22 日。

⑦ 袁本涛、江崇廓：《论大学的品牌——兼论我国高校合并与创建世界一流大学的战略》，载于《科技导报》2000 年第 7 期。

⑧ D. Gomez, E. Gonzalez-Aranguena, C. Manuel, et al.. Centrality and power in social networks：a game theoretic approach. *Mathematical social sciences*, 2003, Vol. 46, No. 1, pp. 27 – 54.

"影响"。① 大学品牌影响力的内涵是建立在品牌影响力概念内涵的基础之上的。品牌影响力尚未有一个明确的定义，主要有"能力说"和"资产价值说"两个角度的理解。

"能力说"认为品牌影响力是一种控制能力，将品牌影响力视作影响消费者的购买决策能力。② 刘凤军从社会心理学角度提出品牌影响力是一种能够左右他人认知、态度与行为的能力，也是一种控制能力，是通过其标定下的产品及服务对受众的影响和控制能力，其发生过程是一个企业和目标受众互动的过程。③ 焦利勤认为品牌影响力是品牌对相关利益者的行为及其理念的影响能力。④ 克里斯·张伯伦（Chris Chamberlain）等认为品牌影响力是企业在消费者消费过程中驱动其对品牌态度、认知和行为倾向发生转变的效应。⑤

"资产价值说"强调品牌影响力是企业的无形资产⑥，品牌发挥影响力的直接表现形式就是品牌所体现出来的资产价值。大卫·爱格（David A. Aaker）提出，品牌资产是包含企业品牌符号、文化、产品和服务等在内的能够对企业的运营和管理产生具体影响的一系列资产的总称。⑦ 凯文·莱恩·凯勒（Kevin Lane Keller）从顾客认知的角度提出，品牌资产是顾客对品牌信息和形象的认知给品牌营销带来的具体影响结果。在自身条件允许的情况下，相对于无品牌的产品而言，顾客更倾向于购买品牌产品，这就是品牌资产的意义所在。⑧ 王齐国指出品牌影响力是一种无形的资产价值，是品牌资产的体现。品牌资产包括知名度、感知品质、品牌联想、品牌美誉度、品牌忠诚度和品牌的授权能力六大组成部分。⑨

综上，关于品牌影响力的界定在本质上主要包括品牌发挥作用的一种能力以及品牌溢出效应的体现。本书在现有研究基础上，认为能力说和资源价值说均符合本章的研究议题，即品牌影响力既是品牌对其传播对象所起作用的一种能力，也是其符号、产品、服务和文化等对组织运营和管理产生影响的一系列资产。

① M. M. Betsill, and E. Corell. NGO Influence in International Environmental Negotiations: A Framework for Analysis. *Global Environmental Politics*, 2001, Vol. 4, No. 1, pp. 65 – 85.

② 邴红艳：《品牌竞争力影响因素分析》，载于《中国工程科学》2002 年第 5 期。

③ 刘凤军、李敬强、李辉：《企业社会责任与品牌影响力关系的实证研究》，载于《中国软科学》2012 年第 1 期。

④ 焦利勤：《广告策略在提升品牌影响力中的应用研究》，暨南大学硕士学位论文，2009 年。

⑤ C. Chamberlain and D. Mackenzie. Understanding Contemporary Homelessness: Issues of Definition and Meaning. Australian Journal of Social Issues, 1992, Vol. 27, No. 4, pp. 274 – 297.

⑥⑦ ［美］大卫·爱格著，丁恒、武齐译：《品牌资产管理》，内蒙古大学出版社 2003 年版，第 105 ~ 236 页。

⑧ K. L. Keller. Conceptualizing, Measuring, and Managing Customer – Based Brand Equity. *Journal of Marketing*, 1993, Vol. 57, No. 1, pp. 1 – 29.

⑨ 王齐国：《北京大学研究生品牌教程〈品牌学〉之五：品牌影响力与品牌资产构成》，载于《中国品牌》2009 年第 5 期。

2. 研究问题

基于品牌影响力的重要性、新媒体在品牌影响中的重要作用和文科品牌建设的特殊价值，本章以国内外一流大学为样本，考察大学的品牌影响力，并回答以下研究问题：中外一流大学的品牌影响力如何？"双一流"建设大学中不同类型的文科品牌的建设路径为何？针对我国"双一流"建设大学品牌建设有哪些政策建议？

3. 研究思路

针对研究问题，本章采取以下步骤展开分析：第一，设计一流大学品牌影响力指数的测量维度和指标体系；第二，根据指标设计，开展对可比数据的探索，最终形成品牌影响的基础数据库；第三，对原始数据进行处理，计算指标得分，进行国内外一流大学的数据得分对比；第四，聚焦"双一流"建设大学文科品牌的典型案例展开探索，分析这些典型案例的品牌建设过程；第五，基于量化比较和案例分析的结果，通过"双一流"建设大学文科品牌的案例研究，为我国大学品牌的建设路径提出政策建议。

第二节 一流大学品牌影响力指数设计

一、国内外样本选取

本章从近三年来在 ARWU 排名前 25 位的大学中选取 10 所作为世界顶尖大学样本组，从排名 76~100 位的大学中选取 10 所作为世界一流大学样本组。[1]

国内组样本大学选择的是进入我国"双一流"建设名单中的 36 所大学。样本高校分为两组：国内 A 组是 2020 年 ARWU 排名前 150 位的 13 所大学。[2] 国内 B 组为 2020 年 ARWU 排名 151~500 位之间的 23 所"双一流"建设大学。

二、指标体系设计

国际品牌是大学国际显示度和知名度的体现，在对已有相关研究分析的基础

---

[1] 世界顶尖大学组名单包含哈佛大学、斯坦福大学、剑桥大学、麻省理工学院、牛津大学、耶鲁大学、康奈尔大学、苏黎世联邦理工学院、多伦多大学、东京大学；世界一流大学组名单包含澳大利亚国立大学、洛桑联邦理工学院、悉尼大学、莱顿大学、鲁汶大学、麦吉尔大学、名古屋大学、卡内基梅隆大学、宾夕法尼亚州立大学帕克分校、西澳大利亚大学。

[2] 包括清华大学、北京大学、浙江大学、上海交通大学、中国科学技术大学、复旦大学、中南大学、哈尔滨工业大学、华中科技大学、南京大学、东南大学、中山大学、西安交通大学。

上，针对现有研究视角单一、缺乏国际可比性和数据来源不丰富等问题，本章侧重国际视野，尝试从世界一流大学的同行视角、第三方的评价视角和媒体的大众视角较立体地观测一流大学品牌的国际影响力，以此探索国内外一流大学品牌影响力的异同。

以选择的三个视角为指标维度，从可测量、可获取和可国际对比的原则出发，对三个指标实现定量测评。

世界一流大学视角下大学品牌的国际影响力：世界一流大学同行视角下的国际影响力分为出度影响和入度影响[①]，其中出度影响以该大学校级英文官网中出现的高声誉度活动作为表征，入度影响以该大学出现在世界一流大学官网的频次为表征。以高校官方网站的校级新闻为数据来源，通过内容分析测量世界一流大学视角下出度影响和入度影响的力度与特征。

第三方评价视角下大学品牌的国际影响力：第三方评价机构对大学品牌的传播已产生广泛影响，因此将其纳为指标，以全球三大国际排名为第三方机构的代表，以大学在这些评价中的排名表现表征第三方评价机构视野下的大学品牌国际影响力。

媒体视角下大学品牌的国际影响力：在主要国际媒体中的大学品牌影响方面，借鉴已有研究方法，选择大学官网、主要英文报刊、主要社交媒体作为数据来源，以大学在这些媒体中的境外点击量或是出现的频次来测量大学品牌在主要国际媒体中的影响力（见表4-1）。

表4-1　　　　　　　　品牌影响力指数的评价指标体系

指标	含义
世界一流大学视角下大学品牌的国际影响力	世界一流大学出度影响（在校级英文官网中世界一流大学等相关高声誉行为出现的频次）、世界一流大学入度影响（在世界一流大学校级官网中出现的频次）
第三方评价视角下大学品牌的国际影响力	学校在主要全球性大学排名中的排名表现
媒体视角下大学品牌的国际影响力	学校官网的点击量、学校在主要英文报刊中的影响力和在全球主要英文社交媒体中的影响力

---

①　本章中"出度影响"主要指以该大学作为弧尾，由该大学官方发布的高声誉度行为数；"入度影响"主要指以该大学为弧头，世界一流大学对该大学的官方引用数。

三、数据搜集与分析

1. 世界一流大学视角下大学品牌的国际影响力

指标界定：在世界一流大学视角下的品牌出度影响力中，本指数使用"高声誉行为"作为大学的品牌，主要将学校与高声誉机构（或人员）间的实质合作、高声誉荣誉的获得等视为"高声誉行为"。从可测量、可获取和可国际对比的原则出发，选择世界百强大学、全球 500 强企业和国际著名奖项作为具有高声誉的学校品牌，通过统计该校英文官网获得的高声誉行为观测该校在世界一流大学视角下的出度影响力。在世界一流大学视角下的品牌入度影响力中，本指数以世界一流大学的官方英文网站为数据库来源，检索该高校在世界一流大学官网上出现的频次，又因为考察的是国际影响力，故排除了样本大学在本国一流大学中的表现，以此观测该校在世界一流大学视角下的入度国际影响力。

（1）出度数据的搜集。

从自建数据库"世界一流大学大数据信息库"中，获取 2015 年 1 月 1 日至 2019 年 12 月 31 日样本学校在英文官网发布的校级新闻数据，经过数据清洗、整理，生成一流大学行为品牌的原始文本资料，共计获得国际组 20 所学校数据 76 873 篇，获得国内 36 所学校数据 16 269 篇。[①]

以 ARWU 中世界大学排名百强的大学名称、《财富》世界 500 强（Fortune Global 500）的企业名和国际排名专家组（International Ranking Expert Group, IREG）的国际学术奖项清单上的奖项名为高声誉关键词，通过增加其简写、别称、大小写等变形，保证在可行性范围内检索的全面性，构成本研究使用的一流大学品牌国际传播的关键词库。[②] 在新闻数据中进行库数据检索，获得"标记新闻"，这些标记出的数据中含有词库词语。检索结果显示，20 所国际组样本的标记数据为 27 375 条，36 所国内样本的标记数据为 5 815 条。对标记数据进行以篇目为单位的语义阅读，筛选出有效数据。有效数据是指实然发生的高声誉行为，仅提及关键词、未发生的或不是该校发生的数据等不属于有效数据；有效数据要实际发生在统计时间窗口内，即 2015 年 1 月 1 日至 2019 年 12 月 31 日。

[①] 在进行数据检索时，吉林大学的英文网站一直处于无法打开的状态，故未对该校的数据进行统计。

[②] 2015 年和 2016 年的出度影响数据筛选关键词来源于 2017 年"世界大学学术排名"中世界大学排名百强的大学名、2017 年《财富》世界 500 强（Fortune Global 500）的企业名和国际排名专家组（IREG）的国际学术奖项清单上的奖项名；2017 年、2018 年和 2019 年的出度影响筛选关键词则来源于 2019 年的大学、企业和奖项名；在入度影响中，2015～2019 年的数据筛选均以 2019 年进入"世界大学学术排名"前一百的世界一流大学名为标准。

对获取到的有效数据进行编码，对数据中的世界百强大学、500 强企业和国际奖项等不同类目的品牌频次进行统计。以篇目为单位的，每一条有效数据若涉及多个高声誉行为（或者品牌），会被同时编码进入不同类目。如一篇数据中提到本校和两所大学有实质活动，计 2 分；一篇数据中提到和一所百强大学及一家 500 强企业有实质活动，计 2 分。

（2）入度数据的搜集。

以大学英文名的全称作为关键词来构建词库，从自建数据库"世界一流大学大数据信息库"中获取 2015 年 1 月 1 日至 2019 年 12 月 31 日样本学校在其他大学校级新闻中被提及的数据，通过去重、去除非百强大学及本国大学提及的情况，共计获得国际组 20 所学校数据 4 458 篇，获得国内组 36 所学校数据 1 876 篇。对获取的有效数据进行篇目的频次统计，一篇数据计 1 分，各学校的原始得分为其在非本国一流大学校级英文新闻中出现的频次。

对原始数据处理后，以世界一流大学组的平均得分作为标准分 1 分，其他组别和学校的得分是与标准分相较而得的相对分。通过上述方法计算得到的出度影响力与入度影响力的算术平均数即为样本大学在世界一流大学视角下品牌的国际影响得分。

2. 第三方评价视角下大学品牌的国际影响力

指标界定：第三方评价视角下的大学品牌影响力中，全球性的大学排名是产生品牌影响力的重要途径。采用 ARWU 排名、QS 世界大学排名和 THE 排名三大全球排名所公布的数据，统计这些第三方评价机构的测评结果所产生的大学品牌影响情况。

数据搜集：以三大全球排名公布的 2021 年排名结果为数据来源，对进入不同排名组别的表现进行统计。能够进入三大排名前 200 的大学计 0.5 分，能够进入三大排名前 100 的大学计 1 分，能够进入前 25 的大学计 2 分。各学校原始得分由在三个排名中的表现简单相加得到。对原始数据处理后，以世界一流大学组的得分为标准分 1 分，其他组别和学校的得分是与标准分对比所得的相对分。

3. 媒体视角下大学品牌的国际影响力

指标界定：关于媒体视角下品牌的国际影响力，本章聚焦大学在传统媒体和新媒体上的传播力度，包括大学官网获得的直接访问量、大学在传统报刊中被传播的频次和大学在社交媒体中获得关注的频次。从可测量、可获取和可国际对比的原则出发，选取第三方平台 Alexa 对大学校级官网的访问量进行的统计（不包含学院/系、研究所、大学招生网站等二级网站与功能性网站）、新闻报纸库 ProQuest 数据库的新闻中大学出现的频次、脸书（Facebook）和领英（LinkedIn）中大学官方社交媒体账号的关注量作为观测数据，以此探究大学品牌在媒体视角下

115

的影响。

数据搜集：统计大学官网的访问量，以 2021 年 11 月为统计时间窗口，以大学校级官网直接访问流量为统计目标，通过 www.wolframalpha.com 和 www.alexa.com 检索到的流量数据，计算出官网的直接访问量。以 ProQuest 数据库为平台，选择"报纸和典藏报纸"类型中的"新闻"和语言"英文"，在 2016 年 1 月 1 日至 2021 年 11 月 15 日的统计窗口进行大学英文名的检索，统计大学英文名被检索到的频次。以脸书和领英为新媒体平台，于 2021 年 11 月 15 日的时间截面统计大学官方账号（不包括未经认证的大学账号、大学招生账号、大学各级院系账号等）在这些平台的关注量。

4. 指数算法

首先，对所有原始值进行统计处理，改善原始数值分布；其次，分别计算出世界一流大学组在各个指标上的平均值作为参照，设为 1 分；最后，通过计算单一大学的单一指标值与世界一流大学组在相同指标上的平均值的比值，得到该校在该指标上的得分。对三个指标得分赋予同等权重，进行简单加权，得到大学品牌影响力指数。

第三节　我国一流大学品牌影响力指数表现及分析

一、一流大学品牌影响力指数的表现

1. 世界一流大学视角下大学品牌影响力的指标表现

出度国际影响力指标表现。针对世界一流大学视角下大学品牌的出度国际影响力（见表 4 - 2），国内外样本组间存在明显差距，世界顶尖大学组和世界一流大学组大比例领先于国内的两个组别。其中世界一流大学组 5 年间平均各校关于百强大学、500 强企业和国际知名奖项等高声誉国际品牌活动近 350 项。麻省理工学院作为在世界一流大学视角下指标得分最高的学校，5 年间高声誉国际品牌的活动超过 900 项；其次是康奈尔大学，高声誉国际品牌的活动近 600 项；斯坦福大学、哈佛大学表现也十分突出，均超过 400 项。作为基准的世界一流大学组，5 年间各校平均高声誉国际品牌超过 150 项，表现最为突出的是宾夕法尼亚州立大学（Pennsylvania State University）、悉尼大学和卡内基梅隆大学，高声誉国际品牌的活动均超过 250 项。对标国内 A 组，12 所国内大学的指标得分为

0.20；国内 B 组的指标得分为 0.11。

表 4 - 2   世界一流大学视角下大学品牌的出度国际影响力得分

组别	得分
世界顶尖大学组	1.09
世界一流大学组	1.00
国内 A 组	0.20
国内 B 组	0.11

资料来源：根据指标体系设计，由"世界一流大学大数据信息库"数据计算得出。

入度国际影响力指标表现。针对世界一流大学视角下大学品牌的入度国际影响力（见表 4 - 3），从统计结果来看，各组别均在一定程度上得到国际学术同行的认可，但组别间也存在显著差异。其中，世界顶尖大学组在国际学术同行中的影响力占据领先地位，5 年间平均各校被国际学术同行引用的次数超过 350 次，其中表现最为突出的是牛津大学，5 年间被国际学术同行引用的次数超过 800 次；其次是剑桥大学和多伦多大学，5 年间被国际学术同行引用的次数超过或接近 700 次；哈佛大学的表现也较为突出，被国际学术同行引用的次数超过 500 次。作为基准的世界一流大学组，5 年间各校被国际学术同行引用的次数超过 70 次，表现最突出的是麦吉尔大学（McGill University），被引次数超过 250 次；其次是悉尼大学和莱顿大学，被引次数均超过 100 次。对标的国内 A 组的指标得分为 2.19，这一分数虽低于世界顶尖大学组，但却超过世界一流大学组，国内 B 组的指标得分为 0.27，在四个组别中分数最低。

表 4 - 3   世界一流大学视角下大学品牌的入度国际影响力得分

组别	得分
世界顶尖大学组	4.82
世界一流大学组	1.00
国内 A 组	2.19
国内 B 组	0.27

资料来源：根据指标体系设计，由"世界一流大学大数据信息库"数据计算得出。

获得各组别大学出度影响力和入度影响力得分后，通过计算两者的算术平均数求得世界一流大学视角下各组别大学品牌影响力指标的得分（见表 4 - 4）。可以发现，世界顶尖大学组品牌国际影响力的得分远高于其他三个组别，5 年间高声誉国际品牌活动和被国际学术同行引用的次数均较高；我国一流大学在世界一流大学同行中的国际影响力存在明显的内部层级差异[①]，对于国内 A 组，虽然在高声誉品牌活动方面略显不足，但得益于较高的国际学术同行引用得分，其在一流大学视角下大学品牌国际影响的整体得分最终略低于作为基准的世界一流大学组，但与世界顶尖大学组相比仍存在较大的差距；国内 B 组则无论是在高声誉国际品牌活动还是被国际学术同行引用方面的得分都远低于其他组别，其在一流大学视角下品牌国际影响力指标的整体得分方面也在四个组别当中处于最低。

表 4-4   世界一流大学视角下的大学品牌影响力指标的得分

组别	指标得分
世界顶尖大学组	2.95
世界一流大学组	1.00
国内 A 组	0.85
国内 B 组	0.19

资料来源：根据指标体系设计，由"世界一流大学大数据信息库"数据计算得出。

2. 第三方视角下大学品牌影响力的指标表现

表 4-5 是样本组别在三大全球排名的表现，本章以此来观测第三方视角下大学品牌的国际影响力。在该指标上世界顶尖大学组的得分为 2.26，世界一流大学组为标准分 1。我国一流大学得益于重点建设项目的长期支持和精准发力的办学导向，论文发表数量等硬指标迅速提升，使部分顶尖高校在排名表现上迅速向世界一流大学靠近。[②] 国内 A 组的得分为 0.79，接近世界一流大学的标准分；国内 B 组的指标得分为 0.08，与国内 A 组的差距仍较明显。国内 B 组的 23 所学校中，有 13 所学校未进入三大国际排名的前 200 名。

表 4-5   第三方视角下的大学品牌影响力指标的得分

组别	指标得分
世界顶尖大学组	2.26
世界一流大学组	1.00
国内 A 组	0.79
国内 B 组	0.08

资料来源：根据指标体系设计，由第三方评价机构数据计算得出。

[①] 冯倬琳、郭鑫、肖港：《世界一流大学同行间的影响力——"引用"逻辑下的大学影响力评价》，载于《江苏高教》2022 年第 6 期。

[②] 刘少雪：《我国顶尖大学创建世界一流大学的"秘诀"探析——以其在"世界大学学术排名"中的表现为例》，载于《高等教育研究》2022 年第 1 期。

3. 媒体视角下大学品牌影响力的指标表现

媒体视角下大学品牌的国际影响力通过大学官网的显示度、大学在全球报刊库中的显示度和大学在全球主要社交媒体上的显示度来测量。世界一流大学建设离不开信息交流互动高度发达的开放体系，大学的国际传播能力成为产生全球影响的重要组成部分。[①] 世界顶尖大学组的媒体视角品牌国际影响力指标得分为3.85。与作为基准的世界一流大学组相比，国内 A 组 13 所大学在媒体视角下品牌的国际影响力指标得分为 1.08，国内 B 组在该指标上的平均得分为 0.26（见表 4-6）。

表 4-6 媒体视角下大学品牌影响力指标的得分

组别	官网网站	传统媒体	新媒体	指标得分
世界顶尖大学组	3.60	2.33	5.63	3.85
世界一流大学组	1.00	1.00	1.00	1.00
国内 A 组	1.44	0.36	1.44	1.08
国内 B 组	0.49	0.09	0.19	0.26

资料来源：根据指标体系设计，由媒体数据计算得出。

从官方网站的流量来看，世界顶尖大学组在该项的得分为 3.60，官方英文网站日均直接访问量超过 40 万，其中麻省理工学院官网的日均直接访问量超过 100 万。国内 A 组的官网流量得分为 1.44，国内 B 组的得分为 0.49，其中国内 A 组顶尖大学官网的直接访问量日均超过 19 万。若进一步考察这些访问量中的境外占比，我国一流大学与世界顶尖大学的差距明显。世界顶尖大学的官网流量中超过 55% 来自境外，世界一流大学对照组中超过 49% 来自境外，我国 13 所顶尖大学的官网流量中境外占比约为 9%。

从大学在国际报刊库的出现频次来看，世界顶尖大学组的得分为 2.33，我国国内 A 组的平均得分为 0.36，国内 B 组的得分为 0.09。世界顶尖大学组在检索的报刊库中每校平均出现频次近 6 000 次，国内 A 组每校平均出现频次超过 1 000 次，国内 B 组每校平均出现频次超过 200 次。从大学在社交媒体的关注频次来看，世界顶尖大学组的得分为 5.63，我国国内 A 组的平均得分为 1.44，国内 B 组的平均得分为 0.19。

4. 世界一流大学品牌影响力的指数表现

对三个分指标进行简单加权后，计算得出大学品牌影响力指数得分（见

---

① 秦惠民、柴方圆、祝军、王小栋、涂端午：《中国大学全球影响指数：设计、分析与启示》，载于《中国高教研究》2021 年第 9 期。

表4-7）。世界顶尖大学组在品牌影响力指数上的得分为3.02，国内A组的得分为0.91，国内B组的得分为0.18。总体分析来看，在大学品牌的国际影响上，世界顶尖大学组的表现有明显优势，国内A组的总指数接近世界一流大学组的标准分表现。入选"双一流"建设的国内B组指数得分与国内A组的表现也存在显著差异，三个维度上的差距都较大。

表4-7　　　　　　　品牌影响力指数及其指标得分

大学组别/名称	指数得分	世界一流大学视角	第三方评价视角	媒体视角
世界顶尖大学组	3.02	2.95	2.26	3.85
世界一流大学组	1.00	1.00	1.00	1.00
国内A组	0.91	0.85	0.79	1.08
国内B组	0.18	0.19	0.08	0.26
北京大学	2.86	2.61	1.67	4.30
清华大学	2.69	2.79	1.67	3.60
上海交通大学	1.03	1.17	1.00	0.93
复旦大学	0.91	0.97	1.00	0.76
浙江大学	0.84	0.84	1.00	0.67
中国科学技术大学	0.71	0.45	1.00	0.69
南京大学	0.55	0.63	0.50	0.51
西安交通大学	0.54	0.09	0.17	1.36
中山大学	0.34	0.29	0.33	0.41
武汉大学	0.32	0.33	0.17	0.47
天津大学	0.31	0.49	0.17	0.26
同济大学	0.29	0.29	0.17	0.41
北京理工大学	0.27	0.14	0.17	0.50
华中科技大学	0.25	0.44	0.17	0.14
华东师范大学	0.19	0.2	0.00	0.36
北京航空航天大学	0.18	0.15	0.00	0.39
中南大学	0.22	0.08	0.17	0.41
山东大学	0.22	0.29	0.17	0.19
湖南大学	0.16	0.10	0.00	0.38
哈尔滨工业大学	0.15	0.15	0.17	0.13
厦门大学	0.15	0.19	0.00	0.25

续表

大学组别/名称	指数得分	世界一流大学视角	第三方评价视角	媒体视角
四川大学	/	0.27	0.17	/
南开大学	0.14	0.20	0.00	0.22
兰州大学	0.13	0.13	0.00	0.26
北京师范大学	0.12	0.26	0.00	0.11
西北工业大学	0.17	0.22	0.17	0.11
大连理工大学	0.11	0.09	0.00	0.24
重庆大学	0.09	0.10	0.00	0.17
华南理工大学	0.13	0.09	0.17	0.13
东南大学	0.13	0.12	0.17	0.10
中国农业大学	/	0.20	0.00	/
郑州大学	0.05	0.06	0.00	0.09
中国海洋大学	0.04	0.05	0.00	0.07
电子科技大学	/	0.12	0.17	/
东北大学	/	0.04	0.00	/
吉林大学	/	/	0.17	/

资料来源：根据指标体系设计，由学校、第三方评价机构和媒体数据计算得出。

二、一流大学品牌影响力指数表现的分析

1. 我国一流大学品牌影响力指数的表现分析

我国一流大学品牌的国际影响力表现主要呈现出"四强四弱"[①]：

目标导向强、品牌特色弱。高水平大学处于世界一流大学建设的重点阶段，顶尖大学和绝大多数"双一流"建设大学均明确将建成世界一流大学确立为学校目标。然而在建设目标清晰和建设内容明确的同时，我国一流大学发展的同质化趋势日渐明显[②]，各大学建设的重点和争夺的资源日渐雷同，而学校品牌的特色则日渐模糊。

排名指标强、国际影响弱。历经二十余年一流大学重点建设的奋进发展，我

---

① 冯倬琳、赵丽文、魏昊卿、刘念才：《提升大学国际影响力，成为动荡时局的破冰力量》，载于教育部科学技术委员会《专家建议》2019 年第 16 期。

② 俞蕖：《大学评估何处去？国际评估在中国一流大学的兴起、扩散与制度化》，载于《华东师范大学学报》（教育科学版）2022 年第 1 期。

国已有多所大学进入过全球大学排名的百强，已经达到排名标准下的世界一流大学组别，清华大学更是进入世界顶尖大学全球排名前 25 强的行列。在排名表现抢眼的同时，我国一流大学系统内外的国际影响力提升仍面临不少挑战①，与排名同组别的世界一流大学的差距最大超过 6 倍。

组织品牌强、人员影响弱。世界一流大学国际影响的承担者超过 80% 为人员，尤其是从事科研的教师，能够以个人身份与高声誉机构开展活动，已实现自下而上为学校贡献国际影响力的稳定常态。我国一流大学国际影响力的承担 60% 以上为组织，多为校际层面战略合作的架构搭建和协议签署，而个人国际影响力的发挥还需借助组织品牌的支撑。

理工学科强、社会科学弱。世界一流大学国际影响涉及的学科超过 50% 是能够产生思想文化和影响人类生命健康的社会科学和生命科学，这些学科与人类身心的良性可持续发展有更紧密的关系，更易产生广泛的国际影响。生命科学也是我国一流大学国际影响力中贡献最大的，但社会科学的国际影响还未达到 10%，需要获得发展重视与传播关注。

2. 我国一流大学文科品牌影响力的表现分析

2016 年 5 月 17 日，习近平总书记在哲学社会科学工作座谈会上指出，"一个没有繁荣的哲学社会科学的国家不可能走在世界前列。人类社会每一次重大跃进，人类文明每一次重大发展，都离不开哲学社会科学的知识变革和思想先导"②。这一论断指明了哲学社会科学对国家繁荣、民族振兴不可替代的重要作用，对构建中国特色哲学社会科学提出了新要求。但是，我国"双一流"建设大学的文科影响力还有待大幅提升，与加强国家软实力的目标存在明显差距。一方面，由于高校主要通过论文指标来评价高校办学水平和教师能力，文科具有自己的学科属性，在国际期刊发表论文数量相较于理工科处于相对"弱势"的地位；另一方面，文科影响力的规律和效果与理工科不同，在学校打造学科品牌的过程中容易被忽视，因此我国面临着缺乏具有高国际影响力的文科品牌现状，打造文科的国际品牌对于我国世界一流大学建设具有重要性和必要性。

"双一流"建设成效评价方案中提出，要积极探索新的评价方式，探索建设成效国际比较，结合大数据分析和同行评议等，对在国际相关可比领域的表现、影响力、发展潜力等进行综合考察。③ 针对我国一流大学人文社科的国际影响力，

① 常桐善：《中国高等教育的国际影响力》，载于《复旦教育论坛》2019 年第 5 期。
② 李叶、刘婷婷：《习近平：在哲学社会科学工作座谈会上的讲话》，中国共产党新闻网，2020 年 9 月 12 日，http://www.nopss.gov.cn/n1/2016/0519/c219468 - 28361739.html。
③ 教育部、财政部、国家发改委：《关于印发〈"双一流"建设成效评价办法（试行）〉的通知》，中华人民共和国教育部网站，2021 年 3 月 23 日，http://www.moe.gov.cn/srcsite/A22/moe_843/202103/t20210323_521951.html。

以"双一流"首期建设的 42 所高校为研究对象，依据我国国务院学位委员会 2018 年 4 月更新的《学位授予和人才培养学科目录》，将人文社会学科划为哲学、经济学、法学、教育学、文学、历史学、管理学和艺术学八类。聚焦一流大学品牌国际影响力指数中的"世界一流大学视角下大学品牌的国际影响力"，具体分析我国一流大学的各类文科品牌被世界一流大学校级英文官网所引用的情况。

通过对 42 所高校被全球百强大学引用情况分析显示，经济学、法学、教育学和管理学是被引用频次最高的学科。通过进一步对我国重点大学建设项目"211 工程"1995 年启动以来到 2020 年的情况分析显示，文科被全球百强大学的引用总体呈现明显的上升趋势。[①] 分析发现，"双一流"建设大学在助力文科发展方面具有若干有利条件，在国家重点战略的支持下，"双一流"建设大学的综合实力有潜力进入到世界一流大学的行列；"双一流"建设大学拥有浓厚的学术氛围和较高的科研条件，更能调动教师开展学术研究的积极性，提升科学研究水平；"双一流"建设大学拥有高质量的教师队伍，能够开展高水平人才培养，为强有力的人才保障和智力提供支撑；"双一流"建设大学更具较强的国际竞争力和国际影响力。"双一流"建设大学是我国高水平大学，不同类型的高校可根据自身发展针对性地制定文科品牌的发展战略。从学校的具体表现来看，清华大学、北京大学、上海交通大学和复旦大学等是我国人文社会学科领域里该指标国际影响力最高的高校。其中清华大学的苏世民书院项目和北京大学的国家发展研究院（简称"国发院"）等文科品牌最具有代表性。

清华大学的苏世民书院在品牌国际影响力的测量中，被世界一流大学提及的次数有近百余次，在清华大学的总数中占比近四成。书院成立以来已培养超过 500 名毕业生，在我国及全球各地从事金融、咨询、政府机关、智库、教育和科技等行业，为世界走向更加繁荣进步的未来做出了贡献。[②] 此外，苏世民书院作为展现我国对外开放的创新实践，一直受到国内外各大主流媒体的关注。

北京大学的国家发展研究院是在北京大学中国经济研究中心的基础上，集教学、科研和智库于一身的综合性学院。2017 年北京大学有 41 个学科入选"双一流"建设学科名单，其中包括北京大学国发院和经济学院共同建设的理论经济学。在 2018 年的《中国智库报告——影响力排名与政策建议》中，国发院在高校智库系统影响力排名第一，经济类智库专业影响力排名第二，社会类智库专业

① 肖港：《新文科背景下双一流大学文科影响力的测评与案例研究》，上海交通大学硕士学位论文，2022 年。
② 央视：《国务院副总理孙春兰向清华大学苏世民书院开学典礼视频致辞》，CCTV 节目官网，2021 年 1 月 29 日，http://tv.cctv.com/2020/09/11/VIDEj2GGqimu0RCgV42AV5TR200911.shtml。

影响力排名第二。[①]

第四节 一流大学品牌影响力的典型案例研究

　　一流大学的品牌影响力分析以往多以大学和理工类学科的案例分析为主，从国际影响力层面分析人文社会科学的案例较为有限，本章根据品牌影响力指数的相关数据，选择我国清华大学的苏世民书院和北京大学的国家发展研究院这两个具有国际影响力的文科案例进行研究，从品牌愿景、品牌目标、品牌环境、品牌本质和品牌资源等品牌建设的关键环节，尝试分析我国一流大学中具有国际影响力的文科品牌，包括其形成条件、建设路径和发展特点等，希望能为大学文科国际品牌建设提供借鉴。

一、立足中国，面向世界：以清华大学苏世民书院为例

　　2013 年 4 月，清华大学在京宣布正式启动"苏世民学者项目"（Schwarzman Scholars）。[②] 2015 年 10 月，清华大学第三次校务会议讨论通过，决定在苏世民学者项目基础上成立苏世民书院。[③] 苏世民书院围绕全球事务、中国发展和领导力三大基石，采用创新人才培养模式，积极搭建国际交流对话平台，倡导为促进世界和平发展贡献聪明才智作出积极努力。[④] 苏世民书院自成立以来，已面向全球招收超过 700 名学生，他们不仅有着不同的国籍和文化背景，而且生源质量非常高，被形容为"超级明星学生"。[⑤] 首批三千多位的申请人中只有 3.7% 被成功选拔，申请成功比例低于竞争最激烈的美国商学院和法学院。[⑥] 每年全球各地区学生录取的比例大致为：40% 来自美国，20% 来自中国，40% 来自世界其他地区。[⑦]

　　① 北京大学国家发展研究院：《〈2018 年中国智库影响力评价与排名〉发布，北大国发院 9 项排名持续领先》，北京大学国家发展研究院网站，2019 年 2 月 19 日，https：//www.nsd.pku.edu.cn/sylm/xw/272173.htm。

　　②③④ 清华大学苏世民书院：《使命愿景》，清华大学苏世民书院网站，2022 年 1 月 27 日，http：//www.sc.tsinghua.edu.cn/about/index.jhtml。

　　⑤ 清华大学苏世民书院：《清华大学苏世民书院 2021 级学者名单正式公布》，清华大学苏世民书院网站，2020 年 12 月 7 日，http：//www.sc.tsinghua.edu.cn/newsletter/2528.jhtml。

　　⑥ 邓辉：《在中国培养影响世界的杰出人才》，载于《光明日报》2016 年 9 月 14 日。

　　⑦ 清华大学苏世民书院：《2023 级招生简章》，清华大学苏世民书院网站，2022 年 1 月 27 日，http：//www.sc.tsinghua.edu.cn/admissions/index.jhtml。

1. 培养既懂中国又懂世界的未来全球领袖

清华大学在新的发展百年，希望通过苏世民学者项目进一步为世界培养人才，发挥中国的影响力，让全世界更好地了解并理解中国，进而让世界减少冲突，增进理解。因此，书院的品牌目标旨在致力于培养深入了解中国与世界未来的全球领袖，打造独特的全球对话平台，成为促进中国和世界高等教育创新的先行者。① 书院面向全球选拔学业优秀、诚实正直、视野开阔、富有责任感和使命感、具备领导潜质的青年人才，到清华大学进行研究生课程学习，以此培养具有宽广的国际视野、优秀的综合素质和卓越的领导能力，同时了解中国社会、理解中国文化，有志于为促进人类文明与进步、世界和平与发展贡献聪明才智的未来领袖，努力为崛起中的中国与变化中的世界做出重要贡献。②

苏世民书院人才培养的个性品质主要体现在三个关键词：立足中国、面向世界、领导力。正如项目资助人苏世民所言，21 世纪随着中国走向世界舞台的中心，西方国家增进对中国的了解越发重要，中国不再是选修课，而是（必修的）核心课程，读懂中国对于读懂世界至关重要。③ 作为全球著名的投资家，苏世民敏锐地发现世界的权力中心已经发生了迁移，强调苏世民学者要突破固有的成见和世俗的框套，充分利用各种机会了解中国的社会、历史和文化，认识真正的中国，因此该项目具有鲜明的中国特色。此外，当今世界的现实问题往往具有全球化和复杂性两个重要特征，因此未来的领导者一定要具备全球视野，能够与人合作共同解决问题。④ 书院力求培养跨学科人才来解决全球问题，为世界做出贡献，为此打造了跨学科的师资、课程和交流活动等。

纵观世界一流大学的办学经验，不管是剑桥大学、哈佛大学，还是牛津大学、麻省理工学院，这些世界顶尖大学都把培养能为人类发展进步做出突出贡献的一流人才、把培养未来的世界领袖作为人才培养的根本目标。⑤ 苏世民书院的个性特质与一流大学的目标相契合，培养能够引领国际发展潮流的各领域的领导者，为世界和中国的发展营造更加和平友好的国际环境。⑥

---

① ⑥　清华大学苏世民书院：《使命愿景》，清华大学苏世民书院网站，2022 年 1 月 27 日，http：//www. sc. tsinghua. edu. cn/about/index. jhtml。

②　清华大学苏世民书院：《苏世民书院简介》，清华大学苏世民书院网站，2020 年 12 月 7 日，ht-tp：//www. sc. tsinghua. edu. cn/about/index. jhtml。

③　邓晖：《清华大学苏世民书院：在中国培养影响世界的杰出人才》，载于《光明日报》2016 年 9 月 14 日。

④　本刊记者：《培养跨文化的未来领导者——记清华大学苏世民学者项目》，载于《国际人才交流》2016 年第 11 期。

⑤　谢和平：《建设未来人类命运共同体，一流大学的人才培养使命》，载于《光明日报》2016 年 5 月 24 日。

2. 依托学校优势建设有中国特色的全球品牌

苏世民书院人才培养发展的优势在于其依托清华大学综合实力以及各方支持。清华大学 2020 年在 THE 排名中成为首次进入世界排名前 20 位的亚洲大学。其发展历史悠久并培养了诸多优秀领导者，为苏世民学者深入了解中国、培养未来领导力创造了得天独厚的环境。苏世民书院总投入 3 亿美元，其中美国黑石集团创始人苏世民个人捐款 1 亿美元，这是迄今为止中国从海外获得的最大单项慈善捐赠。[1] 与此同时，清华大学自 2016 年起积极实施全球战略，以"立足中国、面向世界、传承创新、卓越发展"为原则，着力培养具备全球胜任力的拔尖创新人才，构建多层次、多维度的全球合作伙伴体系[2]，深厚的国际化传统为建设苏世民书院的品牌项目提供了发展机遇。

苏世民书院充分整合国内外高水平师资力量，组建高质量的精英师资团队。该项目的顾问委员会邀请英国前首相安东尼·布莱尔（Anthony Blair）、法国前总统尼古拉·萨科齐（Nicolas Sarkozy）、美国前国务卿亨利·基辛格（Henry Kissinger）等国际政治、经济、科学和艺术各界杰出人士组成，为项目发展提供咨询建议；学术委员会由牛津大学前校长柯林·卢卡斯爵士（Colin Lucas）、哈佛大学中国研究中心主任费正清、哈佛大学商学院教授威廉·柯比（William Kirby）和哈佛大学商学院教授沃伦·麦克法兰（Warren McFarlan）等全球杰出的教育人士组成，共同探讨创新项目特色和培养模式；招生委员会由国内外一流大学的著名学者或富有经验的高级行政管理人士组成，为项目遴选全球最优秀、最具潜力的学生。[3]

苏世民书院的课程建设侧重于培养学生在经济管理、国际关系、公共政策和中国文化等方面的国际视野与多元思维。课程设置包括核心课、选修课、语言课、毕业论文以及任选课程等。[4] 核心课程包括中外领导力概论，中国文化、历史及价值观，中国与世界重大经济议题分析，中国与世界重大国际关系议题分析以及比较公共治理等；专业课程则分为三类：公共政策、经济管理和国际研究，学生可任选其一。[5] 课程力图培养学生的全球视野、自觉的创新意识和深厚的人

---

① 清华大学苏世民书院：《苏世民学者项目创始理事苏世民宣布签署"捐赠誓言"》，清华大学苏世民书院网站，2022 年 1 月 27 日，http：//www. sc. tsinghua. edu. cn/newsletter/2292. jhtm。

② 清华大学：《自信从容迈向未来 自强创新不辱使命》，清华大学网站，2021 年 4 月 25 日，https：//2021. tsinghua. edu. cn/info/1011/2800. htm。

③ 中国社会科学院：《清华大学启动苏世民学者项目》，中国社会科学网，2020 年 12 月 7 日，http：//www. cssn. cn/glx/glx_xh/201403/t20140331_1051625. shtml。

④ 清华大学苏世民书院：《清华大学苏世民书院课程设置》，清华大学苏世民书院网站，2020 年 12 月 7 日，http：//www. sc. tsinghua. edu. cn/course/index. jhtml。

⑤ 赵婷玉：《清华有个苏世民书院》，载于《人民日报》2017 年 1 月 24 日。

文素养能力。[1]

苏世民书院在课堂外还设置体验式教学和很多社会实践环节，项目通过实践培训（Practical Training Program）及文化探索（Cultural Exploration）计划，帮助同学们对中国进行独特的观察，对中国的国情有更加深入的了解。[2] 如学生参加政治领导力的社会实践项目（Political Shadowing），观察一市之局长如何开现场办公会，如何根据地方发展战略进行产业布局，如何进行干部管理等，不仅让学生看到了中国基层政治治理的生态，也看到了外国同学眼中政治治理的不同思路。[3]

苏世民学者由于背景、经历和国籍的多样性，在完成学业后的职业规划方面也多种多样。因此，书院为学生的职业发展提供指导，为学生建立导师制，由在业界、学界和政界知名的人士作为导师，学生通过与各行业的杰出人士面对面交流，提升其自身素养和领导力，制定适合自己的职业规划；职业发展部门通过寻找和拓展不同企业和组织的职业发展机会以及提供个人职业辅导、工作坊等训练方式，帮助学生制定适合自己的职业规划。[4] 这种把课程学习、专业实践和个人与职业发展融于一体的学习和生活体验，使学生更鲜活、更直观地洞察中国在世界变化中的角色，也为他们成为 21 世纪的领导者打下基础。[5]

随着中国逐渐走向世界舞台的中心，作为举足轻重的大国不但要参与国际化，还要引领国际化良性发展。苏世民书院正在不断推进跨国研究、合作与交流，拓展学生的国际视野和跨文化交流能力，为携手构建人类命运共同体蓄积力量。其国际化定位致力于走出"边缘"参与，聚焦"以'我'为主的国际化"，推动高等教育国际化聚焦点由过程向质量的转变。

二、聚合职能、解决问题：以北京大学国家发展研究院为例

1994 年，林毅夫、易纲、海闻、张维迎、张帆和余明德六位经济学博士在未名湖畔创立北京大学中国经济研究中心（China Center for Economic Research，

---

① 赵婷玉：《清华有个苏世民书院》，载于《人民日报》2017 年 1 月 24 日。

② 新华通讯社：《清华苏世民书院：以培养未来世界领袖为目标 打造国际化人才》，新华网，2021 年 1 月 29 日，http：//www.xinhuanet.com/edu/2016 – 05/10/c_128971559.htm。

③ 清华大学苏世民书院：《苏世民书院的故事和最好的我们》，清华大学苏世民书院网站，2019 年 5 月 31 日，http：//www.sc.tsinghua.edu.cn/newsletter/1788.jhtml。

④ 清华大学苏世民书院：《清华苏世民书院学生生活》，清华大学苏世民书院网站，2021 年 1 月 29 日，http：//www.sc.tsinghua.edu.cn/student/index.jhtml。

⑤ 清华大学苏世民书院：《学生生活》，清华大学苏世民书院网站，2019 年 5 月 31 日，http：//www.sc.tsinghua.edu.cn/student/index.jhtml。

CCER），立志打造一个在教学、科研和智库三个方面齐头并进的一流学术机构。① 该中心作为一种教学科研体制的新探索，也是吸引海外留学人员回国服务的开创性尝试，通过搭建开放、多元、交叉和国际化的平台，让更多人才从事中国经济改革与发展的理论研究。② 2008 年 10 月 25 日，在北京大学中国经济研究中心的基础上，北京大学新组建了一个以综合性社会科学研究为主的科研教学机构——北京大学国家发展研究院 （National School of Development at Peking University，NSD）。③ 经过 20 多年的发展，国发院已经发展成为集教学、科研和智库于一身的综合性学院。④

1. 三大职能并行合力解决现实问题

大学具有人才培养、科学研究和社会服务三大职能，从传统的"大学三功能说"演变历史来看，以英国牛津大学为代表的"博雅教育"的人才培养功能，以德国柏林大学为代表的"教学与研究相统一"的科学研究功能，以美国威斯康星大学为代表的"大学服务和引领社会"的社会服务功能，这些功能的诞生和发展都拥有某种历史的必然性。⑤ 遵循大学历史发展的必然性，文科品牌的建设也须将人才培养、科学研究与社会服务紧密结合、统筹谋划，协调推进品牌建设的战略路径。

国发院始终强调人才培养、科学研究与咨政建言并行发展。学院致力于推进中国社会科学的综合研究，尝试组织跨学科的研究，培养综合性的国家发展高级人才，以综合性的知识集结服务于我国改革发展和全球新秩序的建设，服务于社会科学的发现与探索。⑥

作为国发院的前身，北京大学中国经济研究中心在成立时便定下三个发展目标：一是为中国现代经济学教育提供新知识；二是利用改革开放出现的新现象进行理论创新；三是为改革开放提供决策上的支持，即发挥智库的作用。⑦ 国发院以国家发展为中心议题，立足于中国改革发展与现代化的实践，前瞻性地提出重大的战略、制度、政策和基础理论问题，持续关注全球格局的演变，参与改革发展与建设国际新秩序的高层对话。按照"小机构、大网络"的原则，组织跨学科

---

① 北京大学国家发展研究院：《历史回顾 1994》，北京大学国家发展研究院网站，2022 年 5 月 20 日，https：//nsd. pku. edu. cn/xygk/lshg/dsj/1994/index. htm。

②④ 北京大学国家发展研究院：《学院概况》，北京大学国家发展研究院网站，2022 年 5 月 20 日，https：//nsd. pku. edu. cn/xygk/xygk1/index. htm。

③ 北京大学国家发展研究院：《历史回顾 2008》，北京大学国家发展研究院网站，2022 年 5 月 20 日，https：//nsd. pku. edu. cn/xygk/lshg/dsj/2008/index. htm。

⑤ 衣俊卿、田晓明：《文化忧思录》，载于《苏州大学学报》（哲学社会科学版）2012 年第 3 期。

⑥ 北京大学国家发展研究院：《本院概况》，北京大学国家发展研究院网站，2019 年 1 月 8 日，https：//www. nsd. pku. edu. cn/docs/20190108154034018287. pdf。

⑦ 北京大学国家发展研究院：《林毅夫：北大国发院的智库使命》，北京大学国家发展研究院网站，2019 年 1 月 8 日，https：//www. nsd. pku. edu. cn/jzky/lrgzxzlt/xwzx/252654. htm。

的综合研究，培养综合性的国家发展高级人才，成为中国集结高水平综合性知识的一个学界思想库。[1]

国发院的教授虽然个性不同，但呈现出情怀、专业、务实的共同品质。国发院致力于将学术研究用于解决中国经济社会发展中面临的重大关键问题，为国家的经济决策贡献智慧。林毅夫、易纲、海闻和张维迎等在 20 世纪 90 年代毅然回国，之后归来的周其仁、宋国青、卢锋和姚洋等，包括新近归来的年轻教授，大家都拥有强烈的家国情怀。[2] 国发院的教授多毕业于海外著名高校，不但学术功底扎实，而且常年跟踪、分析实际经济变化，对政策问题分析都基于长期严谨的调查和专业的研究。[3] 国发院的教授们非常务实，他们不仅看重论文在西方一流期刊的发表，更看重先进理论的本土化，高度关注中国的现实问题，着力解决中国经济发展的战略难题与实际问题。[4]

2. 依托学校综合优势开展学科交叉

国发院依托北京大学社会科学部雄厚的研究基础，在我国高校智库中竞争力位居前列。作为在国内外享有盛名的综合性大学，北京大学学科门类齐全，具有良好的学术气氛和学术传统，为跨学科的综合研究奠定了坚实的基础。[5] 2015 年 12 月 1 日，国家高端智库建设试点工作启动会召开，会议通过了 25 家首批入选国家高端智库建设试点单位的名单。国发院成为首批 25 家高端智库之一，并作为高校智库中的领军者为高校智库的发展起到更多带头作用。[6] 现阶段党和政府对高校智库的强调和重视程度前所未有，国发院将抓住这一发展契机，围绕高校智库应实现的功能积极建设中国特色新型智库。[7] 与西方智库的国际影响力相比，国内智库的国际互动能力还有待增强，需要发布更具有国内外影响力的研究报告，形成更强的国际干预力和对外话语权。[8]

国发院依托北京大学的资源优势，吸引一批国内外经济领域高水平的海归学术人才和关心中国经济改革与发展的实践者积极参与。[9] 科研方面，随着国发院

---

① 智库中国：《北京大学国家开发研究院》，智库中国网，2019 年 1 月 8 日，http://www.china.com.cn/opinion/think/node_7239974.htm。

②④⑥ 北京大学国家发展研究院：《北大国发院入选首批国家高端智库建设试点单位》，北京大学国家发展研究院网站，2021 年 1 月 29 日，https://www.bimba.pku.edu.cn/dpsbs/xwbd_bsxm/443900.htm。

③ 华政：《高校智库：期待制度性变革》，载于《光明日报》2016 年 1 月 6 日。

⑤ 北京大学：《北京大学国家发展研究院成立》，北京大学网站，2021 年 1 月 29 日，https://news.pku.edu.cn/xwzh/129-131194.htm。

⑦ 陈子慧、刘海峰：《高校智库的建设路径研究——以上海市首批成立的 18 家高校智库为例》，载于《智库理论与实践》2021 年第 3 期。

⑧ 王文：《中国特色新型智库的国际影响力评估与构建》，载于《新闻与写作》2018 年第 6 期。

⑨ 北京大学国家发展研究院：《北京大学国家发展研究院·经济学（国家发展方向）专业》，北京大学国家发展研究院网站，2021 年 1 月 29 日，https://www.nsd.pku.edu.cn/docs/20190108154114812341.pdf。

拓展交叉学科的深度与广度，已成立中国经济研究中心、健康老龄与发展研究中心等 14 个跨学科研究中心，原有的经济学研究已经扩展到人力资本、能源、人口与养老、财政和医疗卫生等多个领域。① 多领域的研究中心不但专业性强且各具研究特色，在面对重大科研难题时，各研究中心还可利用各自优势联合攻关。② 教学方面，国发院依托经济学学科研究基础，通过开展一系列系统化、规范化的教学项目，培养经济学领域基础理论扎实、实践能力突出的高水平人才。国发院建立政、商、学三大教学体系，涵盖经济学和管理学等多个学科。③ 在智库方面，国发院的智库建设主要通过"对上报告、对外研讨"这两个最明确的方式发挥政策影响力。④ 对上报告，指教授跟决策者直接交流。资政能力是高校智库的核心影响力，也是智库影响高层决策的最直接方式。⑤ 国发院拥有一批享有国际声誉的专家学者，在理论研究、政策分析与管理咨询等方面取得了卓越的成就，他们与决策部门保持着密切的合作关系。对外研讨，指国发院还通过发布学术成果、召开研讨会，与学界分享研究结果，同时起到很好的公众教育与启蒙作用，从而间接地影响决策和国家发展。

从现代知识生产来看，交叉学科已成为知识生产过程的一部分，教与学、研究与学术以及服务工作，不再简单地是学科内部或学科外部问题。⑥ 作为一个以经济学为基础的多学科综合性学院，国发院不断拓展交叉学科的深度与广度，推动了中国社会科学的综合性与跨学科发展。

第五节　关于我国一流大学品牌影响力的政策建议

对一流大学品牌影响力指数的指标比较发现，在品牌国际影响力指数上，我国有少数高校的得分接近世界一流大学，但与世界顶尖大学有明显差距，而多数高校离世界一流大学的水平还有相当差距。针对世界一流大学视角下的具体指

---

① 北京大学国家发展研究院：《研究中心》，北京大学国家发展研究院网站，2021 年 1 月 8 日，https：//nsd. pku. edu. cn/xygk/zzjg/yjzx/index. htm。

②③ 北京大学国家发展研究院：《北京大学国家发展研究院·经济学（国家发展方向）专业》，北京大学国家发展研究院网站，2021 年 1 月 29 日，https：//www. nsd. pku. edu. cn/docs/20190108154114812341. pdf。

④ 北京大学国家发展研究院：《〈中国新闻周刊〉北大国家发展研究院：在朗润园读懂中国》，北京大学国家发展研究院网站，2021 年 1 月 29 日，https：//www. bimba. pku. edu. cn/mba/mbaxm/272501. htm。

⑤ 汪明、贾彦琪、潘新民：《论我国高校教育智库建设的困境及其对策》，载于《江苏高教》2015 年第 4 期。

⑥ ［美］朱丽·汤普森·克莱恩著，姜智芹译：《跨越边界知识、学科、学科互涉》，南京大学出版社 2005 年版，第 71 页。

标，本章聚焦我国一流大学的文科品牌，对一流大学品牌影响力指数表现进行了分析，选择两所大学进行案例分析。结合指数分析和案例分析结果，聚焦我国"双一流"建设大学的品牌国际影响力和文科国际品牌建设，本章提出以下两个建议。

一、重视国际品牌建设，提高国际影响力

世界一流大学能够汇聚全球知识、国际人才和世界文化，是国际影响的中心，我国高水平大学作为知识、人才和文化汇聚的国家高地，在国际影响力上具有天然的条件和优势。我国一流大学重点建设历经二十余年，已有多所大学进入过全球大学排名的百强，已经达到排名标准下的世界一流大学组别，然而在排名表现抢眼的同时，我国一流大学的品牌国际影响力与排名同组别的世界一流大学之间的差距仍然较大。

我国一流大学要重视国际品牌建设，提升国际影响力。我国一流大学已进入质量内涵提升阶段，该阶段战略的重点不再是各类数量和规模，而是能够体现学校质量、影响和声誉的国际品牌。因此，一流大学需要以国际品牌为主线，深入国际化建设战略，在国家更加开放门户的过程中承担破冰重任，将深入国际化议题作为长期发展战略，在全球高等教育领域中有所作为；以顶层规划为先导，构建国际影响力集群，设置专门的行动小组或部门，有规划、有组织地推进顶层规划设计，支持各类型学校产生国际影响，形成聚集和扩大效应；以大学官方国际平台为突破口，提升我国高水平大学的国际影响力，重视大学网络平台在国际上的传播力、引导力和公信力，鼓励人员层面的各类实质性国际合作和各类国际平台的搭建。

二、立足现实问题和国家需要，打造文科国际品牌

如今中国正在日益走向世界舞台的中心，硬实力在不断增强，但是我们的文化软实力还有待提升，需要有中国本土的知识学科体系走向世界，形成真正的国际话语权和影响力，这对文科品牌建设既是挑战又是重要的发展机遇。文科的品牌建设要强调以实践问题为导向，以中国实践为基础总结中国理论，形成具有中国特色、中国风格和中国气派的哲学社会科学原创成果，加大海外传播力度，发扬中国文化，讲述中国故事，树立中国学派，表达中国观点，获得更多的国际话语权。[1]

---

[1] 安丰存、王铭玉：《新文科建设的本质、地位及体系》，载于《学术交流》2019年第11期。

大学作为功能独特的文化机构，自诞生之日起就承担着蕴含人类文化精华、启迪人类心智文明的作用，文科品牌建设要发挥服务生活、造福社会的重要功能，通过文科知识的创造和传播来重构社会、引领社会、塑造社会，敦促和谐社会、民主社会和良善社会的形成。[①] 文科发展要满足国家发展的需求，服务经济社会，为解决重大理论与发展问题提供区别于自然科学的学科视角。"双一流"大学文科发展的核心要义就是要提升育人水平、产出一流成果、主动服务国家战略需求，为国家的卓越发展服务贡献自己的力量。我国一流大学新文科建设一方面需加强文科领域各学科专业之间的融会贯通，另一方面也需与理、工、农、医等学科开展跨界合作，加强与不同学科的对话、交流、碰撞和耦合，推出具有新时代特色的文科知识创新成果，共同解决人类社会发展所面临的各种问题。

① 龙宝新：《中国新文科的时代内涵与建设路向》，载于《南京社会科学》2021 年第 1 期。

第五章

世界一流大学学术大师指数与案例研究

第一节 研究背景与思路

一、研究背景

1. 学术大师是国家科技发展的重要驱动力

在知识经济时代，科技创新在一个国家的发展中发挥着至关重要的作用。2016 年 5 月，中共中央、国务院发布的《国家创新驱动发展战略纲要》明确指出，"到 2050 年要建成世界科技创新强国，成为世界主要科学中心和创新高地"①。提升一个国家整体的科技水平，关键在于是否拥有一大批在国际学术前沿领域和高新技术领域的杰出人才，大力培养和吸引高层次科技人才已成为世界各国赢得国际竞争优势的战略性选择。党的二十大报告明确指出"深入实施人才强国战略""加快建设国家战略人才力量，努力培养造就更多大师、战略科学家、一流科技领军人才和创新团队"，将人才与教育、科技一同视为全面建设社会主

---

① 中共中央、国务院：《国家创新驱动发展战略纲要》，中国政府网，2021 年 5 月 17 日，http：//www. gov. cn/gongbao/content/2016/content_5076961. htm。

义现代化国家的基础性、战略性支撑。[①] 学术大师等高端人才作为最具创新意识、创新能力的生产要素，是国家科技发展的重要驱动力，只有"拥有一批世界一流的科研机构、研究型大学和创新型企业，涌现出一批重大原创性科学成果和国际顶尖水平的科学大师，成为全球高端人才创新创业的重要聚集地"[②]，才能为我国科技发展提供强劲驱动力。

2. 学术大师是一流大学建设的人才保障

大师是大学的灵魂，是世界一流大学的重要标志之一。"所谓大学者，非谓有大楼之谓也，有大师之谓也"[③]，1931 年梅贻琦先生就职清华大学校长时首次提出大师之于大学重要性的著名论断。抗战胜利后，在清华大学北归过程中，梅贻琦再次强调"勿徒注视大树又高几许，大楼又添几座，应致其仰慕于吾校大师更多几人。此大学之以为大学，而吾清华所最应致力者也"[④]。2015 年 10 月 24 日，国务院印发的《统筹推进世界一流大学和一流学科建设总体方案》指出，"双一流"建设的首要任务是打造一流师资队伍，"强化高层次人才的支撑引领作用，加快培养和引进一批活跃在国际学术前沿、满足国家重大战略需求的一流科学家、学科领军人物和创新团队，聚集世界优秀人才"[⑤]，为"双一流"建设提供人才保障。

二、国内外研究进展

关于学术大师的研究进展主要从学术大师的评价指标研究以及学术大师与一流大学建设研究两个方面展开。

1. 学术大师的评价指标研究

学界关于学术大师能否衡量以及如何衡量尚未达成共识，更多研究则是围绕"学术认可"机制及其标准展开探讨，主要涉及发表量与引用量、重大国际学术奖项数量、国际权威学术期刊编委数量等指标。

---

① 习近平：《高举中国特色社会主义伟大旗帜为全面建设社会主义现代化国家而团结奋斗》，中国政府网，2022 年 10 月 25 日，https：//www.gov.cn/xinwen/2022－10/25/content_5721685.htm。
② 中共中央、国务院：《国家创新驱动发展战略纲要》，中国政府网，2021 年 5 月 17 日，http：//www.gov.cn/gongbao/content/2016/content_5076961.htm。
③ 黄延复：《梅贻琦教育思想研究》，辽宁教育出版社 1994 年版，第 88～90 页。
④ 吴洪成：《生斯长斯吾爱吾庐——清华大学校长梅贻琦》，山东教育出版社 2004 年版，第 238 页。
⑤ 中华人民共和国教育部：《国务院关于印发统筹推进世界一流大学和一流学科建设总体方案的通知》，中华人民共和国教育部网站，2021 年 5 月 17 日，http：//www.moe.gov.cn/jyb_xxgk/moe_1777/moe_1778/201511/t20151105_217823.html。

（1）发表量与引用量。

著名的科学社会学家默顿（Robert C. Merton）、加斯顿（Jerry Gaston）、乔纳森·科尔（Jonathan R. Cole）与斯蒂芬·科尔（Stephen Cole）两兄弟等学者均对科学的奖励系统等认可机制与评价制度进行过深入研究。[①][②] 关于如何衡量学术认可，已有研究达成的基本共识是使用研究产出的数量和质量。不论在评价指标体系中还是人才评价实践中，计算发表量、引用量均是较为常见的衡量指标。[③][④]

发表量和引用量已经成为衡量一所大学、机构，或是研究者学术水平的标准工具。[⑤]无论海内外，都倾向通过统计公开发表的研究成果，对个体研究能力和机构学术水平进行评价。[⑥]鉴于发表与否本身是一个同行认可的过程，所以刊用专业研究成果的数量可以作为得到同行认可的客观物证。[⑦]在科学计量学视角下，产出数量相对容易测量，但有研究表明产出数量与学术认可之间不存在相关，而与质量相关。[⑧]关于研究产出质量，虽然尚存争议，但论文引用是正式学术交流的主要方式之一，以专业同行的关注度作为判断学术研究质量的依据[⑨]，一定程度上反映了学者在该研究领域的影响力和研究价值[⑩]，代表了他人对其学术成果的认可[⑪]，具有较强合理性。

科学计量学界对学术精英的评价往往基于发表论文的他引次数。[⑫]高被引科学家的研究成果数量大、被引用次数名列前茅，是世界顶尖科学家的杰出代表。不论在各类全球大学排行榜中，还是在世界顶尖科学家的学术评价研究中，高被引科学家作为衡量世界一流大学的指标，被广泛应用且得到学界与社会的普遍认可。

（2）重大国际学术奖项数量。

一直以来，学术奖项作为一种制度化的成果奖励形式，在现代科学社会中承

---

① Merton R K. The Matthew effect in science. *Science*, 1968, Vol. 159, No. 3810, pp. 56 – 63.

② Cole S, Cole J R. Visibility and the Structural Bases of Awareness of Scientific Research. *American Sociological Review*, 1968, Vol. 33, No. 3, pp. 397 – 413.

③⑤ Leydesdorff L. Caveats for the use of citation indicators in research and journal evaluations. *Journal of the Association for Information Science & Technology*, 2010, Vol. 59, No. 2, pp. 278 – 287.

④⑥⑦⑨ 阎光才、岳英：《高校学术评价过程中的认可机制及其合理性——以经济学领域为个案的实证研究》，载于《教育研究》2012 年第 10 期。

⑧ Cole S, Cole J R. Visibility and the Structural Bases of Awareness of Scientific Research. *American Sociological Review*, 1968, Vol. 33, No. 3, pp. 397 – 413.

⑩ 朱明、谢梦晴、刘宇：《近十年国内图书馆学研究热点述评：基于高被引论文的计量分析》，载于《高校图书馆工作》2019 年第 1 期。

⑪ 郭丽芳：《评价论文学术质量的文献计量学指标探讨》，载于《现代情报》2005 年第 3 期。

⑫ 姜春林、张立伟、刘学：《牛顿抑或奥尔特加？——一项来自高被引文献和获奖者视角的实证研究》，载于《自然辩证法研究》2014 年第 11 期。

担着不可替代的评价职能。奖项不仅是学术成就的重要标志，也是推动学术体制不断发展的重要驱动。1719 年，法国科学院推出的年度奖项竞赛鼓励科学家寻找天文学和航海问题的解决方案，自此学术界开启了通过奖项认可科学成就的悠久传统。1731 年，伦敦皇家学会开始对获得物理或生物科学方面杰出成就的科学家授予科普利奖章（Copley Medal）[1]，科普利奖由于在奖励的学科、周期、奖金数额以及授奖规则等方面设有明确规定，成为世界上第一个具有制度化性质的科技奖励，开创了制度化科技奖励的先河。[2] 此后，制度化的科技奖励扩展到不同科技领域，并迅速在世界各国发展，涌现了大量的科技奖项。20 世纪初，诺贝尔奖的设立是科学技术奖项的标志性重要事件。诺贝尔奖被认为是科学界的终极荣誉[3]，标志着学术奖励的进一步规范化、国际化，同时推动了科技奖励制度的全球化发展。[4] 诺贝尔奖之所以能够作为"科学界至高无上的荣誉"，是因为相对于绝大多数对已有范式的不断检验、改进与拓展的"常规科学"研究，诺贝尔科学奖是用来衡量"革命科学"的，即通过创造新的发现、理论或技术来改变科学的基本结构。[5] 在诺贝尔奖设立之后，不同的学科领域中产生了越来越多的具有高权威、高影响力的奖项，其中有些被称为"诺贝尔替代型"奖项（Nobel Surrogates），如数学领域的菲尔兹奖（Fields Medal）、计算机领域的图灵奖（Turing Award）和环境科学领域的泰勒环境成就奖（Tyler Prize for Environmental Achievement）等。[6]

随着越来越多国际学术奖项的设立，重大国际学术奖项在学术评价中发挥着越来越重要的作用。[7] 学术奖项不仅被用来衡量学者个体的科研表现与学术影响力，也与大学等研究机构的科研评价有着密切的联系。一方面，对于学者个体而言，奖项具有一定的精英识别作用[8]，通常被作为衡量科学人才及其研究成果的尺度[9]，获得重大学术奖项是高水平学者的象征。另一方面，对于研究机构而言，重大学术奖项获得者与大学等研究机构的水平密切相关。重大学术奖项获得者的

[1][6] Zuckerman H. The proliferation of prizes：Nobel complements and Nobel surrogates in the reward system of science. *Theoretical Medicine*，1992，Vol. 13，No. 2，pp. 217－231.

[2] 姚昆仑：《科学技术奖励综论》，科学出版社 2008 年版，第 144 页。

[3] Merton R K. The Matthew effect in science. *Science*，1968，Vol. 159，No. 3810，pp. 56－63.

[4] 姚昆仑：《科学技术奖励综论》，科学出版社 2008 年版，第 147 页。

[5] Kuhn T. S. *The structure of scientific revolutions*. Chicago：Chicago University Press，1970，pp. 55－66.

[7] Frey B S. Giving and Receiving Awards. *Perspectives on Psychological Science*，2006，Vol. 1，No. 4，pp. 377－388.

[8] Frey B，Neckermann S. Awards：A View from Psychological Economics. *Zeitschrift Für Psychologie/Journal of Psychology*，2008，Vol. 216，No. 4，pp. 198－208.

[9] ［美］哈里特·朱克曼著，周叶谦、冯世刚译：《科学界的精英：美国的诺贝尔奖金获得者》，商务印书馆 1979 年版。

数量通常被纳入大学科研评价指标体系中，成为衡量大学科研水平的重要指标。学术奖项被诸多大学排名所运用，如上海交通大学发布的世界大学学术排名将高校诺贝尔奖及菲尔兹奖获得者人数作为指标之一。[①]

（3）国际权威学术期刊编委数量。

国际权威学术期刊是传播学术成果的重要平台，主编是期刊的灵魂人物，一方面，把握办刊方向和质量，领导编委会各项事务，制定期刊中的学术评价标准，决定期刊文章发表与否，扮演着学术话语权控制者的关键角色。掌握学术话语权的编委在一定程度上能够反映一个国家或者机构的科研实力及其在学术界的影响力。[②] 另一方面，国际顶尖期刊主编通常也是学科领域内的学术精英，具备卓越的学术研究能力，引导着学科研究的探讨热点与发展方向，在科研产出与学科建设上贡献巨大。[③] 主编作为国际权威学术期刊的"守门人"，从科研产出的输出端决定着学科的国际影响力，在国际学术话语权和科研产出评价体系中占据着重要战略地位。[④]

无论是论文产出数量还是论文被引频次，均是"守门人"这一先前决定机制运行的结果，掌控着学术话语权的编委在某种意义上比单纯的科研产出指标更能代表大师级学者的实力。[⑤] 1984年，考夫曼（George G. Kaufman）在财政学领域的实证研究，首次将大学拥有的编委数量作为评价指标，但早期研究仅使用单一维度的"编委的绝对数量"[⑥]，随着研究的深入，期刊编委数量的测量指标更加多元。有研究将教师规模纳入分析框架，拓展了绝对量指标，发展衍生出衡量相对数量的"师均编委数量"指标。[⑦] 而后，有研究出于期刊质量等因素的考量，制定了衡量期刊质量差异的"加权编委数量"指标。[⑧] 也有研究衡量了校友影响

① Center for world-class universities of Shanghai JiaoTong University. Ranking methodology of Academic rankings of world universities，2021年5月17日，http：//www. shanghairanking. com/ARWU – Methodology – 2020. html.

② Braun T，I Dióspatonyi，E Zádor，et al. ，Journal gatekeepers indicator-based top universities of the world，of Europe and of 29 countries — A pilot study. *Scientometrics*，2007，Vol. 71，No. 2，pp. 155 – 178.

③④ 王兴：《国际学术话语权视角下的大学学科评价研究——以化学学科世界1387所大学为例》，载于《清华大学教育研究》2015年第3期。

⑤ Braun T，Diospatonyi I. The counting of core journal gatekeepers as science indicators really counts：The scientific scope of action and strength of nations. *Scientometrics*，2005，Vol. 62，No. 62，pp. 297 – 319.

⑥ Kaufman，G. G. Rankings of finance department by faculty representation on editorial boards of professional journal：A note. *Journal of Finance*，1984，Vol. 39，No. 4，pp. 1189 – 1195.

⑦ Gibbons，J. D. ，and FISH，M. Rankings of economics faculties and representation on editorial boards of top journals. *Journal of Economic Education*，1991，Vol. 22，No. 4，pp. 361 – 366.

⑧ Chan，K. C. ，and Fok，R. C，Membership on editorial boards and finance department rankings. *Journal of Financial Research*，2003，Vol. 26，No. 3，pp. 405 – 420.

力，发展出"编委毕业院校数量"指标。① 期刊编委数量这一评价指标在学科排名方面的运用也从起初的财政学拓展到市场营销、国际商务、旅游管理等经济学、管理学的分支学科。②

（4）其他指标。

关于学术认可的测量指标，除了上文所提到的发表量、被引量、重大国际学术奖项数量以及国际权威学术期刊编委数量等主要指标外，还衍生出众多其他测量指标。20 世纪 60 年代，乔纳森·科尔与斯蒂芬·科尔两兄弟提出了"知名度"指标，将"知名度"作为因变量，研究发表数量、引用率、荣誉性奖项、所在大学院系的声誉以及学者年龄等因素对知名度的影响③，他们的研究强化了知名度与研究成果质量之间的联系，提升了学术界对发表质量的关注，弱化了学界对于发表数量的强调。④ 此外，也有研究者将学者的外在标识作为学者获得普遍学术认可的辨识工具，如重要理论假说或定理的命名、科学院院士头衔、资深机构的理事资格以及荣誉性学位等。⑤ 这种评价机制具有较强的操作性，但是过于刚性的标准不利于学术认可的动态测量，缺乏了对学术认可运行过程的关注。⑥因此，学者阿米克（Daniel J. Amick）提出了更为系统化的指标体系，使用 10 个指标来测量学术精英被认可的程度，包括担任学术期刊主编的期刊数量；担任期刊顾问的期刊数量；发表评论性文章的数量；申请专利的数量；参加专业组织的数量；所获奖项的数量；过去两年内在专业会议发表论文的数量；参与专业组织的次数（譬如担任活动组织者、主席、讨论主持人、主题发言人等）；受邀发表演讲的次数；在专业期刊发表文章的数量。⑦

2. 学术大师与一流大学建设研究

关于学术大师与一流大学建设的研究，将从两者的相互关系出发来综述学术界关于学术大师对一流大学建设的影响以及一流大学对学术大师成长的影响的研究。

---

① Musambira, G. W., and Hastings, S. O, Editorial board membership as scholarly Productivity：An analysis of selected ICA and NCA journals 1997 – 2006. *The Review of Communication*, 2008, Vol. 8, No. 4, pp. 356 – 373.

② Rousseau R, New developments related to the Hirsch index. *Science Focus*, 2006, Vol. 1, No. 4, pp. 23 – 25.

③ Cole S, Cole J R, Visibility and the Structural Bases of Awareness of Scientific Research. *American Sociological Review*, 1968, Vol. 33, No. 3, pp. 397 – 413.

④ 阎光才、岳英：《高校学术评价过程中的认可机制及其合理性——以经济学领域为个案的实证研究》，载于《教育研究》2012 年第 10 期。

⑤ Michael, Mulkay. The Mediating Role of the Scientific Elite. *Social Studies of Science*, 1976, Vol. 6, No. 3/4, pp. 445 – 470.

⑥ 阎光才：《学术系统的分化结构与学术精英的生成机制》，载于《高等教育研究》2010 年第 3 期。

⑦ Amick D J. Scientific elitism and the information system of science. *Journal of the American Society for Information Science & Technology*, 2010, Vol. 24, No. 5, pp. 317 – 327.

（1）学术大师对一流大学建设的影响研究。

学术大师在一流大学建设中扮演着重要的角色。首先，学术大师作为学术界拥有顶尖学术能力的高层次学者，能够为一流大学注入强大的师资，为高校的人才培养、学科发展和学术水平提升提供强大的人力资本支撑。[1] 一流大学的建设依赖于学术大师等高层次人才的汇聚[2]，因此世界各国和地区的大学都十分注重在全球范围内聘任学术大师，我国也相继实行了"海外高层次人才引进计划"等人才政策，壮大我国学术大师队伍。其次，学术大师在学术界享有较高声誉，能够为所在机构的声誉带来正面效应，提升大学的声誉。[3] 学术大师是衡量大学学术水平的可靠指标，众多大学排名将学术大师数量纳入指标体系。学术大师的聚集有利于提升大学排名，吸引优秀的学生、学者、基金以及校友与公众的支持，并赢得国内和国际的广泛认可，甚至被看作大学保持和提高声誉的最有效的办法。[4]

（2）一流大学对学术大师成长的影响研究。

一流大学作为人才培养的摇篮，对学术大师的成长产生重要的影响。一方面，一流大学是学术大师的塑造者，其浓厚的学术氛围、充裕的科研经费以及先进的科研设备等优越的学术条件为培养学术大师提供了前提和基础。朱克曼（Harriet Zuckerman）研究发现，美国15所一流大学造就了59%的美国诺贝尔奖获得者，并指出科学界超级精英的未来成员也将集中在名牌大学中。[5] 陈其荣通过实证研究也指出，诺贝尔自然科学奖获得者接受大学本科和研究生教育的院校高度集中于少数世界一流大学。[6] 聚焦我国，有研究发现，我国14所重点大学培养了超过7成的中国科学院院士。[7] 由此可见，一流大学是学术大师重要的培养主体[8]，对学术大师成长产生了重要影响。另一方面，一流大学是学术大师职业

① 于海燕、张海娟：《世界一流大学师资国际化过程分析》，载于《高教探索》2012年第3期。

② 郭书剑、王建华：《"双一流"建设背景下我国大学高层次人才引进政策分析》，载于《现代大学教育》2017年第4期。

③ 刘少雪：《大学与大师：谁成就了谁——以诺贝尔科学奖获得者的教育和工作经历为视角》，载于《高等教育研究》2012年第2期。

④ Henry R. *The University*: *An Owner's Manual*. New York：W·W·W Norton & company，1990，pp. 229 – 230.

⑤ ［美］哈里特·朱克曼著，周叶谦、冯世刚译：《科学界的精英：美国的诺贝尔奖金获得者》，商务印书馆1979年版。

⑥ 陈其荣：《诺贝尔自然科学奖与世界一流大学》，载于《上海大学学报》（社会科学版）2010年第6期。

⑦ Cao，C. *Chinese scientific elite*：*A test of the universalism of scientific elite formation*. Diss，Columbia University，1997.

⑧ 刘少雪、庄丽君：《研究型大学科学精英培养中的优势累积效应——基于诺贝尔奖获得者和中国科学院院士本科就读学校的分析研究》，载于《江苏高教》2011年第6期。

发展的"加速器",名列前茅的大学的就读或就职经历有利于学者获得更大的学术成就。加斯顿（Gaston）通过访谈搜集了 203 名英国学者的数据,研究结果表明机构和部门的声望影响着学者的生产力及其在科学界的认可度,拥有"一流大学"本科学历的学者更有可能因其学术成果获得认可。[①] 此外,一流大学也会吸引更多学术大师,使学术大师等顶尖学者聚集在少数机构[②],为学术大师之间的交流与合作提供便利。无论在学术大师的培养阶段,还是在学术大师的学术职业发展阶段,一流大学都产生了重要影响。

综上所述,关于学术大师与一流大学的关系,有学者看到了学术大师对一流大学建设的重要作用,认为大师成就了大学;也有学者看到了一流大学对大师成长的重要意义,认为大学成就了大师。学界就大师与大学的关系基本达成共识,即大师与大学相互依存、相互成就。[③]

三、研究思路

1. 核心概念

对于"学术大师"的理解,学界尚未形成相对成熟的概念界定与内涵共识。有学者认为大师是指在特定领域内有一定的权威并且得到社会公认,能够通过自己的知识创造出价值,从而增加社会公共财富、造福人类社会的人。[④] 也有学者认为学术大师是指在某一领域内有突出成就、为社会公认的德高望重者[⑤],具有学术水平高、学术造诣深、学术成果丰富等特征[⑥]。学术大师对学术领域的发展具有重要影响,包括开拓新的研究方向与研究领域、确立新的研究方法与规范、开创学术流派等。[⑦]

2018 年教育部印发的《高等学校基础研究珠峰计划》指出,"到本世纪中叶,在高等学校建成一批引领世界学术发展的创新高地,在一批重要领域形成引领未来发展的新方向和新学科,培养出一批国际顶尖水平的科学大师,为建成科

① Gaston J. The Reward System in British Science. *American Sociological Review*, 1970, Vol. 35, No. 4, pp. 718 – 730.

②③ 刘少雪:《大学与大师:谁成就了谁——以诺贝尔科学奖获得者的教育和工作经历为视角》,载于《高等教育研究》2012 年第 2 期。

④ 马仁杰、缪凯、姚则会:《论学术大师成长规律对拔尖人才培养的启示》,载于《宁波大学学报》（教育科学版）2015 年第 5 期。

⑤ 彭拥军、刘冬旭:《世界著名实验室"盛产"诺贝尔奖得主的教育谱系》,载于《创新与创业教育》2021 年第 1 期。

⑥ 黄颂杰:《学术大师与学术大师的产生》,载于《云梦学刊》2011 年第 4 期。

⑦ 王国良:《学术大师与当代学术发展》,载于《云梦学刊》2011 年第 4 期。

技强国和教育强国提供强大支撑"①。鉴于此，本研究将学术大师界定为：在学术研究方面具有超出大多数研究者的能力，取得了开创性的科研成果，在学术发展方向上发挥引领作用的全球顶尖学者。

2. 研究问题

本研究将沿着"为什么要研究""如何研究""有何结果""如何改善现状"的总体思路展开，依次探讨以下四个方面的问题：第一，为何要研究世界一流大学学术大师指数？第二，如何衡量学术大师？衡量学术大师的指标有哪些？第三，国内外高校在学术大师指标上的表现如何？是否存在差距？第四，中外一流大学的学术大师引进与培育机制是否有所不同？如何更好地培育学术大师？

3. 研究思路

基于上述研究问题，本研究将按照以下步骤展开分析：第一，指标建构。根据已有研究建构一流大学学术大师指数的指标体系。第二，指数计算。根据指标设计，开展数据探索与搜集，对原始数据进行处理后，分别计算各个指标得分，对不同指标得分进行加权得到学术大师指数得分。第三，量化比较。将国内外一流大学样本分为四组，对国内与国际样本组进行比较，考察国内外一流大学在学术大师指标与指数上存在的差距。第四，案例分析。通过案例探讨不同大学的学术大师产生机制。第五，基于量化比较与案例研究的结果，提出促进一流大学产生学术大师的政策建议。

第二节　一流大学学术大师指数设计

一、国内外样本选取

国际组样本共选取了 20 所来自 2020 年 ARWU 排名前 100 位的大学。其中，10 所来自 ARWU 排名前 25 位的大学②，组成世界顶尖大学组；另外 10 所来自

---

① 中华人民共和国教育部：《教育部关于印发〈高等学校基础研究珠峰计划〉的通知》，中华人民共和国教育部网站，2022 年 2 月 19 日，http://www.moe.gov.cn/srcsite/A16/moe_784/201808/t20180801_344021.html。

② 包括哈佛大学、斯坦福大学、剑桥大学、麻省理工学院、普林斯顿大学、哥伦比亚大学、加州理工学院、牛津大学、耶鲁大学、多伦多大学。

ARWU 排名第 76~100 位的大学①，组成世界一流大学组。

国内组样本共选取 36 所"双一流"建设大学，其中 13 所 ARWU 排名前 150 位，组成国内 A 组；② 另外由 ARWU 排名中位于 151~500 位的 23 所"双一流"建设大学组成国内 B 组。

由于时间与数据可获得性的限制，本章的中外一流大学样本选取未能实现覆盖全样本，有可能会对结果产生影响。不过，研究通过分类取样选取了四个大学样本组，尽可能体现不同类别的一流大学学术大师在指标表现上的差异。

二、指标体系设计

基于相关研究与实践经验，结合构建学术大师评价指标的现实需求，本章选取全球高被引科学家、国际重大学术奖项获得者以及国际权威学术期刊主编构建学术大师评价指标体系，对国内外一流大学在学术大师方面的表现进行国际比较。

与一流大学原始创新、经济贡献等研究所采用的高频指标不同，上述三个指标均为低频指标。根据科睿唯安 2020 年公布的数据，全球高被引科学家有 6 000 多人，而我国学者不足 800 人。全球拥有高被引科学家人数最多的大学也不过 100 余人，诺贝尔奖得主人数更是屈指可数。从 1901 年首次颁发至今，科学领域的诺贝尔奖获得者不足千人。世界上拥有诺贝尔奖获得者最多的大学也只有 100 余人，在 ARWU 排名前 100 位的大学中，仍有约 20% 的大学没有诺贝尔奖获得者。大学拥有的国际权威学术期刊主编情况也与之类似。低频指标的数值相对较小，经常出现为零的情况，甚至之后几年内也难以实现零突破。不过，低频指标的优势在于只要数值发生一个单位的变化，将会对学术大师指数的整体表现产生重大影响。

另外，指标的选取也存在一定局限性。在满足代表世界级学术大师的水平的同时，还要具有国际可比性，指标的选取难度较大。使用的 3 个指标不一定能够代表所有学术大师，也有可能不是最具代表性的指标，但借鉴科尔兄弟、朱克曼等国内外学者已有的研究探讨，从数据可获得性的实际出发，已经是在可行性前提下较为接近学术大师内涵的指标。本研究设计了学术大师指数体系（见表 5-1）。随着学术大师指数研究的不断完善，研究者会继续改进指标体系，丰富数据搜集的来源。

---

① 包括麦吉尔大学、普渡大学、名古屋大学、西澳大利亚大学、巴塞尔大学、佛罗里达大学、澳大利亚国立大学、加州大学戴维斯分校、卡内基梅隆大学、匹兹堡大学。

② 包括清华大学、北京大学、浙江大学、上海交通大学、中国科学技术大学、复旦大学、中南大学、华中科技大学、哈尔滨工业大学、南京大学、东南大学、中山大学、西安交通大学。

表5-1   学术大师指数的评价指标体系

指标	含义
全球高被引科学家	科睿唯安、爱思唯尔高被引科学家人数
国际重大学术奖项获得者	IREG国际学术奖项获奖者人数
国际权威学术期刊	国际权威学术期刊主编、副主编人数

三、数据搜集与分析

1. 全球高被引科学家

指标界定：全球高被引科学家是指来自世界各地的自然科学和社会科学领域的论文被引次数位于同一学科前1%的研究人员。全球高被引科学家名单由科睿唯安公司发布，每年更新一次。本章中，全球高被引科学家指标是统计一所大学的高被引科学家人数。

数据搜集：指标计算使用的原始数据来自科睿唯安公司2020年11月发布的高被引科学家名单（Highly Cited Researchers List 2020）[①]，共计6 389名高被引科学家。当高被引科学家同时署名两所大学时，只统计第一归属单位的大学，计1人次；当高被引科学家同时归属两个学科时，也计为1人次。

2. 国际重大学术奖项获得者

指标界定：国际重大学术奖项获得者是指诺贝尔奖、菲尔兹奖等国际重量级奖项的获得者。本章中，国际重大学术奖项获得者指标是统计一所大学教师中的国际重大学术奖项获奖者人数。

数据搜集：指标计算使用的奖项名单为IREG国际学术奖项名单（the IREG List of International Academic Awards），共有包括诺贝尔奖在内的99个奖项。原始数据来自各个奖项官方网站公布的2000～2021年的获奖人名单，根据获奖者获奖当时的归属单位，统计每所大学的获奖人数。当获奖人同时署名两所大学时，每所大学各计1人次；当隶属于同一所大学的获奖人获得多个不同奖项时，每个奖项各计1人次。

3. 国际权威学术期刊主编

指标界定："国际权威学术期刊主编"指标是统计一所大学的教师担任国际权威学术期刊主编的人数。

[①] Web of Science Group：*Highly Cited Researchers*，Web of Science Group，https：//recognition. webof-science. com/awards/highly - cited/2020/，2020 - 04 - 19.

数据搜集：关于刊物的选取，本章使用了软科"学术卓越调查"在 2020 年 4 月公布的包括 47 个学科的 151 本顶级期刊的名单[①]，若期刊属于不同学科则只计 1 次。该名单通过 736 名教授参加调查得到，他们来自 60 个学科、82 所大学和 15 个国家。[②] 关于主编信息的搜集，根据上述刊物名单，研究团队于 2021 年 2 月通过谷歌（Google）搜索引擎找到每本刊物的官方网站，检索诸如"editorial board"字样的编委名单列表，然后搜集编委名单列表中所列出的主编姓名、隶属院校等数据。鉴于主编在不同期刊编委会中有不同的英文表述，例如"Editor - in - Chief""Co - Editor - in - Chief""Editor"等，本章采集了直接表述为主编或相当于主编职能的人员信息，并根据其隶属单位统计每所大学拥有国际权威学术期刊主编的人数。

4. 指数算法

在完成上述数据搜集后，首先，对所有原始值进行统计处理，改善原始数值分布；其次，分别计算出世界一流大学组在各个指标上的平均值作为参照，设为 1 分；再次，通过计算单一大学的单一指标值与世界一流大学组在相同指标上的平均值的比值，得到该校在该指标上的得分；最后，对三个指标得分进行简单加权，得到大学学术大师指数。

第三节　我国一流大学学术大师指数表现及分析

一、一流大学学术大师指数的表现

通过国际比较发现，在全球高被引科学家指标上，国内 A 组略高于世界一流大学组，但与世界顶尖大学组仍存在较大差距。国内 B 组得分均值与世界一流大学组存在一定差距，但其差距小于国内 A 组与世界顶尖大学的差距（见表 5 - 2）。具体到国内大学，国内 A 组 13 所高校中有 9 所大学全球高被引科学家指标得分大于 1；而国内 B 组 23 所高校中 6 所大学的全球高被引科学家指标分数大于 1 分（见表 5 - 3）。

---

①② ShanghaiRanking：*ShanghaiRanking Academic Excellence Survey* 2020，http：//www. shanghairanking. com/subject - survey/survey - results - 2020. html，2020 - 04 - 19.

表5-2 学术大师指数的得分

组别	全球高被引科学家	国际重大奖项获得者	国际权威学术刊物主编	指数得分
世界顶尖大学组	2.41	3.11	3.32	2.95
世界一流大学组	1.00	1.00	1.00	1.00
国内A组	1.35	0.11	0.00	0.49
国内B组	0.77	0.17	0.33	0.42

资料来源：笔者测算。

表5-3 我国一流大学学术大师指数及其指标得分

大学	指数得分	全球高被引科学家	国际重大奖项获得者	国际权威学术刊物主编
世界顶尖大学组	2.95	2.41	3.11	3.32
世界一流大学组	1.00	1.00	1.00	1.00
清华大学	0.93	2.31	0.47	0.00
四川大学	0.77	0.74	0.00	1.58
中国科学技术大学	0.59	1.78	0.00	0.00
中国农业大学	0.53	0.87	0.71	0.00
北京大学	0.52	1.55	0.00	0.00
浙江大学	0.52	1.55	0.00	0.00
上海交通大学	0.44	1.32	0.00	0.00
北京理工大学	0.44	1.32	0.00	0.00
复旦大学	0.43	1.28	0.00	0.00
电子科技大学	0.43	1.28	0.00	0.00
东南大学	0.41	1.23	0.00	0.00
华中科技大学	0.40	1.19	0.00	0.00
中山大学	0.40	1.19	0.00	0.00
华南理工大学	0.40	1.19	0.00	0.00
湖南大学	0.40	1.19	0.00	0.00
同济大学	0.40	0.74	0.47	0.00
西北工业大学	0.36	1.09	0.00	0.00
南开大学	0.35	1.04	0.00	0.00
哈尔滨工业大学	0.33	0.99	0.00	0.00

续表

大学	指数得分	全球高被引科学家	国际重大奖项获得者	国际权威学术刊物主编
北京航空航天大学	0.33	0.99	0.00	0.00
山东大学	0.31	0.93	0.00	0.00
南京大学	0.29	0.87	0.00	0.00
天津大学	0.27	0.81	0.00	0.00
武汉大学	0.27	0.81	0.00	0.00
中南大学	0.25	0.74	0.00	0.00
西安交通大学	0.25	0.74	0.00	0.00
吉林大学	0.25	0.74	0.00	0.00
厦门大学	0.25	0.74	0.00	0.00
重庆大学	0.25	0.74	0.00	0.00
东北大学（沈阳）	0.16	0.47	0.00	0.00
华东师范大学	0.16	0.47	0.00	0.00
兰州大学	0.16	0.47	0.00	0.00
中国海洋大学	0.16	0.47	0.00	0.00
北京师范大学	0.11	0.33	0.00	0.00
大连理工大学	0.11	0.33	0.00	0.00
郑州大学	0.00	0.00	0.00	0.00

资料来源：笔者测算。

在国际重大学术奖项获得者指标上，世界顶尖大学组的得分是世界一流大学组的3倍之多，可见国际重大学术奖项获得者更集中于世界顶尖大学，其他大学鲜有国际重大学术奖项的获得者，我国大学更是如此。在样本高校共600余名国际重大学术奖项获得者中，全职任教于我国大学的仅同济大学的项海帆1人，于2012年获得结构工程国际优胜奖（International Award of Merit in Structural）。我国在国际重大学术奖项方面实现了零突破，但是在诺贝尔奖、菲尔兹奖等顶级的奖项方面还是缺乏就职机构隶属于大学的科学家。在诺贝尔奖获得者和菲尔兹奖得者中从来不乏华人面孔，遗憾的是，这些获奖者多数是拥有外国国籍的华人科学家，如2006年获得菲尔兹奖的华裔数学家陶哲轩。屠呦呦于2015年获得诺贝尔医学奖，但其工作单位是中国中医科学院，并非大学。国内大学在国际重大学术奖项获得者指标上的数值很低，与世界顶尖大学组和世界一流大学组存在很大差距，但课题组仍然将其作为学术大师指标之一。不仅是因为国际重大学术奖项获得者本身对世界级学术大师极具代表性，更因这一指标对衡量未来我国的世界一流大学具有巨大潜力与价值。

在国际权威学术期刊主编指标上，世界顶尖大学组与世界一流大学组之间也存在较大差距，国际权威学术期刊主编多数来自美国的世界一流大学。国内 A 组与 B 组与世界顶尖大学组仍存在较大差异。不过，课题组认为该指标对未来衡量我国的世界一流大学同样具有巨大潜力。一方面，对国际权威学术期刊的界定存在进一步探索空间，本章使用软科公布的国际权威学术期刊名单，这一名单覆盖的学科数量仍在不断增加。随着国际权威学术期刊名单逐渐增加完善，出现我国学者的概率也会随之增加。另一方面，虽然我国大学学者中担任国际权威学术期刊主编的人数有限，但担任副主编的人数不少，他们都是未来有望成为主编的潜在群体。

对三个分指标进行加权后发现，在学术大师指数上，不论与世界顶尖大学组还是与世界一流大学组相比，国内大学均存在较大差距，尤其是与世界顶尖大学的表现相差甚远。世界顶尖大学组平均得分约是国内 A 组的 6 倍，国内 B 组的 7 倍多；而世界一流大学组平均得分约是国内 A 组和国内 B 组的 2 倍之多。与往年数据结果相比，国内大学组与国际大学组之间的差距呈现出缩小的趋势。这主要得益于国内大学在全球高被引科学家指标上的增加，在国际权威学术期刊主编人数上实现了从 0 到 1 的突破，以及国际重大学术奖项指标中奖项范围的扩大使我国在国际重大学术奖项指标方面不再是零，从而提升了综合指数得分。

二、一流大学学术大师指数表现的分析

从一流大学学术大师的指数表现来看，我国大学在国际重大学术奖项获得者、国际权威学术期刊主编指数上，与世界一流大学和世界顶尖大学存在相当大的差距；在全球高被引科学家指数方面，我国大学达到了世界一流大学水平，但与世界顶尖大学的差距较大。因此，如何培养和引进学术大师仍是我国一流大学建设中亟须解决的问题。

在学术大师的培养方面，诸多研究表明，师承关系对学术大师的成长起着至关重要的作用。在当今的大科学时代，科学研究呈现出规模化、复杂化以及多学科交叉渗透的特点，团队合作上升为科研工作的主要方式，团队的沟通协作和团

队领导力已经成为科研人员实现突破的关键要素①，而师生团队正是重要的团队合作形式之一。朱克曼指出，科学界存在着师傅与徒弟之间的重要且持久的社会联系，师与徒的关系是科学家之间的社会纽带之一。② 学术大师的师承关系对科学研究的开展产生着重要的影响，例如学派的形成就是师承关系的重要体现。朱克曼对92位1972年以前的美国诺贝尔奖得主进行研究发现，有一半以上的诺贝尔奖得主曾在前辈诺贝尔奖得主的手下当过学生、博士后研究员或作为晚辈成为合作者③，凸显了科学界的"名师出高徒"效应。

师承关系在培养学术大师方面发挥着强大的作用。首先，学术大师在师承关系中作为师者，其自身的优势如渊博的学科知识储备、丰富的科学经验、敏锐的科学洞察力、崇高的科学精神等均能让学术人才在学术大师的言传身教下学会如何开展前瞻性的科学研究，实现重大科学突破，成为新一代的学术大师。④ 徒弟从师傅那里获得的东西中，最重要的是思维风格而不是知识或技能，诸如诺贝尔奖得主在师承的代际相传中对重大科学问题有了鉴别力。⑤ 乔纳森·科尔指出，在师承关系中，年轻科学家对好问题及关键问题的感觉、理论化的风格、批判性的立场以及教导未来门生的方式都会被培养出来。⑥ 其次，学术大师能够在潜在学术大师的成长中扮演着除师者外的多重角色，如作为伯乐，具有独到的人才选拔眼光，让具有学术潜力的人才受到重用。学术大师还可以通过担任学术带头人、学派领袖等，吸引更多学术人才加入前沿的科学研究阵地，形成代际师承关系链，促进学术人才在延续性的师承传统中"站在巨人的肩膀上"取得重要的科学成果。⑦

第四节　一流大学学术大师的典型案例研究

本章的典型案例分析以师承关系为主题，选取英国剑桥大学的卡文迪许实验

---

① 汪辉、顾建民：《大科学范式下顶尖科技人才及其培养模式——基于21世纪日本诺贝尔奖井喷现象的分析》，载于《高等工程教育研究》2019年第3期。

②③ ［美］哈里特·朱克曼著，周叶谦、冯世刚译：《科学界的精英：美国的诺贝尔奖金获得者》，商务印书馆1979年版。

④ 邢润川：《从诺贝尔自然科学奖百年走势看名师的作用》，载于《自然辩证法通讯》2002年第2期。

⑤ 罗伯特·卡尼格尔著，江载芬、闫鲜宁、张新颖译：《师从天才：一个科学王朝的崛起》，上海科技教育出版社2012年版。

⑥ Cole J R. *Fair Science: Women in the Scientific Community*. New York: The Free Press, 1979, pp. 181 – 183.

⑦ 陈其荣：《诺贝尔自然科学奖与世界一流大学》，载于《上海大学学报》（社会科学版）2010年第6期。

室（Cavendish Laboratory）、德国的慕尼黑大学（University of Munich）和我国的清华大学为案例，分别从科学实验室、科学学派和学系三个不同的视角探究学术大师之间的师承效应，分析学术大师的培育机制。三个案例各有侧重，其中，卡文迪许实验室侧重于学术大师在引才机制、研究方向和学术文化方面的传承与拓展；慕尼黑大学侧重于学术大师在研究纲领和风格、研究方法和研究范式方面的延续与深化；清华大学侧重于学术大师在科学眼光、科研态度和用人机制方面的继承与发展。

一、依托科学实验室的师承效应：以卡文迪许实验室为例

自 1871 年卡文迪许实验室创立至今，共诞生了 29 位诺贝尔奖得主，因此被誉为诺贝尔科学奖的"孵化器"。[①] 在卡文迪许实验室诺贝尔奖人才链的形成中，师承功能发挥了重要的作用。一批青年学者在学术大师的带领下，成为新一代的学术精英，推动着卡文迪许实验室的发展和现代科学的进步。

约瑟夫·约翰·汤姆逊（Joseph John Thomson）是卡文迪许实验室的第三任主任，因气体放电方面的研究以及发现电子而在 1906 年获得诺贝尔物理学奖。汤姆逊在任职期间，培养出了诸多学术大师，包括 8 位诺贝尔奖获得者、27 个皇家学会会员、各国的物理教授共 82 人。[②] 其学生之一欧内斯特·卢瑟福（Ernest Rutherford）又培养出 11 位诺贝尔奖得主，形成了瞩目的学术大师师承关系链条（见图 5－1）。

汤姆逊培养的 8 位诺贝尔奖得主都曾是他的研究生，他们的成就与汤姆逊的指导或帮助有直接或间接的关系。[③] 威廉·亨利·布拉格（William Henry Bragg）于 1884 年进入卡文迪许实验室，成为汤姆逊最早的研究生，他的儿子威廉·劳伦斯·布拉格（William Lawrence Bragg）在 1908 年来到卡文迪许实验室，两人因其研究奠定了 X 射线谱学和 X 射线晶体结构分析的基础而共同获得了 1915 年的诺贝尔物理学奖。1917 年，汤姆逊培养的学生查尔斯·格洛弗·巴克拉（Charles Glover Barkla）同样因研究 X 射线而获得诺贝尔物理学奖。弗朗西斯·威廉·阿斯顿（Francis William Aston）与汤姆逊合作实验，造就了首个扇形磁场质谱计的诞生，而后将质谱计用以发现多种同位素，并发现了原子结构和量子量

---

① 吴广宇：《卡文迪许实验室为何成为诺贝尔科学奖的"孵化器"》，载于《江大学学报》（社会科学版）2006 年第 4 期。

② 阎康年：《卡文迪什实验室：现代科学革命的圣地》，河北大学出版社 1999 年版，第 143 页。

③ 阎康年：《卡文迪什实验室：现代科学革命的圣地》，河北大学出版社 1999 年版，第 169 页。

整数规则，因此获得1922年的诺贝尔化学奖。[1] 此外，汤姆逊培养的诺贝尔奖得主还有1927年的诺贝尔物理学奖得主查尔斯·汤姆逊·威尔逊（Charles Thomson Rees Wilson）、1928年的诺贝尔物理学奖得主理欧文·威兰斯·理查森（SirOwen Willans Richardson）以及1937年的诺贝尔物理学奖得主乔治·佩吉特·汤姆森（George Paget Thomson）。

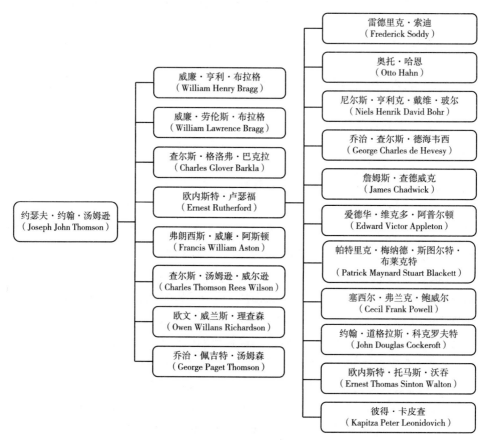

图5-1 卡文迪许实验室诺贝尔奖获得者的师承谱系

资料来源：阎康年：《卡文迪什实验室：现代科学革命的圣地》，河北大学出版社1999年版，第83~130页。

汤姆逊打开了现代物理的大门，他的学生卢瑟福则"穿过了这个大门，并领导了揭示原子内新宇宙的研究者们"[2]。卢瑟福在放射性领域取得了一系列重大发现，于1908年获得诺贝尔化学奖。1919年，卢瑟福接替汤姆逊成为卡文迪许

① 阎康年：《卡文迪什实验室：现代科学革命的圣地》，河北大学出版社1999年版，第169页。
② 阎康年：《卢瑟福与现代科学的发展》，科学技术文献出版社1987年版，第180页。

实验室的第四任主任，先后培养出 11 位诺贝尔奖获得者。其中，卢瑟福在麦克吉尔大学的助手弗雷德里克·索迪（Frederick Soddy）和奥托·哈恩（Otto Hahn）分别于 1921 年和 1944 年获得了诺贝尔化学奖，在曼彻斯特大学任教时的学生尼尔斯·亨利克·戴维·玻尔（Niels Henrik David Bohr）和乔治·查尔斯·德海韦西（George Charles de Hevesy）分别获得了 1922 年诺贝尔物理学奖和 1943 年的诺贝尔化学奖。在卡文迪许实验室任职时期培养的诺贝尔奖得主共有 7 位，分别是詹姆斯·查德威克（James Chadwick，1935 年）、爱德华·维克多·阿普尔顿（Edward Victor Appleton，1947 年）、帕特里克·梅纳德·斯图尔特·布莱克特（Patrick Maynard Stuart Blackett，1948 年）、塞西尔·弗兰克·鲍威尔（Cecil Frank Powell，1950 年）、约翰·道格拉斯·科克罗夫特（John Douglas Cockeroft，1951 年）、欧内斯特·托马斯·沃吞（Ernest Thomas Sinton Walton，1951 年）和彼得·卡皮查（Kapitza，Peter Leonidovich，1978 年）。[1]

卡文迪许实验室的学术大师的师承效应体现在科学家式的领导管理机制、基于跨学科合作的创新探索和开放多元的学术文化传承。在卡文迪许实验室的师承关系中，依托科学实验室，发挥名师的"磁石"效应，汇聚世界优秀学者，在师承代际传承中不断拓展研究方向，并形成了浓郁的学术文化，潜移默化地影响着一代又一代学术大师。

1. 坚持科学家式的领导管理机制，广纳世界英才

自创建以来，实验室一直聘请优秀的教授和科学家来管理研究，并为他们提供充足的资源和支持。这种高效的领导力和管理方式帮助实验室吸引了众多杰出的科学家和研究人员，使实验室成为物理学研究的重要中心。通过发挥名师的吸引力汇集世界各地学术人才，形成学术研究高地。1906 年的诺贝尔奖获得者汤姆逊于 1885 年首次面向世界招收研究生，吸引了英国以外的诸多国家的优秀学者。[2] 卢瑟福作为该实验室招收的第一批硕士研究生之一，于 1895 年来到卡文迪许实验室，他延续了卡文迪许实验室广纳贤才的优良传统，从世界各地发现人才并不拘一格培养人才，致力于把卡文迪许实验室发展成为世界主要的物理中心和培养人才的苗圃。[3] 据统计，卢瑟福的学生来自十余个国家，其中较为瞩目的是，他破格录取苏联籍的卡皮查，随后他为卡皮查建立了专门的实验室，并帮助他在低温物理方面获得突破性成就。

2. 基于跨学科合作的创新探索，拓展研究方向

卡文迪许实验室不仅注重师生间科学知识与技能的传承，还重视在师承中不

---

① 注：括号内的年份指的是该学者获得诺贝尔奖的年份。

② 吴广宇：《卡文迪许实验室为何成为诺贝尔科学奖的"孵化器"》，载于《江大学学报》（社会科学版）2006 年第 4 期。

③ 程民治：《卢瑟福：著名的核物理学家和导师型领袖》，载于《皖西学院学报》2006 年第 5 期。

断拓展研究方向，开拓新的研究领域。在与汤姆逊的合作中，卢瑟福实现了两次研究转向。1896 年，卢瑟福进入汤姆逊的研究团队之后，开始关于 X 射线引起气体导电的实验，这使卢瑟福由科学的应用研究转向基础科学研究。1898 年，在汤姆逊的带领下，卢瑟福开始注意并着手研究铀的辐射性质、种类和本质，由气体导电研究转向了放射性研究，促使了卢瑟福的第二次研究转向，[①] 此后卢瑟福深入研究放射性，取得了重大科研发现，由此获得诺贝尔物理学奖。当卢瑟福作为老师时，他也十分注重保持与学生在研究方向上的相承关系。他会提出预测并指导学生取得巨大发现，如卢瑟福的学生查德威克在卢瑟福的中子假说的指导下[②]，经过反复实验和探索，最终在 1932 年发现了中子，从而获得了 1935 年的诺贝尔物理学奖。

3. 营造开放多元的学术文化，传递科学精神

学术文化对于学者的成长具有潜移默化的影响。卡文迪许实验室的学术大师们注重将其对待科学研究的不竭热情、崇尚科学的研究精神传递给学生们，在研究中追求真理、恪守学术道德，引领学术风范。[③] 卢瑟福的学生卡皮查曾说："在科学史上，难以找到一个科学家对于科学发展有这样大的影响。我想，这可能主要是因为卢瑟福不仅是一个伟大的科学家，而且因为他是一个伟人和教师。他的思想和人品吸引了年轻的学生。"[④] 卢瑟福即使已经作为放射性和原子物理界的权威，也会听取学生的意见，在尊重学生研究兴趣的基础上予以指导，从而形成了充满活力、可持续发展的研究团队。[⑤]

二、延续学派脉络的师承效应：以慕尼黑大学为例

慕尼黑大学作为世界著名的高等教育机构，先后培养了众多知名科学家，也吸引了一批学术界的顶尖学者就职，推动着慕尼黑大学的发展进程。从 1852 年起，尤斯图斯·冯·李比希（Justus von Liebig）在慕尼黑大学担任化学教授，直至 1873 年逝世。李比希作为一代化学大师，在化学领域做出了许多开创性的研究，是有机化学、生物化学和农业化学的开路人[⑥]，被誉为"德国化学之父"[⑦]。

---

① 阎康年：《卢瑟福与现代科学的发展》，科学技术文献出版社 1987 年版，第 52 页。
② 郭奕玲、沈慧君：《诺贝尔奖的摇篮：卡文迪什实验室》，武汉出版社 2000 年版，第 129 页。
③ 张意忠：《师承效应——高校学科带头人的成长规律》，载于《高教发展与评估》2014 年第 5 期。
④ 阎康年：《卢瑟福与现代科学的发展》，科学技术文献出版社 1987 年版，第 180 页。
⑤ 沈祖荣：《卡文迪许实验室——诺贝尔奖的摇篮及其启示》，载于《物理教师》2014 年第 3 期。
⑥ 马节：《慕尼黑大学》，湖南教育出版社 1990 年版，第 80 页。
⑦ 邢润川、闫莉：《集化学家与化学教育家于一身的一代化学大师李比希——纪念李比希诞辰 200 周年》，载于《化学通报》2003 年第 12 期。

同时，在化学教育方面，李比希也做出了重大贡献。他在大学中引入了现代科学教育模式，开创了科学的系统化教育，成就了一批学术大师。截至1960年，诺贝尔化学奖得主共有60人，其中有44人出自李比希学派①，并且形成了典型的师承关系谱系，凸显了李比希学派的师承效应。

李比希培养了诸多第一代化学家，如著名的分析化学家卡尔·雷米吉乌斯·弗雷泽纽斯（Carl Regmigius Fresenius）和海因里希·威尔（Heinrich Will），有机化学家弗里德里希·奥古斯特·凯库勒（Friedfich Augst Kekule）以及斐林试剂的发明者赫尔曼·冯·斐林（Hermann von Fehling）等。李比希培养的化学家继承和发扬了师承传统，衍生出了众多分支链条，扩展了李比希学派的家族谱系。其中，最引人注目的是有机化学家阿道夫·冯·贝耶尔（Adolf Von Baeyer）发展出的诺贝尔奖师承链条。② 贝耶尔师从李比希的得意门生凯库勒，继承了师门的化学事业，接手主持慕尼黑大学化学实验室。在1880年，贝耶尔在慕尼黑大学的李比希实验室用人工合成了靛青，这一举世瞩目的科研成果也促进了德国化学染料工业的勃兴③，其也因此获得了1905年度的诺贝尔化学奖。贝耶尔培养了4名诺贝尔奖获得者。其中，贝耶尔的学生理查德·威尔斯泰特（Richard Wells Tate）由于成功地研究出叶绿素的化学结构，在1915年获得了诺贝尔化学奖。他在1916年接替贝耶尔成为慕尼黑大学李比希化学实验室的主任，并致力于酵素研究。④ 贝耶尔培养出的另一位诺贝尔奖得主——赫尔曼·埃米尔·费歇尔（Hermann Emil Fischer）先后培养了三位诺贝尔奖得主，分别是1928年、1931年和1950年获得诺贝尔奖的阿道夫·奥托·赖因霍尔德·温道斯（Adolf Otto Reinhold Windaus）、奥托·海因里希·瓦尔堡（Otto Heinrich Warburg）以及奥托·迪尔斯（Otto Diels）。⑤ 费歇尔培养出来的这三位诺贝尔奖获得者又培养了下一代诺贝尔奖得主，其中温道斯和迪尔斯各培养了一位诺贝尔奖获得者，瓦尔堡培养了三位诺贝尔奖得主，使始于李比希的师生代际相传延续了五代科学家，时间绵延了半个世纪之久⑥，形成了师承谱系（见图5-2）。

---

① 李三虎：《"热带丛林"苦旅：李比希学派》，武汉出版社2002年版，第224页。
② 许身先：《科技诺贝尔奖领域知识创新与人才培养的传递链效应及其启示》，载于《科学管理研究》2007年第6期。
③ 马节：《慕尼黑大学》，湖南教育出版社1990年版，第81页。
④ 马节：《慕尼黑大学》，湖南教育出版社1990年版，第82页。
⑤ 李三虎：《"热带丛林"苦旅：李比希学派》，武汉出版社2002年版，第223页。
⑥ 邢润川：《从诺贝尔自然科学奖百年走势看名师的作用》，载于《自然辩证法通讯》2002年第2期。

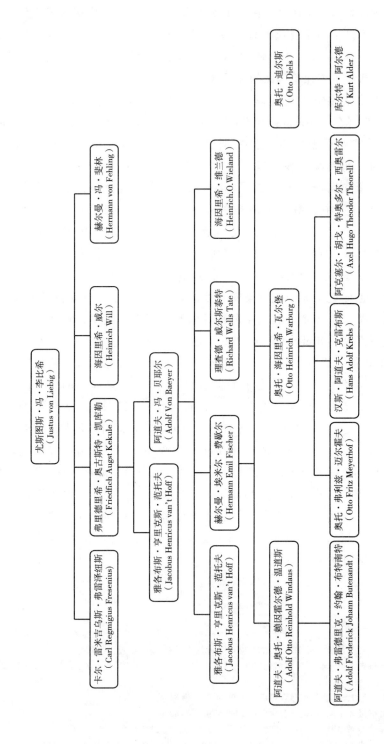

图5-2 李比希学派诺贝尔奖获得者的师承谱系

资料来源：李三虎：《"热带丛林"苦旅：李比希学派》，武汉出版社2002年版，第239页。

在李比希学派的师承脉络中，学术大师发挥了延续学派脉络的师承效应，实现了研究纲领的延续、科学方法论的传承以及师生集体研究范式的形成。

1. 坚守统一的研究纲领，推动学科发展

自 1837 年起，李比希将研究方向转向了有机化学的应用领域，在师生的代际传递过程中，研究者在研究纲领上一脉相承，坚持统一的研究风格和科学思想。[①] 在化学研究从无机化学转向有机化学研究时，李比希带着学生做了大量研究，奠定了有机化学理论体系建立的基础。这种研究方向的转变扩大了李比希学派的研究计划，李比希所培养出的第二代科学家坚持了他的研究纲领，将有机化学的发展推向成熟。[②] 李比希作为导师高瞻远瞩，具有敏锐的洞察力，紧跟研究发展的时代脉搏去思考研究方向，指引学生把握学科发展前沿。[③] 李比希门下的化学家延续了其导师的研究脉络，一步步持续推动有机化学研究的发展。

2. 强调实验与理论相结合，提倡科学方法论

李比希学派重视实验的重要性，并且强调理论应该根据实验结果进行修正。实验与理论的结合能够帮助科学家更好地理解自然现象，并且发展出更为精确的理论模型。在人才培养过程中，李比希重视观察和实验的重要性，不仅要求学生积累资料，对事实加以思考，同时还要求学生通过比较、分类和论证对资料进行联系和补充，引导他们对理论上存在的弱点进行批评与修正，并通过实验考察来论证他们的结论。这种严谨而有效的指导方式使得学生们从导师那里收获了科学研究的方法，为今后开展独立研究奠定了基础。[④]

3. 形成集体范式，建构师生共同体

李比希牵头建立的公共化学实验室开创了师生共同体的先河，形成了师生共同体的集体范式[⑤]，使化学研究不再是化学家的个人工作，而是以李比希为核心的集体劳动[⑥]。在李比希学派的师生共同体之中，导师和学生之间不仅仅是教与学的关系，更是科学研究的合作者，互相质疑又相互学习，形成"人人教我，我教人人"的关系。[⑦]

任何学派要取得成功，都必须坚持有效的研究纲领，在李比希学派的发展中，一代代学术大师有组织、有计划地按照研究纲领进行有条不紊的研究工作，改进实验方法，设计新的实验仪器，提出新发现和新理论。学生在继承的基础上实现创新，这种继承既体现在研究纲领的一脉相承、研究方法的科学严谨，也体

---

①⑦　李三虎：《"热带丛林"苦旅：李比希学派》，武汉出版社 2002 年版，第 120 页。

②　李三虎：《"热带丛林"苦旅：李比希学派》，武汉出版社 2002 年版，第 109 页。

③⑥　邢润川、李三虎：《李比希学派及其成功原因分析》，载于《科学学研究》1989 年第 4 期。

④　李三虎：《"热带丛林"苦旅：李比希学派》，武汉出版社 2002 年版，第 113 页。

⑤　李三虎：《"热带丛林"苦旅：李比希学派》，武汉出版社 2002 年版，第 119 页。

现在研究集体范式的师生共同体。

三、推动学系发展的师承效应：以清华大学物理系为例

清华大学物理系创建于 1926 年，首任系主任为我国近代物理学奠基人之一叶企孙。叶企孙是我国著名的物理学家，在我国科技事业史上做出了重要的贡献，被誉为"新中国现代科技大厦的设计师"。[①] 叶企孙创造了清华大学物理系历史上的"最辉煌时期"[②]，带领着清华大学物理系迅速发展成为我国最好的物理系[③]。据统计，中国科学院第一届数理化学部委员中，清华大学的毕业生占 1/2 以上，其中大部分毕业于叶企孙创立的理学院。[④] 叶企孙与陈寅恪、潘光旦、梅贻琦并称为"百年清华四大哲人"，他培养了众多物理界的学术大师，被誉为"大师的大师"。[⑤]

在长达半个多世纪的教育生涯中，叶企孙以渊博的知识、严谨的治学态度、坚持真理的科学精神熏陶和培养了一批中国的学术大师。[⑥] 他的学生在其言传身教的影响下，传承了他的科学精神，又培养出了一代又一代我国的顶尖学者。据统计，叶企孙共培养出了 79 位院士。在叶企孙直接或间接培养出的学术大师中，有 2 位诺贝尔奖得主，即因发现弱作用中宇称不守恒而共同获得 1957 年的诺贝尔物理学奖的李政道与杨振宁。[⑦]在我国 23 位"两弹一星"功勋奖章获得者中，王淦昌、赵九章、彭桓武、钱三强、王大珩、陈芳允、朱光亚、邓稼先等都是叶企孙的学生。此外，叶企孙培养出的顶尖学术大师还包括施汝为、赵忠尧、胡宁、王竹溪、钱学森、华罗庚和钱伟长等（见图 5-3）。这些学术大师师承叶企孙，继续发展了叶企孙的师承谱系，培养了许多我国第三代及以后的院士。其中，赵九章培养出了钱骥和陶诗言、谢义炳和赵柏林等 11 名院士；彭桓武培养了周光召和贺贤土；王大珩培养了王之江、姚骏恩、周立伟和潘君骅；张宗燧、胡宁共同培养了于敏；王淦昌培养了程开甲和叶笃正，而吴国雄、李崇银和黄荣辉又师承于叶笃正。[⑧] 这种大师提携大师的师生代际传递的"神话般的成绩"被称为"中国高教史上不朽的传说"。[⑨]

---

① 虞浩：《一代师表叶企孙》，载于《思想理论教育》2011 年第 6 期。
② 钱伟长：《一代师表叶企孙》，上海科学技术出版社 2013 年版，第 187 页。
③ 朱邦芬、王青：《清华物理 80 年》，载于《物理》2006 年第 5 期。
④ 吴楚渔、叶企孙：《怀瑾握瑜，大师之师》，载于《思维与智慧》2020 年第 8 期。
⑤⑦⑨ 杨阳：《叶企孙：大师的大师》，载于《中国教师报》2020 年 9 月 16 日。
⑥ 钱伟长：《一代师表叶企孙》，上海科学技术出版社 2013 年版，第 186 页。
⑧ 杨琳：《中国高校院士师承效应研究》，中南大学硕士学位论文，2014 年。

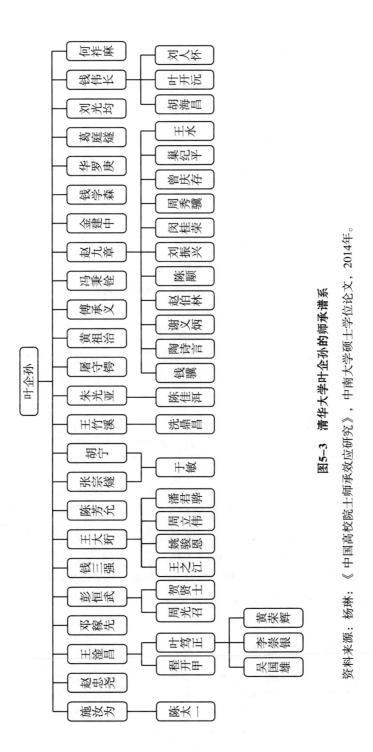

图5-3 清华大学叶企孙的师承谱系

资料来源：杨琳：《中国高校院士师承效应研究》，中南大学硕士学位论文，2014年。

清华大学物理学系发展了良好的师承效应人才链，在一代代学术大师的传承中，科学知识的继承与发展固然重要，但前瞻性的科学眼光、严谨务实的科研态度、因材施教的培养理念更是培养学术大师不可或缺的要素。

1. 培养前瞻性科学眼光，把握科学研究前沿

前瞻性的科学眼光是学术大师成就事业的重要因素。"做第一流科学工作所花的力气不一定比做第二流工作要多，差别在于眼光——即判断力和鉴赏力。"[①]学术大师在指导学生过程中，往往会重视培养学生前瞻性的科学眼光，如叶企孙的学生王大珩立足玻璃学的前沿，从事光学制造工作，最终他的研究成果在"两弹一星"光学设备研发中发挥了重要作用。[②]深得导师传承，王大珩的学生王之江在研究生阶段就将研究聚焦于红宝石激光器研制这个新兴学科上，成功研制出红宝石激光器，促使我国在该学科领域走在世界前列。[③]

2. 坚持严谨治学态度，注重提升研究质量

叶企孙一向严谨认真，重视基础知识的积累以及理论与实验相结合，且重质不重量。[④]叶企孙深知，在自然科学研究中，扎实的基础知识积累是做出原创研究的前提和基础，因此他在教学过程中重视基础知识的传授，促使学生打下良好的科研地基。在要求学生掌握科学基础知识的同时，叶企孙从不坐而论道，而是坚持将理论与实验相结合。他要求学生按照理论要求制作实验设备，通过实验过程来印证学生的知识掌握情况，培养学生的动手能力。[⑤]叶企孙为了做出更加精准的实验，在偏僻的野外通宵达旦，接连数月与学生吃住在一起。[⑥]这种求真务实的科研态度是众多学术大师取得突出科研成果的内在保障。

3. 重视因材施教，建立科学用人机制

"教育教学的对象是人，从事教育教学工作，就是从事人的教育，而要从事好关于人的教育，最为根本紧要的就是要了解人、研究人。"[⑦]叶企孙注重了解学生、研究学生，基于不同学生的特点因材施教。基于对学生的长期了解，叶企孙为王大珩、钱学森、钱三强、李政道、赵九章和王淦昌等这些在自然科学领域做出卓越贡献的学术大师提供了精心的指导，帮助学生确定研究方向、选择导师等。[⑧]在叶企孙的引导下，钱学森从铁道专业转向航空制造专业，并经由叶企孙

① 徐希元、王亚军：《从"名师出高徒"看博士生培养》，载于《学位与研究生教育》2001 年第 9 期。

②③ 马建光：《论"两弹一星"科技精英群体师承效应》，载于《学位与研究生教育》2010 年第 1 期。

④ 虞昊、黄延复：《中国科技的基石：叶企孙和科学大师们》，复旦大学出版社 2000 年版，第 345 页。

⑤⑧ 唐洪忠：《论科学强国梦：叶企孙的教育探索》，载于《内蒙古师范大学学报》（哲学社会科学版）2017 年第 2 期。

⑥ 吴楚渔：《叶企孙：怀瑾握瑜，大师之师》，载于《思维与智慧》2020 年第 8 期。

⑦ 刘振天：《高校教学评估何以回归教学生活本身》，载于《高等教育研究》2013 年第 4 期。

的引荐师从冯·卡门攻读博士。在 1944 年，杨振宁公费留学的录取专业为"高电压实验"，叶企孙基于对杨振宁的了解，主张修改攻读专业，最终在王竹溪、赵忠尧以及梅贻琦教授的帮助下，改为"原子核物理理论"[1]，为杨振宁后来在核物理方面做出突出成就奠定了基础。

伟大的科学家不一定是巨人，但伟大的导师却不可能不是巨人。[2] 不论是卡文迪许实验室的大师云集、李比希学派取得的成功，还是清华大学物理学系的发展，一代代学术大师在人才吸纳与培养上的传承，是一代代学术大师层出不穷的根本原因。学术大师对一流大学建设的重要作用，在一定程度上是大师成就了大学。与此同时，一流大学对大师成长的重要意义，在一定程度上也是大学成就了大师。一方面，学术大师会成为"磁石"，凭借其卓越的学术成就、高瞻远瞩的学术领导力以及较高的声望吸引更多学术大师的加入，提高大学的学术大师数量，形成科研人才高地的聚集效应。[3] 另一方面，顶级的大学具有吸引学术大师的优势，先进的科研设施、宽松自由的学术环境以及浓郁的学术氛围等条件为学者提供了优质的硬件设施和软件支持，从而吸引学术大师的加入，促进学术大师的成长。

第五节　关于我国一流大学学术大师的政策建议

本研究通过指数分析发现，我国一流大学在高被引科学家、国际权威学术期刊主编、国际重大学术奖项获得者人数方面均与世界顶尖大学存在较大差距，我国一流大学中的学术大师仍然严重匮乏。在学术大师的成长中，师承关系扮演着重要的角色，通过案例分析，发现师承效应对学术大师成长具有重要影响。基于上述发现，本研究提出以下政策建议。

一、重视学术大师培育，全力支撑拔尖人才成长

学术大师是顶尖学术人才的重要组成部分，对于我国世界一流大学建设具有

---

[1]　王义遒：《提高高等教育质量——叶企孙经验的启示——纪念叶企孙先生诞辰 110 周年讲话》，载于《高等理科教育》2008 年第 6 期。

[2]　李三虎：《"热带丛林"苦旅：李比希学派》，武汉出版社 2002 年版，第 110 页。

[3]　彭拥军、刘冬旭：《世界著名实验室"盛产"诺贝尔奖得主的教育谱系》，载于《创新与创业育》2021 年第 1 期。

重要的意义，因此我国需要重视学术大师的培育。本研究数据显示，国内 A 组在高被引科学家指标上的表现已经超过了世界一流大学组，说明我国具有培养国际学术大师的潜力。

因此，建议我国大学进一步重视学术大师的培育，充分挖掘拔尖人才的潜质，通过基础设施的改善、学术人才的汇聚、学术文化的营造为拔尖人才的成长提供良好的硬件和软件条件，全力支撑拔尖人才成长为学术大师。具体而言，第一，完善科研基础设施，加强基础研究经费投入，为拔尖人才科研工作的顺利开展提供充分保障。第二，在人才选拔机制上不拘一格，"聚天下英才而育之"，尊重拔尖人才的差异化发展，为拔尖人才提供畅通的成长渠道。第三，营造求真务实、鼓励创新的学术文化环境，激发拔尖人才的创新活力，促进拔尖人才取得重大科研突破。

二、发挥多元师承效应，打造国际学术大师集群

通过案例分析可以发现，学术大师的师承关系在学术人才成长中发挥了至关重要的作用。学术大师的师承效应不仅体现在传承研究脉络、改进研究方法，更体现在建构师生共同体，形成研究集体范式。

因此，建议充分发挥多元师承效应，通过在国际范围内打造学术大师集群，促进我国学术大师增长。具体而言，第一，依托师承关系，引进国际学术大师。通过引进师承国际学术大师的海外顶尖人才，与国际大师乃至大师团队建立学术联系。第二，直接引进国际学术大师，进一步通过学术大师的吸引力汇聚更多大师或有潜质成为大师的顶尖人才，增加我国学术大师人才储备。第三，发挥学术大师对青年人才研究发展的引领功能，培育新一代大师，形成学术大师的师承关系谱系。学术大师指引学科研究大方向，促进师生共同开拓研究领域，促成优势学科中的学术大师集群。

第六章

世界一流大学经济贡献指数与案例研究

第一节 研究背景与思路

一、研究背景

1. 一流大学在培养创新人才和推动科技进步中发挥了重要作用

一流大学是经济发展的重要内在动力，主要表现在对科技创新和技术进步的重要促进作用。在赠地运动的影响下，20世纪初，美国威斯康星大学校长范·海耶斯（Van Hise）和当时的威斯康星州州长拉·福莱特（La Follette）认为，作为一个由政府资金资助的公共组织，大学除了具有科学研究和人才培养两大职能外，还应为发展社会福祉做出贡献，从而形成了"威斯康星理念"——大学必须为促进该州居民福祉的发展而努力，威斯康星州政府和公立大学之间必须有密切的合作关系。在此期间，威斯康星大学以两种方式提供社会服务：一种是与政府建立友好的伙伴关系，并为州发展共同努力；另一种则是根据社会发展的需要，向整个州推广知识和技术。[1] 20 世纪 80 年代初，经济上的成功越来越依赖于无形资产（如知识、技能和创新潜力等）的有效利用，而大学正是这些关键无形资产的生产地。知识经济概念的发展也为大学服务经济发展提供了理论基础，知识经济的关键组成部分是对智力能力的更大依赖，而不是物质投入或自然资源。[2] 21 世纪初，亨利·艾茨科维兹（Henry Etzkowitz）和洛艾特·雷迭斯多夫（Loet Leydesdorff）最早将生物学领域的 DNA 螺旋概念运用到大学、产业和政府的互动关系中，提出在"大学—产业—政府"的区域创新三螺旋模式中，知识空间对区域发展至关重要，而知识的主要生产者大学则是三螺旋创新模式存在的前提和基础，当知识积累到某个临界值时，它们便有可能溢出而被转化为现实的生产力，实现知识的资本化。[3]

在创新发展中，一流大学扮演着不可忽视的角色。一方面，一流大学培养出社会需要的创新创业人才[4]；另一方面，一流大学是前沿知识与高精尖技术的孵化地，作为主要的知识溢出（knowledge spillovers）源泉对企业和区域的创新与发展产生深远影响。这种知识溢出效应反映了邻近的知识生产者之间的信息和思想的扩散，增强了创新的空间集聚。[5] 如今，最具活力的全球经济区域往往也是世界一流大学的聚集地，例如加利福尼亚大学群所在的美国硅谷，德国慕尼黑工业大学所在的慕尼黑高科技工业园，爱丁堡大学、格拉斯哥大学所在的英国苏格兰高科技区等。这些一流大学为知识、技术和人才做出了贡献，并在区域创新和发展中发挥了重要作用。

2. 我国一流大学服务经济发展面临机遇与挑战

全球竞争升级使得我国经济发展面临着前所未有的挑战，尤其是在新冠疫情的影响下，经济发展转型正面临着严峻考验。我国经济发展起步晚而且起点低，虽然模仿发达国家能获得一定程度上的经济快速增长，但长期看来此趋势并不会持续，而且自中美贸易摩擦的经验来看，发达国家会通过设置技术壁垒和贸易保护主义来限制他国发展。[6] 因此，我国需要转变经济发展方式，回归到经济发展

---

① 钱露：《全球化时代"威斯康星理念"的更新与实践——以威斯康星大学麦迪逊分校为例》，载于《中国高教研究》2017 年第 4 期。

② W. W. Powell, K. Snwllman. The knowledge economy. *Annual Review of Sociology*, 2004, Vol. 30, pp. 199 – 220.

③ H. Etzkowitz, L. Leydesdorff. The dynamics of innovation：from national systems and "mode2" to a Triple Helix of university-industry-government relations. *Research Policy*, 2000, Vol. 29, No. 2, pp. 109 – 123.

④ M. Guerrero, D. Urbano, and A. Fayolle. Entrepreneurial activity and regional competitiveness：evidence from European entrepreneurial universities. *The Journal of Technology Transfer*, 2016, Vol. 41, pp. 105 – 131.

⑤ L. Anselin, A. Varga, and Z. Acs. Local geographic spillovers between university research and high technology innovations. *Journal of Urban Economics*, 1997, Vol. 42, No. 3, pp. 422 – 448.

⑥ 卢文鹏：《学习、路径依赖与后发劣势：中国经济发展战略的调整》，载于《经济评论》2003 年第 1 期。

的本质，通过大规模技术进步驱动发展，提高自主创新能力，解决我国的"卡脖子"技术问题等。①

20 世纪 90 年代以来，"211 工程"与"985 工程"等重点建设计划支持了我国研究型大学迈向世界一流大学行列。近年来，我国研究型大学的科研成果数量和影响力显著增加，科研产出的拐点与"985 工程"一流大学建设时间节点基本一致，这说明了重点建设计划对学术产出的积极影响。② 然而有研究表明，我国一流大学建设对国际论文数量有提升作用，但对技术转化的影响并不显著。③ 也有研究对"985 工程"的项目成果进行评估，发现虽然对学校的科研产出有积极影响，但"985"高校的同质化现象严重，相比之下，"985"和"211"大学之间的垂直分化也在明显扩大。④ 此外，我国一流大学在创新创业人才培养方面仍在起步阶段，存在创新创业教育课程体系不健全⑤、教学和科研与社会需求结合不紧密、创业教育工程化、项目化等问题。⑥

2015 年，国务院颁布的《统筹推进世界一流大学和一流学科建设总体方案》⑦ 指出，要全面推进世界一流大学和学科建设，实现高等教育大国向高等教育强国的历史性跨越，具体目标为提高高等学校人才培养、科学研究、社会服务和文化传承创新水平，使之成为知识发现和科技创新的重要力量、培养各类高素质优秀人才的重要基地，在支撑国家创新驱动发展战略、服务经济社会发展、促进高等教育内涵发展等方面发挥重大作用。当前，在"双一流"建设计划的推动下，我国一流大学建设既要培养高水平的学术研究能力，又要提升大学学术研究对接国家重大需求、服务社会经济发展的能力。

综上，当前我国经济发展阶段与"双一流"建设目标均对我国一流大学提升经济贡献能力提出了迫切需求，因此，对一流大学经济贡献能力的研究具有重要的理论和实践价值。

———————————

① 张来武：《科技创新驱动经济发展方式转变》，载于《中国软科学》2011 年第 12 期。

② 朱军文、刘念才：《我国研究型大学科研产出的计量学分析》，载于《高等教育研究》2009 年第 2 期。

③ X. Yang, and Y. You. How the world-class university project affects scientific productivity? Evidence from a survey of faculty members in China. *Higher Education Policy*, 2018, Vol. 31, pp. 583 – 605.

④ X. Zong, and W. Zhang. Establishing world-class universities in China: deploying a quasi-experimental design to evaluate the net effects of Project 985. *Studies in Higher Education*, 2019, Vol. 44, No. 3, pp. 417 – 431.

⑤ 张天华、刘艳良：《高校创业教育研究综述及问题对策分析》，载于《中国职业技术教育》2015 年第 19 期。

⑥ 薛成龙、卢彩晨、李端淼：《"十二五"期间高校创新创业教育的回顾与思考——基于〈高等教育第三方评估报告〉的分析》，载于《中国高教研究》2016 年第 2 期。

⑦ 国务院：《关于印发〈统筹推进世界一流大学和一流学科建设总体方案〉的通知》，中华人民共和国国务院网，2022 年 4 月 21 日，http://www.gov.cn/zhengce/content/2015 – 11/05/content_10269.html。

二、国内外研究进展

大学通过创新知识溢出效应促进经济发展，国内外已有的许多研究也支持此观点。卢克·安赛林（Luc Anselin）等学者建立了空间维度的模型比较大学与企业的研发，发现在同一个经济圈或地区内，大学研究与高技术创新活动之间存在直接或间接的空间外部性，并且对周边邻近的区域也存在溢出效应。[①] 阿列克谢·叶戈罗娃（Alexey Egorov）等分析了俄罗斯的高等教育覆盖率与经济增长率之间的关系，发现区域高等教育体系的发展将对区域经济发展产生积极的影响。[②] 安德斯·布罗斯特罗姆（Anders Broström）对瑞典企业的研究表明，企业与大学地理上邻近的联系比遥远的联系更有可能对创新产生激励，地理邻近时大学与企业更容易发生交流，更有可能在短时间内成功地为研发项目做出贡献从而带动经济发展。[③] 王雁研究了大学服务区域经济的发展路径，发现知识共享可以降低知识的交易成本，为大学乃至整个社会经济系统实现边际利润递增，大学可以通过科研与创新、投入与产出、间接影响、催化影响和诱发影响等方式对区域经济发展起到积极作用。[④]

也有研究探讨了大学研究与技术转让对地区经济发展的影响。比如有学者研究了美国大学对都市区经济发展的作用，发现大学主要通过三种"大学产品"——教育服务、商业服务和新知识与新技术来对区域经济发展产生显著的正向影响。[⑤] 马丁·凯瑞（Martin A. Carree）等分析了 2001～2006 年意大利各大学教学、研究和技术转化活动以及相关的省域经济数据，指出大学的教学、研究以及技术产出均可通过新创企业的转化带动区域经济增长，学术研究和技术转移可以为新创企业提供有价值的商机，进而服务经济增长。[⑥] 杨希、王倩等从技术转化和创业人才培养两方面比较分析了中外一流大学对创新型经济贡献的差异。研究发现，我国顶尖大学与世界一流大学相比，对创新型经济贡献的总体差距不

① L. Anselin, A. Varga, and Z. Acs. Local geographic spillovers between university research and high technology innovations. *Journal of urban economics*, 1997, Vol. 42, No. 3, pp. 422–448.

② A. Egorov, O. Leshukov, and A. Gromov. The role of universities in economic development of Russian regions. *Higher School of Economics Research Paper No. WP BRP*, 2017, P. 41.

③ A. Broström. Working with distant researchers—Distance and content in university-industry interaction. *Research Policy*, 2010, Vol. 39, No. 10, pp. 1311–1320.

④ 王雁、陈锐、江波：《世界一流大学服务区域经济发展路径研究——基于 10 所大学经济影响报告的内容分析》，载于《比较教育研究》2021 年第 5 期。

⑤ I. Lendel, and H. Qian. Inside the great recession: University products and regional economic development. *Growth and Change*, 2017, Vol. 48, No. 1, pp. 153–173.

⑥ M. Carree, A. D. Malva, and E. Santarelli. The contribution of universities to growth: Empirical evidence for Italy. *The Journal of Technology Transfer*, 2014, Vol. 39, pp. 393–414.

大，差距主要体现为我国顶尖大学技术转化效率偏低。[①]

此外，有研究表明，大学对地区人力资本的提高具有显著的作用。杰森·阿博尔（Jaison R. Abel）和理查德·迪亚兹（Richard Deitz）考察了高校的学位生产和研发活动与其所在地区的人力资本数量和类型的关系。研究发现，学术性研发活动提高了地区人力资本水平，这表明学术性研发活动的溢出效应能够吸引高质量人力资本的集聚。同时，高等教育活动更多的地区往往有更大比例的工人从事高人力资本职业，因此表明，高校可以通过增加技能供给和需求来提高地方人力资本水平。[②] 也有研究指出大学具有吸引人才的功能，可以促进企业、人才的跨区域合作乃至国际合作，进而对经济发展产生重要影响。[③] 因此，以知识为基础的毕业生输出及其创业活动也是服务区域经济发展的重要因素。

三、研究思路

1. 核心概念

创新驱动型经济发展：创新理论的代表人物约瑟夫·熊彼特（Joseph Schumpeter）提出了创新促进经济增长理论，该理论认为，经济增长并不是由外部因素变化所引起的创新带来的，而是由内部变化引起的经济发展方式的转变，即为自主创新。[④] 20 世纪 80 年代，以保罗·罗默（Paul Romer）为代表的学者丰富了创新驱动经济发展的理论，他将知识作为一个变量直接引入经济模型，由于研发部门生产的知识具有溢出效应，使得经济增长超越资本收益率规模报酬递减的限制，从而带来经济稳定的增长。该理论指出，经济增长取决于两个因素：一是投入研发部门的人力资本规模；二是研发活动的生产力系数。[⑤] 这一理论反映出高水平的科技人力资本的质量与规模将对经济增长起到决定作用。基于这一理论观点，本研究将创新驱动型经济发展界定为由科技人力资本所驱动，进而推动科技创新和技术进步带来的经济持续增长的过程。

---

① 杨希、王倩、李欢：《中外一流大学对创新型经济贡献的比较：基于指标与案例分析》，载于《上海交通大学学报》（哲学社会科学版）2019 年第 3 期。

② J. R. Abel, and R. Deitz. Do colleges and universities increase their region's human capital? *Journal of Economic Geography*, 2012, Vol. 12 No. 3, pp. 667 – 691.

③ M. Jacob, M. Lundqvist, and H. Hellsmark. Entrepreneurial transformations in the Swedish University system: the case of Chalmers University of Technology. *Research policy*, 2003, Vol. 32, No. 9, pp. 1555 – 1568.

④ J. A. Schumpeter. *The Theory of Economic Development: An Inquiry into Profits, Capital, Credit, Interest, and the Business Cycle.* Cambridge, MA: Harvard University Press, 1934, P. 81.

⑤ P. M. Romer. Increasing returns and long-run growth. *Journal of political economy*, 1986, Vol. 94, No. 5, pp. 1002 – 1037.

一流大学经济贡献：根据创新驱动型经济增长理论，一流大学是培养科技创新人才的摇篮，也是提供人力资本积累的重要载体，能够通过改变人力资本的数量和质量，从而对社会经济发展产生深远影响。同时，一流大学也是科技创新成果产出的重要基地，可以对经济发展产生知识外溢的作用。[1] 基于大学对经济发展贡献的理论基础，本研究将一流大学的经济贡献界定为一流大学对创新驱动型经济增长的促进作用，具体表现为对创新创业人才的培养、对技术进步的推动两个方面。

2. 研究问题

本章研究将结合发展经济学和高等教育学的相关理论，基于可比数据与案例，探讨三个方面的问题：（1）如何衡量一流大学的经济贡献？（2）我国"双一流"建设大学与世界一流大学经济贡献方面的差距如何？（3）世界一流大学在实现对接经济发展需求、贡献区域发展方面有哪些经验可供借鉴？

3. 研究思路

基于上述研究问题，本章研究主要包括五个步骤：第一，基于发展经济学和高等教育学的相关理论，构建一流大学经济贡献的维度、指标和评价体系，并选择不同维度下具有典型意义的大学和案例分析框架。第二，根据设计的指标，选择相应的数据库，建立国际可比的指标数据库；根据案例大学政策，搜集相关大学经济贡献的案例信息。第三，对原始数据进行处理，计算指标得分，并将国内与国外对标大学进行指标比较，探索国内外一流大学经济贡献指标的差异性，并深入分析造成这种差异的原因。第四，根据选择的典型案例大学相关资料，分析一流大学促进经济发展的具体组织和制度设计。第五，归纳数据和案例分析的结果，并结合我国一流大学经济贡献在宏观和微观组织及制度方面的不足，提出促进一流大学经济贡献能力提升的政策建议。

第二节　一流大学经济贡献指数设计

一、国内外样本选取

1. 国际组样本

样本选择方面，本章参考 ARWU 排名对大学进行区分，主要是考虑到 QS 排

---

[1] A. Broström. Working with distant researchers—Distance and content in university-industry interaction. *Research Policy*, 2010, Vol. 39, No. 10, pp. 1311–1320.

名、THE 排名等其他世界大学排名采用了主观的声誉调查，而 ARWU 排名主要采用学术研究相关的客观指标，与创新的关系相对更强。从 2020 年 ARWU 排名前 20 的大学中选取 10 所作为世界顶尖大学组[①]，从排名 76～100 的大学选取 10 所作为世界一流大学组[②]。本章样本全部选择美国大学，主要基于两个方面的考虑：一是美国一流大学在带动区域经济发展方面较有代表性，比如美国东北部以及西海岸聚集的不少世界一流大学，在推动美国地区产业技术发展方面扮演了至关重要的角色；二是美国大学相关指标数据较为完整，便于进行比较。

2. 国内组样本

样本大学选择的是进入 2020 年 ARWU 排名前 500 且在我国"双一流"建设名单中的 36 所大学。样本高校分为两组：国内 A 组是 ARWU 排名前 150 的清华大学、北京大学、浙江大学、上海交通大学、复旦大学、华中科技大学、中山大学、中国科学技术大学等 13 所大学。国内 B 组为 ARWU 排名 150～500 名的 23 所"双一流"建设大学。

二、指标体系设计

基于一流大学经济贡献的概念界定，本研究构建了一流大学经济贡献指标体系，见图 6－1。一流大学促进创新发展主要有两条途径：一是通过培养创新创业人才来促进经济发展[③]；二是通过高水平的学术研究实现技术转化从而推动技术进步[④]。根据这两条途径，本章设计了相应的两个维度，并考虑了国际可比性、指标对大学经济贡献的广度和深度、时间可持续性、数据搜集的可行性等多方面因素，确定了三个衡量一流大学经济贡献的指标，分别是高管及股东校友创业板上市公司市值、专利合作条约（Patent Cooperation Treaty，PCT）专利数、大学专利转让比例。第一个指标反映一流大学培养的创新创业人才对经济的贡献，第二个指标反映大学高水平国际专利的数量，第三个指标反映一流大

---

① 世界顶尖大学组选择样本包括哈佛大学、斯坦福大学、麻省理工学院、普林斯顿大学、哥伦比亚大学、加州理工学院、芝加哥大学、约翰斯·霍普金斯大学、华盛顿大学、宾夕法尼亚大学。

② 世界一流大学组选择样本包括普渡大学、佛罗里达大学、波士顿大学、卡内基梅隆大学、匹兹堡大学、布朗大学、乔治亚理工学院、宾夕法尼亚州立大学帕克分校、莱斯大学、俄亥俄州立大学哥伦布分校，其中由于 76～100 排名段美国高校数量偏少，因此乔治亚理工学院、宾夕法尼亚州立大学帕克分校、莱斯大学、俄亥俄州立大学哥伦布分校这些少数高校参考了近 5 年的 ARWU 排名。

③ H. Etzkowitz, and L. Leydesdorff. The dynamics of innovation: from national systems and "mode2" to a Triple Helix of university-industry-government relations. *Research Policy*, 2000, Vol. 29, No. 2, pp. 109 – 123.

④ M. Guerrero, D. Urbano, and A. Fayolle. Entrepreneurial activity and regional competitiveness: evidence from European entrepreneurial universities. *The Journal of Technology Transfer*, 2016, Vol. 41, pp. 105 – 131.

167

学技术转化的效率。

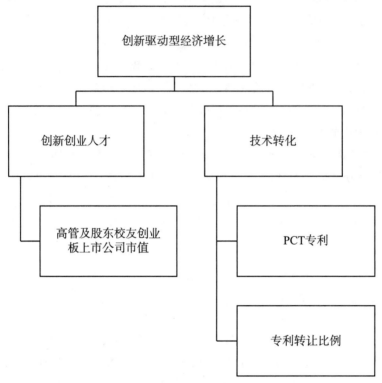

图 6-1　一流大学经济贡献指标体系

三、数据搜集与分析

1. 高管及股东校友创业板上市公司市值

指标界定：本研究界定高管及股东校友创业板上市公司市值（以下简称"校友创业市值"）为在某所大学取得学士、硕士或博士学位的个人，并在创业板上市公司担任主要股东或高级管理人员（简称高管），其所在公司年末股市市值的汇总额。其中，创业板上市公司是指在创业板市场上市并且发行股票的公司，包括中国的创业板以及纳斯达克全国市场（NASDAQ National Market）上市公司。股东限定为持股 5% 以上的股东或前 10 名股东，不包含非自然人；高管界定为总裁、副总裁、总经理、副总经理、首席执行官、首席运营官、首席财务官等（不包括独立董事）。[①]

---

① 张武军、张唯玮、贾晨：《创业板上市公司知识产权问题研究》，载于《会计之友》2019 年第 7 期。

数据搜集：国内数据来自国泰安数据库[①]，共 987 家企业。国泰安数据库含有上市公司财务、财务附注、证券市场交易、治理结构研究、人物特征等一系列子数据库。国外数据来自从全球企业数据库（BvD - Orbis）中获取纳斯达克全球市场的名单，共 2 661 家企业。BvD - Orbis 数据库是一个包含了全球近 3 亿家企业的财务、管理层、董监高管、评级报告、原始财务报表、新闻与并购记录和行业信息的大型企业分析库。[②] 搜集步骤如下。

（1）国内大学高管及股东数据搜集。

在国泰安"上市公司人物特征"数据库中，选择了 2019 年数据，下载 2019 年 1 月 1 日至 2019 年 12 月 31 日创业板上市公司的"董监高个人特征文件"，保留姓名、毕业院校、学历、是否高管团队成员、是否董事会成员和是否独立董事等辅助计数的变量。最后将毕业院校名称进行规范，例如将"上海复旦大学"和"复旦大学数学所"等名称统一为"复旦大学"。

（2）国外大学高管数据搜集。

本章中创业板上市公司的范围是 2019 年纳斯达克主要国家市场中的企业。高管及股东包括企业中的主要高级管理人员和董事会成员（不含独立董事）。根据 BvD - Orbis 数据库导出的 2019 年纳斯达克主要国家市场名录中的企业名称，检索相关公司的高管信息并下载。最后汇总所有企业的高管信息，提取其毕业院校名称并进行规范。

（3）计算校友创业市值。

本章用每个企业 2019 年末的市值除以数据库中该企业的高管及股东人数，求得各企业高管及股东的人均市值，再累加每个大学校友人次（包含学士、硕士、博士等学位类别，计算获得学位的频次，即假如某位高管在同一所大学完成了本硕博三个层次的教育并取得学位，则计 3 次）与对应人均市值的乘积，得到相应大学创业板上市公司高管及股东校友 2019 年末的总市值。

2. PCT 专利

指标界定：PCT 专利是指满足《专利合作条约》的专利，它是专利领域的一项国际合作条约。PCT 建立了一种国际体系，它允许发明人同时在 153 个国家（PCT 缔约国）申请专利。[③] 由于世界知识产权组织（World Intellectual Property Organization，WIPO）规定了严格的检索规则，可以缓解专利审查员对外国现有

---

① 数据库链接：http://www.gtarsc.com/。

② 鲁明易：《在华外资法人银行经营发展动因研究——基于 Orbis 数据库的实证分析》，载于《天津大学学报》（社会科学版）2012 年第 1 期。

③ WIPO. The PCT now has 153 countracting states. https://www.wipo.int/pct contracting states.html, 2020 - 08 - 01.

技术的引用偏见，因此 PCT 申请被认为是国家和国际申请的综合表现，体现了专利的国际化。[①]

数据搜集：本数据来自 WIPO 官网的国际和国家专利汇编 PATENTSCOPE 数据库。[②] 搜集步骤如下。

（1）进入 WIPO 官网的 PATENTSCOPE 数据库。（2）在专利局选项里选择 PCT 专利，在语言中选择全部，并选择单一族成员；本研究的 PCT 专利总数以公开（公告）日统计。（3）点击结果进行筛选，在申请人中只选择需要搜索的学校，并得出每一年的 PCT 数据，选择 2016～2020 年的数据。

3. 专利转让比例

指标界定：本研究界定专利转让比例为一段时间内专利转让个数与专利授权数之比。由于当前统计上衡量专利转化率较为困难，因此本研究选择专利转让比例来近似反映一段时间内的专利转化情况。专利转让是指专利权人作为转让方，将其发明创造专利的所有权或持有权移转受让方，受让方支付约定价款的法律行为。授权专利包括发明授权专利、实用新型专利和外观设计专利，不包括发明申请专利。专利总数以公开（公告）日统计。

数据搜集：国内外数据均来自 incoPat 数据库[③]，此数据库完整收录全球 105 个国家/组织/地区 1 亿多件基础专利数据，拥有专利全文，并对 22 个主要国家的专利数据进行过特殊收录和加工处理，数据字段完善且质量高。本章中的国内外大学专利数据均可在 incoPat 数据库中查找到，数据来源较为可靠。搜集步骤如下。

（1）在 incoPat 数据库搜索国内外大学的专利数，筛选专利总数后，统计 2016～2020 年专利总数的转让个数；（2）筛选大学的授权专利，统计 2016～2020 年授权专利数，授权专利数以专利公开（公告）日统计；（3）将大学专利转让数除以授权数，得到大学的专利转让比例。

4. 指数算法

通过以上三方面指标的数据搜集，对原始数据进行统计处理，并与世界一流大学组的均值作比值，得到该指标的得分。对三个指标得分赋予同等权重，进行简单加权，得到大学的经济贡献指数。

---

① 夏芸、翁佳铭：《高管海外背景与企业专利国际化——基于 PCT 申请的经验证据》，载于《工业技术经济》2021 年第 4 期。

② 数据库网址为 https：//www.wipo.int/patentscope/en/。

③ 数据库网址为 https：//www.IncoPat.com。

第三节　我国一流大学经济贡献指数表现及分析

一、一流大学经济贡献指数的表现

　　本研究采集了样本高校的数据并计算了经济贡献指数得分以及各个指标的得分，随后计算了国内外不同样本组大学经济贡献指数和各指标的平均值，具体参见表6－1。每所国内样本的表现见表6－2。

表6－1　　　　　　　　大学经济贡献指标和指数表现

组别	校友创业市值	PCT专利	专利转让比例	大学经济贡献指数
世界顶尖大学组	2.24	2.00	0.93	1.29
世界一流大学组	1.00	1.00	1.00	1.00
国内A组	0.46	1.04	0.34	0.53
国内B组	0.25	0.69	0.30	0.40

资料来源：笔者测算。

表6－2　　　　　　我国一流大学经济贡献指数及其指标得分

大学	指数得分	校友创业市值	PCT专利	专利转让比例
世界顶尖大学组	1.29	2.24	2.00	0.93
世界一流大学组	1.00	1.00	1.00	1.00
清华大学	0.92	0.63	2.48	0.37
华南理工大学	0.77	0.41	2.07	0.33
上海交通大学	0.64	0.61	1.25	0.41
浙江大学	0.59	0.55	1.44	0.28
东南大学	0.59	0.34	1.43	0.29
北京大学	0.55	0.48	1.18	0.32
哈尔滨工业大学	0.54	0.30	0.81	0.45
华中科技大学	0.54	0.34	1.25	0.29

续表

大学	指数得分	校友创业市值	PCT专利	专利转让比例
山东大学	0.53	0.23	1.15	0.32
西安交通大学	0.53	0.41	0.91	0.39
大连理工大学	0.52	0.44	1.40	0.20
南京大学	0.51	0.30	0.94	0.37
复旦大学	0.48	0.74	0.83	0.33
东北大学	0.48	0.10	1.02	0.31
南开大学	0.45	0.38	0.58	0.40
厦门大学	0.45	0.28	0.92	0.28
天津大学	0.45	0.30	1.10	0.22
同济大学	0.44	0.25	0.88	0.30
电子科技大学	0.42	0.25	0.65	0.35
武汉大学	0.40	0.33	0.55	0.35
重庆大学	0.40	0.24	0.45	0.39
北京航空航天大学	0.39	0.34	0.52	0.34
四川大学	0.37	0.36	0.68	0.25
北京师范大学	0.35	0.22	0.46	0.32
北京理工大学	0.35	0.21	0.59	0.28
中国科学技术大学	0.35	0.36	0.66	0.23
吉林大学	0.35	0.29	0.52	0.28
华东师范大学	0.34	0.13	0.33	0.35
中国农业大学	0.32	0.11	0.55	0.25
西北工业大学	0.32	0.16	0.24	0.35
中山大学	0.31	0.52	0.24	0.31
湖南大学	0.30	0.30	0.29	0.30
中南大学	0.30	0.36	0.22	0.33
兰州大学	0.28	0.10	0.24	0.31
郑州大学	0.28	0.27	0.22	0.29
中国海洋大学	0.27	0.16	0.44	0.22

资料来源：笔者测算。

表 6－1 显示，在高管及股东校友创业板上市公司市值方面，世界顶尖大学组是世界一流大学组的 2.24 倍。国内 A 组在该指标的得分与世界顶尖大学组和世界一流大学组还有明显的差距，只有世界一流大学组的 46％。国内 B 组在该指标上只有世界一流大学组的 25％。以上结果说明我国的一流大学在创新创业人才培养上与世界一流大学仍有一定差距。

PCT 专利方面，通过指标的比较发现，世界顶尖大学组在该指标的得分是世界一流大学组的 2 倍。国内 A 组的 PCT 专利指标得分已经达到世界一流大学组水平，为世界一流大学组的 1.04 倍。表 6－2 显示，国内若干高水平的综合型与理工类大学在该指标得分上比世界一流大学组要高，少数大学甚至已经达到了世界顶尖大学的平均水平。国内 B 组的 PCT 专利指标得分为世界一流大学组的 69％，反映出国内大部分一流大学在国际专利方面与世界一流大学仍然存在差距。

专利转让比例方面，分析显示，国内 A 组和 B 组的技术转让比例指标得分分别为世界一流大学组的 34％ 和 30％，两组大学均与世界一流大学存在显著的差距。表 6－2 显示，国内组得分较高的学校为理工科类的大学，但也比世界一流大学组低 50％～70％。因此，在技术转让效率方面，我国一流大学与世界一流大学的差距显著，不容忽视。

表 6－1 最后一列显示了经济贡献指数的得分比较，分析显示，国内 A 组的经济贡献指数是世界一流大学组的 53％，是世界顶尖大学组的 40％，说明国内的顶尖一流大学在经济贡献方面与世界一流大学还存在一定差距。国内 B 组在经济贡献指数上与世界一流大学组的差距较明显，仅为世界一流大学组的 40％。表 6－2 显示，国内只有少数排名前列的一流大学与世界一流大学组的经济贡献指数差距相对较小，而绝大多数国内一流大学在经济贡献得分上均与世界一流大学存在明显的差距。

二、一流大学经济贡献指数表现的分析

以上分析显示，国内大学在经济贡献方面与世界一流大学还存在一定差距，主要表现在创业人才培养和在专利转让比例方面还与世界一流大学差距显著。以下就我国高校在创业人才培养以及专利转化效率方面存在不足的原因进行进一步的讨论。

1. 创业人才培养质量不足的原因探讨

我国创业教育和创新创业人才培养体系尚不健全。

首先，国内高校创业教育存在院系间合作欠缺的问题。有研究指出，当前

173

国内创业教育存在校内资源整合不够、学生创业教育未全员化、院系配合不协调且整合不力等问题。[1] 相关研究提出国内全校性创业教育发展缓慢，大多由单一学院为主，不同学院合作进行创业教育仍然存在困难。[2] 当前国内高校院系合作的缺失导致创业教育运行机制很难突破专业和学科的限制，创业教育的跨学科特性很难发挥出来。[3] 国内很多高校通过设立专门的创业学院来达到培养创业人才的目的，但创业与各个专业息息相关而不是自成一体，创业学院和其他学院之间的交流与合作较少，这也导致了国内大多数高校创业学院只能流于形式。[4]

其次，国内高校在创业人才教育方面的不足还体现在学校和企业深度合作的机制上的欠缺。虽然一些高校的人才培养已经开始了校企协作模式，而且取得了可观的成绩，但是绝大部分高校的校企协作模式还处于浅层合作的初级阶段。很多高等院校并没有意识到构建长效稳定的校企协同创新创业人才培养体系的重要性。[5] 多数高校与企业之间的合作仅停留在签署定岗实习协议、接受师生参观学习等方面，双方合作的广度与深度不足。[6] 多数高校校企合作创业平台构建滞后，缺乏来自企业层面的企业政策咨询、扶持资金申请、企业登记注册及融资等方面的支持和服务。[7]

最后，虽然创业教育已经被很多高校列入教学计划，但多以公共必修类课程为主，相关创业类课程开设较少，存在重理论、弱实践等现象。在创业教育和专业教育课程设置上，存在专业为主、创业为辅的问题，相互脱节较为突出，缺乏层次递进、衔接灵活的课程模块。[8] 根据创业教育报告数据，高校创业课程并没有完全融入正规的课程教育体系，约40%的高校以就业指导课程的形式开设，约35%的高校以全校范围的公选课或通识课的形式开设，甚至有8%

① 张宝君：《"精准供给"视域下高校创新创业教育的现实反思与应对策略》，载于《高校教育管理》2017年第1期。
② 梅伟惠：《创业人才培养新视域：全校性创业教育理论与实践》，载于《教育研究》2012年第6期。
③ 桑大伟、朱健：《以创业学院为载体推进高校创业教育的有效开展》，载于《思想理论教育》2011年第11期。
④ 姜慧、殷惠光、徐孝昶：《高校个性化创新创业人才培养模式研究》，载于《国家教育行政学院学报》2015年第3期。
⑤ 娄雪、宋姣：《应用型高校校企合作创新创业人才培养模式研究》，载于《中国大学生就业》2021年第3期。
⑥ 沈云慈：《基于政校企合作的地方高校创业教育实践平台构建研究》，载于《中国高教研究》2020年第9期。
⑦ 吴洁、牛彦飞：《创新驱动背景下高校创新创业人才培养机制》，载于《教育与职业》2019年第23期。
⑧ 黄兆信、赵国靖：《中美高校创业教育课程体系比较研究》，载于《中国高教研究》2015年第1期。

的高校并未开设此类课程。① 国内高校创业教育面向的对象往往是全体在校学生，没有做分层教育，课程内容针对性不强，授课效果难以客观地进行评估，课程体系有待进一步开发与设计。② 此外，很多高校创业教育只是流于形式，并没有在学生培养方案的课程体系中体现，造成学生的创新创业教育知识只停留在选修选读的层次。③

2. 技术转化效率低的原因探讨

在技术转化效率方面，我国大学专利转让比例偏低问题由多方面的原因造成。其中一个原因是我国高校科研评价体系重数量，导致了专利数量膨胀的现象。表 6-3 显示了专利授权数的国内外大学均值比较。结果表明，世界顶尖大学组的专利授权数为世界一流大学组的 3.84 倍，而国内 A 组专利授权数为世界一流大学组的 9.44 倍，国内 B 组为世界一流大学组的 6.60 倍，两者均显著高于世界顶尖大学组。然而，授权的专利可能并不能良好对接市场的需求，从而导致真正实现转让的专利比例较低。研究中美国的顶尖大学和世界一流大学在专利申请方面则采取了不同的策略。比如对斯坦福大学的案例分析表明，只有企业愿意接受专利许可后，大学才会为其申请专利。大学还会成立技术转化办公室，由专门的技术经理对发明的潜在应用价值进行探讨，并邀请相关专家、企业人员等为大学教师提供咨询，从而提升其专利转化的效率。④

表 6-3   大学专利授权数的指标表现

组别	指标得分
世界顶尖大学组	3.84
世界一流大学组	1.00
国内 A 组	9.44
国内 B 组	6.60

资料来源：笔者测算。

另一个造成我国高校技术转化效率低的原因是，我国高校技术转化缺乏有效

---

① 熊柴、任泽平、裴桓、王松山：《中国青年创业发展报告（2020）》，载于《中国青年研究》2021年第 2 期。

② 臧玲玲、梅伟惠：《高校创业教育课程生态系统的生成逻辑与建设路径》，载于《华东师范大学学报》（教育科学版）2019 年第 1 期。

③ 赵亮：《创新创业教育与专业教育深度融合的高校课程体系重构——基于理论与实践角度的分析》，载于《江苏高教》2020 年第 6 期。

④ 冯倬琳、刘念才：《世界一流大学评价与建设》，上海交通大学出版社 2020 年版，第 43~46 页。

的组织制度支持。研究表明，在大学内部，取得与专利、技术转化和初创公司形成等与商业相关活动的联系需要有重要的制度基础。[1][2] 例如，大学技术转化项目的数量增长主要来源是大学管理中对学术创业的支持，而不是教师科研产出数量的变化。[3] 国家和大学行政部门可以通过制定大学范围内的技术转化政策来影响对研究人员的激励。来自美国的证据表明，大学的制度支持是技术转化等学术创业活动激增的原因。[4]

对比中国与欧美关于技术转化的研究重点，欧美的研究侧重公共政策完善、市场工具优化、科学家作用的发挥等，而我国学者以制度完善与组织建设研究为主。[5] 这其实与国家的特点有关，美国高等教育体系的特征有利于大学与产业的合作，比如权力下放、竞争以及应用研究与研究生教育的结合。[6] 在制度方面，中国和发达国家间存在成果信息披露机制、成果转化机制等方面的差异，因此会出现高校技术转化效率低下的问题。[7] 有早期研究提出，在专利所有权方面，我国规定由国家资助所产生的科技成果归国家所有，这样限制了科研人员进行技术转化的积极性。[8] 但随着我国一系列政策法规的出台，如《中华人民共和国促进科技成果转化法》《高等学校开放研究实验室管理办法》《关于加强高等学校科技成果转移转化工作的若干意见》等，激发了科研主体的积极性。但高校技术转化是一个整体的过程，包括"资源投入，成果产出，技术转让"三个环节，大学组织中资源投入的数量与方式是科技成果产出的基础，制度支持是技术转让的保障，资源投入不足、制度支持不够、激励机制欠缺是我国高校科技转化发展的主要障碍。[9]

---

① A. N. Link, and D. S. Siegel. *Innovation, entrepreneurship, and technological change.* Oxford, UK: Oxford University Press, 2007, P. 9.

② R. P. O'Shea, H. Chugh, and T. J. Allen. Determinants and consequences of university spinoff activity: a conceptual framework. *The Journal of Technology Transfer*, 2008, Vol. 33, pp. 653 – 666.

③ W. Wu. Managing and incentivizing research commercialization in Chinese Universities. *The journal of technology transfer*, 2010, Vol. 35, pp. 203 – 224.

④ J. G. Thursby, and M. C. Thursby. Are faculty critical? Their role in university-industry licensing. *Contemporary Economic Policy*, 2004, Vol. 22, No. 2, pp. 162 – 178.

⑤ 常旭华、贾月莹、刘海睿：《高校技术转移研究：进程、热点及中外比较》，载于《科学学与科学技术管理》2022 年第 2 期。

⑥ D. C. Mowery, R. R. Nelson, B. N. Sampat, and A. A. Ziedonis. *Ivory tower and industrial innovation.* Stanford University Press, 2020, P. 78.

⑦ 万健、赵烨烨：《高校产学研合作的利益机制探析》，载于《中国高等教育》2011 年第 12 期。

⑧ 刘学之、马婧、彭洁等：《美国国家实验室成果转化路径解析与制度保障》，载于《科技进步与对策》2015 年第 11 期。

⑨ 李韵婷、曾慧君、张日新：《协同创新视角下高校科技成果转化研究——基于广东和江苏 166 家高等院校的实证分析》，载于《科技管理研究》2019 年第 8 期。

第四节 一流大学经济贡献的典型案例研究

本章在创新创业人才培养以及技术转化方面分别选择了两个案例。在创新创业人才培养方面，选择了剑桥大学在生物领域的创业硕士项目作为研究案例。该项目在培养跨学科创业型人才方面取得了显著的成效，一些人才培养的模式值得借鉴和学习。在技术转化方面，选择了美国哥伦比亚大学生物医学工程领域的"实验室到市场加速器"（Lab－to－Market，L2M）作为典型案例。该加速器选择具有商业转化潜力的申请者，并为其提供各层次的资金支持和教育指导，它在哥伦比亚大学促进生物医学工程成果转化方面发挥了关键作用，并在短短几年内就使得技术转化成果成倍增长。[①]

一、跨学科创业教育：以剑桥大学生物创业硕士为例

剑桥大学生物创业硕士项目计划（Master of Bioscience Enterprise，MBE）是生命科学和商业课程交叉性人才培育项目，截至2021年，该专硕项目已经进行到了第19年，已有450多名毕业学生，多数毕业生从事于生命科学和商业领域的各类职业，特别是生命科学商业化相关的职业，并取得了不错的业绩。[②] 以下归纳该项目在跨学科人才培养方面的四个突出特色。

1. 联动生物技术系与商学院，共同拟订培养计划

剑桥 MBE 与剑桥大学贾奇商学院（Judge Business School，JBS）有紧密的联系。JBS 和 MBE 合作为 MBE 学生拟订专业实践课程培养计划，MBE 学生需要参加由 JBS 教师主讲的一系列技术与创新管理课程，涵盖的主题包括战略、决策理论营销、会计和金融、微观经济学、科学商业化和创新管理。[③] 在实践课程项目咨询环节中，当 MBE 学生分组为客户公司开展项目咨询时，需要运用前期在 JBS

---

① About the Program. Columbia Biomedical Engineering Accelerator，http：//columbiabiomedx. com/what－we－do，2021－05－28.

② MPhil in Bioscience Enterprise. Department of Chemical Engineering and Biotechnology，https：//www. ceb. cam. ac. uk/postgraduates－tab/mphil－mbe，2021－07－23.

③ Mphil Bioscience Enterprise program information. Department of Chemical Engineering and Biotechnology，https：//www. ceb. cam. ac. uk/postgraduates－tab/mphil－mbe/programme－information，2022－06－13.

教师主讲的课程中所学到的理论与原则。① 通过 MBE 和 JBS 学院的合作培养，MBE 为全球范围内生物技术和制药公司、生命科学咨询公司以及医疗，金融和法律等领域输送了优秀的人才。②

2. 组织跨领域专家合作授课，提供商业咨询与评估

剑桥大学 MBE 的每一个模块中，教学和评估均由行业或学术专家设计和监督，其中不乏来自各生物技术集群中的高管以及具备成果转化和初创公司管理经验的专业人员。③ 2019 年，有 90 多名高管通过客座授课、案例研究报告、技能研讨会、咨询项目或参与评估的形式，参加了 MBE 的教学。随着该项目的成熟，行业高管已经针对 MBE 开发了多种案例研究材料，他们的持续参与和课程开发咨询是 MBE 成功的关键。④ 此外，学校邀请了大约 25 000 名资深员工为 MBE 项目提供支持，他们来自剑桥大学、英国及其他海外大学、技术公司、国家和国际商业咨询公司以及专业服务提供商。⑤ MBE 中各领域专家通过合作授课、提供专业商业咨询和评估，培养了具备较高知识水平和专业能力的创新创业人才。⑥ 近年来，MBE 所培养的生物领域创业者和科学管理人才促进了剑桥大学集群和整个英国生命科学界的发展。⑦

3. 实行企业高校双导师制，保障毕业论文质量

剑桥大学 MBE 在实习与论文撰写期间，为每个学生分配了两名导师，他们分别来自公司和大学，共同负责为学生提供建议，并保障其论文的学术质量。⑧ 在进行实习之后，学生将根据其所搜集到的资料和信息进行分析，并撰写 1 万字左右的论文，分值占课程总成绩的 30%，评估由大学主管、大学和外部考官完

---

① Mphil Bioscience Enterprise program overview. Department of Chemical Engineering and Biotechnology, https：//www. ceb. cam. ac. uk/postgraduates – tab/mphil – mbe, 2022 – 06 – 12.

② Department of Chemical Engineering and Biotechnology. Mphil Bioscience Enterprise program Admission, https：//www. ceb. cam. ac. uk/postgraduates – tab/mphil – mbe/Admissions, 2021 – 01 – 18.

③ MPhil in Bioscience Enterprise Overview. Postgraduate Admissions, https：//www. postgraduate. study. cam. ac. uk/courses/directory/egcempbse, 2022 – 06 – 14.

④ MPhil in Bioscience Enterprise Requirement. Postgraduate Admissions, https：//www. postgraduate. study. cam. ac. uk/courses/directory/egcempbse/requirements, 2022 – 06 – 14.

⑤ Mphil Bioscience Enterprise program Admission. Department of Chemical Engineering and Biotechnology, https：//www. ceb. cam. ac. uk/postgraduates – tab/mphil – mbe/Admissions, 2021 – 01 – 18.

⑥ Mphil Bioscience Enterprise program environment. Department of Chemical Engineering and Biotechnology, https：//www. ceb. cam. ac. uk/postgraduates – tab/mphil – mbe, 2022 – 06 – 12.

⑦ Department of Chemical Engineering and Biotechnology. Mphil Bioscience Enterprise program information, https：//www. ceb. cam. ac. uk/postgraduates – tab/mphil – mbe/programme – information, 2021 – 01 – 18.

⑧ Mphil Bioscience Enterprise program overview. Department of Chemical Engineering and Biotechnology, https：//www. ceb. cam. ac. uk/postgraduates – tab/mphil – mbe, 2022 – 06 – 14.

成。① 在实习的前几周，学生需要同所在企业的行业导师一起探讨并拟定其论文主题，与此同时大学方面的导师会提供较为专业的咨询和建议。② 在这个过程中计划主任亦起着至关重要的作用，计划主任的职位为兼职，通常由来自生物技术公司或咨询公司的高级从业人员担任，这个职位的设立也是为了确保为每位学生提供足够的专家监督。③ 这种双导师制主要的挑战是统一行业和学术界对论文的标准。计划主任在这一方面将为学生提供帮助，保障每个人的硕士学位论文质量和水平。④

4. 面向各领域和部门，为学生推荐最佳就业方案

剑桥大学 MBE 毕业生有多种就业的选项，项目亦会为学生推荐其最佳的就业方案。根据其就业方向来看，大约 30% 的毕业生加入了国际知名的大公司或以医疗保健为重点的咨询公司或咨询部门。⑤ 近年来，战略咨询机构招聘生物创业硕士的人数显著增加，反映出这类交叉性人才在药物开发过程中的重要性日益增加。⑥ 25% 的毕业生在生物技术或制药公司环境中工作，他们担任管理和业务发展职务；少数毕业生加入了初创企业；大约 10% 的毕业生进入投资银行、风险投资公司或会计师事务所的金融部门；而法律培训或实践领域的就业人数则占毕业生的 5%；政府组织或者相关组织招募了少量毕业生担任政策咨询和行业沟通职务。⑦ 生物创业硕士虽然是专业型硕士，但并不意味着学生在将来不从事学术研究，每年约有 15% 的毕业生继续从事生物领域的研究或者在管理和科学学科中从事博士学位研究，其中大多数人主要还是会寻求通过提升学历和获取更多知识来进一步获得高级业务管理职位。⑧ 具有从医资格的 MBE 毕业生通常会重返该职业道路，当然也有很多人顺应 MBE 根据其自身多方面特点设计的就业模型，进入医疗器械商业化领域或担任相关公司咨询职务。⑨

① Mphil Bioscience Enterprise program admissions. Department of Chemical Engineering and Biotechnology, https：//www. ceb. cam. ac. uk/postgraduates – tab/mphil – mbe/Admissions，2022 – 06 – 14.

② Mphil Bioscience Enterprise program information. Department of Chemical Engineering and Biotechnology, https：//www. ceb. cam. ac. uk/postgraduates – tab/mphil – mbe/programme – information，2022 – 06 – 14.

③ Mphil Bioscience Enterprise program Syllabus. Department of Chemical Engineering and Biotechnology, https：//www. ceb. cam. ac. uk/postgraduates – tab/mphil – mbe/programme – information/syllabus，2022 – 06 – 14.

④ Department of Chemical Engineering and Biotechnology. Mphil Bioscience Enterprise program Syllabus, https：//www. ceb. cam. ac. uk/postgraduates – tab/mphil – mbe/programme – information/syllabus，2021 – 01 – 18.

⑤⑥ MPhil in Bioscience Enterprise Overview. Postgraduate Admissions，https：//www. postgraduate. study. cam. ac. uk/courses/directory/egcempbse，2022 – 06 – 14.

⑦ MPhil in Bioscience Enterprise Funding. Postgraduate Admissions，https：//www. postgraduate. study. cam. ac. uk/funding，2022 – 06 – 14.

⑧ Mphil Bioscience Enterprise program admissions. Department of Chemical Engineering and Biotechnology, https：//www. ceb. cam. ac. uk/postgraduates – tab/mphil – mbe/Admissions，2022 – 06 – 12.

⑨ Mphil Bioscience Enterprise program admissions. Department of Chemical Engineering and Biotechnology Mphil Bioscience Enterprise program information，https：//www. ceb. cam. ac. uk/postgraduates – tab/mphil – mbe/programme – information，2021 – 01 – 18.

综上，剑桥大学通过跨学科、跨部门、跨领域的合作，成功推动了创业人才的高效培养，其成功经验可能有以下几方面的因素：首先，英国作为全球最早且最成功的几个国家之一，在创新创业教育方面具有悠久的历史和完善的体系。[①]其创业教育体系包括丰富的特色课程和学生培养模式，为创新创业的发展提供了较为全面的支持。其次，剑桥大学在创业教育方面具有先进的理念。其创业教育的目标不仅仅是教导学生如何创办公司或成为企业家，更重要的是培养学生的创新创业意识，使其认识到创新与创业的重要性。[②]最后，剑桥大学广泛设立了创新创业中心等服务机构，为学生的项目提供商业咨询和指导。[③]这不仅为学生提供了优良的创业平台，还加强了学校与企业之间的联系，提升了剑桥大学在经济增长和学生就业方面的贡献。

二、技术转化加速器：以哥伦比亚大学 L2M 为例

当前，我国高校存在技术转化的困难，这可能导致先进的学术研究成果难以有效转化为生产力并促进经济发展。[④]在过去的几十年里，政策制定者、投资者、大学、研究机构等推出了各种各样的促进大学技术转化的模式，其中具备获取外部资源功能的第三代技术孵化模式——加速器就是一个典型。[⑤]加速器通过提供教育和指导搭建桥梁，并帮助初创者克服其固有的资源短缺，从而实现技术快速转化。[⑥]

本研究选择了美国哥伦比亚大学生物医学工程领域的实验室到市场加速器作为典型案例。至今，哥伦比亚大学 L2M 加速器已为 376 个团队提供了产品开发和创业的教育训练营，其中，40 多个加速器团队实现了技术转化。[⑦]该加速器在团队培训与技术转化教育、人才和资源集聚等方面具有丰富的经验，值得我们学习与借鉴。本研究将从商业化教育、监管战略、资源整合以及跨领域合作角度对

① 刘峰：《英国创业教育的历史经验及其启示》，载于《教育评论》2014 年第 12 期。

② 苗青：《剑桥大学创新创业教育对我国的启发》，载于《河北师范大学学报》（教育科学版）2018 年第 2 期。

③ 韩萌：《剑桥大学学术创业集群的构建及其启示》，载于《高等教育研究》2020 年第 1 期。

④ 陈衍泰、夏敏、李欠强、朱传果：《创新生态系统研究：定性评价、中国情境与理论方向》，载于《研究与发展管理》2018 年第 4 期。

⑤ J. Bruneel, T. Ratinho, B. Clarysse, and A. Groen, The Evolution of Business Incubators：Comparing demand and supply of business incubation services across different incubator generations. Technovation, 2012, Vol. 32, No. 2, pp. 110 – 121.

⑥ Miller P, Bound K. The Startup Factories The rise of accelerator programmes to support new technology ventures, http：//www. nesta. org. uk/library/documents/StartupFactories. pdf, 2021 – 05 – 27.

⑦ Columbia Lab - to - Market Accelerator Network. Columbia Technology Ventures, https：//techventures. columbia. edu/inventors/columbia - lab - market - accelerator - network, 2021 – 05 – 28.

哥伦比亚大学 L2M 生物医学工程加速器进行特点的归纳。

1. 进行创新商业化教育，创办技术转化训练营

哥伦比亚大学 L2M 生物医学工程加速器创建的一个主要目标是基于生物医学的商业化与技术转化，对研究人员、临床医生和学生进行教育，为此哥伦比亚大学 L2M 生物医学工程加速器创办了"BioMedX 新生训练营"（以下简称"训练营"）。[1] 该训练营是与转化治疗加速器（Translational Therapeutics Accelerator，TRx）和癌症治疗加速器（Accelerating Cancer Therapeutics，ACT）合作举办的，学生在训练营里要进行一门 3 学分的课程学习。[2] 申请团队必须由至少一名临床代表和一名科学家或工程师代表组成，而且要求项目申请团队至少要派一名代表参加训练营。[3] 训练营旨在为哥伦比亚生物医学工程技术加速器申请项目团队和其他对技术转化有兴趣的学生提供专业框架和基本工具；每堂课由教师授课和团队演示组成，并以实践练习和小组反馈为特色，同时辅以商业化成功案例的教学。[4] 训练营团队通过迭代和改进来制定市场准备计划；同时，训练营的成员能够享有与同行学习的环境，并获得该领域专家网络的支持；在课程结束时，团队将向投资者和哥伦比亚生物医学工程技术加速器监督委员会推广他们的技术，以获得潜在的资金。[5]

为了加快通往市场的道路，训练营还为学生们提供了商业顾问，他们可以为团队提供市场开发和技术商业化方面的建议、反馈和指导。训练营还为学生们提供了与技术团队合作的机会，同时为学生团队的尖端技术制订商业化计划。[6] 训练营在确定临床需求、利益相关者要求方面发挥积极作用，从而激发学员团队在尖端技术方面的商业潜力。此外，学生还会接触医疗技术商业化所涉及的技术、经济、社会和公共政策问题，并且从经验丰富的商业顾问、客座教授和教授那里获得指导。[7]

对于学生而言，他们需要在训练营进行学习的过程中明确自己当前的解决方案和产品的差距，以及在技术转化过程中的利益相关者与其具体诉求；明确自己的项目是否有商机，包括在投入大量资源进行开发和相关技术的完善之前，如何

---

[1] Biomedical Engineering Technology Accelerator（BioMedX）. Columbia Lab – to – Market Accelerator Network，https：//labtomarket. columbia. edu/biomedx，2021 – 05 – 27.

[2] About L2M. Columbia Lab – to – Market（L2M）Accelerator Network，http：//columbiabiomedx. com/boot – camp，2022 – 06 – 12.

[3][7] Lab-to-market：Accelerating biomedical innovation. Columbia Biomedical Engineering Accelerator，http：//columbiabiomedx. com/boot – camp，2021 – 05 – 27.

[4][6] Lab-to-market：Accelerating biomedical innovation. Columbia Biomedical Engineering Accelerator，http：//columbiabiomedx. com/boot – camp，2022 – 06 – 12.

[5] Education. Columbia Biomedical Engineering Accelerator，http：//columbiabiomedx. com/boot – camp，2021 – 05 – 26.

证明自己的产品是可行且无风险的；明确如何对自己的项目进行包装和推广，以及自己的项目团队的具体构成。

2. 引入专家制定监管战略，提升项目投资潜力

哥伦比亚大学 L2M 生物医学工程加速器要求所有申请团队的成员都应致力于技术转化和商业化目标，并愿意接受对其项目的指导和监督。加速器的目标是定位有前途的生物医学技术，以授权给商业合作伙伴；他们将开发具体解决方案来改善患者的治疗，并尝试通过提供各类服务来满足医疗保健需求。[①]为此，加速器通过评价来降低每一个申请者团队的项目投资风险，引入专家来帮助制定监管战略，与知识产权顾问密切合作，并尽早帮助申请团队确定拥有产品开发能力的合作伙伴并与之接触。[②]项目提案的评价和选择由执行团队和监督委员会进行。监督委员会由哥伦比亚大学医学中心的三名临床代表，来自投资者、行业和创业社区的三位代表，哥伦比亚大学技术转移办公室的代表，以及库尔特基金会的代表组成。预计提案的评价和选择也将依赖外部业务顾问和技术专家，根据所收到提案的主题提供特定领域的专业知识。[③]为了分享所有受资助项目的经验教训和最佳实践方式，加速器还规定受资助的团队应每年定期报告技术和业务进展情况 3 次。此外，加速器还规定项目申请团队需要每月签到并与技术转让和营销相关方展开积极合作，预计获得资助的团队将作为积极的合作伙伴与其商业化团队合作。[④]

3. 整合多种类型资源，保障项目成功孵化

哥伦比亚大学 L2M 生物医学工程加速器将自身拥有的法律资源、加速器间网络、天使投资、额外融资机会与哥伦比亚大学内部的资源进行有效的整合，以此切实有效地保障所有申请项目能够成功获得支持资金，并将在接下来的过程中进一步的孵化。[⑤]在法律资源方面，律商联讯公司（LexisNexis）提供来自近 5 000 个具有广泛来源的商业、法律、医疗等方面的讯息，服务涵盖报纸、杂志、电报服务、联邦和州法院意见、法规、联邦法规和美国证券交易委员会（Securities and Exchange Commission）文件；八大律师事务所按照折扣价的形

---

① External Resources. Columbia Biomedical Engineering Accelerator, https：//labtomarket. columbia. edu/content/external – resources, 2022 – 06 – 14.

② Program Alumni. Columbia Biomedical Engineering Accelerator, https：//labtomarket. columbia. edu/companyportfolio, 2022 – 06 – 14.

③ Project Management & Reporting. Columbia Biomedical Engineering Accelerator, http：//columbiabiomedx. com/project – management – and – reporting, 2021 – 05 – 28.

④ Evaluation Criteria. Columbia Biomedical Engineering Accelerator, http：//columbiabiomedx. com/evaluation – criteria, 2021 – 05 – 28.

⑤ Lab-to-market：Accelerating biomedical innovation. Columbia Biomedical Engineering Accelerator, http：//columbiabiomedx. com/boot – camp, 2022 – 06 – 14.

式为初创项目提供服务，并提供免费文档模板和指南，以此来帮助初创项目解决法律上面临的种种问题。[①] 在加速器网络方面，L2M 生物医学工程加速器同转化治疗加速器（TRx）资源、癌症治疗加速器（ACT）、纽约市媒体实验室以及纽约生物与健康科技创业实验室形成加速器资源共享网络；在天使投资和风险投资方面，L2M 生物医学工程加速器同中大西洋生物天使组（Mid – Atlantic Bio Angels Group）、投资者圈、纽约天使等天使基金，德诺创投（De Novo）等风险投资商展开密切合作；L2M 生物医学工程加速器还同美国国家和科学基金会（National Science Foundation）、纽约干细胞科学（New York State Stem Cell Science）合作，为所申请项目争取融资机会。此外，L2M 生物医学工程加速器还充分利用哥伦比亚大学的内部资源，与不同部门展开积极合作。[②]

4. 组建跨领域战略联盟，进行创业咨询与辅导

哥伦比亚大学 L2M 生物医学工程加速器依靠自身的各类资源，同当地政府、企业、兄弟院校等相关方建立战略同盟，通过加速器、孵化器以及概念证明中心等项目积极地同地方产业链进行对接。哥伦比亚大学已经成为纽约市重要的联合办公空间与加速器的组成力量，其涉及数字媒体、清洁能源、生物医学等多个与地方产业接轨的领域，而 L2M 生物医学工程加速器正是以此为基础，并依托自身各类资源，同纽约不同组织建立了很好的联盟关系。[③]

在创业咨询与辅导方面，哥伦比亚大学 L2M 生物医学工程加速器的工作从以下两个方面展开：一方面，基于学校工作室项目的支持，对初创项目进行专业的培训和引导。美国博钦法律事务所（Perkins Coie）与哥伦比亚大学法学院为哥伦比亚大学初创项目提供法律方面的服务，法学院学生协助律师事务所的律师为全校师生和校友的创业团队提供免费的法律咨询。[④] 另一方面，哥伦比亚大学 L2M 生物医学工程加速器与外部不同领域的专家以驻校企业家项目的形式确定合作关系。2011 年，哥伦比亚大学设立了驻校企业家项目，涉及商业、法律等诸多领域，旨在帮助有潜力的技术向市场转化，实现加速发展。[⑤] 值得一提的是，哥伦比亚大学鼓励这些专家广泛融入纽约市创业生态系统，这不仅有利于哥伦

[①] External Accelerator Programs. Columbia Lab – to – Market Accelerator Network，https：//labtomarket. columbia. edu/content/external – resources，2022 – 06 – 12.

[②] External Resources. Columbia Lab – to – Market Accelerator Network，https：//labtomarket. columbia. edu/content/external – resources，2021 – 12 – 04.

[③] 杨婷、尹向毅：《大学如何构建创业支持系统——哥伦比亚大学的探索》，载于《华东师范大学学报》（教育科学版）2019 年第 1 期。

[④] Entrepreneurs Roundtable Accelerator. Columbia Lab – to – Market Accelerator Network，https：//labtomarket. columbia. edu/content/external – resources，2022 – 06 – 12.

[⑤] Additional Funding Opportunities. Columbia Lab – to – Market Accelerator Network，https：//labtomarket. columbia. edu/content/external – resources，2022 – 06 – 12.

比亚大学与纽约市的导师资源共享,而且这些专家在服务纽约市创业企业的过程中也能获取信息、人脉等资源,这也可以更好地服务哥伦比亚大学的各个加速器。[1]

综上所述,哥伦比亚大学技术转化加速器集人才创业教育、专家咨询、资源整合、组织协同等多个功能于一身,为高校科技成果的转化打通了多方面的渠道,其成功的原因可能有以下若干:首先,技术转化的成功归因于政策的有力支持。2008 年金融危机导致美国纽约市市长迈克尔·布隆伯格采取了一系列旨在促进创新创业和加强技术转化的措施,这些政策措施推动了哥伦比亚大学技术转化的快速发展。[2] 其次,哥伦比亚大学设立了涉及技术转化的课程,包括相关的知识课程、法律课程以及生物医学专业技术课程等。[3] 这种跨学科的教育设置为技术转移提供了多个领域的专业知识和理论支持。最后,哥伦比亚大学通过整合法律、商业、政策和技术等多个领域的专业人才,全方位地支持有潜力的技术转化,并在转化过程中加强监督,以实现加速发展。[4] 这种多领域的合作为技术转移提供了综合性的资源和专业知识,有助于确保技术转化的顺利进行。

第五节　关于我国一流大学经济贡献的政策建议

基于以上对一流大学经济贡献的指标分析发现,我国一流大学与世界一流大学在经济贡献方面仍然存在差异。在技术转化方面,主要表现在各个层次的国内一流大学技术转化效率偏低。在创新创业人才培养方面,国内一流大学与世界一流大学还存在较大的差距。结合当前我国一流大学经济贡献方面存在的不足,并借鉴国外一流大学经济贡献方面的典型案例经验,本研究提出了以下两条政策建议。

---

[1] Resources at Columbia University. Columbia Biomedical Engineering Accelerator, http://columbiabiomedx. com/resources – internal, 2021 – 05 – 28.

[2] 杨婷、尹向毅:《大学如何构建创业支持系统——哥伦比亚大学的探索》,载于《华东师范大学学报》(教育科学版) 2019 年第 1 期。

[3] M. Lundqvist, and K. Williams, *Promoting and measuring university-based innovation and entrepreneurship. Regional Frontiers of Entrepreneurship Research.* Sweden, Chalmers Higher institution of Technology, 2006, pp. 573 – 592.

[4] Columbia Entrepreneurship, Innovation, and Design. Classes, https://entrepreneurship. columbia. edu/, 2022 – 06 – 12.

一、设立跨学科创业人才培养项目，搭建创业人才联合培养体系

在当前"大众创业、万众创新"的背景下，许多高校都设立了创业相关课程或者创业学院，但多数都没能和本校较为优势的学科紧密地联系起来，而是以选修、辅修等方式来培养创新创业人才，这也导致高校的创业教育缺乏系统性。从案例分析的经验看，国外一流大学创业人才培养项目整合了大学各个院系资源。如剑桥大学推动生命科学院、商学院和法学院进行跨学科联动，为生命学院的创业硕士提供了法律以及管理上的专业实践培训课程，有助于培养跨学科的创新创业人才，进而服务了所在国家生物领域的创新发展。

针对当前我国各高校创业教育和其他专业相脱离的问题，借鉴国外一流大学的经验，建议高校内不同院系进行创业教育的联动，特别是理工科类的院系应当加强同管理、法律、经济等学科之间的联动以进行跨学科创新创业人才培养。为此，建议高校设立主管创业教育的负责人和管理部门，从而可以在跨学科创业教育人才培养方面发挥其桥梁作用，在学校层面提供跨学科招生、人才培养、毕业就业等方面的政策支持。此外，建议设立专门的跨学科创业人才培养项目资金，鼓励不同的学院开设跨学科的课程，鼓励学分的互认机制，满足各方的实际需求和利益，从而吸引更多的相关学科教师参与到创业教育项目当中。

二、建立大学技术转化加速器，强化一流大学对经济发展的推动作用

本章研究发现，我国一流大学的技术转化效率普遍低于世界一流大学。一方面的原因是当前高校专利数量的膨胀，多数专利偏离市场需求，难以高效率地将先进技术推广转化。另一方面则是因为大学缺乏有效的组织制度，难以帮助研究者获得相关技术转化的信息和资金，因此转化成本较高。为了更好地应对国家创新和产业升级转型方面的需求，未来我国高校技术转化效率提升需要得到重视。从哥伦比亚 L2M 生物医学工程加速器的经验可以看出，加速器创建基于相关领域的商业化和技术转化对相关研究人员、从业人员和学生进行教育，为高校技术孵化提供了有效的指导，从而提升了技术转化的效率。

建议我国一流大学的研究机构尝试创设加速器来提升技术转化效率。首先，我国高校和相关机构在建立加速器时需要明晰加速器的教育职能，可通过创立创业教师、学生训练营，为创业学生团队以及高校教师个人提供指导和培训。其

次，建议各高校和机构为技术转化人员提供与商业顾问交流的机会，要求商业顾问就高校技术转化时面临的问题提供建议、反馈和指导。加速器还可以引入专家来帮助制定监管战略，并尽早帮助技术转化团队与知识产权顾问以及合作伙伴进行接触。最后，建议我国一流大学在技术转化加速器中设立专家监督机制，通过专家监督与评估降低每一个申请者团队的项目投资风险，并拦截商业化前景不明、风险较大的研究进行专利申请。

第七章

世界一流大学服务国家战略指数与案例研究

第一节 研究背景与思路

一、研究背景

1. 世界一流大学围绕时代需求服务国家战略

纵观历史，世界一流大学的重心转移与世界经济、科技等战略发展中心的转移方向相一致，这是因为世界一流大学聚集着各国、各领域最顶尖的人才与科研资源，是推动国家乃至世界发展不可或缺的中坚力量。20世纪后，随着国际社会矛盾的激化，一流大学在国防、军事领域为主的重要战略领域贡献逐渐凸显。第一次世界大战时期，许多国家调动大学资源用于国防，服务国家战略，比如英国政府调动牛津大学、剑桥大学等顶尖大学协助政府研究化学武器及其防护技术等。[①] 由于战争时期的特殊需要，一流大学服务于国防科研的作用逐渐受到国家重视。"二战"时期，一流大学的战略地位更加稳固。以著名的"曼哈顿工程"

---

① 刘得斌：《从国家战略角度构建中国新型大学——从美国一流大学的培育谈起》，载于《郑州大学学报》（哲学社会科学版）2004年第6期。

（Manhattan Project）为例，为了先于纳粹德国造出原子弹，美国集中了一大批优秀的科学家，其中一流大学功不可没。① 例如，国防研究委员会汇集了哈佛大学校长、麻省理工学院校长等顶尖人才，芝加哥大学建成世界上第一个实验型原子反应堆，加州大学伯克利分校测算出利用钚 239 制造原子弹的关键数据等。由于研究型大学在"曼哈顿工程"中的卓越表现，美国政府大规模对研究型大学提供财政支持的序幕也由此拉开。②

随着战争创伤的修复，美国社会日益发展，大学开始向综合化、多元化和巨型化发展，这促进了美国一流大学的兴起，并推动了基于国家建设需求承担国家重大任务导向的科研模式形成。③ "二战"后到 20 世纪 60 年代，出于经济发展和"冷战"对抗的需要，美国对研究型大学的财政投入迅速增长。70 年代，为应对经济全球化和新技术革命，美国国家科学基金会（National Science Foundation）依据各高校优势学科，在大学兴建了一批"工业—大学研究中心"，包括设在麻省理工学院的工业高分子工艺研究中心、伦塞勒工学院的计算机制图研究中心、罗德岛大学的机器人研究中心等。美国的一流大学在国家现代化生产、适应和引领科技革命方面发挥了重要作用。④ 随着卓越大学的地位和作用越来越显著，美国的国家战略政策也对一流大学本身的发展予以倾斜，例如从 2005 年起美国相继发起了美国竞争力计划（American Competitiveness Initiative）和综合国家战略（Comprehensive National Strategy）。⑤

当今的一流大学更是着眼未来，将国家未来方向与自身发展紧密结合，想国家之所想、急国家之所急，积极主动承担国家重大任务，推动一流大学和高科技企业协作，走上了快速发展轨道。⑥不少发达国家的一流大学主动地与市场、政府积极对接，通过大学科技园、企业孵化器，并采取契约合作研究、咨询协议、技术入股合作、大学衍生企业等模式⑦，从产研合作层面促进大学对接战略机制的形成，打造科技前沿阵地。

---

① 耿志：《美国核研究的发展和"曼哈顿工程"的建立》，载于《近现代国际关系史研究》2018 年第 1 期。

② 杨九斌：《二战后美国联邦政府对研究型大学科研资助政策研究》，华东师范大学硕士学位论文，2014 年。

③⑥ 滕连帅、戴相斌：《"双一流"大学建设与文化软实力提升研究》，载于《西藏大学学报》（社会科学版）2017 年第 1 期。

④ 孙冶：《中美大学学科建设的浅显对比与思考》，载于《昆明理工大学学报》（社会科学版）2007 年第 6 期。

⑤ 陈超：《维持世界卓越："美国竞争力计划"与"综合国家战略"》，载于《清华大学教育研究》2008 年第 3 期。

⑦ 李长萍、尤完、刘春：《中外高校产学研协同创新模式比较研究》，载于《中国高校科技》2017 年第 8 期。

此外，一流大学也在服务国家软实力方面扮演着重要的角色。20 世纪末期，美国哈佛教授约瑟夫·奈（Joseph Nye）提出了"软实力"概念，指出文化、价值观等因素在国际关系中的作用将日益显现。[①] 一流大学在塑造国际形象、建构国际话语权等方面肩负起了重要责任，推动了软实力的国家战略发展与深化。[②] 例如，牛津大学加入国际大学协会（International Association of Universities，IAU）和国际研究型大学联盟（IARU），与全球众多知名大学及研究机构建立了研究合作伙伴关系，展现了其一流的学术优势，推动国际交流，扩大了英国在世界的影响力[③]；2005 年，巴黎索邦大学（Sorbonne University）在阿联酋设立分校[④]，吸引与培养高层次人才，推广法国高等教育办学理念，树立了法国卓越教育形象。

2. 我国一流大学服务国家战略的历史发展

国家战略的实现与一流大学发展之间相互依托、互相促进，形成良性循环。国家战略发展需要一流大学的力量，一流大学的科研实力和教学水平也是国家软实力的重要体现。同时，国家战略发展是一流大学实现自身发展的重要机遇，把握国家的发展大趋势和国家战略需求至关重要。

新中国成立后，我国的一流大学在服务国家战略发展中扮演着重要的角色，推动了国家各领域的社会与经济发展。20 世纪 50 年代，为满足新中国成立初期国民经济恢复和社会建设发展的需要，以多个国民经济关键领域为依托，围绕行业需求，国家新建或合并组建了一批一流行业特色高校，基本满足了当时行业和国家建设在人才培养和科学研究等方面的急需。[⑤] 1963 年，一流大学科学技术研究开始纳入国家计划，为国家的工业化、"两弹一星"的成功研发等做出了巨大贡献。20 世纪 60 年代中期以后，一批重点大学依托自身优势学科建立科研基地，如复旦大学数学研究所、遗传研究所，清华大学无线电研究所，北京大学数学研究所等承担国家指令性计划的一些基础性研究和高新技术研究课题。在这一时期，技术研究成果一般只停留在实验室成果阶段，很少实现成果转化及推广应用。[⑥]

进入 20 世纪 90 年代后，国家提出科教兴国战略和人才强国战略[⑦]，先后实

---

① 王思齐：《国家软实力的模式建构——从传播视角进行的战略思考》，浙江大学博士学位论文，2011 年。

② 马利凯、赵俊芳：《二战后哈佛大学发展战略》，载于《现代教育科学》2010 年第 3 期。

③ 于海燕、张海娟：《世界一流大学师资国际化过程分析》，载于《高教探索》2012 年第 3 期。

④ 赵翠侠：《提升国家软实力：法国高等教育国际化改革经验及启示》，载于《理论月刊》2009 年第 11 期。

⑤ 邹树梁、陈海利、王莉芬：《发挥学科优势 提升地方高校服务行业与地方经济社会发展的能力——以南华大学为例》，载于《南华大学学报》（社会科学版）2010 年第 6 期。

⑥ 张似阳：《我国大学科研职能的历史考察与发展对策探究》，福建师范大学硕士学位论文，2007 年。

⑦ 刘承波：《从国家战略高度加快建设世界一流大学》，载于《清华大学教育研究》2005 年第 6 期。

施了"211 工程"和"985 工程"①，一批国内一流大学通过集中优质资源②，充分发挥潜能，进一步拓展人才培育、传统产业技术改造、高技术产业开拓、科技攻关等方面的能力。随着经济全球化的深入，以科技为要素的国际竞争日益激烈，《国家中长期科学和技术发展规划纲要（2006—2020 年）》明确提出把创新型国家作为面向未来的重大战略选择。③ 在这一时期，国内一流大学作为基础研究主力军、原始创新主战场，在科技成果转化以及为政府和企业提供决策咨询与技术服务等方面有较大的突破，发挥了服务于国家战略需求的作用。④

进入 21 世纪以来，我国一流大学建设在学术水平、人才培养方面取得了突出的成绩。然而面对日益复杂的国际形势和社会转型需要，我国一流大学仍面临许多挑战：一是大学科研成果与市场需求匹配度较低，大学技术转移的各环节不能实现有机配合，出现了断档、错位或缺位的现象⑤；二是一流大学长期以来处于自成一体、相互隔绝的状态⑥，较难形成服务国家战略发展的强大合力；三是不同地区、行业的发展差距扩大，导致高校人才培养难以自主流向战略需求领域或地区；四是中国和平崛起过程中面临诸多国际社会的偏见，一流大学需要在其中发挥交流与合作平台的作用，提升国家的软实力。

因此，我国提出了一流大学服务国家重大战略的要求。2015 年国务院印发的文件指出："双一流"建设的重要任务是高校发挥学校、学科优势，积极对接国家战略需求，服务经济社会发展，弘扬中华优秀传统文化，培育和践行社会主义核心价值观。⑦ 在这一背景下，需要关注一流大学对国家重大战略的贡献，并形成有效的评价和激励机制，促进高校在"双一流"建设下对接国家重大战略需求，引领民族繁荣与国家发展。

二、国内外研究进展

一流大学在服务各领域国家战略发展进程中起着关键性的作用。以下主要从

---

① 吴海江：《在聚焦国家战略中提升大学自主创新能力》，载于《科技管理研究》2010 年第 1 期。

② 张涛、周琳：《国家战略需求与研究型大学的发展模式研究》，载于《南京理工大学学报》（社会科学版）2015 年第 6 期。

③ 国务院：《国家中长期科学和技术发展规划纲要（2006—2020 年）》，2006 年 2 月 9 日，http：//www.gov.cn/gongbao/content/2006/content_240244.html。

④ 梁尤能：《清华大学科技成果转化的问题和对策》，载于《中国科技产业》1998 年第 1 期。

⑤ 李应博、吕春燕、何建坤：《基于创新型国家战略目标下的我国大学技术转移模式》，载于《研究与发展管理》2007 年第 1 期。

⑥ 董秀华：《一流大学群建设须服务国家最高追求》，载于《教书育人》（高教论坛）2021 年第 21 期。

⑦ 国务院：《统筹推进世界一流大学和一流学科建设总体方案》，2020 年 4 月 13 日，http：//www.gov.cn/xinwen/2015-11/05/content_2960898.htm。

国家硬实力和软实力两个方面归纳一流大学对国家战略的影响。

1. 一流大学对国家硬实力相关战略的影响

"硬实力"是国家综合实力的重要组成部分,在一定程度上对国家战略能力的形成具有决定作用。[①] 一个国家在国际社会中的地位和作用,以及国家利益的实现程度[②],都与其硬实力的大小密不可分,会影响着国家发展方向以及国家战略的制定。科技创新是国家硬实力提升的关键。不少实证研究探索了一流大学在科研创新上的关键推动作用。首先,一流大学建设有助于高校吸引来自政府的科研经费,在基础研究领域具有经费累积效应[③],保障拥有卓越原创性创新成果的科研经费支持。其次,顶级大学具有较高的学术影响力,可以集聚大量具有创新潜力的科研人员,为创新提供了人才资源保障。同时,一流大学具备为国家培养大批栋梁之材的关键能力,已有研究证实,大学知识溢出可以通过人力资本的中介作用有效地促进经济的增长。[④] 另外,已有研究证实,一流大学存在知识溢出效应,可以推动成果转化。卢克·安赛林(Luk Anselin)等证实,大学研究与创新活动之间存在重要正相关,直接或间接地影响着私有部门的活动。[⑤] 一流大学是基础性、原创性和战略性成果形成与转化的主力军,提升了国家经济、科技、军事等各领域展现出的硬实力。[⑥] 如今,我国一流大学在各个领域正大力推动科研创新,为国家战略发展发挥了重要作用。

也有学者认为,一流大学可以为国家培养行业和地区急需人才。米红和吴智鹏使用国内 15 所大学的在校研究生数、研究生指导教师中教授人数、发表论文数量以及教育科研事业经费投入 4 个指标进行回归分析,证实了研究生培养规模和质量与大学师资水平密切相关。[⑦] 以世界一流师资队伍为基础,一流大学还通过先进的人才培养模式、条件一流的实验室等,为培养世界一流水平的人才奠定了坚实的基础。

基于此,紧密结合国家人才战略,一流大学一方面可以为国家培养急需人才,满足战略性新兴产业、服务产业快速发展需要。比如西安交通大学与国内外著名科研院所和龙头企业合作,创建"大数据与人工智能"等 7 个模式多元、专

---

① 詹家峰:《国家战略能力与综合国力关系浅析》,载于《现代国际关系》2005 年第 4 期。

② 张殿军:《硬实力、软实力与中国话语权的建构》,载于《中共福建省委党校学报》2011 年第 7 期。

③ 杨希:《一流大学建设的效果可持续吗?——高校经费累积效应及其对科研产出的影响研究》,载于《教育与经济》2018 年第 1 期。

④ 易锐:《我国大学知识创新溢出效应与路径机制研究》,载于《科技进步与对策》2014 年第 5 期。

⑤ L. Anselin, A. Varga, and Z. Acs. Local geographic spillovers between university research and high technology innovations. *Journal of urban economics*, 1997, Vol. 42, No. 3, pp. 422–448.

⑥ 辛彦怀、李广:《美国大学对科学技术的贡献》,载于《外国教育研究》2005 年第 5 期。

⑦ 米红、吴智鹏:《我国研究型大学人才培养若干问题的实证研究》,载于《集美大学学报》(教育科学版)2006 年第 1 期。

业交叉融合的"菁英"班,培养精英人才,推动战略性新兴产业快速成长。①
2020年,教育部更是开启了基础学科拔尖学生培养计划新篇章②,对拔尖创新
人才培养进行全面规划,助力学生成才,服务国家发展战略。另一方面,一流
大学可以为欠发达地区输送人才。一流大学聚集和培养了一批又一批优秀人
才,并积极引导和支持学生到中西部地区就业,可以为中西部地区发展做出重
要贡献。一流大学通过校地合作,与中西部就业市场加强联系,有效地服务欠
发达地区发展。

2. 一流大学对国家软实力提升的重要影响

"软实力"的概念与"硬实力"相对,是一种无形的、非物质的、依赖于资
源载体而存在的影响力、吸引力和同化力,是指通过运用各种软性资源或者以非
强制性方式影响其他要素、行为体的能力,其最核心的内容是吸引他国作出与本
国相同价值取向的活动。③ 由于全球化和信息革命的迅猛发展,国家的软实力往
往在国际交往中更容易获得制高点,因此软实力对国家发展显得更为重要。④ 我
国也面临软实力发展的机遇和挑战,而一流大学作为高等教育体系中的重要力
量,可以通过塑造国际形象、建构国际话语权、提升国际吸引力三个层次发挥作
用,成为提升软实力的重要平台。

首先,一流大学是展示我国形象的重要平台。一流大学不仅有一流的师资配
备,还有一流的国际交流平台,可以为学生提供与教师进行自由学术交流的机
会,大家可以利用自身的专业优势积极开展与世界一流大学的交流与合作,也可
以在一些领域获得突破,在国际学术平台分享与交流我国优秀的研究成果,展示
我国高等教育的科研水平。一流大学也是传播国家文化和价值观、增强国家影响
力和吸引力的重要载体⑤,是国家文化传承与传播的中介。这种文化传播功能有
效地展示了国家魅力,将我国科学的思想体系和价值观在全球范围内实现高效能
的交流与推广,向世界展示我国一流大学的特色。因此,塑造我国大学的国际化
形象,打造我国一流大学的学术品牌,是实现我国高等教育品牌国际化的发展目
标,推动国家文化软实力提升的必由之路。

---

① 西安交通大学学科办:《西安交通大学"双一流"建设2018年度进度报告》,2019年2月16日,
http://xxgk.xjtu.edu.cn/content.jsp?urltype=egoviInfo.EgovInfoContent&wbtreeid=1001&indentifier=xkb%
2F2019-0216001。

② 黄敏、陈炎辉:《拔尖创新人才培养的现实透视与多学科审思——基于36所"强基计划"试点高
校的分析》,载于《创新人才教育》2021年第3期。

③ J. S. Nye. Soft power. *Foreign policy*,1990,No. 80,pp. 153-171.

④ 高柏枝:《全球化和信息化时代中国软力量面临的问题和挑战》,载于《环球人文地理》2014年
第12期。

⑤ 李健:《一流大学必须拥有一流软实力》,载于《中国教育报》2019年1月1日。

　　其次，一流大学提供了建构国际话语权的机会。一流大学处于"文化金字塔"的顶端，决定了它比其他社会机构更加合适指出文化方向、提供样板、开展研究，在建构话语权上起着关键性的作用。时任普林斯顿大学科学史和科学哲学教授的托马斯·库恩（Thomas Kuhn）在《科学革命的结构》一书中提出了"范式"概念，树立了研究标准，从而塑造了西方文化在科学研究中的话语权。当今，我国一流大学可以积极参与国际议题的讨论，设立国际标准，提出中国的研究理论，构建中国国际话语权。一流大学可以基于研究优势，在一些领域获得突破，树立国际认可的学术标准，取得中国文化在一定领域中的话语权。以北京大学为例，学校发挥人文社科优势，面向文化强国战略，加强优秀传统文化研究，设立了"中华文明基因库""海上丝绸之路和郑和下西洋及其沿线地区历史文化研究"等重大研究项目，推动学科范式转型和创新，掌握学科国际话语权。

　　此外，一流大学还提升了我国的国际吸引力。随着高等教育国际化的进一步发展，不同国家之间大学的交流合作日益频繁，大学在国际文化交流与合作中发挥着越来越大的作用。通过项目合作（中外合作办学、到境外创办学校）、人员交流（师生互访、双向留学）、学术合作（联合科研、学术交流）等方式多方位构建国际合作机制，扩大我国大学的学术影响力。特别地，大学还可以通过开办国际文化学院在全球范围内传播中国语言、中国文字、中华文化以及中国成就，形成完整的中国文化软实力展示体系。[1] 我国已在 134 个国家和地区建立了 500 所孔子学院和 1 000 个孔子课堂，学员总数达 190 万人，成为我国对外推广汉语与传播中华文化的重要窗口。这些孔子学院通过在国际上传授我国的国学精华，为促进国家文化的对外输出、传播和交流做出了重大贡献。[2]

三、研究思路

1. 核心概念

　　国家战略是为实现国家总发展目标而制定的总体性战略概括，涉及指导国家各个领域的总方略。[3] 20 世纪 80 年代初，国家战略概念被引入中国。[4] 基于改革开放新形势，国家提出沿海地区经济发展战略，发展外向型经济，带动全国经济发展。[5]

---

　　① 柴旭东：《论大学在国家软实力建设中的作用》，载于《中共贵州省委党校学报》2009 年第 4 期。

　　② 张迪：《大学在国家文化软实力建设中的作用机制与路径思考》，载于《江苏高教》2018 年第 2 期。

　　③④ 薄贵利：《论国家战略的科学内涵》，载于《中国行政管理》2015 年第 7 期。

　　⑤ 高伯文：《20 世纪 80 年代沿海地区经济发展战略的选择及其效应》，载于《当代中国史研究》2005 年第 4 期。

到了90年代，人口、资源、环境与发展的矛盾尤为突出，中国首次提出可持续发展战略、区域经济协调发展战略、西部大开发战略、科教兴国战略的对外开放战略[1]，积极解决社会发展问题，优化了国家发展环境。进入21世纪后，为了进一步推进国家发展，人才强国、海洋强国、质量强国、网络强国等战略相继出台。[2][3]

党的十九大报告对当前我国的国家重大战略进行了较为全面的论述与总结。2022年10月，在党的二十大报告中，习近平强调了科教兴国战略、人才强国战略、创新驱动发展战略、乡村振兴战略、区域协调发展等战略的重要作用，同时也在面临新社会经济发展形势下，指出需要采取更主动的对外开放战略、区域重大战略、人口发展战略等。这些主要的国家战略大体可以分为两类：一是与国家硬实力有关的战略。硬实力是指国家支配性实力，包括基本资源（如土地面积、人口、自然资源）、经济力量、军事力量和科技力量等。[4] 与硬实力相关的国家战略主要包括科教兴国战略、人才强国战略、创新驱动发展战略等。二是与国家软实力有关的战略。国家软实力主要指一国在文化力、制度力基础上所形成的对本国民众和其他国际行为体的感召力、吸引力、协同力与整合力。[5] 与国家软实力相关的国家战略体现在可持续发展战略、对外开放战略、区域协调发展战略、健康强国战略、文化强国战略等。这些战略对当今中国在教育、科研、经济、军事等具体领域都提出了具体要求，为一流大学服务国家战略指明了前进方向。

本研究中的一流大学服务国家战略是指针对我国的一流大学在提升国家硬实力和软实力方面做出的贡献，主要包括对一流大学对国家重大科技问题的解决、对急需人才的培养以及提供跨国交流合作方面的软实力支撑平台。

2. 研究问题

通过梳理以上理论和实证研究发现，一流大学服务了国家硬实力和软实力的发展，对国家战略的实现具有重要的作用。本章将结合相关理论，基于可比数据与案例，探讨以下三个问题：（1）如何衡量我国一流大学服务国家战略的贡献？（2）我国"双一流"建设大学在服务国家战略方面的表现如何？（3）我国"双一流"建设大学在服务国家战略方面有哪些经验可供借鉴？

---

① 胡鞍钢：《中国发展战略的历史演变》，载于《中国乡镇企业》2009年第12期。

② 秦剑军：《知识经济时代人才强国战略研究》，华中师范大学博士学位论文，2008年。

③ 国务院：《中共中央关于制定国民经济和社会发展第十四个五年规划和二〇三五年远景目标的建议》，2020年11月3日，http://www.gov.cn/zhengce/2020-11/03/content_5556991.html。

④ 程恩富、李立男：《马克思主义及其中国化理论是软实力的灵魂和核心》，载于《马克思主义文化研究》2019年第1期。

⑤ 黄金辉、丁忠毅：《中国国家软实力研究述评》，载于《社会科学》2010年第5期。

3. 研究思路

为了解决本研究的三个问题，本章通过以下五个步骤开展研究：第一，基于相关理论，构建一流大学服务国家战略的评价维度和指标体系，并选择不同维度下具有典型意义的大学和案例。第二，根据设计的指标，选择相应的数据库，建立可比的指标数据库；根据案例大学政策，搜集相关大学服务国家战略的案例信息。第三，对原始数据进行处理，计算指标得分，对国内大学进行指标比较以及深度分析，探索国内一流大学服务国家战略方面的差异性与原因。第四，选择典型案例大学，分析一流大学服务国家战略的具体表现与成功要素。第五，归纳数据和案例分析的结果，并结合我国一流大学在服务国家战略方面存在的不足，提出促进一流大学服务国家战略能力提升的政策建议。

第二节 一流大学服务国家战略指数设计

一、国内样本选取

样本大学选择的是进入 2020 年 ARWU 排名前 500 且在我国"双一流"建设名单中的 36 所大学。样本高校分为两组：A 组是 ARWU 排名前 150 的 13 所大学①；B 组为 ARWU 排名在 150~500 名的 23 所"双一流"建设大学。

二、指标体系设计

基于大学对国家战略产生影响的相关理论与实证研究，本章提出了反映一流大学服务国家战略的指标体系，包括国家硬实力与软实力两个维度，见图 7-1。在硬实力维度下，一流大学主要通过科技发展与人才强国两个方面促进国家硬实力水平的提升，分别采用重大科技贡献与急需人才培养两个子维度。在软实力提升方面，一流大学主要通过提供软实力发展的支撑平台来促进国家战略的实现。根据三个子维度，研究进一步进行了相应指标的筛选，并综合考虑了高校间的可比性、时间可持续性以及数据采集的便捷性等因素，确定了三个衡量一流大学重

---

① 包括清华大学、北京大学、浙江大学、上海交通大学、复旦大学、华中科技大学、中山大学、中国科学技术大学等大学。

大战略指标，分别是国家科技三大奖及教育部人文社科奖、毕业生到中西部地区及高技能行业就业人数、举办具有影响力的国际会议的次数。第一个指标反映一流大学对重大科技发展的贡献，第二个指标反映对不同地区或行业急需人才的培养，第三个指标反映大学对软实力提升所提供的支撑平台。

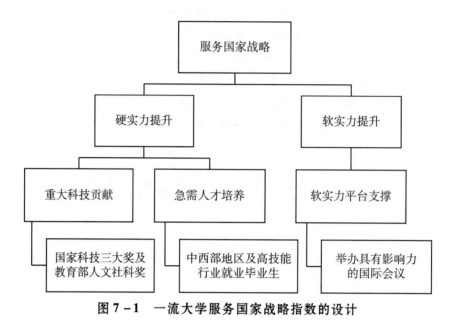

图 7-1　一流大学服务国家战略指数的设计

三、数据搜集与分析

1. 国家科技三大奖及教育部人文社科奖

指标界定：（1）国家科技奖励三大奖是指国家自然科学奖、国家技术发明奖及国家科学技术进步奖，属于国内科技领域最高的国家级奖励。其中，国家自然科学奖授予在基础研究和应用基础研究中，阐明自然现象、特征和规律、做出重大科学发现的公民。国家技术发明奖授予运用科学技术知识做出产品、工艺、材料及其系统等重大技术发明的中国公民。国家科学技术进步奖授予在技术研究、技术开发、技术创新、推广应用先进科学技术成果、促进高新技术产业化，以及完成重大科学技术工程、计划等过程中做出创造性贡献的中国公民和组织。[①]（2）教育部人文社科奖是指高等学校科学研究优秀成果奖（人文社会科学），由国务院批准、教育部设立，每三年评选一次，为表彰奖励高校人文社会科学工作

---

① 国家科学技术奖励工作办公室：《奖励介绍》，2022 年 5 月 21 日，http：//www. nosta. gov. cn/web/ detail. aspx? menuID = 85&contentID = 117。

者取得的突出成绩，鼓励高校科研人员严谨治学、勇于创新、铸造精品，推动高校哲学社会科学事业繁荣发展的一项重大举措。[①]

数据搜集：首先，搜集了国家科技三大奖信息，数据均来自国家科学技术奖励工作办公室官网公布的 2015～2019 年各年度获奖名单；其次，依据获奖名单，分别统计 2015～2019 年高校作为第一完成组织或第一完成人所属高校的获奖项目个数；依据获奖名单，筛选高校分校或附属医院，分别统计 2015～2019 年获奖项目个数。[②] 国家科学技术奖励工作办公室为承担国家科技奖励工作的机构，本章中高校获三大奖的数据均可在国家科学技术奖励工作办公室官网查找到，数据来源较为可靠。

课题组在国家科学技术奖励工作办公室官网查找历年各大奖项获奖项目名单，筛选高校所获奖项，分别统计获奖者所属学校。其中，咨询报告服务奖、青年成果奖均纳入统计范围，但普及读物奖不纳入统计范围。得到获奖者所属学校的数据后，筛选高校的获奖成果，统计获奖成果数。

其次，搜集了教育部人文社科奖信息，数据来自教育部公布的第八届高等学校科学研究优秀成果奖（人文社会科学）获奖成果名单。经专家评审、面向社会公示和奖励委员会审核通过，高等学校科学研究优秀成果奖（人文社会科学）获奖成果名单由教育部公布。首先查找 2020 年第八届高等学校科学研究优秀成果奖（人文社会科学）申报材料审核结果公示一览表，然后对照查找第八届高等学校科学研究优秀成果奖（人文社会科学）获奖成果名单，并对获奖项目名单进行统计。本章中的获奖数据均可在教育部名单中查找到，数据来源可靠。

最后，汇总了国家自然科学奖、国家科技进步奖、国家技术发明奖、教育部人文社科奖的信息。这四类奖项分别代表了基础研究、应用研究、开发研究和人文社科研究在国家层面的最高奖项，出于同等对待的考虑，本研究对这四类研究赋予同等权重。在不同等级奖项赋权方面，参考以往一些对获奖统计的研究，本研究根据各等级奖项数量占比进行赋权。[③] 在国家科技三大奖中，特等奖、一等奖和二等奖的赋权比例分别为 10∶2∶1。在教育部人文社科奖中，论文著作及咨询报告服务奖中的一等奖、二等奖、三等奖的赋权比例分别为 10∶5∶1，青年成果奖与三等奖赋权一致。根据赋权比例进行加权，并按照近 5 年计算均值，得到各样本大学的获奖原始数据。

---

① 教育部：《高等学校科学研究优秀成果奖（人文社会科学）奖励办法》，2009 年 3 月 12 日，http://www.moe.gov.cn/srcsite/A13/moe_2557/s3103/200903/t20090312_80449.html。

② 根据国家科学技术奖励办公室公布的结果统计。

③ 李兴国：《普通高校获国家级科技三大奖励的分布特征——基于 2002—2014 年通用获奖项目的分析》，载于《石家庄铁道大学学报》（社会科学版）2015 年第 4 期。

2. 中西部地区及高技能行业就业毕业生比例

指标界定："中西部地区及高技能行业就业毕业生比例"是指高校 2019 届的本科、硕士和博士毕业生，在中西部地区和人才技能需求较高行业中就业的毕业生所占比例的均值。其中，中西部地区的概念参考了国家统计局编印的《2021 中国统计年鉴》。[①] 中部地区包含 6 个省，分别为山西、安徽、江西、河南、湖北和湖南；西部地区包含 12 个省（自治区、直辖市），分别为内蒙古、广西、重庆、四川、贵州、云南、西藏、陕西、甘肃、青海、宁夏和新疆。高技能行业的界定参考了《中国劳动力市场技能缺口研究》，采用劳动力人口中本科及以上学历人口所占比例来反映行业的技能水平[②]。本研究采用了 2019 年《中国人口和就业统计年鉴》中按行业分的教育程度统计，采用本科比例达到 30% 以上的行业作为高技能行业的界定，包含教育、科学研究和技术服务业、金融业、信息传输、软件和信息技术服务业、公共管理与社会保障业、卫生和社会工作。[③]

数据搜集：中西部就业人数及行业就业数据均来自各高校 2019 年毕业生就业质量年度报告，报告均从各高校官网获得。高校毕业生就业质量年度报告由各高校编制并每年发布，依据教育部办公厅《关于编制发布高校毕业生就业质量年度报告的通知》，在报告中客观反映本校毕业生就业的基本情况、主要特点、相关分析、发展趋势以及对教育教学的反馈等。[④] 搜集步骤如下：

（1）毕业生到中西部地区就业数据搜集：在各高校官网下载 2019 年毕业生就业质量年度报告，在报告中查找"就业地域"相关章节，统计中部（或西部）地区就业人数数据。如若没有，则查找毕业生中部地区（或西部）就业比率，再乘以毕业生就业人数，计算得出毕业生中部（或西部）地区就业人数。部分学校不提供地域划分数据，则查找"就业流向"章节中就业地区流向的数据，将中部（或西部）地区对应省份毕业生就业人数相加，求得总和即为 2019 年中部（或西部）地区就业人数。

（2）高技能行业就业数据搜集：依据各高校 2019 年毕业生就业质量年度报告，在报告中查找毕业生就业行业流向数据，对不同行业毕业生人数进行统计，再筛选出高技能行业数据。

（3）计算中西部地区及高技能行业就业毕业生比例：将中西部地区就业毕业

---

①③　国家统计局：《2021 中国统计年鉴》，中国统计出版社 2022 年版，第 6 ~ 7 页。

②　复旦大学、清华大学联合课题组：《中国劳动力市场技能缺口研究》，2016 年 10 月 1 日，http://www.tsinghua.edu.cn/publish/Soc/3060/2016/20161123155110359453576/20161123155110359453576_.html。

④　教育部：《教育部办公厅关于编制发布高校毕业生就业质量年度报告的通知》，2013 年 11 月 5 日，http://www.moe.gov.cn/srcsite/A15/s3265/201311/t20131105_159491.html。

生人数除以就业毕业生人数，得到中西部地区就业毕业生比例；将高技能行业就业毕业生数除以就业毕业生人数，得到高技能行业就业毕业生比例；将两个比例按照各 50% 加权处理，得到各个高校的中西部地区及高技能行业就业毕业生比例。

3. 举办具有影响力的国际会议

指标界定：本研究将具有影响力的国际会议界定为连续举办或参会人数达到中等规模（100 人及以上）的国际会议。[①] 其中国际会议的概念参考财政部《在华举办国际会议经费管理办法》[②] 中的界定，将高校举办的国际会议界定为高校在我国境内举办的、与会者来自 3 个或 3 个以上国家和地区（不含港、澳、台地区）的年会、例会、研讨会、论坛等会议。

数据搜集：数据来自各高校官网、国际合作与交流处网站、学校新闻网三类网站高校公开发布的新闻及报道。本章中的国际会议数据均可在三类网站以同样方式获得，数据来源较为可靠。搜集步骤如下。

（1）会议信息搜集。以"举办国际"为关键词，年份锁定在 2019 年 1 月 1 日至 2019 年 12 月 31 日，通过百度搜索引擎，对高校官网、国际合作与交流处网站、学校新闻网三类网站进行检索，获得国际会议官方新闻及报道，统计会议名称、连续举办情况、举办者、参会人数等数据。若有学校无法通过百度搜索引擎获取信息，则进入学校新闻网站，对新闻进行逐条筛选，获得相关数据。

（2）会议筛选。对每所学校的会议进行逐一核对，排除参会人数国际学者明显偏低的会议（比如一些海外人才引进的国际会议），排除只有 2 个国家人员参会的新信息。然后，选择连续举办或参会人数具有一定规模的国际会议作为具有一定影响力国际会议的入选标准。最后，统计各个学校在 2019 年举办的具有国际影响力会议的数量。

4. 指数算法

对各个指标的原始数据进行统计处理，并以 A 组高校的均值为分母，将各个高校的国际会议数据除以 A 组高校均值，计算得到各个高校的指标得分，并计算不同组别大学的指标均值。对三个指标得分赋予同等权重，进行简单加权。若有缺失的指标，则对未缺失指标进行简单加权，最后得到大学对战略贡献指数。

---

① 财政部：《在华举办国际会议费用开支标准和财务管理办法》，2012 年 2 月 15 日，http：//www. gov. cn/zwgk/2012 – 02/15/content_2067743. htm。
② 财政部：《在华举办国际会议经费管理办法》，2019 年 7 月 25 日，http：//www. bic. cas. cn/zcfg/201907/t20190725_4702787. html。

第七章　世界一流大学服务国家战略指数与案例研究

第三节　我国一流大学服务国家战略指数表现及分析

一、一流大学服务国家战略指数的表现

根据一流大学服务国家战略的数据，本研究分析了国内不同组别大学在服务国家战略指数和各个指标方面的表现，见表7-1，也分析了国内每所样本大学的具体表现，见表7-2。

表7-1　　　　　　　　大学服务国家战略指标表现

组别	国家科技三大奖及教育部人文社科奖	中西部地区及高技能行业就业毕业生比例	举办具有影响力的国际会议	国家战略贡献指数
A 组	1.00	1.00	1.00	1.00
B 组	0.61	1.02	1.01	0.84

资料来源：笔者测算。

表7-2　　　我国一流大学服务国家战略指数及其指标得分表

大学	指数得分	国家科技三大奖及教育部人文社科奖	中西部地区及高技能行业就业毕业生比例	举办具有影响力的国际会议
A 组	1.00	1.00	1.00	1.00
北京大学	1.30	1.73	1.02	1.43
北京师范大学	1.23	1.21	1.15	1.47
清华大学	1.20	1.33	0.97	1.51
浙江大学	1.03	1.12	/	0.93
四川大学	1.03	0.86	1.19	1.09
上海交通大学	1.02	0.86	0.88	1.47
南开大学	0.97	0.86	/	1.27
西安交通大学	0.96	0.54	1.10	1.27
兰州大学	0.96	0.42	1.20	1.23
复旦大学	0.94	1.42	0.87	0.74
山东大学	0.89	0.71	1.03	0.99

大学	指数得分	国家科技三大奖及教育部人文社科奖	中西部地区及高技能行业就业毕业生比例	举办具有影响力的国际会议
华中科技大学	0.87	0.48	1.14	0.99
同济大学	0.87	0.61	0.80	1.27
华东师范大学	0.87	0.97	0.98	0.74
武汉大学	0.86	1.24	/	0.47
北京理工大学	0.81	0.25	1.02	1.14
郑州大学	0.79	0.36	1.21	0.74
吉林大学	0.78	0.66	0.88	0.87
天津大学	0.78	0.36	0.87	1.14
华南理工大学	0.77	0.44	/	1.09
湖南大学	0.77	0.45	1.16	0.66
中南大学	0.76	0.36	1.09	0.81
重庆大学	0.74	0.26	1.05	0.87
电子科技大学	0.74	0.25	1.22	0.66
中国农业大学	0.71	0.19	0.92	0.99
西北工业大学	0.71	0.00	1.15	0.87
东南大学	0.71	0.52	0.95	0.66
北京航空航天大学	0.70	0.08	0.97	0.99
南京大学	0.68	1.15	0.97	0.00
厦门大学	0.68	0.66	0.94	0.47
中国科技大学	0.66	0.30	1.13	0.47
哈尔滨工业大学	0.65	0.00	0.84	1.04
中山大学	0.61	0.75	/	0.47
中国海洋大学	0.60	0.18	0.86	0.74
东北大学	0.59	0.21	0.86	0.66
大连理工大学	0.41	0.16	/	0.66

注：大连理工大学、华南理工大学、武汉大学、浙江大学、中山大学因就业相关统计数据未公开，计算相关指标时采用了重大科技贡献和软实力平台支撑两个方面指标的均值。

资料来源：笔者测算。

表 7 - 1 显示，在国家科技三大奖及教育部人文社科奖指标方面，B 组的得分显著低于 A 组，是 A 组的 61%，这一结果说明 B 组在重大的科技贡献方面和 A 组还存在显著的差距。

在中西部地区及高技能行业就业毕业生比例方面，A 组的指标得分略低于 B 组，后者是前者的 1.02 倍，说明 B 组在人才培养方面的贡献不输于 A 组。其中部分原因是 B 组不少学校位于中西部地区，因此有相对较高比例的毕业生留在本地工作。从表 7-2 中的大学排名结果来看，部分中西部地区大学的确在该指标得分上名列前茅。

在举办具有影响力的国际会议方面，A 组指标得分和 B 组相差不大，后者是前者的 1.01 倍。国内若干顶尖大学举办了较多具有国际影响力的会议（见表 7-2），对国家软实力提升发挥了平台支撑的作用。

对三个分指标进行简单加权后，计算总的一流大学服务国家战略指数。表 7-1 最后一列显示，A 组的服务国家战略指数得分稍高于 B 组，后者是前者的 84%，说明国内不同层次的一流大学在对国家战略贡献方面存在差距，但差距不算大。这是因为不同层次的国内一流大学在不同方面服务了国家的战略发展，B 组在服务区域发展、提供软实力平台支撑方面表现不亚于 A 组。

二、一流大学服务国家战略指数表现的分析

通过以上我国一流大学服务国家战略指数的分析可知，A 组在重大科技贡献方面显著高于 B 组。一方面可能是 A 组往往拥有更多的卓越科学家来牵头这些具有重大战略意义的研究。有研究表明，某一领域出色的专家学者型学术带头人往往具备"敏锐的科学视角""深远的发展思路"等，并重视团队的微观环境建设。[1] 这些卓越科学家牵头，有助于科研团队找到具有国家战略价值的研究方向，并吸纳广泛的资源，凝聚团队的力量，形成服务国家战略的研究成果。另一方面，A 组在进行跨校合作、跨领域合作方面具有优势，这也是产生有重大战略意义研究的重要条件。有研究采集了 75 所直属高校的基本数据、国家科技奖励数据和省级变量数据，分析发现跨单位合作获奖项目数占总获奖项目数的 61%；高校主体、高校与外部的联系和地区环境是影响高校科研获奖的重要因素。[2]

在急需人才培养方面，A 组和 B 组的指标表现没有显著的差异，部分原因是中西部地区的 B 组毕业生有较高比例留在当地就业。表 7-3 分地区进行分析可以发现，中西部地区高校的指标得分显著高于 A 组大学，分别为国内 A 组的 1.14 倍和 1.11 倍。通过原始数据的分析发现，我国中西部地区的一些大学有

---

① 秦安安：《高校高水平科研团队持续创新能力的组织模式研究及启示——基于国家科技奖励获奖团队的质性探索》，载于《北京教育》（高教）2021 年第 4 期。

② 王丽芬：《高校在"国家科技奖励"制度中获奖现象及其影响因素的研究——以教育部直属高校为数据采集对象》，华东师范大学硕士学位论文，2016 年。

50%～60%的毕业生会选择留在中西部地区就业，尤其是位于成都、西安、武汉等中西部地区中心城市的大学毕业生，为中西部地区输送了高水平的人才。另外，值得关注的是，东北地区大学在该指标得分上偏低，仅为 A 组的 87%。这可能与东北地区高技能产业发展相对滞后有关，从而造成了东北地区高技能行业的大学毕业生存在较为严重的流失现象。

表 7 - 3 　　分地区大学中西部地区及高技能行业就业毕业生比例的指标表现

组别	指标得分
东部地区大学	0.95
中部地区大学	1.14
西部地区大学	1.11
东北地区大学	0.87

资料来源：笔者测算。

在软实力平台支撑方面，A 组和 B 组差异也不大。A 组在吸引海外人才、科研国际化程度上相对具有更好的表现，因此在举办具有影响力的国际会议上具有优势。B 组中的一些西部地区高校得益于"一带一路"倡议和一些民族区域的特殊优势，也举办过多次国际会议，因此在该指标上表现也较好。中部和东北部地区的大学则在举办具有影响力的国际会议方面表现相对较弱，有待进一步加强软实力平台的建设。

第四节　一流大学服务国家战略的典型案例研究

本研究的案例主要围绕重大科技贡献以及软实力平台支撑两方面来选择。服务国家重大科技方面，本研究选择了上海交通大学洱海治理项目。洱海治理项目团队在水体污染治理领域取得了丰硕的成果，同时，项目团队还积极参与地方扶贫、农村振兴，全方位地深入服务国家战略[①]，为一流大学服务国家战略发展长效模式的建立提供了重要的参考。本研究从方向选择、技术转化、协同参与、融入区域四个方面归纳出一流大学在服务国家战略方面的经验，从而为一流大学服务国家战略提供一定启示。

---

① 李军：《一切为了高原明珠——记国家水专项"十一五"洱海项目负责》，2013 年 4 月 18 日，http：//roll. sohu. com/20130418/n373132950. shtml。

在软实力平台支撑方面，本研究选择了北京大学的孔子学院作为案例。北京大学自 2006 年就开始了孔子学院的建设工作，当前已在多个国家和地区建设了10 所孔子学院，在推广汉语学习和我国文化的传播方面取得了不少成绩和经验，较具有代表性。通过案例研究，从教学、渠道和品牌三个方面归纳了北京大学举办孔子学院的特色。在发挥软实力成效方面，本研究从教育资源、创新潜力与品牌实力三个方面进行梳理。

一、服务国家水污染治理：以上海交通大学为例

随着经济与社会的迅猛发展，我国水体污染问题凸显，我国启动了水体污染控制与治理科技重大专项（以下简称"水专项"）。① 其中，洱海流域由于工业和生活污水的污染问题，被列入了水专项的十大重点流域之一。该专项由上海交通大学环境科学与工程学院孔海南教授主持。② 通过访谈洱海项目负责人兼首席科学家孔海南教授，并梳理团队相关新闻报道材料，本研究归纳了以下一流大学服务国家战略的经验。

1. 爱国报国，融入国家重大战略

一流大学服务国家战略需要依赖一流的科研团队在研究方向上与国家发展需求紧密结合。这主要体现在以下两个方面：

（1）时刻关注国家重大需求，积累中外水治理经验。

1982 年，就读环境医学专业的孔教授承接了国内某大型湖泊的环境污染治理问题，从而使得他确定了湖泊治理的研究方向。③④ 几年后，太湖也出现了富营养化问题，然而，国内学术界却缺乏较为先进的水处理知识与技术以应对这些问题。孔教授通过在日本的进修和工作，积累了水污染治理的重要技术和经验。

一方面，他在日本期间始终关注国内的科研动态以及水环境治理的相关报道。他发现，国内存在学术概念混乱、治理方向有偏差的问题，这些可能最终导

---

① 李颖：《国家水体污染控制与治理科技重大专项攻关纪实》，2016 年 3 月 10 日，http：//m. hai-wainet. cn/middle/348231/2016/0310/content_29716348_1. html。

② 环境保护部办公厅、住房城乡建设部办公厅：《关于印发水体污染控制与治理科技重大专项总体专家组和主题专家组名单的通知》，2014 年 2 月 28 日，http：//www. mee. gov. cn/gkml/hbb/bgth/201403/t20140324_269576. htm。

③ 孔海南：《如果可以再次面对先生，我一定告诉他：在洱海流域坚守 16 年，无愧于您的教育》，2021 年 5 月 5 日，https：//web. shobserver. com/staticsg/res/html/web/newsDetail. html？id = 364950。

④ 卜叶、黄辛：《心系江湖的环境"医生"》，2021 年 4 月 27 日，http：//news. sciencenet. cn/sbhtml-news/2021/4/362271. shtm。

致国家虽有大笔资金投入，却无法获得相应成效的资源浪费问题。因此，他意识到，国内急需有效的治理技术支持，并需要领域专家为政府决策出谋划策。[①] 另一方面，他在日本期间与国内科研网络保持密切联系，正是基于对国内科研环境的长年关注以及对水治理情况的了解，1999 年 9 月在上海交通大学成立环境学院，人才奇缺之际，校领导与孔教授积极联络，最终促使孔教授向日本国家环境研究所提出了辞职[②]，并开始着手归国开展国内研究。

（2）紧密结合国家战略需求，推动大学参与国家重大项目。

1996 年，大理洱海首次全湖性暴发蓝藻，孔教授赶赴洱海考察。经过多年努力后，2000 年，孔教授成功组织举办了首届中国湖泊富营养化论坛，共邀请到了 20 余位联合国国际湖泊环境委员会委员来到洱海，将保护洱海提上国际议程。[③] 此后，孔教授与其他专家花了 5 年时间，将洱海水污染问题层层向中央上报，争取为洱海水质治理立项。[④] 2003 年，洱海再次大规模暴发蓝藻，水质急剧恶化，孔教授随即起草洱海防污建议书[⑤]，引起了国家的高度关注。2006 年，国务院批示并成立"国家水体污染控制与治理重大专项"洱海项目。[⑥]孔教授被任命为洱海项目负责人，带领团队驻守洱海，开展水污染治理工程，紧密切合国家战略部署。

2. 公而忘私，扎根洱海科研一线

（1）寻求各方资源，创造科研条件。

洱海项目开展初期科研条件较为艰苦。一方面，团队积极解决资金短缺的问题。由于国家在重大专项经费使用上有严格限制，需要采取先行垫付制度。洱海项目实施初期，团队需自行解决人员、设施设备、项目运行等费用。[⑦] 孔教授作为项目责任人，为垫付项目前期所需费用，用尽多年积蓄。后来，在学生帮助下，孔教授团队与外资化妆品公司合作，以完成公司基础研究项目为条件获得

① 《"洱海"守护人孔海南：与水污染作战，每个人都是士兵》，上观新闻，2017 年 5 月 31 日，https：//www. jfdaily. com/news/detail？ id＝54633。

② 姜澎：《孔海南：一腔热血守洱海》，2020 年 1 月 19 日，http：//www. whb. cn/zhuzhan/xue/20200119/315617. html。

③ 《"水专项"洱海项目首席科学家：治"海"还需很多个十年》，中国新闻网，2018 年 8 月 21 日，https：//www. chinanews. com. cn/gn/2018/08－21/8606249. shtml。

④⑥ 《上海老教授守护洱海二十年，这里的水变清了他的头发变白了》，澎湃新闻，2020 年 9 月 11 日，https：//baijiahao. baidu. com/s？ id＝1677497660487561209&wfr＝spider&for＝pc。

⑤ 胡远航、杨碧悠：《"水专项"洱海项目首席科学家：治"海"还需很多个十年》，2017 年 7 月 28 日，http：//ku. m. chinanews. com/wapapp/zaker/gn/2018/08－21/8606249. shtml。

⑦ 刘宏伟、丁雯怡、郑斐然：《青山绿水有您守护　洱海行动久久为功》，2019 年 12 月 5 日，https：//foundation. sjtu. edu. cn/story/view/1067。

40 万元资助，从而勉强度过项目开展前期的重重难关。① 另一方面，洱海项目的科研工作需要在距离实验室 200 米的范围内取水样。为满足及时的现场水质检测，并出于节省经费的考虑，孔教授团队最终决定长期租用当地农户房屋作为实验室，并要求技术人员吃住都在现场，团队成员在艰苦的环境下开展研究。②

（2）舍身忘我，坚守洱海治理第一线。

服务国家重大战略，尤其是助力偏远地区发展的项目，需要一流大学团队具备较强的责任意识和奉献精神。在洱海项目启动时，58 岁的孔教授患有心脏病，身体条件不适合在高原工作。从 2006 年到 2013 年，即使面临着心脏病的发作频率越来越高的情况，他仍然凭借坚韧的意志，一直坚持到洱海"十一五"水专项课题验收结束后，才被紧急送回上海住院治疗。③

洱海治理项目团队还面临生活、教学、科研三者之间的平衡问题。由于上海与上海交通大学设在洱海边的现场研究站距离遥远，两地往返成了洱海治理项目团队的一大挑战。孔教授除了在北京和国外参加重要的项目和学术会议外，每年在大理 200 多天，在最关键的几年里，他更是有 300 天都在现场。④

3. 推动协同，促进各方参与治理

一流大学服务国家战略发展若获得长期成效，需建立有效的多方联动机制应对可能出现的实际问题。在洱海治理过程中，高校与政府、企业等多方之间协同合作，不断加深洱海治理的广度与深度。

（1）推动高校—政府协同，形成一流大学与国家战略对接。

洱海治污十六字方针为"政府主导，依法治湖，科学支撑，全民参与"⑤，其中"政府主导"起着至关重要的作用。洱海的治理工程是以政府为主导开展的，一方面，中央政府通过国家项目的方式，引导一流大学积极开展科技创新，将成果运用到区域环境污染治理工程之中；另一方面，一流大学通过国家项目，与各级政府展开更为深入的合作，精准地聚焦国家战略发展。同时，受地方各级部门委托，项目团队在洱海流域组织实施了多个科技示范项目，多措并举进行洱海治理技术研发示范。此外，根据地方需要，项目团队通过编制咨询报告、组织

① 吴越：《"洱海"守护人孔海南：与水污染作战，每个人都是士兵》，2017 年 5 月 31 日，https：// www. jfdaily. com/news/detail？id = 54633。

② 《2020 上海最美科技人物孔海南：把实验室建在洱海旁农家里》，央广网，2020 年 9 月 11 日，ht-tps：//baijiahao. baidu. com/s？id = 1677520926510123475&wfr = spider&for = pc。

③ 张文清：《孔海南：交大版"老人与海"的故事：把论文写在祖国大地上》，2018 年 11 月 19 日，https：//news. sjtu. edu. cn/agfd/20181125/90541. html。

④ 中国教育网络电视台：《当代教师风采——孔海南》，2021 年 4 月 27 日，http：//www. centv. cn/ p/310500. html。

⑤ 胡远航、杨碧悠：《"水专项"洱海项目首席科学家：治"海"还需很多个十年》，2018 年 8 月 21 日，https：//baijiahao. baidu. com/s？id = 1609394368918110804&wfr = spider&for = pc。

委派专家参加技术审查、咨询会等方式，为地方政府决策提供科技支撑①，更及时地对接国家需求，达到服务国家战略的最终目标。

（2）推动企业融资新模式，实现地方污水治理各方协同。

在治理和保护洱海过程中，洱海项目团队积极推动与企业的合作，带动企业参与环境治理，努力从根本上治理洱海水污染、修复水生态、改善水环境。②环湖截污和污水处理再生利用工程是其中一项重要举措，完工后将彻底斩断流向洱海的生产生活污水。③但是大理州政府预估环湖截污工程的总投资要达到34.68亿元，超出了大理州政府财政可以负担的范围。于是，洱海治理项目团队积极联系企业参与了这一工程建设。④一方面，他们联络中信产业基金旗下的水环境专业治理公司——中国水环境集团等社会资本参与洱海保护治理项目，为项目引入政府与社会资本合作（Public－Private Partnership，PPP）的模式。⑤该模式下，中国水环境集团将原投资34.9亿元优化至29.8亿元，节省政府投资5.1亿元，缩短工期6个月。⑥另一方面，洱海治理项目团队也参与到了污水处理厂的修建工程设计之中，通过一项集成创新技术，将污水处理厂修到了地下，地面上则是花园、酒店、运动场地。⑦最终在洱海治理项目团队的积极推动下，地下污水收集管网在整个洱海流域铺展开，解决了截流的难题，从根本上改善了洱海水环境。

4. 扎根边疆，助力地方长期发展

一流大学服务国家战略发展不仅需要短期的科研攻关，更需要与当地的居民生活、产业转型等紧密结合，建立长效机制。

（1）保护洱海环境，主动引领当地百姓实现农业结构转型。

洱海第一产业以传统农业为主，蔬菜、大蒜等高施肥作物种植比例高，奶牛和生猪养殖以分散养殖模式为主，环湖区域更为突出，农业污染较重⑧，导致环

① 江倩倩：《韩正在云南调研，听取交大教授关于洱海保护治理意见建议》，2019年3月1日，https：//news. sjtu. cn/jdyw/20190301/96459. html。

② 光明日报调研组：《"七大行动"奏响洱海保护治理强音 全民共守一泓清水》，2019年1月25日，https：//baijiahao. baidu. com/s？id＝1623595875404986629&wfr＝spider&for＝pc。

③ 张璐晶：《牢记总书记嘱托，大理洱海三年保护治理初见成效》，2018年3月5日，https：//finance. sina. com. cn/roll/2018－03－06/doc－ifyrzinh4096728. shtml。

④⑥ 张璐晶：《洱海水环境治理PPP项目实施：社会资本方帮政府节省约6亿元，缩短工期6个月》，载于《中国经济周刊》2016年第20期。

⑤ 吴越：《"洱海"守护人孔海南：与水污染作战，每个人都是士兵》，2017年5月31日，https：//www. jfdaily. com/news/detail？id＝54633。

⑦ 《2020上海最美科技人物孔海南：把实验室建在洱海旁农家里》，央广网，2020年9月11日，https：//baijiahao. baidu. com/s？id＝1677520926510123475&wfr＝spider&for＝pc。

⑧ 孔海南：《为了洱海水清，坚守16年》，2018年12月15日，http：//www. isenlin. cn/sf_21AA98DFEEFC49909F658A4AC7C6BC7D_209_E18DAE76971. html。

境治理与当地传统农业结构、百姓生计之间存在一定矛盾。

洱海团队在引领区域产业转型方面做出了以下几方面的努力：为解决高污染的种植结构问题，孔教授带领团队在流域构建湿地，并且在湿地中通过设计生态"迷宫"，增加流域水在湿地过滤的面积与时间，使得最终流入洱海的水质得到提升。[①] 洱海项目团队还号召农科院、中科院等多个机构，找出了五种低污染、高收益的经济作物，并给当地农民引荐了优秀选育种。[②] 此外，孔教授带领团队提出了将洱海附近原本放养的奶牛牛粪转化为有经济效益的配方肥方案，既替代了原本有污染的化肥，又彻底消除了可能产生的污染。[③]

（2）成立上海交通大学云南（大理）研究院，积极推动当地特色产业发展。

2012 年，国家教育部推动扶贫计划，上海交通大学定点帮扶云南省大理州洱源县。2014 年，云南省政府、大理州政府与上海交通大学"省州校"合作，设立了上海交通大学云南（大理）研究院，旨在从战略层面将上海交通大学的科技、文化等优质资源覆盖或辐射到洱源。[④]

依托该研究院，洱海治理项目团队进一步深化水治理工作，发挥带动作用，除了推动针对洱海湖区水体及流域内主要入湖河流的水质监测工作外，他们还积极开展科学研究、示范工程和技术咨询服务，在洱海流域内外组织实施各类项目100 余项[⑤]；接续跟踪研究洱海水质与生态变化，完成水质分析报告 335 份，为洱海治理长效模式提供了决策依据。[⑥]

综上，一流大学通过卓越科学家和团队成员的付出、国家项目和扶贫计划的推动以及地方政府、企业、社会民众的协同参与，实现了服务区域可持续发展的目标。经过团队十多年艰辛的科研攻关后，洱海水质已显著提升。在"十三五"期间，洱海沉水植被面积恢复到 34 平方千米，湖体年均透明度上升到 2.1 米，全湖水质实现 32 个月Ⅱ类，未发生规模化蓝藻水华[⑦]，成功实现了我国水环境治

---

①② 常琛：《洱海清了，上海老教授却白了头》，2020 年 9 月 11 日，https：//finance. sina. com. cn/wm/2020－09－11/doc－iivhuipp3719841. shtml？cre＝tianyi&mod＝pcpager_fin&loc＝32&r＝9&rfunc＝61&tj＝none&tr＝9.

③ 姜澎：《孔海南：一腔热血守洱海》，2020 年 1 月 19 日，http：//www. whb. cn/zhuzhan/xue/20200119/315617. html。

④ 规划司：《上海交通大学精准扶贫精准脱贫典型项目》，2016 年 10 月 13 日，http：//www. moe. gov. cn/jyb_xwfb/xw_zt/moe_357/jyzt_2016nztzl/2016_zt19/16zt19_zsgxxm/16zt19_zsgxxm_sddxxm/201610/t20161013_284698. html。

⑤ 江倩倩：《韩正在云南调研，听取交大教授关于洱海保护治理意见建议》，2019 年 3 月 1 日，https：//news. sjtu. edu. cn/jdyw/20190301/96459. html。

⑥ 李晓璐：《上海交大帮扶云南洱源县 聚焦农业、教育、生态、医疗卫生等多领域》，2020 年 10 月25 日，https：//news. dayoo. com/gzrbyc/202010/26/158752_53621911. htm。

⑦ 李常明：《透明度 2.1 米！5 年来洱海全湖水质实现 32 个月Ⅱ类》，2021 年 1 月 19 日，https：//baijiahao. baidu. com/s？id＝1689296287527562117&wfr＝spider&for＝pc。

理的阶段性目标。同时，洱海项目团队在治理过程中还积极辐射周边，带领农民脱贫致富，为当地带来了可观的经济效益。

二、推广汉语与中华文化：以北京大学孔子学院为例

在当今世界政治中，软权力之源正变得越来越重要。[①] 从 2004 年起，我国在海外设立孔子学院，这是建设我国软实力的一个重要举措。国内一些一流大学在建立孔子学院方面发挥了重要的作用，其中北京大学是这方面的一个典型。2013 年 4 月，北京大学调整汉语国际推广工作机构，设立北京大学汉语国际推广工作办公室，负责孔子学院的设立、管理和推广等工作。截至 2021 年，北京大学已在美国、英国、日本、德国等多个国家承办了 10 所海外的孔子学院。[②] 本研究以北京大学孔子学院为案例，通过搜集北京大学孔子学院发展和我国软实力建设的相关资料，进而分析一流大学对国家软实力提升方面的影响。

1. 北京大学孔子学院的特色

（1）立足校内资源，拓展校外合作条件。

在校内资源方面，北京大学是中华文化的凝聚地，哲学系、中文系和历史系拥有实力强劲的师资队伍，这是办好孔子学院的基础。为保证孔子学院的持续健康发展，北京大学形成了以学校的常规项目为基础，以"海外名家计划"和"北大学校特色"为支撑，以"杰出学者大师项目"和"顶尖外国专家项目"为顶端的三层人才吸引模式。[③] 对于孔子学院的院长与教师，北京大学则是面向全校进行公开招聘，以保证流程规范化和制度化。同时，北京大学对外汉语教育学院成立了汉语教学资源建设中心和信息技术中心，探索"互联网＋汉语教学"的模式，并通过慕课等平台进行汉语和中国文化的推广。

在校外配套资源方面，北京大学孔子学院非常重视硬件条件，尤其要求外方合作院校校长高度重视各类设施建设。[④] 例如，德国柏林自由大学为孔子学院的教师配备了宽敞的办公场所，为学生提供了丰富的学习资料和充足的教室。同时，中方则为孔子学院提供了杰出的专家学者，参与教学和当地的汉学活动，为当地孔子学院建设提供智库保障。

---

① ［美］约瑟夫·奈著，门洪华译：《软权力与硬权力》，北京大学出版社 2005 年版，第 97～98 页。

② 《汉语推广卓有成效，北京大学已承建九所孔子学院》，北京大学新闻网，2007 年 12 月 20 日，https：//news. pku. edu. cn/mtbdnew/284 – 119521. html。

③ 北京大学国际合作部：《引智项目——北京大学国际合作》，2021 年 6 月 30 日，https：//www. oir. pku. edu. cn/wjzj/yzxm/7. htm。

④ 北京大学汉语国际推广工作办公室：《孔子学院总部——北京大学》，2020 年 6 月 30 日，https：//www. gsm. pku. edu. cn/hygjtggzbgs/kzxy1/rblmgkzxy. htm。

（2）建设应用型课程，兼顾教学与科研。

在教学方面，北京大学高度重视国际交流工作的队伍建设和人才保障，在具备一流服务水平与能力方面取得显著成效。北京大学对外汉语教育学院注重培养复合型人才，实现本硕博教育一体化。在教学和教研保障方面，北京大学设置了汉语应用、课程发展、考试测试和文化交际四个主题研究室，并配备了强大的师资队伍，以保证孔子学院培养过程的合理性与科学性。[①] 同时，北京大学的"新汉学计划"既有直接攻读博士生的项目也有中外合作培养的跨境联合项目，以此加深了北京大学与其他国家高校在教学、办学等方面的交流与合作。[②]

在学研方面，北京大学孔子学院注重教学与科研并重，既希望通过各类活动普及中国文化，也希望"由点到面""以研助学"，通过深化各类学术合作实现文化共享。斯坦福孔子学院作为"研究型"孔子学院的代表，将 1/4 的经费用于设立研究生奖学金，支持学生从事中国研究课题，并在他们获得博士学位后，资助其前往美国其他大学教授与中国文化相关的课程。同时还有 1/4 的研究经费用于支持每年定期的中美两国以及世界各地之间关于中国问题的研究、研讨会或讲座。

（3）吸引多方人才加盟，创建特色化品牌。

在人才方面，北京大学孔子学院采用面向全球招聘的形式聘任孔子学院中方院长，同时专职教师招聘也采用校内外公开招聘的方式，鼓励有志向从事对外汉语教育事业的社会人士参与进来。基于孔子学院互利互惠的合作模式，北京大学参与了"中国国际中文教育基金会"的建设[③]，基金会将充分发挥筹资渠道广泛的优势，吸引和凝聚中外企业、社会组织、各级政府以及社会各界和个人积极参与，为孔子学院建设和发展注入更加强大的动力。

在品牌建设方面，截至 2017 年底，北京大学已与世界 60 多个国家和地区的 380 余所大学和研究机构建立了双边交流关系。[④] 北京大学孔子学院借助学校的学术资源优势，就深度挖掘中国社会与文化内涵举办了系列国际学术研讨活动，优化和提升了孔子学院的学术氛围和知名度。同时，北京大学孔子学院因地制宜挖掘学院内涵，开创性地用外语为所在大学开设了高端中国文化等学分课程，向

① 北京大学对外汉语教育学院：《学术科研机构》，2022 年 6 月 11 日，https://hanyu.pku.edu.cn/xzky/gkxzky/index.html。

② 北京大学国际合作部留学生办公室：《孔子新汉学计划》，2021 年 12 月 2 日，https://www.isd.pku.edu.cn/index/jxj/kzxhxjh_CCSP_.htm。

③ 中国国际中文教育基金会：《招聘启事》，2022 年 6 月 24 日，https://www.cief.org.cn/newsinfo/3009345.html。

④ 北京大学国际合作部：《"扎根中国，面向世界"——北京大学五年来国际交流成就回顾》，2022 年 5 月 21 日，http://www.oir.pku.edu.cn/info/1037/2745.html。

所在大学学生讲授中国文史、政治、经济、教育等知识，以多种形式弘扬中华文化，拓展了孔子学院的发展空间。①

2. 北京大学孔子学院建设与国家软实力提升

（1）利用文化教育资源，丰富软实力维度。

文化软实力的内涵核心主要就是其所具备的先进性特征，它的直接方法以及最终目标的实现在于它的影响力，而增强文化影响力的办法主要在于文化领域的扩散和沟通。② 教育交流不仅可以加强国家之间的了解，而且可以促进彼此的理解，是推动世界文明进步的重要力量。孔子学院是外国学生在文化领域了解中国的窗口，有助于提升我国文化事业在国际上的影响力。

党的十八大以来，北京大学利用自身的教学科研资源，积极主动地在世界范围内推动孔子学院的建设与发展。③ 在促进高等教育国际化方面，北京大学孔子学院作为对外交流的窗口，借助已有的教育文化资源优势，不断拓展自身在对外汉语教育与传播中国文化方面的影响力。

北京大学孔子学院这种以高等院校为依托的语言文化推广模式加快了中国高等教育的国际化进程，通过高校间教育资源的相互融合、取长补短，实现优化资源、共同发展，孔子学院在引领中国高等教育走向国际的同时，也把国外语言文化教育直接引进国内④，在相互交流、融合中加速中国高等教育的国际化进程，有助于提升我国高校的办学水平。

（2）挖掘文化创新潜力，推动软实力发展。

文化创新是文化软实力不断发展的动力源泉。⑤ 文化的创新既源于对传统事物的继承又源于新事物的推陈出新。以文化资源为载体促进文化教育，通过不断创新提高优秀传统文化对他人的吸引力来形成文化聚合力⑥，进而赢得人们的认同感、亲近感。但是文化仅仅依靠单向度地展现和传播是远远不够的，更多地需要由浅入深、由表至里。

北京大学孔子学院借助自身的优势条件，不断拓展创新领域。在内容创新方面，2016年开设的"论道中国"英文授课项目就得到了不少国际学生的青睐。该项目注重理论与实践相结合，开设"中国经济概况""中国经济改革与商业环境""中国在国际经济中的地位"等英文讲授的专业课程及汉语课程，并安排实

---

① 《亲仁善邻 和衷共济——北京大学孔子学院汉语推广实践》，北京大学新闻网，2016年1月13日，https：//news. pku. edu. cn/xwzh/129－292649. htm。

②⑥ 张世洲：《提升中国文化软实力的四个维度》，载于《人民论坛》2018年第16期。

③ 北京大学国际合作部：《"扎根中国，面向世界"——北京大学五年来国际交流成就回顾》，2022年5月21日，http：//www. oir. pku. edu. cn/info/1037/2745. html。

④ 李松林、刘伟：《试析孔子学院文化软实力作用》，载于《思想教育研究》2010年第4期。

⑤ 孙波：《文化软实力及其我国文化软实力建设》，载于《科学社会主义》2008年第2期。

地考察和创新创业实践活动，通过理论与实际相结合的方式增进了学生对中国道路、模式、新发展理念的了解与认同。同时，在形式创新方面，北京大学在2013年调整设立"北京大学汉语国际推广工作办公室"，同北京大学国际合作部联署办公。① 通过这种模式有效实现了北京大学对外交流合作、汉语国际推广、留学生工作三位一体的协同发展。

孔子学院的设立有助于世界全方面地加深对中国文化的认识和了解。为了拓展、丰富孔子学院的教学内容，满足所在国师生多样化的需求，很多专项孔子学院也陆续建立。如中国教育部和汇丰银行等5家英国企业在伦敦联合设立全球首家"商务孔子学院"，在伦敦南岸大学成立的中医孔子学院等，扩展了孔子学院的更多作用，使其不仅成为一所语言教学机构，也成为一座加深中国与外国相互理解和沟通的文化驿站与桥梁。

（3）深化文化品牌实力，提升软实力质量。

将文化资源不断转化为文化软实力需要注重文化品牌的打造，通过品牌文化的差异性和优异性，使文化品牌在受众心中引发共鸣并具有一定的吸引力。孔子学院在创立之初便具有的品牌形象，对中国文化事业的发展具有促进作用，也是帮助中国文化事业走向世界的重要一步。

北京大学在这一过程中始终注重提升孔子学院办学质量，不断提升品牌意识、服务意识，从大局出发与多个国家紧密合作、互利共赢。在品牌打造方面，北京大学孔子学院借助其自身的资源优势，致力于将孔子学院建设成为汉语推广教学中心与中外综合文化交流平台，通过举办讲座、论坛、研讨会，深化了国外友好院校在文化、经贸、历史、教育等方面的广泛合作与交流，将系列活动作为孔子学院的品牌项目，为深度挖掘中国社会和文化内涵打开了一扇窗，优化和提升了孔子学院的学术氛围和知名度。在品牌宣传方面，北京大学汉语国际推广工作办公室为纪念北京大学建校120周年而编辑、创作了《我的孔子学院：北京大学孔子学院中方院长访谈实录》。② 该书收录了遍及全球各地十余所北京大学孔子学院的中方院长的访谈，生动而形象地讲述了北京大学孔子学院的发展历程，进一步树立了北京大学孔子学院的品牌形象。并且从2016年开始，北京大学孔子学院推出"走进孔院"专题报道，从大数据、汉语推广、学术研讨、文化活动、专家视角5个层面，总结、梳理各个孔院过去一年的工作成绩与经验。期望通过"走进孔院"专题报道为大家呈现"孔院的世界，世界的孔院"。

---

① 北京大学国际合作部：《"扎根中国，面向世界"——北京大学五年来国际交流成就回顾》，2022年5月21日，http://www.oir.pku.edu.cn/info/1037/2745.html。

② 北京大学汉语国际推广工作办公室：《我的孔子学院：北京大学孔子学院中方院长访谈实录》，北京大学出版社2017年版。

第五节 关于我国一流大学服务国家战略的政策建议

服务国家战略是我国一流大学社会服务职能的重要方面。本章从重大科技贡献、急需人才培育以及软实力平台支撑三个方面构建了一流大学服务国家战略的指数。分析结果表明，我国顶尖大学对国家战略贡献显著。通过结合北京大学、上海交通大学在服务国家战略方面的典型案例经验，本研究提出了以下两条政策建议。

一、设立服务国家战略主管部门，建立灵活的管理制度

一流大学作为国家科学技术发展的中坚力量以及人才培养的重要基地，应积极对接国家需求，为切实解决我国各领域及地区的重大问题献策献力，肩负起服务国家战略发展的指导和引领性作用。然而，与其他常规科学研究相比，服务国家重大战略的科学研究可能在资金筹备、人员管理、项目落实等环节上具有更高的复杂性，而在其推进过程中又常常缺乏常态化的组织机制与管理流程。截至2021年，大部分一流大学主要采取"一事一议""特事特办"的处理方式，可能会导致相关项目推进困难。因此，在"双一流"建设过程中，建议高校对服务国家重大战略的研究应给予重视，设立主管领导直接负责，形成相关的管理部门，组织协调重大项目的申请、立项、执行和验收等环节，并建立起长效保障机制，促进相关方向的研究能长期服务国家战略领域的发展。

建议围绕一流大学服务国家战略的需求，设置更加具有灵活性的管理制度。在人才培养方面，一流大学服务国家战略需依托其研究团队长时间扎根于现场，解决当地或领域内存在的实际问题。为了使学生能够主动融入项目，一流大学需有效地解决人才培养过程中的保障问题。高校可以允许学生进行时长为半年或一年的现场实习，并且对其表现以及所获成果进行记录，抵扣一定学时，让学生服务国家战略没有后顾之忧，更安心地投身重大战略项目之中。在教师管理方面，一流大学教师评价将科研产出等作为主要的评价指标，一定程度上忽略了教师服务国家战略的贡献。在人才晋升评价方面，建议大学将服务国家战略作为一个重要方面予以考虑，纳入评价体系中，从团队整体的突出贡献以及教师服务时长等对教师进行合理的评估，消除教师在个人职业发展上的顾虑，并鼓励他们积极参与重大战略项目，进一步推动国家战略发展。

二、建立大学软实力平台，提升国家的国际影响力

作为文化资源和文化创新的高地，一流大学应积极发挥在国家文化软实力建设中的引领作用，建设具有凝聚力和影响力的社会主义核心价值体系，大力弘扬民族传统文化。孔子学院这类平台作为对外传播中国传统文化、扩大文化影响力的典范，在我国文化软实力建设中具有重要地位。高校应把握这条对外传播的有力途径，着力建设文化交流类的软实力平台，借此进一步提升国家的国际影响力。

在内部管理层面，一流大学应该注重提升软实力平台的运营质量，鼓励模式创新性，对内增强向心力。建议一流大学建立软实力平台时考虑市场运行机制，通过更多渠道做好市场化，用品牌效应来提升一流大学的软实力。在宏观战略层面，一流大学应该注重扩大软实力平台的品牌效应，加强传播战略性，对外提升吸引力。以孔子学院为例，孔子学院的品牌效应不能仅仅依靠语言教学来完成，而应该注重其与中国文化的紧密结合，用多维度的视角将文化融入语言，也用语言体现文化。除此之外，一流大学应转换视角，将软实力平台更多地视为一个平等的合作项目，将其放入国外的社会系统，甚至其合作学校自身的发展进程中考虑，不仅仅关注大学在知识传播上的作用，更要注重其在政治、经济、社会、文化等多个维度交叉点上的多重作用与多重性质，以应对各项可能的质疑与挑战[1]，从而进一步扩大一流大学在世界范围内的影响力。

---

[1]　A. Stambach. *Confucius and Crisis in American University*：*Culture*，*Capital and Diplomacy in U. S. Public Higher Education*. New York and London：Routledge Publish Press，2014.

第八章

社科类一流学科的指数与案例研究

第一节 研究背景与思路

一、研究背景

1. 社会科学学科建设是"双一流"建设的重要组成部分

2016 年 5 月 17 日，习近平总书记在哲学社会科学工作座谈会上发表重要讲话，指出"哲学社会科学是人们认识世界、改造世界的重要工具，是推动历史发展和社会进步的重要力量，其发展水平反映了一个民族的思维能力、精神品格、文明素质，体现了一个国家的综合国力和国际竞争力"[①]。当今世界处于社会大变革的时代，总书记要求加快构建中国特色哲学社会科学，用哲学社会科学的知识变革和思想先导来助力"构建人类命运共同体"。总书记还指出，我国的哲学社会科学还处于"有数量缺质量、有专家缺大师的状况"，在学术原创能力、培养教育体系、人才队伍总体素质、管理体制和运行机制以及学风建设等方面亟待

---

① 《习近平：在哲学社会科学工作座谈会上的讲话（全文）》，中华人民共和国国务院新闻办公室网站，2016 年 5 月 19 日，http：//www.scio.gov.cn/31773/31774/31783/Document/1478145/1478145.html。

提高。① 这些讲话在建设"世界一流大学和世界一流学科"的背景下具有重要意义，充分凸显了哲学社会科学在构建世界一流大学和世界一流学科中的重要性。

社会科学真正意义上成为一个独立的学科领域并具备相对健全的研究方法是从 19 世纪开始的；在国际化的大背景下，社会科学研究也呈现出国际化的趋势。② 纵观全球范围内世界一流大学的学科规划可以发现，世界一流大学几乎都建有社会科学相关学科，都有标志性的社会科学学科及有影响力的学术带头人、高质量的科研成果，并蕴含着厚重的人文精神。③ 在我国全面推进"双一流"建设重大战略的背景下，社会科学学科建设理应成为"双一流"建设的重要组成部分。

2. 开展社会科学学科评价有助于推动学科建设与发展

我国社会科学起步较晚，社会科学研究及其影响力也远未达到世界一流水平。④ 因此，加快我国社会科学学科建设与发展任重而道远。2021 年 3 月，三部委联合印发《"双一流"建设成效评价办法（试行）》，旨在加快"双一流"建设，促进高等教育内涵式发展、高质量发展。⑤ "双一流"建设成效评价是对高校及其学科建设实现大学功能、内涵发展及特色发展成效的多元多维评价。虽然《"双一流"建设成效评价办法（试行）》就学科建设评价提出了建议，但并未给出具体细则，也未涉及具体的学科领域。鉴于各学科领域均有其特殊性，本研究认为有必要针对社会科学学科构建专门的一流学科指数以对其建设成效进行评价，从而促进其建设与发展。

刘大椿认为，人文社会科学评价是一种学术评价，是以学术共同体主持，以推动学术的继承和创新为目标、与资源配置相联系、与物质精神激励相结合的学术体制。人文社会科学评价是一种价值判断，是对"评价的评价"，也是学科发展的知识自觉，是服从管理目标的科研管理手段。⑥ 朱少强指出，人文社会科学具有学科构成的复杂多元性，民族性、阶级性、本土性，真理检验的直观性，价值实现的潜在性和间接性，成果多样性，引文的长周期性等特征；人文社会科学研究的评价应尊重其特殊性，构建与之相适应的评价体系，而不应照搬自然科

---

① 《习近平：在哲学社会科学工作座谈会上的讲话（全文）》，中华人民共和国国务院新闻办公室网站，2016 年 5 月 19 日，http：//www.scio.gov.cn/31773/31774/31783/Document/1478145/1478145.html。

② Moh F Y, Lu H P, Lin B H. Contributions to financial crisis research: An assessment of the literature in Social Science Citation Index journals from 1990 to 2008. *Applied Economics*, 2012, No.36, pp.4689 – 4700.

③④ 刘苗苗、姜华、刘盛博：《社会科学总论学科域映射评价及其对"双一流"建设的启示研究——基于 ESI 工具视角》，载于《重庆大学学报》（社会科学版）2019 年第 6 期。

⑤ 教育部、财政部、国家发改委：《关于印发〈"双一流"建设成效评价办法（试行）〉的通知》，2020 年 12 月 15 日，http：//www.gov.cn/zhengce/zhengceku/2021 – 03/23/content_5595085.htm。

⑥ 刘大椿：《人文社会科学评价的限制与超越》，载于《中国人民大学学报》2007 年第 2 期。

学、工程技术领域的评价方法。①

在此背景下，亟须从国际比较视角出发，构建相应的社会科学学科评价体系，探索我国社会科学学科与世界一流社会科学学科的差距，认清我国社会科学学科的基本现状与未来发展趋势；同时，寻找我国一流社会科学学科与世界一流社会科学学科建设的成功经验，探索我国特色、世界一流社会科学学科建设的途径和方法，从而促进我国社会科学学科的发展并助力于实现创建世界一流大学和一流学科的宏伟目标。

二、国内外研究进展

1. 社科类学科评价的方法及指标

人文社科类学科评价有其自身特色，相关指标体系的构建要遵循一定的原则。谭春辉认为人文社会科学科研评价具有评价主体多样性、评价方法灵活性以及评价程序公正性等特点，提倡将其特殊性作为一个整体纳入科研评价体系之中。② 李妮等学者则认为，人文社科指标体系的构建应以评价方法为基础，重点引用引文分析法得来的数据，吸收各评价方法的优点。指标的选取应坚持公平性、全面性、易于定量性和数据易得性，兼顾定量与定性评价，并将评价体系分成四个部分：社科积累、社科科研成果、科研质量和人文社科影响。③ 沈清松认为，在构建人文社会科学科研绩效评价指标体系的过程中，应将科学与人文互补利用，秉持定量化评价与定性化评价相结合的原则，数量与质量兼顾。具体而言，应从科研投入、科研数量产出以及科研质量产出三个角度构建评价指标体系；同时，对于人文社会科学而言，指标体系构建的全过程应注重使科学性、人文性、社会性与创新性等特点并存，使其区别于自然科学，以保持人文社会科学的独特发展。④

同时，在选取人文社科类学科评价指标上也要注意与其他学科区分开来，评价数据的搜集方法也要尽可能多元化。叶继元认为，在"双一流"建设中，哲学社会科学评价指标的设立要遵循四个原则：第一，根据哲学社会科学教育成果与研究成果的特点设立指标，大体上应与理工科指标均衡；第二，根据"双一流"

---

① 朱少强：《人文社会科学研究的特征及其对学术评价的影响》，载于《重庆大学学报》（社会科学版）2007 年第 5 期。

② 谭春辉：《高校人文社会科学研究成果评价机理研究——基于利益相关者的视角》，载于《社会科学管理与评论》2013 年第 2 期。

③ 李妮、王建伟、董淑霞、孙志伟：《理工类高校人文社科竞争力评价体系的构建》，载于《理论导刊》2010 年第 4 期。

④ 沈清松：《科技、人文与文化》，武汉大学出版社 2014 年版，第 87 页。

建设阶段性目标设置哲学社会科学指标，要通过调整权重以发挥其引领作用；第三，要设立能够考量哲学社会科学潜移默化的作用、潜在影响力的指标；第四，加大哲学社会科学成效的定性指标权重，通过观察、实地考察、案例分析、事件描述等多种搜集数据的方法，提供给合适的专家学者进行评价判断。[1] 托莱多（Toledo）认为，人文社会科学研究评价实践的关键有：学术成果的完整数据、来源期刊与图书指标、定性评估或使用自下而上的方法、开放获取、替代指标、与研究相关的社会影响等。[2] 杜向明等学者在区分人文学科和社会科学学科差异的基础上，构建了科研成果（如论文和著作）的评价指标体系，包含定性和定量两种指标类型。定性指标主要包括学术规范性、研究科学性、价值性（社会价值和学术价值）、创新性和难易性；定量指标主要包括引用、基金、获奖、出版社和网络书评等。[3]

此外，还有学者依据上述原则尝试构建了人文社会科学评价指标体系。郑德俊和高凤华在比较分析和专家调查的基础上，从科研投入、科研产出数量和科研产出效益三个方面提出了一套高校人文社会科学科研绩效评价指标体系。考虑到人文社会科学的特点，同时也为了增强各高校之间的可比性，促进高校之间的竞争和创新，选取相对值指标进行评价，减少绝对值的使用。在科研产出数量指标上，主要考虑代表性成果和成果被引用的比例，对科研产出效益的评价主要采用设立定性指标的方式，这种指标的等级或评分主要通过同行专家来实现。[4] 吕俊杰等学者在国内外主流评价体系的基础上，结合法学领域学者感知调研，提出创新法学学科评价指标和评价模型。从"论文数量""论文影响力""基金项目""法学专著"四个方面对学术机构的科研成果进行评价，其对应 7 个二级指标——顶尖期刊、核心期刊、论文影响力、国际合作论文比例、基金项目、省部级项目和法学专著。[5]

2. 社科类一流学科评价

学界有关社科类一流学科评价的研究尚不多见，但部分有关一流学科评价的研究仍具有参考意义。国际上通行的学科评价标准，通常涵盖学术声誉、教育质量、教师质量和科研成果等内容，评价目的在于突破学科评价的国内视野，系统

[1] 叶继元：《国内外人文社会科学学科体系比较研究》，载于《学术界》2008 年第 5 期。

[2] Toledo E G. Research assessment in Humanities and Social Sciences in review. *Revista española de Documentación Científica*, 2018, Vol. 41, No. 3, pp. 1 – 14.

[3] 杜向明等：《高校人文社会科学评价理论与方法研究》，中国社会科学出版社 2018 年版，第 76 ~ 98 页。

[4] 郑德俊、高凤华：《高校人文社会科学科研绩效评价指标体系构建》，载于《科技进步与对策》2009 年第 7 期。

[5] 吕俊杰、李煜、张旭、张见玲：《我国人文社科评价方法实践与探索——以法学学科为例》，载于《情报探索》2021 年第 6 期。

地搜集国际高等教育机构的学科信息，通过比较自身、合作伙伴和竞争对手的学科水平，在国际上开展学术竞争。[①] 已有研究中关于构建一流学科评价体系方法的相关成果也适用于社会科学领域，主要包括依据我国对世界一流学科建设标准要求并参考国内外有关学科评估指标体系[②][③]、案例分析和专家调研[④]、从现有的学科评价文献资料中搜集相应指标[⑤]。涉及的评价指标主要包括师资队伍、科研成果、人才培养、社会服务、文化传承、国际视野、学科建设条件和学科声誉等。

通过对相关文献进行梳理后发现，学界还缺少关于构建社科类一流学科指数并以此对我国社科类学科建设成效进行评价的系统性研究。第一，有关人文社会科学评价的研究虽涉及了社科类学科的评价方法和指标等，但大多将人文社会科学学科混为一体，忽视了社科类学科本身的特征；虽有少数研究针对单一的社科类学科进行科研产出层面的评价分析，但却缺乏对社科类学科进行整体评价。第二，在指标体系的构建上缺乏科学性的方法，大多是基于已有文献总结而来。第三，实践性较弱，即便部分研究构建了人文社会科学学科评价体系，但少有研究利用已构建的指标体系对我国社科类学科进行评价并开展国际比较。第四，没有研究结合社科类一流学科在建设过程中所面临的现实问题提出有针对性的建设策略。

三、研究思路

1. 核心概念

社会科学：社会科学是研究人类社会现象的科学，通过对人类社会结构、变化和动因的研究，把握和探索社会本质和发展规律。[⑥] 具体来讲，第一，社会科学的研究对象是人类社会，包括人类行为、社会现象、社会结构和社会变迁；第二，社会科学是系统化的知识体系，要用概念、范畴、定律和原理等理论形式来解释或说明人类行为和社会现象；第三，社会科学知识应具有可检验性，要包括

[①] 曹志峰、汪霞：《世界一流大学重点学科评价模式的比较分析》，载于《江苏高教》2018年第1期。

[②] 刘瑞儒、何海燕：《世界一流学科建设中期绩效考核评估研究》，载于《研究生教育研究》2018年第2期。

[③] 冯用军：《中国"双一流"战略：概念框架、分类特征和评估标准》，引自《中国高等教育学会高校·学科·育人：高等教育现代化——2017年高等教育国际论坛论文集》，2017年。

[④] 李燕：《世界一流学科评价及建设研究》，中国科学技术大学出版社2018年版，第41~93页。

[⑤] 朱明：《基于大学排名的世界一流学科评价问题研究》，载于《研究生教育研究》2012年第11期。

[⑥] 熊澄宇：《关于新文科建设及学科融合的相关思考》，载于《上海交通大学学报》（哲学社会科学版）2021年第2期。

可以被经验反驳或确证的内容；第四，社会科学知识是可发展的，既有历史继承性，同时也在不断创新。[1][2]

社科类学科：在主流的人文社会科学学科体系中，在社会科学领域，争议较少的学科大体上包括社会学、法学、教育学、商学、经济学、政治学、公共管理学以及新闻与传播学等。[3][4]

社科类一流学科指数：指数是反映复杂的社会现象受多种因素影响而变动的相对数，它能够表明所研究社会现象量的方面在时间或空间上综合变动的程度。[5]构建社科类一流学科指数旨在对社科类一流学科水平进行客观、准确的评价，涉及众多方面和内容，包含最能反映社科类一流学科本质特征的关键指标，如师资队伍、人才培养、科研水平、学科文化和社会贡献等。

2. 研究问题

基于社科类一流学科评价的重要性，本章以国内外社科类一流学科为样本，重点探讨以下两个研究问题：（1）如何评价我国社科类一流学科国际水平？（2）如何提升我国社科类一流学科国际水平？

3. 研究思路

本研究旨在采用多种研究方法构建我国社科类一流学科指数，大量采集各指标数据对国内外社科类一流学科国际水平进行定量对比分析；在实证分析的基础上，结合我国社科类一流学科在建设中面临的实际问题以及世界社科类一流学科建设经验，对提升我国社科类一流学科国际水平提出对策。

第一，通过总结已有第三方评价和国家重点建设中的评价理念、评价理论、评价方法和评价实践等进行社科类一流学科内涵研究，并根据研究结果构建出初步的评价指标体系、指标界定和统计方法界定。在进行指标设计时所秉承的原则是：以服务"双一流"建设为宗旨，对标世界顶尖、世界一流大学/学科，选择具有国际可比性的指标，采用具有现实可获取性的数据，展示我国"双一流"建设大学/学科的水平、进步及差距；努力对国家"双一流"建设的验收与调整产生实质性影响。

---

① 殷杰、胡敏：《全球化视域中的社会科学及其对公共政策的影响》，载于《东北大学学报》（社会科学版）2017年第2期。

② 范国睿：《走进人文社会科学研究》，载于《学位与研究生教育》2011年第11期。

③ M. Dewey（Eds）. *Abridged Dewey decimal classification and relative index.* London：Forest Press，1971，P. 68.

④ National Center for Education Statistics of the US. Classification of Instructional Programs，2000，https：//nces. ed. gov/pubs2002/cip2000/.

⑤ 吴娴、刘莉、刘念才：《中国高校科技发展指数体系的构建研究》，载于《清华大学教育研究》2020年第1期。

　　第二，根据已构建的指标体系开展半结构化访谈并根据访谈结果修正初步的评价指标体系。在访谈中，选择了社会科学领域中9个代表性较强且学科边界相对清晰的学科，旨在广泛听取"双一流"建设大学/学科中的学科专家针对各学科评价维度、指标选择及具体界定的意见，其中指标包括但不限于重大国际学术奖项、国际权威学术期刊和国际著名校友的培养等。

　　第三，根据构建的评价指标体系，选择国内外样本院校，进行数据搜集与整理工作，对研究结果进行对比分析。

　　第四，选择国内外有代表性的一流学科建设案例，深入分析促进理论创新、方法创新、社会服务、学科拓展和交叉以及全球化引领等方面的具体组织和制度设计。

　　第五，基于研究结果，对我国社科类一流学科建设中存在的问题进行深入分析并提出政策建议。

第二节　社科类一流学科指数设计

一、国内外样本选取

1. 社科类学科样本选取原则

　　根据我国"双一流"建设的学科分布情况[1]、软科世界一流学科排名（ShanghaiRanking's Global Ranking of Academic Subjects，GRAS）[2] 和 QS 世界大学学科排名 （QS World University Rankings by Subject）[3]，参考教育部学位中心（简称"学位中心"）学科评估的学科分类[4]，本研究选取了经济学、管理科学与工程、工商管理、法学、政治学、公共管理学、新闻传播学、教育学和社会学九个学科进行研究（见表 8 - 1）。

----

　　① 教育部、财政部、国家发改委：《关于公布世界一流大学和一流学科建设高校及建设学科名单的通知》，2019 年 9 月 21 日，http：//www. gov. cn/xinwen/2017 - 09/21/content_5226572. htm. html。

　　② 软科：《2020 年世界一流学科排名》，2020 年 8 月 15 日，https：//www. shanghairanking. cn/rankings/gras/2020。

　　③ QS：《2020 年 QS 世界大学学科排名》，2020 年 3 月 15 日，https：//www. qschina. cn/subject - rankings - 2020。

　　④ 《全国第四轮学科评估结果公布》，中国学位与研究生教育信息网，2017 年 12 月 29 日，http：// www. cdgdc. edu. cn/xwyyjsjyxx/xkpgjg/。

表 8 - 1   社科类学科选取情况

序号	学科门类	学科名称	"双一流"建设学科数量	备注
1	经济学	经济学	11	GRAS/经济学，QS/经济学和计量经济学，学位中心/理论经济学、应用经济学 GRAS/金融学，QS 会计与金融学（辅助参考）
2	管理学	管理科学与工程	6	GRAS/管理学，QS/商业与管理研究，学位中心/管理科学与工程
3	管理学	工商管理	6	GRAS/工商管理，QS/商业与管理研究，学位中心/工商管理
4	法学	法学	6	GRAS，QS，学位中心
5	法学	政治学	6	GRAS，QS，学位中心
6	管理学	公共管理	3	GRAS/公共管理，QS/社会政策与行政管理，学位中心/公共管理
7	文学	新闻传播学	2	GRAS，QS，学位中心
8	教育学	教育学	2	GRAS，QS，学位中心
9	法学	社会学	2	GRAS，QS，学位中心

资料来源：笔者根据 GRAS、QS、教育部学位中心学科评估、"双一流"建设名单整理。

2. 样本高校

依据研究目的，即探讨我国社科类学科与世界一流社科类学科的差距，认清我国社科类学科的基本现状与未来发展趋势，寻找我国世界一流社科与世界一流社科建设的成功经验，探索我国特色、世界一流社科建设的途径和方法，本研究分别选取了世界顶尖学科组、世界一流学科组、国内顶尖学科组、国内一流学科组四组学科院校样本。

（1）样本选取的基本原则。

世界顶尖学科组、世界一流学科组、国内顶尖学科组、国内一流学科组的样本数一般为 10，可以少于 10 但原则上不少于 6。

候选样本选择的首要依据为 2020 年的软科世界一流学科排名（GRAS），然后参考 2020 年的 QS 世界大学学科排名以及教育部学位中心学科评估结果。只有一个世界学科排名的情况以其为准。样本不足而递补时除了考虑学科排名外，也会参考 ARWU。最终的样本选择要充分考虑可比性和可借鉴性以及数据的可获取性，经过实际数据搜索和比较分析后确定。世界顶尖学科组、世界一流学科组的样本中不包括来自我国的样本。

（2）各组样本的具体选取办法。

世界顶尖学科组：GRAS 前 25 位且 QS 前 25 位；样本数量超过 10 的情况下，根据上述基本原则从中选 10；样本数量达不到 10 的情况下，在 GRAS 前 25 位中优先递补 QS 最靠近前 25 位且大学整体排名在 ARWU 前 25 位的，直到样本数量达到 10 为止。样本数量仍达不到 10 的只要超过 6 即可。只有 GRAS 的情况下，从其前 25 位中选择 10 所，优先选择大学整体排名在 ARWU 前 25 位的样本。

世界一流学科组：处于 GRAS 76 ~ 100 位且 QS 51 ~ 100 位；样本数量超过 10 的情况下，根据上述基本原则从中选 10；样本数量达不到 10 的情况下，在 GRAS 的 76 ~ 100 位中优先递补 QS 101 ~ 150 位且大学整体排名在 ARWU 76 ~ 100 位的，直到样本数量达到 10 为止。样本数量仍达不到 10 的只要超过 6 即可。只有 GRAS 的情况下，从其 76 ~ 100 位中选择 10，优先选择大学整体排名在 ARWU 76 ~ 100 位的样本。

国内顶尖学科组：GRAS 的前 100 位；样本数量超过 10 的情况下，优先考虑在 QS 前 100 位、学位中心 A + 的；样本数量达不到 10 的情况下，优先递补 QS 前 100 位中靠前的、学位中心 A + 的，直到样本数量达到 10 为止，仍然达不到 10 的只要超过 6 即可。只有 GRAS 的情况下，从其前 100 位中选择 10 所，优先选择大学整体排名在 ARWU 前 100 位的样本。

国内一流学科组：除国内顶尖学科组外的 GRAS 前 100 位、学位中心 A + 的；如果数量超过 10，优先选择靠前的；如果达不到 10 依次递补 GRAS 后一组的，其中优先考虑 QS 相应组别、学位中心 A 的，直到样本数量达到 10 为止，仍然达不到 10 的只要超过 6 即可。只有 GRAS 的情况下，从其前 100 位中选择 10 所，优先选择大学整体排名在 ARWU 前 200 位的样本。

（3）样本具体情况。

在此基础上，依据社科类学科自身的特点，本研究将其整合为三类：经管类学科样本、法政类学科样本以及教育/新闻类学科样本。

①经管类学科样本。

经管类学科样本包含经济学、管理科学与工程、工商管理和公共管理学科的世界顶尖学科组、世界一流学科组样本（见附录 3.1 和附录 3.2）。

②法政类学科样本。

法政类学科样本组包含法学、政治学和社会学学科的世界顶尖学科组、世界一流学科组样本（见附录 3.1 和附录 3.2）。

③教育/新闻类学科样本。

教育/新闻类学科样本组包含教育学和新闻传播学学科的世界顶尖学科组、世界一流学科组样本（见附录 3.1 和附录 3.2）。

二、指标体系设计

1. 初步设计

《"双一流"建设成效评价办法（试行）》明确指出，学科建设评价主要考察建设学科在人才培养、科学研究、社会服务和教师队伍建设四个方面的综合成效。同时，《统筹推进世界一流大学和一流学科建设实施办法（暂行）》明确指出"双一流"建设要面向国家重大战略需求，面向经济社会主战场，面向世界科技发展前沿，突出建设的质量效益、社会贡献度和国际影响力。此外，《统筹推进世界一流大学和一流学科建设总体方案》中明确指出，要"切实提高我国高等教育的国际竞争力和话语权，树立中国大学的良好品牌和形象"。在此基础上，结合对第三方评价机构学科排名指标体系的研究和学界对一流学科评价相关文献的梳理，以及遵循评价指标可测量、可获取和可国际对比的原则，本章最终确定人才培养、原始创新、学术大师、学科影响力和服务国家战略为一流学科评价的五大维度。

在具体测量指标的选取上，本研究同样本着"高标准、可定量、可获取、可国际比较"的原则。在人才培养维度，选取了国际著名校友的培养和博士生的数量两个具体测量指标：第一，校友质量的高低代表着学科人才培养成效的高低，国际著名校友能够代表学科人才培养的最高质量；第二，博士生是学科人才培养的最高层次，理论上讲，培养的高层次博士生的数量越多，其人才培养成效越高。

在原始创新维度，选取了国际权威学术期刊论文和高被引论文被世界一流学科引用的比例这两个具体测量指标：第一，社会科学领域各学科有其国际权威学术期刊，发表在各学科国际权威学术期刊上的论文代表着本学科领域的最高水平；第二，论文的影响力或被引频次也是衡量学科原始创新水平的重要指标，被引用次数居于各学科世界前1%的高被引论文可以用以评价一流学科的原创能力。为避免学者们为单纯提高论文引用量而进行的相互"恶性"引用，本研究增加了对高被引论文的施引作者进行分析，将其优化为"高被引论文被世界一流学科引用的比例"。

在学术大师维度，选取了重大国际学术奖项的获奖人、国际权威学术期刊的负责人和全球高被引科学家三个具体测量指标：第一，学术获奖是学者获得学术认可的主要形式之一[1]，通过奖项认可学者的学术成就具有悠久的历史传

---

[1] Frey B S, Neckermann S. Awards：A view from economics. *The Economics of Ethics*, 2009, pp. 73 – 88.

统，1901 年首次颁发的诺贝尔奖使学术奖项的认可标准扩大至国际范围[①]；第二，国际权威学术期刊是传播学术话语权的重要平台，学者若能够担任本学科国际权威学术期刊的负责人，其学术水平必然是一流的，掌控着学术话语权的编委在某种意义上比单纯的科研产出指标更能代表大师级学者的实力[②]；第三，论文引用量是衡量论文质量的重要标准，入选高被引科学家名单，意味着该学者在其所研究领域具有世界级影响力，其科研成果为该领域发展做出了较大贡献。

在学科影响力维度，选取了在第三方评价中的影响力和有影响力的国际学术品牌两个具体测量指标：第一，第三方评价机构通过学科排名的形式对学科品牌的传播和影响已产生了广泛作用；第二，鉴于社会科学的主要价值体现在其所产出的社会效益和社会贡献之上[③]，有影响力的国际学术品牌（包括但不限于智库、数据库、学术期刊、皮书和标准制定等）也应被纳入考虑之中。

在服务国家战略维度，选取了"对国家战略不可或缺的科研支撑［高等学校科学研究优秀成果奖（人文社会科学），简称'教育部人文社科奖'］"指标，因为教育部人文社科奖代表着我国人文社科领域科研成果的最高荣誉和最高水准，对我国人文社会科学学科的发展有着重要的推动作用，能够体现出学科对国家战略的贡献度。

2. 实证筛选

为进一步验证初步构建的社科类一流学科评价指标体系是否适合对社科类一流学科进行评价，本研究邀请了社科类学科专家对初步构建的社科类一流学科评价指标体系进行评价。

专家遴选。专家遴选充分考虑了专家的阅历、水平、代表性与权威性。本章是对社科类一流学科进行评价，因此，在选取学科专家时，遵循其所在单位为一流学科建设单位的原则。另外，由于本研究从中外对比的角度对我国一流社科类学科与世界一流社科类学科进行比较与分析，以及遵循国际可比原则构建一流学科评价指标体系，因此，本阶段主要选取了国际化背景丰富的学科专家。截至2021 年 1 月，共访谈社科类学科专家 51 名，访谈专家涉及 9 所"双一流"建设高校的副校长、院长、副院长、系主任和教师等。访谈对象范围为北京市、上海市、南京市、杭州市和武汉市的各高校。

① Zuckerman H. The proliferation of prizes：Nobel complements and Nobel surrogates in the reward system of science. *Medicine and Bioethics*，1992，Vol. 12，No. 2，pp. 217 – 231.

② Braun T，Diospatonyi I. The counting of core journal gatekeepers as science indicators really counts. *Scientometrics*，2005，Vol. 62，No. 23，pp. 297 – 319.

③ 叶继元：《人文社会科学评价体系探讨》，载于《南京大学学报》（哲学·人文科学·社会科学版）2010 年第 1 期。

225

指标筛选。通过邮件邀请学科专家参与访谈，当获得学科专家同意后，主要以（线上/线下）面对面、一对一的形式开展访谈。访谈能够充分听取学科专家对每一个指标的意见与建议，能够充分与学科专家讨论前文初步构建的社科类一流学科评价指标体系。访谈过程中，研究者与每一位接受访谈的学科专家逐一探讨初步构建的社科类一流学科评价指标体系中的 10 个具体指标，获得了 51 份访谈资料。具体而言，学术大师维度的国际权威学术期刊/组织的负责人和全球高被引科学家，原始创新维度的国际权威学术期刊论文和高被引论文被世界一流学科引用的比例，人才培养维度的国际著名校友的培养，学科影响力维度的在第三方评价中的影响力、有影响力的国际学术品牌、服务国家战略维度的对国家战略不可或缺的科研支撑等 8 个指标获得了学者们的一致认可。而学术大师维度的重大国际学术奖项的获奖人、人才培养维度的博士生的数量两个指标在学者间存在分歧。但本研究认为，重大国际学术奖项的获奖人不仅能够代表和衡量世界级学术大师的水平，而且能够引导国内高校追求更高质量的发展，对衡量和评价未来我国的世界一流社会科学学科极具价值。对于博士生的数量这一指标而言，虽有部分专家认为博士生的数量很难代表人才培养的质量和水平，但 17 位访谈专家认为，只有具有一定的基础，才能培养出高质量的博士生，故本研究保留了这一指标。基于此，完成了社科类一流学科评价指标体系的构建（见表 8 - 2）。

表 8 - 2 　　　　　　　　　　社科类一流学科评价指标体系

维度	指标
学术大师	重大国际学术奖项的获奖人
	国际权威学术期刊/组织的负责人
	全球高被引科学家
原始创新	国际权威学术期刊论文
	高被引论文被世界一流学科引用的比例
人才培养	国际著名校友的培养
	博士生的数量
学科影响力	在第三方评价中的影响力
	有影响力的国际学术品牌
服务国家战略	对国家战略不可或缺的科研支撑 *

注：* 社科类学科主要关注高等学校科学研究优秀成果奖（人文社会科学）的获奖情况。

三、数据搜集与分析

1. 重大国际学术奖项的获奖人

指标界定：获得该学科重大国际学术奖项的折合数。该学科重大国际学术奖项是在综合学术排名与卓越国际协会（IREG Observatory on Academic Ranking and Excellence，IREG Observatory）公布的 IREG List of International Academic Awards、软科的"学术卓越调查"（ShanghaiRanking Academic Excellence Survey）、姜帆博士的《社会科学领域的国际学术奖项评价研究》的基础上，结合对本学科专家访谈调研结果分析所确定的社科类学科重大国际学术奖项（见附录1.1）。

数据搜集：通过各重大国际学术奖项的官方网站搜集其在 2000~2020 年公布的获奖人名单，然后对获奖人名单中所列出的获奖人姓名、隶属院校等数据进行搜集与统计。

统计方法：根据获奖者获奖当时的归属单位统计每所大学该学科的获奖人数。当一名获奖人同时署名两个单位时，每个单位各计 1 人次。

2. 国际权威学术期刊/组织的负责人

指标界定：在该学科国际权威学术期刊中担任主编、副主编和编委，以及在该学科国际权威学术组织中担任主席、副主席和执委的折合数。该学科国际权威学术期刊是在综合软科"学术卓越调查"、上海交通大学世界一流大学研究中心 2018 年调查以及 WOS 的社会科学领域期刊引用报告分区 Q1 清单得到的各学科顶尖期刊名单的基础上，参考了已有文献中所列出的顶尖期刊清单以及对本学科专家的访谈结果确定的各学科国际权威学术期刊清单（见附录2.1）。

数据搜集：根据各学科国际权威学术期刊/组织名单，通过谷歌搜索引擎等途径搜索每本刊物/组织的官方网站，检索各期刊编委会/各组织委员会名单，然后将各期刊编委会/各组织委员会名单列表中所列出的主编、副主编、编委/主席、副主席、执委和隶属院校等数据进行搜集与统计。

统计方法：主编、副主编、编委/主席、副主席和执委不区分权重。当一个主编（副主编、编委）隶属于多个单位时，每个单位计 1/隶属于单位数人次。如隶属于两个单位，计 1/2 人次；隶属于 3 个单位，计 1/3 人次。当一个主编（副主编、编委）担任多本期刊的主编，则累积计数，如一名教师既担任 A 国际权威学术期刊主编，又担任 B 国际权威学术期刊主编，则该主编所属单位计 2 次数。主席、副主席和执委的具体统计方法同样采用以上原则。另外，鉴于主编、副主编、编委以及主席、副主席和执委在不同期刊编委会中和不同学术组织委员会中有不同的英文表述，本章采集了直接表述为主编、副主编和编委或相当于主编、副主编和编委职能的负责人信息以及采集了直接表述为主席、副主席和执委或相当于主席、副主席和执委职能的负责人信息。

3. 全球高被引科学家

指标界定：该学科高被引科学家总数。高被引科学家是由科睿唯安公司研制发布的世界范围内各学科领域被引次数最高的研究人员。本次高被引科学家采用的是科睿唯安 2020 年版的高被引科学家名单。此外，为了聚焦我国大学的一流学科，对爱思唯尔公司研制发布的我国范围内各学科领域高被引学者也进行统计分析。

数据搜集：通过科睿唯安公司和爱思唯尔公司官网搜集其 2020 年所发布的高被引科学家名单，然后对名单中所列出的入选者姓名、隶属院校及学科等数据进行搜集与统计。

统计方法：当高被引科学家同时署名两所大学时，只统计作者隶属的第一单位，计 1 人次。

4. 国际权威学术期刊论文

指标界定：指 2015～2019 年在该学科国际权威学术期刊或会议上发表论文的数量。该学科国际权威学术期刊是在综合软科"学术卓越调查"、上海交通大学世界一流大学研究中心 2018 年调查以及 WOS 的社会科学领域期刊引用报告分区 Q1 清单得到的各学科顶尖期刊名单的基础上，参考了已有文献中所列出的顶尖期刊清单以及对本学科专家的访谈结果确定的社科类一流学科国际权威学术期刊清单（见附录 2.1）。

数据搜集：通过科睿唯安 WOS 中的 Incites 数据库，搜集发表在该学科国际权威学术期刊上的论文，然后对每篇论文第一作者的姓名和隶属院校等数据进行搜集与统计。

统计方法：统计 2015～2019 年以第一作者的署名机构发表的论文数量。当一篇文章有多个第一作者，只统计第一个第一作者的署名机构，计 1 篇次。当一篇文章的第一作者同时署名多个机构，则每个署名机构计 1 篇次。

5. 高被引论文被世界一流学科引用的比例

指标界定：指该学科的高被引论文（2015～2019 年）被世界一流学科引用的次数除以总被引次数。其中，高被引论文是指在 WOS 中，按字段和出版年份引用排名前 1% 的论文，即 ESI 前 1% 论文。"世界一流学科"是指同时进入软科 GRAS 和 QS 世界大学学科排名（QS World University Rankings by Subject）前 100 位的学科。

数据搜集：通过软科和 QS 官网，搜集其所公布的 2020 年学科排名，并对同时进入两大学科排名前 100 的机构进行统计，以此得到世界一流学科名单。若某一学科只有软科或 QS 其中的一个排名对其进行排名，则只统计进入软科或 QS 世界大学学科排名前 50 位或 75 位的机构，然后得到世界一流学科名单。通过科睿唯安 WOS 数据库，搜集各学科高被引论文名单，并对每篇论文第一作者的姓名、隶属院校和总被引次数等数据进行搜集与统计，同时，根据已确定的世界一流学科名单，筛选出被世界一流学科引用的次数。最后，用被世界一流学科引用的次数除以总被引次数。

统计方法：只统计高被引论文第一作者的署名机构。当一篇文章有多个第一作者，则只统计第一个第一作者的署名机构，计 1 篇次。当一篇文章的第一作者同时署名多个机构，则每个署名机构均计 1 篇次。

6. 国际著名校友的培养

指标界定：获得该学科重大国际学术奖项、在该学科国际权威学术期刊及国际权威学术组织中担任负责人、入选本学科全球高被引科学家的折合数。校友指在一所大学相关学科获得学士或博士学位的人。本学科重大国际学术奖项、国际权威学术期刊及国际权威学术组织负责人、入选本学科全球高被引科学家的界定分别参考重大国际学术奖项获奖人、国际权威学术期刊/国际权威学术组织负责人、全球高被引科学家的指标定义。

数据搜集：通过各学科重大国际学术奖项的官方网站搜集其所公布的获奖人名单，然后对获奖人名单中所列出的获奖人姓名和毕业院系等数据进行搜集与统计。根据本学科国际权威学术期刊名单，通过谷歌搜索引擎等途径搜索每本刊物编委会名单，然后将编委会名单列表中所列出的主编、副主编和编委的姓名及其毕业院系等数据进行搜集与统计。根据上述国际权威学术组织名单，通过谷歌搜索引擎等途径搜索每个国际权威学术组织委员会名单，然后根据委员会名单列表中所列出的主席、副主席和执委的姓名及其毕业院系等数据进行搜集与统计。通过科睿唯安公司和爱思唯尔公司官网搜集其发布的高被引科学家名单，然后对名单中所列出的入选者姓名及其毕业院系等数据进行搜集与统计。

统计方法：如果一个校友在一所学校获得两个或以上学位，只计算最近的一次。此外，分别参考重大国际学术奖项获奖人、国际权威学术期刊负责人、国际权威学术组织负责人以及全球高被引科学家指标下的数据来源与统计方法。

7. 博士生的数量

指标界定：指该学科 2016 ~ 2020 年间年均授予博士学位的数量。由于国内有的高校未明确公布各学科博士学位授予数量，为统一数据口径，本章用各学科的博士生毕业人数替代博士学位数量。

数据搜集：通过谷歌搜索引擎找到国外各高校的官网，搜集国外各高校学科授予的博士学位数量。通过百度搜索引擎搜索国内各高校的官网，搜集其各学科博士毕业生的数量。

统计方法：计算出样本高校博士生培养数量的平均数，以此为基准，达到平均数的高校计为满分；未达到平均数的，根据基准数得到相对得分。

8. 在第三方评价中的影响力

指标界定：该学科在软科世界一流学科排名和 QS 世界大学学科排名中的名次。

数据搜集：通过软科和 QS 官网收集其所公布的排名（2021 年），以此为数据来源，并对进入不同排名组别的表现进行统计。

统计方法：进入全球排名前 25 位为顶尖学科，赋予 5 倍权重；前 26～50 位为一流学科，赋予 4 倍权重；前 51～100 位为知名学科，赋予 3 倍权重；101～150 位，赋权 2 倍权重；151～200 位，赋予 1 倍权重；201 位以后赋予 0.5 倍权重。各学校原始得分由在两个排名的表现简单相加得到。对原始数据处理后，以世界顶尖学科组的得分为标准分 1 分，其他组别和学校的得分是与标准分的相对得分。

9. 有影响力的国际学术品牌

指标界定：该学科具有国际影响力的学术品牌，包括但不限于智库、学术会议、调查和数据库、学术期刊、皮书以及标准制定等。

数据搜集：各高校相关院系的网页、研究报告和文献。

统计方法：首先，通过各高校相关院系的网页、研究报告和文献搜索国内外大学的学科品牌；其次，对各种形式品牌计算频次；最后，对原始数据进行统计处理，并与样本高校的均值做比值，得到该指标的得分。

10. 对国家战略不可或缺的科研支撑

指标界定：本学科教师 2016～2020 年获得教育部"高等学校科学研究优秀成果奖（人文社会科学）"的折合数。

数据搜集：通过中华人民共和国教育部网站、中国高校人文社会科学信息网搜集其公布的 2016～2020 年教育部人文社科奖获奖者名单，然后对名单中所列出的获奖者姓名、隶属院校及学科和获奖级别等数据进行搜集与统计。

统计方法：第一获奖单位计 1 分，第二获奖单位计 0.5 分。在汇总计算教育部人文社科奖指标时，一等奖赋予 6 倍权重，二等奖赋予 2 倍权重，三等奖和青年奖赋予 1 倍权重。

11. 指标得分及指数的算法

在统计出各个指标的原始值后，分别计算出世界顶尖学科组在各个指标上的平均值作为参照，设为标准分 1 分；然后通过计算单一大学的单一指标值与世界顶尖学科组在相同指标上的平均值的比值，得到该大学在该指标上的得分，得分超过 1 的计为 1 分。对各个指标的得分赋予同等权重，进行简单加权，得到学科的国际水平指数。

第三节 我国社科类一流学科指数表现

一、社科类一流学科各指标表现

社科类国内顶尖学科组在各项指标上的得分均与世界顶尖学科组存在明显差距，社科类国内顶尖学科组在所有指标上的得分均值也低于世界一流学科组，其中，在重大国际学术奖项的获奖人、高被引论文被世界一流学科引用的比例两个指标上的差距尤为明显（见表 8-3）。这部分呼应了洪成文的研究结果，即高端人才、重大成果以及稳定而广泛的同行认可构成了一流学科的基础。[①] 从学科群来看，在经管学科中，国内顶尖学科组在全球高被引科学家、重大国际学术奖项的获奖人和国际权威学术期刊编委 3 个指标上与世界一流学科组差距最为明显，而在国际著名校友的培养这一指标上与世界一流学科组差距较小（见表 8-4）。正如李佳哲和胡咏梅认为，在经济学领域，世界一流经济学科是一个相对概念，具有比较性质，若某所大学经济学科达到世界一流，它必须在全球处于领先地位，在师资力量上体现为大师云集，在人才培养上体现为精英荟萃，在科研成果上体现为佳作频现。[②] 在法政学科中，国内顶尖学科组在重大国际学术奖项的获奖人、国际著名校友的培养和在第三方评价中的影响力三个指标上与世界一流学科组差距最为明显（见表 8-5）。在教育/新闻学科中，国内顶尖学科组在高被引论文被世界一流学科引用的比例和国际权威学术期刊论文两个指标上与世界一流学科组差距最为明显，在国际著名校友的培养及国际权威学术期刊编委这两个指标上的得分与世界一流学科组差距较小，但与世界顶尖学科组仍具有明显差距（见表 8-6）。这印证了王楠等学者的研究，通过运用文献计量法，他们发现我国教育学学科的总体水平距离世界一流学科仍存在一定差距，在科研生产力和影

---

① 洪成文：《学科调整要符合知识、市场、教育逻辑》，载于《中国教育报》2018 年 1 月 16 日。

② 李佳哲、胡咏梅：《世界一流经济学科建设：概念、指标与实现路径》，载于《清华大学教育研究》2019 年第 4 期。

响力上表现均不理想。①

表8-3　　　　　　　社科类学科在国际水平七个指标上的得分

指标	世界顶尖学科组	世界一流学科组	国内顶尖学科组	国内一流学科组
在第三方评价中的影响力	1.00	0.54	0.33	0.09
高被引论文被世界一流学科引用的比例	1.00	0.30	0.09	0.11
国际权威学术期刊论文	1.00	0.20	0.06	0.02
国际著名校友的培养	1.00	0.16	0.05	0.01
重大国际学术奖项的获奖人	1.00	0.19	0.03	0.00
国际权威学术期刊编委	1.00	0.12	0.02	0.01
全球高被引科学家	1.00	0.08	0.01	0.01

资料来源：笔者测算。

表8-4　　　　　　　经管学科在国际水平七个指标上的得分

指标	世界顶尖学科组	世界一流学科组	国内顶尖学科组	国内一流学科组
在第三方评价中的影响力	1.00	0.61	0.47	0.14
高被引论文被世界一流学科引用的比例	1.00	0.44	0.28	0.32
国际权威学术期刊论文	1.00	0.18	0.09	0.03
重大国际学术奖项的获奖人	1.00	0.27	0.08	0.00
国际著名校友的培养	1.00	0.12	0.06	0.03
国际权威学术期刊编委	1.00	0.17	0.02	0.01
全球高被引科学家	1.00	0.23	0.00	0.02

资料来源：笔者测算。

表8-5　　　　　　　法政学科在国际水平七个指标上的得分

指标	世界顶尖学科组	世界一流学科组	国内顶尖学科组	国内一流学科组
在第三方评价中的影响力	1.00	0.46	0.28	0.04
国际著名校友的培养	1.00	0.20	0.02	0.00

---

① 王楠、马千淳：《基于文献计量和主题探测方法的学科评价比较研究——以中、美、英、澳四国教育学学科为例》，载于《情报学报》2020年第9期。

续表

指标	世界顶尖学科组	世界一流学科组	国内顶尖学科组	国内一流学科组
国际权威学术期刊论文	1.00	0.12	0.01	0.00
重大国际学术奖项的获奖人	1.00	0.24	0.00	0.00
国际权威学术期刊编委	1.00	0.04	0.00	0.00
全球高被引科学家	1.00	0.00	0.00	0.00
高被引论文被世界一流学科引用的比例	1.00	0.13	0.00	0.00

资料来源：笔者测算。

表8-6   教育/新闻学科在国际水平七个指标上的得分

指标	世界顶尖学科组	世界一流学科组	国内顶尖学科组	国内一流学科组
在第三方评价中的影响力	1.00	0.54	0.24	0.09
国际权威学术期刊论文	1.00	0.30	0.08	0.02
国际著名校友的培养	1.00	0.16	0.07	0.00
国际权威学术期刊编委	1.00	0.16	0.05	0.02
重大国际学术奖项的获奖人	1.00	0.06	0.00	0.00
全球高被引科学家	1.00	0.00	0.00	0.00
高被引论文被世界一流学科引用的比例	1.00	0.31	0.00	0.00

资料来源：笔者测算。

二、社科类一流学科各维度表现

社科类世界顶尖学科组在四个维度的得分均明显超过世界一流学科组，在人才培养和学术大师维度上最为明显。社科类国内顶尖学科组在学科影响力这一维度上的得分均值与世界一流学科组差距较小，在原始创新维度与世界一流学科组仍有较大差距（见表8-7）。这从侧面反映了原创性的标志性成果是建设与发展一流学科的关键要素。[1]

---

[1]   徐翠华：《英美一流高校的学科建设与启示》，载于《江苏高教》2013年第6期。

表 8 - 7　　　　　社科类学科在国际水平四个维度上的得分

维度	世界顶尖学科组	世界一流学科组	国内顶尖学科组	国内一流学科组
学科影响力	1.00	0.54	0.33	0.09
原始创新	1.00	0.25	0.08	0.06
人才培养	1.00	0.16	0.05	0.01
学术大师	1.00	0.14	0.02	0.01

资料来源：笔者测算。

从学科群来看，经管学科与社科类学科的总体情况基本一致，国内顶尖学科组在四个维度上得分均低于世界一流学科组，其中，在人才培养和学科影响力两个维度上的得分均与世界一流学科组差距较小，但在学术大师维度的得分上仍与世界顶尖学科组存在较大差距（见表8-8）。这表明一流经济学科的发展离不开雄厚的师资力量，大师云集才能培养一流人才、孕育一流成果。[1] 在法政学科中，国内顶尖学科组在四个维度上的得分均低于世界一流学科组，在学术大师、原始创新和人才培养三个维度上的差距都很明显（见表8-9）。在教育/新闻学科中，国内顶尖学科组在原始创新维度上的得分与世界一流学科组差距最大（见表8-10）。

表 8 - 8　　　　　经管学科在国际水平四个维度上的得分

维度	世界顶尖学科组	世界一流学科组	国内顶尖学科组	国内一流学科组
学科影响力	1.00	0.61	0.47	0.14
原始创新	1.00	0.31	0.18	0.17
人才培养	1.00	0.12	0.06	0.03
学术大师	1.00	0.22	0.03	0.01

资料来源：笔者测算。

表 8 - 9　　　　　法政学科在国际水平四个维度上的得分

维度	世界顶尖学科组	世界一流学科组	国内顶尖学科组	国内一流学科组
学科影响力	1.00	0.46	0.28	0.04
人才培养	1.00	0.20	0.02	0.00
原始创新	1.00	0.13	0.01	0.00
学术大师	1.00	0.09	0.00	0.00

资料来源：笔者测算。

[1] 李佳哲、胡咏梅：《世界一流经济学科建设：概念、指标与实现路径》，载于《清华大学教育研究》2019 年第 4 期。

表8－10　　　　教育/新闻学科在国际水平四个维度上的得分

维度	世界顶尖学科组	世界一流学科组	国内顶尖学科组	国内一流学科组
学科影响力	1.00	0.54	0.24	0.09
人才培养	1.00	0.16	0.07	0.00
原始创新	1.00	0.30	0.04	0.01
学术大师	1.00	0.11	0.03	0.01

资料来源：笔者测算。

三、社科类一流学科指数的表现

社科类学科各样本组差距明显，世界顶尖学科组遥遥领先于世界一流学科组、国内顶尖学科组和国内一流学科组（见表8－11）。其中，四个样本组在法政学科上的差异最大，以政治学为甚；这或许是因为在中国社会科学的学科谱系中，政治学是最具制度属性和意识形态色彩的学科，很难用国际化的统一学术标准（如权威期刊论文、权威奖项获得者等）进行衡量与国际比较。[1] 除政治学外，法学的差距也较为明显（见表8－12）。相比之下，四个样本组在公共管理、工商管理及教育学学科上差距较小。但就国内顶尖学科组与世界一流学科组的对比而言，两组在工商管理和教育学（见表8－13）上的差距较大，在经济学（见表8－14）、管理科学与工程和政治学上差距较小；就国内顶尖学科组与国内一流学科组的对比而言，两组在公共管理学科上的差距最大，在新闻传播学上的差距最小。

表8－11　　　　社科类一流学科国际水平得分

学科门类/群	世界顶尖学科组	世界一流学科组	国内顶尖学科组	国内一流学科组
1. 社科类学科	1.00	0.24	0.09	0.04
2. 经管学科	1.00	0.29	0.14	0.08
2.1 经济学	1.00	0.20	0.14	0.11
2.2 管理科学与工程	1.00	0.24	0.12	0.09

---

[1]　张桂林：《中国政治学走向世界一流的若干思考》，载于《政治学研究》2018年第4期。

续表

学科门类/群	世界顶尖学科组	世界一流学科组	国内顶尖学科组	国内一流学科组
2.3 工商管理	1.00	0.39	0.16	0.09
2.4 公共管理	1.00	0.32	0.15	0.02
3. 法政学科	1.00	0.19	0.05	0.01
3.1 法学	1.00	0.19	0.05	0.01
3.2 政治学	1.00	0.16	0.05	0.004
3.3 社会学	1.00	0.22	0.05	0.01
4. 教育/新闻学科	1.00	0.26	0.07	0.02
4.1 教育学	1.00	0.31	0.10	0.01
4.2 新闻传播学	1.00	0.20	0.04	0.03

资料来源：笔者测算。

表 8-12　　法学学科国际水平指数表现及其指标得分

大学	表现	奖项	编委	高被引	论文	比例	校友	影响力
世界顶尖学科组	*****	1.00	1.00	1.00	1.00	1.00	1.00	1.00
世界一流学科组	***	0.23	0.00	0.00	0.02	0.00	0.50	0.38
北京大学	*	0.00	0.00	0.00	0.00	0.00	0.00	0.40
复旦大学	*	0.00	0.00	0.00	0.00	0.00	0.00	0.30
清华大学	*	0.00	0.00	0.00	0.00	0.00	0.00	0.40
上海交通大学	*	0.00	0.00	0.00	0.00	0.00	0.00	0.35
武汉大学	*	0.00	0.00	0.00	0.00	0.00	0.00	0.35
中国人民大学	*	0.00	0.00	0.00	0.00	0.00	0.00	0.30
浙江大学	*	0.00	0.00	0.00	0.00	0.00	0.00	0.30
北京师范大学	*	0.00	0.00	0.00	0.00	0.00	0.00	0.05
东北大学	*	0.00	0.00	0.00	0.00	0.00	0.00	0.00
华东政法大学	*	0.00	0.00	0.00	0.00	0.00	0.00	0.00

大学	表现	奖项	编委	高被引	论文	比例	校友	影响力
南京大学	*	0.00	0.00	0.00	0.00	0.00	0.00	0.10
厦门大学	*	0.00	0.00	0.00	0.00	0.00	0.00	0.05
西北大学	*	0.00	0.00	0.00	0.00	0.00	0.00	0.00
西南政法大学	*	0.00	0.00	0.00	0.00	0.00	0.00	0.00
中国政法大学	*	0.00	0.00	0.00	0.00	0.00	0.00	0.20
中山大学	*	0.00	0.00	0.00	0.00	0.00	0.00	0.05

注：（1）相同星级表现的高校按照学校名称的拼音字母排序。

（2）*****表示该校的指数得分达到或超过世界顶尖学科组的水平，***表示达到或超过世界一流学科组的水平，*表示与世界一流学科组的差距大。

（3）指标名称奖项、编委、高被引、论文、比例、校友、影响力等的全称依次为重大国际学术奖项的获奖人、国际权威学术期刊的编委、全球高被引科学家、国际权威学术期刊论文、高被引论文被世界一流学科引用的比例、国际著名校友的培养、在第三方评价中的影响力。

资料来源：笔者测算。

表8-13　　　教育学学科国际水平指数表现及其指标得分

大学	表现	奖项	编委	高被引	论文	比例	校友	影响力
世界顶尖学科组	*****	1.00	1.00	1.00	1.00	1.00	1.00	1.00
世界一流学科组	***	0.13	0.19	0.00	0.42	0.35	0.29	0.49
北京大学	**	0.00	0.24	0.00	0.14	0.00	0.00	0.37
北京师范大学	**	0.00	0.00	0.00	0.32	0.00	0.00	0.74
华东师范大学	**	0.00	0.12	0.00	0.32	0.00	0.26	0.32
清华大学	**	0.00	0.24	0.00	0.05	0.00	0.26	0.27
东北师范大学	*	0.00	0.00	0.00	0.05	0.00	0.00	0.00
华南师范大学	*	0.00	0.00	0.00	0.00	0.00	0.00	0.05
华中师范大学	*	0.00	0.00	0.00	0.00	0.00	0.00	0.05
南京师范大学	*	0.00	0.00	0.00	0.00	0.00	0.00	0.05
西南大学	*	0.00	0.00	0.00	0.00	0.00	0.00	0.05

续表

大学	表现	奖项	编委	高被引	论文	比例	校友	影响力
浙江大学	*	0.00	0.00	0.00	0.05	0.00	0.00	0.05
首都师范大学	*	0.00	0.00	0.00	0.00	0.00	0.00	0.00
西北大学	*	0.00	0.00	0.00	0.00	0.00	0.00	0.00

注：（1）相同星级表现的高校按照学校名称的拼音字母排序。

（2）***** 表示该校的指数得分达到或超过世界顶尖学科组的水平，*** 表示达到或超过世界一流学科组的水平，** 表示与世界一流学科组的差距不大，* 表示与世界一流学科组的差距大。

（3）指标名称奖项、编委、高被引、论文、比例、校友以及影响力等的全称依次为重大国际学术奖项的获奖人、国际权威学术期刊的编委、全球高被引科学家、国际权威学术期刊论文、高被引论文被世界一流学科引用的比例、国际著名校友的培养以及在第三方评价中的影响力。

资料来源：笔者测算。

表 8－14　　　　经济学学科国际水平指数表现及其指标得分

大学	表现	奖项	编委	高被引	论文	比例	校友	影响力
世界顶尖学科组	*****	1.00	1.00	1.00	1.00	1.00	1.00	1.00
世界一流学科组	***	0.02	0.02	0.11	0.07	0.67	0.03	0.52
北京大学	***	0.00	0.00	0.00	0.07	0.66	0.00	0.80
清华大学	***	0.00	0.00	0.00	0.06	0.76	0.00	0.80
上海财经大学	***	0.00	0.00	0.00	0.01	1.00	0.00	0.40
厦门大学	***	0.00	0.00	0.00	0.02	0.78	0.00	0.50
北京航空航天大学	**	0.00	0.00	0.00	0.00	0.72	0.00	0.10
北京交通大学	**	0.00	0.00	0.00	0.00	0.80	0.00	0.10
北京理工大学	**	0.00	0.00	0.61	0.00	0.00	0.00	0.15
复旦大学	**	0.00	0.00	0.00	0.02	0.35	0.00	0.35
南开大学	**	0.00	0.00	0.00	0.00	0.51	0.00	0.10
上海交通大学	**	0.00	0.00	0.00	0.04	0.38	0.00	0.50
浙江大学	**	0.00	0.00	0.00	0.00	0.38	0.00	0.35

续表

大学	表现	奖项	编委	高被引	论文	比例	校友	影响力
中山大学	**	0.00	0.00	0.00	0.00	0.58	0.00	0.15
武汉大学	*	0.00	0.00	0.00	0.02	0.00	0.00	0.05
中国人民大学	*	0.00	0.00	0.00	0.00	0.00	0.00	0.40
中央财经大学	*	0.00	0.00	0.00	0.00	0.48	0.00	0.10

注：（1）相同星级表现的高校按照学校名称的拼音字母排序。

（2）*****表示该校的指数得分达到或超过世界顶尖学科组的水平，***表示达到或超过世界一流学科组的水平，**表示与世界一流学科组的差距不大，*表示与世界一流学科组的差距大。

（3）指标名称奖项、编委、高被引、论文、比例、校友、影响力等的全称依次为重大国际学术奖项的获奖人、国际权威学术期刊的编委、全球高被引科学家、国际权威学术期刊论文、高被引论文被世界一流学科引用的比例、国际著名校友的培养、在第三方评价中的影响力。

资料来源：笔者测算。

第四节　社科类一流学科的典型案例研究

在案例学科选取方面，从典型性、数据可得性以及对我国的借鉴比较价值等方面进行权衡，本章选择了两所高校的案例学科，包括多伦多大学教育学学科和麻省理工学院经济学学科。本章主要从人才培养、科学研究和社会服务等方面对案例进行分析。不同学校的案例分析各有侧重。多伦多大学的教育学学科侧重对其科研活动全球关联性、创新人才培养模式、持续性的院友工作以及提升社会服务水平等方面进行案例分析。麻省理工学院的经济学学科侧重对其基于"能力"的人才培养模式、以学生发展为中心的评价体系以及科技融入教育发展等方面进行案例分析。

一、多元举措激发科研卓越、创新人才培养模式：以多伦多大学教育学为例

多伦多大学安大略教育研究院（Ontario Institute for Studies in Education,

239

OISE）的历史最早可追溯到 1906 年。① 当时，在皇家委员会的推动下，多伦多大学创建教育系（Faculties of Education）。② 1920 年，因教育理论与实践之间的矛盾，多伦多大学教育系停办，由安大略省教育部新建了安大略教育学院（Ontario College of Education，OCE）。1965 年，安大略省教育部作出决定，让隶属于安大略省的教育系重新回归多伦多大学，并更名为多伦多大学教育学院。同年，安大略省立法机构颁布了一项特别法案，要求设立一个提供研究生课程、开展教育研究和传播教育研究成果的教育机构。几经更迭，1996 年多伦多大学教育学院和安大略教育学院进行合并，最终形成现在的多伦多大学安大略教育研究院。③ 其定位是引领世界教育思潮，作为世界一流的教育研究机构，在价值多元的全球化境遇中保持淡定，始终坚守并执着于自己的学术传统。④

OISE 是北美规模最大、研究最密集的教育学院之一⑤，同时也是世界一流的教育研究机构，其教育学科在 GRAS 中由 2017 年的第 43 位上升至 2021 年的第 10 位，在 2021 年 QS 世界大学学科排名中位列世界第 3。

1. 多元举措提升科研活动的全球关联性

（1）搭建跨学科、跨领域的协同性科研中心。

OISE 擅长将教育与心理学、管理学、文学和社会学等进行交叉，借鉴不同学科的知识展开对教育问题的深入探究。OISE 共有 17 个研究中心，涉及儿童发展、文学教育、反种族主义、领导力以及科学数学与媒体技术等诸多方面，如领导力与多样化中心（Centre for Leadership and Diversity）、智慧学习与发展中心（Centre for Smart Learning and Development）等。⑥ OISE 中心有着悠久的合作型知识探索传统，多样化的研究中心为多学科研究以及提升社区合作伙伴关系等创造了绝佳机会。⑦

（2）构建国际化的科研平台。

OISE 肩负着对全球社会的责任，致力于从事学术、教学和宣传，以增进加拿大和全球的社会、经济、政治和文化福祉，其总体目标是扩展解决全球相关问题的知识、计划和政策以及专业实践的数量、质量和范围。为实现这一目标，OISE 在科研上大力推进国际合作研究项目的开展。⑧ 超过 50% 的 OISE 教职员工

①② 王梓霖：《加拿大安大略省教师教育大学化的历史考察（19 世纪 40 年代—20 世纪末）》，天津师范大学硕士学位论文，2019 年。

③ 黄嘉熠：《世界一流教育学科的学科特色研究》，云南大学硕士学位论文，2019 年。

④⑤ OISE University of Toronto：About OISE，https：//www.oise.utoronto.ca/oise/About_OISE/Academic_Plan_Reviews/index.html，2020 - 05 - 12.

⑥⑦ OISE University of Toronto：OISE Centres，https：//www.oise.utoronto.ca/research/Centres.html，2020 - 05 - 12.

⑧ OISE University of Toronto：About OISE，https：//www.oise.utoronto.ca/oise/About_OISE/Academic_Plan，2020 - 05 - 12.

积极参与国际合作研究，超过 30% 的教职员工拥有国际学术职位①，同时，OISE 至少与全球范围内 24 个国家和地区合作开展国际科研项目②。

（3）科教融合体现人文关怀。

OISE 有大量原住民教育内容，有与健康、种族以及性别与阶级等领域相关的国内与国际课题，也重视研究成果的运用，强调研究要关注人类社会发展中的关键问题，通过前沿研究来增进社区、国家和人类社会的福祉，这彰显了 OISE 的本土特色及其作为一所世界一流教育学院所具有的人文关怀。③ 例如，实施"深化知识"项目（Deepening Knowledge Project），将原住民教育纳入教师教育课程。④ 将全球公民教育纳入教师教育课程，使学生具备在快速变化的世界中批判性地评价各种现象所需的知识和技能。⑤ 将环境与可持续发展议题纳入教育体系，通过一系列意识唤醒活动及相关课程来提升学生对于可持续发展的关注。⑥⑦

（4）开发"知识论坛"推动知识交流。

20 世纪 90 年代初，OISE 的两位教授追踪世界前沿技术，开发出"知识论坛"（Knowledge Forum）。该论坛是供多个用户讨论的在线空间，其功能有助于学者交流并更新自己的想法。⑧ 该论坛跨越了国界、语言和教育体制等，在加拿大、美国、英国、挪威、西班牙、日本、墨西哥和中国等几十个国家和地区使用，涉及基础教育、高等教育和职业教育等不同教育层次，覆盖科学、数学、社会、历史、技术和医学等不同学科。⑨

2. 创新人才培养模式

以独特的价值取向支撑人才培养：OISE 提供 12 个专业的硕士和博士学位并从培养领袖人才、促进研究创新、提升综合能力、提升生活质量和培养良好公民

---

① OISE University of Toronto：International，https：//www. oise. utoronto. ca/research/International1. html，2020 – 05 – 12.

②③ OISE University of Toronto：International Research Projects，https：//www. oise. utoronto. ca/research/International_Research_Projects. html，2020 – 05 – 12.

④ Mashford – Pringle A，Nardozi A G. Aboriginal knowledge infusion in Initial Teacher Education at the Ontario Institute for Studies in Education at the University of Toronto. *International Indigenous Policy Journal*，2013，Vol. 4，No. 4，pp. 1 – 21.

⑤ Howe E R. Alternatives to a master's degree as the new gold standard in teaching：a narrative inquiry of global citizenship teacher education in Japan and Canada. *Journal of Education for Teaching*，2013，Vol. 39，No. 1，pp. 60 – 73.

⑥ Sims L，Falkenberg T. Developing Competencies for Education for Sustainable Development：A Case Study of Canadian Faculties of Education. *International Journal of Higher Education*，2013，Vol. 2，No. 4，pp. 1 – 14.

⑦ Inwood H. Emerging Praxis of Environmental and Sustainability Education in Teacher Education in Canada. *Journal of Philosophy of Education*，2020，Vol. 54，No. 4，pp. 825 – 831.

⑧⑨ OISE University of Toronto：Web Knowledge Forum User Instruction Manual，https：//www. oise. utoronto. ca/online/UserFiles/File/ToolboxFiles/WebKF2/manual – stu – eng. pdf，2020 – 05 – 12.

五个维度来对其人才培养进行支撑。[①]

提供跨领域学习机会：除学位课程学习外，OISE 还与多伦多大学的其他院系合作，提供了原住民健康、环境研究以及妇女与性别研究等跨学科项目（collaborative specializations）供学生进行选择，为他们提供探索跨学科领域或特定学科的机会。[②]

共同体学习模式：OISE 主张基于共同体的学习（cohort-based learning），在日常授课过程中，将相同专业认证的学生安排在同一个社群（cohort），强调学生之间的协作并为其提供一个富有挑战性的学术环境。[③]

特色鲜明的教育实习：OISE 的教育实习极具特色，包括注重大学与中小学及社区之间的合作伙伴关系，双方互惠合作[④]；强调基于团队的实践模式，形成个性化的关注领域[⑤]；注重多样化的评价方式，通过持续性反馈、形成性评价和终结性评价来推动实习生成长[⑥]；经历由教育实习到社区实践的变革，社区实践以其特有的优势为职前教师提供了在非传统教育场域学习探索的机会[⑦]。

博士生和博士后培养的独特范式：就博士生培养而言，OISE 十分重视博士生的学术能力和实践能力，设置了诸多奖项来激发学生的研究热情，如利斯伍德奖（Leithwood Award），每年对获得优秀博士论文的学生进行奖励。[⑧] 就博士后培养而言，OISE 通过职业生涯服务进行"量体裁衣"的角色定位；依托培训平台实现学术与职业能力的互动提升；构建研究人员保障系统。[⑨]

3. 持续性的院友工作提升社会服务水平

OISE 在全球有多达十万名院友，这些院友通过 OISE 院友会（OISE Alumni Association，OISEAA）被联系到一起。每年，OISE 院友会都会举办活动、开展

① 王平祥：《世界一流大学本科人才培养目标及其价值取向审思》，载于《高等教育研究》2018 年第 3 期。

② OISE University of Toronto：Collaborative Specializations，https://www.oise.utoronto.ca/oise/Programs/Collaborative_Specializations.html，2020 – 05 – 12.

③ Beck C，Kosnik C. The Contribution of Faculty to Community Building in a Teacher Education Program：A Student Teacher Perspective. *Teacher Education Quarterly*，2003，Vol. 30，No. 3，pp. 99 – 114.

④ 黄菊、陈时见：《加拿大教师职前培养中的教育实习及其借鉴》，载于《比较教育研究》2018 年第 11 期。

⑤ 谌启标：《加拿大大学与中小学合作伙伴的教师教育改革》，载于《湖南师范大学教育科学学报》2009 年第 3 期。

⑥ 马康：《加拿大多伦多大学教学硕士项目研究》，西南大学硕士学位论文，2016 年，第 40 页。

⑦ 郑璐：《加拿大教师职前培养的新趋势——从教育实习到社区实践》，载于《高教探索》2020 年第 8 期。

⑧ 蒋凯、杨锐、牛新春等：《世界一流大学的教育学科及其学术特色（笔会）》，载于《苏州大学学报》（教育科学版）2017 年第 1 期。

⑨ 张睦楚：《"前科研化时代"的博士后研究人员培养模式研究——以加拿大安大略教育研究院（OISE）教育学科为例》，载于《教育学术月刊》2017 年第 7 期。

服务和推行计划，在院友、学生和母校之间建立有意义的联系，同时也为服务社会做出贡献。主要活动包括①：

连接社区。OISE 在推特平台上搭建了"居家俱乐部"（OISE Stay At Home Club），由院友为世界范围内的儿童和成人提供互动课程并希望在新冠疫情期间保持互动学习的蓬勃发展及其与当地社区的联系。

搭建桥梁。OISE 院友会帮助全球院友在线上及国外获得新的机会。在 OISE 迎新日，院友会邀请多伦多以外的院友来与新入学学生聊天并分享其经验。

黑人卓越教育计划。该计划的资金来源于院友捐赠，有助于消除 OISE 黑人学生面临的经济困难，并支持学生进行反黑人种族主义研究。

导师计划。OISE 院友均有机会参加 OISE 导师计划，根据个人专长与在读学生进行匹配并定期为他们提供指导。

心理支持计划。OISE 开设了面向院友及其家人、当地社区成员的心理诊所，有需求者可获得低价优质的心理评估和治疗。

奖项激励。OISE 设置了多种奖项以鼓励院友捐赠、对社会进步做出贡献以及开展环境保护工作等，如教育激励奖（InspirED Award）。

二、强化多维人才培养，引导科技融入发展：以麻省理工学院经济学为例

MIT 经济学学科创建于 19 世纪，MIT 第三任校长弗朗西斯·沃克（Francis Walker）在本科教育中引入了经济学专业。1937 年，该系增加了硕士研究生课程。1941 年，经济系开始招收博士生。1950 年，MIT 成立了人文艺术与社会科学学院（School of Humanities，Arts，and Social Sciences，SHASS），经济系隶属该学院并逐渐发挥核心作用。之后，在鲁珀特·麦克劳林（Rupert MacLaurin）的大力推动和学校的鼎力支持下，该系快速发展并成为世界经济研究中心之一。不管是教师地位、研究质量还是毕业生取得的成就，MIT 经济系都处于世界领先系科之列。② 该系的教职员工获得了包括诺贝尔奖在内的无数奖项。从 1960 年诺贝尔经济学奖开始颁发至今，MIT 是诺贝尔经济学奖得主数量第一的院校，共计 34 位。经济系许多教职员工是美国国家科学院、美国艺术与科学院和计量经济

---

① OISE University of Toronto：Events and Programs，https：//www.oise.utoronto.ca/oise/Alumni_Friends/Events.html，2020-05-12.

② 莫甲凤：《麻省理工学院经济系人才培养模式：特点与启示》，载于《高等教育评论》2018 年第 1 期。

学会的研究员,其培养的博士毕业生在世界许多名牌大学的经济系任教时也都有卓越表现。[①]

MIT 的经济学专业教育享誉全球。2021 年,MIT 经济学学科在 GRAS 中位列世界第 3,在 QS 世界大学学科排名中位列世界第 1。

1. 打造基于"能力"的人才培养模式

MIT 经济学教育主张人才培养目标要从知识的拥有转向更加重视能力尤其是批判性思维能力的培养,并着重通过适切的教育模式来实现培养目标。教育过程中的科研与教学融合、工作坊和研讨班模式以及服务性学习模式就是最好的例证。

(1)科教融合主导下的教学模式。

学生通过参与实际的前沿性经济学问题研究以获取直接经验是 MIT 开展专业教育的一个重要组成部分。除撰写论文外,MIT 经济系中主要有四种途径帮助学生获得科研经验。[②] 第一,参与"本科生研究机会计划"(Undergraduate Research Opportunities Program,UROP)。在 UROP 下,每个本科生都有机会以合作者的身份与教师协作开展前沿问题的科研创新活动。[③] 第二,参与"暑期实习项目"(Summer Internship Program)。该项目主要由经济系教师、政府部门、行业部门或研究机构为学生提供多元化的专业实习机会,包括境内实习和海外实习。第三,依托专业必修课"经济学研究与交流:主题、方法和实施"和项目实验室(project lab)来开展研究型教学。这要求修习该专业必修课的所有学生都要准备一个应用经济学方面的问题,从而促使学生将所学的专业知识与实际问题相结合。[④] 第四,参与独立活动期计划(Independent Activities Period)。该计划为学生提供独立学习、研究或开展平时没有时间进行的感兴趣的活动的机会。[⑤]

(2)工作坊和研讨会模式。

在本科和研究生阶段,MIT 经济系均定期开设工作坊和研讨会,旨在为学生提供跨学科的、整合的、有深度的学习体验。工作坊和研讨会上既有来自 MIT 经济系或其他院系(尤其是斯隆管理学院)的教师,也有来自世界其他一流大学的教师,以便让学生从受邀演讲者那里了解其所在领域的最新研究。研讨会的主题

---

① MIT Economics:Economics at MIT 2021/2021,http://economics. mit. edu/files/6123,2021 – 06 – 12.

② 莫甲凤:《麻省理工学院经济系人才培养模式:特点与启示》,载于《高等教育评论》2018 年第 1 期。

③ MIT Economics:MIT Undergraduate Research Opportunities Program,https://economics. mit. edu/under,2021 – 06 – 12.

④ MIT Economics:Undergraduate Program,https://economics. mit. edu/under/majors,2021 – 06 – 12.

⑤ MIT Economics:Independent Activities Period,http://catalog. mit. edu/mit/undergraduate – education/academic – research – options/independent – activities – period/,2021 – 06 – 12.

领域非常广泛，包括助学贷款带来的启示、家族企业的进口竞争和代理人问题以及投资税收激励政策的刺激作用等。[1] 类别多样也是经济系研讨班的一大特色，如"发展经济学研讨班"（Development Economics Seminar）、"公共财政/劳动研讨班"（Public Finance/Labor Workshop）等。[2]

此外，与偏正式的研讨会形式相比，经济系论文讨论系统的一个关键组成部分是每周的非正式"领域午餐"（field lunches），让进入论文写作程序的学生通过午餐时间与他人进行学术交流并获得同行反馈。[3]

（3）服务性学习模式。

MIT 的校训是"手脑并重"（mind and hand），其经济学教育并不限于课堂。MIT 鼓励学生学以致用，通过"做中学"（learning by doing）把知识和创造力运用到现实生活中，"服务性学习"（service learning）就是一种新的尝试。[4] MIT 于2001 年开始实施服务性学习计划，经济系也开发了具有专业特色的服务学习项目。例如，2006 年，在卡尔·塞德曼（Karl Seidman）教授的指导下，经济系学生将所学的专业知识与地区的实际需求相结合，开发了一个经济振兴计划——"新奥尔良振兴计划"（New Orleans Revitalization Plan）。[5] 在该计划中，学生从不同角度探讨了新奥尔良面临的主要经济问题及其发展策略，既为政策制定者提供了决策依据，也为该地区经济的全面复兴打下了坚实基础。[6]

服务性学习项目的主题包括地区贫困问题、低收入家庭的教育问题、女童入学问题、种族偏见问题、健康保险问题以及能源和环境经济问题等。通过上述基于学术的服务性学习项目，学生在学术课程中习得的知识在实践活动中得到了检验、反馈、强化或修正，学习效果也得到了提升。[7] 麻省理工学院对服务性学习模式的重视符合其最初作为一所赠地学院的使命，即服务社会并重视实用型科学研究，通过知识创新推动当地社会的经济发展。[8]

---

[1][2]　MIT Economics：MIT Economics. Events and Seminars，https：//economics. mit. edu/events，2021 – 06 – 12.

[3]　MIT Economics：Organizational Economics Lunch Series，https：//sloangroups. mit. edu/saas/organiza- tional – economics – lunch – series/，2021 – 06 – 12.

[4]　MIT Economics：About The Department，http：//economics. mit. edu/about/，2021 – 06 – 12.

[5]　莫甲凤：《麻省理工学院经济系人才培养模式：特点与启示》，载于《高等教育评论》2018 年第 1 期。

[6]　MIT Economics：New Orleans and HCED，https：//dusp. mit. edu/hced/project/new – orleans – and – hced，2021 – 06 – 12.

[7]　MIT Economics：Department Brochure. Events and Seminars，https：//economics. mit. edu/about/bro- chure，2021 – 06 – 12.

[8]　田琳：《中、美、欧一流大学职能履行差异及影响因素分析》，载于《高校教育管理》2022 年第 3 期。

2. 开辟"以学生发展为中心"的评价体系

近年来，MIT 经济系不断探索学生评价多元化的有效途径，逐渐形成"以学生发展为中心"的评价体系，该评价体系着重对学生的学习效果和学习体验进行评价。[①] 在评价主体方面，学生与教师共同参与学生的学习与发展评价活动，形成教师评价、学生自评和学生互评"三位一体"的多元评价机制；在评价形式方面，突破了单一的以考试为主的知识性评价方式，将形成性评价与终结性评价相结合，融合口试、笔试、考勤、小组汇报、公开答辩、参与课堂讨论以及操作能力测试等。在评价内容方面，从基于"知识"的评价转向基于"能力"的评价，尤其是对批判性思维能力和问题解决能力、交流能力与团队合作能力的评价，形成包括学习效果评价、创新成果评价和实践活动评价等在内的过程性、综合性评价体系。[②] 在评价结果反馈方面，学生若对评价结果存在异议，可以向系里提交书面意见，由相关教师及专家对评定结果进行复议，且学生的学习效果评价结果会被用于改进专业的课程规划。[③]

3. 科技融入教育发展

MIT 经济系紧跟时代潮流，该系网站提供课程和研讨会的最新信息并发布最新的研究论文、政策论文和数据集。来自世界各地的研究生和经济学领域研究人员均可访问网页，下载其产出的最新研究成果。教师的研究论文通常在学术期刊发表前几个月或几年就被广泛阅读和引用。[④]

为增加 MIT 校园以外的学习者可获得的经济学教育的机会并提高教育质量，经济系投资了一套 MITx 课程，使成千上万的学生可以在线获得 MIT 的教学资源。大部分 MITx 课程（官方统计有 72 门课程）通过 MIT 著名的开放课程软件（Open Course – Ware，OCW）免费提供。[⑤]

同时，阿卜杜勒·拉蒂夫·贾米尔贫困行动实验（The Abdul Latif Jameel Poverty Action Lab，J – PAL）也在 2017 年春季推出了 MITx 课程。经济学系和 J – PAL 将这些课程结合起来，在数据、经济学和发展政策领域推出了"MITx 微硕士"（MITx MicroMaster）证书，获得该证书的毕业生将有资格申请数据、经济学和发展政策领域的混合教学型硕士课程（2019 年启动）。[⑥]

此外，为便于高中生学习经济学知识，经济系教授乔纳森·格鲁伯（Jona-

---

① 莫甲凤：《麻省理工学院经济系人才培养模式：特点与启示》，载于《高等教育评论》2018 年第 1 期。

②③ MIT Economics：Department Brochure. Events and Seminars，https：//economics. mit. edu/about/brochure，2021 – 06 – 12.

④ MIT Economics：About The Department，http：//economics. mit. edu/about/，2021 – 06 – 12.

⑤ MIT Economics：Undergraduate Program，https：//economics. mit. edu/under/majors，2021 – 06 – 12.

⑥ J – PAL：J – PAL Courses，https：//www. povertyactionlab. org/j – pal – courses，2021 – 06 – 12.

than Gruber）与 MITx 合作开发了针对高中在校生和毕业生的在线高级先修微观经济学（Advanced Placement Microeconomics）课程。[①]

第五节 关于我国社科类一流学科的政策建议

总的来说，国内顶尖学科组和国内一流学科组在学术大师和原始创新两大维度上与世界顶尖学科组和世界一流学科组差距显著。具体而言，国内学科组和世界学科组在以下五个指标上的差距尤为明显，包括全球高被引科学家、重大国际学术奖项的获奖人、国际权威学术期刊编委、高被引论文被世界一流学科引用的比例以及国际权威学术期刊论文。基于上述对比分析结果和案例分析，本研究提出以下几方面的政策建议。

一、瞄准世界一流标准，快速缩小与世界一流的差距

建设世界一流社会科学学科不是自封一流，而是要按照国际通行标准进行评价，无论是人才培养、科学研究还是社会服务，都要处于世界领先地位，被国际同行所认可。如多伦多大学安大略教育研究院强调自己的全球影响和引领性，其定位是引领世界教育思潮，作为世界一流的教育研究机构，在价值多元的全球化境遇中葆有初心，始终坚守并执着于自己的学术传统。[②] 现在看来，我国社科类学科在学术大师和原始创新两大维度上与世界一流有较大差距，可通过瞄准世界一流标准、设定相应目标，以此提升我国社科类学科国际水平，快速缩小其与世界一流的差距。

具体而言，建设世界一流的社会科学学科，在人才培养上，要致力于培养一流人才，包括领袖人才、拔尖创新人才和高水平科研人才等，采用国际化的多元人才培养方式，重视跨学科的人才培养方法，注重科研对教学的支撑和推动作用；在科学研究上，开展前瞻性的、引领世界发展的、具备多样性的高水平科学研究，重视跨学科研究方法，产出一流的科研成果并造福于人类的发展与进步；在社会服务上，立足本土、造福世界，关注全球挑战和未来社会的发展，致力于

---

① MITx Online：Microeconomics，https：//mitxonline. mit. edu/courses/course - v1：MITxT + 14. 100x/，2021 - 06 - 12.

② OISE University of Toronto：About OISE，https：//www. oise. utoronto. ca/oise/About_OISE/Academic_Plan_Reviews/index. html，2021 - 06 - 12.

解决人类面临的严峻问题；在师资建设上，要引育并举汇聚学术大师，建成一流的师资队伍；在学术声誉上，要打造独特的学术品牌，获得国际认可并提升国际声誉。

二、注重科研活动的全球关联性和共益性，扩大国际显示度

世界一流学科的重要特点之一就是开展具备全球关联性的科研活动并产出一流的学术成果。这些科研成果在具备全球关联性的同时贡献于全球共同利益，凭借于此，其国际声誉得以提升，"世界一流"地位得到认可。我国社会科学学科在全球高被引科学家、重大国际学术奖项的获奖人、高被引论文被世界一流学科引用的比例以及国际权威学术期刊论文等与科学研究（人员及其成果）密切相关的指标上与世界一流差距明显，可通过加强科研活动的全球关联性和共益性，以此快速提高社科类学科的国际显示度。

建设世界一流社会科学学科要在科学研究上树立鲜明的全球定位，关注尚未解决但对人类社会发展带有普遍意义的全球性问题；搭建国际化的科研平台，扩展解决全球相关问题的知识、计划和政策以及专业实践的数量、质量和范围，肩负起对全球社会的责任；同时，通过科教融合体现人文关怀，强调社会科学领域的学术研究尤其要关注人类社会发展中的关键问题，通过前沿研究增进社区、国家和人类社会的福祉，在获得全球学术界普遍认可的同时，拓展知识边界、推动社会进步。

第九章

理学类一流学科的指数与案例研究

第一节 研究背景与思路

一、研究背景

1. 一流理科是国家社会发展、经济建设的基础

当今世界，国际竞争日趋激烈，一国经济、社会的发展越来越取决于一国的科技创新水平，尤其取决于科技的原始创新能力。作为基础科学的理学，则是推动科技发展、经济增长和社会进步的强大动力，是新技术、新发明、新产业的先导、源泉和后盾[1]，在国家社会、经济发展中发挥着重要作用。[2] 2021 年 7 月 19 日，时任国务院总理李克强考察国家自然科学基金委员会并主持召开座谈会，他

---

[1] 李文鑫、陈学敏：《孕育基础科学人才的沃土，培养基础科学人才的摇篮——国家理科基地建设回顾与总结》，载于《高等理科教育》2007 年第 2 期。

[2] 汲培文：《数理科学的发展机遇与使命——国家自然科学基金委员会数理科学部 20 年工作简要回顾与展望》，载于《中国科学基金》2006 年第 6 期。

强调："基础研究是推动原始创新、构建科技和产业发展'高楼'的基石。"[1] 回顾科学技术史学也可以清楚地看到，导致人类社会和经济发生革命性变化的技术创新，越来越多地来自基础科学的重要突破。据统计，现代技术革命的成果约有90%源于基础研究及其他原始创新。[2] 一流理学类学科作为理科中的"佼佼者"，更是基础研究的中坚力量，是推动科技发展、经济增长和社会进步的强大动力，在人才培养、科学研究、社会服务方面发挥着至关重要的作用。

2. 理学类一流学科评价有利于我国的世界一流理科建设

不论是在第一轮"双一流"建设名单中，还是在第二轮"双一流"建设名单中，理学类学科建设数量均占到了建设总数的20%左右，因此，在"双一流"建设中理科建设的任务任重而道远。与此同时，通过查阅我国理学类学科在主要全球性学科排名中的名次发现，虽然经过长期的发展，我国理学类学科取得了很大的进步，但是除了个别一级学科在主要全球性学科排名中取得不错的名次外，其他一级学科在主要全球性学科排名中的位次仍不理想，因此亟须从国际发展水平的视角来明确我国理科的发展情况，检验我国理科"双一流"建设的成效，探讨我国一流理科与世界一流理科的差距，并寻找世界一流理科建设的成功经验，探索中国特色、世界一流理科建设的途径和方法。

二、国内外研究进展

1. 理学类学科评价综述

学界对学科评价和一流学科评价作了较多的探索，而有关理学类学科评价的研究主要散落在学科评价和一流学科评价的研究之中。通过相关文献梳理发现，学界主要是借用 ESI（Essential Science Indicators）等数据库，运用文献计量学方法对理学类学科开展评价实践，以及少部分学者通过构建评价指标体系对理学类相关学科进行评价。如高塔姆（Gautam）基于 WOS 数据库对尼泊尔 2004~2013 年出版的论文进行了详细的文献计量分析并指出，尼泊尔论文的引文影响约为世界平均水平，但国际合著率非常高（76%），地球科学、农业科学和临床医学的

---

① 李克强：《我们到了要大声疾呼加强基础研究的关键时刻》，中国政府网，2022 年 2 月 26 日，http://www.gov.cn/xinwen/2021-07/20/content_5626166.html。

② 陈敬：《原始创新力：从学科交叉到学科会聚》，载于《中国高校科技与产业化》（学术版）2006 年第 1 期。

影响力相对较大。[①] 迈尔（Miyair）等分析了 2000～2009 年我国台湾高被引论文的文献计量学特征，指出我国台湾在物理学、工程等领域的论文产量最高，而在数学、农业科学等领域的论文产量超过预期水平。[②] 侯志军等利用 ESI 数据库对环境科学与生态学学科国际发展现状进行比较研究，并将教育部第三轮学科评估结果与 ESI 数据库中的学科排名进行比较分析。[③] 倪端等借助 ESI 数据库，从引文分析的角度对国内外部分高校的化学、物理、数学等 6 个学科的发展状况进行比较分析，了解其发展趋势与发达国家的差距。[④] 李向森等采用文献计量方法，利用 ESI 数据库分析了环境与生态学领域的高影响力国家/地区、机构、期刊、人员、高水平论文以及我国的总体表现情况，指出按照总被引次数排序，美国位居世界第一，我国位居第四，中国科学院位居中国机构之首，美国仍然是环境与生态学领域整体实力最强大的国家，中国与其之间还有不小的差距。[⑤] 朱前东基于 WOS 数据库对暨南大学、中山大学、华南理工大学等 5 所高校的物理学、数学、化学、海洋学、环境科学与生态学等 18 个学科进行对比分析。[⑥] 翁雪娜和林海明运用因子分析模型对 40 所教育部直属高校理工类学科进行了评价，并提出了促进高等院校资源合理配置和重点发展等方面的建议。[⑦] 王菲基于竞争力相关理论构建科研竞争力模型，设计科研竞争力分析的指标体系，并以科学引文索引扩展版数据库为数据源，运用可视化技术，对山东大学数学学科的竞争力进行了分析。[⑧] 此外，相关机构也开展了理学类学科评价实践，如我国教育部学位与研究生教育中心开展的一级学科整体水平评估和相应的理学类评价指标体系（见表 9-1）。

[①] Gautam P. An overview of the Web of Science record of scientific publications（2004 – 2013）from Nepal: focus on disciplinary diversity and international collaboration. *Scientometrics*，1993，Vol. 113，No. 2，pp. 199 – 215.

[②] Miyairi N.，Chang H. Bibliometric characteristics of highly cited papers from Taiwan（2000 – 2009），*Scientometrics*，2012，Vol. 92，No. 1，pp. 197 – 205.

[③] 侯志军、窦亚飞、耿加加：《环境科学、生态学学科评估国际比较》，载于《高教发展与评估》2013 年第 6 期。

[④] 倪瑞、胡忠辉、燕京晶：《基于 ESI 的国内外部分高校理学学科发展比较研究》，载于《学位与研究生教育》2011 年第 5 期。

[⑤] 李向森、杨华：《基于 ESI 数据库的环境与生态学领域研究影响力分析》，载于《预防医学情报杂志》2017 年第 10 期。

[⑥] 朱前东：《多维视角下的高校科研竞争力划分研究——以暨南大学为例》，载于《图书馆学刊》2016 年第 1 期。

[⑦] 翁雪娜、林海明：《我国部分高等学校综合实力状况的评价》，载于《统计与决策》2011 年第 9 期。

[⑧] 王菲：《基于可视化技术的大学科研竞争力研究——以山东大学数学学科为例》，山东大学硕士学位论文，2018 年。

表 9-1　　教育部学位与研究生教育中心理学类学科评价指标体系

一级指标	二级指标	三级指标
师资队伍与资源	师资质量	师资队伍质量
	师资数量	专任教师数
	支撑平台	重点实验室、基地、中心
人才培养	培养过程质量	课程教学质量
		导师指导质量
		学生国际交流
	在校生质量	学位论文质量
		优秀在校生
		授予学位数
	毕业生质量	优秀毕业生
		用人单位评价
科学研究水平	科研成果	学术论文质量
		专利转化
		出版教材
	科研获奖	科研获奖
	科研项目	科研项目
社会服务与学科声誉	社会服务贡献	社会服务特色与贡献
	学科声誉	学科声誉

注：（1）该理学类学科评价指标体系不含统计学学科；（2）"导师指导质量"和"用人单位评价"为试点指标，主要体现导向，权重较小。

2. 理学类一流学科评价综述

学界几乎还鲜有学者对理学类一流学科评价指标体系展开系统、全面的研究。与理学类一流学科评价密切相关的研究主要集中在借用 ESI、WOS 数据库对理学类一流学科展开评价。如李燕参考全球性学科或学科领域排名指标体系中的指标，以及对普林斯顿大学物理学科、麻省理工学院化学学科、加州理工学院地球科学学科等世界一流学科进行案例分析后，选取出能够反映世界一流学科特征的指标，并在对理学类学科专家进行调研的基础上构建了理学基础学科评价指标体系。[①] 陈长华和秦萍以 WOS、ESI 等数据库中物理学学科的论文为分析对象，

---

① 李燕：《世界一流学科评价及建设研究》，中国科学技术大学博士学位论文，2018 年。

从论文数量、被引频次、学科规范化的引文影响力、国际合作论文比、高被引论文数、h 指数、Q1 期刊论文百分比、合作机构等方面对南京航空航天大学物理学学科的发展态势、学科潜力进行分析。[1] 胡波和严嘉利用信息计量学的方法，通过对 ESI 数据收录的近 11 年地球科学领域的文献进行统计研究，指出我国现阶段在地球科学领域的科研水平在世界范围内进入了较高的层次，拥有一批科研产出较高的学校和机构，但在影响力方面与国际顶尖水平存在一定的差距。[2] 此外，政府相关部门，以及第三方评价机构对理工类一流学科展开了评价。如英国高等教育基金会（Higher Education Funding Council for England）采用 REF（Research Excellence Framework）对化学、物理学、数学、机械工程等理学类一流学科开展评价；澳大利亚研究委员会（Australian Research Council）对其资助的数学、物理、化学、生物、地球等科学领域的各学科五年内的发展情况进行了绩效评估，以获得相应学科的整体水平状况，并以此作为后续绩效分配的依据[3]；软科（上海软科教育信息咨询有限公司）、QS 等第三方评价机构对化学、物理学、地球科学、数学等理学类一流学科进行了排名。

总体而言，与理学类一流学科评价直接相关的文献还比较少，因此对理学类一流学科评价展开研究具有积极的意义。

三、研究思路

1. 核心概念

理学类学科：理学类学科属于学科的下位概念。事实上，西方最初（中世纪大学前）并不划分学科，但随着时间的推移，知识趋于专业化，使得学科的划分越来越多，越来越详细，严格意义上的大学学科则始于中世纪的意大利，以波隆那大学开设的医学、法学和神学等学科为杰出代表[4]，现代意义上的学科则形成于 17~19 世纪之间。我国对学科的认识自唐朝时期便有记载，主要是指学问的科目分类，如《汉语大词典》指出"学科是知识或学科的一门分科，尤指在学习制度中为了教学将之作为一个完整的部分进行安排"[5]。《现代汉语词典》对学

---

[1] 陈长华、秦萍：《"双一流"背景下高校潜力学科评价研究——以南京航空航天大学物理学学科为例》，载于《大学图书情报学刊》2016 年第 3 期。

[2] 胡波、严嘉：《地球科学领域学科发展水平分析——基于 ESI 数据库的地球科学领域文献计量分析》，载于《中国地质教育》2015 年第 1 期。

[3] Coutts J. B. Disciplinary principles for cadastral surveyors: a case study in Australia and New Zealand. *Journal of Spatial Science*, 2011, Vol. 56, No. 1, pp. 3 – 13.

[4] 张绍文：《大学学科竞争力研究》，华东师范大学博士学位论文，2016 年。

[5] 罗凤竹：《汉语大词典》，汉语大词典出版社 1989 年版，第 245 页。

科的定义是"按照学问的性质而划分的门类"①。

我国的《学位授予和人才培养学科目录》将学科划分为理学、工学、哲学、经济学等 13 个学科门类，13 个学科门类的划分主要是对具有一定关联学科的归类。② 其中，将研究物质世界基本规律，以认识世界、解释世界为主要目标，以及倾向于基础科学研究的化学、物理学、数学等基础性学科归为理学，即理学是由若干以认识世界、解释世界为主要目标以及倾向于基础科学研究的基础性学科组合而成的集合，是研究物质世界基本规律的科学。在《学位授予和人才培养学科目录》中，理学主要包括数学、物理学、化学、天文学、地理学、大气科学、海洋科学、地球物理学、地质学等 14 个一级学科。

传统理科与特色理科：在综合考虑各学科在国内外的发展现状及未来发展趋势的基础上，本研究从以上化学、数学、物理学等 14 个理学类学科中选取了化学、数学、物理学、天文学、地球物理学、地质学、地理学、大气科学、海洋科学 9 个学科展开研究。同时，为了使相应的一级学科分类符合国外一级学科的分类，将物理学和天文学合并为物理学，将地球物理学和地质学合并为地球科学。此外，为了便于寻找理学类一流学科得分表现的规律或趋势，本研究将以上选取的 7 个学科进一步划分为传统理科和特色理科 2 个学科群，其中传统理科主要为发展历史较为悠久的学科，在本研究中包括化学、数学、物理学 3 个学科；特色理科主要为"小众"类学科，在本研究中包括地球科学、地理学、大气科学、海洋科学 4 个学科。

理学类一流学科指数：构建理学类一流学科指数旨在对理学类一流学科水平进行客观、准确的评价，涉及众多方面和内容，包含最能反映理学类一流学科本质特征的关键指标。在统计学上，任何两个数值对比形成的相对数都可以称为指数。本研究的理学类一流学科指数是指对国内外理学类一流学科的国际水平定量评价比较后形成的数值结果的简称。

2. 研究问题

基于理学类一流学科评价的重要性，本研究以国内外理学类一流学科为样本，重点探讨以下三个研究问题：（1）如何对理学类一流学科进行评价？（2）我国理学类一流学科与世界理学类一流学科的差距如何？（3）世界理学类一流学科有何经验可供我国理学类一流学科借鉴？

3. 研究思路

针对以上研究问题，本研究分六个步骤展开研究：第一，基于理学类一流学

---

① 中国社会科学院语言研究所词典编辑室：《现代汉语词典》，汉语大词典出版社 2000 年版，第 1429 页。

② 《学科目录》，中国学位与研究生教育信息网，2022 年 6 月 11 日，http：//www.chinadegrees.cn/xwyyjsjyxx/xwbl/cdsy/263622.shtml。

科的内涵及特征、学科评价及理学类一流学科评价相关文献、对理学类学科专家展开调研等，构建理学类一流学科评价指标体系；第二，根据主要全球性学科排名，选择国内外样本；第三，根据设计的理学类一流学科评价指标体系以及所确定的各学科国内外样本，选择相应的数据库，搜集国内外样本在各指标上的信息与数据；第四，对原始数据进行处理，计算指标得分，并将国内与国外对标学科进行指标比较，探索国内外理学类一流学科间的差距；第五，选取国内外典型学科案例进行深入分析，了解其取得发展的成功经验；第六，归纳数据和案例分析的结果，提出促进我国理学类一流学科发展的政策建议。

第二节　理学类一流学科指数设计

一、国内外样本选取

样本选择的首要依据为 2020 年的软科世界一流学科排名（GRAS），然后参考 2020 年的 QS 世界大学学科排名以及教育部学位中心的学科评估结果，样本不足时递补。除了学科排名，也会参考 2020 年的 ARWU。最终的样本选择要充分考虑数据的可比性、可借鉴性以及可获取性，经过实际数据搜索和比较分析后确定。选取国际、国内各两组样本，分别是世界顶尖学科组、世界一流学科组、国内顶尖学科组、国内一流学科组。四组的样本数一般为 10，可以少于 10 但原则上不少于 6。四组样本选择的具体方法如下。

世界顶尖学科组：GRAS 前 25 且 QS 前 25；样本数量超过 10 的情况下，根据上述基本原则从中选 10 所；样本数量达不到 10 的情况下，在 GRAS 前 25 中优先递补 QS 最靠近前 25 且大学整体排名在 ARWU 前 25 的，直到样本数量达到 10 为止。样本数量仍达不到 10 的只要超过 6 即可。只有 GRAS 的情况下，从其前 25 中选择 10 所，优先选择大学整体排名在 ARWU 前 25 的样本。

世界一流学科组：处于 GRAS 76 ~ 100 且 QS 51 ~ 100；样本数量超过 10 的情况下，根据上述基本原则从中选 10 所；样本数量达不到 10 的情况下，在 GRAS 的 76 ~ 100 中优先递补 QS 的 101 ~ 150 且大学整体排名在 ARWU 的 76 ~ 100 的，直到样本数量达到 10 为止。样本数量仍达不到 10 的只要超过 6 即可。只有 GRAS 的情况下，从其 76 ~ 100 中选择 10 所，优先选择大学整体排名在 ARWU

的 76～100 的样本。

国内顶尖学科组：GRAS 的前 100（特殊学科可依次扩大）；样本数量超过 10 的情况下，优先考虑在 QS 前 100、学位中心 A＋的；样本数量达不到 10 的情况下，优先递补 QS 前 100 中靠前的、学位中心 A＋的，直到样本数量达到 10 为止，仍然达不到 10 的只要超过 6 即可。只有 GRAS 的情况下，从其前 100 中选择 10 所，优先选择大学整体排名在 ARWU 前 100 的样本。

国内一流学科组：除国内顶尖学科组外的 GRAS 前 100；如果数量超过 10，优先选择靠前的；如果达不到 10 依次递补 GRAS 后一组的，其中优先考虑 QS 相应组别、学位中心 A 的，直到样本数量达到 10 为止，仍然达不到 10 的只要超过 6 即可。只有 GRAS 的情况下，从其前 100 中选择 10 所，优先选择大学整体排名在 ARWU 前 200 的样本。

按照以上样本选择依据，选取了化学、数学、物理学 3 个传统理科，以及地球科学、地理学、大气科学、海洋科学 4 个特色理科的世界顶尖学科组、世界一流学科组、国内顶尖学科组、国内一流学科组四组样本高校，其中选取了化学、数学、物理学 3 个代表性学科的世界顶尖学科组和世界一流学科组的样本高校（见附录 3.1 和附录 3.2）。

二、指标体系设计

1. 初步设计

通过对我国"双一流"建设相关政策文件、第三方评价机构学科排名指标体系的研究和学界对一流学科评价相关文献的梳理，以及遵循评价指标可测量、可获取和可国际对比的原则，本研究认为，对一流学科进行评价必定要涉及对学科职能的评价，即人才培养、科学研究、社会服务。然而，人才培养、科学研究、社会服务的实践主体是教师，教师的水平也决定着学科三大职能的实现程度，因而，师资水平理应成为一流学科评价的重要维度。《统筹推进世界一流大学和一流学科建设实施办法（暂行）》明确指出，"双一流"建设要面向国家重大战略需求，面向经济社会主战场，面向世界科技发展前沿，突出建设的质量效益、社会贡献度和国际影响力。[①]《统筹推进世界一流大学和一流学科建设总体方案》也明确指出，要"切实提高我国高等教育的国际竞争力和话语权，树立中国大学

[①] 《教育部 财务部 国家发展改革委关于印发〈统筹推进世界一流大学和一流学科建设实施办法（暂行）〉的通知》，中华人民共和国教育部网站，2020 年 10 月 20 日，http://www.moe.gov.cn/srcsite/A22/moe_843/201701/t20170125_295701.html。

的良好品牌和形象"①，因此，服务国家战略需求、学科影响力也理应成为一流学科评价的重要维度。

综上所述，人才培养、科学研究、社会服务、师资水平、服务国家战略需求、学科影响力应成为一流学科评价的六大维度。值得注意的是，一流学科建设是要建成世界一流学科，其水平应达到世界范围内的一流或前列，用于评价一流学科的指标必须是一流的或高水平的。因而，本研究最终确定人才培养、原始创新、经济贡献、学术大师、学科影响力、服务国家战略为一流学科评价的六大维度。

在具体指标的选取上，本研究同样本着高标准、可定量、可获取、可国际比较的原则。在人才培养维度，选取了国际著名校友的培养和博士生的数量两个评价指标，主要原因如下：国际著名校友能够衡量出学科人才培养的质量。冯倬琳和刘念才认为，毕业生是大学人才培养的最终产品，根据校友取得的成就推断大学的人才培养质量更为可靠。② 因而，可以通过考察一流大学和一流学科所培养的著名校友之人才培养质量进行评价。世界一流大学和学科不仅要培养出众多理论研究型精英人才，还要培养出众多国家领袖、商界精英等各领域应用实践型精英人才。③ 因此，本研究将国际学术领域、商业领域的著名校友作为衡量一流大学人才培养的重要指标之一。博士学位是国际上公认的最高学位，博士生是最具创造潜力、创新能力的青年才俊，在经济发展、科技创新和社会进步中发挥重要作用。④ 而世界一流大学和学科汇聚了一批高水平师资、占据了大量的科研资源，这些资源在博士生培养中至关重要，直接关乎着博士生培养质量的高低。因此，相较其他大学和学科而言，世界一流大学和学科更具责任和能力为国家培养更多高水平的博士生。此外，相较英美等发达国家，我国每年的博士生学位授予数仍较低。⑤ 因而，将博士生的数量纳入世界一流学科评价指标体系具有重要的战略意义。

在原始创新维度，选取了世界顶尖学术期刊《自然》和《科学》论文、国际权威学术期刊论文、国际高被引论文 3 个评价指标，主要原因如下：《自然》和《科学》并列为世界最权威的两大科技学术刊物，发表于这两本期刊上的论文无论是科学意义还是科学突破性，抑或是学术水平及影响力都是十分重大的。⑥

---

① 国务院：《关于印发〈统筹推进世界一流大学和一流学科建设总体方案〉的通知》，中华人民共和国教育部网，2020 年 10 月 20 日，http://www.gov.cn/－zhengce/content/2015－11/05/content_10269.html。

② 冯倬琳、刘念才：《世界一流大学建设蓝皮书（2020—2021）》，上海交通大学出版社 2021 年版，第 44 页。

③ 冯倬琳、王琪、刘念才：《世界一流大学建设之路及启示》，载于《中国高等教育》2014 年第 10 期。

④⑤ 王顶明：《为什么需要适度扩大博士生培养规模》，载于《中国研究生》2019 年第 6 期。

⑥ 张明、钱欣平：《中国高校 Nature、Science 论文解析》，载于《中国科技期刊研究》2005 年第 3 期。

每个学科领域均有其公认度高、权威性强的国际权威学术期刊，发表在各学科领域公认的国际权威学术期刊上的论文能够代表学科原创研究的最高水平。[①] 除了从发表在国际顶级刊物的论文角度考察学科的原始创新能力，论文的影响力或被引频次同样是衡量学科原始创新的重要指标，高被引论文是指被引用次数居于各学科世界前 1% 的论文。因而，高被引论文可以用以评价一流学科的原创能力。

在经济贡献维度，选取了国际专利转让比例和技术转化的收入 2 个评价指标，主要是因为专利和技术是学科科学研究成果的体现，而专利转让和技术转化则体现出学科科研成果的转化。一般而言，高校或学科促进社会经济发展的重要途径之一就是通过高水平的科学研究实现科研成果的转化以推动创新发展。

在学术大师维度，选取了重大国际学术奖项的获奖人、国际权威学术期刊/组织的负责人和全球高被引科学家 3 个评价指标，主要原因如下：学术获奖是学者获得学术认可的主要形式之一[②]，通过奖项认可学者的学术成就具有悠久的历史传统，可追溯至 18 世纪法国科学院设立的天文与导航 (Astronomy and Navigation) 研究年度奖，而在 1901 年首次颁发的诺贝尔奖使学术奖项的认可标准扩大至国际范畴[③]，奖项已成为对学者科学研究成果进行奖励的一种重要形式。国际权威学术期刊和学术组织是传播学术话语权的重要平台，学者若能够担任本学科国际权威学术期刊或学术组织的负责人，其学术水平必然是一流的，掌控着学术话语权的编委在某种意义上比单纯的科研产出指标更能代表大师级学者的实力。[④]相关研究表明学者论文产出数量与学术认可之间不相关，而与质量相关[⑤]，论文引用量则是衡量论文质量的重要标准。入选科睿唯安公布的"全球高被引科学家"名单意味着该学者在其学科领域具有世界级影响力，其科研成果为该学科领域的发展做出了较大的学术贡献。"高被引科学家"被广泛应用于 ARWU 排名等全球大学/学科排行榜以及世界顶尖科学家的学术评价研究中，得到了学者们的高度重视和认可。

在学科影响力维度，选取了在各类媒体中的影响力和第三方评价中的影响力

---

① 冯倬琳、刘念才：《世界一流大学建设蓝皮书 (2020—2021)》，上海交通大学出版社 2021 年版，第 80 页。

② Frey B. S. Neckermann S. Awards: A view from economics. *The Economics of Ethics*，2009，pp. 73 – 88.

③ Zuckerman H. The proliferation of prizes: Nobel complements and Nobel surrogates in the reward system of science. *Theoretical Medicine and Bioethics*，1992，Vol. 13，No. 2，pp. 217 – 231.

④ Braun T. Diospatonyi I. The counting of core journal gatekeepers as science indicators really counts. *The scientific scope of action and strength of nations. Scientometrics*，2005，Vol. 62，No. 62，pp. 297 – 319.

⑤ Cole S.，Cole J. R. Visibility and the Structural Bases of Awareness of Scientific Research. *American Sociological Review*，1968，Vol. 33，No. 3，pp. 397 – 413.

2 个评价指标，主要是因为，第三方评价机构通过学科排名的形式对学科品牌的传播和影响产生了广泛的作用，如 QS 世界大学学科排名、GRAS 排名等让国内外政府、全球社会公众对各大学的学科都有了深入的了解和认知。此外，社交媒体能够直接将大学和学科的品牌推向公众，实现公众与大学和学科间的互动。世界上几乎所有以市场为导向的高等教育机构都积极参与某种类型的社交媒体营销活动。[①]

在服务国家战略维度，选取了对国家战略不可或缺的科研支撑（国家科学技术"三大奖"）指标，主要是因为国家科学技术"三大奖"代表着我国科技界的最高荣誉和最高水准，对我国的科技攀登世界高峰有着重要的推动作用，能够体现出学科对国家战略的贡献度。

基于此，初步构建了理学类一流学科评价指标体系，包含学术大师、原始创新、学科影响力、人才培养、经济贡献、服务国家战略 6 大评价维度，以及重大国际学术奖项的获奖人、国际权威学术期刊论文等 13 个指标（见表 9 - 2）。

表 9 - 2　　　　　初步构建的理学类一流学科评价指标体系

评价维度	评价指标
学术大师	重大国际学术奖项的获奖人
	国际权威学术期刊/组织的负责人
	全球高被引科学家
原始创新	世界顶尖学术期刊论文
	国际权威学术期刊论文
	国际高被引论文
人才培养	国际著名校友的培养
	博士生的数量
经济贡献	国际专利转让比例
	技术转化的收入
学科影响力	在第三方评价中的影响力
	在各类媒体中的影响力
服务国家战略	对国家战略不可或缺的科研支撑

资料来源：笔者构建。

[①]　Asderaki F., Maragos D. The internationalization of higher education: The added value of the European portals and social media pages for the national and the institutional internationalization strategies. *International Conference on Information Communication Technologies in Education*, 2013, No. 13, pp. 498 - 510.

2. 实证筛选

为了进一步验证初步构建的理学类一流学科评价指标体系是否适合对理学类一流学科进行评价，本研究先后邀请了 10 名学科评价专家进行座谈和专题研讨以及 40 名理学类学科专家进行一对一的访谈。在访谈专家选取方面，通过学校官网查阅学科专家的主页或简历，在充分考虑受访者的阅历、水平、代表性与权威性的基础上，建立了学科专家访谈人员清单。然后，通过邮件一一邀请学科专家进行访谈，在获得学科专家同意后，与专家预约具体访谈时间，最终主要以面对面、一对一的形式对 40 名理学类学科专家进行了访谈。40 名受访者涉及 10 余所一流学科建设单位的院长、副院长、系主任、教师等。访谈对象范围为北京市、上海市、南京市、成都市、合肥市等市的高校。

学科评价专家对评价维度和评价指标给予充分肯定的同时，建议如下：删除技术转化的收入、在各类媒体中的影响力 2 个可操作性、可比性较差的指标，并将世界顶尖期刊论文和国际权威学术期刊论文 2 个指标合并为国际权威学术期刊论文，将高被引论文替换为高被引论文被世界一流学科引用的比例。理学类学科专家对评价维度和评价指标给予充分肯定的同时，对重大国际学术奖项的获奖人和博士生的数量 2 个指标存在意见分歧。就国际奖项的获奖人而言，一些学者认为，理学领域获得重大国际学术奖项的学者人数较少，如果将之纳入评价指标体系，同一学科之间的区分度未能体现。就博士生的培养而言，部分学科专家认为，应该重点考核博士生的培养质量而非数量；也有部分学科专家却认为只有具有一定的基数，才能培养出一批高质量的博士生。

本研究认为，尽管重大国际学术奖项的获奖人和博士生的数量两个指标在学科专家间略存分歧，但对于重大国际学术奖项的获奖人这一指标而言，该指标不仅能够代表和衡量世界级学术大师的水平，而且能够引导国内高校追求更高质量的发展，对衡量和评价未来中国的世界一流理科具有重要价值。对于博士生的数量这一指标而言，王任模等学者提出，从人才培养的一般规律来看，没有数量也很难有质量，一定数量的人才培养可以提升科学研究的水平、积累人才培养的经验、提高博士生的培养质量。[1] 本研究通过访谈也发现，有 12 位专家认为只有具有一定的基数，才能培养出高质量的博士生。因此，本研究认为博士生培养应以质量为主旋律，但量变是质变的基础，博士生的数量同样应给予重视。至此，本研究完成了理学类一流学科评价指标体系的构建（见表 9 - 3）。

---

[1] 王任模、屠中华、刘惠琴等：《博士生培养质量与规模研究》，载于《研究生教育研究》2017 年第 3 期。

表 9 – 3　　　　　　　　理学类一流学科评价指标体系

评价维度	评价指标
学术大师	重大国际学术奖项的获奖人
	国际权威学术期刊/组织的负责人
	全球高被引科学家
原始创新	国际权威学术期刊论文
	高被引论文被世界一流学科引用的比例
人才培养	国际著名校友的培养
	博士生的数量
学科影响力	在第三方评价中的影响力
经济贡献	国际专利转让比例
服务国家战略	对国家战略不可或缺的科研支撑

资料来源：笔者构建。

三、数据搜集与分析

1. 重大国际学术奖项的获奖人

指标界定：重大国际学术奖项的获奖人指的是 2001～2020 年获得本学科重大国际学术奖项的教师数。本学科重大国际学术奖项主要根据 IREG Observatory 公布的 IREG 国际学术奖项清单（IREG List of International Academic Awards）、上海软科官网公布的"学术卓越调查"中所列出的国际学术奖项清单、郑俊涛博士的《基于声誉调查和奖项图谱的国际科学技术奖项评价研究》中所列出的国际学术奖项清单，以及结合理学类学科专家调研所取得的"理学类学科专家推荐的重大国际学术奖项清单"进行确定，以此保证所选奖项的权威性，从而界定了理学类各学科重大国际学术奖项（见附录 1.2）。

数据搜集：通过各重大国际学术奖项的官方网站搜集其所公布的获奖人名单，然后对获奖人的姓名、隶属院校等数据进行搜集与统计。

统计方法：根据获奖者获奖当时的归属单位统计每所大学该学科的获奖人数。当一名获奖人同时署名两个单位时，每个单位各计 1 人次。

2. 国际权威学术期刊/组织负责人

指标界定：国际权威学术期刊/组织负责人指的是在本学科国际权威学术期刊中担任主编、副主编、编委，以及在本学科国际权威学术组织中担任主席、副主席、秘书长/执委的教师数。本学科国际权威学术期刊主要根据软科官网公布的"学术卓越调查"中所列出的国际权威学术期刊清单、WOS 的 JCR（Journal Citation Reports）分区 Q1 清单、中国科学院期刊分区 Q1 清单、已有文献中所列出的顶尖期刊清单，以及结合理学类学科专家调研所取得的"理学类学科专家推荐的国际权威学术期刊清单"进行确定，以此保证所选期刊的权威性，从而界定了理学类各学科国际权威学术期刊（见附录 2.2）。理学类各学科国际权威学术组织清单暂未得到。

数据搜集：通过各学科国际权威学术期刊/组织的官网搜集其所公布的期刊编委会/组织委员会名单，然后，对期刊编委会/组织委员会中人员的姓名、职务、隶属院校等数据进行搜集与统计。限于时间和精力的因素，暂未统计国际权威学术组织负责人相关信息。

统计方法：对主编、副主编、编委赋予同等权重。当一个主编（副主编、编委）隶属于多个单位时，每个单位计 1 人次。当一个主编（副主编、编委）担任多本期刊的主编，则累计计数，如一名教师既担任 A 国际权威学术期刊主编，又担任 B 国际权威学术期刊主编，则该主编所属单位计 2 人次。另外，鉴于主编、副主编、编委在不同期刊编委会中有不同的英文表述，本节采集了直接表述为主编、副主编、编委或相当于主编、副主编、编委职能的负责人信息。

3. 全球高被引科学家

指标界定：全球高被引科学家指的是入选本学科科睿唯安"全球高被引科学家"的教师数。全球高被引科学家是科睿唯安公司发布的世界范围内各学科领域被引次数最高的研究人员，本次高被引科学家数据收集采用的是科睿唯安 2020 年高被引科学家名单。

数据搜集：通过科睿唯安公司官网搜集其发布的 2020 年高被引科学家名单，然后对名单中人员的姓名、隶属院校、隶属学科、研究方向等数据进行搜集与统计。全球高被引科学家隶属学科的确定方法是：首先，依据高被引科学家所在院系对高被引科学家的隶属学科进行确定；其次，如果依据所在院系难以对高被引科学家的隶属学科进行确定，则可依据高被引科学家的研究方向进一步确定其所隶属的学科。

统计方法：当高被引科学家同时署名两所大学时，只统计高被引科学家隶属的第一单位，计 1 人次。

4. 国际权威学术期刊论文

指标界定：国际权威学术期刊论文指的是过去 5 年在本学科国际权威学术期刊上发表论文的数量。

数据搜集：通过科睿唯安 WOS 中的核心合集数据库，搜集发表在该学科国际权威学术期刊上的论文，搜集类型仅为"Article"，然后对每篇论文第一作者的姓名、隶属院校等数据进行搜集与统计。

统计方法：统计五年来（2015～2019年）以第一作者的署名机构发表的论文数量。当一篇文章有多个第一作者，则每个第一作者署名机构各计1篇次。当一篇文章的第一作者同时署名多个机构，则每个署名机构计1篇次。

5. 高被引论文被世界一流学科引用的比例

指标界定：高被引论文被世界一流学科引用的比例指的是一段时间内本学科的高被引论文被世界一流学科引用的次数除以总被引次数。其中，高被引论文是指在本学科基础科学指标（ESI）前1%的论文。世界一流学科是指同时进入QS世界大学学科排名和GRAS学科排名前100的学科。

数据搜集：通过QS和软科官网，搜集其所公布的2020年学科排名，并对同时进入两大学科排名前100的机构进行统计，以此得到世界一流学科名单。若某一学科只有QS世界大学学科排名或GRAS学科排名对其进行排名，则只统计进入QS世界大学学科排名或GRAS学科排名前50或75的机构，以此得到世界一流学科名单。通过科睿唯安WOS数据库，搜集各学科高被引论文，并对每篇高被引论文的第一作者姓名、隶属院校、总被引次数、施引机构等数据进行统计。

统计方法：根据已确定的各学科世界一流学科名单，统计出样本高校的高被引论文被世界一流学科所引用的频次，然后用此频次除以样本高校高被引论文的总被引次数。

6. 国际著名校友的培养

指标界定：国际著名校友的培养指的是获得本学科重大国际学术奖项、在本学科国际权威学术期刊/组织中担任负责人、入选本学科全球高被引科学家、在全球500强企业担任高管的校友数。校友指在一所大学获得学士学位或博士学位的人（不含获得硕士学位的人）。本学科重大国际学术奖项、国际权威学术期刊/组织负责人、全球高被引科学家分别参考重大国际学术奖项获奖人、国际权威学术期刊/组织负责人、全球高被引科学家指标中的界定。

数据搜集：通过各学科重大国际学术奖项的官方网站搜集其2001～2020年公布的获奖人名单，然后对获奖人的姓名、毕业院系等数据进行搜集与统计。通过各学科国际权威学术期刊官网搜集其所公布的期刊编委会名单，然后对期刊编委会中人员的姓名、职务、隶属院校、毕业院系等信息进行搜集与统计。通过科睿唯安公司官网搜集其发布的2020年高被引科学家名单，然后对名单中人员的姓名、隶属院校、毕业院系等信息进行搜集与统计。限于时间和精力等因素，在国际权威学术组织中担任负责人和在全球500强企业担任高管的校友暂未统计。

统计方法：如果一个校友在一所学校获得两个或以上学位，只计算最近的一次。此外，分别参考重大国际学术奖项获奖人、国际权威学术期刊负责人、国际权威学术组织负责人、全球高被引科学家指标下的数据搜集与统计方法。

7. 博士生的数量

指标界定：博士生的数量指的是本学科过去 5 年年均授予博士学位的数量。由于国内有的高校未明确公布各学科博士学位授予数量，为统一数据口径，本研究用各学科的博士生毕业人数替代博士学位数量。

数据搜集：通过各高校的官网，搜集国外样本高校授予的博士学位数量和国内样本高校博士毕业生的数量。

统计方法：根据各样本高校博士生的培养数量，计算出样本高校博士生培养数量的平均数，以此为基准，达到平均数的高校计为满分，未达到平均数的，根据基准数得到相对得分。限于时间和精力等因素，该指标暂未统计。

8. 国际专利转让比例

指标界定：国际专利转让比例指的是一段时间内本学科国际专利转让数与国际专利授权数之比。其中，国际专利授权是指法律对技术发明人或所有人授予的国际专利权；专利转让是指专利权人作为转让方，将其发明创造的专利的所有权或持有权移转给受让方，受让方支付约定价款的法律行为。本研究中的专利包括发明授权专利、实用新型专利和外观设计专利，不包括发明申请专利。由于统计上衡量专利转化率较为困难，因此，选择国际专利转让比例来近似反映一段时间内的国际专利转化情况。

数据搜集：从 incoPat 数据库中采集各样本高校国际专利的授予量以及被转让的数量。

统计方法：首先，通过 incoPat 数据库搜索国内外样本高校的专利数，筛选专利总数后，分别统计 2016～2020 年专利总数的转让个数；其次，筛选样本高校的授权专利，分别统计 2016～2020 年授权专利数，授权专利数以专利公开（公告）日统计；然后，将 2016～2020 年样本高校的专利转让数除以授权书，得到 5 年内样本高校的国际专利转让比例。限于时间和精力等因素，该指标暂未统计。

9. 在第三方评价中的影响力

指标界定：在第三方评价中的影响力指的是本学科在 QS 世界大学学科排名和软科世界一流学科排名（GRAS）两大全球性主要学科排名（2021 年）中的表现。

数据搜集：通过 QS 和软科官网搜集其所公布的 2021 年学科排名，以此为数据源，对样本高校在其学科排名中的名次进行统计。

统计方法：进入全球排名前 25 的高校，赋予 5 倍权重；位于第 26～50 名的高校，赋予 4 倍权重；位于第 51～100 名的高校，赋予 3 倍权重；位于第 101～

150 的高校，赋予 2 倍权重；位于第 151~200 的高校，赋予 1 倍权重；位于第 201 及之后的高校，赋予 0.5 倍权重。各样本高校原始得分由其在两个排名的表现简单相加得到（若只有一个排行榜对该学科进行排名，则样本高校原始得分无须相加）。

10. 对国家战略不可或缺的科研支撑

指标界定：对国家战略不可或缺的科研支撑这一指标采用国家科学技术"三大奖"来进行表征。国家科学技术"三大奖"指的是本学科 5 年间（2015~2019 年）获得国家自然科学奖、国家技术发明奖、国家科技进步奖三大国家科技奖的教师数。

数据搜集：通过中华人民共和国科学技术部官网搜集其所公布的 2015~2019 年国家三大科技奖获奖者名单，然后对名单中人员的姓名、隶属院校、隶属学科、所获奖项等信息进行搜集与统计。

统计方法：只统计第一获奖人所在的单位。在汇总计算国家重大奖励数据时，国家自然科学奖一等奖赋予 18 倍权重、二等奖赋予 6 倍权重，国家技术发明奖一等奖赋予 15 倍权重、二等奖赋予 5 倍权重，国家科技进步奖特等奖赋予 24 倍权重、一等奖赋予和创新团队赋予 9 倍权重、二等奖赋予 3 倍权重。

11. 指标得分及指数的算法

在统计出各个指标的原始值后，分别计算出世界顶尖学科组在各个指标上的平均值作为参照，设为标准分 1 分；然后通过计算单一大学的单一指标值与世界顶尖学科组在相同指标上的平均值的比值，得到该大学在该指标上的得分，得分超过 1 的计为 1。对各个指标的得分赋予同等权重，进行简单加权，得到该大学在各个维度上的得分和国际水平指数。

第三节　我国理学类一流学科指数表现

一、理学类一流学科各指标表现

由表 9-4 可知，从学科门类来看，理科国内顶尖学科组在大多数指标上的得分均值均超过或与世界一流学科组持平（除"重大国际学术奖项的获奖人"外），但均低于世界顶尖学科组，总体来说与世界顶尖学科组存在明显的差距，特别是在"重大国际学术奖项的获奖人""国际权威学术期刊编委""国际著名校友的培养"等方面；总体来说与世界一流学科组存在明显的差距，特别是在"重大国际学术奖项的获奖人""国际权威学术期刊编委""国际著名校友的培养"等方面。

表9-4　　　　　　　　　　理科在七个指标上的得分

指标	世界顶尖学科组	世界一流学科组	国内顶尖学科组	国内一流学科组
在第三方评价中的影响力	1.00	0.53	0.67	0.23
高被引论文被世界一流学科引用的比例	1.00	0.57	0.66	0.35
国际权威学术期刊论文	1.00	0.24	0.46	0.12
全球高被引科学家	1.00	0.26	0.45	0.31
国际著名校友的培养	1.00	0.14	0.32	0.05
国际权威学术期刊编委	1.00	0.21	0.25	0.02
重大国际学术奖项的获奖人	1.00	0.02	0.00	0.00

注：表格中各指标依据其在国内顶尖学科组上的得分由高到低依次排序。
资料来源：笔者测算。

由表9-5和表9-6可知，从学科群来看，传统理科、特色理科与理科的情况基本一致，传统理科、特色理科国内顶尖学科组在大多数指标上的得分均值均超过或与世界一流学科组持平，但与世界顶尖学科组具有明显的差距；传统理科、特色理科国内一流学科组与世界一流学科组存在明显的差距。

表9-5　　　　　　　　　传统理科在七个指标上的得分

指标	世界顶尖学科组	世界一流学科组	国内顶尖学科组	国内一流学科组
在第三方评价中的影响力	1.00	0.53	0.72	0.28
高被引论文被世界一流学科引用的比例	1.00	0.72	0.71	0.38
全球高被引科学家	1.00	0.08	0.55	0.33
国际权威学术期刊论文	1.00	0.19	0.41	0.13
国际著名校友的培养	1.00	0.07	0.30	0.07
国际权威学术期刊编委	1.00	0.14	0.04	0.00
重大国际学术奖项的获奖人	1.00	0.02	0.00	0.00

注：表格中各指标依据其在国内顶尖学科组上的得分由高到低依次排序。
资料来源：笔者测算。

表 9 – 6　　　　　　　　特色理科在七个指标上的得分

指标	世界顶尖学科组	世界一流学科组	国内顶尖学科组	国内一流学科组
在第三方评价中的影响力	1.00	0.53	0.63	0.20
高被引论文被世界一流学科引用的比例	1.00	0.45	0.62	0.33
国际权威学术期刊论文	1.00	0.28	0.50	0.11
国际权威学术期刊编委	1.00	0.26	0.41	0.04
全球高被引科学家	1.00	0.41	0.37	0.30
国际著名校友的培养	1.00	0.19	0.34	0.04
重大国际学术奖项的获奖人	1.00	0.03	0.00	0.00

注：表格中各指标依据其在国内顶尖学科组上的得分由高到低依次排序。

资料来源：笔者测算。

总体而言，理科及其学科群国内顶尖学科组和国内一流学科组在大多数指标上的表现分别与世界顶尖学科组和世界一流学科组均存在明显的差距，突出表现在重大国际学术奖项的获奖人、国际权威学术期刊编委、国际著名校友的培养方面。

在重大国际学术奖项的获奖人方面，理科及其 2 个学科群的国内顶尖学科组和国内一流学科组均表现较弱，处于"零"突破阶段，远低于世界顶尖学科组和世界一流学科组的水平。事实上，在重大国际学术奖项的获奖者中不乏有一些华人，但遗憾的是他们中大多数人是拥有外国国籍的华人科学家；同时，也有部分获奖者是中国籍学者，但他们的工作单位隶属于我国的科研院所或者港澳台地区的高校，如中国科学院的王贻芳院士获得了 2016 年"基础物理学奖"。但由于本研究所选取的国内样本高校均为中国大陆的高校（不含港澳台地区的高校），为此，在重大国际学术奖项的获奖人指标上，国内样本组高校仍未实现突破。总体而言，在重大国际学术奖项的获奖人方面，世界顶尖学科组有着绝对的优势，占据着绝对的"统治"地位，世界一流学科组、国内顶尖学科组、国内一流学科组未来很长时间内都将处于"追赶"阶段，且"赶超"的可能性较小。

相关研究也表明，我国理科等学科领域获得国际权威奖项的学者数量较少。正如《2018 年全球创新指数报告》所指出的，我国在研究人员和科技出版物数量方面已位居世界第一，然而众所周知，我国本土科学家摘取诺贝尔奖桂冠的人数仍屈指可数。[1] 诺贝尔奖等重大国际学术奖项是举世公认的、最具原始创新的

---

[1]　潘旭涛：《2018 年全球创新指数报告：中国首次跻身全球创新 20 强》，载于《人民日报海外版》2018 年 7 月 12 日。

科技奖项，是衡量一个科研组织原始创新能力的重要标尺①，诺贝尔奖等重大国际学术奖项获奖者的拥有数量，是一所大学达到世界一流水平的象征②，同样也是一个学科达到世界一流的象征。我国一流理科在该指标上的表现反映出，我国一流理科在学术大师、原始创新方面与世界一流学科还有明显的差距。

在国际权威学术期刊编委方面，理科及其2个学科群的国内顶尖学科组和国内一流学科组均表现较弱。相关研究表明，我国理科领域的学者在国际高影响力期刊中担任编委的人数较少，如焦一丹、俞征鹿以自然指数数据库收录的82种期刊为例，对国际高影响力期刊中我国编委的表现度进行分析后指出：我国学者担任国际高影响力期刊编委的人数较少，且存在一定的学科差异，工程技术学科领域的学者在国际高影响力期刊中担任编委的比例最高，达14.47%（我国编委÷总编委数）、化学学科的学者在国际高影响力期刊中担任编委比例为9.7%、生物学学科为2.52%、物理学学科为1.8%。③ 王兴指出，我国化学领域的名牌大学所拥有的国际期刊编委数量与国外一流大学存在着一定差距。④

在国际著名校友的培养方面，理科及其2个学科群的国内顶尖学科组和国内一流学科组均表现较弱。著名物理学家钱学森曾发问："为什么我们的学校总是培养不出杰出人才？"从拔尖创新人才的培养数量和冒尖的程度上看，我国高等教育和世界高教强国还存在很大的距离。⑤ 此外，从《基础学科拔尖学生培养试验计划》《关于实施基础学科拔尖学生培养计划2.0的意见》《关于在部分高校开展基础学科招生改革试点工作的意见》等基础学科拔尖学生培养政策也能窥视出，我国理科在拔尖创新型人才培养方面的确存在不足。

二、理学类一流学科各维度表现

由表9-7可知，理科国内顶尖学科组在四个维度的得分均值均超过或与世界一流学科组持平，已达到世界一流学科组的水平，但大多数维度的得分均值均

---

① 王章豹、王立超：《我国高校原始创新能力不足的成因分析及其建设路径》，载于《现代教育科学》2007年第5期。

② 陈其荣：《诺贝尔自然科学奖与世界一流大学》，载于《上海大学学报》（社会科学版）2010年第6期。

③ 焦一丹、俞征鹿：《国际高影响力期刊中我国编委表现度分析——以自然指数数据库收录期刊为例》，载于《科技与出版》2020年第9期。

④ 王兴：《国际学术话语权视角下的大学学科评价研究——以化学学科世界1387所大学为例》，载于《清华大学教育研究》2015年第3期。

⑤ 卢铁城：《为建设创新型国家培养造就拔尖创新人才》，载于《中国高教研究》2006年第10期。

明显低于世界顶尖学科组，与世界顶尖学科组存在明显的差距，如人才培养维度、学术大师维度；理科国内一流学科组在四个维度上的得分均值均低于世界一流学科组，甚至大多数维度的得分均值明显低于世界一流学科组，与世界一流学科组存在明显的差距，如人才培养维度、学科影响力维度。

表9-7　　　　　　　　　理科在四个维度上的得分

维度	世界顶尖学科组	世界一流学科组	国内顶尖学科组	国内一流学科组
学科影响力	1.00	0.53	0.67	0.23
原始创新	1.00	0.41	0.56	0.24
人才培养	1.00	0.14	0.32	0.05
学术大师	1.00	0.22	0.29	0.14

注：表格中各维度依据其在国内顶尖学科组上的得分由高到低依次排序。
资料来源：笔者测算。

由表9-8和表9-9可知，从学科群来看，特色理科国内顶尖学科组和国内一流学科组分别与理科国内顶尖学科组和国内一流学科组的表现基本一致，即特色理科国内顶尖学科组在四个维度的得分均值均超过或与世界一流学科组持平，但在大多数维度上与世界顶尖学科组存在明显的差距；特色理科国内一流学科组在四个维度上的得分均值均低于世界一流学科组，在大多数维度上与世界一流学科组存在明显的差距。传统理科国内顶尖学科组的表现与理科国内顶尖学科组的表现基本一致，但传统理科国内一流学科组的表现与理科国内一流学科组的表现略存差异，主要为传统理科国内一流学科组在人才培养维度和学术大师维度上的表现略好。

表9-8　　　　　　　　　传统理科在四个维度上的得分

维度	世界顶尖学科组	世界一流学科组	国内顶尖学科组	国内一流学科组
学科影响力	1.00	0.53	0.72	0.28
原始创新	1.00	0.45	0.56	0.26
人才培养	1.00	0.07	0.30	0.07
学术大师	1.00	0.08	0.20	0.11

注：表格中各维度依据其在国内顶尖学科组上的得分由高到低依次排序。
资料来源：笔者测算。

表9-9 特色理科在四个维度上的得分

维度	世界顶尖学科组	世界一流学科组	国内顶尖学科组	国内一流学科组
学科影响力	1.00	0.53	0.63	0.20
原始创新	1.00	0.37	0.56	0.22
学术大师	1.00	0.32	0.36	0.16
人才培养	1.00	0.19	0.34	0.04

注：表格中各维度依据其在国内顶尖学科组上的得分由高到低依次排序。
资料来源：笔者测算。

总体而言，理科及其学科群的国内顶尖学科组在人才培养维度和学术大师维度上表现较弱，与世界顶尖学科组存在明显的差距，相对而言，在原始创新维度和学科影响力维度上表现略好；理科及其学科群的国内一流学科组在四个维度上的表现均相对较弱（除传统理科国内一流学科组的人才培养和学术大师维度外），与世界一流学科组存在明显的差距。

首先，值得注意的是，相较学术大师和人才培养维度，理科及其学科群的国内顶尖学科组在原始创新维度上表现略好，但这并不能表明理科及其学科群的国内顶尖学科组在重大原创性成果方面已取得较好的成绩。这其实主要与本研究在该维度所选取的2个评价指标均为论文相关指标密切相关。在原始创新维度，本研究坚持所选指标应是能衡量世界一流学科水平的顶尖、高端指标的理念，以及遵循所选指标应具有可操作性、可定量、可国际比较性等原则，选取了"国际权威学术期刊论文"和"高被引论文被世界一流学科引用的比例"2个指标。以论文相关指标对学科的原始创新能力进行衡量或评价是必要的，但论文相关指标绝不是评价学科原始创新的唯一维度，换言之，对学科原始创新能力的评价必须包含论文相关指标，但同时也必须包含除论文之外的指标。这在一定程度上也反映出，探索原始创新维度的可定量、可操作性的、非论文评价指标仍然任重而道远。相反，由理科国内顶尖学科组在"重大国际学术奖项的获奖人"上的表现可知，理科国内顶尖学科组的原始创新能力和重大原创性成果仍然不足。

其次，相较学术大师和人才培养维度，理科及其学科群的国内顶尖学科组在学科影响力维度表现好，这可能与我国一流学科的遴选标准与第三方评价"挂钩"有着密切的关系。三部委公布的《统筹推进世界一流大学和一流学科建设实施办法（暂行）》明确提到：一流学科建设高校应具有居于国内前列或国际前沿的高水平学科，学科水平在有影响力的第三方评价中进入前列，或者国家急需、具有重大的行业或区域影响、学科优势突出、具有不可替代性。① 当然，这仅是对"双一流"学科建设标准的一种宏观的、模糊性的描述，但也隐晦地指出了一流学科的遴选标准，在第三方评价中的表现成为能否入选一流学科建设名单的重要依据。② 这导致了我国一流学科在建设的过程中注重其在学科排名中的表现，正如部分学者所言：我国的一流学科建设在实践上一定程度偏离了学科建设的本真，走入了诸多误区，一流学科建设本来是为了提高学科水平，但是在实践中却功利地陷入了追求排名的"漩涡"。这是因为政府强调要根据各类第三方学科评价的结果来衡量学科的建设成效，并对一流学科进行动态管理。在这样的导向下，学科建设并非旨在提高学科的真实水平，而是"异化"为提高其在各类学科排行榜中的名次。③

三、理学类一流学科指数的表现

由表 9 - 10 可知，世界顶尖学科组处于绝对优势地位，国内顶尖学科组的得分均值超过了世界一流学科组，但远低于世界顶尖学科组，国内一流学科组的得分均值低于世界一流学科组，表明国内顶尖学科组已基本达到世界一流学科的水平，但与世界顶尖学科组具有明显的差距，国内顶尖学科组与世界一流学科组存在明显的差距。

表 9 - 10　　　　　　理学类一流学科总得分

学科门类/群	世界顶尖学科组	世界一流学科组	国内顶尖学科组	国内一流学科组
1. 理学类	1.00	0.30	0.43	0.17
2. 传统理科	1.00	0.25	0.39	0.17
2.1 化学	1.00	0.29	0.53	0.26
2.2 物理学	1.00	0.27	0.32	0.09
2.3 数学	1.00	0.18	0.31	0.16

① 《教育部　财务部　国家发展改革委关于印发〈统筹推进世界一流大学和一流学科建设实施办法（试行）〉的通知》，中华人民共和国教育部网站，2022 年 12 月 2 日，http：//www.moe.gov.cn/srcsite/A22/moe_843/201701/t20170125_295701.html。

② 陈仕吉、邱均平：《一流学科与学科排名的对比研究——基于教育部学科评估、ESI 和 QS 学科排名的一流学科对比分析》，载于《评价与管理》2019 年第 4 期。

③ 刘小强、聂翠云：《走出一流学科建设的误区——国家学科制度下一流学科建设的功利化及其反思》，载于《学位与研究生教育》2019 年第 12 期。

续表

学科门类/群	世界顶尖学科组	世界一流学科组	国内顶尖学科组	国内一流学科组
3. 特色理科	1.00	0.35	0.46	0.17
3.1 大气科学	1.00	0.42	0.83	0.24
3.2 地球科学	1.00	0.26	0.41	0.13
3.3 地理学	1.00	0.22	0.34	0.20
3.4 海洋科学	1.00	0.48	0.27	0.08

注：表格中传统理科和特色理科中的各学科依据其国际水平在国内顶尖学科组上的得分由高到低依次排序。

资料来源：笔者测算。

从学科群来看，传统理科、特色理科国内顶尖学科组和国内一流学科组的表现分别与理科国内顶尖学科组和国内一流学科组的表现基本一致，即传统理科、特色理科国内顶尖学科组已达到世界一流学科组的水平，但与世界顶尖学科组存在明显的差距；传统理科、特色理科国内一流学科组与世界一流学科组存在明显的差距。从具体学科来看，大多数学科的国内顶尖学科组和国内一流学科组的表现与理科及其2个学科群国内顶尖学科组和国内一流学科组的表现基本一致。

总体而言，在国际水平上，不论是从学科门类来看，抑或是从学科群或具体学科来看，理科国内顶尖学科组和世界一流学科组分别与世界顶尖学科组和世界一流学科组存在明显的差距。

此外，本研究展示了化学、数学、物理3个样本学科指数的具体表现（见表9-11至表9-13）。

表9-11　　　　化学学科国际水平指数表现及其指标得分表

大学	表现	奖项	编委	高被引	论文	比例	校友	影响力
世界顶尖学科组	*****	1.00	1.00	1.00	1.00	1.00	1.00	1.00
世界一流学科组	***	0.03	0.12	0.08	0.25	0.83	0.11	0.61
北京大学	****	0.00	0.00	0.50	0.84	0.83	0.69	1.00
复旦大学	****	0.00	0.20	0.59	0.75	0.48	0.90
南开大学	****	0.00	0.00	1.00	0.64	0.66	0.48	0.80
清华大学	****	0.00	0.00	1.00	0.68	0.88	0.43	1.00
浙江大学	****	0.00	0.20	0.50	0.54	0.79	0.56	1.00
中国科学技术大学	****	0.00	0.20	1.00	1.00	0.80	1.00	0.90

大学	表现	奖项	编委	高被引	论文	比例	校友	影响力
吉林大学	***	0.00	0.20	0.50	0.33	0.59	0.52	0.60
南京大学	***	0.00	0.00	0.33	0.55	0.70	0.43	0.90
厦门大学	***	0.00	0.20	0.50	0.55	0.69	0.39	0.60
上海交通大学	***	0.00	0.00	0.50	0.41	0.76	0.22	0.80
苏州大学	***	0.00	0.00	0.83	0.44	0.69	0.04	0.45
武汉大学	***	0.00	0.00	0.33	0.41	0.60	0.13	0.60
中山大学	***	0.00	0.00	0.83	0.36	0.59	0.22	0.60
大连理工大学	**	0.00	0.00	0.00	0.18	0.61	0.09	0.40
湖南大学	**	0.00	0.00	0.33	0.28	0.49	0.13	0.35
华东理工大学	**	0.00	0.00	0.33	0.21	0.63	0.17	0.40
华南理工大学	**	0.00	0.00	0.50	0.16	0.61	0.13	0.45
华中科技大学	**	0.00	0.00	0.00	0.22	0.68	0.04	0.40
四川大学	**	0.00	0.00	0.00	0.44	0.53	0.04	0.35
天津大学	**	0.00	0.00	0.17	0.29	0.63	0.13	0.60

注：（1）相同星级表现的高校按照学校名称的拼音字母排序。

（2）*****表示该校的指数得分达到或超过世界顶尖学科组的水平，****表示超过世界一流学科组的水平且与世界顶尖学科组的差距不大，***表示达到或超过世界一流学科组的水平，**表示与世界一流学科组的差距不大。

（3）指标名称奖项、编委、高被引、论文、比例、校友、影响力等的全称依次为重大国际学术奖项的获奖人、国际权威学术期刊的编委、全球高被引科学家、国际权威学术期刊论文、高被引论文被世界一流学科引用的比例、国际著名校友的培养、在第三方评价中的影响力。

资料来源：笔者测算。

表9-12   数学学科国际水平指数表现及其指标得分表

大学	表现	奖项	编委	高被引	论文	比例	校友	影响力
世界顶尖学科组	*****	1.00	1.00	1.00	1.00	1.00	1.00	1.00
世界一流学科组	***	0.00	0.09	0.00	0.11	0.58	0.06	0.42
北京大学	****	0.00	0.00	1.00	0.42	1.00	0.34	0.90
电子科技大学	***	0.00	0.00	1.00	0.06	0.09	0.11	0.25
东南大学	***	0.00	0.00	1.00	0.00	0.24	0.11	0.25
复旦大学	***	0.00	0.00	0.00	0.30	0.56	0.11	0.80

续表

大学	表现	奖项	编委	高被引	论文	比例	校友	影响力
清华大学	***	0.00	0.00	0.00	0.00	0.54	0.22	0.80
上海交通大学	***	0.00	0.00	1.00	0.18	1.00	0.22	0.70
浙江大学	***	0.00	0.00	0.00	0.06	0.54	0.22	0.60
中国科学技术大学	***	0.00	0.00	0.00	0.12	1.00	0.22	0.60
中国矿业大学	***	0.00	0.00	1.00	0.18	0.11	0.11	0.05
哈尔滨工业大学	**	0.00	0.00	0.00	0.16	0.22	0.22	0.40
武汉大学	**	0.00	0.00	0.00	0.12	0.22	0.00	0.35
中山大学	**	0.00	0.00	0.00	0.12	0.18	0.00	0.40
南开大学	*	0.00	0.00	0.00	0.06	0.06	0.00	0.30
山东大学	*	0.00	0.00	0.00	0.00	0.07	0.22	0.20
浙江师范大学	*	0.00	0.00	0.00	0.00	0.22	0.11	0.10
中南大学	*	0.00	0.00	0.00	0.00	0.06	0.00	0.15

注：（1）相同星级表现的高校按照学校名称的拼音字母排序。

（2）***** 表示该校的指数得分达到或超过世界顶尖学科组的水平，**** 表示超过世界一流学科组的水平且与世界顶尖学科组的差距不大，*** 表示达到或超过世界一流学科组的水平，** 表示与世界一流学科组的差距不大，* 表示与世界一流学科组的差距大。

（3）指标名称奖项、编委、高被引、论文、比例、校友、影响力等的全称依次为重大国际学术奖项的获奖人、国际权威学术期刊的编委、全球高被引科学家、国际权威学术期刊论文、高被引论文被世界一流学科引用的比例、国际著名校友的培养、在第三方评价中的影响力。

资料来源：笔者测算。

表 9-13　　　　物理学学科国际水平指数表现及其指标得分表

大学	表现	奖项	编委	高被引	论文	比例	校友	影响力
世界顶尖学科组	*****	1.00	1.00	1.00	1.00	1.00	1.00	1.00
世界一流学科组	***	0.03	0.21	0.14	0.21	0.75	0.03	0.55
北京大学	***	0.00	0.00	0.12	0.52	0.58	0.18	0.90
复旦大学	***	0.00	0.19	0.35	0.37	0.62	0.11	0.50
南京大学	***	0.00	0.00	0.12	0.26	0.57	0.13	0.60
清华大学	***	0.00	0.00	0.71	0.66	0.76	0.24	0.90
上海交通大学	***	0.00	0.00	0.35	0.27	0.71	0.09	0.70
中国科学技术大学	***	0.00	0.00	0.47	0.94	0.75	0.26	0.70

教育部哲学社会科学研究重大课题
攻关项目

续表

大学	表现	奖项	编委	高被引	论文	比例	校友	影响力
华中科技大学	**	0.00	0.00	0.12	0.19	0.31	0.02	0.25
浙江大学	**	0.00	0.00	0.00	0.21	0.49	0.04	0.40
北京航空航天大学	*	0.00	0.00	0.00	0.06	0.49	0.00	0.15
华中师范大学	*	0.00	0.00	0.00	0.02	0.37	0.02	0.10
南开大学	*	0.00	0.00	0.00	0.06	0.35	0.04	0.10
山东大学	*	0.00	0.00	0.12	0.02	0.31	0.07	0.15
苏州大学	*	0.00	0.00	0.00	0.04	0.28	0.02	0.10
武汉大学	*	0.00	0.00	0.00	0.09	0.35	0.09	0.15
中山大学	*	0.00	0.00	0.00	0.06	0.50	0.00	0.20

注：（1）相同星级表现的高校按照学校名称的拼音字母排序。

（2）***** 表示该校的指数得分达到或超过世界顶尖学科组的水平，*** 表示达到或超过世界一流学科组的水平，** 表示与世界一流学科组的差距不大，* 表示与世界一流学科组的差距大。

（3）指标名称奖项、编委、高被引、论文、比例、校友、影响力等的全称依次为重大国际学术奖项的获奖人、国际权威学术期刊的编委、全球高被引科学家、国际权威学术期刊论文、高被引论文被世界一流学科引用的比例、国际著名校友的培养、在第三方评价中的影响力。

资料来源：笔者测算。

第四节　理学类一流学科的典型案例研究

本研究从典型性、数据可得性以及对我国的借鉴价值等方面对案例进行筛选，选择了加州大学伯克利分校的化学学科和南京大学的大气科学学科进行案例研究，其中加州大学伯克利分校化学学科作为分析传统理科创建世界一流学科的案例，南京大学大气科学学科作为分析特色理科创建世界一流学科的案例。世界一流学科的建设有其共性的方面，可以借鉴他国的建设经验以推动自身的发展。美国作为当今世界的高等教育强国，其创建世界一流学科的经验在一定程度上能够为我国高等教育强国的建设提供借鉴。加州大学伯克利分校化学学科是美国乃至世界的一流理科，其发展经验对我国世界一流理科的建设具有重要的借鉴意义。同时，世界一流学科也有个性的方面，他国的经验会因我国文化、体制机制、现实基础等不同而无法借鉴，造成"排异"反应，无法为我国世界一流学科

275

第九章　理学类一流学科的指数与案例研究

的建设提供对策，南京大学大气学科是我国的一流理科，在国际上也具有较大的影响力，探索其世界一流理科建设之策，能够避免世界一流理科他国建设经验的"排异"反应，为我国世界一流理科的建设提供"本土经验"。

本研究主要从学术大师的引育、原创研究的开展、科研平台的搭建、卓越人才的培养、学科制度的建设等方面对案例进行分析。不同学校的案例分析各有侧重。加州大学伯克利分校化学学科侧重对其学术大师的引育、科研平台的搭建、卓越人才的培养进行案例分析；南京大学大气科学学科侧重以其与赫尔辛基大学共建的大气与地球系统科学国际合作联合实验室为切入口，探讨世界一流学科建设的经验。

一、引育学术大师，搭建三维科研平台：以加州大学伯克利分校化学学科为例

自 1868 年加州大学伯克利分校（University of California，Berkeley，以下简称"伯克利"）建校以来，化学就一直是伯克利的一部分。1872 年，化学学院正式成立，成立之际该院仅有化学系[1]，伯克利的化学学科具有非常悠久的学科历史。如今伯克利的化学学科已发展成为世界顶尖学科，在全球享有盛誉。其在 2021 年软科世界一流学科排名中位居第 1，在 2021 年 QS 世界大学学科排名中位居第 5。150 多年以来，化学系一直以通过教育和研究推动社会进步为使命，产生了诸多有影响力的研究，主要在催化（catalysis）、热力学（thermodynamics）、生物化学（chemical biology）、大气化学（atmospheric chemistry）、纳米科学（nanoscience）等领域取得了一系列创新性成果。

1. 引进学术大师，发挥其磁石效应和培育顶尖学者的作用

加州大学伯克利分校化学系教师水平跻身于全球最杰出的行列，截至 2022 年，共有 5 名诺贝尔化学奖获得者、8 名沃尔夫化学奖（Wolf Prize in Chemistry）获得者、8 名普里斯特利奖章（Priestley Medal）获得者、6 名韦尔奇化学奖获得者、37 名美国科学院化学奖（NAS Award in Chemical Science）获得者。[2] 伯克利化学系为何拥有如此多的学术大师？对相关材料进行梳理与分析后发现，在早期，伯克利化学学科通过引进吉尔伯特·牛顿·刘易斯（Gilbert Newton Lewis），

---

[1] College of Chemistry：College History，College of Chemistry，https：//chemistry. berkeley. edu/berkeley - chemistry - 1868 - to - present，2021 - 07 - 05.

[2] College of Chemistry：Major Awards & Honors，College of Chemistry，https：//chemistry. berkeley. edu/awards - honors，2021 - 07 - 05.

并积极"满足"和"兑现"其所提出的各项促进化学学科发展的"条件",以优化学术环境、提高其满意度,进而促进其磁石效应①以及培育顶尖学者作用的发挥,推动化学学科学术大师的引进和培育。

1911 年,时为麻省理工学院教授的刘易斯访问了伯克利,并阐述了他担任伯克利化学学院院长的条件,这些条件主要包括扩大化学学院的预算、增加化学系的教职员工和科研基础设施等。1912 年,刘易斯就职于伯克利后就立即致力于扩大化学学院的预算、加强科研基础设施等。如 1917 年,化学学院正式建成了专门用于物理和技术化学研究与教学的吉尔曼大厅(Gilman Hall),吉尔曼大厅旨在为不断发展的化学学院的教师和学生提供研究与教学设施,在这里所开展的工作推进了化学热力学和分子结构的研究,并产生了多个诺贝尔化学奖。如威廉·F. 吉奥克(William F. Giauque)于 1949 年因其对物质在极低温度下行为的研究获得了诺贝尔奖;格伦·T. 西博格(Glenn T. Seaborg)于 1951 年因其在超铀元素化学方面的发现获得了诺贝尔奖;另外 4 位在吉尔曼大厅从事研究的教师随后也获得了诺贝尔化学奖。② 可以看出,吉尔曼大厅等科研基础设施的建立为化学学科学术大师的培育提供了坚实的基石。同时,在一定程度上也提高了刘易斯的满意度,这可能就是刘易斯在伯克利任教 33 年直至退休的原因。

在伯克利任教期间,刘易斯一直潜心培育和引进学术大师,发挥了磁石效应和培育顶尖学者的作用。埃尔文·卡尔文(Melvin Calvin)是 1961 年诺贝尔化学奖的获得者。1935 年,卡尔文获得明尼苏达大学(University of Minnesota Twin Cities)化学专业博士学位;1935 ~ 1937 年卡尔文在曼彻斯特大学(The University of Manchester)进行博士后研究;1937 年,受刘易斯的邀请,卡尔文就职于伯克利化学系,且在刘易斯的引导下将研究方向转向有机分子结构和行为的一般理论,且在这一期间,卡尔文完成了 2 本主要著作,其中一本正是与刘易斯教授合著的《有机物的颜色》(The Color of Organic Substances)。③ 吉奥克(Giauque)是 1949 年诺贝尔化学奖的获得者,是伯克利化学系 1920 届本科毕业生以及 1922 届博士毕业生,同时也是刘易斯的学生。尽管吉奥克在本科阶段的学习是以"工程学"为理念而展开的,但是在刘易斯及其团队成员对科学高度重视的影响下,吉奥克喜欢上了基础研究。吉奥克对热力学第三定律这一领域的兴趣是由其在

---

① 磁石效应即吸引同领域的学科专家。

② American Chemical Society:Gilman Hall at the University of California, Berkeley, American Chemical Society,https://www.acs.org/content/acs/en/education/whatischemistry/landmarks/gilman.html#gilbert – newton – lewis,2021 – 07 – 05.

③ The Nobel Prize:Melvin Calvin Biographical, The Nobel Prize, https://www.nobelprize.org/prizes/chemistry/1961/calvin/biograp – hical/,2022 – 07 – 05.

G. E. 吉布森（G. E. Gibson）教授团队下开展的实验研究所引起的，而这项工作正是起源于刘易斯和吉布森的讨论。[①] 西博格（Seaborg）是 1951 年诺贝尔化学奖的获得者，是伯克利化学系 1937 届博士毕业生，也是刘易斯的学生。1937 年博士毕业后，西博格继续在化学系担任刘易斯的实验室助理，并于 1946 年晋升为教授；1951 年，因其成功地创造了一种原子序数为 94 的元素（钚）以及确定了其他重元素及其同位素被授予诺贝尔化学奖。[②] 可以看出，正是由于刘易斯能够潜心引进和培育青年教师和学生，才使得伯克利化学学科产生了如此多的学术大师。

2. 搭建"三维"科研平台，推动前沿研究的开展

"三维"科研平台是指"校外—学校—学院"三个层面的科研平台。伯克利化学系的科研人员可以使用校外、校内、学院三个层面的科研平台及与其科研人员进行合作，这三个层面的科研平台都可供化学系的科研人员进行世界最前沿的研究。

校外科研平台：化学系的科研人员可以使用劳伦斯伯克利国家实验室（以下简称"伯克利实验室"）并且可与伯克利实验室的科研人员合作进行科学研究。自 1931 年成立以来，卓越的科学研究和无与伦比的成就一直是该实验室的标志，14 个诺贝尔化学奖得主与该实验室有关，该实验室的 80 名科学家是美国国家科学院成员、15 名科学家获得了国家科学奖章等。[③] 该实验室拥有许多最先进的科研设备，如带电粒子加速器（the Charged Particle Accelerators）可供核化学研究人员进行最前沿的研究；先进光源（Advanced Light Source）是世界上最亮的紫外线和软 x 射线光源之一，可供化学系研究人员用以破译生物分子的折叠。[④]

校内科研平台：化学系的研究人员可以使用校园内的众多设施，包括精密加工实验室（Microfabrication Laboratory）和大脑成像中心（Brain Imaging Center）。[⑤] 如加州大学伯克利分校精密加工实验室是校园内唯一提供最新半导体和精密加工技术的研究机构，该实验室为科研人员提供最先进的设备，助力其开展前沿研究。

---

① The Nobel Prize：William F. Giauque Biographical, The Nobel Prize, https：//www. nobelprize. org/prizes/chestry/1949/giauque/biographical/，2022 – 07 – 05.

② Britannica：Glenn T. Seaborg, Britannica, https：//www. britannica. com/biography/Glenn – T – Seaborg，2022 – 07 – 05.

③ College of Chemistry：Lawrence Berkeley National Laboratory, College of Chemistry, https：//www. lbl. gov/about/，2021 – 07 – 05.

④ College of Chemistry：The College, College of Chemistry, https：//chemistry. berkeley. edu/about，2021 – 07 – 05.

⑤ University of California, Berkeley：About The Microlab, University of California, Berkeley, https：//microlab. b – erkeley. edu/text/overview. html，2021 – 07 – 05.

学院科研平台：学院也为化学系的研究人员提供了多种先进的研究设施，包括分子图形与计算设施（Molecular Graphics & Computation Facility）、QB3/质谱仪设施（QB3/Mass Spectrometry Facility）、微量分析设施（Microanalytical Facility）、核磁共振设施（NMR Facility）、X 光设施（X-ray Facility）等。[①] 如 QB3/质谱仪设施是最先进的质谱仪，能够分析各种样品；能够提供生物、有机和无机化合物的质谱采集和精确质量测量，以及完整蛋白质、脂质、寡糖和非共价蛋白质—蛋白质和蛋白质—配体复合物和超分子配位簇的质量测量；能够提供先进的蛋白质组学分析和离子迁移谱。[②]

此外，学院还拥有 20 多个研究中心和研究所，包括伯克利催化中心、伯克利绿色化学中心、伯克利全球科学研究所等，每个研究中心和研究所都有特定的研究和教育重点，旨在增强化学学院的学术合作和与行业的联系。[③]

3. 明确人才培养目标，致力优秀人才的培养

伯克利化学系为学术界培养了大量的优秀人才和领袖，如培养了库尔特·维特里希（Kurt Wüthrich）、弗朗西斯·阿诺德（Frances Arnold）等 10 名诺贝尔化学奖获得者；丹尼尔·柯施兰德（Daniel E. Koshland Jr.）、皮门特尔（Pimentel）、乔治·克劳德（George Claude）、艾哈迈德·泽维尔（Ahmed Zewail）等若干名国家科学奖章和沃尔夫化学奖等获得者；保罗·阿利维萨托斯（Paul Alivisatos）、匹泽（Kenneth Sanborn Pitzer）等大学校长和学院院长等。

通过对相关资料的梳理和分析发现，伯克利化学学院卓越的基础研究和应用研究，为化学系的学生提供了大量的资源，这为他们能够成为化学家、化学工程师和解决 21 世纪社会最紧迫的问题奠定了基础。[④]

本科阶段：注重培养本科生的"基础知识 + 专业技能 + 研究技能"。伯克利化学系为每一位本科生提供了一系列的课程，这些课程包括化学基础课程和专业课程。事实上，伯克利化学系一直以来都非常重视学生的基础知识教育，早在刘易斯担任化学学院院长时，就要求化学系所有的教师都要参与化学基础课程的教学和建设。另外，由于美国化学会（American Chemical Society，ACS）学位认证十分重视学生的实验经历和专业技能，所以，在传统课程之外，化学系还为其本

---

① College of Chemistry：Research Facilities，College of Chemistry，https：//chemistry. berkeley. edu/research-facilities，2021-07-05.

② College of Chemistry：Research Facilities，College of Chemistry，https：//qb3. berkeley. edu/facility/msf/，2021-07-05.

③ College of Chemistry：Centers & Institutes，College of Chemistry，https：//chemistry. berkeley. edu/centers-institutes，2021-07-05.

④ College of Chemistry：Academics，College of Chemistry，https：//chemistry. berkeley. edu/academics，2021-07-05.

科生制定了一些研究性课程或活动，这为本科生开展或参与研究项目提供了基础。同时，化学系规定每学期为所有学生提供至少 1 次学术指导，学术指导老师与学生讨论他们的学术兴趣、职业规划以及在学生研究项目选择方面提供指导。因此，化学系的本科生在毕业之际都会掌握和拥有化学学科相关基础知识、专业技能和专业认同感。[①]

研究生阶段：注重研究生"独立开展创新性科学研究能力"。化学系研究生阶段的培养目标主要是培养学生独立开展创新性科学研究的能力，因此，化学系采取了一系列措施，如降低对正式课程的要求、根据学生的研究领域为其定制专门的课程；开展丰富的研讨会；组织学生进行资格考试等。由于伯克利教师规模较大及具有多样性，化学系的学生可选择参加各种主题的研讨会，研讨会的举办也比较频繁，每周都会定期举办几个不同主题的研讨会，这些研讨会能够使学生了解该领域最前沿的研究。除了这些定期研讨会外，各课题组也会定期为研究生举办研究研讨会。此外，伯克利化学系的每位研究生都要参加资格考试（qualifying exam），资格考试主要围绕研究生的研究兴趣和具体的研究项目展开，考核通过后，研究生需要完成一篇具有原创性的、学术贡献的学术论文。[②]

二、共建国际联合实验室：以南京大学大气科学学科为例[③]

在由南京大学和芬兰赫尔辛基大学共建的大气与地球系统科学国际合作联合实验室（以下简称"国际联合实验室"）的支持下，南京大学大气科学学科在人才培养、科学研究、社会服务、国际学术影响力等方面取得了重大成效。具体而言，南京大学大气科学学科建立了区域大气和地球系统过程综合观测平台；积聚了一批战略科学家、领军人才和青年拔尖人才；提高了国际化人才培养能力；成为对外文化交流的重要窗口。这些都较大地提高了南京大学大气科学学科的综合实力和国际影响力，对南京大学大气学科创建世界一流学科起到了重要的支撑作用。2017 年，南京大学大气科学学科与兰州大学、南京信息工程大学的大气科学学科共同入选"双一流"大气科学学科建设名单；其在软科 2021 年世界一流学科排名中位居全球第 33。

基于国际联合实验室在南京大学大气科学学科创建世界一流学科中的重要作

---

① College of Chemistry：Chemistry & Chemical Biology Undergraduate Student Learning Goals，College of Chemistry，https：//chemistry. berkeley. edu/ugrad/usli/chem，2021 – 07 – 05.

② College of Chemistry：About the Chemistry Ph. D. Program，College of Chemistry，https：//chemistry. berkeley. edu/grad/chem/about，2021 – 07 – 05.

③ 注：该案例所有资料均来源于南京大学大气科学学科内部资料，并得到授权使用。

用，本节主要对国际联合实验室取得显著成效的原因进行重点阐释。

1. "品牌效应"下科研平台的可持续发展

国际联合实验室与赫尔辛基大学共建地球系统区域过程综合观测试验基地（Station for Observing Regional Processes of the Earth System，SORPES），在合作期间，不断对该基地进行升级，使之由常规空气污染及气象观测站点发展为享誉国际的地球系统综合观测站，并进一步打造了 SORPES 移动观测平台。在观测平台发展的基础上，合作双方在多个科学领域开展了富有成效的合作，取得了多项开创性成果，为原创研究科研、人才培养和社会服务提供了重要支撑。

自实验室筹建以来，大幅度改善 SORPES 站点的基础条件、升级相关仪器设备，利用学校"985"学科建设经费、一流高校/学科建设经费、江苏省优势学科建设经费、江苏省气候变化协同创新中心建设经费等重点支持，新增设备价值超过 4 千万元，站点运行维护方面累计投入 500 万元。这些仪器和探测平台的补充，使得 SORPES 观测基地成为国内外有重要影响的地球系统过程超级站，并形成品牌效应。SORPES 站作为一个开放平台，已有多家先进仪器厂商愿意免费提供仪器供其长期运行并开展合作研发，为观测基地的可持续发展和高质量集成数据的积累奠定了重要的基础。

国际联合实验室于 2016 年与昆山阳澄蓝谷科技有限公司合作，搭建了 SORPES 超级移动观测平台，获得了大气气溶胶及关键气体污染物的走航和垂直观测能力，建成了基于欧拉空气质量预测模型和拉格朗日溯的预报分析平台，为二十国集团（G20）峰会等大型活动的空气质量保障提供了有力支持。

此外，国际联合实验室通过国家重点研发项目"我国东部沿海大气复合污染天空地一体化监测技术"，与国内外十几家单位联合，在 SORPES 站点发展的基础上在我国东部沿海地区整合建立了一套三维观测平台，包括地基超级观测平台（SORPES）、高山观测平台、超级移动观测平台（SORPES 移动观测平台）、大载荷飞艇观测平台、飞机航测观测平台等，改进了大载荷飞艇监测平台，在我国首次实现了气溶胶精细化学组分和低挥发性超痕量气体的垂直观测，为我国东部复合大气污染的治理提供了一定的科学支撑。

2. "双核驱动、多方参与"的运行机制

国际联合实验室管理团队在实验室培育和建设初期，不断探索联合实验室运行模式，充分调研和借鉴国际一流研究机构的管理经验和运行模式，建立起面向创新主体和核心要素的长效运行机制。

根据教育部印发的《高校国际合作联合实验室建设与管理办法》，围绕实验室建设目标积极探索适合实验室健康、快速发展的运行机制，形成了"双核驱动，多方参与"的运行机制。南京大学和赫尔辛基大学是联合实验室的核心研究

281

机构（"双核驱动"）。联合实验室的培育和建设建立在双方前期良好的合作基础和各自的学科优势上，双方针对共同感兴趣的国际前沿科学问题和可持续发展需求开展合作研究。国际联合实验室在主要团队建设和组织管理上以南京大学和赫尔辛基大学为共同联合主体，主要研究方向上双方推荐共同首席科学家开展对等合作。同时在建设中，根据研究需要，国际联合实验室积极吸纳其他研究机构的一流科学家和团队加盟，在联合实验室的框架下进行科研创新和协同攻关（"多方参与"）。有来自德国马普化学所、美国加州大学洛杉矶分校、以色列希伯来大学以及英国利兹大学等国际一流研究机构的多位科学家和团队加盟，在气溶胶理化特性、气溶胶气候效应评估等领域与南京大学和赫尔辛基大学团队形成了很好的互补，增强了联合实验室协同创新能力。国际联合实验室这一"双核驱动，多方参与"的架构形式，一方面保持了"双核驱动"在管理效率上的优势，避免了多方单位之间存在的利益壁垒和烦琐的协调过程，提升了国际联合实验室的决策效率和相关政策的执行力；另一方面，通过"多方参与"，吸纳其他研究机构相关方向一流科学家和团队的加盟，增强了国际联合实验室的科研活力，提升了国际联合实验室研究的广度以及开展前沿交叉研究和协同创新的能力，进一步提升了国际联合实验室开展重大原创科研的能力，从而提升了人才培养质量。

3. 委员会监督下的联合主任负责制

联合实验室的管理平台和办事机构常驻南京大学，实行国际评估与科学咨询委员会监督下的联合主任负责制，并成立联合实验室管理委员会，负责联合实验室日常事务。联合实验室管理委员会由联合实验室主任以及各个创新平台负责人构成，其为实验室运行的执行机构，下设办公室和科研、学术交流、人才培养、财务后勤等服务组。联合实验室管理委员会定期进行会面协商（1 次/年）和远程视频（电话）会议（2～3 次/年），就联合实验室重大事项和进展进行讨论与会商，制定实验室规章制度，包括议事规则、专职科研等。联合实验室管理委员会定期举行联合学术研讨会，包括专题研讨会、学术年会等，围绕实验室主要研究方向组织学术交流和研讨（地点选择在赫尔辛基和南京交替举办）；定期制作实验室阶段性报告，包括年度报告和简报等，向实验室国际学术与咨询评估委员会以及上级主管部门和相关利益方汇报实验室运行情况。

联合实验室国际学术与咨询评估委员会是联合实验室科研和创新工作的咨询和审议机构，其主要职责是对联合实验室学科、创新平台布局、主要学术方向、人才队伍建设和国际合作等提出建议，并听取和审议年度工作报告，每年举行一次国际咨询与评估委员会会议。该委员会由南京大学符淙斌院士和赫尔辛基大学库马拉教授担任共同主席，而委员会成员由相关领域具有国际视野、熟悉大气和地球系统科学领域国内外发展状况、有深厚学术造诣的国内外知名专家组成。委员会的成员中，外籍科学家人数超过 2/3。

4. 与国际接轨的制度建设

国际联合实验室管理团队在实验室培育和建设期围绕实验室建设目标，积极推动各项改革措施出台和落实，在人才队伍建设、数据与成果共享、学术交流机制和学术氛围、人才培养等制度建设方面取得了较大的突破。

在人才队伍建设和人事管理制度方面，国际联合实验室建立团队 PI 负责制，逐步推行与国际接轨的薪酬水平和考核评估。国际联合实验室通过《专职科研队伍管理办法》的实施，在第一个聘期（通常为 3 年）由校方为聘请的外方专职科研队伍岗位（包括首席研究员、研究员和博士后等）提供 50% 的工资，国际联合实验室和 PI 团队自行承担 50%；聘期完成时实行严格的考核管理，考核优秀者的第二个聘期继续由校方承担 50% 的工资。该管理办法为聘用和管理外方来华合作科学家创造了条件，同时在执行过程中也会考虑外方专家的特殊情况（包括医疗保险、国际差旅等问题）进行修改。

在数据和成果共享方面，国际联合实验室秉持良好的数据和成果共享原则，合作科研双方构建了高度的互信关系，参照国际通用的数据共享原则，实现了有效的数据和成果共享。以芬兰赫尔辛基大学和南京大学的合作为例：（1）芬方在原始数据的获取和质量控制上充分帮助中方提升观测能力和处理水平，以中方为数据分析主体，充分尊重中国已有法律法规；（2）在成果发表方面，以地球系统过程的科学认识为主要研究对象，充分尊重中方环境、外交压力，客观讨论科学问题的本质；（3）芬方在自身数据、仪器和模式共享方面，按照已有的国际通行共享规则，优先对中方开放。

在学术交流机制和学术氛围方面，建立良好的学术交流机制和学术氛围，以学术交流推动重大科研项目组织和成果的联合发表以及人才培养。通过定期组织不同层次学术交流，包括创新平台/团队内部不同层次研究人员的定期交流、国际联合实验室若干创新平台下不同层次科学家论坛（首席科学家论坛、青年论坛以及研究生学术论坛）等推动双方创新平台、课题组及个体科学家之间的实质性合作。同时，在国际联合实验室内推行组会交流语言的改革，将英语作为主要学术语言，以此促进外方合作人员实质性地参与所有科研活动和学生培养工作。

在人才培养方面，已有一批研究生采用中芬双方双导师制，并尝试在南京大学探索以短期讲习班（暑期学校等）为主的研究生授课模式，强调研究生的技能训练和创新思维训练；利用国家公派留学基金和双方科研项目经费，形成常态化的研究生两地培养模式；同时中方导师也多次参与芬方博士生的论文评阅、论文答辩等。在本科生培养方面，已有芬方来访科学家在南京大学开设多门英文课程，并参与了本科创新计划的指导。在继续教育方面，由国际联合实验室双方对

283

口院系牵头，两校继续教育部门已多次研讨，尝试开展继续教育和科普教育方面的全面合作。

第五节 关于我国理学类一流学科的政策建议

基于以上对国内理学类学科国际水平的指标比较与案例分析的结论，并结合我国理学类学科发展存在的不足，本研究提出了以下几方面的政策建议。

一、引育国际学术大师，进一步缩小与世界一流理科的差距

高层次人才的短缺是导致我国理科基础理论研究不足和重大原创性成果匮乏的重要原因，[①] 我国理科要进一步加大对高层次人才的引育工作，在全球范围内引进理科领域的高层次人才，充实与优化国内理科的人才队伍；要优化学术环境以提高已引高层次人才的满意度，促进其磁石效应和培育顶尖学者作用的发挥，从而加快引进和培育具有高度原创能力的顶尖科研人才；要优化高层次人才评价体系，对高层次人才的评价应紧紧围绕建成世界一流理科的战略目标和促进理科一流学科的内涵式发展，而非仅仅依赖高层次人才提升其在各种排名中的名次；要发挥高层次人才在提升我国理科国际影响力、社会影响力等方面的作用，真正缩小与世界一流理科的差距。

二、搭建国际联合平台，提升理学类学科国际影响力

南京大学大气科学学科发展的经验表明，一流学科国际影响力的提升需要在参与国际合作与竞争中实现，而通过与高水平大学、研究机构共建国际联合科研平台以此开展实质性国际合作，在推动学科发展方面发挥着举足轻重的作用。我国理科要立足自身学科优势和前期与国外高校的良好合作基础，积极与海外知名高校共建国际联合科研平台；要不断探索国际联合科研平台的运行机制、管理模式；要积极加强人才队伍建设、数据与成果共享、学术交流和人才培养等制度建设；要积极汇聚资源，利用各种资源为实现国际联合实验室的既定科学目标服务。

---

① 张瑾、田伟：《谈高校科技原始性创新》，载于《技术与创新管理》2005 年第 2 期。

第十章

工学类一流学科的指数与案例研究

第一节 研究背景与思路

一、研究背景

1. 一流工科对国家经济建设、社会发展至关重要

工学类学科（简称"工科"）因其较强的应用性，以及在满足产业需求、服务国家重大战略需求、促进经济社会持续发展中的重大作用[1]，一直以来都受到我国政府、社会、高校的高度重视。这一点从工学类学科建设数量在"双一流"建设名单中所占的比重得以窥探。不论是在第一轮"双一流"建设名单中还是在第二轮"双一流"建设名单中，工学类学科建设数量均占到了建设总数的 40%左右，占据着重要的地位。在新一轮科技革命和产业变革的背景下，"中国制造 2025"计划提出，要把我国建设成为引领世界制造业发展的制造强国[2]，而与制造业相关的工程学科在其中将会发挥重要作用，能够产生具有自主知识产权的关

---

[1] 林健：《面向未来的中国新工科建设》，载于《清华大学教育研究》2017 年第 2 期。
[2] 曹雁、袁晓平：《高校一流工程学科建设方案的特征及反思——基于 67 份一流工程学科建设方案的文本分析》，载于《中国高校科技》2020 年第 2 期。

键核心，能够为制造业培养高水平的创新人才，不断向制造业注入人才活力①，进而推动国家经济、社会的发展。一流工科作为工科中的"佼佼者"，在满足产业需求、服务国家重大战略需求、促进经济社会持续发展方面更是发挥着至关重大的作用。

2. 工学类一流学科评价有利于我国的世界一流工科建设

作为学科建设的投入者和监督者，政府对学科建设成效进行考核，发挥监督作用，并及时依据考核结果对学科建设做动态调整是非常有必要的，毕竟一流学科建设占据了太多的有限资源和优质资源，而有限资源和优质资源总是要考虑其高效率、高收益与高价值的分配，且学术界历来崇尚能力至上原则。② 尤其是工学类学科建设数量较多，在一定程度上可以说，工科的建设成效直接影响着"双一流"建设的成效，因而对工学类一流学科进行评价，对及时发现问题、改进问题、加快世界一流工科建设至关重要。

二、国内外研究进展

1. 工学类学科评价综述

学界主要对学科评价和一流学科评价作了较多的探索，而有关工学类学科评价的研究主要散落在学科评价和一流学科评价的研究之中。通过相关文献梳理发现，学界主要是借用 ESI 等数据库，运用文献计量学方法对工学类学科开展评价实践，以及少部分学者通过构建评价指标体系对工学类相关学科进行评价。如张南等以 Scopus 数据库中 2010 ~ 2014 年食品科学学科的论文为数据来源，对食品科学学科竞争力进行分析评价，并对食品学科领域研究热点及发展趋势进行研究，得出我国具有交叉学科竞争优势的结论。③ 廖思琴④、张梅⑤等分别基于 In-Cites 数据库对各自所在机构的材料学、机械工程学科以论文数、论文被引百分比、被引次数排名前 10% 的论文百分比、引文影响力、国际合作论文百分比作为评价指标与全球同类机构的基准数据进行标杆比较。孙鹤在对我国学科门类评价存在的问题及现实需求分析的基础上，构建了我国工学学科门类评价指标体

---

① 尤政：《建设世界一流工科 引领工程教育发展》，载于《清华大学教育研究》2019 年第 3 期。

② 阎光才：《学术影响力评价的是非争议》，载于《教育研究》2019 年第 6 期。

③ 张南、马春晖、周晓丽等：《食品科学研究现状、热点与交叉学科竞争力的文献计量学分析》，载于《食品科学》2017 年第 3 期。

④ 廖思琴、周宇：《基于 InCites 的高校单学科科研绩效分析——以西南科技大学材料科学为例》，载于《农业图书情报学刊》2016 年第 6 期。

⑤ 张梅：《基于 InCites 的机械工程学科发展分析——以北京工业大学为例》，载于《情报探索》2016 年第 7 期。

系，并对我国部分"985"高校工科开展了评价研究。[①] 马瑞敏、张欣、朗永杰从科研的生产力、影响力、创新力、发展力四个方面构建了世界大学学科竞争力评价指标体系，并对全球计算机学科进行了深入系统分析。[②] 此外，我国教育部学位与研究生教育中心也对工学类一级学科开展了整体水平评估，相应的工学类评价指标体系见表 10 − 1。

表 10 − 1　　教育部学位与研究生教育中心工学类学科评价指标体系

一级指标	二级指标	三级指标
师资队伍与资源	师资质量	师资队伍质量
	师资数量	专任教师数
	支撑平台	重点实验室、基地、中心
人才培养	培养过程质量	课程教学质量
		导师指导质量
		学生国际交流
	在校生质量	学位论文质量
		优秀在校生
		授予学位数
	毕业生质量	优秀毕业生
		用人单位评价
科学研究水平	科研成果	学术论文质量
		专利转化
		出版教材
	科研获奖	科研获奖
	科研项目	科研项目
社会服务与学科声誉	社会服务贡献	社会服务特色与贡献
	学科声誉	学科声誉

资料来源：教育部学位与研究生教育中心官网。

2. 工学类一流学科评价综述

学界几乎鲜有学者对工学类一流学科评价指标体系展开系统、全面的研究。与工学类一流学科评价密切相关的研究主要集中在借用 ESI、WOS 数据库对工学

[①] 孙鹤：《我国工学门类学科评价研究》，天津大学硕士学位论文，2007 年。

[②] 马瑞敏、张欣、郎永杰：《中国本科高校人文社科竞争力分析》，载于《重庆大学学报》（社会科学版）2017 年第 4 期。

类一流学科展开评价。如邱均平和杨瑞仙依据 ESI 数据库中材料科学相关数据，通过文献计量和统计方法，对国家和机构，以及材料科学近年的热门领域作出排名分析。[①] 何秀美、沈超基于 ESI 数据库研究学科的科研竞争力，运用文献计量学方法构建科研竞争力指标体系，从科研生产力、科研影响力、科研创新力、科研发展力 4 个维度，对江苏省 5 所理工类高水平大学的工程学、材料科学和计算机科学等 4 个 ESI 学科进行科研竞争力评价。[②] 此外，政府相关部门，以及第三方评价机构也对工学类一流学科展开了评价。如英国高等教育基金会（Higher Education Funding Council for England）采用 REF（Research Excellence Framework）对机械工程、制造工程、计算机科学与信息等工学类一流学科开展评价；澳大利亚研究委员会（Australian Research Council）对其资助的工程与应用等科学领域的各学科 5 年内的发展进行了绩效评估，以获得相应学科的整体水平状况，并以此作为后续绩效分配的依据[③]；软科、QS 等第三方评价机构开展的计算机科学与技术、材料科学与工程、机械工程、土木工程等工学类一流学科排名。

三、研究思路

1. 核心概念

工学类学科：工学类学科属于学科的下位概念，事实上，西方在中世纪大学前并不划分学科，但随着时间的推移，知识趋于专业化，使得学科的划分越来越多，越来越详细，严格意义上的大学学科则始于中世纪的意大利，以波隆那大学开设的医学、法学和神学等学科为杰出代表[④]，现代意义上的学科则形成于 17 ~ 19 世纪。我国对学科的认识自唐朝时期便有记载，主要是指学问的科目分类，如《汉语大词典》中认为"学科是知识或学科的一门分科，尤指在学习制度中为了教学将之作为一个完整的部分进行安排"。[⑤]《现代汉语词典》对学科的定义是"按照学问的性质而划分的门类"。[⑥]

---

① 邱均平、杨瑞仙：《基于 ESI 数据库的材料科学领域文献计量分析研究》，载于《情报科学》2010年第 8 期。

② 何秀美、沈超：《基于 ESI 的高校科研竞争力研究——以江苏省 5 所理工类高校 4 个维度的探讨为例》，载于《中国高校科技》2021 年第 6 期。

③ Coutts J. B. Disciplinary principles for cadastral surveyors: a case study in Australia and New Zealand, *Journal of Spatial Science*, 2011, Vol. 56, No. 1.

④ 张绍文：《大学学科竞争力研究》，华东师范大学博士学位论文，2016 年。

⑤ 罗凤竹：《汉语大词典》，汉语大词典出版社 1989 年版，第 245 页。

⑥ 中国社会科学院语言研究所词典编辑室：《现代汉语词典》，汉语大词典出版社 2000 年版。

我国的《学位授予和人才培养学科目录》将学科划分为理学、工学、哲学、经济学等 13 个学科门类，13 个学科门类的划分主要是对具有一定关联学科的归类。[①] 其中，将以解决实际问题为主要目标，以及倾向于应用的材料科学与工程、计算机科学与技术、土木工程等应用性学科归为工学，即工学是由若干以解决实际问题为主要目标以及倾向于应用的应用性学科组合而成的集合，在《学位授予和人才培养学科目录》中，工学包括机械工程、材料科学与工程、计算机科学与技术、土木工程、化学工程与技术等 39 个一级学科。

传统工科、新兴交叉工科与特色工科：在综合考虑各学科在国内外的发展现状及未来发展趋势的基础上，本研究从上述 39 个一级学科中选取了材料科学与工程、计算机科学与技术、电子科学与技术、电气工程、环境科学与工程、信息与通信工程等 17 个学科展开研究。同时，为了使相应的一级学科分类符合国外一级学科的分类，将电子科学与技术和电气工程学科合并为电子电气工程，将核科学与技术、动力工程与工程热物理、石油与天然气工程合并为能源科学与工程。此外，为了便于寻找工学类一流学科得分表现的规律或趋势，本研究将以上选取的 14 个学科进一步划分为传统工科、新兴交叉工科、特色工科 3 个学科群。传统工科主要为发展历史较为悠久的学科，在本研究中包括电子电气工程、机械工程、化学工程与技术、土木工程 4 个学科；新兴交叉工科主要为较传统工科而言，发展历史较短、由多学科交叉融合形成的新兴学科和交叉学科，在本研究中包括材料科学与工程、计算机科学与技术、环境科学与工程、信息与通信工程 4 个学科；特色工科主要为"小众"类学科，在本研究中包括能源科学与工程、矿业工程、航空宇航科学与技术、船舶与海洋工程、交通运输工程、食品科学与工程 6 个学科。

工学类一流学科指数：构建工学类一流学科指数旨在对工学类一流学科水平进行客观、准确的评价，涉及众多方面和内容，包含最能反映工学类一流学科本质特征的关键指标。在统计学上，任何两个数值对比形成的相对数都可以称为指数。本研究的工学类一流学科指数是指对国内外工学类一流学科的国际水平定量评价比较后形成的数值结果的简称。

2. 研究问题

基于工学类一流学科评价的重要性，本研究以国内外工学类一流学科为样本，重点探讨以下三大研究问题：（1）如何对工学类一流学科进行评价？（2）我国工学类一流学科与世界工学类一流学科的差距如何？（3）世界工学类一流学科有何

---

① 中国学位与研究生教育信息网：《学科目录》，中国学位与研究生教育信息网，2022 年 6 月 11 日，http：//www.chinadegrees.cn/xwyyjsjyxx/xwbl/cdsy/263622.shtml。

经验可供我国工学类一流学科借鉴？

3. 研究思路

针对以上研究问题，本研究分六个步骤开展研究：第一步，基于工学类一流学科的内涵及特征、学科评价及工学类一流学科评价相关文献、对工学类学科专家展开调研等，构建工学类一流学科评价指标体系；第二步，根据主要全球性学科排名，选择国内外样本；第三步，根据设计的工学类一流学科评价指标体系以及所确定的各学科国内外样本，选择相应的数据库，搜集国内外样本在各指标上的信息与数据；第四步，对原始数据进行处理，计算指标得分，并将国内与国外对标学科进行指标比较，探索国内外工学类一流学科间的差距；第五步，选取国内外典型学科案例进行深入分析，了解其取得发展的成功经验；第六步，归纳数据和案例分析的结果，提出促进我国工学类一流学科发展的政策建议。

第二节　工学类一流学科指数设计

一、国内外样本选取

样本选择的首要依据为 2020 年的软科世界一流学科排名（GRAS），然后参考 2020 年的 QS 世界大学学科排名以及教育部学位中心的学科评估结果，样本不足时递补。除了学科排名，也会参考 2020 年的 ARWU。最终的样本选择要充分考虑数据的可比性、可借鉴性以及可获取性，经过实际数据搜索和比较分析后确定。选取国际、国内各两组样本，分别是世界顶尖学科组、世界一流学科组、国内顶尖学科组、国内一流学科组。四组的样本数一般为 10，可以少于 10 但原则上不少于 6。四组样本选择的具体方法如下。

世界顶尖学科组：GRAS 前 25 且 QS 前 25；样本数量超过 10 的情况下，根据上述基本原则从中选 10 所；样本数量达不到 10 的情况下，在 GRAS 前 25 中优先递补 QS 最靠近前 25 且大学整体排名在 ARWU 前 25 的，直到样本数量达到 10 为止。样本数量仍达不到 10 的只要超过 6 即可。只有 GRAS 的情况下，从其前 25 中选择 10 所，优先选择大学整体排名在 ARWU 前 25 的样本。

世界一流学科组：处于 GRAS76～100 且 QS51～100；样本数量超过 10 的情况下，根据上述基本原则从中选 10；样本数量达不到 10 的情况下，在 GRAS 的

76～100 中优先递补 QS 的 101～150 且大学整体排名在 ARWU 的 76～100 的，直到样本数量达到 10 为止。样本数量仍达不到 10 的只要超过 6 即可。只有 GRAS 的情况下，从其 76～100 中选择 10 所，优先选择大学整体排名在 ARWU 的 76～100 的样本。

国内顶尖学科组：GRAS 的前 100（特殊学科可依次扩大）；样本数量超过 10 的情况下，优先考虑在 QS 前 100、学位中心 A＋的；样本数量达不到 10 的情况下，优先递补 QS 前 100 中靠前的、学位中心 A＋的，直到样本数量达到 10 为止，仍然达不到 10 的只要超过 6 即可。只有 GRAS 的情况下，从其前 100 中选择 10 所，优先选择大学整体排名在 ARWU 前 100 的样本。

国内一流学科组：除国内顶尖学科组外的 GRAS 前 100；如果数量超过 10，优先选择靠前的；如果达不到 10 依次递补 GRAS 后一组的，其中优先考虑 QS 相应组别、学位中心 A 的，直到样本数量达到 10 为止，仍然达不到 10 的只要超过 6 即可。只有 GRAS 的情况下，从其前 100 中选择 10 所，优先选择大学整体排名在 ARWU 前 200 的样本。

按照以上样本选择依据，本研究选取了电子电气工程、机械工程、化学工程与技术、土木工程等传统工科；材料科学与工程、计算机科学与技术、环境科学与工程、信息与通信工程等新兴交叉工科；能源科学与工程、矿业工程、航空宇航科学与技术、船舶与海洋工程、交通运输工程、食品科学与工程等特色工科的世界顶尖学科组、世界一流学科组、国内顶尖学科组、国内一流学科组四组样本，其中选取了电子电气工程、机械工程、化学工程与技术、土木工程、材料科学与工程、计算机科学与技术、环境科学与工程、信息与通信工程 8 个代表性学科的世界顶尖学科组和世界一流学科组的样本高校（见附录 3.1 和附录 3.2）。

二、指标体系设计

1. 初步设计

《"双一流"建设成效评价办法（试行）》明确指出，学科建设评价应主要考察学科在人才培养、科学研究、社会服务、教师队伍建设四个方面的综合成效。[①]《统筹推进世界一流大学和一流学科建设总体方案》也明确指出，要"切实提高

---

① 教育部、财务部、国家发改委：《关于印发〈"双一流"建设成效评价办法（试行）的通知〉》，中华人民共和国教育部网站，2020 年 10 月 25 日，http：//www. moe. gov. cn/srcsite/A22/moe_843/202103/t20210323_521951. html。

我国高等教育的国际竞争力和话语权，树立中国大学的良好品牌和形象"①。同时，通过对政府相关部门、第三方评价机构、学界有关一流学科评价指标体系的梳理发现，三者大多从人才培养、科学研究、社会服务、师资队伍，学科影响力五个维度对学科展开评价。的确，学科的三大职能也要求对学科的评价理应涉及人才培养、科学研究、社会服务三大维度，而教师是人才培养、科学研究、社会服务三大职能的实践主体，教师的水平决定着学科三大职能的实现程度，因而，师资水平也理应成为学科评价的重要维度。此外，《统筹推进世界一流大学和一流学科建设实施办法（暂行）》明确指出"双一流"建设要面向国家重大战略需求，面向经济社会主战场，面向世界科技发展前沿，突出建设的质量效益、社会贡献度和国际影响力。② 基于此，本研究也将围绕师资队伍、人才培养、科学研究、社会服务、学科影响力、服务国家战略六大评价维度构建适用于工学类的一流学科评价指标体系。

此外，在对政府相关部门、第三方评价机构、学界有关一流学科评价指标进行分析的基础上，充分考虑高精尖属性、国际可比性和数据可获取性等因素，本研究初步筛选出了可用于一流工科评价的 13 个评价指标。至此，初步构建了涵盖学术大师、原始创新、学科影响力、人才培养、经济贡献、服务国家战略需求六大评价维度，以及重大国际学术奖项的获奖人、在第三方评价中的影响力等13 个评价指标的工学类一流学科评价指标体系（见表 10-2）。

表 10-2　　　　初步构建的工学类一流学科评价指标体系

评价维度	评价指标
学术大师	重大国际学术奖项的获奖人
	国际权威学术期刊/组织的负责人
	全球高被引科学家
原始创新	世界顶尖学术期刊论文
	国际权威学术期刊论文
	国际高被引论文
人才培养	国际著名校友的培养
	博士生的数量

---

① 国务院：《关于印发〈统筹推进世界一流大学和一流学科建设总体方案〉的通知》，中华人民共和国教育部网站，2020 年 10 月 25 日，http：//www. gov. cn/－zhengce/content/2015－11/05/content_10269. html。

② 《教育部　财务部　国家发展改革委关于印发〈统筹推进世界一流大学和一流学科建设实施办法（暂行）〉的通知》，中华人民共和国教育部网站，2020 年 10 月 25 日，http：//www. moe. gov. cn/srcsite/A22/moe_843/201701/t20170125_295701. html。

续表

评价维度	评价指标
经济贡献	国际专利转让比例
	技术转化的收入
学科影响力	在第三方评价中的影响力
	在各类媒体中的影响力
服务国家战略	对国家战略不可或缺的科研支撑

资料来源：笔者构建。

2. 实证筛选

为了进一步验证初步构建的工学类一流学科评价指标体系是否适合对工学类一流学科进行评价，本研究先后邀请了 10 名学科评价专家进行座谈和专题研讨以及 93 名工学类学科专家进行一对一的访谈。在访谈专家选取方面，本研究通过学校官网查阅学科专家的主页或简历，在充分考虑受访者的阅历、水平、代表性与权威性的基础上，建立了学科专家访谈清单。然后，通过邮件一一邀请学科专家进行访谈，在获得学科专家同意后，与专家预约具体访谈时间，最终主要以面对面、一对一的形式对 93 位工学类学科专家进行了访谈。93 位受访专家涉及 20 余所一流学科建设单位的副校长、院长、副院长、系主任、教师等。访谈对象范围为北京市、上海市、南京市、杭州市、成都市、合肥市、哈尔滨市、西安市等 10 余市的高校。

学科评价专家对评价维度和评价指标给予充分肯定的同时，建议如下：删除技术转化的收入、在各类媒体中的影响力 2 个可操作性、可比性较差的指标，并将世界顶尖期刊论文和国际权威学术期刊论文 2 个指标合并为国际权威学术期刊论文、将高被引论文替换为高被引论文被世界一流学科引用的比例。工学类学科专家对评价维度和评价指标给予充分肯定的同时，对重大国际学术奖项的获奖人和博士生的数量 2 个指标存在意见分歧。就国际奖项的获奖人而言，一些学者认为，工学领域获得重大国际学术奖项的学者人数较少，如果将之纳入评价指标体系，同一学科之间的区分度未能体现。就博士生的培养而言，部分学科专家认为，应该重点考核博士生的培养质量而非数量，而部分学科专家却认为只有具有一定的基数，才能培养出一批高质量的博士生。

本研究认为，尽管重大国际学术奖项的获奖人和博士生的数量两个指标在学科专家间略存分歧，但对于重大国际学术奖项的获奖人这一指标而言，不仅能够代表和衡量世界级学术大师的水平，而且能够引导国内高校追求更高质量的发展，对衡量和评价未来中国的世界一流工科具有重要价值。对于博士生的数量这一指标而言，访谈中发现，有 37 位专家认为，只有具有一定的基数，才能培养出一批高质量的博士生。本研究认同这一观点，至此，完成了工学科一流学科评价指标体系的构建（见表 10 - 3）。

表 10 - 3   工学类一流学科评价指标体系

评价维度	评价指标
学术大师	重大国际学术奖项的获奖人
	国际权威学术期刊/组织的负责人
	全球高被引科学家
原始创新	国际权威学术期刊论文
	高被引论文被世界一流学科引用的比例
人才培养	国际著名校友的培养
	博士生的数量
学科影响力	在第三方评价中的影响力
经济贡献	国际专利转让比例
服务国家战略	对国家战略不可或缺的科研支撑

资料来源：笔者构建。

三、数据搜集与分析

1. 重大国际学术奖项的获奖人

指标界定：重大国际学术奖项的获奖人指的是 2001～2020 年获得本学科重大国际学术奖项的教师数。本学科重大国际学术奖项主要根据 IREG Observatory 公布的 IREG 国际学术奖项清单（IREG List of International Academic Awards）、上海软科公布的"学术卓越调查"中所列出的国际学术奖项清单、郑俊涛博士的《基于声誉调查和奖项图谱的国际科学技术奖项评价研究》中所列出国际学术奖项清单以及结合工学类学科专家调研所取得的"工学类学科专家推荐的重大国际学术奖项清单"进行确定，以此保证所选奖项的权威性，从而界定了工学类各学科重大国际学术奖项（见附录 1.3）。

数据搜集：通过各重大国际学术奖项的官方网站搜集其所公布的获奖人名单，然后对获奖人的姓名、隶属院校等数据进行搜集与统计。

统计方法：根据获奖者获奖当时的归属单位统计每所大学该学科的获奖人数。当一名获奖人同时署名两个单位时，每个单位各计 1 人次。

2. 国际权威学术期刊/组织负责人

指标界定：国际权威学术期刊/组织负责人指的是在本学科国际权威学术期刊中担任主编、副主编、编委，以及在本学科国际权威学术组织中担任主席、副主席、秘书长/执委的教师数。本学科国际权威学术期刊主要根据软科官网公布的"学术卓越调查"中所列出的国际权威学术期刊清单、WOS 的 JCR（Journal Citation Reports）分区 Q1 清单、中国科学院期刊分区 Q1 清单、已有文献中所列出的顶尖期刊清单，以及结合工学类学科专家调研所取得的"工学类学科专家推荐的国际权威学术期刊清单"进行确定，以此保证所选期刊的权威性，从而界定了工学类各学科国际权威学术期刊（见附录 2.3）。工学类各学科国际权威学术组织清单暂未得到。

数据搜集：通过各学科国际权威学术期刊/组织的官网搜集其所公布的期刊编委会/组织委员会名单，然后对期刊编委会/组织委员会中人员的姓名、职务、隶属院校等数据进行搜集与统计。限于时间和精力的因素，暂未统计国际权威学术组织负责人相关信息。

统计方法：对主编、副主编、编委赋予同等权重。当一个主编（副主编、编委）隶属于多个单位时，每个单位计 1 人次。当一个主编（副主编、编委）担任多本期刊的主编，则累计计数，如一名教师既担任 A 国际权威学术期刊主编，又担任 B 国际权威学术期刊主编，则该主编所属单位计 2 次数。另外，鉴于主编、副主编、编委在不同期刊编委会中有不同的英文表述，本节采集了直接表述为主编、副主编、编委或相当于主编、副主编、编委职能的负责人信息。

3. 全球高被引科学家

指标界定：全球高被引科学家指的是入选本学科科睿唯安"全球高被引科学家"的教师数。全球高被引科学家是科睿唯安公司发布的世界范围内各学科领域被引次数最高的研究人员，本次高被引科学家数据收集采用的是科睿唯安 2020 年高被引科学家名单。

数据搜集：通过科睿唯安公司官网搜集其发布的 2020 年高被引科学家名单，然后对名单中人员的姓名、隶属院校、隶属学科、研究方向等数据进行搜集与统计。全球高被引科学家隶属学科的确定方法是：首先，依据高被引科学家所在院系对高被引科学家的隶属学科进行确定；其次，如果依据所在院系难以对高被引科学家的隶属学科进行确定，则可依据高被引科学家的研究方向进一步确定其所隶属的学科。

统计方法：当高被引科学家同时署名两所大学时，只统计高被引科学家隶属的第一单位，计 1 人次。

4. 国际权威学术期刊论文

指标界定：国际权威学术期刊论文指的是过去 5 年在本学科国际权威学术期

刊上发表论文的数量。

数据搜集：通过科睿唯安 WOS 中的核心合集数据库，搜集发表在该学科国际权威学术期刊上的论文，搜集类型仅为"Article"，然后对每篇论文第一作者的姓名、隶属院校等数据进行搜集与统计。

统计方法：统计五年来（2015～2019 年）以第一作者的署名机构发表的论文数量。当一篇文章有多个第一作者，则每个第一作者署名机构各计 1 篇次。当一篇文章的第一作者同时署名多个机构，则每个署名机构计 1 篇次。

5. 高被引论文被世界一流学科引用的比例

指标界定：高被引论文被世界一流学科引用的比例指的是一段时间内本学科的高被引论文被世界一流学科引用的次数除以总被引次数。其中，"高被引论文"是指在本学科基础科学指标（ESI）前 1% 的论文。"世界一流学科"是指同时进入 QS 世界大学学科排名和 GRAS 学科排名前 100 的学科。

数据搜集：通过 QS 和软科官网，搜集其所公布的 2020 年学科排名，并对同时进入两大学科排名前 100 的机构进行统计，以此得到世界一流学科名单。若某一学科只有 QS 世界大学学科排名或 GRAS 学科排名对其进行排名，则只统计进入 QS 世界大学学科排名或 GRAS 学科排名前 50 或 75 的机构，以此得到世界一流学科名单。通过科睿唯安 WOS 数据库，搜集各学科高被引论文，并对每篇高被引论文的第一作者姓名、隶属院校、总被引次数、施引机构等数据进行统计。

统计方法：根据已确定的各学科世界一流学科名单，统计出样本高校的高被引论文被世界一流学科所引用的频次，然后用此频次除以样本高校高被引论文的总被引次数。

6. 国际著名校友的培养

指标界定：国际著名校友的培养指的是获得本学科重大国际学术奖项、在本学科国际权威学术期刊/组织中担任负责人、入选本学科全球高被引科学家、在全球 500 强企业担任高管的校友数。校友指在一所大学获得学士学位或博士学位的人（不含获得硕士学位的人）。本学科重大国际学术奖项、国际权威学术期刊/组织负责人、全球高被引科学家分别参考重大国际学术奖项获奖人、国际权威学术期刊/组织负责人、全球高被引科学家指标中的界定。

数据搜集：通过各学科重大国际学术奖项的官方网站搜集其 2001～2020 年公布的获奖人名单，然后对获奖人的姓名、毕业院系等数据进行搜集与统计。通过各学科国际权威学术期刊官网搜集其所公布的期刊编委会名单，然后，对期刊编委会中人员的姓名、职务、隶属院校、毕业院系等信息进行搜集与统计。通过科睿唯安公司官网搜集其发布的 2020 年高被引科学家名单，然后对名单中人员的姓名、隶属院校、毕业院系等信息进行搜集与统计。限于时间和精力等因素，在国际权威学术组织中担任负责人的校友暂未统计。

统计方法：如果一个校友在一所学校获得两个或以上学位，只计算最近的一次。此外，分别参考重大国际学术奖项获奖人、国际权威学术期刊负责人、国际权威学术组织负责人、全球高被引科学家指标下的数据搜集与统计方法。

7. 博士生的数量

指标界定：博士生的数量指的是本学科过去 5 年年均授予博士学位的数量。由于国内有的高校未明确公布各学科博士学位授予数量，为统一数据口径，本研究用各学科的博士生毕业人数替代博士学位数量。

数据搜集：通过各高校的官网，搜集国外样本高校授予的博士学位数量和国内样本高校博士毕业生的数量。

统计方法：根据各样本高校博士生的培养数量，计算出样本高校博士生培养数量的平均数，以此为基准，达到平均数的高校计为满分，未达到平均数的，根据基准数得到相对得分。限于时间和精力等因素，该指标暂未统计。

8. 国际专利转让比例

指标界定：国际专利转让比例指的是一段时间内本学科国际专利转让数与国际专利授权数之比。其中，国际专利授权是指法律对技术发明人或所有人授予的国际专利权；专利转让是指专利权人作为转让方，将其发明创造的专利的所有权或持有权移转给受让方，受让方支付约定价款的法律行为。本研究中的专利包括发明授权专利、实用新型专利和外观设计专利，不包括发明申请专利。由于统计上衡量专利转化率较为困难，因此，选择国际专利转让比例来近似反映一段时间内的国际专利转化情况。

数据搜集：从 incoPat 数据库中采集各样本高校国际专利的授予量以及被转让的数量。

统计方法：首先，通过 incoPat 数据库搜索国内外样本高校的专利数，筛选专利总数后，分别统计 2016～2020 年专利总数的转让个数；其次，筛选样本高校的授权专利，分别统计 2016～2020 年授权专利数，授权专利数以专利公开（公告）日统计；然后，将 2016～2020 年样本高校的专利转让数除以授权书，得到 5 年内样本高校的国际专利转让比例。限于时间和精力等因素，该指标暂未统计。

9. 在第三方评价中的影响力

指标界定：在第三方评价中的影响力指的是本学科在 QS 世界大学学科排名和软科世界一流学科排名（GRAS）两大全球性主要学科排名（2021 年）中的表现。

数据搜集：通过 QS 和软科官网搜集其所公布的 2021 年学科排名，以此为数据源，对样本高校在其学科排名中的名次进行统计。

统计方法：进入全球排名前 25 的高校，赋予 5 倍权重；位于第 26～50 名的高校，赋予 4 倍权重；位于第 51～100 名的高校，赋予 3 倍权重；位于第 101～150 的高校，赋予 2 倍权重；位于第 151～200 的高校，赋予 1 倍权重；位于 201 及之后的高校，赋予 0.5 倍权重。各样本高校原始得分由其在两个排名的表现简单相加得到（若只有一个排行榜对该学科进行排名，则样本高校原始得分无须相加）。

10. 对国家战略不可或缺的科研支撑

指标界定：对国家战略不可或缺的科研支撑这一指标采用国家科学技术"三大奖"来进行表征。国家科学技术"三大奖"指的是本学科 5 年间（2015～2019 年）获得国家自然科学奖、国家技术发明奖、国家科技进步奖三大国家科技奖的教师数。

数据搜集：通过中华人民共和国科学技术部官网搜集其所公布的 2015～2019 年国家三大科技奖获奖者名单，然后对名单中人员的姓名、隶属院校、隶属学科、所获奖项等信息进行搜集与统计。

统计方法：只统计第一获奖人所在的单位。在汇总计算国家重大奖励数据时，国家自然科学奖一等奖赋予 18 倍权重、二等奖赋予 6 倍权重，国家技术发明奖一等奖赋予 15 倍权重、二等奖赋予 5 倍权重，国家科技进步奖特等奖赋予 24 倍权重、一等奖赋予和创新团队赋予 9 倍权重、二等奖赋予 3 倍权重。

11. 指标得分及指数的算法

在统计出各个指标的原始值后，分别计算出世界顶尖学科组在各个指标上的平均值作为参照，设为标准分 1 分；然后通过计算单一大学的单一指标值与世界顶尖学科组在相同指标上的平均值的比值，得到该大学在该指标上的得分，得分超过 1 的计为 1。对各个指标的得分赋予同等权重，进行简单加权，得到该大学在各个维度上的得分和国际水平指数。

第三节　我国工学类一流学科指数表现

一、工学类一流学科各指标表现

由表 10-4 可知，工科国内顶尖学科组在大多数指标上的得分均值均超过世界一流学科组，甚至在部分指标上的得分均值较高，接近世界顶尖学科组的得分均值，与世界顶尖学科组的差距不大，如"国际权威学术期刊论文""在第三方评价中的影响力"等方面，但在"重大国际学术奖项的获奖人""国际权威学术期刊的编委"等方面与世界顶尖学科组存在明显的差距；国内一流学科组在大多数指标上的得分均值超过或与世界一流学科组持平，已达到世界一流学科组的水平。

表 10 – 4　　　　　　　　工科在七个指标上的得分

指标	世界顶尖学科组	世界一流学科组	国内顶尖学科组	国内一流学科组
国际权威学术期刊论文	1.00	0.32	0.94	0.73
在第三方评价中的影响力	1.00	0.51	0.86	0.54
高被引论文被世界一流学科引用的比例	1.00	0.64	0.84	0.67
全球高被引科学家	1.00	0.18	0.55	0.41
国际著名校友的培养	1.00	0.27	0.53	0.22
国际权威学术期刊编委	1.00	0.21	0.47	0.15
重大国际学术奖项的获奖人	1.00	0.11	0.08	0.00

注：表格中各指标依据其在国内顶尖学科组上的得分由高到低依次排序。
资料来源：笔者测算。

由表 10 – 5 至表 10 – 7 可知，从学科群来看，传统工科、新兴交叉工科、特色工科国内顶尖学科组和国内一流学科组的表现分别与工科国内顶尖学科组和国内一流学科组的表现基本一致，即传统工科、新兴交叉工科、特色工科的国内顶尖学科组在大多数指标上的得分均值超过世界一流学科组，且在部分指标上与世界顶尖学科组的差距不大，但在"重大国际学术奖项的获奖人""国际权威学术期刊编委"等方面与世界顶尖学科组存在明显的差距；国内一流学科组在大多数指标上的得分均值超过或与世界一流学科组持平，已达到世界一流学科组的水平。

表 10 – 5　　　　　　传统工科在七个指标上的得分

指标	世界顶尖学科组	世界一流学科组	国内顶尖学科组	国内一流学科组
国际权威学术期刊论文	1.00	0.39	1.00	0.78
高被引论文被世界一流学科引用的比例	1.00	0.54	0.84	0.58
在第三方评价中的影响力	1.00	0.51	0.76	0.45

续表

指标	世界顶尖学科组	世界一流学科组	国内顶尖学科组	国内一流学科组
国际权威学术期刊编委	1.00	0.23	0.52	0.07
全球高被引科学家	1.00	0.16	0.51	0.47
国际著名校友的培养	1.00	0.14	0.41	0.17
重大国际学术奖项的获奖人	1.00	0.03	0.06	0.00

注：表格中各指标依据其在国内顶尖学科组上的得分由高到低依次排序。

资料来源：笔者测算。

表 10-6　　　　　　新兴交叉工科在七个指标上的得分

指标	世界顶尖学科组	世界一流学科组	国内顶尖学科组	国内一流学科组
全球高被引科学家	1.00	0.34	0.95	0.75
在第三方评价中的影响力	1.00	0.54	0.86	0.53
高被引论文被世界一流学科引用的比例	1.00	0.71	0.83	0.71
国际权威学术期刊论文	1.00	0.30	0.82	0.67
国际著名校友的培养	1.00	0.39	0.60	0.35
国际权威学术期刊编委	1.00	0.19	0.42	0.20
重大国际学术奖项的获奖人	1.00	0.19	0.13	0.00

注：表格中各指标依据其在国内顶尖学科组上的得分由高到低依次排序。

资料来源：笔者测算。

表 10-7　　　　　　特色工科在七个指标上的得分

指标	世界顶尖学科组	世界一流学科组	国内顶尖学科组	国内一流学科组
国际权威学术期刊论文	1.00	0.28	0.98	0.73
在第三方评价中的影响力	1.00	0.49	0.93	0.65
高被引论文被世界一流学科引用的比例	1.00	0.73	0.89	0.85
国际著名校友的培养	1.00	0.28	0.57	0.14
国际权威学术期刊编委	1.00	0.20	0.46	0.18
全球高被引科学家	1.00	0.04	0.31	0.00
重大国际学术奖项的获奖人	1.00	0.06	0.00	0.00

注：表格中各指标依据其在国内顶尖学科组上的得分由高到低依次排序。

资料来源：笔者测算。

　　总体而言，工科及其学科群的国内顶尖学科组在大多数指标上已达到世界一流学科组的水平，且在"国际权威学术期刊论文""在第三方评价中的影响力"等方面与世界顶尖学科组的差距不大，但在"重大国际学术奖项的获奖人""国际权威学术期刊的编委"等方面仍与世界顶尖学科组存在明显的差距；工科及其学科群的国内一流学科组在大多数指标上已达到世界一流学科组的水平，但在"重大国际学术奖项的获奖人"等方面与世界一流学科组存在明显的差距。

　　首先，工科及其学科群的国内顶尖学科组和国内一流学科组在"国际权威学术期刊论文""在第三方评价中的影响力"等方面表现较好，特别是在"国际权威学术期刊论文"方面。相关研究结果也表明，我国工科在以上几个方面取得了不错的发展。如张瑞红等指出，根据被收录在 WOS 中的文章总数显示，中国论文数量高居世界第二，仅次于美国，且我国在工程学、材料科学学科领域的 WOS 论文数量高于美国。[1] 如以我国一流工科在 2021 年软科世界一流学科排名和 2021 年 QS 世界大学学科排名中的表现来看，将以上两大主要全球性学科排名中前 25 名的学科视为世界顶尖学科，前 100 名的学科视为世界一流学科，则我国的世界顶尖和世界一流工学类学科的数量已经接近或达到"双一流"建设的目标数量，我国已拥有一批世界顶尖工科和世界一流工科。[2][3]

　　其次，工科及其学科群的国内顶尖学科组和国内一流学科组在"重大国际学术奖项的获奖人""国际权威学术期刊编委"等方面表现较弱。这在一定程度上反映出我国工学类一流学科拥有的国际学术大师、取得的重大原创性成果、培养的拔尖创新人才仍不够多。相关研究也表明，学术大师缺乏、重大原创性成果不足、拔尖创新人才培养不足是我国所有高校或学科的"通病"。如王成军等指出，尽管在国际公认的较为权威的世界大学排名中中国的清华大学和北京大学皆上榜前 100 强，但重大原创性成果的缺失是中国大学远不及国际顶尖研究型大学的重要表现。[4] 2021 年，李克强总理考察国家自然科学基金委员会并主持召开座谈会，在会上他指出，我国的基础研究不厚，原创性还不高，基础研究和原始创新应该摆在关键地位。[5] 何晋秋指出，很多一流大学在人才培养过程中存在对本科

---

　　① 张瑞红、任晓亚、谢黎等：《ESI 高被引科学家的分布研究》，载于《世界科技研究与发展》2019 年第 3 期。

　　② 《2021 世界一流学科排名》，软科网，2022 年 5 月 20 日，https：//www.shanghairanking.cn/rankings/gras/2021。

　　③ 《2021 世界大学学科排名》，QS，2022 年 5 月 20 日，https：//www.qschina.cn/subject - rankings/2021。

　　④ 王成军、方明、秦素：《基于诺贝尔科学奖的研究型大学原始性创新能力提升研究》，载于《演化与创新经济学评论》2020 年第 1 期。

　　⑤ 李克强：《我们到了要大声疾呼加强基础研究的关键时刻》，中国政府网，2022 年 2 月 26 日，http：//www.gov.cn/xinwen/2021 - 07/20/content_5626166.htm。

生教育要求不严格、博士生培养水平不高等现象，我国高校离一流大学应该成为高水平人才培养基地的要求尚有较大差距。[①] 习近平总书记也强调，办好我国高校，办出世界一流大学，必须牢牢抓住全面提高人才培养这个核心点，以此来带动高校其他工作。[②]

二、工学类一流学科各维度表现

由表 10-8 可知，工科国内顶尖学科组在四个维度上的得分均值均超过世界一流学科组，已达到世界一流学科组的水平，甚至个别维度得分均值较高，接近世界顶尖学科组的得分均值，如学科影响力维度、原始创新维度；工科国内一流学科组在四个维度上的得分均值均超过或与世界一流学科组持平，已达到世界一流学科组的水平。

表 10-8 　　　　　　　　工科在四个维度上的得分

维度	世界顶尖学科组	世界一流学科组	国内顶尖学科组	国内一流学科组
原始创新	1.00	0.44	0.92	0.71
学科影响力	1.00	0.51	0.86	0.54
人才培养	1.00	0.27	0.53	0.22
学术大师	1.00	0.17	0.40	0.20

注：表格中各维度依据其在国内顶尖学科组上的得分由高到低依次排序。
资料来源：笔者测算。

由表 10-9 至表 10-11 可知，传统工科、新兴交叉工科国内顶尖学科组和国内一流学科组的表现分别与工科国内顶尖学科组和国内一流学科的表现基本一致，即传统工科、新兴交叉工科国内顶尖学科组在四个维度上已达到世界一流学科组的水平，部分维度的得分均值接近世界顶尖学科组；国内一流学科组在四个维度上已达到世界一流学科组的水平。特色工科国内顶尖学科组的表现与工科国内顶尖学科组的表现基本一致，但国内一流学科组的表现与工科国内一流学科组的表现略存差异，主要为特色工科国内一流学科组在人才培养维度表现较弱，与

---

① 何晋秋：《建设和发展研究型大学，统筹推进我国世界一流大学和一流学科建设》，载于《清华大学教育研究》2016 第 4 期。
② 新华社：《习近平：把思想政治工作贯穿教育教学全过程》，新华社网，2020 年 11 月 16 日，http：//www.xinhuanet.com//politi-cs/2016-12/08/c_1120082577.htm。

世界一流学科组存在明显的差距。

表 10 - 9   传统工科在四个维度上的得分

维度	世界顶尖学科组	世界一流学科组	国内顶尖学科组	国内一流学科组
原始创新	1.00	0.46	0.92	0.68
学科影响力	1.00	0.51	0.76	0.45
人才培养	1.00	0.14	0.41	0.17
学术大师	1.00	0.14	0.36	0.18

注：表格中各维度依据其在国内顶尖学科组上的得分由高到低依次排序。
资料来源：笔者测算。

表 10 - 10   新兴交叉工科在四个维度上的得分

维度	世界顶尖学科组	世界一流学科组	国内顶尖学科组	国内一流学科组
学科影响力	1.00	0.54	0.86	0.53
原始创新	1.00	0.51	0.82	0.69
人才培养	1.00	0.39	0.60	0.35
学术大师	1.00	0.24	0.50	0.32

注：表格中各维度依据其在国内顶尖学科组上的得分由高到低依次排序。
资料来源：笔者测算。

表 10 - 11   特色工科在四个维度上的得分

维度	世界顶尖学科组	世界一流学科组	国内顶尖学科组	国内一流学科组
原始创新	1.00	0.34	0.98	0.76
学科影响力	1.00	0.49	0.93	0.65
人才培养	1.00	0.28	0.57	0.14
学术大师	1.00	0.12	0.36	0.09

注：表格中各维度依据其在国内顶尖学科组上的得分由高到低依次排序。
资料来源：笔者测算。

总体而言，工科及其学科群的国内顶尖学科组在原始创新维度和学科影响力维度上表现相对较好，得分均值接近世界顶尖学科组，而在人才培养维度和学术大师维度上表现相对较弱；工科及其学科群的国内一流学科组在四个维度上表现均较好（除特色工科国内一流学科组在人才培养维度表现较弱外），已达到世界

303

一流学科组的水平。

首先，工科国内顶尖学科组和国内一流学科组在原始创新维度上表现较好，但这并不代表我国工学类一流学科在重大原创性成果方面已取得较好的成绩。事实上，这主要是由本研究在原始创新维度所选取的 2 个评价指标均为论文相关指标造成的。为何我国工学类一流学科在论文相关指标上表现较好？这主要是因为受绩效考核主义和各类排名的影响，我国高校对论文相关指标给予了高度重视，可谓是将之置于高校一切工作之首。有学者曾指出，在我国，教师的招聘、考核、职称评审，以及研究生的毕业均与论文密切相关，甚至演变成了"唯论文"论。不少高校和院系为了追求论文绩效，一方面将学术论文作为教师考核、晋升以及研究生毕业的主要标准，如明确规定了教师聘期考核、晋升职称等所需的论文数；另一方面，制定奖励制度来鼓励教师和研究生发表学术论文，通常奖励力度与期刊的级别、影响因子高度"挂钩"。在以上两方面的作用下，我国高校在论文相关指标上有着不错的表现，[1] 因此，我国高校在论文相关指标表现较好。据统计，2009~2018 年，我国 SCI 论文数量从 12.75 万篇增加到了近 50 万篇[2]，位居世界第二，仅次于美国[3]。

其次，工科及其学科群的国内顶尖学科组和国内一流学科在学科影响力维度上表现较好，这可能与我国工科多年来取得的长足发展以及我国一流学科的遴选标准与第三方评价"挂钩"相关。一方面，经过多年的发展，我国的工学类一流学科已经取得了长足的发展，学科的国际水平得到了较大幅度的提升，培养和集聚了一批杰出人才、产生了一批有影响力的科学成果[4]，提高了其在学科排名中的名次。另一方面，三部委发布的《统筹推进世界一流大学和一流学科建设实施办法（暂行）》中明确提到：一流学科建设高校应具有居于国内前列或国际前沿的高水平学科，学科水平在有影响力的第三方评价中进入前列，或者国家急需、具有重大的行业或区域影响、学科优势突出、具有不可替代性。[5] 由此可见，在第三方评价中的表现成为能否入选一流学科建设名单的重要依据[6]，因此，在

① 张应强：《人文社会科学学术评价及其治理——基于对"唯论文"及其治理的思考》，载于《西北工业大学学报》（社会科学版）2019 年第 4 期。
② 王顶明、黄葱：《新时代高校科研评价改革的思考》，载于《高校教育管理》2021 年第 2 期。
③ 张瑞红、任晓亚、谢黎等：《ESI 高被引科学家的分布研究》，载于《世界科技研究与发展》2019 年第 3 期。
④ 宣勇：《建设世界一流学科要实现"三个转变"》，载于《中国高教研究》2016 年第 5 期。
⑤ 《教育部 财务部 国家发展改革委印发〈统筹推进世界一流大学和一流学科建设实施办法（暂行）〉的通知》，中华人民共和国教育部网站，2022 年 1 月 14 日，http：//www.moe.gov.cn/srcsite/A22/moe_843/201701/t20170125_295701.html。
⑥ 陈仕吉、邱均平：《一流学科与学科排名的对比研究——基于教育部学科评估、ESI 和 QS 学科排名的一流学科对比分析》，载于《评价与管理》2019 年第 4 期。

"双一流"建设的背景下，我国高校均非常注重其在第三方评价机构所开展的学科排名中的表现。

三、工学类一流学科指数的表现

由表 10-12 可知，世界顶尖学科组处于首位，国内顶尖学科组的得分均值超过了世界一流学科组，且与世界顶尖学科组的差距不大，国内一流学科组的得分均值与世界一流学科组持平，已达到世界一流学科的水平。

表 10-12　　　　　　工学类一流学科总得分

学科门类	世界顶尖学科组	世界一流学科组	国内顶尖学科组	国内一流学科组
工学类	1.00	0.32	0.61	0.39
传统工科	1.00	0.28	0.59	0.36
机械工程	1.00	0.35	0.71	0.48
化学工程与技术	1.00	0.39	0.59	0.37
土木工程	1.00	0.20	0.58	0.29
电子电气工程	1.00	0.20	0.46	0.30
新兴交叉工科	1.00	0.38	0.66	0.46
信息与通信工程	1.00	0.54	0.93	0.76
材料科学与工程	1.00	0.36	0.62	0.39
环境科学与工程	1.00	0.40	0.61	0.37
计算机科学与技术	1.00	0.23	0.47	0.32
特色工科	1.00	0.29	0.59	0.36
矿业工程	1.00	0.24	0.73	0.39
食品科学与工程	1.00	0.31	0.70	0.43
航空宇航科学与技术	1.00	/	0.64	/
船舶与海洋工程	1.00	/	0.62	/
交通运输工程	1.00	0.22	0.59	0.24
能源科学与工程	1.00	0.29	0.56	0.33

注：表格中各学科依据其国际水平在国内顶尖学科组上的得分由高到低依次排序。
资料来源：笔者测算。

从学科群来看，传统工科、新兴交叉工科、特色工科三个学科群的表现与工科表现基本一致，即三个学科群的国内顶尖学科组已基本达到世界一流学科的水平，与世界顶尖学科组差距不大，国内一流学科组已达到世界一流学科水平。从各具体学科来看，绝大多数学科的表现与工科及其三个学科群的表现基本一致。

总体而言，在国际水平上，不论是从学科门类来看，抑或是从学科群或具体学科来看，工科国内顶尖学科组已达到世界一流学科组的水平，且与世界顶尖学科组的差距不大；国内一流学科组已达到世界一流学科组的水平。

此外，本研究具体展示了电子电气工程、机械工程、化学工程与技术、土木工程、材料科学与工程、计算机科学与技术、环境科学与工程、信息与通信工程 8 个样本学科指数的具体表现（见表 10 - 13 至表 10 - 20）。

表 10 - 13　　电子电气工程学科国际水平指数表现及其指标得分表

大学	表现	奖项	编委	高被引	论文	比例	校友	影响力
世界顶尖学科组	*****	1.00	1.00	1.00	1.00	1.00	1.00	1.00
世界一流学科组	***	0.00	0.22	0.00	0.15	0.46	0.06	0.48
北京大学	****	0.00	1.00	0.00	1.00	0.94	0.19	0.71
清华大学	****	0.00	1.00	1.00	1.00	1.00	0.93	1.00
北京航空航天大学	***	0.00	0.00	1.00	0.45	0.68	0.19	0.51
北京交通大学	***	0.00	0.00	0.00	0.00	0.74	0.00	0.35
北京理工大学	***	0.00	0.00	0.00	0.07	0.73	0.00	0.51
电子科技大学	***	0.00	0.00	0.00	1.00	0.56	0.19	0.51
东南大学	***	0.00	0.00	1.00	0.56	0.50	0.37	0.56
复旦大学	***	0.00	0.00	0.00	1.00	0.49	0.00	0.61
哈尔滨工业大学	***	0.00	0.00	0.00	0.00	0.51	0.19	0.71
华南理工大学	***	0.00	0.00	0.00	0.49	0.52	0.19	0.35
华中科技大学	***	0.00	0.00	0.00	0.00	0.79	0.19	0.71
上海交通大学	***	0.00	0.00	0.00	1.00	0.86	0.00	0.91
武汉大学	***	0.00	0.00	0.00	0.31	0.58	0.37	0.45
西安电子科技大学	***	0.00	0.00	0.00	1.00	0.53	0.00	0.40
西安交通大学	***	0.00	0.00	0.00	0.56	1.00	0.19	0.61
西北工业大学	***	0.00	0.00	1.00	0.03	0.52	0.19	0.35

续表

大学	表现	奖项	编委	高被引	论文	比例	校友	影响力
浙江大学	***	0.00	0.00	0.00	0.70	0.99	0.37	0.91
中国科学技术大学	***	0.00	0.00	0.00	0.56	0.57	0.37	0.61
中山大学	***	0.00	0.00	0.00	0.66	0.80	0.19	0.45

注：（1）相同星级表现的高校按照学校名称的拼音字母排序。

（2）***** 表示该校的指数得分达到或超过世界顶尖学科组的水平，**** 表示超过世界一流学科组的水平且与世界顶尖学科组的差距不大，*** 表示达到或超过世界一流学科组的水平。

（3）指标名称奖项、编委、高被引、论文、比例、校友、影响力等的全称依次为重大国际学术奖项的获奖人、国际权威学术期刊的编委、全球高被引科学家、国际权威学术期刊论文、高被引论文被世界一流学科引用的比例、国际著名校友的培养、在第三方评价中的影响力。

资料来源：笔者测算。

表 10-14　　机械工程学科国际水平指数表现及其指标得分表

大学	表现	奖项	编委	高被引	论文	比例	校友	影响力
世界顶尖学科组	*****	1.00	1.00	1.00	1.00	1.00	1.00	1.00
世界一流学科组	***	0.09	0.45	0.18	0.36	0.57	0.26	0.57
北京大学	****	0.00	0.41	1.00	0.66	1.00	0.18	0.80
北京航空航天大学	****	0.00	0.20	1.00	1.00	0.87	0.09	0.80
北京理工大学	****	0.00	0.20	1.00	0.76	0.70	0.45	0.50
哈尔滨工业大学	****	0.00	0.61	1.00	1.00	1.00	0.72	0.90
华中科技大学	****	0.00	0.20	1.00	1.00	1.00	0.63	0.80
清华大学	****	0.00	1.00	1.00	1.00	1.00	1.00	1.00
上海交通大学	****	0.00	1.00	1.00	1.00	1.00	0.72	1.00
西安交通大学	****	0.00	0.61	1.00	1.00	1.00	0.99	0.90
西北工业大学	****	0.00	0.61	1.00	1.00	0.85	0.54	0.50
浙江大学	****	0.00	1.00	1.00	1.00	1.00	0.72	0.80
大连理工大学	***	0.00	0.00	0.00	1.00	1.00	0.27	0.45
湖南大学	***	0.00	0.00	0.00	0.55	0.00	0.27	0.35
南京航空航天大学	***	0.00	0.41	0.00	0.83	1.00	0.36	0.35
天津大学	***	0.00	0.00	0.00	1.00	0.85	0.18	0.60

续表

大学	表现	奖项	编委	高被引	论文	比例	校友	影响力
中国科学技术大学	***	0.00	0.20	0.00	1.00	0.98	0.36	0.70
重庆大学	***	0.00	0.20	1.00	0.95	0.83	0.00	0.45
东南大学	**	0.00	0.00	0.00	0.34	1.00	0.27	0.35
华北电力大学	**	0.00	0.00	0.00	0.63	0.61	0.00	0.30
华南理工大学	**	0.00	0.20	0.00	0.55	0.78	0.27	0.45
同济大学	**	0.00	0.00	0.00	0.60	0.80	0.00	0.40

注：（1）相同星级表现的高校按照学校名称的拼音字母排序。

（2）*****表示该校的指数得分达到或超过世界顶尖学科组的水平，****表示超过世界一流学科组的水平且与世界顶尖学科组的差距不大，***表示达到或超过世界一流学科组的水平，**表示与世界一流学科组的差距不大。

（3）指标名称奖项、编委、高被引、论文、比例、校友、影响力等的全称依次为重大国际学术奖项的获奖人、国际权威学术期刊的编委、全球高被引科学家、国际权威学术期刊论文、高被引论文被世界一流学科引用的比例、国际著名校友的培养、在第三方评价中的影响力。

资料来源：笔者测算。

表 10 - 15   化学工程与技术学科国际水平指数表现及其指标得分表

大学	表现	奖项	编委	高被引	论文	比例	校友	影响力
世界顶尖学科组	*****	1.00	1.00	1.00	1.00	1.00	1.00	1.00
世界一流学科组	***	0.04	0.15	0.44	0.67	0.79	0.10	0.52
北京化工大学	****	0.00	0.77	1.00	1.00	0.53	0.24	0.70
华东理工大学	****	0.00	1.00	1.00	0.55	0.37	0.70
清华大学	****	0.00	0.26	0.00	1.00	0.91	1.00	1.00
天津大学	****	0.00	1.00	1.00	1.00	0.43	0.49	1.00
浙江大学	****	0.00	1.00	1.00	1.00	0.65	0.73	0.90
中国科学技术大学	****	0.00	0.26	1.00	1.00	0.57	0.49	0.50
大连理工大学	***	0.00	0.00	0.00	0.46	0.37	0.70
福州大学	***	0.00	0.00	1.00	0.68	0.32	0.24	0.40
上海交通大学	***	0.00	0.26	1.00	1.00	0.78	0.12	0.80
西安交通大学	***	0.00	0.00	1.00	1.00	0.42	0.00	0.70
哈尔滨工业大学	**	0.00	0.00	0.00	0.40	0.43	0.24	0.60

大学	表现	奖项	编委	高被引	论文	比例	校友	影响力
湖南大学	**	0.00	0.00	0.00	0.80	0.33	0.00	0.40
华南理工大学	**	0.00	0.00	0.00	1.00	0.49	0.00	0.60
华中科技大学	**	0.00	0.00	0.00	0.87	0.34	0.00	0.70
江苏大学	**	0.00	0.00	1.00	0.66	0.28	0.00	0.40
南京大学	**	0.00	0.26	0.00	0.37	0.42	0.61	0.70
南京工业大学	**	0.00	0.00	0.00	1.00	0.25	0.00	0.40
四川大学	**	0.00	0.26	0.00	0.00	0.39	0.00	0.60
苏州大学	**	0.00	0.00	0.00	0.71	0.39	0.00	0.45
中国石油大学（北京）	**	0.00	0.00	0.00	1.00	0.54	0.00	0.55

注：（1）相同星级表现的高校按照学校名称的拼音字母排序。

（2）*****表示该校的指数得分达到或超过世界顶尖学科组的水平，****表示超过世界一流学科组的水平且与世界顶尖学科组的差距不大，***表示达到或超过世界一流学科组的水平，**表示与世界一流学科组的差距不大。

（3）指标名称奖项、编委、高被引、论文、比例、校友、影响力等的全称依次为重大国际学术奖项的获奖人、国际权威学术期刊的编委、全球高被引科学家、国际权威学术期刊论文、高被引论文被世界一流学科引用的比例、国际著名校友的培养、在第三方评价中的影响力。

资料来源：笔者测算。

表10-16　土木工程学科国际水平指数表现及其指标得分表

大学	表现	奖项	编委	高被引	论文	比例	校友	影响力
世界顶尖学科组	*****	1.00	1.00	1.00	1.00	1.00	1.00	1.00
世界一流学科组	***	0.09	0.00	0.37	0.35	0.15	0.45	0.20
清华大学	****	0.00	1.00	0.00	1.00	0.49	1.00	1.00
同济大学	****	1.00	1.00	0.00	1.00	1.00	1.00	1.00
浙江大学	****	0.00	0.91	0.00	1.00	1.00	0.49	0.93
重庆大学	****	0.00	0.91	0.00	1.00	1.00	0.24	0.52
北京工业大学	***	0.00	0.00	0.00	1.00	0.00	0.00	0.31
北京交通大学	***	0.00	0.00	0.00	1.00	0.72	0.00	0.41
大连理工大学	***	0.00	0.00	0.00	1.00	1.00	0.49	0.52
东南大学	***	0.00	0.00	0.00	1.00	1.00	0.00	0.82

续表

大学	表现	奖项	编委	高被引	论文	比例	校友	影响力
哈尔滨工业大学	***	0.00	0.00	0.00	1.00	1.00	0.24	0.72
河海大学	***	0.00	0.00	0.00	0.57	0.29	0.00	0.31
湖南大学	***	0.00	0.00	0.00	1.00	1.00	0.00	0.52
华中科技大学	***	0.00	0.00	0.00	0.64	1.00	0.00	0.62
上海交通大学	***	0.00	0.00	0.00	0.80	1.00	0.49	0.82
天津大学	***	0.00	0.00	0.00	1.00	0.87	0.49	0.72
武汉大学	***	0.00	0.00	0.00	0.76	0.89	0.00	0.52
武汉理工大学	***	0.00	0.00	0.00	0.53	0.53	0.00	0.31
西南交通大学	***	0.00	0.00	0.00	1.00	0.00	0.98	0.41
中南大学	***	0.00	0.00	0.00	1.00	0.34	0.24	0.31
长安大学	**	0.00	0.00	0.00	0.27	0.32	0.00	0.21
福州大学	**	0.00	0.00	0.00	0.49	0.00	0.00	0.21

注：（1）相同星级表现的高校按照学校名称的拼音字母排序。

（2）***** 表示该校的指数得分达到或超过世界顶尖学科组的水平，**** 表示超过世界一流学科组的水平且与世界顶尖学科组的差距不大，*** 表示达到或超过世界一流学科组的水平，** 表示与世界一流学科组的差距不大。

（3）指标名称奖项、编委、高被引、论文、比例、校友、影响力等的全称依次为重大国际学术奖项的获奖人、国际权威学术期刊的编委、全球高被引科学家、国际权威学术期刊论文、高被引论文被世界一流学科引用的比例、国际著名校友的培养、在第三方评价中的影响力。

资料来源：笔者测算。

表 10 – 17   材料科学与工程学科国际水平指数表现及其指标得分表

大学	表现	奖项	编委	高被引	论文	比例	校友	影响力
世界顶尖学科组	*****	1.00	1.00	1.00	1.00	1.00	1.00	1.00
世界一流学科组	***	0.00	0.34	0.16	0.33	0.93	0.16	0.58
北京大学	****	0.00	0.24	1.00	1.00	1.00	0.84	1.00
复旦大学	****	0.00	0.24	0.65	0.65	0.89	0.26	1.00
清华大学	****	0.00	0.49	1.00	1.00	1.00	1.00	1.00
上海交通大学	****	0.00	0.24	0.65	0.72	0.94	0.42	1.00
苏州大学	****	0.00	0.00	1.00	0.89	0.82	0.16	0.71

续表

大学	表现	奖项	编委	高被引	论文	比例	校友	影响力
浙江大学	****	0.00	0.00	1.00	0.81	0.96	0.79	0.91
中国科学技术大学	****	0.00	0.00	1.00	0.86	0.88	1.00	1.00
北京航空航天大学	***	0.00	0.00	0.32	0.88	0.98	0.05	0.71
北京化工大学	***	0.00	0.00	0.32	0.24	0.80	0.16	0.61
北京科技大学	***	0.00	0.00	0.32	0.57	0.94	0.11	0.61
哈尔滨工业大学	***	0.00	0.00	0.00	0.36	0.83	0.32	0.71
华南理工大学	***	0.00	0.00	1.00	0.45	0.78	0.26	0.71
华中科技大学	***	0.00	0.00	0.65	0.50	0.95	0.16	0.81
吉林大学	***	0.00	0.24	0.16	0.56	0.88	0.68	0.71
南京大学	***	0.00	0.16	0.58	0.98	0.53	0.91
南开大学	***	0.00	0.00	0.48	0.39	0.91	0.32	0.61
天津大学	***	0.00	0.00	0.48	0.59	0.81	0.32	0.71
武汉理工大学	***	0.00	0.00	0.32	0.28	0.70	0.32	0.51
西安交通大学	***	0.00	0.00	0.16	0.71	0.91	0.11	0.71
西北工业大学	***	0.00	0.24	0.32	0.47	0.60	0.05	0.40

注:(1)相同星级表现的高校按照学校名称的拼音字母排序。

(2)*****表示该校的指数得分达到或超过世界顶尖学科组的水平,****表示超过世界一流学科组的水平且与世界顶尖学科组的差距不大,***表示达到或超过世界一流学科组的水平。

(3)指标名称奖项、编委、高被引、论文、比例、校友、影响力等的全称依次为重大国际学术奖项的获奖人、国际权威学术期刊的编委、全球高被引科学家、国际权威学术期刊论文、高被引论文被世界一流学科引用的比例、国际著名校友的培养、在第三方评价中的影响力。

资料来源:笔者测算。

表 10 - 18   计算机科学与技术学科国际水平指数表现及其指标得分表

大学	表现	奖项	编委	高被引	论文	比例	校友	影响力
世界顶尖学科组	*****	1.00	1.00	1.00	1.00	1.00	1.00	1.00
世界一流学科组	***	0.00	0.12	0.22	0.19	0.57	0.05	0.43
清华大学	****	0.00	0.20	1.00	1.00	0.85	0.68	1.00
上海交通大学	****	0.00	0.20	1.00	0.62	0.92	0.30	0.90

大学	表现	奖项	编委	高被引	论文	比例	校友	影响力
浙江大学	****	0.00	0.00	1.00	0.51	0.82	0.53	0.90
北京大学	***	0.00	0.00	0.00	0.53	0.82	0.38	1.00
北京航空航天大学	***	0.00	0.00	0.00	0.33	0.78	0.08	0.55
北京理工大学	***	0.00	0.00	1.00	0.20	0.69	0.00	0.40
北京邮电大学	***	0.00	0.00	1.00	0.23	0.63	0.23	0.45
电子科技大学	***	0.00	0.00	1.00	0.12	0.47	0.00	0.55
东南大学	***	0.00	0.00	1.00	0.05	0.60	0.23	0.45
哈尔滨工业大学	***	0.00	0.00	1.00	0.26	0.57	0.38	0.80
华中科技大学	***	0.00	0.00	1.00	0.19	0.53	0.23	0.70
南京信息工程大学	***	0.00	0.00	1.00	0.02	0.37	0.08	0.30
深圳大学	***	0.00	0.00	1.00	0.15	0.55	0.00	0.35
西安电子科技大学	***	0.00	0.00	1.00	0.09	0.57	0.30	0.40
西北工业大学	***	0.00	0.00	0.00	0.31	0.51	0.15	0.45
中国科学技术大学	***	0.00	0.00	0.00	0.54	0.57	0.60	0.80
中山大学	***	0.00	0.00	0.00	0.32	0.67	0.15	0.50
大连理工大学	**	0.00	0.00	0.00	0.26	0.51	0.08	0.40
南京大学	**	0.00	0.00	0.00	0.17	0.75	0.00	0.50
天津大学	**	0.00	0.00	0.00	0.16	0.39	0.00	0.35

注：（1）相同星级表现的高校按照学校名称的拼音字母排序。

（2）*****表示该校的指数得分达到或超过世界顶尖学科组的水平，****表示超过世界一流学科组的水平且与世界顶尖学科组的差距不大，***表示达到或超过世界一流学科组的水平，**表示与世界一流学科组的差距不大。

（3）指标名称奖项、编委、高被引、论文、比例、校友、影响力等的全称依次为重大国际学术奖项的获奖人、国际权威学术期刊的编委、全球高被引科学家、国际权威学术期刊论文、高被引论文被世界一流学科引用的比例、国际著名校友的培养、在第三方评价中的影响力。

资料来源：笔者测算。

表10-19　　环境科学与工程学科国际水平指数表现及其指标得分表

大学	表现	奖项	编委	高被引	论文	比例	校友	影响力
世界顶尖学科组	*****	1.00	1.00	1.00	1.00	1.00	1.00	1.00
世界一流学科组	***	0.26	0.18	0.48	0.35	0.70	0.29	0.57
北京大学	****	0.00	0.45	1.00	1.00	0.90	0.59	1.00

大学	表现	奖项	编委	高被引	论文	比例	校友	影响力
南开大学	****	0.00	0.68	0.69	1.00	0.60	0.42	0.46
清华大学	****	0.00	0.23	1.00	1.00	0.91	0.59	1.00
上海交通大学	****	0.00	0.00	1.00	1.00	0.63	0.25	0.61
同济大学	****	0.00	0.23	0.69	1.00	0.68	0.17	0.71
浙江大学	****	0.00	0.23	1.00	1.00	0.55	0.59	0.91
中山大学	****	0.00	0.45	1.00	1.00	0.72	0.17	0.51
大连理工大学	***	0.00	0.00	0.69	1.00	0.50	0.00	0.35
复旦大学	***	0.00	0.23	0.00	1.00	0.70	0.25	0.71
哈尔滨工业大学	***	0.00	0.00	0.69	1.00	0.52	0.25	0.71
湖南大学	***	0.00	0.00	1.00	1.00	0.34	0.00	0.30
南京大学	***	0.00	0.00	0.00	1.00	0.56	0.00	0.71
天津大学	***	0.00	0.23	0.00	1.00	0.43	0.50	0.40
北京师范大学	**	0.00	0.00	0.00	0.73	0.60	0.00	0.71
华东师范大学	**	0.00	0.00	1.00	0.37	0.44	0.00	0.30
华中科技大学	**	0.00	0.00	0.00	0.00	0.34	0.00	0.40
暨南大学	**	0.00	0.00	0.00	0.82	0.41	0.08	0.30
中国科学技术大学	**	0.00	0.00	0.00	1.00	0.40	0.25	0.51
中国农业大学	*	0.00	0.00	0.00	0.40	0.64	0.00	0.25
中南大学	*	0.00	0.00	0.00	0.35	0.41	0.00	0.30

注：（1）相同星级表现的高校按照学校名称的拼音字母排序。

（2）***** 表示该校的指数得分达到或超过世界顶尖学科组的水平，**** 表示超过世界一流学科组的水平且与世界顶尖学科组的差距不大，*** 表示达到或超过世界一流学科组的水平，** 表示与世界一流学科组的差距不大，* 表示与世界一流学科组的差距大。

（3）指标名称奖项、编委、高被引、论文、比例、校友、影响力等的全称依次为重大国际学术奖项的获奖人、国际权威学术期刊的编委、全球高被引科学家、国际权威学术期刊论文、高被引论文被世界一流学科引用的比例、国际著名校友的培养、在第三方评价中的影响力。

资料来源：笔者测算。

表 10 - 20　　信息与通信工程学科国际水平指数表现及其指标得分表

大学	表现	奖项	编委	高被引	论文	比例	校友	影响力
世界顶尖学科组	*****	1.00	1.00	1.00	1.00	1.00	1.00	1.00
世界一流学科组	***	0.50	0.20	0.50	0.35	0.64	1.00	0.56
清华大学	*****	1.00	1.00	1.00	1.00	1.00	1.00	1.00
北京航空航天大学	****	0.00	1.00	0.00	1.00	1.00	1.00	0.83
电子科技大学	****	0.00	1.00	0.00	1.00	1.00	1.00	1.00
哈尔滨工业大学	****	0.00	1.00	0.00	1.00	1.00	1.00	0.83
上海交通大学	****	0.00	0.00	1.00	1.00	0.69	1.00	1.00
武汉大学	****	0.00	0.00	1.00	1.00	0.73	1.00	0.63
中国科学技术大学	****	0.00	0.00	1.00	1.00	0.90	1.00	0.83
北京大学	***	0.00	0.00	0.00	1.00	1.00	1.00	1.00
北京邮电大学	***	0.00	0.00	0.00	1.00	1.00	1.00	1.00
东南大学	***	0.00	0.00	0.00	1.00	1.00	1.00	1.00
华南理工大学	***	0.00	1.00	0.00	0.83	0.92	1.00	1.00
华中科技大学	***	0.00	0.00	0.00	1.00	1.00	1.00	1.00
南京大学	***	0.00	0.00	0.00	1.00	1.00	1.00	0.63
西安电子科技大学	***	0.00	0.00	0.00	1.00	1.00	1.00	1.00
西安交通大学	***	0.00	0.00	0.00	1.00	1.00	1.00	0.83
浙江大学	***	0.00	0.00	0.00	1.00	1.00	1.00	1.00
中山大学	***	0.00	0.00	0.00	1.00	1.00	1.00	0.63
天津大学	**	0.00	0.00	0.00	1.00	1.00	1.00	0.63
中南大学	**	0.00	0.00	0.00	0.34	1.00	1.00	0.63
山东大学	*	0.00	0.00	0.00	0.44	0.00	0.00	0.42

注：（1）相同星级表现的高校按照学校名称的拼音字母排序。

（2）***** 表示该校的指数得分达到或超过世界顶尖学科组的水平，**** 表示超过世界一流学科组的水平且与世界顶尖学科组的差距不大，*** 表示达到或超过世界一流学科组的水平，** 表示与世界一流学科组的差距不大，* 表示与世界一流学科组的差距大。

（3）指标名称奖项、编委、高被引、论文、比例、校友、影响力等的全称依次为重大国际学术奖项的获奖人、国际权威学术期刊的编委、全球高被引科学家、国际权威学术期刊论文、高被引论文被世界一流学科引用的比例、国际著名校友的培养、在第三方评价中的影响力。

资料来源：笔者测算。

第四节 工学类一流学科的典型案例研究

在案例学科选取方面，本研究从典型性、数据可得性以及对我国的借鉴价值等方面进行衡量，选择了新加坡南洋理工大学的电子电气工程学科作为分析传统工科创建世界一流学科的案例；选择了中南大学的矿业工程学科作为分析特色工科创建世界一流学科的案例。新加坡和我国均属于亚洲国家，在经济、文化等方面存在一定的"相似性"，其创建世界一流工科的经验在一定程度上能够为我国世界一流工科的建设提供借鉴。世界一流学科的建设有其共性的方面，可以借鉴他国的建设经验以推动自身的发展，南洋理工大学电子电气工程学科是新加坡乃至世界的一流工科，其建设和发展经验对我国世界一流工科的建设具有重要的借鉴意义。同时，世界一流学科也有个性的方面，他国的经验会因我国文化、体制机制、现实基础等的不同而无法借鉴，造成"排异"反应，无法为我国世界一流学科的建设提供对策，中南大学矿业工程学科是我国的一流工科，在国际上也具有较高的影响力，探索其世界一流工科建设之策，能够避免世界一流工科他国建设经验的"排异"反应，为我国世界一流工科的建设提供"本土经验"。

本研究对案例的分析主要从学术大师的引育、原创研究的开展、科研平台的搭建、卓越人才的培养、学科制度的建设等方面进行。不同学校的案例分析各有侧重。南洋理工大学电子电气工程学科侧重对其原创研究的开展、师资队伍的提升、卓越人才的培养等方面进行案例分析。中南大学矿业工程学科侧重对其学科特色的形成、原始创新的开展、学科国际话语权的提升、师资队伍的建设等方面进行案例分析。

一、加强联合科研平台建设，营造活力文化：以南洋理工大学电子电气工程为例

南洋理工大学的电子与电气工程学院（School of Electrical and Electronic Engineering，EEE）可追溯至 1981 年南洋理工大学建校之初，自南洋理工大学建校以来，EEE 就一直是其一部分，具有非常丰富的学科历史。南洋理工大学电子电

气工程学科已成为世界上规模最大、排名最高的学科之一[①]，是世界领先的研究密集型工程学科；在 2021 年 QS 世界大学新加坡和亚洲学科排名中位居第 1，在 2021 年 QS 世界大学学科排名中位居全球第 4，在 2021 年软科世界一流学科排名中位居第 8。EEE 拥有一支高水平、高度国际化的师资队伍，拥有 3 000 多名本科生和 1 000 多名研究生，并培养了 30 000 多名电气工程师，是世界上工程师和研究人员培养的最大工程学科之一；产生了许多有影响力的研究和创造，如作为衍生公司之一，纳膜科技国际有限公司（Nanofilm Technologies International Limited）于 1999 年由 EEE 教师创立，现已成为市值达 10 亿美元的高科技独角兽[②]；EEE 为新加坡和世界的经济都做出了积极贡献。

1. 加强联合科研平台建设，推动"顶天立地"的前沿研究

南洋理工大学电子电气工程学科积极加强与政府、企业、高校等机构的合作，共建了 8 个联合研究中心，且这些联合研究中心主要以服务国家战略需求、解决实际问题以及瞄准未来科创前沿为宗旨。如微纳电子学中心（Centre for Micro-& Nano-Electronics，CMNE）旨在成为卓越的研究中心，在微/纳米电子技术领域推动科学知识的创新和引领技术的创新，以造福人类。[③] 光电与生物光子学中心（Centre for OptoElectronics and Biophotonics，COEB）是一个对基础科学、新技术产生影响的先进光子研究中心，该中心专注于先进光子学和相关技术的研究课题，以提升新加坡在光子学领域的世界领先地位。[④] 集成电路与系统中心（Centre for Integrated Circuits and Systems，CICS）由南洋理工大学和新加坡经济发展局共同资助。自成立以来，该中心与新加坡领先的 IC 设计公司和世界各地的大学密切合作，得到了业界的大力支持。该中心的目标是在领先的研究和教育环境中为高效集成电路和系统的设计提供良好的基础，以支持新加坡电子行业日益增长的需求，培养新加坡工程师的创新和创业精神，最终对新加坡未来经济增长做出重大贡献。[⑤]

同时，EEE 还运营着 5 个企业实验室，以进行联合研究，这些研究旨在推动创新的前沿，这些联合研究中的成功案例之一为 EEE 通过卫星计划不断推动着

[①] School of Electrical and Electronic Engineering：About Us，School of Electrical and Electronic Engineering，https：//www. ntu. edu. sg/eee，2022 – 07 – 05.

[②] School of Electrical and Electronic Engineering：Research，School of Electrical and Electronic Engineering，https：//www. ntu. edu. sg/eee/Research，2022 – 07 – 05.

[③] School of Electrical and Electronic Engineering：Centre for Micro-& Nano-Electronics，School of Electrical and Electronic Engineering，https：//www. ntu. edu. sg/cmne/home，2022 – 07 – 05.

[④] School of Electrical and Electronic Engineering：Centre for OptoElectronics and Biophotonics，School of Electrical and Electronic Engineering，https：//www. ntu. edu. sg/cmne/home，2022 – 07 – 05.

[⑤] School of Electrical and Electronic Engineering：Centre for Integrated Circuits and Systems，School of Electrical and Electronic Engineering，https：//www. ntu. edu. sg/cics/home，2022 – 07 – 05.

空间创新能力的提升，自 2011 年以来，EEE 已经发射了 9 颗本地设计和制造的卫星。EEE 的 5 个企业实验室产生了一系列极具价值的知识产权，同时，也带来了显著的经济和其他效益。[①] 这些联合研究中心和实验室中的 10 个研究中心或实验室已成为电子电气工程学科的 10 大核心优势，并以此形成了一系列富有竞争力的研究领域，极大地提高了电子电气工程学科的竞争力，以及服务国家战略需求、解决实际问题、科技创新的能力。[②]

2. 营造充满活力的组织文化，提升师资队伍水平

南洋理工大学电子电气工程学科十分注重教师的多元化，其师资队伍由来自 21 个国家的 130 多名全职教师组成，这些教师大多在麻省理工学院、斯坦福大学（Stanford University）、剑桥大学和帝国理工学院（Imperial College London）等世界顶尖或一流大学接受过广泛的教学和研究方面的专业培养。截至 2021 年 7 月，电子电气工程学科聚集了一批国际公认的权威学者以及一批极具天赋和竞争力的年轻教师，包括 5 名新加坡工程院院士（Fellow of the Academy of Engineering Singapore）、18 名美国电气和电子工程师协会会士（Fellow of the Institute of Electrical and Electronics Engineers，IEEE Fellow）、3 名英国工程与技术学会会士（Fellow of the Institution of Engineering and Technology，IET Fellow）、4 名新加坡工程师学会会士（Fellow of the Institution of Engineers Singapore，IES Fellow）等，若干名教师在国际学术期刊中担任主编、副主编及编委，共担任 9 种国际期刊的主编以及 100 多种国际期刊的副主编和编委，其中包括诸多 IEEE（Institute of Electrical and Electronics Engineers）出版物。[③]

电子电气工程学科国际化、多元化、高水平的师资队伍与其积极寻求全球合作、加强学术交流有着密切的关系。电子电气工程学科积极与海外知名大学、科研院所和跨国公司开展广泛的合作和学术交流，如与密歇根大学（University of Michigan）、普渡大学（Purdue University）、慕尼黑工业大学（Technical University of Munich）、浙江大学等世界一流大学[④]，信息通信研究所（Institute for Infocomm Research）、微电子研究所（Institute of Microelectronics）、国家科学研究中心（Cen-

---

① School of Electrical and Electronic Engineering：Research，School of Electrical and Electronic Engineering，https：//www. ntu. edu. sg/eee，2022 – 07 – 05.

② School of Electrical and Electronic Engineering：Research – areas，School of Electrical and Electronic Engineering，https：//www. ntu. edu. sg/eee/research/research – areas/core – strengths – and – strong – competitive – research – areas，2022 – 07 – 05.

③ School of Electrical and Electronic Engineering：About Us，School of Electrical and Electronic Engineering，https：//www. ntu. edu. sg/eee，2022 – 07 – 05.

④ School of Electrical and Electronic Engineering：Centre for Integrated Circuits and Systems，School of Electrical and Electronic Engineering，https：//www. ntu. edu. sg/cics/home，2022 – 07 – 05.

tre National de la Recherche Scientifique)等研究机构①，以及劳斯莱斯（Rolls - Royce）、台达电子（Delta Electronics）、新加坡电力（Singapore Power）等企业建立了强大的合作伙伴关系②，在国际合作和学术交流的过程中，形成了一种充满活力的合作研究文化。这种研究文化为电子电气工程学科教师的发展提供着强有力的支撑，提升了教师的水平，如 2020 年有 5 名教师入选科睿唯安的"全球高被引科学家"名单；2017 年以来，电子电气工程学科的教师已经申请了 500 多项专利，其中 100 多项专利获得授权。③ 同时，这种研究文化使得电子电气工程学科获得了来自世界各地百余名研究人员的支持，这进一步"扩充"了电子电气工程学科的师资队伍。

总体而言，多元化的教师队伍与广泛的合作和学术交流促进了电子电气工程学科充满活力组织文化的形成，为教师水平的提升奠定了坚实的基础，"扩充"了其教师队伍。

3. "多管齐下"的人才培养方式，培养卓越优秀人才

设置多学科领域课程：EEE 为本科生提供了涵盖电子电气工程主要领域的专业课程，以及提供了艺术、商业和人文学科等跨学科领域的课程，且学生们可结合自身的兴趣，从广泛的课程中选取相应的课程。EEE 广泛且灵活的课程设置为学生未来的职业规划做好了充足的准备。EEE 2021 届某毕业生指出，EEE 不仅授予学位，而且让学生广泛地与电子与电气工程相关学科领域密切接触，在 EEE 学习期间，他学习到了控制系统（Control System）、信息通信（Information Communication）、半导体（Semiconductor）等课程，这些课程都为其未来的职业提供了充足的准备。④

开展丰富的工业实习：EEE 为其学生提供工业实习，以丰富学生的学习经验，让学生尽早地接触工程行业。EEE 吸引了一些世界上最大的跨国公司为其设立企业实验室，如劳斯莱斯（Rolls Royce）、新科工程（ST Engineering）、台达电子（Delta Electronics）等公司。这使得 EEE 的学生有充足的机会到这些大型跨国公司实习，促进自身能力的提升和加深对行业发展趋势的了解。⑤ EEE 2021 届

---

① School of Electrical and Electronic Engineering：Industry Collaborationss, School of Electrical and Electronic Engineering, http：//www. ntu. edu. sg/eee/research/industry - collaborations # Content _ C007 _ Col00, 2022 - 07 - 05.

②③ School of Electrical and Electronic Engineering：About Us, School of Electrical and Electronic Engineering, https：//www. ntu. edu. sg/eee, 2022 - 07 - 05.

④ School of Electrical and Electronic Engineering：Mr Duan Jiafei, School of Electrical and Electronic Engineering, https：//www. ntu. edu. sg/eee/student - life/mr - duan - jiafei, 2022 - 07 - 05.

⑤ School of Electrical and Electronic Engineering：Study at EEE, School of Electrical and Electronic Engineering, https：//www. ntu. edu. sg/eee/admissions/study - at - eee, 2022 - 07 - 05.

毕业生佩雷拉（Shawn Berqmans Pereira）指出，在 EEE 学习期间最难忘的经历之一是他的印度实习之旅，让他学会了不同的工作文化，并培养了他独立工作的能力。[1]

设立 FYP 学术项目：EEE 为其学生提供最后一年项目设计（Final Year Project，FYP）。FYP 能够让学生们学以致用，将学生在 EEE 学到的理论知识付诸实践并开发出产品，以解决现实中存在的问题。EEE FYP 会为每一位学生都配备指导老师，用以指导学生们的项目设计。EEE 2021 届毕业生普拉维拉·杰内斯顿利亚（Prawira Genestonlia）指出，他的 FYP 导师是他见过的最敬业的教授之一，在她的指导下，他顺利开发出一个有效的渐进式 Web 应用程序。[2]

开设多目标导向的学生团体俱乐部：EEE 有许多学生团体俱乐部，这些目标导向各异的学生团体俱乐部能够使学生们探索自己的兴趣、锻炼自身才能、发展社交网络等。如 LEAD（Leadership Enrichment And Development）俱乐部主要培养 EEE 学生的领导力和管理技能，该俱乐部旨在让学生参与行业实践，并通过外部"导师"的指导扩展他们的职业网络，以及让学生通过社区服务和人道主义项目来体验个人成长和满足感。[3] 如"Garage@ EEE"是 EEE 学生主导的创客空间，该俱乐部旨在鼓励 EEE 学生的创新和创业精神，以及培养其对工程学科的热情，为学生提供环境、材料和资金，以帮助学生们将想法付诸实践。[4] 的确，EEE 诸多的学生团体俱乐部，使得学生们受益匪浅，在其官网公布的 2021 届 7 名优秀毕业生中，绝大多数毕业生都提及 EEE 充满活力的学生团体俱乐部是其最受益的。

二、立足学科特色，聚焦国家需求和科学问题：以中南大学矿业工程为例[5]

中南大学的矿业工程学科是该校特色支柱学科之一，具有悠久的学科历史。中南大学矿业工程学科在国内乃至国际上都具有较高的地位，在全国第四轮学科

---

[1] School of Electrical and Electronic Engineering：Mr Shawn Berqmans Pereira, School of Electrical and Electronic Engineering, https：//www. ntu. edu. sg/eee/student – life/mr – shawn – berqmans – pereira, 2022 – 07 – 05.

[2] School of Electrical and Electronic Engineering：Mr Prawira Genestonlia, School of Electrical and Electronic Engineering, https：//www. ntu. edu. sg/eee/student – life/mr – prawira – genestonlia, 2022 – 07 – 05.

[3] School of Electrical and Electronic Engineering：LEAD, School of Electrical and Electronic Engineering, https：//www. ntu. edu. sg/eee/student – life/lead, 2022 – 07 – 05.

[4] School of Electrical and Electronic Engineering：Garage, School of Electrical and Electronic Engineering, https：//www. ntu. edu. sg/eee/student – life/garage, 2022 – 07 – 05.

[5] 注：该案例所有资料均源于中南大学大气科学学科内部资料，并得到授权使用。

评估中获评 A+，软科世界一流学科排名中连续三年位列全球第 1，学科拥有引领世界矿产资源开发利用的学科团队、2 个国家创新引智基地、一批杰出的学科带头人和诸多优秀卓越人才，如拥有中国科学院院士 1 人、中国工程院院士 4 人、长江学者/国家杰青/万人计划等国家高层次人才 10 人、国家"四青人才" 12 人、其他国家和省级优秀青年学者 30 余人等；国际矿物加工理事会主席、美国工程院西里尔·奥康纳（Cyril O'Connor）院士在《矿物工程》（*Minerals Engineering*）上撰文回顾国际矿物加工（International Mineral Processing Congress, IMPC）的 70 年历史时评价道：中南大学王淀佐、胡岳华、孙伟教授等带领的科研团队是在国际浮选化学领域做出突出贡献的科研团队之一。与此同时，矿业工程学科聚焦国家重大战略需求和关键科学问题，立足学科特色，开展原创性研究，产生了诸多有影响力的研究，促进了行业的发展。

1. 立足学科特色，打造高质量的研究群体

中南大学矿业工程学科源于 1952 年原中南矿冶学院最早设置的采矿系、选矿系和 1956 年建立的国内第一个团矿系。70 余年以来，矿业工程学科始终立足学科历史，逐渐形成了鲜明的学科特色并凝聚成了一个同行公认、学术优势明显的创新研究群体。

在"七五"时期，矿业工程学科围绕自身优势，在王淀佐教授的领导下建立了浮选剂分子设计理论及特色研究方向，在古德生教授的领导下开创了我国振动出矿技术和地下金属矿连续采矿技术新领域，形成了以王淀佐院士和古德生院士为学术带头人，朱建光、李松仁、邱冠周等教授为学术骨干的研究群体。"八五"到"九五"期间，在保持连续采矿和浮选药剂设计理论研究优势的同时，研究群体围绕国家自然科学基金、中国有色金属工业总公司一系列重大科技计划等，结合行业、国家需求，逐渐明确了硫化矿浮选电化学、氧化矿浮选溶液化学、溶浸采矿、岩石冲击动力学、矿物资源生物提取等新型交叉学科方向，形成了以王淀佐院士、古德生院士为学术带头人，邱冠周、胡岳华、姜涛、李夕兵、黄圣生、冯其明、曹平教授为学术骨干的研究群体。"十五"到"十一五"期间，矿业工程学科通过承担国家 973 计划、863 计划、科技支撑计划等重大研究项目，形成了充填采矿、深部开采、数字矿山、矿山安全、铁矿烧结球团、铝土矿浮选脱硅等关键技术，在此基础上，吸引了一批优秀年轻教师相继加入，逐渐形成了以邱冠周、胡岳华、姜涛教授等为领军人物的研究群体，并获批国家自然科学基金创新研究群体。"十二五"以来，针对我国矿产综合利用率低、环境污染等问题，矿业工程学科结合自身积淀，发挥自身优势，确立并形成了绿色矿业、智能矿业等新的研究领域，形成了矿物加工界面组装化学、硬岩矿山开采与灾害防控、复杂矿产资源清洁高效利用、智慧矿山等优势研究方向，发展了以姜涛院士为学术带头人的黑色金属资源加工与短流程冶金研究方向，取得了一批重要研究成果，培育和吸引了一批高层次青年人才，使得团队迅速发展壮大，并入选全国黄大年式教师团队、教育部创新团队、科技部重点领域创新团队、湖南省科学技术创新团队。

2. 聚焦国家需求和科学问题，升级改造传统优势方向，开展原创研究

中南大学矿业工程学科自建立伊始，就明确引领中国有色金属矿产资源高效开发利用的行业定位，始终根据国家经济社会发展需求与自身实际，面向国家和行业重大战略需求，聚焦关键科学问题，开展理论及技术方法创新。如"十五"到"十一五"期间，伴随着我国经济进入高速增长阶段，矿产资源的供需矛盾日益尖锐，矿产资源高效提取成为亟须发展的重要研究方向。针对国家战略需求和矿产资源利用过程中的重大科技难题，矿业工程学科通过承担国家 973 计划、863 计划、科技支撑计划、自然科学重点基金等重大项目，积极开展科学研究，形成了智能开采、矿山安全、细粒强化浮选、生物冶金、电位调控浮选等一系列关键技术，有效地提升了矿产资源的提取率，缓解了矿产资源供需矛盾。如近年来，矿业工程学科积极服务"绿色发展"、"中国制造 2025"、"双碳"、"一带一路"倡议等国家战略，围绕我国钨、铜、铁等战略关键矿产资源禀赋差、利用率低、环境污染突出等问题，深入开展有色金属资源低碳碎磨与提取、铁矿资源绿能与短流程加工、金属资源尾矿渣协同处置、资源利用智能控制、金属资源行业特色的碳捕集与封存等新理论、新工艺、新技术的研究与开发。

为了更好地服务国家重大战略和解决关键科学问题，矿业工程学科积极升级改造传统优势方向，发挥特色学科优势，重视和强调学科间的交叉融合，为进一步服务国家需求、解决关键科学问题、开创原始研究奠定了坚实的基础。矿业工程学科充分发挥中南大学有色学科链的优势，推动采矿、选矿、安全、测绘、地质等传统矿业类学科深度融合，建成了独具特色的国际一流矿业＋学科群并扩展了绿色矿业、智能矿业等新的研究领域，为进一步服务国家需求、解决关键科学问题、开展原创性研究奠定了坚实的基础。如推动矿业、测绘、地质学科间的融合，形成了深地资源开发特色方向，该方向建成教育部重点实验室 1 个，培养国家级高层次人才 2 人、国家级高层次青年人才 6 人，新增国家科技进步二等奖 1 项，研究成果在中国铝业股份有限公司、中国五矿集团有限公司、中国宝武钢铁集团有限公司、首钢集团有限公司等上百家工业企业应用，解决了铝、铜等战略关键金属矿产资源的高效清洁开发利用难题，为我国复杂矿产行业立足国内资源特点，实现清洁绿色低碳式智能化发展提供了理论和方法的支撑。在交叉学科方向上，也取得一批世界领先的成果，解决关键金属资源保障"卡脖子"难题，新增国家科技奖励 4 项、省部级一等奖 28 项。

3. 打造学术前沿高地，提升矿业工程学科国际话语权

矿业工程学科依托生物冶金科学与技术和复杂矿产资源高效清洁利用2个国家创新引智基地，与新南威尔士大学（The University of New South Wales）、昆士兰大学（The University of Queensland）、开普敦大学（University of Cape Town）、南澳大学（University of South Australia）、阿尔伯塔大学（University of Alberta）、挪威科技大学（Norwegian University of Science and Technology）等国外著名教学科研机构强强联合，签订了战略合作协议，在科学研究、人才培养、平台建设等多个方面开展学科国际化建设。如在科学研究方面，与昆士兰大学教授安阮（Anh Nguyen）等开展浮选界面化学方面的合作研究，相关成果发表于该领域国际权威学术期刊，且产生了重要的理论价值和工业应用价值，是2018年国家科技进步二等奖的核心内容。在人才培养方面，与加拿大皇家工程院（Canadian Academy of Engineering）院士、阿尔伯塔大学终身教授曾宏波等合作培养的2名博士被聘为中南大学特聘教授，入选国家"四青"人才。

同时，矿业工程学科还与南澳大学、开普敦大学、克莱蒙森大学（Clemson University）、蒙古国国立大学（National University of Mongolia）等名校共同承担国家重点研发计划政府间重点科技合作项目，建立了4个国际联合研究实验室/中心，产出了一批高质量的科研成果。如与南澳大学约翰·拉尔斯顿（John Ralston）院士团队等合作建立中国—澳大利亚先进矿物加工过程控制国际联合研究中心。

此外，矿业工程学科先后聘任美国工程院（National Academy of Engineering）院士、澳大利亚科学院院士（Fellow of Australian Academy of Science）、加拿大工程院（Canadian Academy of Engineering）院士在内的20多位专家学者为中南大学荣誉（客座）教授；邀请90余名国外知名专家进行200余次学术交流；开设"矿物加工方法论"等5门国际化课程；发起并举办了连续五届中国国际矿物加工青年学者论坛。学科教师多次在学科国际权威会议上做主旨（特邀）报告，甚至个别教师受邀担任国际权威会议副主席，多位教授受邀担任学科国际权威学术期刊的副主编、编委，在学科国际学术权威期刊上的发文量长期处于领先地位。

第五节　关于我国工学类一流学科的政策建议

基于以上对一流大学工学类学科的指标比较与案例分析的结论，结合我国一流大学工学类学科存在的不足，本研究提出以下政策建议。

一、"超越"定量指标，聚焦引领性原创研究

定量比较的结果显示，工科国内顶尖学科组在人才培养、原始创新、学术大师、学科影响力4个维度基本达到世界一流学科的水平，甚至个别维度得分均值较高，与世界顶尖学科组持平，由此可见工科学科在指标上的表现较好，建议未来世界一流工科的建设要"超越"指标的发展，争取在原创性研究方面取得更多突破。未来要注重激发科研团队的创新潜力；改革评价标准和评审方式，将研究的原创性作为核心评价标准，推动原创性研究的开展；推进科研绩效考核、科研项目管理等方面的改革，鼓励具有原始性创新的基础和应用研究，保障、激励和激发科研人才的潜力与创新力。

二、对接国家需求和科学问题，提升国际话语权

工科作为应用性极强的学科，应始终根据国家经济社会发展的需求与自身的实际，面向国家重大战略需求，聚焦关键科学问题，开展理论及技术方法创新。如前文的研究结果表明，我国的工科发展至今已取得了不错的成绩，但是在解决国家发展过程中的"卡脖子"技术以及重大原创性成果方面仍远远不足，未来工科的发展要始终以立足科技前沿、服务国家重大战略为目标。与此同时，相较我国其他学科而言，我国的工科发展较快、成果较好，因而，工科应积极与国外世界一流工科高校签订战略合作协议，在科学研究、人才培养、平台建设等多个方面开展学科国际化交流与建设，鼓励教师在本学科国际权威学术组织与学术期刊任职，以提高工科的国际话语权。

第十一章

生命医学类一流学科的指数与案例研究

第一节　研究背景与思路

一、研究背景

1. 生命医学类学科的重要性与时代机遇

从世界范围看，生命医学类学科的重要性不言而喻。2020 年开始，新冠疫情在全球扩散，生命医学类学科受到广泛的关注，同时也为人类抗击疫情做出了重要的贡献。虽然国际上对高科技领域与相关学科的界定不完全一致，但是绝大多数国家都将生命医学视为重点发展领域，同时越来越多的国家设立边界，将生命医学领域的知识视为国际竞争的重要资产。欧美等国家长期聚焦发展生命医学领域，不仅是为了推动可持续发展，同时也意图巩固其领先地位。美国作为全球最大的经济体，拥有雄厚的资金实力以投入生物医学领域，进一步巩固其国际领导地位。美国在《国家生物经济蓝图》（*National Bioeconomy Blueprint*）指出将重点支持生物医学研究，并将其作为国家创新和经济增长的主要驱动力。[1] 美国的

---

① Whitehouse. gov, National Bioeconomy Blueprint Released, https://obamawhitehouse. archives. gov/blog/2012/04/26/national - bioeconomy - blueprint - released, 2022 - 05 - 12.

创新文化和民主制度鼓励自由思考与创新精神，有利于科研成果的产生。此外，美国历史上长期面临公共卫生危机，如艾滋病和流感等，这也促使美国政府高度重视生命医学类学科的发展。美国在科学研究方面具有显著优势，无论是顶级研究机构还是顶尖学者，都为生物医学领域的研究提供了强大支持。在全球政治竞争中，美国通过发展生命医学类学科来增强国家实力，进一步巩固其全球领先地位。虽然美国在生物医学领域拥有全球领先的科研实力和产业基础，但其过于注重市场导向和商业利益的特点可能会导致科学研究方向的偏离，忽视对弱势群体的关注。此外，美国的医疗体系存在医疗费用昂贵和部分人口无法获得充足医疗保障等问题，这些问题需要在生物医学领域的发展中得到关注和解决。

欧盟国家强调社会福利和民主价值，关注民生问题。面对老龄化、全球气候变化和公共卫生挑战等全球性问题，欧盟国家通过生命医学政策来提高民众生活质量和维护社会稳定。欧盟发达的经济体系和蓬勃发展的生物技术产业为生命医学领域获得投资提供了基础。欧盟政策旨在支持创新产业，提高全球竞争力，同时促进绿色经济和可持续发展。欧洲具有悠久的人文科学传统和多元文化背景，这为生命医学领域的跨学科研究提供了基础。此外，欧盟拥有世界上最大的单一市场，为生物医学产业的繁荣发展提供了庞大的市场需求。欧盟的政治体系要求成员国在重大政策的制定中实现协商一致，这使得生物医学政策具有更高的稳定性。科学发展方面，欧盟在生物医学领域取得了世界领先的科研成果，如人类基因组计划和干细胞研究等。欧盟国家将生物医学领域作为战略重点，旨在维护国家和地区利益、增强地缘政治影响力。此外，通过推动生命医学政策，有利于促进欧盟在全球政治竞争中保持竞争力并处于领导地位。欧盟在"持续增长的创新：欧洲生物经济"（A New Bioeconomy Strategy for a Sustainable Europe）战略中明确表示，发展生物经济是促进就业、增长和投资的重要部分，大力支持和发展生物产业，联合"地平线 2020"（Horizon 2020）计划，在 2021 ~ 2027 年间拨款 100 亿欧元用于支持生物经济发展。[①] 然而，欧盟作为一个政治经济联盟，其生物医学领域的发展受益于成员国间的资源共享和合作。成员国间的政治分歧和经济发展水平差异可能会影响生物医学领域的政策实施和资源分配。因此，欧盟在生物医学领域的发展中，需要平衡各成员国的利益和需求，确保各国在生物医学领域的公平参与和发展。

2. 我国对生命医学类学科的重视与国际差距

我国具有庞大的人口基数和医疗需求，这使得生命医学类学科受到高度重

---

① EEurope Commission. A new bioeconomy strategy for a sustainable Europe，https：//ec. europa. eu/commission/presscorner/detail/en/IP_18_6067，2022 - 07 - 05.

视。我国已成为世界第二大经济体，对生物医学产业的投入和支持不断加大。我国历史悠久，中医药学科的发展为生命医学领域提供了独特的研究视角。在生物医学领域，我国在细胞疗法和疫苗研发等方面的研究也取得了突破性进展。国务院办公厅于 2017 年发布的《关于深化医教协同进一步推进医学教育改革与发展的意见》中提出，"在世界一流大学和一流学科建设中对医学院校和医学学科予以支持"[1]。发展一流的生命医学类学科是"双一流"建设不可或缺的重要一环，同时也对我国打破国外技术壁垒、实行自主研发、提升国际竞争力有着重要的推动作用，如何走出一条符合我国国情的世界一流生命医学类学科建设道路，学科评价是其中的关键因素。

在 2020 年软科世界一流学科排名中，基础医学、临床医学和生物学等学科的前 30 强都是欧美高校。进一步来看，在 2020 年泰晤士世界大学学科排名的医学榜单中，前 30 强共有 14 所美国医学院校，可见美国医学教育的领先地位。科研论文是科研成果的主要呈现形式之一，也是循证医学指南证据的主要来源[2]，其数量和质量可以反映科学研究的实力和水平。在 WOS 核心合集数据库中，美国在 2009~2019 年间发表的临床医学论文数量最多，相比之下中国大陆的论文总量约为美国的 32.03%。[3] 因此，从世界生命医学类学科排名和论文数量来看，我国的生命医学类学科发展存在明显的国际差距。

二、国内外研究进展

1. 生命医学类学科评价综述

在国际上较为权威的、涉及生命医学类学科的评价体系主要是一些学科排名，包含 THE、QS、ESI 和 GRAS 等。各指标体系具有不同侧重方向，例如陈棣沐、尹农对 US News 的医学学科评价指标体系进行分析后指出，其指标体系具有多元性和差异化的特点，例如，在医学学生入学指标测量中，依据医学学科特点，采用"医学院入学考试"（MCAT）成绩和"GPA"（绩点）综合成绩作为评价依据。[4] 针对国内高校学科，政府和第三方机构开展了多轮学科评估，例如教

---

① 《国务院办公厅关于深化医教协同进一步推进医学教育改革与发展的意见》，2017 年 7 月 11 日，http://www.gov.cn/zhengce/content/2017-07/11/content_5209661.html。

② 梁葆朱、穆俊霞、刘松卓：《2010—2014 年山西中医学院基础与临床学科期刊发表论文统计与分析》，载于《山西中医学院学报》2015 年第 3 期。

③ 翟通、陈天凯、李文兰：《基于 InCites 平台数据挖掘和分析的中国大陆地区临床医学学术竞争态势》，载于《医学信息》2020 年第 33 卷第 7 期，第 3~6、12 页。

④ 陈棣沐、尹农：《对美国 USNews 医学学科评估指标体系的剖析及其启示》，载于《黑龙江教育》（高教研究与评估）2007 年第 5 期，第 90~92 页。

育部学位与研究生教育发展中心对具有博士、硕士学位授予权的一级学科开展了全国第四轮学科评估。[①] 上述学科评价体系是针对全学科的综合考量，专门针对生命医学类的评价有中国科学院上海生命科学信息中心生命健康科技智库发布的"生命科学与基础医学全球科研机构产出评价 π 指数"[②]，其特点在于利用高质量期刊上的研究型论文，对国际上各高校和专业机构的科研产出质量和机构贡献度进行分析与评价，最终以分数呈现其水平和位次。[③]

除了政府和第三方机构之外，也有众多学者对生命医学类学科评价进行研究。李海燕等采用德尔菲法构建医学学科科技评价指标体系，包括医学科技水平、医学科技价值和成果效益 3 个一级指标，医学科技水平包括创新性、先进性、科学性和难易复杂程度 4 个二级指标，医学科技价值包括学术价值和应用价值 2 个二级指标，成果效益包括社会效益、军事效益和经济效益 3 个二级指标。[④] 肖焕波、单广良对多个医院的重点学科综合评价指标体系进行了分析，认为其存在定性指标过多的问题，因此提出在构建医学指标时，在注重质量和数量、规模和效益的原则下，应尽量采用可量化的指标进行比较。[⑤] 吕一萍、宋枚、单广良采用德尔菲法，从医疗工作、科研工作、教学工作、学科队伍和支撑条件五个方面建立了临床医学学科的评价指标体系，并且在首都医科大学等进行了实际探索，为生命医学类指标评价体系的实际可操作性提供了有益参考。[⑥]吴慧媛针对军医大学，构建了医科大学基础重点学科核心竞争力评价指标体系，包括人才支撑能力、自主创新能力、运行支撑能力和教学水平能力，为医科大学基础重点学科评价提供了科学的方法和手段，但她认为医学学科建设中存在急功近利的倾向，应加强对基础学科的重视与评价引导。[⑦] 薄晓明、段志光基于地方医科大学现状，采用德尔菲法构建了地方医科大学生物医学科技评价指标体系，其中包含科研平台、科研投入、科研产出和科研效益 4 个一级指标，整个指标体系更关注

① 教育部学位与研究生教育发展中心：《全国第四轮学科评估工作概览》，2017 年 12 月 12 日，http：//www.cdgdc.edu.cn/xwyyjsjyxx/xkpgjg/283494.shtml#1。

② 中国科学院上海生命科学信息中心：《2018 π 指数系列报告发布》，2018 年 10 月 30 日，https：//www.cas.cn/yx/201810/t20181029_4667961.shtml。

③ 张永娟、张丽雯、阮梅花、毛开云、施慧琳、于建荣：《生命科学与基础医学全球科研机构产出评价 π 指数分析报告》，载于《智库理论与实践》2019 年第 1 期，第 86～96 页。

④ 李海燕、周增桓、王斌会：《新形势下医学科技成果评价指标体系的构建及综合评价研究》，载于《中华医学科研管理杂志》2003 年第 4 期，第 211～213 页。

⑤ 肖焕波、单广良：《临床医学重点学科评估方法的探讨》，载于《中国医院管理》2007 年第 5 期，第 34～35 页。

⑥ 肖焕波、吕一萍、宋枚、单广良：《临床医学重点学科评估指标体系构建》，载于《解放军医院管理杂志》2008 年第 9 期，第 862～863 页。

⑦ 吴慧媛：《军医大学基础重点学科核心竞争力及评价研究》，第三军医大学硕士学位论文，2011 年，第 40～69 页。

生物医学科技竞争力核心因素。[1] 邓小茹、陈颖瑜以生命科学和医学等相关学科为主要研究对象，利用"暗数据"可视化分析法，对 ESI、自然指数和 π 指数等多个评价体系进行分析，探索了生命医学类学科评价多维指标联合应用的可行性和合理性。[2]

2. 生命医学类一流学科评价综述

李春英、张巍巍等以一流学科建设为依托，以药学学科为对象，构建了学科竞争力评价模型，重点评价学术队伍、科学研究和教学成果三个方面，发现药学学科研究成果存在流失的现象。但研究缺乏关于学生的相关情况，如师生比等指标，因而欠缺人才培养方面的评价。[3] 廖鹏、乔冠华等以"双一流"建设高校的医学学科作为研究对象，发现"双一流"建设高校的医学学科科研竞争力明显高于其他高校的医学学科，尤其表现在科研资助的项目数量和资金上，两者出现了明显分化，且随时间变化，一流医学学科也出现了排名固化的现象。[4]

学者们对生命医学类学科进行了多元评价指标设计，涉及学术产出、社会影响和经济效益等多方面因素，为本研究奠定了丰富的理论基础，但是部分研究仅停留在理论设计层面，缺少实际数据验证。此外，专门针对生命医学类一流学科的评价较少，本研究将努力弥补这方面的不足。

三、研究思路

1. 核心概念

生命医学类学科：生命医学类学科是生命科学和医学学科的总称，生命医学是研究生命世界本质及运行规律的自然科学，且与人类的生存、繁衍和健康等息息相关。[5] 生命科学学科让人们对于生物体系的认识从生物形态的表象深入理化机制的本质。[6] 医学主要通过科学或技术的手段处理各种疾病，是一个从预防到

---

① 薄晓明、段志光、邵红芳：《地方医科大学生物医学科技竞争力评价指标体系的构建与应用》，载于《中华医学科研管理杂志》2011 年第 5 期，第 303～308 页。

② 邓小茹、陈颖瑜：《构建生命科学与医学多维指标分析评价体系模型的实证研究——基于 ESI，自然指数和 π 指数联用视角》，载于《图书馆杂志》，2020 年第 9 期，第 96～104 页。

③ 李春英、张巍巍、高琴、刘春艳、马晓庆、殷蜀梅、谢志耘：《"双一流"建设背景下的学科竞争力评价研究——以中国药学二级学科竞争力评价为例》，载于《大学图书馆学报》2018 年第 2 期，第 45～51 页。

④ 廖鹏、乔冠华、金鑫、王志锋、贾金忠：《"双一流"高校医学学科科研竞争力分析》，载于《科技管理研究》2020 年第 10 期，第 145～150 页。

⑤ 张先恩：《世界生命科学格局中的中国》，载于《中国科学院院刊》2022 年第 5 期，第 622～635 页。

⑥ 张国庆、李亦学、王泽峰等：《生物医学大数据发展的新挑战与趋势》，载于《中国科学院院刊》2018 年第 16 期，第 125～134 页。

治疗疾病的系统学科。[1] 本研究认为生命医学类学科是生命医学类专业知识分类的深化和产物，是指一类科学的分支。本研究主要参考《学位授予和人才培养学科目录》[2] 中的学科划分，并聚焦于生命医学类。生命医学类学科包含生物学、基础医学、临床医学、口腔医学、药学、公共卫生与预防医学、护理学、兽医学和农学等学科。

生命医学类一流学科：一流学科满足一流的学术标准与实践标准，不仅有一流的科研产出，同时也有一流的人才培养、社会贡献等。[3] 生命医学类一流学科是一流的生物学、基础医学、临床医学、口腔医学、药学、公共卫生与预防医学、护理学、兽医学和农学学科，其中包含一流的学术队伍、科研成果、学生质量、学术声誉和社会服务，并且具备较高的国际科研竞争力。

生命医学类一流学科指数：指数的基本特点是它的综合性和平均性，其具有综合功能和分析功能。[4] 生命医学类一流学科指数是指综合反映生命医学类一流学科总体的数量与质量变化关系及其平均水平的指数，它能综合反映生命医学类一流学科的总动态，同时能表现出其水平在动态对比中的变动情况。

2. 研究问题

通过上述理论和研究发现，生命医学类一流学科对我国的学科发展、"双一流"建设以及国际竞争力的提升具有重要作用。针对生命医学类一流学科水平与建设成效进行科学评价，对于完善学科布局、诊断学科发展问题、引导学科发展可谓至关重要。本章将结合相关理论，基于可获得和可比较的数据与案例，主要探讨以下三个问题：（1）如何对生命医学类一流学科进行评价？（2）我国生命医学类一流学科与世界一流生命医学类学科的差距如何？（3）世界顶尖/世界一流生命医学类学科有何经验可供我国一流生命医学类学科建设借鉴？

3. 研究思路

针对以上研究问题，本章分六个步骤开展研究：第一，基于生命医学类一流学科的内涵及特征、学科评价及生命医学类一流学科评价相关文献、第三方评价机构的评价指标体系以及对国内一流学科建设高校生命医学类的学科专家访谈调研等，构建生命医学类一流学科评价指标体系。第二，以学科排行榜中的表现等作为参考，选择国内外样本。第三，根据设计的生命医学类一流学科评价指标体系以及所确定的各学科国内外样本，选择相应的数据库，搜集国内外样本在各指

---

[1] 王玉辛：《医学学科分类与理论医学定义的修正意见》，载于《医学与哲学》1990 年第 5 期，第 10 ~ 11 页。

[2] 教育部学位与研究生教育发展中心：《学位授予和人才培养学科目录》（更新），2021 年 12 月 11 日，http://www.cdgdc.edu.cn/xwyyjsjyxx/xwsytjxx/xk/xkzyml/282917.html。

[3] 周光礼、武建鑫：《什么是世界一流学科》，载于《中国高教研究》2016 年第 1 期，第 65 ~ 73 页。

[4] 徐国祥：《指数理论及指数体系研究》，厦门大学博士学位论文，1999 年，第 1 ~ 10 页。

标上的信息与数据。第四，对原始数据进行处理，计算指标得分，并将国内与国外对标学科进行指标比较，探索我国与世界一流生命医学类学科之间的差距。第五，对国内一流学科建设高校生命医学类学科专家访谈调研得到的国外典型案例学科进行深入分析，了解其发展的成功经验。第六，结合我国一流生命医学类学科在发展与建设中面临的突出问题，提出促进我国一流生命医学类学科发展的政策建议。

第二节　生命医学类一流学科指数设计

一、国内外样本选取

样本选择的首要依据为 2020 年 GRAS，然后参考 2020 年 QS 的世界学科排名以及教育部学位中心的学科评估结果。只有一个世界学科排名的情况以其为准。样本不足时递补除了参考学科排名外，也会参考 2020 年 ARWU。最终的样本选择要充分考虑可比性、可借鉴性以及数据的可获取性，在经过实际数据搜索和比较分析后最终确定。选取国际、国内各两组样本，分别是世界顶尖学科组、世界一流学科组、国内顶尖学科组和国内一流学科组。四组的样本数一般为 10，可以少于 10 但原则上不少于 6。选取了生命医学类世界顶尖学科和世界一流学科样本学校（见附录 3.1 和附录 3.2）。

世界顶尖学科组：GRAS 前 25 位且 QS 前 25 位；样本数量超过 10 的情况下，根据上述基本原则从中选 10 所；样本数量达不到 10 的情况下，在 GRAS 前 25 位中优先递补 QS 最靠近前 25 位且大学整体排名在 ARWU 前 25 位的，直到样本数量达到 10 为止。样本数量仍达不到 10 的只要超过 6 即可。只有 GRAS 的情况下，从其前 25 位中选择 10 所，优先选择大学整体排名在 ARWU 前 25 位的样本。

世界一流学科组：处于 GRAS76～100 位且 QS51～100 位；样本数量超过 10 的情况下，根据上述基本原则从中选 10 所；样本数量达不到 10 的情况下，在 GRAS 的 76～100 位中优先递补 QS101～150 位且大学整体排名在 ARWU 的 76～100 位的，直到样本数量达到 10 为止。样本数量仍达不到 10 的只要超过 6 即可。只有 GRAS 的情况下，从其 76～100 位中选择 10 所，优先选择大学整体排名在 ARWU 的 76～100 位的样本。

国内顶尖学科组：GRAS 的前 100 位（特殊学科可依次扩大）；样本数量超

过 10 的情况下，优先考虑在 QS 前 100 位、学位中心 A + 的；样本数量达不到 10 的情况下，优先递补 QS 前 100 位中靠前的、学位中心 A + 的，直到样本数量达到 10 为止，仍然达不到 10 的只要超过 6 即可。只有 GRAS 的情况下，从其前 100 位中选择 10 所，优先选择大学整体排名在 ARWU 前 100 位的样本。

国内一流学科组：除国内顶尖学科组外的 GRAS 前 100 位；如果数量超过 10，优先选择靠前的；如果达不到 10 依次递补 GRAS 后一组的，其中优先考虑 QS 相应组别、学位中心 A 的，直到样本数量达到 10 为止，仍然达不到 10 的只要超过 6 即可。只有 GRAS 的情况下，从其前 100 位中选择 10 所，优先选择大学整体排名在 ARWU 前 200 位的样本。

二、指标体系设计

1. 初步设计

指标体系的构建具有系统性、动态性和专业性等复杂特征，其构建的科学性也直接影响和决定了评价结果的可靠性与可信性，因此需要用系统性的思维来科学构建指标体系。[①] 本研究的设计思路是基于对生命医学类学科的发展现状的评价与判断，构建出立足当下、适用于我国生命医学类学科现阶段发展、同时能引领其走向世界一流的指标体系。通过对上述文献的梳理，以及遵循评价指标的目的性、完备性和可操作性原则，初步构建生命医学类一流学科的评价指标体系，主要包含人才培养、科学研究和社会服务，也就是学科职能的三个方面。人才培养和科学研究在学科层面耦合互动，形成相互促进、相互渗透、相互依赖、相互作用和相互制约的动态关系。[②] 进一步来说，科学研究的根本特征是创造性，为人才培养提供了新的途径，通过直接参与科学研究活动，学生的科学思想得到进一步强化，科学素养和能力也会在潜移默化中得到提升。同时，为了更好地开展科学研究，学科应培养合格的人才，提供人力资源保障。因此，科学研究与人才培养应成为一流学科评价的重要维度。而且，人才培养离不开教师。优秀的师资队伍意味着集教学与科研为一体，通过科学研究，将前沿的科学知识融入教学工作中，将最有价值的学科知识传授给学生，学生的思维与知识储备得以提升。[③]

---

① 彭张林、张爱萍、王素凤、白羽：《综合评价指标体系的设计原则与构建流程》，载于《科研管理》2017 年第 S1 期，第 209~215 页。

② 唐德海、李枭鹰：《复杂性思维与多学科研究：功能耦合的高等教育研究方法论》，载于《高等教育研究》2011 年第 4 期，第 5 页。

③ 李晓华、郑美丹：《提升大学人才培养质量的根本出路——构建大学三大职能的共生系统》，载于《江苏高教》2020 年第 11 期，第 35~38 页。

因此，师资水平应成为一流学科评价的重要维度。随着大学与社会联系的日益加深，大学社会服务职能的重要性不断凸显。一流学科通过培养顶尖人才，将人才输送到社会的各行各业，人才作为生产力直接创造经济价值。与此同时，学科可采用专利许可转化和技术服务咨询等方式与企业合作，直接转化最新的科研成果，帮助产业升级，实行产学研一体化发展，带动创新创业，从而实现一流学科对社会经济发展的贡献。[①] 因此，经济贡献应成为一流学科评价的重要维度。

2018 年以来，服务国家战略成为我国政府各类高等教育政策文件制定的主要依据和基本原则，主导着高等教育改革发展的方向，学科的发展与服务国家战略息息相关，因此服务国家战略应成为一流学科评价的重要维度。学科品牌是学科在高等教育界、大学以及社会中地位的象征，也是学科在长期发展过程中逐渐积淀凝结成为学科内涵中具有社会认同意义的心理符号。学科品牌的形成有利于提升学科水平，促进学科发展。学科品牌本身并不是一种物质实体，它是一种无形资产。虽然作为无形的资产，但是其地位和影响不可忽视。品牌建设已日益成为大学和学院的重要战略任务，开发有意义的差异化品牌有助于大学与学科传达其自身特点，在竞争中获得优势。[②] 因此，学科影响力也理应成为一流学科评价的重要维度。综上所述，人才培养、科学研究、经济贡献、师资水平、服务国家战略需求和学科影响力应成为一流学科评价的六大重要维度。

在具体测量指标的选取上，本研究同样本着"高标准、目的性、完备性和可操作性"的原则。在人才培养维度，选取了国际著名校友的培养和博士生的数量两个具体测量指标，主要原因如下：校友作为大学人才培养的主要成果，其与大学之间的本质关系体现为学缘关系，这种关系具有长期性和稳定性，并成为终身刻印在其身上的文化烙印。[③] 校友之于大学发展意义重大，世界一流大学均在开展多样化的校友活动，其中校友捐赠一直在大学的财政健康和运营独立性方面发挥着作用，也因此成为高等教育运作的关键要素。[④] 大学与校友的互动影响着大学的未来发展。因而，将国际著名校友的培养纳入世界一流学科评价指标体系具有重要意义。党的二十大对完善科技创新体系，提升国家创新体系整体效能作出了战略部署。[⑤] 博士

① 员荣平、孙留洋、党高飞：《科技成果转化与一流学科建设的共生关系》，载于《中国高校科技》2019 年第 S1 期，第 53~54 页。

② Pinar M, Trapp P, Girard T, et al. University Brand Equity：An Empirical Investigation of Its Dimensions. *International Journal of Educational Management*，2014，pp. 616-634.

③ 潘懋元、石慧霞：《论大学与校友的互动关系》，载于《中国高等教育》2020 年第 9 期，第 10~12 页。

④ Tom G, Elmer L. Alumni Willingness to Give and Contribution Behavior. *Journal of Services Marketing*，1994，pp. 31-90.

⑤ 中国科学技术部：《文字实录》，中华人民共和国科学技术部网站，2023 年 2 月 14 日，https://www.most.gov.cn/xwzx/twzb/fbh23022401/twzbwzsl/202302/t20230224_184732.html。

生教育是最高层次的学历教育，博士生本身作为学术研究与产业的桥梁，已经远远超出了单纯的学术领域，日益成为一种重要的高层次人力资源。世界一流大学将培养高水平博士生作为一项重点人才培养战略，从而在关键技术和全球性重大科学问题研究中掌握主动权。[①] 在国际上，博士学位的数量与学科发展高度相关，能够培养一定数量博士生的大学，通常在机构管理、师资力量和科研水平等方面都比较强，在大学和学科发展中也比较突出。[②] 因而，将博士生的数量纳入世界一流学科评价指标体系具有重要的战略意义。

在原始创新维度，选取了世界顶尖学术期刊论文、国际权威学术期刊论文和高被引论文等具体测量指标，主要原因如下：科学研究的目的在于认识未知世界，创造新知识以解决现实问题，促进人类社会的进步与发展。科研论文作为记录科研成果、传播科学知识的重要载体之一，可以作为科研水平与科学发展的标志。[③] 国际性论文具备广泛的传播性，是科学研究的基石，本身具备国际影响力。[④] 进一步来说，世界顶尖学术期刊和国际权威学术期刊作为科学界广泛认可的发表载体，其收录的论文具有高质量、前沿性和创新性等特征，不仅能经受同行检验，同时也是科研创新的重要依据。[⑤] 所以，世界顶尖学术期刊论文、国际权威学术期刊论文应成为世界一流学科评价指标体系的一个重要指标。除了从发表在国际顶级刊物的论文角度对学科的原始创新能力进行考察外，论文的影响力或被引频次同样是衡量学科原始创新的重要指标，高被引论文是指被引用次数居于各学科世界前1%的论文。高被引论文作为直观的科学指标，在透明度、认知和制度差异方面，为"世界一流"的科学卓越评价提供了一个有用的分析框架。[⑥] 已有研究表明，高品质论文不一定是最高被引论文，但被引频次都高于学科平均被引；最高被引的论文品质虽然不是绝对最优，但普遍具有广泛的学术认可度与社会影响力。[⑦] 高被引论文对学术期刊而言，是其质量与传播力的象征；

① 陈翠荣、李冰倩：《世界一流大学博士教育发展战略的主要特点及未来走向》，载于《研究生教育研究》2020年第2期，第89~97页。

② Bentao Y, Wanhe L. Doctoral Training and Building World – Class Disciplines：Empirical Analysis Based on a Doctoral Research Experience Survey. *Chinese Education & Society*, 2018, Vol. 51, No. 3, pp. 184 – 198.

③ 沈光权：《浅谈高校科研育人》，载于《煤炭高等教育》1988年第2期，第2页。

④ 程哲、卢兴富、李福林：《世界一流大学建设成效评价分析——基于科研论文的视角》，载于《中国高教研究》2020年第10期，第8页。

⑤ 王维朗、吕赛英、游滨等：《提升科技期刊国际显示度的途径与策略》，载于《中国科技期刊研究》2011年第5期，第3页。

⑥ Tijssen R, Visser M, van Leeuwen T. Benchmarking International Scientific Excellence：Are Highly Cited Research Papers an Appropriate Frame of Reference? *Scientometrics*, 2002, Vol. 54, No. 3, pp. 381 –397.

⑦ 叶鹰：《高品质论文被引数据及其对学术评价的启示》，载于《中国图书馆学报》2010年第1期，第100~103页。

对学者而言，是其科研能力与科研成果的体现，同时也是高学术影响力的证明；对大学和研究机构而言，高被引论文是评价其研究状况和学科研究特点的客观指标之一。[①] 因而，高被引论文可以用以评价一流学科的原创能力。

在学术大师维度，选取了重大国际学术奖项的获奖人、国际权威学术期刊/组织的负责人和全球高被引科学家三个具体测量指标，主要原因如下：学术获奖是学者获得学术认可的主要形式之一[②]，奖项是 18 世纪出现的一种制度化的科研成果评价形式。授予研究者某一奖项代表着对其研究成果的赞赏与肯定。诺贝尔奖是科研奖励规范化和国际化发展的重要标志。[③] 国际学术奖项是指对国际学术共同体的成员在学术活动中取得的突出成就和突出贡献而给予奖励的项目。[④] 国际学术奖项区别于某一国内奖项的核心特征是对获奖候选人的遴选突破了国籍这一限定，成为在世界范围内的竞争。国际权威学术期刊/组织的负责人是各学科的高水平专家，为其学科领域的发展做出了重要贡献，在其学科领域拥有广泛的国际影响力。自 2014 年开始，科睿唯安每年发布"全球高被引科学家"名单，旨在遴选全球自然科学和社会科学领域最具影响力的研究人员，是全球范围较为权威的科学家评价名单。一般来讲，高被引科学家所发表的成果具有较强的原创性、前沿性和创新性，他们是战略科技人才的主要代表，也是引领未来发展方向的重要科技力量。[⑤]

在学科影响力维度，选取了在第三方评价中的影响力和在各类媒体中的影响力等指标，主要是因为第三方评价机构和各类媒体之所以能够在市场和社会上得到认可，在很大程度上取决于其专业化水平、人才储备、技术支持和制度保障。[⑥] 国际上权威的第三方评价机构具备较强的公正性、客观性、独立性、透明性和专业性特质，符合价值判断与理性选择的应然规范性。[⑦]

在经济贡献维度，选取了国际专利转让比例指标，主要是因为专利是学科科

---

① 韩维栋、薛秦芬、王丽珍：《挖掘高被引论文有利于提高科技期刊的学术影响力》，载于《中国科技期刊研究》2010 年第 4 期，第 5 页。

② Frey B S, Neckermann S. Awards：A View from Economics. *The Economics of Ethics*，2009，pp. 73 – 88.

③ 吴海江：《诺贝尔奖：原创性与科学积累》，载于《科学学与科学技术管理》2002 年第 11 期，第 4 页。

④ 李奕赢、朱军文、Li 等：《经济学国际学术奖项的类别，相互关系及影响力高低的图谱分析》，载于《情报杂志》2017 年第 5 期，第 8 页。

⑤ 鲍玉芳、马建霞：《诺贝尔奖与科学家论文数量、被引频次的相关性：基于 2000—2010 年诺贝尔化学、物理学获奖者的实证研究》，载于《图书理论与实践》2015 年第 8 期，第 40~45 页。

⑥ 冯虹、刘国飞：《第三方教育评价及其实施策略》，载于《教育科学研究》2016 年第 3 期，第 43~47 页。

⑦ 郭宝宇、冯倬琳：《世界一流大学第三方评价机构的识别系统：外部质量保障视角》，载于《清华大学教育研究》2020 年第 6 期，第 83~90 页。

技成果的体现，而专利转让则意味着学科科技成果的成功转化。一般而言，高校或学科促进社会经济发展的重要途径之一就是通过高水平的科学研究实现科技成果的转化以推动创新发展，这被视为知识经济的关键驱动力。[①]

在服务国家战略维度，选取了对国家战略不可或缺的科研支撑（国家三大奖）指标，主要是因为国家三大奖代表着我国科技界的最高荣誉和最高水准，在一定程度上体现了我国高水平创新的发展态势，对我国的科技攀登世界高峰有着重要的推动作用，能够体现出学科对国家战略的贡献度。例如，有学者指出，国家科学技术进步奖对我国国民经济各个行业具有全面的覆盖性，是涉及学科、专业和人员以及单位最广的一个奖项，在全社会产生了重大影响，被誉为"最具中国特色"的奖励之一。[②]

基于此，本章初步构建了生命医学类一流学科评价指标体系，包含学术大师、原始创新、学科影响力、人才培养、经济贡献和服务国家战略6大维度、12个指标（见表11 - 1）。

表11 - 1　　　初步构建的生命医学类一流学科评价指标体系

维度	指标
学术大师	重大国际学术奖项的获奖人
	国际权威学术期刊/组织的负责人
	全球高被引科学家
原始创新	国际权威学术期刊论文
	世界顶尖学术期刊论文
	高被引论文
人才培养	国际著名校友的培养
	博士生的数量
学科影响力	在第三方评价中的影响力
	在各类媒体中的影响力
经济贡献	国际专利转让比例
服务国家战略	对国家战略不可或缺的科研支撑

[①] Olssen＊M, Peters M A. Neoliberalism, Higher Education and the Knowledge Economy：From the Free Market to Knowledge Capitalism. *Journal of Education Policy*, 2005, Vol. 20, No. 3, pp. 313 - 345.

[②] 龙九尊：《最具中国特色的奖项——国家科学技术进步奖发展综述》，载于《中国科技奖励》2009年第10期，第2页。

2. 实证筛选

为了进一步验证初步构建的生命医学类一流学科评价指标体系是否适合对生命医学类一流学科进行评价，本研究邀请了生命医学类学科专家对初步构建的生命医学类一流学科评价指标体系进行评价。

专家遴选：专家的遴选要充分考虑专家的阅历、水平、代表性与权威性。在选取学科专家时，遵循其所在单位为一流学科建设单位、本身具有丰富国际化背景的原则。共访谈生命医学类学科专家 83 位，其中有效访谈 81 位，访谈专家包含博士生导师、有国外留学或工作经验的学者等。访谈对象范围为北京市、上海市、浙江省、江苏省和四川省等地区的高校。

指标筛选：通过邮件的方式邀请学科专家参与访谈，当获得学科专家同意参加访谈后，主要以面对面、一对一的形式邀请其参与访谈，即单独面谈的方式。通过问卷的形式让学科专家对每一个指标赋值，并运用加权法、因子分析法等方法对指标进行筛选，具有一定的客观性和数理统计依据。每一个指标的内涵都是丰富的，在指标体系中都具有重要性，因而，唯有从指标体系整体的角度出发，与学科专家探讨每一个指标的内涵及其在指标体系中的重要性才能对每一个指标的"去留"作出科学的选择。

在访谈的过程中，研究者与每一个接受访谈的学科专家逐一探讨了初步构建的生命医学类一流学科评价指标体系中的 6 个维度和 12 个评价指标，获得了 81 份访谈资料。生命医学类学科专家对评价维度和评价指标给予总体肯定的同时，建议：删除在各类媒体中的影响力等可操作性和可比性较差的指标，并将世界顶尖学术期刊论文和国际权威学术期刊论文 2 个指标合并为国际权威学术期刊论文、将高被引论文替换为高被引论文被世界一流学科引用的比例。与此同时，对重大国际学术奖项的获奖人、博士生的数量和国际专利转让的比例 3 个指标存在意见分歧。就重大国际学术奖项的获奖人而言，一些专家认为，生命医学类学科尤其是兽医学科的国际学术奖项获奖人数比较少，如果将之纳入评价指标体系，同一学科之间的区分度难以体现；另一些专家则认为重大国际学术奖项的获奖人这一指标不仅能够代表世界级学术大师的水平，而且能够引导国内高校追求更高质量的发展；本研究予以保留。就博士生的培养而言，一些专家认为应该考核博士生培养的质量而非数量，而另一些专家认为只有具有一定的基数，才能培养出高质量的博士生；本研究倾向于后者的观点。就国际专利转让比例而言，部分专家担心生命医学领域的专利可能难以进行准确的学科分类统计。综合学科专家意见和建议，完善生命医学类一流学科评价指标体系（见表 11-2）。

表 11 - 2   **生命医学类一流学科评价指标体系**

维度	指标
学术大师	重大国际学术奖项的获奖人
	国际权威学术期刊/组织的负责人
	全球高被引科学家
原始创新	国际权威学术期刊论文
	高被引论文被世界一流学科引用的比例
人才培养	国际著名校友的培养
	博士生的数量
学科影响力	在第三方评价中的影响力
经济贡献	国际专利转让的比例
服务国家战略	对国家战略不可或缺的科研支撑

资料来源：笔者构建。

三、数据搜集与分析

1. 重大国际学术奖项的获奖人

指标界定：重大国际学术奖项的获奖人是指在 2001～2020 年间一流学科中的学者们获得本学科重大国际学术奖项的数量。选取的标准参考了软科官网"学术卓越调查"的学科奖项，对生命医学类进行区分；根据访谈结果，整理专家所推荐的奖项，超过访谈人数 1/2 的专家推荐奖项则计入名单，同时参考了郑俊涛的《基于声誉调查和奖项图谱的国际科学技术奖项评价研究》，提取其中的生命医学类奖项。对上述三个名单进行整理，以此得出重大国际学术奖项并集名单。参考学术排名与卓越国际协会公布的国际学术奖项（IREG List of International Academic Awards）清单，将 IREG 生命医学类奖项与前述综合名单上的奖项进行交叉重复对比，取交集，以此得出生命医学类各学科重大国际学术奖项清单（见附录 1.4）。

数据搜集：通过谷歌搜索，以各奖项的官方网站为数据来源，列出在指定年份中公布的获奖人名单，然后对获奖人名单中所列出的获奖人姓名、隶属院校、次数和专业等数据进行搜集与统计。

统计方法：根据获奖者获奖当时的归属单位统计每所大学该学科的获奖人数。当一名获奖人同时署名两个单位时，每个单位各计 1 人次。

2. 国际权威学术期刊/组织负责人

指标界定：国际权威学术期刊/组织负责人是指学者在本学科国际权威学术期刊中担任主编、副主编和编委，以及在本学科国际权威学术组织中担任主席、副主席、秘书长和执委的折合数。首先国际权威学术期刊选取的标准参考了软科官网"学术卓越调查"的权威学术刊物，对生命医学类进行区分；其次根据访谈结果，整理专家所推荐的期刊，超过访谈人数1/2的专家推荐期刊则计入名单，同时参考已有文献中所列出的权威期刊清单，对上述三个名单进行整理，以此得出国际权威学术期刊并集名单。然后通过对科学网的生命医学领域期刊引用报告分区Q1清单和中科院期刊分区Q1清单，对两个清单进行整理与交叉对比，取交集，以此得出国际权威学术期刊的交集清单。将此清单与前述的国际权威学术期刊并集名单上的期刊进行交叉对比，取交集，同时出现的学术刊物则纳入最终名单，以此得出生命医学类各学科国际权威学术期刊清单（见附录2.4）。限于研究时限，本学科的国际权威学术组织清单暂未得到。

数据搜集：通过谷歌搜索，以各期刊的官方网站为数据来源，以2021年的网站结果为准，对期刊列出的编委会成员进行整理，剔除广告主编、美工等，仅筛选保留国际权威学术期刊的主编、副主编和编委，以及国际权威学术组织的主席、副主席、秘书长和执委，以此得出初步名单。然后通过学校官网和期刊官网等，搜索得到其所属院校和学科等信息。限于时间和精力的因素，暂未统计国际权威学术组织负责人的信息。

统计方法：对主编、副主编和编委赋予同等权重。当一个主编（副主编、编委）隶属于多个单位时，每个单位计1人次。当一个主编（副主编、编委）担任多本期刊的主编，则累计计数，如一名教师既担任A国际权威学术期刊主编，又担任B国际权威学术期刊主编，则该主编所属单位计2次数。

3. 全球高被引科学家

指标界定：全球高被引科学家是指国际上本学科高被引科学家的总数。学者发表的论文被国际性数据库收录后，其他学者在论文中引述其研究时会进行论文引用，被引用的作者被称为被引科学家。期刊网站对发表过的论文进行引用统计，并注明引用次数，当一篇论文被引用较多时，称为高被引论文，当同一作者名下的论文引用次数较多且远高于业内平均值时，被称为"高被引科学家"。本次高被引科学家数据来源于科睿唯安2020年版的高被引科学家名单。

数据采集：通过科睿唯安公司官网搜集2020年发布的高被引科学家名单，然后对名单中所列出的入选者姓名、隶属院校及学科等数据进行搜集与统计。因学者归属的学科较为复杂，且存在跨学科领域研究的现象，因此需要对全球高被引科学家进行学科区分。通过谷歌搜索、大学官网和期刊官网等，找出高被引科学家的所在院系，结合其研究方向，对高被引科学家的归属学科进行具体划分。

统计方法：当高被引科学家同时署名两所大学时，只统计高被引科学家隶属的第一单位，计 1 人次。

4. 国际权威学术期刊论文

指标界定：国际权威学术期刊论文是指 2015～2019 年间学者在生命医学类各个学科的国际权威学术期刊发表论文的数量。国际权威学术期刊选取的标准首先参考了软科官网"学术卓越调查"的权威学术刊物，对生命医学类进行区分；其次根据访谈结果，整理专家所推荐的期刊，超过访谈人数 1/2 的专家推荐期刊则计入名单，同时参考已有文献中所列出的顶尖期刊清单；对上述三个名单进行整理，以此得出国际权威学术期刊并集名单。然后通过对科学网的生命医学领域期刊引用报告分区 Q1 清单和中科院期刊分区 Q1 清单，对两个清单进行整理与交叉对比，取交集，以此得出国际权威学术期刊的交集清单。将此清单与前述国际权威学术期刊并集名单上的学术刊物进行交叉对比，取交集，确定国际权威学术期刊名单（见附录 2.4）。

数据搜集：通过科睿唯安 WOS 中的核心合集数据库，搜集发表在该学科国际权威学术期刊上的论文，搜集类型仅为"article"（研究论文），然后对每篇论文第一作者的姓名和隶属院校等数据进行搜集与统计。

统计方法：统计五年来（2015～2019 年）以第一作者的署名机构发表的论文数量。当一篇文章有多个第一作者，则每个第一作者署名机构各计 1 篇次。当一篇文章的第一作者同时署名多个机构，则每个署名机构计 1 篇次。

5. 高被引论文被世界一流学科引用的比例

指标界定：高被引论文被世界一流学科引用的比例是指一段时间内的本学科高被引论文被世界一流学科引用的次数除以总被引次数。其中，"高被引论文"是指在 WOS 中，按字段和出版年份引用排名前 1% 的论文。"世界一流学科"是指同时进入 QS 世界大学学科排行榜和软科世界一流学科排行榜前 100 位的学科。本次一流学科数据来源于上述两个排行榜 2021 年发布的排行名单。

数据采集：通过 QS 和软科官网，搜集其公布的学科排名，分别采集进入各排行榜前 100 位的机构，然后对同时进入两大排行榜前 100 位的机构进行交叉对比，取交集，得到世界一流学科的名单。若某一学科只有 QS 或软科其中的一个排行榜对其进行排名，则只统计进入 QS 或软科排行榜前 50 位或 75 位的机构。通过科睿唯安 WOS 数据库，搜集各学科高被引论文名单，并对每篇论文的第一作者姓名、隶属院校和学科以及被引情况等数据进行采集。

统计方法：根据已确定的各学科世界一流学科名单，统计出样本高校的高被引论文被世界一流学科引用的频次，然后用此频次除以样本高校高被引论文的总被引次数。

6. 国际著名校友的培养

指标界定：国际著名校友是指校友获得本学科重大国际学术奖项、在本学科国际权威学术期刊及国际权威学术组织中担任负责人（主编、副主编和编委等）以及入选各学科全球高被引科学家的折合数。校友指在一所大学获得过学士或博士学位的人。各学科重大国际学术奖项、国际权威学术期刊及国际权威学术组织负责人和入选各学科全球高被引科学家分别参考重大国际学术奖项获奖人、国际权威学术期刊负责人、国际权威学术组织负责人和全球高被引科学家指标中的定义。

数据搜集：各学科的重大国际学术奖项获奖人、国际权威学术期刊及国际权威学术组织负责人和全球高被引科学家等清单确定后，通过谷歌搜索、相关大学和院系的官网以及个人主页等，对清单中人员的姓名、隶属院校和毕业院系等数据进行搜集与统计。限于时间和精力等因素，在国际权威学术组织中担任负责人的校友暂未统计。

统计方法：如果一个校友在一所学校获得两个或以上学位，只计算最近的一次。此外，分别参考重大国际学术奖项获奖人、国际权威学术期刊负责人、国际权威学术组织负责人和全球高被引科学家指标下的数据搜集与统计方法。

7. 在第三方评价中的影响力

指标界定：在第三方评价中的影响力是指在非政府及高校本身主导的评估中所表现的影响力。在这里主要采用国际上知名度较高且获得广泛认可的软科世界一流学科排名①或 QS 世界大学学科排名②等全球学科排行榜中的名次，本数据来源于 2020 年两个排行榜公布的名单。

数据搜集：通过 QS 和软科官网搜集其公布的排名，以此为数据源，对样本高校在排行榜中的名次进行统计。

统计方法：进入全球排名前 25 位的高校，赋予 5 倍权重；排在第 26～50 位的高校，赋予 4 倍权重；排在第 51～100 位的高校，赋予 3 倍权重；排在第 101～150 位的高校，赋予 2 倍权重；排在第 151～200 位的高校，赋予 1 倍权重；排在 201 位及之后的高校，赋予 0.5 倍权重。

---

① 软科：《世界一流学科排名》，2020 年 12 月 11 日，http：//www.zuihaodaxue.com/arwu_subject_rankings.html。

② 《QS 世界大学学科排名》，2020 年 12 月 21 日，https：//www.qschina.cn/en/subject-rankings-2020。

8. 博士生的数量

指标界定：博士生的数量指的是在 2016～2020 年间，每年平均授予学生博士学位的数量。国内部分高校并未明确公布各学科博士学位授予数量，因此国内部分统一采用各学科的博士生毕业人数替代博士学位数量。

数据搜集：通过谷歌等搜索引擎进入国外高校的官方网站，搜集其相应学科公开的博士学位授予数量。通过百度搜索引擎进入国内高校的官网，搜集其相应学科公开的博士生毕业数量。

统计方法：计算出样本高校博士生培养数量的平均数，以此为基准，达到平均数的高校计为满分，未达到平均数的，根据基准数得到相对得分。限于时间和精力等因素，该指标暂未统计。

9. 国际专利转让比例

指标界定：国际专利转让比例指的是一段时间内各学科国际专利转让数与国际专利授权数之比。其中，专利授权是指法律对技术发明人或所有人授予的专利权；专利转让是指专利权人作为转让方，将其发明创造的专利的所有权或持有权移转给受让方，受让方支付约定价款的法律行为。本章中的专利包括发明授权专利、实用新型专利和外观设计专利，不包括发明申请专利。由于统计上衡量专利转化率较为困难，因此本章选择国际专利转让比例来近似反映一段时间内的专利转化情况。

数据搜集：从 incoPat 数据库中采集各样本高校国际专利的授予量以及被转让的数量。

统计方法：限于时间精力和技术难度等因素，该指标暂未统计。

10. 对国家战略不可或缺的科研支撑

指标界定：对国家战略不可或缺的科研支撑主要是指国家科学技术"三大奖"，也就是本学科在 2016～2020 年间获得国家自然科学奖、国家技术发明奖和国家科技进步奖三大国家科技奖的数量。

数据搜集：通过中华人民共和国科学技术部官网搜集其公布的 2016～2020 年间国家三大科技奖获奖者名单，然后对名单中列出的获奖者姓名、隶属院校及学科和获奖级别等信息进行搜集与统计。

统计方法：只统计第一获奖人所在的单位。在汇总计算国家重大奖励数据时，国家自然科学奖一等奖赋予 18 倍权重、二等奖赋予 6 倍权重，国家技术发明奖一等奖赋予 15 倍权重、二等奖赋予 5 倍权重，国家科技进步奖特等奖赋予 24 倍权重、一等奖和创新团队赋予 9 倍权重、二等奖赋予 3 倍权重。

11. 指标得分及指数的算法

对搜集到的数据进行整理和计算，对原始数值进行标准化处理。首先，计算出世界顶尖学科组在各个指标上的平均值，将其作为参照，设为标准分1分；然后，计算其余组别大学的各单一指标值，将其与世界顶尖学科组在相同指标上的平均值进行比较，得到两者的比值，进而得到该大学在该指标上的得分，得分超过1的计为1分。最后，计算其他组别相对世界顶尖学科组的整体水平，对各个指标的得分赋予同等权重，进行简单加权，得到学科的国际水平指数。

第三节 我国生命医学类一流学科指数表现

一、生命医学类一流学科各指标表现

在"国际权威期刊论文"指标上，国内顶尖学科组已有较好的表现，略微超过了世界一流学科组。进一步来说，在原始创新维度，国内顶尖学科组与世界一流学科组的表现相近，可以说明我国生命医学类学科在这方面已经取得显著的进步，这离不开我国近20年来的努力，即坚持鼓励科研人员在国际上发表科研成果，同时也符合我国在2021年被SCI收录的论文数量已超越美国这一整体趋势。[1] 虽然论文数量迅速增长，但是篇均被引频次与世界平均值相比还有较大差距[2]，同样在"高被引论文被世界一流学科引用的比例"中，国内顶尖学科组与世界一流学科组也存在明显的差距，这说明在生命医学类学科领域，应在增加论文数量的同时，促进科研产出向高质量转型。总体来说，国内顶尖学科组在所有指标上的表现都与世界顶尖学科组有明显的差距，国内一流学科组的差距则更大。相对来说，在高被引论文被世界一流学科引用的比例等指标上，国内顶尖学科组、国内一流学科组与世界顶尖学科组的差距较小。除个别指标外，国内顶尖学科组在绝大多数指标上的表现与世界一流学科组也有一定差距，国内一流学科组的差距则更大（见表11-3）。

---

[1] 中国科技论文统计与分析课题组：《2020年中国科技论文统计与分析简报》，载于《中国科技期刊研究》2022年第1期。

[2] Liu W. China's SCI - Indexed Publications：Facts，Feelings，and Future Directions. *ECNU Review of Education*，2020，No. 3，pp. 562 - 569.

表 11 - 3   生命医学类学科各指标得分表

指标	世界顶尖学科组	世界一流学科组	国内顶尖学科组	国内一流学科组
高被引论文被世界一流学科引用的比例	1.00	0.73	0.62	0.51
在第三方评价中的影响力	1.00	0.58	0.42	0.22
国际权威学术期刊论文	1.00	0.31	0.40	0.24
国际著名校友的培养	1.00	0.24	0.17	0.07
高被引科学家	1.00	0.29	0.15	0.05
国际权威学术期刊的负责人	1.00	0.24	0.13	0.03
重大国际学术奖项的获奖人	1.00	0.07	0.08	0.01

资料来源：笔者测算。

二、生命医学类一流学科的各维度表现

国内顶尖学科组、国内一流学科组在各维度上的表现都与世界顶尖学科组有明显的差距，但在学科影响力、原始创新等维度上的差距相对较小。这与研究中的国内一流大学享有较好的国际声誉这一结论一致。[①] 特别值得一提的是，国内顶尖学科组在原始创新维度上的表现达到了世界一流学科组的水平，在学科影响力维度上的表现与世界一流学科组的水平相差不大（见表 11 - 4）。

表 11 - 4   生命医学类学科的各维度得分

维度	世界顶尖学科组	世界一流学科组	国内顶尖学科组	国内一流学科组
学科影响力	1.00	0.58	0.42	0.22
原始创新	1.00	0.41	0.42	0.30
人才培养	1.00	0.24	0.17	0.07
学术大师	1.00	0.22	0.13	0.03

资料来源：笔者测算。

---

① 崔婷婷、王庆稳、邓珮雯：《基于 THE 和 QS 评价指标的医学学科排名体系构建》，载于《中华医学图书情报杂志》2021 年第 11 期，第 9 页。

三、生命医学类一流学科指数的表现

国内顶尖学科组、国内一流学科组在生命医学类各学科上的表现都与世界顶尖学科组存在明显的差距，但在农学和兽医学等学科上的差距相对较小。值得一提的是，国内顶尖学科组在农学、兽医学和口腔医学等学科上的表现达到乃至超过世界一流学科组的水平，在生物学、公共卫生与预防医学等学科上的表现与世界一流学科组的水平也很接近（见表 11 – 5）。此外，本研究具体展示了基础医学、临床医学与生物学学科国际水平指数表现及其指标得分（见表 11 – 6 至表 11 – 8）。

表 11 – 5　　　　生命医学类各学科的一流学科指数得分表

学科	世界顶尖学科组	世界一流学科组	国内顶尖学科组	国内一流学科组
农学	1.00	0.54	0.55	0.38
兽医学	1.00	0.43	0.45	0.27
药学	1.00	0.64	0.45	0.24
口腔医学	1.00	0.28	0.28	0.07
生物学	1.00	0.29	0.26	0.09
公共卫生与预防医学	1.00	0.25	0.20	0.04
基础医学	1.00	0.25	0.14	0.10
临床医学	1.00	0.25	0.13	0.09
护理学	1.00	0.18	0.12	0.11

资料来源：笔者测算。

表 11 – 6　　　　基础医学学科国际水平指数表现及其指标得分表

大学	表现	奖项	编委	高被引	论文	比例	校友	影响力
世界顶尖学科组	*****	1.00	1.00	1.00	1.00	1.00	1.00	1.00
世界一流学科组	***	0.02	0.01	0.19	0.17	0.72	0.00	0.70
北京大学	***	0.00	0.11	0.00	0.31	0.89	0.09	0.20
清华大学	***	0.00	0.05	0.00	0.33	0.83	0.00	0.20
浙江大学	***	0.00	0.05	0.00	0.18	0.87	0.03	0.10

续表

大学	表现	奖项	编委	高被引	论文	比例	校友	影响力
北京协和医学院	**	0.00	0.00	0.00	0.06	0.35	0.00	0.20
第二军医大学	**	0.00	0.05	0.00	0.01	0.77	0.00	0.10
复旦大学	**	0.00	0.00	0.00	0.13	0.33	0.00	0.20
上海交通大学	**	0.00	0.00	0.00	0.14	0.44	0.00	0.20
南京医科大学	*	0.00	0.00	0.00	0.00	0.62	0.00	0.10
首都医科大学	*	0.00	0.00	0.00	0.01	0.27	0.00	0.10
四川大学	*	0.00	0.00	0.00	0.04	0.25	0.00	0.10
中南大学	*	0.00	0.00	0.00	0.01	0.17	0.00	0.10
中山大学	*	0.00	0.00	0.00	0.08	0.21	0.00	0.20

注：（1）相同星级表现的高校按照学校名称的拼音字母排序。

（2）***** 表示该校的指数得分达到或超过世界顶尖学科组的水平，*** 表示达到或超过世界一流学科组的水平，** 表示与世界一流学科组的差距不大，* 表示与世界一流学科组的差距大。

（3）指标名称奖项、编委、高被引、论文、比例、校友和影响力等的全称依次为重大国际学术奖项的获奖人、国际权威学术期刊的编委、全球高被引科学家、国际权威学术期刊论文、高被引论文被世界一流学科引用的比例、国际著名校友的培养和在第三方评价中的影响力。

资料来源：笔者测算。

表 11-7   临床医学学科国际水平指数表现及其指标得分表

大学	表现	奖项	编委	高被引	论文	比例	校友	影响力
世界顶尖学科组	*****	1.00	1.00	1.00	1.00	1.00	1.00	1.00
世界一流学科组	***	0.00	0.03	0.13	0.12	0.81	0.08	0.60
北京大学	**	0.00	0.34	0.00	0.04	0.67	0.22	0.35
复旦大学	**	0.00	0.00	0.00	0.05	0.52	0.00	0.35
华中科技大学	**	0.00	0.00	0.00	0.08	0.67	0.16	0.10
上海交通大学	**	0.00	0.00	0.00	0.03	0.67	0.00	0.35
北京协和医学院	*	0.00	0.00	0.00	0.08	0.3	0.16	0.15
南京大学	*	0.00	0.00	0.00	0.02	0.37	0.11	0.15

续表

大学	表现	奖项	编委	高被引	论文	比例	校友	影响力
首都医科大学	*	0.00	0.00	0.00	0.02	0.45	0.00	0.10
四川大学	*	0.00	0.00	0.00	0.07	0.52	0.00	0.10
武汉大学	*	0.00	0.00	0.00	0.02	0.47	0.16	0.10
浙江大学	*	0.00	0.08	0.00	0.04	0.37	0.00	0.15
中南大学	*	0.00	0.00	0.00	0.02	0.60	0.00	0.10
中山大学	*	0.37	0.15	0.02	0.00	0.00	0.00	0.00

注：（1）相同星级表现的高校按照学校名称的拼音字母排序。

（2）***** 表示该校的指数得分达到或超过世界顶尖学科组的水平，*** 表示达到或超过世界一流学科组的水平，** 表示与世界一流学科组的差距不大，* 表示与世界一流学科组的差距大。

（3）指标名称奖项、编委、高被引、论文、比例、校友和影响力等的全称依次为重大国际学术奖项的获奖人、国际权威学术期刊的编委、全球高被引科学家、国际权威学术期刊论文、高被引论文被世界一流学科引用的比例、国际著名校友的培养和在第三方评价中的影响力。

资料来源：笔者测算。

表11-8　　生物学学科国际水平指数表现及其指标得分表

大学	表现	奖项	编委	高被引	论文	比例	校友	影响力
世界顶尖学科组	*****	1.00	1.00	1.00	1.00	1.00	1.00	1.00
世界一流学科组	***	0.00	0.29	0.11	0.17	0.66	0.18	0.60
北京大学	***	0.00	0.27	0.00	0.29	0.63	0.35	0.40
清华大学	***	0.00	0.19	0.13	0.30	0.91	0.19	0.60
复旦大学	**	0.00	0.00	0.00	0.12	0.56	0.06	0.40
上海交通大学	**	0.00	0.13	0.13	0.13	0.52	0.13	0.40
浙江大学	**	0.00	0.14	0.00	0.16	0.45	0.13	0.40
中国科学技术大学	**	0.00	0.00	0.00	0.10	0.73	0.16	0.35
华中科技大学	*	0.00	0.00	0.00	0.08	0.28	0.03	0.10
华中农业大学	*	0.00	0.00	0.00	0.02	0.23	0.06	0.10
南京大学	*	0.00	0.00	0.00	0.16	0.00	0.00	0.35
厦门大学	*	0.00	0.00	0.00	0.04	0.68	0.00	0.10
上海科技大学	*	0.00	0.00	0.00	0.05	0.45	0.00	0.20

续表

大学	表现	奖项	编委	高被引	论文	比例	校友	影响力
武汉大学	*	0.00	0.00	0.00	0.04	0.26	0.19	0.15
中国农业大学	*	0.00	0.00	0.00	0.05	0.47	0.06	0.10
中山大学	*	0.00	0.00	0.00	0.07	0.35	0.06	0.15

注：（1）相同星级表现的高校按照学校名称的拼音字母排序。

（2）*****表示该校的指数得分达到或超过世界顶尖学科组的水平，***表示达到或超过世界一流学科组的水平，**表示与世界一流学科组的差距不大，*表示与世界一流学科组的差距大。

（3）指标名称奖项、编委、高被引、论文、比例、校友和影响力等的全称依次为重大国际学术奖项的获奖人、国际权威学术期刊的编委、全球高被引科学家、国际权威学术期刊论文、高被引论文被世界一流学科引用的比例、国际著名校友的培养和在第三方评价中的影响力。

资料来源：笔者测算。

第四节　生命医学类一流学科的典型案例研究

案例本身是一种特殊和典型现象的整体系统，案例研究的对象是现实生活中的事例证据及各种变量之间的相互关系。[①] 本节的案例选取依据研究问题，从案例的典型性、数据可得性以及对我国的借鉴比较价值等方面进行衡量，最终选择了美国约翰斯·霍普金斯大学（Johns Hopkins University）的公共卫生与预防医学学科和英国牛津大学（University of Oxford）的临床医学学科作为案例。两个案例学校不仅有着悠久的办学历史、良好的声誉和影响力，而且在新冠疫情期间有着出色的表现，其经验值得借鉴。

一、服务全球共同利益：以约翰斯·霍普金斯大学公共卫生与预防医学学科为例

约翰斯·霍普金斯大学的公共卫生与预防医学学科始建于 1916 年，是美国

---

① 汪婷：《案例研究法的研究与发展综述——基于中国知网（CNKI）的核心期刊文献》，载于《武汉理工大学学报》（社会科学版）2014 年第 3 期，第 439～444 页。

347

正规公共卫生培训和流行病学教育的原型。[1] 其公共卫生学科有着强大的科研实力与良好的声誉，自 1994 年至今，其在 US News 世界大学专业排名中蝉联第一；在 2020 年的软科世界一流学科排名中位居第二。

1. 充分发挥专业优势以服务社会的科研活动

该学科的建立旨在填补全球公共卫生教育的空白，以更好地应对流行病。学科创建之初，为确保公共卫生学科的正确发展，负责人提出了以下目标：提供各类公共卫生培训，制定医学教育标准，加强与国内外研究和培训中心的联系，在国际范围内提供公共卫生奖学金，与政府机构合作，以及向国际卫生委员会提供帮助。[2] 在稳步迈向目标的过程中，约翰斯·霍普金斯大学的公共卫生学科逐渐成为公共卫生教育的典范，被誉为"公共卫生教育中的西点军校"[3]。随着时代变化，学科发展宗旨也与时俱进，进一步发展为：保护健康和拯救生命；多元化全球社区的公共卫生教育；社会正义、健康公平和公民参与；发现、传播知识并将其转化为地方、国家和国际层面的计划和政策；在所有活动和倡议中实现卓越、正直、多样性和文明的理念。[4]

公共卫生学科对全球贡献的承诺不仅停留在纸面上，更体现在实践之中。2020 年 2 月 5 日，在新冠疫情暴发初期，学科迅速成立了疫情小组，并固定每两周在网络平台开展专家直播，向公众公布疫情相关报告。报告内容包括跟踪和缓解疫情、接触者追踪和重新开放、大流行病对心理健康的影响、疫苗开发以及分配和接受等主题，并紧跟疫情趋势变化，为公众提供及时咨询。[5] 同时，学科积极开展疫情科研工作，以先进的理念和专业知识对新冠病毒开展研究。自全球抗击新冠疫情以来，学科已陆续开展 40 多个科研项目，涵盖新冠病毒的基因序列分析、治疗和试剂检测、社区合作抗击疫情、疫情期间的青少年教育以及医疗工作者的心理健康疏导等多个方面。[6] 除了进行疫情相关科研工作外，学科还迅速组织公共卫生专家学者投入疫情防控实践，特别是针对社会弱势群体的帮扶，如

① Johns Hopkins Bloomberg School of Public Health. About. https：//publichealth. jhu. edu/about，2022 - 07 - 05.

② E. R. Brown. Public Health in Imperialism：Early Rockefeller Programs at Home and Abroad. *American Journal of Public Health*，1976，Vol. 66，No. 9，pp. 897 - 903.

③ F. X. Sutton，R. B. Fosdick，S. C. Wheatley，et al. The Story of the Rockefeller Foundation. *Contemporary Sociology*，1990，Vol. 19，No. 4，P. 593.

④ Johns Hopkins Bloomberg School of Public Health. Mission，Vision，and Values. https：//publiche- alth. jhu. edu/about/at - a - glance/mission - vision - and - values，2022 - 05 - 12.

⑤ Johns Hopkins Bloomberg School of Public Health. COVID - 19 Events and Briefings，https：//publiche- alth. jhu. edu/events/covid - 19 - events - and - briefings，2022 - 05 - 12.

⑥ Johns Hopkins Bloomberg School of Public Health. COVID - 19 Projects and Initiatives，https：//publi- chealth. jhu. edu/headlines/covid - 19 - projects - and - initiatives#research，2022 - 05 - 12.

在囚犯、被拘留者和无证移民中开展新冠肺炎政策宣传；研究西非埃博拉病毒暴发对新冠肺炎的影响；每周在推趣（Twitch，实时流媒体视频平台）上进行关于新冠肺炎和心理健康等相关主题的直播等。①

让约翰斯·霍普金斯大学公共卫生学科在新冠疫情中再次成为公众关注焦点的是其创建的新冠肺炎资源中心（Johns Hopkins Coronavirus Resource Center），以及信息科学与工程中心开发的实时监控疫情数据网站"全球疫情扩散地图"，该网站实时记录全球新冠疫情的相关数据并实时更新。这一数据弥补了美国疾控中心（Centers for Disease Control and Prevention）信息滞后的不足，成为全美新冠肺炎信息的权威数据来源。此举还使得约翰斯·霍普金斯大学在 2021 年赢得美国研究（Research! America）颁发的"迎接公共卫生时刻"（Meeting the Moment for Public Health）奖。②

在数十年来面对各大流行病的经验累积和充分准备的基础上，公共卫生学科的抗击疫情举措得以实现并获得成功。以公共卫生学科下属的公共卫生健康安全中心（Center for health security）为例，它是由 D. A. 亨德森（D. A. Henderson）于 1998 年创建的美国第一个专门研究预防和应对生物安全威胁的非政府组织。该中心开展了一系列项目、合作和倡议，旨在帮助公众应对全球公共卫生安全、大流行病和生物安全等问题。主要活动包括组织专家工作会议、举办国会研讨会和策划模拟演习等。他们通过持续关注全球重大卫生安全事件并进行研究分析，不断探索医疗进步，以提升全球公共卫生安全水平。③

2019 年，该中心与世界经济论坛和比尔及梅琳达·盖茨基金会共同举办了新型人畜共患冠状病毒演习（Event 201）。在此次演习中，他们通过模拟流行病的暴发过程，发现世界各国在防范流行病方面存在许多重要差距。④ 因此，他们提出了一系列相应的解决方案，包括迅速激活政府以外的各类组织和企业的应急响应机制。例如，利用物流运输、社交传媒和物资分销等业务领域的公司，快速响应政府应急需求，确保重要信息和战略物资等可用于公共卫生反应行动等倡议。⑤

---

① Johns Hopkins Bloomberg School of Public Health. COVID – 19 Projects and Initiatives, https：//publichealth. jhu. edu/headlines/covid – 19 – projects – and – initiatives#practice, 2022 – 05 – 12.

② Johns Hopkins Coronavirus Resource Center. About Us, https：//coronavirus. jhu. edu/, 2022 – 05 – 12.

③ Johns Hopkins Center for Health Security. Mission, https：//www. centerforhealthsecurity. org/who – we – are/history/, 2022 – 05 – 12.

④ Johns Hopkins Center for Health Security. Event 201, https：//www. centerforhealthsecurity. org/event201/, 2022 – 05 – 12.

⑤ Johns Hopkins Center for Health Security. Public-private Cooperation for Pandemic Preparedness and Response, https：//www. centerforhealthsecurity. org/event201/recommendations. html, 2022 – 05 – 12.

2. 坚持全面性和个性化发展的人才培养

约翰斯·霍普金斯大学在公共卫生领域为美国和世界培养了许多杰出人才。其公共卫生硕士（Master of Public Health）项目致力于培养具有全球视野的专业人士。学生可在数百门课程中自由选择，并有机会在 67 个国家/地区进行实习项目。该硕士课程共 80 个学分，其中 45~50 学分为核心必修课，剩余学分由选修课组成，可根据学生兴趣进行定制。①

公共卫生硕士的核心课程旨在让学生掌握基本公共卫生知识并培养基本能力。基本公共卫生知识包括公共卫生学科与科学、与人类健康相关的要素等②；基本能力则包括运用循证公共卫生方法、理解公共卫生与医疗保健系统、领导力、沟通力、跨专业实践以及系统思维等。③

选修课程具有灵活性和个性化，学生在导师的指导下，可根据兴趣和目标制定适合自己的学习计划。选修课程涵盖 12 个领域，如卫生系统与政策、全球环境可持续性与健康、传染性疾病、健康领导与管理以及儿童和青少年健康等。④自入学起，每位学生都将被分配一名教师作为学术顾问。学术顾问的职责包括与学生讨论学术计划和进度，协助课程选择以及指导教育和职业目标等。此外，学术顾问还为学生提供解决个人问题的建议，如学生援助计划等。

学生可以选择加入专业社团，以提升自己的学术、专业和社交能力。如约翰·格兰特全球健康协会（John B. Grant），学生有机会与教师及校友共同探讨发展中国家的健康问题，并寻求解决方案。这有助于校友与学生建立联系，为学生寻求海外职业奠定了基础。①此外，安娜·巴特尔公共卫生实践协会（Anna Baetjer）关注人口与家庭、健康科学、心理健康以及药物滥用等领域。在协会中，学生可以学习如何加强公共卫生宣传的有效性，并寻求促进建设性变革的方法。每年，社团还会组织相关的演讲活动、研讨会和企业参访等。⑤

公共卫生学科的毕业要求设定了严格的学术标准。学生需保持最低 2.75 的累积平均绩点（GPA），若低于 2.75，学生将受到学术警告并有一学期或 12 个额外学分的时间将 GPA 提高至 2.75 或以上。如果一学期后 GPA 仍未达到 2.75，

---

① Johns Hopkins Bloomberg School of Public Health. Master of Public Health （MPH）, https：//publichealth. jhu. edu/academics/mph, 2022 - 05 - 12.

② Johns Hopkins Bloomberg School of Public Health. Program Overview, https：//e - catalogue. jhu. edu/public - health/departments/master - public - health/, 2022 - 05 - 12.

③ Johns Hopkins Bloomberg School of Public Health. Requirements, https：//publichealth. jhu. edu/academics/mph/requirements, 2022 - 05 - 12.

④ Johns Hopkins Bloomberg School of Public Health. Curriculum Full - Time, https：//publichealth. jhu. edu/academics/mph, 2022 - 05 - 12.

⑤ Johns Hopkins Bloomberg School of Public Health. Student Groups, https：//publichealth. jhu. edu/about/leadership/student - assembly/student - groups, 2022 - 05 - 12.

学生可能会继续受到学术警告。受到学术警告的学生需在选课前与指导老师和学术顾问会面，且累积 GPA 低于 2.75 的学生每学期不能注册超过 18 个学分，包括重修课程。[①] 公共卫生学科强调学术和研究伦理，积极为学生提供相关伦理课程，并通过在线互动模块检查学习效果。

100 小时的实习经历是必不可少的环节。实习办公室为学生们提供了国内外的优质实习岗位，如世界卫生组织（WHO）/泛美卫生组织（The Pan American Health Organization）、美国参议院老龄问题特别委员会和萨米特县公共卫生局等的实习岗位。学生亦可通过认证课程完成实习，如制止枪支暴力教育基金的政策制定课程和公共卫生宣传中心的公共卫生实践课程。实习过程中需有实习导师指导，制定实习目标并监督学生进度。学术顾问需要了解学生的实习情况，并在必要时提供帮助。实习结束后，实习导师将对学生表现进行评估，C 级以下成绩视为不合格。[②]

3. 案例讨论

经过百年发展，约翰斯·霍普金斯大学公共卫生学科已发展成为世界一流学科，这不仅归功于其清晰的角色定位、服务导向以及高水平的专业人才培养等方面，还得益于其在全球公共卫生安全领域提供的服务和良好的国际声誉等方面。

（1）强化公共卫生学科专业化建设。

作为世界一流学科，约翰斯·霍普金斯大学公共卫生学科努力发现新知识，为各级公共卫生政策提供科学支持。积极开展疾病防控并设立多个独立研究中心。我国公共卫生机构尚不足以完全应对现代公共卫生治理需求，如新冠疫情。国家应加强公共卫生体系建设并提供坚实的法治保障，为卫生学科发展创造契机。我国卫生学科专业化建设任重道远，应出台新型卫生学科政策文件，做好顶层设计，规划各类卫生学科的发展路径，促进卫生学科探索新知识以及服务于国家公共卫生政策的制定。

（2）优化公共卫生教育与实践培养。

约翰斯·霍普金斯大学公共卫生硕士项目在培养全球公共卫生领导人才方面取得了显著成绩。该项目的优势在于其明确的培养目标、个性化的培养方案、丰富灵活的课程设置、实用性强的课程内容、细致的培养计划和实习体验。这为我国公共卫生学科的发展提供了宝贵的借鉴经验。为促进我国公共卫生学科发展，高校应确立明确的培养目标，实施个性化培养方案，丰富课程设置并注重实用

---

① Johns Hopkins Bloomberg School of Public Health. Curriculum，https：//publichealth. jhu. edu/academics/mph，2022 – 05 – 12.

② Johns Hopkins Bloomberg School of Public Health. 100 Hours Practicum Experience，https：//publichealth. jhu. edu/academics/mph，2022 – 05 – 12.

性，加强实践教学，设立严格学术标准与伦理要求，鼓励学生参加专业社团，优化师资队伍，加强国际合作与交流，以及培养兼备实践能力和国际视野的公共卫生人才。

二、迅速专业的资源调动：以牛津大学临床医学学科为例

牛津大学纳菲尔德临床医学学科（Nuffield Department of Medicine，NDM，以下简称"临床医学学科"）作为英国最为顶尖的学科之一，至今已有 7 个多世纪的历史，以培养医学人才著称，其中包括诺贝尔医学奖得主。牛津大学临床医学学科是全球率先使用结构、细胞生物学以及遗传学来了解和治疗人类疾病的学科之一。[1] 其在 2021 年 QS 世界学科排名中位居第三。[2] 过去 20 年间，临床医学学科引领开发的疫苗、药物和临床技术，用于诊断、治疗以及疾病控制，推动了全球卫生政策和临床实践的变革。[3]

1. 积极调动资源迅速应对全球新冠疫情

在新冠疫情期间，牛津大学临床医学学科第一时间积极调动资源以应对疫情。临床医学学科有着扁平化的决策结构，这意味着他们可以快速调动整合资源和所需技能来启动研究项目。整个学科的教授通力合作，在各方面做出了努力，有力地抗击了疫情。疫情暴发初期，在牛津大学接受培训的我国疾病预防控制中心主任高福（George Gao）就向学校报告了感染的严重性，并提供了该病毒的第一个基因序列。[4] 临床医学教授彼得·霍比（Peter Horby）很快就参与进来；杰里米·法拉尔（Jeremy Farrar）以及应对 H5N1 流感暴发的科学家团队也密切参与。到 2020 年 1 月中旬，临床医学学科团队就与 1 000 多名科学家充分接触，研究与病毒有关的多个问题。临床医学的专家大卫·斯图尔特（David Stuart）、保罗·克伦曼（Paul Klenerman）等都在病毒的自然历史和发病机制、免疫反应的性质及其重要蛋白质的结构等领域开展过相应研究，可以迅速确定病毒的 T 细胞和先天免疫的作用，了解抗体反应并寻找药物发现主要靶蛋白的结构。波顿·唐（Porton Down）教授领导了抗体横向流动测试的实验。马丁·兰德里（Martin Landray）和彼得·霍比教授利用他们在大规模试验和新发感染方面的

---

[1] Nuffield Department of Medicine. Nuffield Department of Population Health, https：//en. wikipedia. org/wiki/Nuffield_Department_of_Population_Health, 2022 - 05 - 12.

[2] QS Ranking. QS World University Rankings by Subject, https：//www. qschina. cn/subject - rankings/2022, 2022 - 05 - 12.

[3] Nuffield Department of Medicine. About, https：//www. ndm. ox. ac. uk/about, 2022 - 05 - 12.

[4] University of Oxford. Oxford's contribution to the fight against COVID - 19, https：//staff. admin. ox. ac. uk/article/how - oxford - has - contributed - to - the - global - fight - against - covid - 19, 2022 - 05 - 12.

专业知识建立了恢复试验,该试验不仅消除了无用疗法,而且还将地塞米松这一治疗其他疾病的现有药物确定为针对新冠肺炎的有效疗法,该疗法可挽救多达 30% 重病患者的生命。萨拉·沃克(Sarah Walker)教授的相关研究主攻疫情生成的病例数据和跟踪感染人数,她是最早记录大量无症状感染者的人之一。在疫苗方面,除了最初与阿斯利康公司合作推出的牛津—阿斯利康疫苗外,莎拉·吉尔伯特(Sarah Gilbert)教授也成功开发了 MERS 疫苗,该疫苗对新冠肺炎病毒有效。[①]

除了迅速组织专家抗击新冠疫情外,临床医学学科也筹备组建了大流行病科学研究所(Pandemic Sciences Institute),邀请专家与学术界、工业界和公共卫生组织合作,鼓励以科学为主导的创新,以加速了解和开发新的诊断、治疗、疫苗和数字疾病控制工具,重点是让所有人都能公平地获益。他们也为新冠疫情提出了以下三个方面的实际解决方案:加速了解和观察,生成可操作的知识和数据(从病原体到患者和人群),并使这些知识和数据在全球范围内公开,例如使用强大的新基因组分析工具(如全球病原体分析系统)绘制病原体进化和传播图;将研究转化为实用的解决方案,创建和部署有效、公平和可接受的卫生技术与干预措施,例如创建和评估新的疾病控制技术,应用建模和机器学习来评估流行病干预措施并最大限度地遏制疫情;促进信心、信任和复原力,例如改进公共政策和决策,提供有效的决策结构和流程、提高对政府的信任,可与卜拉瓦特尼克(Blavatnik)政府学院合作,跟踪和评估政策响应能力和弹性指标,并描述合作和治理模式,以实现横跨卫生、金融和政治领域的有效全球协调,同时还为政治家和公务员提供各种具有挑战性的课程、研讨会和会议。[②]

2. 重视科学普及与公众参与的社会服务

科学普及与公众参与并非营利性活动,而牛津大学临床医学学科的参与程度也表明了其对公益活动的重视。同样,这些活动也为临床医学学科带来了长久的、持续的影响力与动力,并且在公众心中塑造了良好的学科形象。公众参与作为社会服务(public engagement)的一种类型,旨在组织与公众分享研究成果的相关活动。临床医学学科将公众参与作为重要的知识交流方式,不仅可以更好地了解社会日益增长的健康需求,而且可以满足资助机构的要求(越来越多的资助机构坚持将公众参与活动的评估作为研究资助和研究金的条件)。临床医学学科每年都组织大量公众参与活动,形成了广泛的影响力,例如英国皇家学会夏季科

---

① Nuffield Department of Medicine. Some of Our Contributions during the Pandemic, https: //www. ndm. ox. ac. uk/about, 2022 – 05 – 12.

② Nuffield Department of Medicine. Pandemic Sciences Institute, https: //www. psi. ox. ac. uk/, 2022 – 05 – 12.

学展（超过 12 000 名访客和主要媒体报道）、牛津实践科学（学生管理的社团在学校和公共场所进行实验）以及科学网（ScienceGirl 项目，解决女性在科学领域的代表性不足问题）等。①

3. 严格规范的医学人才培养体系

牛津大学临床医学学科在历史上培养了多位学术大师，为人类的生命健康做出了积极的贡献。其中，尼克·怀特（Nick White）教授领导临床科学家进行了第一次青蒿素治疗疟疾的国际疗效试验，并引领世界开发联合疗法和其他抗击疟疾的方法。2019 年，彼得·J. 拉特克利夫教授（Professor Sir Peter J Ratcliffe）因调节缺氧基因研究而获得诺贝尔医学奖。② 其培养模式以严谨著称，下面以临床医学博士生（DPhil，以下简称"临床医学博士"）培养为例进行说明。

临床医学学科重视博士生的生源质量，虽然临床医学学科有着丰富的资源，但是其每年只会招收 60 名左右的学生。因此，入学竞争非常激烈，大多数成功的申请者都拥有一流的学位。例如，对于拥有美国学位的申请人，GPA 的最低要求为 3.5 分（满分 4.0 分）；对于拥有中国学位的研究生，通常需要在"双一流"高校取得前 15% 的成绩。③

博士生的教育过程中严格把控质量，所有入学的学生初期都是作为试用研究学生（Probationer Research Student，PRS）被录取，在成功完成资格评估后才能获得博士生身份，资格评估通常在第四学期（或非全日制学生的第八学期）结束时进行，学生必须提交书面研究报告并接受两名教授的考核。在转成博士生身份后，学生必须在第九学期结束时完成博士工作及研究论文答辩，才能获得最终的博士头衔。④

临床医学的课程与科学研究是密切结合的，课程内容紧跟科学发展变化。临床医学的学生受益于一流的设施、高质量的技能培训和持续的支持。多年来，临床医学的课程在全国学生调查学生满意度排名中名列前茅。⑤ 其为临床医学博士生提供的研究范围非常广泛，涵盖行为科学、生物信息学和统计学（包括建模和计算生物学）以及细胞和分子生物学等，学生可以根据过往的学习经历和兴趣进

① Nuffield Department of Medicine. Public Engagement，https：//www. ndm. ox. ac. uk/about/public – involvement/public – engagement，2022 – 05 – 12.

② Nuffield Department of Medicine. Team，https：//www. ndm. ox. ac. uk/team，2022 – 05 – 12.

③ Nuffield Department of Medicine. International Qualifications，https：//www. ox. ac. uk/admissions/graduate/international – applicants/international – qualifications？source = coursepage，2022 – 05 – 12.

④ Nuffield Department of Medicine. What to Expect during Your DPhil，https：//www. ndm. ox. ac. uk/study/what – to – expect – during – your – dphil，2022 – 05 – 12.

⑤ Nuffield Department of Medicine. What to Expect during Your DPhil，https：//www. medsci. ox. ac. uk/about/the – division，2022 – 05 – 12.

行自由选择。①

除了日常的科研训练外，临床医学博士生还可享受专业同伴支持者（peer supporters）提供的服务。临床医学学科精心选择并培养了这些专业同伴支持者，为他们提供资助来接受严格且专业的培训。培训内容包括语言与非语言沟通、多样性意识、积极倾听以及危机管理与预防等。专业同伴支持者的队伍包括教授、讲师和学生等，他们可以非正式地与学生讨论各种问题，旨在帮助学生缓解压力、抒发情感，关注他们的心理健康，确保他们在舒适的心态下学习和开展科研活动。②

对于全日制的临床医学博士生，他们需在实验室进行为期 3~4 年的研究工作；而对于非全日制的学生，研究时间则为 6~8 年。在全日制学习的第一年或非全日制学习的前两年内，博士生需通过参加实验室技术和通用技能的必修与选修课程、讲座等方式，发展一系列研究技能，包括科学写作和统计。学院鼓励他们积极参加与研究计划相关的讲座和研讨会，并充分利用医学科学部门提供的博士培训和研究方法。这种培训旨在根据个人需求进行量身定制，提高学生的基础知识水平。后续的培训则侧重于发展独立研究领域所需的技能。临床医学学科非常重视导师监督团队的建立，并将其作为招生的特色。每位学生至少需有两名导师，许多学生则有两名以上的导师。学生们将在一年内与他们的导师平均每两周进行一次会面。③

4. 案例讨论

牛津大学临床医学学科经过百年的发展，已成为世界一流的临床医学学科，这离不开其一流的人才培养和公共服务。该学科旨在培养具有专业性、技术性和创新性的复合型人才，通过提供多样化的课程和科研训练，为学生打造严格规范的医学人才培养体系。在这个体系下，学生不仅能够提升自身的专业能力，还能培养科研思维和能力，为未来的研究道路奠定基础。

在应对突发公共卫生事件方面，牛津大学临床医学学科表现出积极的态度。面对新冠疫情，学科积极调动资源，根据不同专家的研究方向，提供大量资金支持和科研平台，以便他们开展研究。这种迅速的资源调度和应对能力，充分体现了牛津大学临床医学学科对突发公共卫生事件的重视。在新冠疫情期间，通过研发疫苗、进行公众科普宣传等一系列举措，学科树立了良好的国际形象，为社会

---

① Nuffield Department of Medicine. About – the – DPhil，https：//www.ndm.ox.ac.uk/study/about – the – dphil，2022 – 05 – 12.

② Nuffield Department of Medicine. Peer Supporters，https：//canvas.ox.ac.uk/courses/22105/pages/peer – supporters? module_item_id = 234075，2022 – 05 – 12.

③ Nuffield Department of Medicine. Study，https：//www.ndm.ox.ac.uk/study，2022 – 05 – 12.

做出了有益贡献。这种做法与牛津大学临床医学学科的长期理念是一致的。

第五节　关于我国生命医学类一流学科的政策建议

经过几十年的重点建设，我国的生命医学类一流学科已经取得了长足的进步，国内顶尖学科组在部分学科、部分指标上的表现已经达到乃至超过世界一流学科组的水平，但国内顶尖学科组、国内一流学科组在生命医学类各学科、各维度、各指标上的表现都与世界顶尖学科组有较大的差距。基于定量结果的对比和典型案例的分析，本研究提出以下政策建议。

一、鼓励原始创新，努力缩小生命医学类学科基础研究的国际差距

原始创新反映了一个学科的科学研究水平和科研创新能力，是学科硬实力的重要指标。原始创新是科研的立身之本，是最根本的创新，代表整个学科对知识积累和人类社会进步的贡献。有了原始创新，才有国际竞争的资本和壁垒。在生命医学领域，我国的一流学科与世界顶尖学科、世界一流学科仍然存在较大差距，需要追赶。在"原始创新"维度，国内顶尖学科组与世界一流学科组的表现较为接近，但也仅是部分学科可以达到这一水平。生命医学领域是人类永恒的探索和追求，代表着人类最根本的需求，重要性不言而喻。新冠疫情的暴发对生命医学类学科提出了更高的要求，在面对未知的病毒时，原始创新才是技术突破的保障。生命医学类学科本身的复杂性更代表着深层次研究的广泛性与长期性。因此，国家须对生命医学类学科的原始创新研究提供政策的倾斜与持续的支持，完成大量科研积累，为将来实现重大原创性突破创造条件。

建议加大对生命医学类学科，如临床医学、公共卫生与预防科学和护理学等学科的科研经费投入，鼓励高校师生和一线工作人员发表高水平论文，尤其是有国际影响力的论文。在鼓励原始创新的过程中，也应考虑到生命医学类学科科研成果的不确定性和时间滞后性等特点，为研究者创造条件，给予其开展原创研究的耐心与恒心，出台相应的政策与制度，为他们营造良好的科研氛围，克服急功近利、浮躁的不良学术风气，使他们敢啃研究难点中的"硬骨头"，甘坐重大研究中的"冷板凳"。

二、强化服务意识，全面提升服务社会特别是应急服务的能力

生命医学类学科的本质在于服务整个人类的福祉，具有较强的共同利益属性。从人类社会的发展进步角度来看，如今生命医学类学科的发展不仅限于消除疾病和挽救生命，更致力于提高人类生命质量，为人类的健康服务。美国和英国生命医学类世界一流学科的两个案例有一个共同点：注重为人类社会做出贡献，强调社会服务。在新冠疫情初期，两所学校迅速响应，调集专家开展科研活动以应对疫情蔓延。从搜集病例数据、研制药物和开发疫苗等方面全方位介入疫情干预的同时，还重视向公众传递正确的医疗卫生知识，有效促进全人类的抗疫活动。值得注意的是，它们的贡献不仅限于其国内，而是面向全球。不同于其他学科的经济成果转化属性，这些行动进一步强化了生命医学类学科为人类服务的特点，这正是生命医学类学科的特殊之处。

对于我国的生命医学类一流学科而言，除了树立服务理念外，还应强化服务意识，提高应急服务能力。在科研方面，面对突发疾病时，应迅速调动学科力量积极响应和应对，投身一线科研工作，鼓励学者将研究成果第一时间应用于疾病防控。在实践方面，生命医学类一流学科应在全球流行病事件不断增多的情况下保持未雨绸缪、防患于未然的前瞻性，秉持"君子以思患而豫防之"的态度，与政府、企业等多方力量合作，适时举办流行病防控演习。

第十二章

"双一流"建设的动态调整机制研究

第一节　我国一流大学建设进入新阶段*

一、我国一流大学已经具备冲击世界一流大学的实力

建成我国特色的世界一流大学，要能够在高精尖指标上产生突破，要能够满足国家重大战略需求，要能够在全球范围具有号召力和影响力。面对数量庞大的指标体系，一流大学建设高校不得不将宝贵且有限的资源均衡地分布在各种面上观测指标的达标和发展上，难以对国家顶尖人才和优质资源做到最优的使用和分配。因此，本研究凝练出人才培养、原创研究、品牌影响力、学术大师和经济贡献等国际可比指数并筛选代表性高精尖指标，以指数表现为依据判断我国世界一流大学建设的阶段。

基于前文指数分析的结果，以全球大学排名百强左右的世界一流大学组为基准（标准分为 1.00），对比国内 B 组大学与世界一流大学组在各项高精尖指标上的表现发现：我国一流大学在原创研究方面的表现已经趋近于世界一流大学，特

---

*　本节主要内容已发表在《清华大学教育研究》2022 年第 3 期。

别是在权威期刊论文数和前沿研究方向的活跃度等指标上表现不俗；我国一流大学在人才培养、学术大师和经济贡献等方面与世界一流大学的差距不断缩小，在全球高被引科学家数、博士研究生数和技术转化收入等指标上的表现已经接近世界一流大学的水平；重大国际奖项等指标实现了零的突破。然而，我国一流大学在彰显大学软实力的品牌影响力指数及相关指标上的表现与世界一流大学的差距仍然较大。

总体上，随着建设规模的扩大和成果数量的积累，我国一流大学在部分指标上已经形成一定优势；在国家重视前沿创新的战略支持下，部分指标取得了从无到有乃至超越世界一流大学的关键突破。可以判断，我国一流大学与世界一流大学的整体差距已经明显缩小，已经具备冲击世界一流大学的实力，迈入以质量内涵建设为中心的新阶段。

二、我国部分顶尖大学已经具备冲击世界顶尖大学的潜力

对比全球排名前 25 左右的世界顶尖大学组与国内 A 组大学在各项高精尖指标上的表现可以发现：我国部分顶尖大学在多数高精尖指标上的表现已经接近甚至超越世界一流大学，在部分高精尖指标上的表现向世界顶尖大学靠近。我国部分顶尖大学在人才培养和原创研究方面的追赶力度较大，在博士研究生数、权威期刊论文数和前沿研究方向的活跃度等指标上的表现已经接近世界顶尖大学。我国部分顶尖大学在学术大师、经济贡献和品牌影响力等方面不断提升自身水平，虽然与世界顶尖大学相比还有差距，但不少指标已经接近世界一流大学的水平，并具备冲击世界顶尖大学的潜力。

也就是说，我国部分顶尖大学在多个高精尖指标上表现出较强的国际竞争力，人才培养和原创研究的部分优势领域有潜力媲美世界顶尖大学；在具有明显差距的学术大师、经济贡献和品牌影响力等方面也存在高被引科学家数量较多、技术转化实力较强和第三方排名表现较出色等闪光点。可以判断，我国部分顶尖大学已经具备了冲击世界顶尖大学的潜力，进入了自我定位重置、核心领域突围的新阶段。

在我国世界一流大学建设已然迈入新阶段的背景下，如何优化与完善"双一流"建设方案是必须面对的重要课题。本研究进一步借鉴全球重点建设项目实施动态调整策略的成功经验，结合本土特色构建"双一流"建设的动态调整体系，针对性地提出相关建议。

第二节　全球重点建设项目动态调整的借鉴研究

一、全球重点建设项目调整的主要特点

本研究对全球学科重点建设项目进行系统检索，搜集了各国存在动态调整的项目，包括丹麦 CoE 计划、德国卓越计划、法国 IDEX 计划、挪威 SFF 计划、日本 21 世纪卓越中心计划、新西兰 CoREs 项目、印度 CPEPA 计划等。通过对调整的阶段、调整的内容和调整的类型进行分析，为我国"双一流"建设的动态调整提供借鉴和参考。

在重点建设项目启动和完成遴选后，经过一段时间的稳定建设，调整大多发生在一个完整建设周期的结束阶段，根据项目建设周期统计，一个完整建设周期平均为 8 年。有个别项目[1][2]会在中期评价或试用期结束时进行建设情况的判断，必要情况下会给出相关预警，但是极少会在建设中期实施调整。

重点建设项目调整的对象主要为机构。如果以广义概念来定义调整，那么重点建设项目的调整主要包括继续资助、自然结束和被动结束等类型。其中继续资助是根据项目建设需要，经过对之前的建设进行判断后，在新的建设项目中继续支持相关大学或学科建设；自然结束是项目在完整建设周期结束后，其自然不再获得继续资助，可以理解为完成了项目建设；被动结束主要是指个别项目因未能达到预期效果而终止对其继续资助，如日本 21 世纪卓越中心计划中有两个项目因进展和预期存在较大差异而被终止。[3][4]

---

① University Grants Commission. *XI - Plan Guidelines For Centres With Potential For Excellence In Particular Areas（CPEPA）*. UGC, https：//www. ugc. ac. in/oldpdf. xiplanpdf. centerpontentialexcellence. pdf, 2019 - 10 - 25.

② Ministry of Education. *Second Programme D'Investissements D'Avenir*. The French National Research Agency, https：//anr. fr/fileadmin/aap/2014/ia - idex - isite - 2014. pdf, 2020 - 02 - 11.

③ 日本学术振兴会：《中止となった拠点の評価コメント》，日本学术振兴会网站，2022 年 2 月 21 日，https：//www. jsps. go. jp/j - 21coe/05_chukan/17ch_kekka. html。

④ 日本学术振兴会：《中間評価結果》，日本学术振兴会网站，2022 年 2 月 21 日，https：//www. jsps. go. jp/j - 21coe/05_chukan/kekka. htm。

也有些重点建设项目的调整对象是经费，如德国卓越计划在第一期结束时，有弗赖堡大学、哥廷根大学和卡尔斯鲁厄大学 3 个项目没有获得下一轮的后续资助。新西兰 CoREs 项目，在 2006~2007 年项目交接时有一个新西兰数学应用研究所（The New Zealand Institute of Mathematics and its Applications）被终止，未获得后续资助。[①] 法国 IDEX 计划在 2016 年的评估后有 3 个项目获得无限期资助、有 3 个项目获准延长资助期，追加了 1.5~2 年。[②]

重点建设项目的调整力度，因调整方式不同其调整比例也有所不同。其中自然结束的比例一般较高，绝大多数项目能够正常完成建设并自然结束，如挪威 SFF 计划；获得继续资助的机构比例也较多，如德国卓越计划一期结束后超过 90% 的机构获得继续资助[③]，丹麦的 CoE 计划在不同资助周期中继续资助的比例在 55%~93%[④]；而涉及被动结束的比例一般较少，如日本 21 世纪卓越中心计划的被动结束比例为 1%。[⑤]

二、以退出为目标：以挪威 SFF 计划为例

随着对全球项目调整的研究不断推进，本研究认为"退"可以是重点建设项目的一种重要调整方式，从某种意义上说，"退"可以是重点建设项目的终极目标。需要说明，本研究中的"退"不是指因项目未达标而被"淘汰"，而是指在实现项目建设目标或实现自我可持续发展后，不再需要额外的重点资源扶持，有能力在"退出"项目资助后依然保持高水平的发展。挪威的 SFF 计划是"以退出为目标"的典型案例，下文将详细地对该计划的"退出战略"进行案例分析（见表 12–1）。

---

① Ministry of education. *Centres of Research Excellence*. Tertiary Education Commission，https：//www. tec. govt. nz/funding/funding – and – performance/funding/fund – finder/centres – of – research – excellence/，2022 – 02 – 21.

② Ministry of education. *Remise du rapport "Sensibiliser et former aux enjeux de la transition écologique et du développement durable dans l'enseignement supérieur" de Jean Jouzel*. Republic French，https：//www. enseigne-mentsup – recherche. gouv. fr/cid116366/pia – 1 – initiatives – d – excellence – idex. html，2022 – 02 – 21.

③ 朱佳妮：《追求大学科研卓越——德国"卓越计划"的实施效果与未来发展》，载于《比较教育研究》2017 年第 2 期。

④ Danish National Research Foundation. *Self – Assessment Report*（2013）. DNRF，https：//dg. dk/en/eval-uations – of – the – foundation/，2022 – 02 – 21.

⑤ 日本学術振興会：《中間評価結果（平成 14 年度、平成 15 年度、平成 16 年度採択拠点）》，日本学術振興会網站，2022 年 2 月 21 日，https：//www. jsps. go. jp/j – 21coe/05_chukan/kekka. htm。

表 12 − 1   挪威 SFF 计划中卓越中心的"退出战略"以及相关评价

中心名称	退出战略	关于退出战略的评价
CIR 中心（Centre for Immune Regulation）	在资助结束前确定，由中心所在大学给予中心 20% 的资助；中心可持续发展的计划	缺少退出计划；应充分挖掘国际资源，参与国际联盟；吸引国际人员携带经费来中心；中心可从无形资产和创业公司获得收入等
CCB 中心（Centre for Cancer Biomedicine）	参与有国际资助的联盟；从欧盟、美国、亚洲等新型研究力量获得资源	搭建起商业矩阵以助力中心的退出战略
CEE 中心（Centre for Ecological and Evolutionary Synthesis）	在资助周期结束后，中心所在大学承担 10% 的经费，每年约给予 210 万元人民币（200 万挪威币）*的资助	暂无具体建议
ESOP 中心（Centre for the Study of Equality, Social Organization, and Performance）	在资助结束后，中心合并进入所在系所；采取持续缩减招生规模、增加博士后职位等措施，把中心发展规模控制在可持续发展范围内	暂无具体建议
CSMN 中心（Centre for the Study of Mind in Nature）	成立一个新的管理委员会，在所在大学系所的支持下，保障退出；在所在系所为中心人员填补岗位；持续产生国内外影响和研究贡献	退出计划可行，且能够产生长期收益；建议按照中心特点调整博士生培养策略；建议理论研究与实践研究相结合；追求更多元的研究和新灵感
CBC 中心（Centre for Biomedical Computing）	保留中心人员在所在大学的学位岗位，其中包括 11 个永久岗位；参与所在大学新中心的设置；在资助结束前，找到中心经费 30% 的资助	建议利用好新建中心契机，更好地实现退出
CTCC 中心（Centre for Theoretical and Computational Chemistry）	在资助结束前找到其他的经费途径；理论研究和实验团队密切合作，使优秀研究人员继续开展高水平研究；中心在国内外网络中发挥关键作用，并力求由中心所在大学提供 5 年的长期经济支持	退出计划有待完善；建议重视网络搭建，重视形成可自我持续发展的模式；关注理论和实验研究的合作；在所在大学获得战略定位；继续开展青年研究者的成长与培训等

续表

中心名称	退出战略	关于退出战略的评价
CGB 中心（Centre for Geobiology）	资助结束后中心将由所在系所合并；资助以外的经费已占80%；招聘优秀人员以保持中心的学科前沿	建议中心即将融入的系所也参与退出计划的规划；重视资助结束后中心新能力的开发

注：＊经费以报告时间当年的汇率进行换算。

资料来源：笔者根据 2011 年报告 ［The Research Council of Norway, Midterm Evaluation of Eight Centres of Excellence（SFF－Ⅱ）］整理得到。

1. 案例概况

计划的概况。挪威 SFF 计划于 1999 年在挪威政府研究工作白皮书中首次提出[1]，通过设立卓越中心，支持挪威顶尖的研究团队开展世界顶尖的研究，从而提高挪威研究质量，产生更多具有世界一流水平的研究人员和团队，过程中也培养面向未来的顶尖科学家。[2] 该计划是挪威首个系统性的重点建设计划，由挪威研究理事会（the Research Council of Norway）规划，该计划面向所有学科开放，优先考虑海洋研究、信息通信技术、医学和健康，以及能源/环境学科四个方向。[3] 卓越中心必须具有国际顶尖水平的科学价值，要能在优先领域内进行创新、发展并具有持续创造价值的能力。[4]

计划的遴选。挪威 SFF 计划的遴选，先由理事会对申请进行内部筛选，再由国际专家进行科学审查，然后进行面试环节，最后理事会根据审查结果和面试结果做出资助决定。理事会在遴选卓越中心时主要从卓越、影响和实施三个方面进行考察。[5] 该计划每 5 年一轮，平均每轮遴选的资助机构为 10 个，已完成 4 轮

---

① The Research Council of Norway. *White Paper*, *St. meld. nr* 39 （1998－1999）*Forskning ved et tidsskille*. Government. no，https：//www. regjeringen. no/no/dokumenter/stmeld－nr－39－1999－/id192405/? ch＝1，2022－05－20.

②③ Nordic Institute for Studies in Innovation，Research and Education. *Centres of Excellence in the Nordic*. NoveBojeZnanja，http：//novebojeznanja. hr/UserDocsImages/Dokumenti% 20i% 20publikacije/Novi% 20i% 20dodani% 20dokumenti% 20i% 20publikacije/（2d）% 20Visoko% 20obrazovanje，% 20znanost% 20i% 20tehnologija/Vozt% 20Centres% 20of% 20Excellence% 20in% 20the% 20Nordic% 20countries. pdf，2022－02－21.

④ The Research Council of Norway. *Norwegian Centres of Excellence－SFF－V－Phase* 1. Forskningsradet，https：//www. forskningsradet. no/en/call－for－proposals/2020/sentre－for－fremragende－forskning－－sff－v－－trinn－1/，2022－02－21.

⑤ The Research Council of Norway. *Information for applicants for the funding announcement for Centres for Research-based Innovation*（*SFI－Ⅳ*）*Final funding announcement*（*June* 2019）. Forskningsradet，https：//www. forskningsradet. no/contentassets/0cf6015a8bb2411b80850b1fd82cfe1c/information－for－applicants－for－the－funding－announcement－for－centres－for－research－based－innovation－sfi－iv－－final－funding－announcement－june－2019. pdf，2022－02－21.

（2002 年、2007 年、2013 年和 2017 年），累计资助 44 个中心，累计资助总经费 60 亿挪威克朗（6.6 亿美元）。①② 2020 年启动了第五轮遴选，共有 9 个中心正处于建设过程中。③

计划的评价。研究理事会下设评价委员会（Evaluation Committee）做整体评价，包括自评、中期评价和终期评价④，同时也引入国际专家参与评价。资助建设的卓越中心，要具有一流的研究水平，要在引入卓越的理念、聚集顶尖研究者、开展原创研究以及改变思维方式等方面具有重要价值。⑤ 卓越中心建设还重视项目服务社会的能力，需要促进社会可持续发展和为商业发展做出重大贡献，需要发展出能够应对重大社会问题的知识领域，需要对挪威贸易和工业的重组做出贡献。⑥

计划的退出。每个中心在建设的第 3 年开展中期评价，以判定是否持续第二阶段资助。若通过中期评价就会获得第 2 个 5 年的资助；若未通过评价就会在第一个 5 年后结束。⑦⑧ 针对 10 年资助周期结束后，每个中心需要做出"退出战略"的规划，这是该计划的重要特色之一。此外，在评价中心时也会对其"退出战略"进行评价。

① 注：经费以建设时间当年的汇率进行换算。

② The Research Council of Norway. *Norwegian Centres of Excellence SFF – V Phase* 1. Forskningsradet, https：//www. forskningsradet. no/en/call – for – proposals/2020/sentre – for – fremragende – forskning – – sff – v – – trinn – 1/, 2022 – 02 – 21.

③ The Research Council of Norway. *Norwegian Centres of Excellence SFF – V Phase* 1. Forskningsradet, https：//www. forskningsradet. no/en/apply – for – funding/funding – from – the – research – council/sff/, 2022 – 02 – 21.

④ The Research Council of Norway. *Norwegian Centre of Excellence*. Forskningsradet, https：//www. forskningsradet. no/en/call – for – proposals/2021/sff – v – phase – 2/, 2022 – 05 – 20.

⑤ The Research Council of Norway. *Information for applicants for the funding announcement for Centres for Research-based Innovation（SFI – IV）Final funding announcement（June* 2019）. Forskningsradet, https：// www. forskningsradet. no/contentassets/0cf6015a8bb2411b80850b1fd82cfe1c/information – for – applicants – for – the – funding – announcement – for – centres – for – research – based – innovation – sfi – iv – – final – funding – announcement – june – 2019. pdf, 2022 – 02 – 21.

⑥ The Research Council of Norway. *Nove Boje Znanja*. NoveBojeZnanja, http：//novebojeznanja. hr/, 2019 – 10 – 25.

⑦ Nordic Institute for Studies in Innovation, Research and Education. *Centres of Excellence in the Nordic*. NoveBojeZnanja, http：//novebojeznanja. hr/UserDocsImages/Dokumenti% 20i% 20publikacije/Novi% 20i% 20dodani% 20dokumenti% 20i% 20publikacije/（2d）% 20Visoko% 20obrazovanje,% 20znanost% 20i% 20tehnologija/Vozt% 20Centres% 20of% 20Excellence% 20in% 20the% 20Nordic% 20countries. pdf, 2022 – 02 – 21.

⑧ The Research Council of Norway. *Evaluation of the Norwegian Centres of Excellence（SFF）Funding Scheme*. Forskningsradet, https：//www. forskningsradet. no/en/about – the – research – council/programmes/sff – – – – sentre – for – fremragende – forskning/? _t_id = 1B2M2Y8AsgTpgAmY7PhCfg% 3d% 3d&_t_q = SFF&_t_tags = language% 3aen% 2csiteid% 3a2e417c3c – 802e – 4045 – 9140 – af21d072afb7&_t_ip = 202. 120. 43. 89&_t_hit. id = Forskningsradet_ Core _ Models _ ContentModels _ Pages _ ContentAreaPage/_ c71e76c7 – be28 – 443c – 9c73 – baf6806b703a_en&_t_hit. pos = 1, 2022 – 02 – 21.

2. 退出战略

退出的重要性。（1）挪威 SFF 计划的主要贡献是通过持续产生高水平的研究以解决关键科学问题和重要社会难题。除此以外，卓越中心对大学来说有重要的样板作用，在改变学校的研究文化、促进学校内外的合作等方面都有明显的正面影响。[①]（2）卓越中心对于科学知识的卓越追求对全球都具有宝贵价值，因此为了保持中心的卓越性，需要为资助周期结束后的发展建立起清晰的"退出战略"，从而使得卓越中心在研究成果和研究人才上能够持续保持卓越性。[②]（3）战略退出计划是针对 10 年资助周期结束后的考量，提前制定好清晰的退出计划，这是卓越计划建设周期中的重要内容之一。挪威 SFF 计划的管理机构对卓越中心及其所在学校在资助结束后的"退出战略"进行评价。一般在第 1 个 5 年计划结束的中期评价时，对中心第 2 个 5 年计划的规划进行判断并给出相关建议。[③]

退出的策略。"退出战略"是挪威 SFF 计划的重要建设内容，虽然不同学校的"退出战略"各不相同，但面对退出时可能面临的困境和难度，卓越中心和所在学校的负责人均表示并不容易。要使得卓越中心能够实现自我的可持续发展，退出策略主要包括以下几类：（1）其他资助的获得。资助的延续是保证卓越性的重要保障，在 SFF 计划理事会 10 年资助结束后获得其他资助的支持尤为重要。特别是有些卓越中心的建设和发展需要大量资助金的支持，这些资助金占总资助的 80% ~ 90%，于是这项退出方案能否成功实施非常关键。[④]（2）人员的安置。卓越中心的卓越科学家们需要得到良好的教职岗位安置，使卓越人员的科研和教学不因卓越计划的建设周期结束而受到影响，比如能够获得全职或长期教职岗位。[⑤]（3）新领域的开拓。SFF 计划结束后可以考虑设置新的领域和方向，并设置相关的新岗位，从而使得卓越中心建设和发展出的能力获得更好的利用。比如有的项目会在项目结束后提供达到原资助 20% 的经费，从而支持大学顺利交接卓越中心，并开拓卓越中心的新领域。此外，有些卓越中心在资助结束之后有可能成为永久机构，这类退出策略的选择与所在学校的规模相关，采用成立永久机构或者与其他机构进行合并等具体方案，使经过重点经费建设的"明星"中心能够持续产生价值。[⑥]

退出的建议。从案例的"退出战略"中发现，具体的退出建议包括：在资助结束前制订好退出计划，而且该计划需要具有科学的、清晰的愿景；关于退出后

---

①④　The Research Council of Norway. *Midterm Evaluation of Eight Centres of Excellence*（SFF‐Ⅱ）. Government Report，2011.

②⑤　The Research Council of Norway. *Midterm Evaluation of Thirteen Centres of Excellence*（SFF‐Ⅲ）. Government Report，2017.

③⑥　The Research Council of Norway. *Evaluation of the Norwegian Centres of Excellence*（SFF）*Funding Scheme*. Government Report，2020.

的持续发展计划，需要提前开展相关工作，在保证高水平研究的基础上对其进行调控，而且新任中心主任要针对计划本身，修订和完善科研发展的战略等内容；卓越中心要能从 SFF 计划之外获取经费，在后期资助中避免出现重复资助同类项目等问题；采用多样的对策方案，将中心融入所在学校的组织；设置长期聘用的体系，将兼职的科研岗位转换为全职的岗位等。

3. 案例总结

挪威 SFF 计划的案例显示出，卓越计划的可持续发展会面临经费和合作等各方面的挑战，未来仍需注重保持卓越性并且设计出多样化的退出方案。

可持续发展具有挑战。卓越中心如何吸引到资助结束后的后续经费、如何保持高水平、如何获得科研和教学间新的平衡、如何促进中心主任与院长和学校之间密切合作等都是退出时需要面临的问题，是在退出到来之前都应该提前计划好的，这些是各国卓越中心在资助周期结束后都会遇到的挑战。

需要保持卓越性。挪威 SFF 计划的目的主要是取得科学上"卓越中的卓越"，这一目标的实现对于中心、所在学校甚至全球来说都是具有重要意义的。因此经过 10 年建设后的"退出战略"尤为重要，最终使"卓越中的最卓越"得以保持。

需要多样的退出方案。根据对卓越中心主任、所在学校的校长和理事会相关人员访谈显示，并不存在最佳的退出战略，每个中心需根据自身情况，在 10 年资助周期结束前设置出"退出战略"。战略旨在保持这些卓越中心所具备的卓越能力，战略的具体举措可以包括从国内外获得资助、设置新的愿景和推出新的中心等。

第三节 我国"双一流"建设动态调整体系的构建研究

一、"双一流"建设动态调整的理念

1. "双一流"建设大学动态调整的理念

（1）成为卓越的榜样典范。

成为全球（研究型大学）榜样是世界一流大学区别于一般研究型大学的特有功能之一。虽然世界一流大学仅是全球高等教育系统中的少数院校，但其他院校通常将其视为榜样，这些数量不多的世界一流大学具有远超其数量的影响力。世界一流大学的榜样典范可以体现在成为全球范围内其他研究型大学以及想成为研究型大学的普通院校制定战略规划的参照和对标。"世界一流"不仅反映了一所大学良好的国际声誉，同时也体现了该大学在全球舞台上的影响力。成为世界一流大学是许多研究型大学的战略规划和愿景目标。世界一流大学制定和维持着高水平的学术标准，也是以新方法获取和传播知识、解决人类共同面临的迫切问题的领导和先行者。无论是在教育、工业、技术还是科学领域中，世界一流大学所展示的开拓精神都能为其他（研究型）大学树立榜样。世界一流大学也是新思想、理念和实践的开创者与引导者，既是国家和社会中的典范，也能对学生、教师、大学和整个社会在精神、价值、文化和实践领域发挥引领作用。①

（2）推进高等教育和社会发展。

世界一流大学是世界高等教育改革和发展的"领头羊"，是大学发展模式的引领者。② 正如德鲁克曾经指出，"大学不仅是美国教育的中心，而且是美国生活的中心。它仅次于政府成为社会的主要服务者和社会变革的主要工具……它是新思想的源泉、倡导者、推动者和交流中心"③。作为大学发展模式的引领者，德国洪堡大学的"教研合一"模式、美国约翰斯·霍普金斯大学的研究型大学模式以及美国威斯康星大学的"威斯康星模式"，都对现代大学产生了深远影响。我国建设的世界一流大学，也要成为社会发展的动力来源，发现和培育人才、发展和推进科学、传承和发展文明。④面对国家内外部环境中的各种挑战，我国的世界一流大学应担负起重要使命，提供引领发展的方案，以引领性和开创性的研究和实践，实现社会福祉的改善。

2. "双一流"建设学科动态调整的理念

（1）满足国家需求。

强化基础研究。我国在科技创新领域存在一些重大突破，在应用创新领域发展得也很快，但是在基础研究领域的确存在着不足。要建设科技强国，提升科技创新能力，必须打牢基础研究和应用基础研究这个根基。打多深的地基才能盖多高的楼，不能急功近利，要一步一个脚印地走。⑤ 党的二十大指出，要加快推进科技自立自强，不断加强基础研究和原始创新，使一些关键核心技术实现突破，在载人航天、新能源技术和生物医药等取得重大成果，进入创新型国家

---

① 田琳：《世界一流大学的功能研究》，上海交通大学博士学位论文，2020 年。

②④ 王战军、娄枝：《世界一流大学的社会贡献、经验及启示——以哈佛大学为例》，载于《清华大学教育研究》2020 年第 1 期。

③ ［美］约翰·S. 布鲁贝克著，王承绪等译：《高等教育哲学》，浙江教育出版社 2002 年版，第 15 页。

⑤ 王震、章斐然：《李克强：必须打牢基础研究和应用基础研究这个根基》，人民网，2022 年 2 月 21 日，http://finance.people.com.cn/n1/2021/0311/c1004 - 32049335.html。

行列。① 国务院常务会议强调"通过深化科技体制改革，加强基础科学研究，提升原始创新能力，是实施创新驱动发展战略、建设创新型国家的重要举措"②。科技部 2018 年部党组一号文件要求"要把基础研究作为创新型国家建设的重要根基，全面加强基础研究的顶层设计、前瞻部署、统筹协调、多元投入、政策支持，形成面向科技强国的基础研究新格局"③。

解决"卡脖子"问题。习近平总书记在两院院士大会和中国科协第十次全国代表大会上指出，"科技攻关要坚持问题导向，奔着最紧急、最紧迫的问题去"④。他对科技攻关提出明确方向：强化研究型大学建设同国家战略目标、战略任务的对接，加强基础前沿探索和关键技术突破。⑤ 对于高水平研究型大学而言，其科技工作是教育距离国家经济社会发展最近的一项工作，直接服务国家重大战略需求和经济主战场。要聚焦关键领域进行自主创新，突破"卡脖子"问题。深入实施高校科技创新服务国家战略行动，研究制定推进关键领域自主创新的政策措施。⑥ 在"卡脖子"困境下对学科布局进行统筹规划，使经典学科和应用类学科两种学科发展模式相互补充，整体贯通形成多元化的学科战略和科学体系。一方面需要延续经典学科模式，尤其是在数学和物理等传统学科的发展上，它们作为整个科学体系中的基础核心，需要得到持续性培育以避免再次产生"卡脖子"的可能性；另一方面应用类学科领域可以逐渐向现代学科模式转化，先以新兴领域项目计划的形式发展，再在解决复杂问题的过程中逐渐制度化。⑦

（2）具备卓越基础。

"双一流"建设由教育部、财政部和国家发改委设立"双一流"建设专家委

① 新华社：《习近平：高举中国特色社会主义伟大旗帜 为全面建设社会主义现代化国家而团结奋斗——在中国共产党第二十次全国代表大会上的报告》，新华网，2022 年 10 月 25 日，http://www.xinhuanet.com/politics/cpc20/2022 - 10/25/c_1129079429.htm。

② 国务院：《关于全面加强基础科学研究的若干意见》，中国政府网，2022 年 5 月 20 日，http://www.gov.cn/xinwen/2018 - 01/31/content_5262598.htm。

③ 教育部：《加强面向科技强国的基础研究 增强创新源头供给》，中华人民共和国教育部网站，2022 年 2 月 21 日，http://www.moe.gov.cn/jyb_xwfb/moe_2082/zl_2017n/2017_zl76/201803/t20180301_328309.html。

④ 吴兆飞：《在中国科学院第二十次院士大会、中国工程院第十五次院士大会、中国科协第十次全国代表大会上的讲话》，人民网，2022 年 5 月 20 日，http://jhsjk.people.cn/article/32116652。

⑤ 教育部：《肩负起时代赋予的重任——习近平总书记在两院院士大会中国科协十大上的重要讲话引起热烈反响》，中华人民共和国教育部网站，2022 年 2 月 21 日，http://www.moe.gov.cn/jyb_xwfb/s5147/202105/t20210531_534370.html。

⑥ 教育部：《书写高校科技和教育信息化工作新篇章》，中华人民共和国教育部网站，2022 年 2 月 21 日，http://www.moe.gov.cn/jyb_xwfb/moe_2082/zl_2018n/2018_zl83/201812/t20181207_362651.html。

⑦ 王孜丹、孙粒、杜鹏：《学科布局的思路与出路——基于"卡脖子"问题的若干思考》，载于《科学与社会》2020 年第 4 期。

员会，依托专家委员会，利用第三方评价结果，论证确定认定标准，再根据认定标准遴选产生拟建设高校名单。① 认定标准要求中包括建设高校应人才培养质量突出、社会认可度较高；拥有高水平、有特色的学科，在普遍接受的第三方评价中有良好表现；或者服务国家发展战略布局需求，经过国家长期重点建设，具有较好学科建设基础等。②

以学科为基础是"双一流"建设的重要原则，在遴选认定建设高校及建设学科、组织高校编制建设方案等过程中，均把学科作为基本内容，一流学科建设高校重在优势学科建设，促进特色发展。同时鼓励各地结合本地区域经济社会发展需求和基础条件，统筹推动区域内有特色的高水平大学和优势学科建设，积极探索不同类型高校的一流建设之路。③

（3）考虑多元布局。

学科的统筹。我国高等教育的学科建设中，理工门类始终占据着"重中之重"的"领头雁"地位，人文社会科学门类中的经济学在 21 世纪以后异军突起，成为重点学科建设的"新宠"，而以教育学、法学和文学门类为代表的其他人文社会科学则相对受到了忽视。在"双一流"建设的学科统筹中要重视科际不平衡现象，在学科的重点建设中注意不同学科门类间的均衡与协调，是着眼国家与大学长远发展的策略选择。④

特色的统筹。在"双一流"建设学校的认定标准中，"有行业特殊性、学科特色优势鲜明、具有不可替代性的高校"是标准之一。⑤ 在强调国际可比的学科同时，也要兼顾中国特色的学科建设与发展。像中医这类具有独特特色的学科，担负着中国特色的学科建设使命，在增强中国文化软实力上具有重要作用和价值。⑥ 立足中国国情、扎根中国大地，构建具有中国特色、国际水平与国际影响的学科建设，会成为建成中国特色世界一流学科的路径之一。

区域的统筹。建设高等教育强国，高等教育结构优化调整是一项重要的战略考量。长期以来，政策资源、财政资源和人才资源的供给不平衡，造成我国高校

---

① 教育部、财政部、国家发改委：《统筹推进世界一流大学和一流学科建设实施办法（暂行）》，中华人民共和国教育部网站，2020 年 7 月 1 日，http：//www. moe. gov. cn/srcsite/A22/moe_843/201701/t20170125_295701. html。

②⑤ 教育部：《关于政协十二届全国委员会第五次会议第 3270 号（教育类 315 号）提案答复的函》，中华人民共和国教育部网站，2022 年 2 月 21 日，http：//www. moe. gov. cn/jyb_xxgk/xxgk_jyta/jyta_xwb/201803/t20180306_328999. html。

③ 教育部：《关于政协十二届全国委员会第五次会议第 4006 号（教育类 390 号）提案答复的函》，中华人民共和国教育部网站，2022 年 2 月 21 日，http：//www. moe. gov. cn/jyb_xxgk/xxgk_jyta/jyta_ghs/201803/t20180312_329706. html。

④ 申超：《我国重点学科建设中的科际不平衡现象》，载于《教育发展研究》2019 年第 7 期。

⑥ 刘新跃、杨丙红：《论中医学科的社会责任》，载于《江淮论坛》2011 年第 1 期。

在空间布局上不平衡、不合理，呈现出东部地区资源密集、中西部地区资源稀疏的"东高西低"格局。也出现了不少"双一流"高校"集体东扩"的现象，这些"双一流"高校到经济发达的东南沿海地区设置校区和研究机构，在一定程度上拉大了东西部高等教育差距。我国应进一步加强顶层设计和规划引领，统筹制定教育中长期发展规划，优化高等教育资源配置。[①] 在"双一流"的学科建设中，综合考量东中西区域、发达区域和欠发达区域、边境和内陆等学科建设的区域间统筹。

二、"双一流"建设动态调整的依据

1. "双一流"建设动态调整的政策依据

（1）中央政策。

"双一流"建设是继"985 工程""211 工程"之后国家在高等教育领域实施的一项新的大工程，首批名单于 2017 年 9 月颁布。这是第一次实行"动态调整"，即入选高校并非一劳永逸、霸占名额，而是根据学校的建设成果进行定期更新，"优胜劣汰"。[②] 根据《统筹推进世界一流大学和一流学科建设总体方案》，建设分为三大阶段，三个节点分别是到 2020 年、2030 年和本世纪中叶，并以五年一轮推进。教育部曾回应称，首轮建设 2020 年结束，根据期末建设成效的评价结果等情况，坚持质量、水平与需求相统一，动态调整下一轮建设范围。"不搞全覆盖，不搞终身制，不搞安排照顾。"[③] 在"双一流"建设中，中央政府是整个社会公共利益的代表，其行为目标在于追求社会公共利益的最大化：一方面力争使我国一些大学或者某些学科跻身于世界一流行列；另一方面强调高等教育的发展要满足社会的需求，将其职能与社会发展紧密衔接。

《"双一流"建设成效评价办法（试行）》中，成效评价结果将按不同评价方面、不同学校和学科类型，以区间和梯度分布等形式，呈现建设高校和建设学科的综合评价结果，综合评价结果会作为下一轮"双一流"建设范围动态调整的主

---

① 教育部：《加快高等教育结构优化调整——专访全国人大常委会委员、教科文卫委员会副主任委员、中国高等教育学会会长杜玉波》，中华人民共和国教育部网站，2022 年 2 月 21 日，http：//www.moe.gov.cn/jyb_xwfb/xw_zt/moe_357/2021/2021_zt01/daibiaoweiyuan/gaojiao/202103/t20210308_518346.html。

② 教育部、财政部、国家发改委：《扎实推进中国特色世界一流大学和一流学科建设》，中华人民共和国教育部网站，2022 年 2 月 21 日，http：//www.moe.gov.cn/jyb_xwfb/s271/201709/t20170921_314928.html。

③ 陶凤、王晨婷：《加快"双一流"建设 动态调整建设范围》，载于《中国改革报》2021 年 3 月 31 日。

要依据。①"双一流"建设强调动态调整，坚持滚动竞争、优胜劣汰，注重持续改进的价值取向。② 对实施有力、进展良好、成效明显的建设高校及建设学科，加大支持力度；对实施不力、进展缓慢、缺乏实效的建设高校及建设学科，减小支持力度。避免以往建设项目实施过程中产生的身份固化和"贴标签"现象。③

"双一流"建设采用动态调整机制，对建设高校和学科进行总量控制、动态调整，减少遴选和评价工作对高校建设的影响。对建设基础好、办学质量高、服务需求优势突出的高校和学科，列入建设范围；对发展水平不高、建设成效不佳的高校和学科，减小支持力度直至调出建设范围。对建设成效显著的高校探索实行后奖补政策。④ 在遴选原则上既坚持扶优扶强，也兼顾扶需扶特。⑤

（2）地方政策。

我国高等教育施行以中央统筹为主导兼以地方政府为主体的高等教育管理体制。⑥ 中央政府与地方政府作为"双一流"建设中的相关利益主体，既是彼此相互衔接的连续体，又是相互独立的利益主体。⑦ 地方政府除接受上级政府的委托之外，更重要的是，它是本地区经济发展的经营者与地方微观主体的利益代表，它需对地方负责并发展区域经济。在"双一流"建设中，中央与地方的利益目标取向、各地之间高等教育资源的差别是客观存在的。⑧

优质高等教育资源的稀缺性使得中央政府不可能将其平均分配至各高校，而纳入"双一流"队伍所带来的资源与政策优势，使得地方政府不可避免地为挤入"双一流"队伍而展开竞争，地方政府之间的竞争实质上就是为争夺中央控制的优质高等教育资源所进行的竞争，集中体现在各省市对区域内的高校进行合并重组、对资源进行优化整合，从而发展地方重点高校与重点学科。⑨ 在地方政府的推动下，发展地方重点高校与重点学科就成为其争取本地高校进入"双一流"队

① ② ③　教育部、财政部、国家发改委：《关于印发〈"双一流"建设成效评价办法（试行）〉的通知》，中华人民共和国教育部网站，2022 年 5 月 19 日，http：//www.moe.gov.cn/srcsite/A22/moe_843/202103/t20210323_521951.html。

④　教育部、财政部、国家发改委：《关于深入推进世界一流大学和一流学科建设的若干意见》，中华人民共和国教育部网站，2022 年 6 月 14 日，http：//www.moe.gov.cn/srcsite/A22/s7065/202202/t20220211_598706.html。

⑤　教育部：《完善分类建设评价，推进高等教育高质量内涵式发展》，中华人民共和国教育部网站，2022 年 2 月 22 日，http：//www.moe.gov.cn/jyb_xwfb/moe_2082/2022/2022_zl04/202202/t20220214_599085.html。

⑥　教育部：《突破教育管理体制的瓶颈》，中华人民共和国教育部网站，2022 年 5 月 21 日，http：//www.moe.gov.cn/jyb_xwfb/moe_2082/zl_2018n/2018_zl89/201812/t20181205_362459.html。

⑦ ⑧　高秋杰、张济洲：《竞争与博弈——地方政府"双一流"建设的行动逻辑及调控研究》，载于《现代教育论丛》2019 年第 1 期。

⑨　教育部：《稳中求进 开创教育发展新局面——地方和高校热议 2022 年全国教育工作会议重点工作部署》，http：//www.moe.gov.cn/jyb_xwfb/s5147/202201/t20220118_594987.html。

伍的一项重要策略，力争使区域内高校进入"双一流"队伍就成为地方高校合并与重组的直接动力。①

《统筹推进世界一流大学和一流学科建设实施办法（暂行）》要求省级政府结合经济社会发展需求和基础条件，统筹推动区域内特色高水平大学和优势学科的建设，明确了省级政府在"双一流"建设中的统筹权，以更好地落实各地的"双一流"建设方案。② 不少地方政府在"双一流"建设方案中选择大学这一"动力站"作为自己的行动逻辑起点，如山西省提出省委、省政府将整合各方资源，支持山西大学争创"双一流"③；河北省提出"双一流"建设应该为建设经济强省和美丽河北服务，发挥"双一流"建设的强大带动力；辽宁省提出"双一流"建设应为"辽宁老工业基地新一轮振兴"服务等④。

《深入推进世界一流大学和一流学科建设的若干意见》中，明确提出要逐渐淡化一流大学建设高校和一流学科建设高校的身份色彩，选择具有鲜明特色和综合优势的建设高校并赋予其一定的建设自主权，探索分类特色发展。开展教育部与各省新一轮"双一流"重点共建，加大统筹协调，支持各高校的"双一流"建设。⑤

综上，中央政策是动态调整的重要政策依据，以使公共利益最大化作为主要目标，坚持滚动竞争、优胜劣汰、注重持续改进的价值取向，调整的措施包括加大支持力度、减小支持力度及赋予建设自主权等手段。本研究在动态调整方案设计过程中，以这些政策作为重要的依据，希望实现对其的科学贯彻和实施。而地方政策应基于对大学和学科发展理念、职能和使命的准确认识，基于地方发展优势和需要，发展地方重点高校和重点学科，服务于区域经济与社会发展，是对中央政策的有效补充与完善。

2. "双一流"建设动态调整的数据依据

"双一流"建设的成效评价将按不同评价方面、不同学校和学科类型，以区间和梯度分布等形式，呈现建设高校和建设学科的综合评价结果，是动态调整的主要依据。⑥

---

① 教育部：《对十三届全国人大二次会议第 6305 号建议的答复》，中华人民共和国教育部网站，2022 年 2 月 21 日，http://www.moe.gov.cn/jyb_xxgk/xxgk_jyta/jyta_gaojiaosi/201911/t20191120_409027.html。

②④ 高秋杰、张济洲：《竞争与博弈——地方政府"双一流"建设的行动逻辑及调控研究》，载于《现代教育论丛》2019 年第 1 期。

③ 教育部：《砥砺奋进书写山西高等教育发展新篇章》，中华人民共和国教育部网站，2022 年 2 月 21 日，http://www.moe.gov.cn/jyb_xwfb/moe_2082/zl_2018n/2018_zl80/201904/t20190415_378099.html。

⑤ 教育部：《教育部对十二届全国人大五次会议第 6858 号建议的答复》，中华人民共和国教育部网站，2022 年 2 月 21 日，http://www.moe.gov.cn/jyb。

⑥ 教育部、财政部、国家发改委：《关于印发〈"双一流"建设成效评价办法（试行）〉的通知》，中华人民共和国教育部网站，2022 年 5 月 19 日，http://www.moe.gov.cn/srcsite/A22/moe_843/202103/t20210323_521951.html。

成效评价按"前置维度＋核心维度＋评价视角"方式布局考核内容。前置维度考察建设高校"加强党的全面领导与治理体系改革成效"，贯穿成效评价各个方面，反映学校全面加强党的建设和领导、党建引领和保障"双一流"建设、完善现代大学制度和治理体系等方面的表现。① 核心维度是《统筹推进世界一流大学和一流学科建设总体方案》五大建设任务和五大改革任务的集中综合反映，大学和学科的评价主要在人才培养、科学研究、社会服务、教师队伍建设、文化传承创新和国际交流合作等方面。② 评价视角分为整体发展水平、成长提升程度和可持续发展能力三个方面，分别考察达成水平、建设周期内水平变化及发展潜力，重视对成长性、特色性发展的评价，引导高校和学科关注长远发展。③

《"双一流"建设成效评价办法（试行）》提到四个重点：一是开展多元多维多主体的评价，统筹三方评价，综合考量不同方面、类型、区间、梯度等；二是突出质量、服务和贡献，坚决摒弃数论文、数帽子等简单的评价指标；三是优化评价手段和方法，既考察现有实力，也衡量在已有发展基础上的成长性及发展潜力；四是积极探索新的评价方式，探索建设成效国际比较，结合大数据分析和同行评议，以及在国际相关可比领域的表现、影响力和发展潜力等进行综合考察。④

本研究的动态调整方案，根据成效评价的四个方向原则，基于海量的国际可比数据研发出世界一流大学的人才培养指数、原创研究指数、学术大师指数、经济贡献指数和品牌影响力指数，并针对国家贡献研发了"服务国家战略指数"。本研究的动态调整方案是在理念引领和政策指导下，以相关指数为参考，综合考量后提出的调整思路。

三、"双一流"建设动态调整的思路

1. 动态调整的模型

动态调整的目标：全球重点建设项目的主要共识之一是通过建成世界一流大学或学科，提升本国高等教育的国际竞争力。我国世界一流大学建设现迈入 2.0 阶段，建设的目标是到 2030 年若干所大学进入世界一流大学前列、更多的大学

①② 教育部：《突出"破五唯"摒弃"贴标签"》，中华人民共和国教育部网站，2022 年 6 月 14 日，http：//www.moe.gov.cn/jyb_xwfb/s5147/202103/t20210324_522246.html。

③④ 教育部、财政部、国家发改委：《关于印发〈"双一流"建设成效评价办法（试行）〉的通知》，中华人民共和国教育部网站，2021 年 3 月 23 日，http：//www.moe.gov.cn/srcsite/A22/moe_843/202103/t20210323_521951.html。

和学科进入世界一流行列。[①][②]"双一流"建设动态调整的目标需围绕核心建设目标，引导建设大学或学科的多元发展。以世界一流大学为建设目标的高水平大学处于不同发展阶段，具有不同的发展需求和方向，应遵循不同的建设规律。通过项目的动态调整实现建设大学的多元发展，以最大限度实现世界一流（前列）大学的建设目标。

动态调整的理念："双一流"建设成效评价，要涵盖人才培养、科学研究、社会服务、文化传承和国际合作等多元功能发展的评价；涵盖整体水平、成长提升、绩效收益和可持续发展等多元内涵发展的评价；涵盖国际水平、服务贡献和各类特色等多元特色发展的评价，从而真正贯彻以评促建的评价原则。

动态调整的模型：基于项目目标的分解、标准的制定、指数的对比等项目已有研究成果，提出"双一流"建设的"三阶动态调整体系"。该体系包括纵向三阶和横向三阶两个视角：其中纵向三阶（如新进—保留—减退），体现出项目建设的多元梯度，延展机构的纵深动态发展空间，主要依据是其发展战略定位；横向三阶（如顶尖—前列—行列），体现出项目建设的多元状态，判断机构在横阶发展的动态表现，主要依据是其建设成效表现（见图 12 -1）。

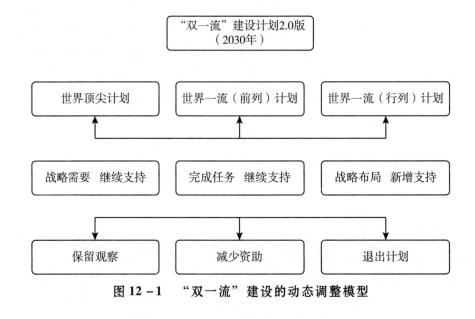

图 12 - 1　"双一流"建设的动态调整模型

---

①　国务院：《关于印发统筹推进世界一流大学和一流学科建设总体方案的通知》，中华人民共和国教育部网站，2021 年 5 月 17 日，http：//www. moe. gov. cn/jyb_xxgk/moe_1777/moe_1778/201511/t20151105_217823. html。

②　教育部、财政部、国家发改委：《关于深入推进世界一流大学和一流学科建设的若干意见》，中华人民共和国教育部网站，2022 年 6 月 14 日，http：//www. moe. gov. cn/srcsite/A22/s7065/202202/t20220211_598706. html。

2. 动态调整的纵向三阶

纵向阶段主要包括新进、保留和减退，纵向三阶的理念是体现项目建设的多元梯度，主要指"双一流"建设的内涵是丰富的、多元的，而不是将所有大学/学科建设成同一水平；纵向三阶的目的是丰富和延展大学/学科动态发展的纵向空间，主要指不同大学/学科应有适合自身的建设目标；纵向三阶的判断依据是大学/学科发展的战略定位，主要指大学/学科根据自身发展情况确定适合自身的定位和战略，开展适合自身的建设。

（1）调整的方式。

全球各国的卓越计划建设虽然在建设领域、建设周期和建设途径上各有差异，但是通过建设世界水平的大学或学科从而提升本国高等教育国际竞争力和服务国家重大需求是建设的共识。

我国"双一流"建设要建成一批高水平的大学和学科，在纵向上可以采用新进、保留和减退的动态调整手段，综合考量大学或学科的已有优势、建设成效和战略定位，将"双一流"建设的大学或学科布局成能够建成世界一流水平的、能够为国家做出重大贡献的、能够为国家和地区做出不可替代作用的高水平的大学或学科。

（2）调整的内容。

根据"双一流"建设的已有成效、大学/学科的发展优势和战略定位，经过综合判断有可能到2030年建成较高水平的世界一流大学或学科（大学进入世界前50强，学科进入世界前20强），可调整设置在纵向的第一阶"新进"。

对于到2030年较难建成较高水平但是有可能进入世界一流水平行列的大学或学科（大学进入世界百强，学科进入世界前50强），判断其服务国家的贡献、发展的潜力和趋势，可调整设置在纵向的第二阶"保留"。

对于到2030年较难进入世界一流水平行列的大学或学科，判断其服务地方和国家的贡献、建设和发展的不可替代性与特色，对于仍需花费更长时间才能将其建设成为世界一流的大学或学科，可调整设置在纵向的第三阶"减退"。

3. 动态调整的横向三阶

横向阶段主要包括世界顶尖、世界一流前列和世界一流行列，横向三阶的理念是体现出项目建设的多样状态，主要指建设目标相同的大学，其各自所处的发展阶段也有差异，需要分类判断和评价；横向三阶的目的是评价机构发展的动态表现，主要指即使大学/学科的建设目标相同，其建设路径也应具有各自的发展特点；横向三阶的判断依据是其建设成效表现，主要指的是要准确判断大学所处的发展阶段，从而根据不同发展阶段的规律进行建设。

（1）调整的方式。

在卓越计划建设共识的基础上，我国"双一流"建设要通过大学或学科的发展，从而提升和完善整个高等教育体系。各大学或学科的发展阶段是各有差异的，需通过动态调整完善和丰富建设体系，因此在每个纵向阶层上设置不同的横向阶段。

能够准确判断大学或学科所处的发展阶段和趋势走向是调整的关键前提。每个阶段虽然各不相同但存在相互关联，随着时间周期的发展有可能出现动态变化。但是值得注意的是，根据科学知识和高教组织的发展规律，每个阶段的动态变化肯定不是频繁的，会在较长的时间周期内具有相当的稳定性。

（2）调整的内容。

在纵向的第一阶，根据 2030 年建成目标从横向上设置世界顶尖计划（如世界前 25 强）、世界一流前列计划（如世界前 50 强）和世界一流行列计划（如世界前 100 强）三阶。

在纵向的第二阶，根据 2030 年建成世界一流大学或学科的不同发展态势，设置为完成建设任务继续支持（若达成全部建设目标的大学或学科）、战略需要继续支持（若达成部分建设目标的大学或学科）和战略布局新增支持（若新增配套支持省级建设的大学或学科）三阶，继续或新增支持这些大学或学科建设世界一流。

在纵向的第三阶，因在 2030 年较难建成世界一流，考虑建设任务完成度、目标定位合理性和战略布局重要性等，将已在建设计划中但成效表现和目标达成欠佳的大学或学科设置为保留观察、减少资助和退出计划三阶状态。

第四节　关于"双一流"建设动态调整机制的政策建议

2015 年国家出台《统筹推进世界一流大学和一流学科建设总体方案》，2017 年国家发布《统筹推进世界一流大学和一流学科建设实施办法（暂行）》，2022 年国家发布《深入推进世界一流大学和一流学科建设的若干意见》，明确提出到 2030 年若干所大学进入世界一流大学前列、2030 年更多的大学和学科进入世界一流行列。随着"双一流"建设的首期收关和第二轮开展，重点建设已迈入第 25 个年头，各项工作有力推进，改革发展成效明显，推动高等教育强国建设迈上新的历史起点。关于贯彻深入推进"双一流"建设，提出以下深化评价改革的相关建议。

一、深化评价改革，完善"双一流"动态调整方案

《关于深入推进世界一流大学和一流学科建设的若干意见》明确提出，更加突出"双一流"建设培养一流人才、服务国家战略需求、争创世界一流的导向，深化体制机制改革，统筹推进、分类建设一流大学和一流学科。为加快实现"双一流"建设的 2030 目标，深化"双一流"建设评价体系改革，将"双一流"建设计划升级到 2.0 版（见表 12－2），分别设立世界一流大学前列建设、世界一流大学行列建设和"双一流"面上建设等子计划。针对各子计划制定精准化的建设目标，构建以创新价值、能力和贡献为导向，反映内涵发展和特色发展的多元、多维成效评价体系。

表 12－2　　　　　　　"双一流"建设大学（2.0 版）建议

调整建议	大学名单	调整依据
世界一流（前列）大学建设计划	清华大学、北京大学、浙江大学、中国科学技术大学、上海交通大学、复旦大学、南京大学等	引领性的重大突破；高精尖指标的监测
世界一流（行列）大学建设计划	武汉大学、西安交通大学、中南大学、华中科技大学、南开大学、四川大学、哈尔滨工业大学、东南大学、华南理工大学、中山大学、天津大学、山东大学、同济大学、湖南大学、厦门大学、吉林大学、电子科技大学、西北工业大学、北京航空航天大学、北京理工大学、中国农业大学、大连理工大学、北京师范大学等	高精尖指标的考核；面上指标的监测
"双一流"建设面上计划	东北大学（沈阳）、重庆大学、兰州大学、华东师范大学、中国海洋大学、郑州大学、国防科技大学、中央民族大学、中国人民大学、西北农林科技大学、云南大学、新疆大学、东北师范大学、哈尔滨工程大学、河南大学、中国矿业大学、中国石油大学（华东）、南昌大学、合肥工业大学、广西大学、燕山大学、山西大学、太原理工大学、河北大学、内蒙古大学、贵州大学、海南大学、石河子大学、青海大学、西藏大学等	面上指标的考核；高精尖指标的提升；国家战略布局需求

377

二、推进自主建设，实施世界一流大学前列建设计划

以 2030 年前后跻身世界一流大学前列为目标，实施世界一流大学前列建设计划，遴选已经跻身世界一流大学行列的 6~8 所大学进行重点建设；以世界一流学科为目标，由大学自主选择优势学科进行重点建设。

对于开展自主建设的大学和学科，要激励其主动承担跻身世界一流大学前列的特殊使命，重点考核其引领世界的重大原创性成果，辅之以高精尖指标的动态监测。面对日趋复杂的高等教育国际化、不断增加的全球性挑战以及快速发展的信息技术，世界一流大学前列凭借其全球责任、全球能力和全球声誉等独特优势，服务全球共同利益、作为全球研究型大学榜样，并持续强化其特殊使命的本质特征，包括全球定位、全球贡献、全球影响和全球合作等。

三、聚焦高精尖指标，实施世界一流大学行列建设计划

以 2030 年前后跻身世界一流大学行列为目标，实施世界一流大学行列建设计划，根据学科优势、国际水平和发展潜力等遴选 20~30 所大学进行重点建设。

对于聚焦高精尖指标的大学和学科，要激励其产出引领世界的重大原创性成果，重点考核其高精尖指标的表现，辅之以面上指标的动态监测。高精尖指标可以包括但不限于重大国际学术奖项数、全球高被引科学家数、国际权威学术期刊主编数、论文被世界一流大学学者引用的比例、突破性研究论文数、国际权威学术期刊论文数、前沿研究方向的活跃度、技术转化收入数、专利转让比例和国际知名校友数等。

四、服务国家战略需求，继续推进"双一流"建设面上计划

继续推进"双一流"建设面上计划，对无法升级到世界一流大学前列建设计划、世界一流大学行列建设计划的"双一流"建设高校的优势学科继续进行重点支持，同时根据国家战略需求适时布局一批新增大学，以适应教育强国和人才强国的需要。

对于服务国家战略急需的学科，激励其高精尖指标的表现提升，重点考核其整体发展水平、成长提升程度和服务国家战略能力等，辅之以面上指标的动态监测。建设学校要着力发展国家急需学科，以及关系国计民生、影响长远发展的战

略性学科，夯实基础学科建设、加强应用学科建设、推进中国特色哲学社会科学体系建设、推动学科交叉融合，培养急需高层次人才和基础研究人才。

五、科学设置退出方案，优化"双一流"动态调整机制

"双一流"建设具有长期性、艰巨性和复杂性，《关于深入推进世界一流大学和一流学科建设的若干意见》指出，动态调整机制以需求为导向、以学科为基础、以质量为条件、以竞争为机制，立足长期重点建设，对建设高校和学科进行总量控制和动态调整。对发展水平不高、建设成效不佳的高校和学科，对非国家战略需要、布局不合理的高校和学科，应减少支持力度直至调出建设范围。引导高校科学认识退出调整，鼓励高校着眼长远发展、聚焦内涵建设、彰显特色优势，在不同领域和方向争创一流，为构建一流大学体系提供人才支撑和智力支持。

附　录

附录一　部分学科的重大国际学术奖项清单

附录 1.1　　社科类学科（部分）重大国际学术奖项清单

学科	序号	奖项名称（中文）	奖项名称（英文）
工商管理	1	美国管理学会杰出学术贡献奖	Aom Distinguished Scholarly Contributions to Management Award
	2	美国运筹学与管理科学研究所冯·诺依曼理论奖	John Von Neumann Theory Prize
	3	匈牙利拉依克·拉斯洛高等研究学院司马贺奖	Herbert Simon Award
管理科学与工程	1	美国管理学会杰出学术贡献奖	Aom Distinguished Scholarly Contributions to Management Award
	2	美国运筹学与管理科学研究所冯·诺依曼理论奖	John Von Neumann Theory Prize
	3	匈牙利拉依克·拉斯洛高等研究学院司马贺奖	Herbert Simon Award
经济学	1	诺贝尔经济学奖	The Sveriges Riksbank Prize in Economic Sciences in Memory of Alfred Nobel
	2	约翰·贝茨·克拉克奖	The John Bates Clark Medal
	3	弗里茨奖章	The Frisch Medal
	4	欧文·普莱恩·内默斯经济学奖	The Erwin Plein Nemmers Prize in Economics
	5	德意志银行金融经济学奖	The Deutsche Bank Prize in Financial Economics
	6	约尔·詹森奖	Yrjö Jahnsson Award
	7	BBVA 基金会经济学、金融学和管理学知识前沿大奖	BBVZ Foundation Frontiers of Knowledge Award in Economics, Finance and Management

学科	序号	奖项名称（中文）	奖项名称（英文）
教育学	1	美国教育研究协会教育杰出研究贡献奖	Aera Distinguished Contributions to Research in Education Award
	2	美国教育研究协会林德奎斯特奖	E. F. Lindquist Award
	3	美国心理学会桑代克职业成就奖	The E. L. Thorndike Career Achievement Award
	4	美国教育研究协会杰出图书奖	Aera Outstanding Book Award
	5	欧洲学习与教学研究协会杰出贡献奖	Oeuvre Award for Outstanding Contributions to the Science of Learning and Instruction
	6	英国教育研究协会约翰·尼斯贝特奖	John Nisbet Award
法学	1	斯德哥尔摩犯罪学奖	The Stockholm Prize in Criminology
	2	埃德温·萨瑟兰奖	Edwin H. Sutherland Award
	3	欧洲犯罪学奖	European Criminology Award
	4	奥古斯特·沃尔默奖	August Vollmer Award
政治学	1	欧洲政治研究协会终身成就奖	Ecpr Lifetime Achievement Award
	2	约翰·斯凯特政治科学奖	The Johan Skytte Prize in Political Science
	3	国际政治科学协会卡尔·多伊奇奖	Karl Deutsch Award of International Political Science Association
	4	斯坦·洛克坎比较社会科学研究奖	The Stein Rokkan Prize for Comparative Social Science Research
社会学	1	国际社会学学会卓越研究与实践奖	Isa Award for Excellence in Research and Practice
	2	欧洲阿马尔菲奖——社会学和社会科学类	European Amalfi Prize for Sociology and Social Sciences
	3	英国社会学杂志奖	British Journal of Sociology Prize
公共管理	1	美国政治科学学会司马贺图书奖	Herbert A. Simon Book Award
	2	美国公共管理学会国际公共管理奖	Aspa International Public Administration Award

学科	序号	奖项名称（中文）	奖项名称（英文）
公共管理	3	美国公共政策分析与管理学会/美国公共管理学会杰出研究奖	Naspaa/Aspa Distinguished Research Award
	4	美国政治科学学会约翰·高斯奖	John Gaus Award
	5	美国公共管理学会沃尔多奖	Dwight Waldo Award
	6	美国政治科学学会阿伦·威尔达夫斯基持久贡献奖	Aaron Wildavsky Enduring Contribution Award
新闻传播学	1	普利策新闻奖	Pulitzer Prize in Journalism
	2	斯蒂芬·查菲职业贡献奖	Steven H. Chaffee Career Productivity Award
	3	国际传播学会杰出图书奖	Ica Outstanding Book Award
	4	国际传播学会杰出论文奖	Ica Outstanding Article Award
	5	国际传播学会会士图书奖	Ica Fellows Book Award
图书情报与档案管理学	1	信息科学技术协会优异奖	Asist Award of Merit

附录1.2　　理学类学科（部分）重大国际学术奖项清单

学科	序号	奖项（中文名）	奖项（英文名）
化学	1	诺贝尔化学奖	Nobel Prize in Chemistry
	2	沃尔夫化学奖	Wolf Prize in Chemistry
	3	普利斯特里奖章	Priestley Medal
	4	韦尔奇化学奖	Welch Award in Chemistry
	5	美国科学院化学奖	Nas Award in Chemical Sciences
	6	法拉第奖	Faraday Lectureship Prize
数学	1	阿贝尔奖	The Abel Prize
	2	菲尔兹奖	Fields Medal
	3	沃尔夫数学奖	Wolf Prize in Mathematics
	4	克拉福德数学奖	Crafoord Prize in Mathematics
	5	邵氏数学奖	The Shaw Prize in Mathematical Sciences
	6	奈望林纳奖	Rolf Nevanlinna Prize

学科	序号	奖项（中文名）	奖项（英文名）
数学	7	美国科学院数学奖	Nas Award in Mathematics
	8	罗尔夫·朔克数学奖	Rolf Schock Prize in Mathematics
	9	博谢纪念奖	Bocher Memorial Prize
物理学	1	诺贝尔物理学奖	Nobel Prize in Physics
	2	沃尔夫物理学奖	Wolf Prize in Physics
	3	牛顿奖章	Isaac Newton Medal
	4	马克斯·普朗克奖章	Max Planck Medal
	5	基础物理学奖	Breakthrough Prize in Fundamental Physics
	6	丹尼·海涅曼数学物理奖	Dannie Heineman Prize for Mathematical Physics
	7	洛伦兹奖章	Lorentz Medal
	8	庞加莱奖	Henri Poincare Prize
	9	克拉福德天文学奖	Crafoord Prize in Astronomy
	10	卡夫利奖—天体物理学类奖	The Kavli Prize in Astrophysics
	11	邵氏天文学奖	The Shaw Prize in Astronomy
	12	英国皇家天文学会金质奖章—天文学类奖	The Gold Medal of Royal Astronomical Society for Astronomy
	13	布鲁斯奖	The Bruce Medal
	14	丹尼·海涅曼天文物理学奖	Dannie Heineman Prize for Astrophysics
地球科学	1	克拉福德地球科学奖	Crafoord Prize in Geosciences
	2	沃拉斯顿奖	Wollaston Medal
	3	英国皇家天文学会金质奖章—地球物理类	The Gold Medal of Royal Astronomical Society for Geophysics
	4	彭罗斯奖章	Penrose Medal
	5	维特勒森奖	The Vetlesen Prize
	6	亚瑟·戴奖章与讲座	Arthur L. Day Prize and Lectureship
	7	亚瑟·戴奖章	Arthur L. Day Medal

注：地理学、大气科学、海洋科学学科重大国际学术奖项清单暂未统计。

附录 1.3　　工学类学科（部分）重大国际学术奖项清单

学科	序号	奖项（中文名）	奖项（英文名）
电子电气工程	1	IEEE 荣誉奖章	IEEE Medal of Honor
	2	本杰明·富兰克林奖章—电气工程类	Benjamin Franklin Medal in Electrical Engineering
	3	IEEE 爱迪生奖章	IEEE Edison Medal
机械工程	1	美国机械工程师协会奖章	Asme Medal
	2	铁摩辛柯奖	Timoshenko Medal
	3	本杰明·富兰克林奖章—机械工程类	Benjamin Franklin Medal in Mechanical Engineering
化学工程与技术	1	化学反应工程威廉奖	R. H. Wilhelm Award in Chemical Reaction Engineering
	2	化学工程研究奖	Alpha Chi Sigma Award for Chemical Engineering Research
	3	创始人化学工程贡献奖	Founders Award for Outstanding Contributions to the Field of Chemical Engineering
	4	化学工程专业进步奖	Professional Progress Award in Chemical Engineering
	5	雅克·维莱莫奖章	Jacques Villermaux Medal
土木工程	1	弗莱西奈奖	Freyssinet Medal
	2	Iabse 奖	Iabse Prize
	3	结构工程国际优胜奖	International Award of Merit in Structural Engineering
材料科学与工程	1	冯·希佩尔奖	Von Hippel Award
	2	材料研究学会奖章	Mrs Medal Award
	3	戴维·汤伯讲座奖	David Turnbull Lectureship
计算机科学与技术	1	图灵奖	A. M. Turing Award
	2	高德纳奖	The Knuth Prize
	3	米尔纳奖	Royal Society Milner Award

学科	序号	奖项（中文名）	奖项（英文名）
环境科学与工程	1	泰勒环境成就奖	Tyler Prize for Environmental Achievement
	2	沃尔沃环境奖	Volvo Environment Prize
	3	斯德哥尔摩水奖	Stockholm Water Prize
	4	西班牙对外银行基金会知识前沿奖—生态学与保护生物学类	Bbva Foundation Frontiers of Knowledge Award in Ecology and Conservation Biology
	5	西班牙对外银行基金会知识前沿奖—气候变化类	Bbva Foundation Frontiers of Knowledge Award in Climate Change
	6	喜力环境科学奖	Heineken Prize for Environmental Sciences
信息与通信工程	1	大川奖	The Okawa Prize
能源科学与工程	1	埃尼奖	Eni Award
	2	恩里科·费米奖	The Enrico Fermi Award
	3	全球能源奖	The Global Energy Prize

注：矿业工程、航空宇航科学与技术、船舶与海洋工程、交通运输工程、食品科学与工程学科的重大国际学术奖项清单暂未统计。

附录1.4   生命医学类学科（部分）重大国际学术奖项清单

学科	序号	奖项名称（中文）	奖项名称（英文）
基础医学	1	诺贝尔生理学或医学奖	Nobel Prize in Physiology or Medicine
	2	拉斯克基础医学奖	Albert Lasker Basic Medical Research Award
	3	盖尔德纳国际奖	The Canada Gairdner International Award
	4	邵逸夫生命科学与医学奖	The Shaw Prize in Life Science and Medicine
	5	沃尔夫医学奖	Wolf Prize in Medicine
	6	卡夫里神经科学奖	The Kavli Prize in Neuroscience

续表

学科	序号	奖项名称（中文）	奖项名称（英文）
临床医学	1	诺贝尔生理或医学奖	Nobel Prize in Physiology or Medicine
	2	拉斯克临床医学奖	Lasker – Debakey Clinical Medical Research Award
	3	盖尔德纳国际奖	The Canada Gairdner International Award
	4	沃尔夫医学奖	Wolf Prize in Medicine
生物学	1	克拉夫特生物科学奖	Crafoord Prize in Biosciences
	2	邵逸夫生命科学与医学奖	The Shaw Prize in Life Science and Medicine
药学	1	诺贝尔生理或医学奖	Nobel Prize in Physiology or Medicine
护理学	1	护理研究名人堂奖	Nurse Researcher Hall of Fame
	2	南丁格尔奖	Florence Nightingale
口腔医学	1	IADR 杰出科学家奖	Iadr Distinguished Scientist Award

注：农学、兽医学、公共卫生与预防医学学科暂未搜集到得到专家共识的重大国际学术奖项清单。

附录二　部分学科的国际权威学术期刊清单

附录 2.1　　社科类学科（部分）国际权威学术期刊清单

学科	序号	期刊名
工商管理	1	*Journal of Consumer Research*
	2	*Journal of Marketing Research*
	3	*Journal of Marketing*
	4	*Academy of Management Journal*
	5	*Journal of Finance*
	6	*Academy of Management Review*
	7	*Strategic Management Journal*
	8	*Administrative Science Quarterly*
	9	*Journal of International Business Studies*
	10	*Journal of Accounting & Economics*
管理科学与工程	1	*Academy of Management Journal*
	2	*Management Science*
	3	*Academy of Management Review*
	4	*Strategic Management Journal*
	5	*Administrative Science Quarterly*
	6	*Journal of International Business Studies*
经济学	1	*Econometrica*
	2	*American Economic Review*
	3	*Journal of Political Economy*
	4	*Quarterly Journal of Economics*
	5	*Review of Economic Studies*
	6	*Review of Economics and Statistics*
	7	*Journal of Economic Perspectives*
	8	*Journal of Finance*
	9	*Journal of Financial Economics*
	10	*The Review of Financial Studies*

续表

学科	序号	期刊名
教育学	1	*Teaching and Teacher Education*
	2	*American Educational Research Journal*
	3	*Review of Educational Research*
	4	*Educational Researcher*
	5	*Journal of Research in Science Teaching*
	6	*Journal of Teacher Education*
	7	*Higher Education*
	8	*Journal of Education Policy*
	9	*Learning and Instruction*
	10	*Studies in Higher Education*
	11	*Educational Research Review*
法学	1	*Harvard Law Review*
	2	*Yale Law Journal*
	3	*Columbia Law Review*
	4	*Criminology*
政治学	1	*American Political Science Review*
	2	*American Journal of Political Science*
	3	*World Politics*
	4	*Comparative Political Studies*
	5	*Journal of Politics*
	6	*International Organization*
社会学	1	*American Journal of Sociology*
	2	*American Sociological Review*
	3	*Sociology—The Journal of the British Sociological Association*
	4	*Annual Review of Sociology*
	5	*British Journal of Sociology*
公共管理	1	*Public Administration Review*
	2	*Governance—An International Journal of Policy Administration and Institutions*
	3	*Journal of Public Administration Research and Theory*

学科	序号	期刊名
新闻传播学	1	*Journal of Communication*
	2	*Communication Research*
	3	*New Media & Society*
	4	*Political Communication*
	5	*Public Opinion Quarterly*
	6	*Human Communication Research*
图书情报与 档案管理学	1	*Mis Quarterly*
	2	*Journal of the American Medical Informatics Association*
	3	*Government Information Quarterly*
	4	*Information & Management*

附录2.2　　理学类学科（部分）国际权威学术期刊清单

学科	序号	期刊名
化学	1	*Nature*
	2	*Science*
	3	*Nature Chemistry*
	4	*Nature Materials*
	5	*Angewandte Chemie – International Edition*
	6	*Journal of the American Chemical Society*
数学	1	*Annals of Mathematics*
	2	*Journal of American Mathematical Society*
	3	*Inventions Mathematicae*
	4	*Communications on Pure and Applied Mathematics*
	5	*Acta Mathematic*
物理学	1	*Nature*
	2	*Science*
	3	*Physical Review Letters*
	4	*Nature Physics*
	5	*Reviews of Modern Physics*
	6	*Physical Review X*

续表

学科	序号	期刊名
地球科学	1	*Nature*
	2	*Science*
	3	*Geophysical Research Letters*
	4	*Earth and Planetary Science Letters*
	5	*Nature Geoscience*
	6	*Journal of Geophysical Research – Earth Surface*
	7	*Geochimica ET Cosmochimica Acta*
地理学	1	*Urban Geography*
	2	*Progress in Human Geography*
	3	*Annals of the Association of American Geographers*
	4	*Global Environmental Change – Human and Policy Dimensions*
	5	*Journal of Rural Studies*
	6	*Political Geography*
	7	*Transactions of the Institute of British Geographers*
大气科学	1	*Atmospheric Chemistry and Physics*
	2	*Nature Climate Change*
	3	*Journal of Geophysical Research – Atmospheres*
	4	*Journal of Climate*
	5	*Climate Dynamics*
	6	*Bulletin of the American Meteorological Society*
海洋科学	1	*Journal of Physical Oceanography*
	2	*Journal of Geophysical Research – Ocean*
	3	*Geophysical Research Letter*

附录 2.3　　工学类学科（部分）国际权威学术期刊清单

学科	序号	期刊名
电子电气工程	1	*Proceedings of the IEEE*
	2	*Nature Electronics*
	3	*Nature Photonics*
	4	*IEEE Electron Device Letters*

学科	序号	期刊名
机械工程	1	*Journal of Fluid Mechanics*
	2	*Journal of the Mechanics and Physics of Solids*
	3	*Journal of Sound and Vibration*
	4	*IEEE – Asme Transactions on Mechatronics*
	5	*Combustion and Flame*
	6	*International Journal of Heat and Mass Transfer*
	7	*Proceedings of the Combustion Institute*
	8	*International Journal of Machine Tools & Manufacture*
	9	*International Journal of Mechanical Science*
化学工程与技术	1	*Industrial & Engineering Chemistry Research*
	2	*Energy & Environmental Science*
	3	*Aiche Journal*
	4	*Chemical Engineering Science*
土木工程	1	*Journal of Structural Engineering*
	2	*Engineering Structure*
	3	*Structural Safety*
材料科学与工程	1	*Nature*
	2	*Science*
	3	*Nature Materials*
	4	*Advanced Materials*
	5	*Nature Nanotechnology*
	6	*Acta Materialia*
计算机科学与技术	1	*Annual Conference on Neural Information Processing Systems*
	2	*Acm Siggraph*
	3	*Usenix Symposium on Operating Systems Design and Implementation*
	4	*Acm Symposium on the Theory of Computing*
	5	*Symposium on Principles of Programming Languages*
	6	*IEEE Conference on Computer Vision and Pattern Recognition*
	7	*Acm Conference on Human Factors in Computing Systems*
	8	*International Conference on Machine Learning*
	9	*International Symposium on Computer Architecture*

续表

学科	序号	期刊名
环境科学与工程	1	*Nature*
	2	*Science*
	3	*Environmental Science & Technology*
	4	*Applied Catalysis B – Environmental*
	5	*Water Research*
信息与通信工程	1	*IEEE Journal on Selected Areas in Communications*
	2	*IEEE – Acm Transactions on Networking*
	3	*IEEE Transactions on Image Processing*
能源科学与工程	1	*Energy & Environmental Science*
	2	*Advanced Energy Materials*
矿业工程	1	*Rock Mechanics and Rock Engineering*
	2	*International Journal of Rock Mechanics and Mining Sciences*
	3	*International Journal of Coal Geology*
航空宇航科学与技术	1	*Journal of Spacecraft and Rockets*
	2	*Aiaa Journal*
	3	*Journal of Propulsion and Power*
	4	*Journal of Guidance Control and Dynamics*
船舶与海洋工程	1	*Journal of Fluid Mechanics*
	2	*Ocean Engineering*
	3	*Marine Structures*
交通运输工程	1	*Journal of Transportation Research Part D – Transport and Environment*
	2	*Journal of Transportation Research Part A – Policy and Practice*
	3	*Journal of Transportation Research Part B – Methodological*
	4	*Journal of Transportation Research Part E – Logistics and Transportation Review*
	5	*Journal of Transportation Research Part C – Emerging Technologies*
食品科学与工程	1	*International Journal of Food Microbiology*
	2	*Journal of Agricultural and Food Chemistry*
	3	*Critical Reviews in Food Science and Nutrition*
	4	*Food Chemistry*

附录2.4　　生命医学类学科（部分）国际权威学术期刊清单

学科	序号	期刊名
生物学	1	*Nature*
	2	*Science*
	3	*Lancet*
	4	*Cell*
	5	*Biological Reviews*
	6	*Current Biology*
基础医学	1	*Nature*
	2	*Science*
	3	*Cell*
	4	*Pnas*
	5	*Nature Immunology*
	6	*Immunity*
临床医学	1	*Nature*
	2	*Science*
	3	*The New England Journal of Medicine*
	4	*Lancet*
	5	*The Journal of the American Medical Association*
	6	*British Medical Journal*
口腔医学	1	*Nature*
	2	*Science*
	3	*European Journal of Oralsciences*
	4	*Journal of Dental Research*
	5	*Journal of Clinical Periodontology*
药学	1	*Nature Reviews Drug Discovery*
	2	*International Journal of Pharmaceutics*
	3	*Journal of Pharmaceutical Sciences*
	4	*Pharmaceutical Research*
	5	*Journal of Medicinal Chemistry*
	6	*Journal of Controlled Release*

续表

学科	序号	期刊名
公共卫生与预防医学	1	The New England Journal of Medicine
	2	Jama
	3	Lancet Global Health
	4	International Journal of Epidemiology
	5	American Journal of Epidemiology
	6	Annual Review of Public Health
	7	British Medical Journal
护理学	1	Nursing Research
	2	Journal of Advanced Nursing
	3	International Journal of Nursing Studies
	4	Research in Nursing & Health
兽医学	1	Nature Immunology
	2	Veterinary Research
	3	Veterinary Parasitology
	4	Veterinary Microbiology
农学	1	Nature
	2	Science
	3	Pnas
	4	Journal of Agricultural and Food Chemistry
	5	Agricultural and Forest Meteorology
	6	Annual Review of Plant Biology
	7	Nature Food

附录三 部分学科的样本高校清单

附录3.1 部分学科的世界顶尖学科组样本高校清单

（一）经济学学科

Columbia University，哥伦比亚大学（美国）

Harvard University，哈佛大学（美国）

London School Economics and Political Science，伦敦政治经济学院（英国）

Massachusetts Institute of Technology，麻省理工学院（美国）

New York University，纽约大学（美国）

Princeton University，普林斯顿大学（美国）

Stanford University，斯坦福大学（美国）

University of California – Berkeley，加州大学伯克利分校（美国）

University of Chicago，芝加哥大学（美国）

Yale University，耶鲁大学（美国）

（二）法学学科

Cambridge University，剑桥大学（英国）

Columbia University，哥伦比亚大学（美国）

Georgetown University，乔治城大学（美国）

Harvard University，哈佛大学（美国）

New York University，纽约大学（美国）

Stanford University，斯坦福大学（美国）

University of California – Berkeley，加州大学伯克利分校（美国）

University of California – Los Angeles，加州大学洛杉矶分校（美国）

University of Chicago，芝加哥大学（美国）

Yale University，耶鲁大学（美国）

（三）教育学学科

Columbia University，哥伦比亚大学（美国）

Harvard University，哈佛大学（美国）

Michigan State University，密歇根州立大学（美国）

Stanford University，斯坦福大学（美国）

University of Michigan，密歇根大学安娜堡分校（美国）

University of Pennsylvania，宾夕法尼亚大学（美国）

University of Toronto，多伦多大学（加拿大）

University of Washington – Seattle，华盛顿大学西雅图校区（美国）

University of Wisconsin – Madison，威斯康星大学麦迪逊校区（美国）

（四）化学学科

California Institute of Technology，加州理工学院（美国）

ETH Zurich，苏黎世联邦理工学院（瑞士）

Harvard University，哈佛大学（美国）

Massachusetts Institute of Technology，麻省理工学院（美国）

National University of Singapore，新加坡国立大学（新加坡）

Northwestern University，西北大学（美国）

Stanford university，斯坦福大学（美国）

The University of Tokyo，东京大学（日本）

University of California, Berkeley，加州大学伯克利分校（美国）

University of Cambridge，剑桥大学（英国）

（五）数学学科

ETH Zurich，苏黎世联邦理工学院（瑞士）

Harvard University，哈佛大学（美国）

Imperial College London，帝国理工学院（英国）

Massachusetts Institute of Technology，麻省理工学院（美国）

New York University，纽约大学（美国）

Princeton University，普林斯顿大学（美国）

Stanford University，斯坦福大学（美国）

University of California, Los Angeles，加州大学洛杉矶分校（美国）

University of Cambridge，剑桥大学（英国）

University of Oxford，牛津大学（英国）

（六）物理学学科

California Institute of Technology，加州理工学院（美国）

Harvard University，哈佛大学（美国）

Massachusetts Institute of Technology，麻省理工学院（美国）

Princeton University，普林斯顿大学（美国）

Stanford University，斯坦福大学（美国）

University of California，Berkeley，加州大学伯克利分校（美国）

University of Cambridge，剑桥大学（英国）

University of Chicago，芝加哥大学（美国）

University of Oxford，牛津大学（英国）

University of Tokyo，东京大学（日本）

（七）电子电气工程学科

Ecole Polytechnique Federale de Lausanne，洛桑联邦理工学院（瑞士）

ETH Zurich，苏黎世联邦理工学院（瑞士）

Georgia Institute of Technology，佐治亚理工学院（美国）

Harvard University，哈佛大学（美国）

Massachusetts Institute of Technology，麻省理工学院（美国）

Nanyang Technological University，南洋理工大学（新加坡）

National University of Singapore，新加坡国立大学（新加坡）

Stanford University，斯坦福大学（美国）

University of California，Berkeley，加州大学伯克利分校（美国）

University of California，Los Angeles，加州大学洛杉矶分校（美国）

（八）机械工程学科

California Institute of Technology，加州理工学院（美国）

Harvard University，哈佛大学（美国）

Imperial College London，帝国理工学院（英国）

Massachusetts Institute of Technology，麻省理工学院（美国）

Purdue University，普渡大学（美国）

Stanford University，斯坦福大学（美国）

University of California，Berkeley，加州大学伯克利分校（美国）

University of Cambridge，剑桥大学（英国）

University of Michigan，Ann Arbor，密歇根大学安娜堡分校（美国）

397

（九）化学工程与技术学科

California Institute of Technology，加州理工学院（美国）

ETH Zurich，苏黎世联邦理工学院（瑞士）

Imperial College London，帝国理工学院（英国）

Massachusetts Institute of Technology，麻省理工学院（美国）

Nanyang Technological University，南洋理工大学（新加坡）

National University of Singapore，新加坡国立大学（新加坡）

Princeton University，普林斯顿大学（美国）

Stanford University，斯坦福大学（美国）

University of California, Berkeley，加州大学伯克利分校（美国）

University of Texas at Austin，得克萨斯州大学奥斯汀分校（美国）

（十）土木工程学科

Ecole Polytechnique Federale de Lausanne，洛桑联邦理工学院（瑞士）

ETH Zurich，苏黎世联邦理工学院（瑞士）

Nanyang Technological University，南洋理工大学（新加坡）

Purdue University，普渡大学（美国）

University of California, Berkeley，加州大学伯克利分校（美国）

University of Canterbury，坎特伯雷大学（新西兰）

University of Illinois at Urbana, Champaign，伊利诺伊大学厄巴纳香槟分校（美国）

University of New South Wales，新南威尔士大学（澳大利亚）

University of Sydney，悉尼大学（澳大利亚）

University of Texas at Austin，得克萨斯州大学奥斯汀分校（美国）

（十一）材料科学与工程学科

Georgia Institute of Technology，佐治亚理工学院（美国）

Harvard University，哈佛大学（美国）

Imperial College London，帝国理工学院（英国）

Massachusetts Institute of Technology，麻省理工学院（美国）

Nanyang Technological University，南洋理工大学（新加坡）

National University of Singapore，新加坡国立大学（新加坡）

Seoul National University，首尔国立大学（韩国）

Stanford University，斯坦福大学（美国）

University of California，Berkeley，加州大学伯克利分校（美国）

University of Cambridge，剑桥大学（英国）

（十二）计算机科学与技术学科

Carnegie Mellon University，卡内基梅隆大学（美国）

ETH Zurich，苏黎世联邦理工学院（瑞士）

Harvard University，哈佛大学（美国）

Massachusetts Institute of Technology，麻省理工学院（美国）

Nanyang Technological University，南洋理工大学（新加坡）

Princeton University，普林斯顿大学（美国）

Stanford University，斯坦福大学（美国）

University of California，Berkeley，加州大学伯克利分校（美国）

University of Oxford，牛津大学（英国）

University of Toronto，多伦多大学（加拿大）

（十三）环境科学与工程学科

California Institute of Technology，加州理工学院（美国）

Delft University of Technology，代尔夫特理工大学（荷兰）

ETH Zurich，苏黎世联邦理工学院（瑞士）

Harvard University，哈佛大学（美国）

Massachusetts Institute of Technology，麻省理工学院（美国）

Stanford University，斯坦福大学（美国）

University of California，Berkeley，加州大学伯克利分校（美国）

University of California，Davis，加州大学戴维斯分校（美国）

University of Queensland，昆士兰大学（澳大利亚）

（十四）信息与通信工程学科

Georgia Institute of Technology，佐治亚理工学院（美国）

Nanyang Technological University，南洋理工大学（新加坡）

National University of Singapore，新加坡国立大学（新加坡）

University of British Columbia，英属哥伦比亚大学（加拿大）

University of Houston，休斯敦大学（美国）

University of Southampton，南安普敦大学（英国）

University of Technology Sydney，悉尼科技大学（澳大利亚）

University of Texas at Austin，得克萨斯州大学奥斯汀分校（美国）

University of Waterloo，滑铁卢大学（加拿大）

University Paris – Saclay，巴黎—萨克雷大学（法国）

（十五）生物学学科

California Institute of Technology，加州理工大学（美国）

Columbia University，哥伦比亚大学（美国）

Harvard University，哈佛大学（美国）

Massachusetts Institute of Technology（MIT），麻省理工学院（美国）

Stanford University，斯坦福大学（美国）

University College London，伦敦大学学院（英国）

University of California，Berkeley，加州大学伯克利分校（美国）

University of Cambridge，剑桥大学（英国）

University of Oxford，牛津大学（英国）

Yale University，耶鲁大学（美国）

（十六）基础医学学科

Columbia University，哥伦比亚大学（美国）

Harvard University，哈佛大学（美国）

Massachusetts Institute of Technology（MIT），麻省理工学院（美国）

Rockefeller University，洛克菲勒大学（美国）

Stanford University，斯坦福大学（美国）

University College London，伦敦大学学院（英国）

University of California，Los Angeles，加州大学洛杉矶分校（美国）

University of California，San Francisco，加州大学旧金山分校（美国）

University of Cambridge，剑桥大学（英国）

University of Zurich，苏黎世大学（瑞士）

（十七）临床医学学科

Duke University，杜克大学（美国）

Harvard University，哈佛大学（美国）

Imperial College London，帝国理工学院（英国）

Johns Hopkins University，约翰斯·霍普金斯大学（美国）

University of California San Francisco，加州大学旧金山分校（美国）

University of Cambridge，剑桥大学（英国）

University of Melbourne，墨尔本大学（澳大利亚）

University of Oxford，牛津大学（英国）

University of Pennsylvania，宾夕法尼亚大学（美国）

University of Washington，华盛顿大学（美国）

附录3.2　部分学科的世界一流学科组样本高校清单

（一）经济学学科

Maastricht University，马斯特里赫特大学（荷兰）

McGill University，麦吉尔大学（加拿大）

Michigan State University，密歇根州立大学（美国）

Texas A&M University，得克萨斯农工大学（美国）

University of Chicago，芝加哥大学（美国）

University of Edinburgh，爱丁堡大学（英国）

University of Manchester，曼彻斯特大学（英国）

University of Virginia，弗吉尼亚大学（美国）

（二）法学学科

Johns Hopkins University，约翰·霍普金斯大学（美国）

University of Illinois – Chicago，伊利诺伊大学芝加哥分校（美国）

University of Nebraska – Lincoln，内布拉斯加大学林肯分校（美国）

University of Oslo，奥斯陆大学（挪威）

University of Ottawa，渥太华大学（加拿大）

University of Pittsburgh，匹兹堡大学（美国）

（三）教育学学科

Boston University，波士顿大学（美国）

Duke University，杜克大学（美国）

Griffith University，格里菲斯大学（澳大利亚）

Leiden University，莱顿大学（荷兰）

Texas A&M University，得克萨斯农工大学（美国）

University of California Davis，加州大学 – 戴维斯（美国）

University of Munich，慕尼黑大学（德国）

University of New South Wales，新南威尔士大学（澳大利亚）

（四）化学学科

Dresden University of Technology，德累斯顿工业大学（德国）

Hokkaido University，北海道大学（日本）

Monash University，莫纳什大学（澳大利亚）

Pohang University of Science and Technology，浦项理工大学（韩国）

RWTH Aachen University，亚琛工业大学（德国）

Seoul National University，首尔国立大学（韩国）

Technical University of Berlin，柏林工业大学（德国）

Tohoku University，东北大学（日本）

University College London，伦敦大学学院（英国）

University of Alberta，阿尔伯塔大学（加拿大）

（五）数学学科

Autonomous University of Madrid，马德里自治大学（西班牙）

Boston College，波士顿学院（美国）

Indiana University – Bloomington，印第安纳大学布鲁明顿分校（美国）

Polytechnic University of Catalonia，加泰罗尼亚理工大学（西班牙）

Seoul National University，首尔国立大学（韩国）

University of Bristol，布里斯托尔大学（英国）

University of Copenhagen，哥本哈根大学（丹麦）

University of Helsinki，赫尔辛基大学（芬兰）

University of Southern California，南加州大学（美国）

Uppsala University，乌普萨拉大学（瑞典）

（六）物理学学科

Karlsruhe Institute of Technology，卡尔斯鲁厄理工学院（德国）

Michigan State University，密歇根州立大学（美国）

Seoul National University，首尔国立大学（韩国）

Stockholm University，斯德哥尔摩大学（瑞典）

The Pennsylvania State University，宾夕法尼亚州立大学（美国）

University of Amsterdam，阿姆斯特丹大学（荷兰）

University of California, San Diego，加州大学圣地亚哥分校（美国）

University of Milan，米兰大学（意大利）

University of Southampton，南安普敦大学（英国）

University of Warwick，华威大学（英国）

（七）电子电气工程学科

Kings College London，伦敦国王学院（英国）

KU Leuven，荷语区鲁汶大学（比利时）

Polytechnic University of Catalonia，加泰罗尼亚理工大学（西班牙）

RMIT University，皇家墨尔本理工大学（澳大利亚）

The Australian National University，澳大利亚国立大学（澳大利亚）

The University of Queensland，昆士兰大学（澳大利亚）

Universidade de Lisboa，里斯本大学（葡萄牙）

University of Padua，帕多瓦大学（意大利）

University of Sheffield，谢菲尔德大学（英国）

University of Technology Sydney，悉尼科技大学（澳大利亚）

（八）机械工程学科

Ecole Polytechnique Federale de Lausanne，洛桑联邦理工学院（瑞士）

Indian Institute of Technology，Madras，印度理工学院马德拉斯分校（印度）

Johns Hopkins University，约翰斯·霍普金斯大学（美国）

Karlsruhe Institute of Technology，卡尔斯鲁厄理工学院（德国）

Ohio State University，Columbus，俄亥俄州立大学哥伦布分校（美国）

The University of Auckland（New Zealand），奥克兰大学（新西兰）

The University of Manchester，曼彻斯特大学（英国）

The University of Queensland，昆士兰大学（澳大利亚）

University of Adelaide，阿德雷德大学（澳大利亚）

Virginia Polytechnic Institute and State University，弗吉尼亚理工学院（美国）

（九）化学工程与技术学科

Colorado School of Mines，科罗拉多矿业大学（美国）

Eindhoven University of Technology，埃因霍温工业大学（荷兰）

Ghent University，根特大学（比利时）

Hanyang University，汉阳大学（韩国）

King Saud University，沙特国王大学（沙特阿拉伯）

403

Korea University，高丽大学（韩国）

Norwegian University of Science and Technology，挪威科学技术大学（挪威）

Pohang University of Science and Technology，浦项理工大学（韩国）

University of Illinois at Urbana – Champaign，伊利诺伊大学厄巴纳香槟分校（美国）

University of Porto，波尔图大学（葡萄牙）

（十）土木工程学科

Columbia University，哥伦比亚大学（美国）

Eindhoven University of Technology，埃因霍温工业大学（荷兰）

Ghent University，根特大学（比利时）

Universidade de Coimbra，科英布拉大学（葡萄牙）

Universite de Montreal，蒙特利尔大学（加拿大）

University of Alberta，阿尔伯塔大学（加拿大）

University of Bologna，博洛尼亚大学（意大利）

University of Nottingham，诺丁汉大学（英国）

University of Southern California，南加州大学（美国）

University of Waterloo，滑铁卢大学（加拿大）

（十一）材料科学与工程学科

Delft University of Technology，代尔夫特理工大学（荷兰）

Purdue University，普渡大学（美国）

Rensselaer Polytechnic Institute，伦斯勒理工学院（美国）

The University of Queensland，昆士兰大学（澳大利亚）

Tohoku University，东北大学（日本）

University College London，伦敦大学学院（英国）

University of Maryland，College Park，马里兰大学大学城分校（美国）

University of New South Wales，新南威尔士大学（澳大利亚）

University of Pennsylvania，宾夕法尼亚大学（美国）

Yonsei University，延世大学（韩国）

（十二）计算机科学与技术学科

Arizona State University，亚利桑那州立大学（美国）

Deakin University，迪肯大学（澳大利亚）

Griffiths University，格里菲思大学（澳大利亚）

Karlsruhe Institute of Technology，卡尔斯鲁厄理工学院（德国）

King Abdullah University of Science and Technology，阿卜杜拉国王科技大学（沙特阿拉伯）

KU Leuven，荷语区鲁汶大学（比利时）

Michigan State University，密歇根州立大学（美国）

Royal Institute of Technology，皇家理工学院（瑞典）

RWTH Aachen University，亚琛工业大学（德国）

University of California, Irvine，加州大学欧文分校（美国）

（十三）环境科学与工程学科

Lancaster University，兰卡斯特大学（英国）

McGill University，麦吉尔大学（加拿大）

North Carolina State University，北卡罗来纳州立大学（美国）

Purdue University，普渡大学（美国）

Texas A&M University，德州农工大学（美国）

University of Birmingham，伯明翰大学（英国）

University of California, San Diego，加州大学圣地亚哥分校（美国）

University of Helsinki，赫尔辛基大学（芬兰）

University of Manchester，曼彻斯特大学（英国）

University of Melbourne，墨尔本大学（澳大利亚）

（十四）信息与通信工程学科

Arizona State University，亚利桑那州立大学（美国）

Deakin University，迪肯大学（澳大利亚）

Imperial College London，帝国理工学院（英国）

King Abdulaziz University，阿卜杜勒阿齐兹国王大学（沙特阿拉伯）

Lund University，隆德大学（瑞典）

Macquarie University，麦考瑞大学（澳大利亚）

Polytechnic University of Catalonia，加泰罗尼亚理工大学（西班牙）

Tohoku University，东北大学（日本）

（十五）生物学学科

Leiden University，莱顿大学（英国）

Northwestern University，西北大学（美国）

The University of Manchester，曼彻斯特大学（英国）

University of Bristol，布里斯托大学（美国）

University of Sydney，悉尼大学（澳大利亚）

University of Wisconsin – Madison，威斯康星大学麦迪逊分校（美国）

（十六）基础医学学科

Aix Marseille University，艾克斯—马赛大学（法国）

Cardiff University，卡迪夫大学（英国）

Case Western Reserve University，凯斯西储大学（美国）

Ghent University，根特大学（荷兰）

Medical University of Vienna，维也纳医科大学（奥地利）

National University of Singapore，新加坡国立大学（新加坡）

Oregon Health and Science University，俄勒冈卫生科学大学（美国）

Paris – Saclay University，巴黎萨克雷大学（法国）

Princeton University，普林斯顿大学（美国）

Queen Mary University of London，伦敦玛丽女王大学（英国）

（十七）临床医学学科

Leiden University，莱顿大学（英国）

Lund University，隆德大学（瑞典）

Newcastle University，纽卡斯尔大学（英国）

University of Queensland，昆士兰大学（澳大利亚）

University of Alberta，阿尔伯塔大学（加拿大）

University of Basel，巴塞尔大学（瑞士）

University of Bologna，博洛尼亚大学（意大利）

University of Bristol，布里斯托大学（英国）

University of Cape Town，开普敦大学（南非）

University of Helsinki，赫尔辛基大学（芬兰）

参 考 文 献

[1] 安丰存、王铭玉：《新文科建设的本质、地位及体系》，载于《学术交流》2019 年第 11 期。

[2] 包水梅、常乔丽：《世界一流大学建设政策运行机制：香港的经验与启示》，载于《教育发展研究》2016 年第 23 期。

[3] 鲍玉芳、马建霞：《诺贝尔奖与科学家论文数量、被引频次的相关性：基于 2000—2010 年诺贝尔化学、物理学获奖者的实证研究》，载于《图书理论与实践》2015 年第 37 卷第 8 期。

[4] 北京大学：《北京大学国家发展研究院成立》，北京大学网站，2021 年 1 月 29 日，https：//news. pku. edu. cn/xwzh/129 - 131194. htm。

[5] 北京大学对外汉语教育学院：《学术科研机构》，2022 年 6 月 11 日，https：//hanyu. pku. edu. cn/xzky/gkxzky/index. html。

[6] 北京大学国际合作部留学生办公室：《孔子新汉学计划》，2021 年 12 月 2 日，https：//www. isd. pku. edu. cn/index/jxj/kzxhxjh_CCSP_. htm。

[7] 北京大学国际合作部：《引智项目 - 北京大学国际合作》，2021 年 6 月 30 日，https：//www. oir. pku. edu. cn/wjzj/yzxm/7. htm。

[8] 北京大学国际合作部：《"扎根中国，面向世界"——北京大学五年来国际交流成就回顾》，2022 年 5 月 21 日，http：//www. oir. pku. edu. cn/info/1037/2745. html。

[9] 北京大学国家发展研究院：《北大国发院入选首批国家高端智库建设试点单位》，北京大学国家发展研究院网站，2021 年 1 月 29 日，https：//www. bimba. pku. edu. cn/dpsbs/xwbd_bsxm/443900. htm。

[10] 北京大学国家发展研究院：《北京大学国家发展研究院·经济学（国家发展方向）专业》，北京大学国家发展研究院网站，2021 年 1 月 29 日，https：//www. nsd. pku. edu. cn/docs/20190108154114812341. pdf。

[11] 北京大学国家发展研究院：《本院概况》，北京大学国家发展研究院网站，

2019 年 1 月 8 日，https：//www. nsd. pku. edu. cn/docs/20190108154034018287. pdf。

[12] 北京大学国家发展研究院：《历史回顾 1994》，北京大学国家发展研究院网站，2022 年 5 月 20 日，https：//nsd. pku. edu. cn/xygk/lshg/dsj/1994/index. htm。

[13] 北京大学国家发展研究院：《林毅夫：北大国发院的智库使命》，北京大学国家发展研究院网站，2019 年 1 月 8 日，https：//www. nsd. pku. edu. cn/jz-ky/lrgzxzlt/xwzx/252654. htm。

[14] 北京大学国家发展研究院：《〈2018 年中国智库影响力评价与排名〉发布，北大国发院 9 项排名持续领先》，北京大学国家发展研究院网站，2019 年 2 月 19 日，https：//www. nsd. pku. edu. cn/sylm/xw/272173. htm。

[15] 北京大学国家发展研究院：《学院概况》，北京大学国家发展研究院网站，2022 年 5 月 20 日，https：//nsd. pku. edu. cn/xygk/xygk1/index. htm。

[16] 北京大学国家发展研究院：《研究中心》，北京大学国家发展研究院网站，2021 年 1 月 8 日，https：//nsd. pku. edu. cn/xygk/zzjg/yjzx/index. htm。

[17] 北京大学国家发展研究院：《〈中国新闻周刊〉北大国家发展研究院：在朗润园读懂中国》，北京大学国家发展研究院网站，2021 年 1 月 29 日，https：//www. bimba. pku. edu. cn/mba/mbaxm/272501. htm。

[18] 北京大学汉语国际推广工作办公室：《孔子学院总部－北京大学》，2020 年 6 月 30 日，https：//www. gsm. pku. edu. cn/hygjtggzbgs/kzxy1/rblmgkzxy. htm。

[19] 北京大学汉语国际推广工作办公室：《我的孔子学院：北京大学孔子学院中方院长访谈实录》，北京大学出版社 2017 年版。

[20] 《汉语推广卓有成效，北京大学已承建九所孔子学院》，北京大学新闻网，2007 年 12 月 20 日，https：//news. pku. edu. cn/mtbdnew/284－119521. html。

[21] 《亲仁善邻 和衷共济——北京大学孔子学院汉语推广实践》，北京大学新闻网，2016 年 1 月 13 日，https：//news. pku. edu. cn/xwzh/129－292649. htm。

[22] 本刊编辑部：《英国〈自然〉杂志简介》，载于《中国动脉硬化杂志》2017 年第 10 期。

[23] 本刊记者：《培养跨文化的未来领导者——记清华大学苏世民学者项目》，载于《国际人才交流》2016 年第 11 期。

[24] [美] 彼得·德鲁克著，陈驯译：《管理——使命、责任、实践（实践篇）》，机械工业出版社 2019 年版。

[25] [美] 彼得·德鲁克著，齐若兰译：《管理的实践》，机械工业出版社 2019 年版。

[26] 邝红艳：《品牌竞争力影响因素分析》，载于《中国工程科学》2002 年第 5 期。

［27］［美］伯顿·克拉克著，王承绪、徐辉等译：《高等教育新论》，浙江教育出版社 2001 年版。

［28］薄贵利：《论国家战略的科学内涵》，载于《中国行政管理》2015 年第 7 期。

［29］薄晓明、段志光、邵红芳：《地方医科大学生物医学科技竞争力评价指标体系的构建与应用》，载于《中华医学科研管理杂志》2011 年第 24 卷第 5 期。

［30］卜叶、黄辛：《心系江湖的环境"医生"》，2021 年 4 月 27 日，http：//news. sciencenet. cn/sbhtmlnews/2021/4/362271. shtm。

［31］财政部：《在华举办国际会议费用开支标准和财务管理办法》，2012 年 2 月 15 日，http：//www. gov. cn/zwgk/2012 – 02/15/content_2067743. htm。

［32］财政部：《在华举办国际会议经费管理办法》，2019 年 7 月 25 日，http：//www. bic. cas. cn/zcfg/201907/t20190725_4702787. html。

［33］曹雁、袁晓平：《高校一流工程学科建设方案的特征及反思——基于 67 份一流工程学科建设方案的文本分析》，载于《中国高校科技》2020 年第 2 期。

［34］曹志峰、汪霞：《世界一流大学重点学科评价模式的比较分析》，载于《江苏高教》2018 年第 1 期。

［35］柴旭东：《论大学在国家软实力建设中的作用》，载于《中共贵州省委党校学报》2009 年第 4 期。

［36］常琛：《洱海清了，上海老教授却白了头》，2020 年 9 月 11 日，https：//finance. sina. com. cn/wm/2020 – 09 – 11/doc – iivhuipp3719841. shtml？cre = tianyi&mod = pcpager_fin&loc = 32&r = 9&rfunc = 61&tj = none&tr = 9。

［37］常桐善：《中国高等教育的国际影响力》，载于《复旦教育论坛》2019 年第 5 期。

［38］常旭华、贾月莹、刘海睿：《高校技术转移研究：进程、热点及中外比较》，载于《科学学与科学技术管理》2022 年第 2 期。

［39］陈长华、秦萍：《"双一流"背景下高校潜力学科评价研究——以南京航空航天大学物理学学科为例》，载于《大学图书情报学刊》2016 年第 3 期。

［40］陈超：《维持世界卓越："美国竞争力计划"与"综合国家战略"》，载于《清华大学教育研究》2008 年第 3 期。

［41］陈翠荣、李冰倩：《世界一流大学博士教育发展战略的主要特点及未来走向》，载于《研究生教育研究》2020 年第 2 期。

［42］陈棣沭、尹农：《对美国 USNews 医学学科评估指标体系的剖析及其启示》，载于《黑龙江教育》（高教研究与评估）2007 年第 5 期。

409

[43] 陈敬:《原始创新力:从学科交叉到学科会聚》,载于《中国高校科技与产业化》(学术版) 2006 年第 1 期。

[44] 陈凯、肖鹏:《预算绩效目标管理的国际比较与启示——基于目标设置理论的研究视角》,载于《经济研究参考》2019 年第 12 期。

[45] 陈丽媛、杨建华、高磊:《一流大学学术大师的指标表现及其引育机制研究:基于国际比较的视野》,载于《上海交通大学学报》(哲学社会科学版) 2019 年第 3 期。

[46] 陈利达:《中德世界一流大学建设政策的比较研究》,天津师范大学硕士学位论文,2013 年。

[47] 陈良雨:《非共识研究与高校原始创新能力提升》,载于《科技进步与对策》2021 年第 12 期。

[48] 陈沛、刘念才:《全球万家企业高管教育背景与世界一流大学的关系研究》,载于《高等教育研究》2016 年第 11 期。

[49] 陈其荣:《诺贝尔自然科学奖与世界一流大学》,载于《上海大学学报》(社会科学版) 2010 年第 6 期。

[50] 陈仕吉、邱均平:《一流学科与学科排名的对比研究——基于教育部学科评估、ESI 和 QS 学科排名的一流学科对比分析》,载于《评价与管理》2019 年第 4 期。

[51] 陈卫静、张宇娥:《我国世界一流大学建设的成效分析——以 ESI 数据库为视角的量化比较》,载于《中国高校科技》2021 年第 5 期。

[52] 陈伟斌:《"双一流"建设背景下新兴交叉学科建设路径思考》,载于《中国大学教学》2021 年第 9 期。

[53] 陈武元、王怡倩:《我国高校人才培养的痛点、短板与软肋》,载于《厦门大学学报》(哲学社会科学版) 2021 年第 6 期。

[54] 陈雅兰:《原始性创新的理论与实证研究》,武汉理工大学博士学位论文,2005 年。

[55] 陈衍泰、夏敏、李欠强、朱传果:《创新生态系统研究:定性评价、中国情境与理论方向》,载于《研究与发展管理》2018 年第 4 期。

[56] 陈子慧、刘海峰:《高校智库的建设路径研究——以上海市首批成立的 18 家高校智库为例》,载于《智库理论与实践》2021 年第 3 期。

[57] 谌启标:《加拿大大学与中小学合作伙伴的教师教育改革》,载于《湖南师范大学教育科学学报》2009 年第 3 期。

[58] 成全、董佳、陈雅兰:《创新型国家战略背景下的原始性创新政策评价》,载于《科学学研究》2021 年第 12 期。

［59］程恩富、李立男：《马克思主义及其中国化理论是软实力的灵魂和核心》，载于《马克思主义文化研究》2019 年第 1 期。

［60］程民治：《卢瑟福：著名的核物理学家和导师型领袖》，载于《皖西学院学报》2006 年第 5 期。

［61］程哲、卢兴富、李福林：《世界一流大学建设成效评价分析——基于科研论文的视角》，载于《中国高教研究》2020 年第 10 期。

［62］崔国文、姚崇兰：《关于世界一流大学与留学生培养的思考》，载于《清华大学教育研究》1994 年第 2 期。

［63］崔婷婷、王庆稳、邓珮雯：《基于 THE 和 QS 评价指标的医学学科排名体系构建》，载于《中华医学图书情报杂志》2021 年第 11 期。

［64］［美］大卫·爱格著，丁恒、武齐译：《品牌资产管理》，内蒙古大学出版社 2003 年版。

［65］邓晖：《清华大学苏世民书院：在中国培养影响世界的杰出人才》，载于《光明日报》2016 年 9 月 14 日。

［66］邓辉：《在中国培养影响世界的杰出人才》，载于《光明日报》2016 年 9 月 14 日。

［67］邓嘉瑜：《美国研究型大学跨学科人才培养的模式研究》，华南理工大学硕士学位论文，2016 年。

［68］邓小茹、陈颖瑜：《构建生命科学与医学多维指标分析评价体系模型的实证研究——基于 ESI，自然指数和 π 指数联用视角》，载于《图书馆杂志》2020 年第 9 期。

［69］丁学良：《什么是世界一流大学》，载于《高等教育研究》2001 年第 22 期。

［70］丁一凡：《逆全球化：趋势、影响及对策》，搜狐财经，2020 年 7 月 28 日，https：//www. sohu. com/a/126972929_479726。

［71］董秀华：《一流大学群建设须服务国家最高追求》，载于《教书育人》（高教论坛）2021 年第 21 期。

［72］杜鹏、洪云等：《我国不同学科类型专业学会差异化研究》，载于《科学与社会》2023 年第 13 期。

［73］杜向明等：《高校人文社会科学评价理论与方法研究》，中国社会科学出版社 2018 年版。

［74］范国睿：《走进人文社会科学研究》，载于《学位与研究生教育》2011 年第 11 期。

［75］方跃平、邹放鸣：《我国学科类型化评估机制的完善》，载于《江苏高

教》2018年第7期。

[76] [美] 菲利普·G. 阿特巴赫著，覃文珍译：《世界一流大学的成本与收益》，载于《北京大学教育评论》2004年第1期。

[77] [美] 菲利普·科特勒，卢泰宏、高辉译：《营销管理》，中国人民大学出版社2001年版。

[78] 冯虹、刘国飞：《第三方教育评价及其实施策略》，载于《教育科学研究》2016年第3期。

[79] 冯家贵、梁元星：《大学品牌及其塑造策略》，载于《改革与战略》2006年第6期。

[80] 冯新翎、何胜、熊太纯、武群辉、柳益君：《"科学知识图谱"与"Google知识图谱"比较分析——基于知识管理理论视角》，载于《情报杂志》2017年第36卷第1期。

[81] 冯用军、赵雪：《中国"双一流"战略：概念框架、分类特征和评估标准》，载于《现代教育管理》2018年第1期。

[82] 冯用军：《中国"双一流"战略：概念框架、分类特征和评估标准》，引自《中国高等教育学会高校·学科·育人：高等教育现代化——2017年高等教育国际论坛论文集》，2017年。

[83] 冯倬琳、郭鑫、肖港：《世界一流大学同行间的影响力——"引用"逻辑下的大学影响力评价》，载于《江苏高教》2022年第6期。

[84] 冯倬琳、刘念才：《世界一流大学建设蓝皮书（2020—2021）》，上海交通大学出版社2021年版，第44页。

[85] 冯倬琳、刘念才：《世界一流大学评价与建设》，上海交通大学出版社2020年版。

[86] 冯倬琳、刘雪莹、姜雅萃、刘念才：《世界一流大学重点建设项目的评价标准与评价要素》，载于《高等教育研究》2017年第2期。

[87] 冯倬琳、王琪、刘念才：《世界一流大学建设之路及启示》，载于《中国高等教育》2014年第10期。

[88] 冯倬琳、赵丽文、魏昊卿、刘念才：《"提升大学国际影响力，成为动荡时局的破冰力量"》，载于教育部科学技术委员会《专家建议》2019年第16期。

[89] 复旦大学、清华大学联合课题组：《中国劳动力市场技能缺口研究》，2016年10月1日，http://www.tsinghua.edu.cn/publish/Soc/3060/2016/20161123155110359453576/20161123155110359453576_.html。

[90] 高柏枝：《全球化和信息化时代中国软力量面临的问题和挑战》，载于

《环球人文地理》2014 年第 12 期。

[91] 高伯文：《20 世纪 80 年代沿海地区经济发展战略的选择及其效应》，载于《当代中国史研究》2005 年第 4 期。

[92] 高秋杰、张济洲：《竞争与博弈——地方政府"双一流"建设的行动逻辑及调控研究》，载于《现代教育论丛》2019 年第 1 期。

[93] 高文涛、郝文武：《中国"双一流"建设的学校，学科和地区分布分析》，载于《当代教师教育》2018 年第 11 期。

[94] 郤军：《目标管理——写给中层经理人的工作目标管理宝典》，电子工业出版社 2019 年版。

[95] 耿有权：《世界一流学科：八种定位法及共价值探析》，载于《江苏高教》2017 年第 1 期。

[96] 耿志：《美国核研究的发展和"曼哈顿工程"的建立》，载于《近现代国际关系史研究》2018 年第 1 期。

[97] "985 工程"建设报告编研组：《"985 工程"建设报告》，高等教育出版社 2011 年版。

[98] 龚兴英、陈时见：《日本"21 世纪 COE 计划"：背景、内容及意义》，载于《比较教育研究》2007 年第 7 期。

[99] 顾海良：《"双一流"建设要坚持以学科建设为基础》，载于《中国高等教育》2017 年第 19 期。

[100] 《关系我国发展全局的一场深刻变革——习近平总书记关于完整准确全面贯彻新发展理念重要论述综述》，中国政府网，2021 年 12 月 8 日，https：// www. gov. cn/xinwen/2021 – 12/08/content_5659205. htm。

[101] 光明日报调研组：《"七大行动"奏响洱海保护治理强音 全民共守一泓清水》，2019 年 1 月 25 日，https：//baijiahao. baidu. com/s？id = 1623595875 404986629&wfr = spider&for = pc。

[102] 规划司：《上海交通大学精准扶贫精准脱贫典型项目》，2016 年 10 月 13 日，http：//www. moe. gov. cn/jyb_xwfb/xw_zt/moe_357/jyzt_2016nztzl/2016_ zt19/16zt19_zsgxxm/16zt19_zsgxxm_sddxxm/201610/t20161013_284698. html。

[103] 郭宝宇、冯倬琳：《世界一流大学第三方评价机构的识别系统：外部质量保障视角》，载于《清华大学教育研究》2020 年第 41 卷第 6 期：83 – 90。

[104] 郭丛斌、孙启明：《中国内地高校与世界一流大学的比较分析——从大学排名的视角》，载于《教育研究》2015 年第 2 期。

[105] 郭丽芳：《评价论文学术质量的文献计量学指标探讨》，载于《现代情报》2005 年第 3 期。

[106] 郭书剑、王建华：《"双一流"建设背景下我国大学高层次人才引进政策分析》，载于《现代大学教育》2017年第4期。

[107] 郭奕玲、沈慧君：《诺贝尔奖的摇篮：卡文迪什实验室》，武汉出版社2000年版。

[108] 国家科学技术奖励工作办公室：《奖励介绍》，2022年5月21日，http：//www. nosta. gov. cn/web/detail. aspx？menuID = 85&contentID = 117。

[109] 国家统计局：《2021中国统计年鉴》，中国统计出版社2021年版。

[110] 国家中长期教育改革和发展规划纲要工作小组办公室：《国家中长期教育改革和发展规划纲要（2010—2020）》，中华人民共和国教育部网站，2020年5月12日，http：//old. moe. gov. cn/publicfiles/business/htmlfiles/moe/info_list/201407/xxgk_171904. html。

[111] 《国务院副总理孙春兰向清华大学苏世民书院开学典礼视频致辞》，CCTV. 节目官网，2021年1月29日，http：//tv. cctv. com/2020/09/11/VIDEj2GGqimu0RCgV42AV5TR200911. shtml。

[112] 国务院：《关于全面加强基础科学研究的若干意见》，中国政府网，2022年5月20日，http：//www. gov. cn/xinwen/2018 – 01/31/content_5262598. htm。

[113] 国务院：《关于印发〈统筹推进世界一流大学和一流学科建设总体方案〉的通知》，中华人民共和国教育部网站，2020年10月20日，http：//www. gov. cn/ – zhengce/content/2015 – 11/05/content_10269. html。

[114] 国务院：《关于印发统筹推进世界一流大学和一流学科建设总体方案的通知》，中国政府网，2019年1月10日，http：//www. gov. cn/zhengce/content/2015 – 11/05/content_10269. htm。

[115] 国务院：《国家中长期科学和技术发展规划纲要（2006—2020年）》，2006年2月9日，http：//www. gov. cn/gongbao/content/2006/content_240244. html。

[116] 国务院：《国务院办公厅关于深化医教协同进一步推进医学教育改革与发展的意见》，2017年7月11日，http：//www. gov. cn/zhengce/content/2017 – 07/11/content_5209661. html。

[117] 国务院：《国务院关于全面加强基础科学研究的若干意见》，中国政府网，2018年1月19日，http：//www. gov. cn/zhengce/content/2018 – 01/31/content_5262539. htm。

[118] 国务院：《统筹推进世界一流大学和一流学科建设总体方案》，2020年4月13日，http：//www. gov. cn/xinwen/2015 – 11/05/content_2960898. htm。

[119] 国务院：《中共中央关于制定国民经济和社会发展第十四个五年规划

和二○三五年远景目标的建议》，2020 年 11 月 3 日，http：//www. gov. cn/zhengce/2020 – 11/03/content_5556991. html。

[120] [美] 哈里特·朱克曼著，周叶谦、冯世刚译：《科学界的精英：美国的诺贝尔奖金获得者》，商务印书馆 1979 年版。

[121] 海关总署：《中国成为逆全球化趋势最大受害者》，第一财经，2020 年 7 月 31 日，https：//www. yicai. com/news/5204670. html。

[122] 韩萌：《剑桥大学学术创业集群的构建及其启示》，载于《高等教育研究》2020 年第 1 期。

[123] 韩维栋、薛秦芬、王丽珍：《挖掘高被引论文有利于提高科技期刊的学术影响力》，载于《中国科技期刊研究》2010 年第 4 期。

[124] 郝江震、白宇：《习近平在清华大学考察时强调 坚持中国特色世界一流大学建设目标方向，为服务国家富强民族复兴人民幸福贡献力量》，人民网，2021 年 4 月 19 日，http：//politics. people. com. cn/n1/2021/0419/c1024 – 32082038. html。

[125] 何晋秋：《建设和发展研究型大学，统筹推进我国世界一流大学和一流学科建设》，载于《清华大学教育研究》2016 年第 4 期。

[126] 何秀美、沈超：《基于 ESI 的高校科研竞争力研究——以江苏省 5 所理工类高校 4 个维度的探讨为例》，载于《中国高校科技》2021 年第 6 期。

[127] 贺迎春：《秦亚青回应"钱学森之问"：真正的大师敬畏学问》，人民网 – 教育门户网站，2014 年 7 月 29 日，http：//edu. people. com. cn/n/2014/0729/c1006 –25364264. html。

[128] 洪成文、牛欣欣：《提高"双一流"建设目标实现度：政策"补丁"的研究视角》，载于《北京教育》2018 年第 1 期。

[129] 洪成文：《学科调整要符合知识、市场、教育逻辑》，载于《中国教育报》2018 年 1 月 16 日。

[130] 侯志军、窦亚飞、耿加加：《环境科学、生态学学科评估国际比较》，载于《高教发展与评估》2013 年第 6 期。

[131] 胡鞍钢：《中国发展战略的历史演变》，载于《中国乡镇企业》2009 年第 12 期。

[132] 胡波、严嘉：《地球科学领域学科发展水平分析——基于 ESI 数据库的地球科学领域文献计量分析》，载于《中国地质教育》2015 年第 1 期。

[133] 胡建华：《"双一流"建设对我国高校学科建设的影响》，载于《江苏高教》2018 年第 7 期。

[134] 胡乐乐：《世界一流大学的界定、特征与我国的挑战》，载于《学位

与研究生教育》2016 年第 8 期。

[135] 胡远航、杨碧悠：《"水专项"洱海项目首席科学家：治"海"还需很多个十年》，2017 年 7 月 28 日，http：//ku. m. chinanews. com/wapapp/zaker/gn/2018/08 - 21/8606249. shtml。

[136] 胡远航、杨碧悠：《"水专项"洱海项目首席科学家：治"海"还需很多个十年》，2018 年 8 月 21 日，https：//baijiahao. baidu. com/s？id = 16093943 68918110804&wfr = spider&for = pc。

[137] 华政：《高校智库：期待制度性变革》，载于《光明日报》2016 年 1 月 6 日。

[138] 环境保护部办公厅：《住房城乡建设部办公厅关于印发水体污染控制与治理科技重大专项总体专家组和主题专家组名单的通知》，2014 年 2 月 28 日，http：//www. mee. gov. cn/gkml/hbb/bgth/201403/t20140324_269576. htm。

[139] 黄宝权：《创建一流大学背景下对我国博士研究生招生制度的思考》，载于《长春工业大学学报》（高教研究版）2012 年第 4 期。

[140] 黄嘉熠：《世界一流教育学科的学科特色研究》，云南大学硕士学位论文，2019 年。

[141] 黄金辉、丁忠毅：《中国国家软实力研究述评》，载于《社会科学》2010 年第 5 期。

[142] 黄菊、陈时见：《加拿大教师职前培养中的教育实习及其借鉴》，载于《比较教育研究》2018 年第 11 期。

[143] 黄敏、陈炎辉：《拔尖创新人才培养的现实透视与多学科审思——基于 36 所"强基计划"试点高校的分析》，载于《创新人才教育》2021 年第 3 期。

[144] 黄颂杰：《学术大师与学术大师的产生》，载于《云梦学刊》2011 年第 4 期。

[145] 黄涛：《原创研究何以可能——诺贝尔自然科学奖的启示》，载于《科技导报》2009 年第 24 期。

[146] 黄祥嘉：《行业特色高校原始创新能力提升策略——基于 14 所部属高校的样本分析》，载于《中国高校科技》2021 年第 4 期。

[147] 黄延复：《梅贻琦教育思想研究》，辽宁教育出版社 1994 年版。

[148] 黄兆信、赵国靖：《中美高校创业教育课程体系比较研究》，载于《中国高教研究》2015 年第 1 期。

[149] 汲培文：《数理科学的发展机遇与使命——国家自然科学基金委员会数理科学部 20 年工作简要回顾与展望》，载于《中国科学基金》2006 年第 6 期。

[150] 江倩倩：《韩正在云南调研，听取交大教授关于洱海保护治理意见建

议》，2019 年 3 月 1 日，https：//news. sjtu. cn/jdyw/20190301/96459. html。

［151］江珊、刘少雪：《世界一流大学高层次人才队伍建设制度探析——基于麻省理工学院"校聘教授"追溯研究的视角》，载于《江苏高教》2017 年第 4 期。

［152］姜春林、张立伟、刘学：《牛顿抑或奥尔特加？——一项来自高被引文献和获奖者视角的实证研究》，载于《自然辩证法研究》2014 年第 11 期。

［153］姜慧、殷惠光、徐孝昶：《高校个性化创新创业人才培养模式研究》，载于《国家教育行政学院学报》2015 年第 3 期。

［154］姜璐、董维春、张海滨：《目标、策略与保障：我国建设世界一流大学的三维行动路径》，载于《江苏高教》2018 年第 10 期。

［155］姜澎：《孔海南：一腔热血守洱海》，2020 年 1 月 19 日，http：//www. whb. cn/zhuzhan/xue/20200119/315617. html。

［156］蒋凯、杨锐、牛新春、项贤明、康翠萍、俞可、喻恺、王晋、窦心浩、吴薇、王莲漺、范庭卫：《世界一流大学的教育学科及其学术特色（笔会）》，载于《苏州大学学报》（教育科学版）2017 年第 1 期。

［157］焦利勤：《广告策略在提升品牌影响力中的应用研究》，暨南大学硕士学位论文，2009 年。

［158］焦一丹、俞征鹿：《国际高影响力期刊中我国编委表现度分析——以自然指数数据库收录期刊为例》，载于《科技与出版》2020 年第 9 期。

［159］《教育部　财务部　国家发展改革委关于印发〈统筹推进世界一流大学和一流学科建设实施办法（试行）〉的通知》，2020 年 10 月 25 日，http：//www. moe. gov. cn/srcsite/A22/moe_843/201701/t20170125_295701. html。

［160］教育部、财政部、国家发改委：《关于发布〈"双一流"建设监测指标体系（试行）〉（高校填报部分）的通知》，南京中医药大学网站，2022 年 5 月20 日，http：//syl. njucm. edu. cn/_upload/article/files/26/91/9110c36841168fa 7c2e688fbfe61/e829ba47 – 6844 – 432f – 89cc – 0c0f432647df. pdf。

［161］教育部、财政部、国家发改委：《关于公布第二轮"双一流"建设高校及建设学科名单的通知》，中华人民共和国教育部网站，2022 年 6 月 14 日，http：//www. moe. gov. cn/srcsite/A22/s7065/202202/t20220211_598710. html。

［162］教育部、财政部、国家发改委：《关于公布世界一流大学和一流学科建设高校及建设学科名单的通知》，中华人民共和国教育部网站，2019 年 10 月 25日，http：//www. moe. gov. cn/srcsite/A22/moe _ 843/201709/t20170921 _ 314942. html。

［163］教育部、财政部、国家发改委：《关于深入推进世界一流大学和一流

学科建设的若干意见》，中华人民共和国教育部网站，2022 年 1 月 29 日，http：//www. moe. gov. cn/srcsite/A22/s7065/202202/t20220211_598706. html。

[164] 教育部、财政部、国家发改委：《关于印发〈"双一流"建设成效评价办法（试行）〉的通知》，2020 年 12 月 15 日，http：//www. gov. cn/zhengce/zhengceku/2021 – 03/23/content_5595085. htm。

[165] 教育部、财政部、国家发改委：《统筹推进世界一流大学和一流学科建设实施办法（暂行）》，中华人民共和国教育部网站，2020 年 7 月 1 日，http：//www. moe. gov. cn/srcsite/A22/moe_843/201701/t20170125_295701. html。

[166] 教育部、财政部、国家发改委：《扎实推进中国特色世界一流大学和一流学科建设》，中华人民共和国教育部网站，2022 年 2 月 21 日，http：//www. moe. gov. cn/jyb_xwfb/s271/201709/t20170921_314928. html。

[167] 教育部：《砥砺奋进书写山西高等教育发展新篇章》，中华人民共和国教育部网站，2022 年 2 月 21 日，http：//www. moe. gov. cn/jyb_xwfb/moe_2082/zl_2018n/2018_zl80/201904/t20190415_378099. html。

[168] 教育部：《对十三届全国人大二次会议第 6305 号建议的答复》，中华人民共和国教育部网站，2022 年 2 月 21 日，http：//www. moe. gov. cn/jyb_xxgk/xxgk_jyta/jyta_gaojiaosi/201911/t20191120_409027. html。

[169] 教育部：《服务创新发展，完善管理机制 推动高层次人才培养与高水平科学研究相互促进》，中华人民共和国教育部网站，2022 年 2 月 22 日，http：//www. moe. gov. cn/jyb_xwfb/s271/202202/t20220214_599080. html。

[170] 教育部：《高等学校科学研究优秀成果奖（人文社会科学）奖励办法》，2009 年 3 月 12 日，http：//www. moe. gov. cn/srcsite/A13/moe_2557/s3103/200903/t20090312_80449. html。

[171] 教育部：《关于公布世界一流大学和一流学科建设高校及建设学科名单的通知》，中华人民共和国教育部网站，2022 年 2 月 27 日，http：//www. moe. gov. cn/srcsite/A22/moe_843/201709/t20170921_314942. html。

[172] 教育部：《关于政协十二届全国委员会第五次会议第 4006 号（教育类 390 号）提案答复的函》，中华人民共和国教育部网站，2022 年 2 月 21 日，http：//www. moe. gov. cn/jyb_xxgk/xxgk_jyta/jyta_ghs/201803/t20180312_329706. html。

[173] 教育部：《关于政协十二届全国委员会第五次会议第 3270 号（教育类 315 号）提案答复的函》，中华人民共和国教育部网站，2019 年 10 月 25 日，http：//www. moe. gov. cn/jyb_xxgk/xxgk_jyta/jyta_xwb/201803/t20180306_328999. html。

［174］教育部：《国务院关于印发统筹推进世界一流大学和一流学科建设总体方案的通知》，中华人民共和国教育部网站，2019 年 1 月 10 日，http：//www. moe. gov. cn/jyb_xxgk/moe_1777/moe_1778/201511/t20151105_217823. html。

［175］教育部：《加快高等教育结构优化调整——专访全国人大常委会委员、教科文卫委员会副主任委员，中国高等教育学会会长杜玉波》，中华人民共和国教育部网站，2022 年 2 月 21 日，http：//www. moe. gov. cn/jyb_xwfb/xw_zt/moe_357/2021/2021_zt01/daibiaoweiyuan/gaojiao/202103/t20210308_518346. html。

［176］教育部：《加强面向科技强国的基础研究 增强创新源头供给》，中华人民共和国教育部网站，2022 年 2 月 21 日，http：//www. moe. gov. cn/jyb_xwfb/moe_2082/zl_2017n/2017_zl76/201803/t20180301_328309. html。

［177］教育部：《肩负起时代赋予的重任——习近平总书记在两院院士大会中国科协十大上的重要讲话引起热烈反响》，中华人民共和国教育部网站，2022 年 2 月 21 日，http：//www. moe. gov. cn/jyb_xwfb/s5147/202105/t20210531_534370. html。

［178］教育部：《教育部办公厅关于编制发布高校毕业生就业质量年度报告的通知》，2013 年 11 月 5 日，http：//www. moe. gov. cn/srcsite/A15/s3265/201311/t20131105_159491. html。

［179］教育部：《教育部对十二届全国人大五次会议第 6858 号建议的答复》，中华人民共和国教育部网站，2022 年 2 月 21 日，http：//www. moe. gov. cn/jyb。

［180］教育部：《教育部对十二届全国人大五次会议第 1285 号建议的答复》，中华人民共和国教育部网站，2019 年 10 月 25 日，http：//www. moe. gov. cn/jyb_xwfb/s271/201709/t20170921_314928. html。

［181］教育部：《教育部学位管理与研究生教育司负责人就〈统筹推进世界一流大学和一流学科建设实施办法（暂行）〉答记者问》，中华人民共和国教育部网站，2019 年 10 月 25 日，http：//www. moe. gov. cn/jyb_xwfb/s271/201701/t20170125_295695. html。

［182］教育部：《书写高校科技和教育信息化工作新篇章》，中华人民共和国教育部网站，2022 年 2 月 21 日，http：//www. moe. gov. cn/jyb_xwfb/moe_2082/zl_2018n/2018_zl83/201812/t20181207_362651. html。

［183］教育部：《"双一流"建设学科名单》，中华人民共和国教育部网站，2020 年 6 月 25 日，http：//www. moe. gov. cn/s78/A22/A22_ztzl/ztzl_tjsylpt/sylpt_jsxk/201712/t20171206_320669. html。

［184］教育部：《"双一流"引弓满弦蓄待发》，中华人民共和国教育部网

站，2019 年 10 月 25 日，http：//www. moe. gov. cn/jyb _ xwfb/s5147/201703/ t20170309_298771. html。

［185］教育部：《突出"破五唯"摒弃"贴标签"》，中华人民共和国教育部 网站，2022 年 6 月 14 日，http：//www. moe. gov. cn/jyb _ xwfb/s5147/202103/ t20210324_522246. html。

［186］教育部：《突破教育管理体制的瓶颈》，中华人民共和国教育部网站， 2022 年 5 月 21 日，http：//www. moe. gov. cn/jyb_xwfb/moe_2082/zl_2018n/2018_ zl89/201812/t20181205_362459. html。

［187］教育部：《完善分类建设评价，推进高等教育高质量内涵式发展》， 中华人民共和国教育部网站，2022 年 2 月 22 日，http：//www. moe. gov. cn/jyb_ xwfb/moe_2082/2022/2022_zl04/202202/t20220214_599085. html。

［188］教育部：《稳中求进 开创教育发展新局面——地方和高校热议 2022 年全国教育工作会议重点工作部署》，http：//www. moe. gov. cn/jyb_xwfb/s5147/ 202201/t20220118_594987. html。

［189］教育部：《稳中求进，锐意创新 深入推动"双一流"高质量建设》， 中华人民共和国教育部网站，2022 年 2 月 22 日，http：//www. moe. gov. cn/jyb_ xwfb/moe_2082/2022/2022_zl04/202202/t20220214_599086. html。

［190］教育部学位与研究生教育发展中心：《全国第四轮学科评估工作概 览》，2017 年 12 月 12 日，http：//www. cdgdc. edu. cn/xwyyjsjyxx/xkpgjg/283494. shtml#1。

［191］教育部学位与研究生教育发展中心：《学位授予和人才培养学科目录 (更新)》，2021 年 12 月 11 日，http：//www. cdgdc. edu. cn/xwyyjsjyxx/xwsytjxx/ xk/xkzyml/282917. html。

［192］教育部：《扎实推进中国特色世界一流大学和一流学科建设》，中华 人民共和国教育部网站，2019 年 10 月 25 日，http：//www. moe. gov. cn/jyb_ xwfb/s271/201709/t20170921_314928. html。

［193］金伟：《企业目标及企业战略目标》，载于《环渤海经济瞭望》2011 年第 3 期。

［194］金中坤、王文琴、金政：《基于产教融合的应用型本科院校来华留学 生培养》，载于《教育与职业》2021 年第 10 期。

［195］科技部、发展改革委、教育部、中科院、自然科学基金委：《加强 "从 0 到 1"基础研究工作方案》，中华人民共和国科技部网站，2020 年 1 月 21 日，http：//www. cac. gov. cn/2020 - 03/04/c_1584872637385792. htm。

［196］孔海南：《如果可以再次面对先生，我一定告诉他：在洱海流域坚守

16 年，无愧于您的教育》，2021 年 5 月 5 日，https：//web. shobserver. com/static-sg/res/html/web/newsDetail. html？id = 364950。

[197] 孔海南：《为了洱海水清，坚守 16 年》，2018 年 12 月 15 日，http：//www. isenlin. cn/sf_21AA98DFEEFC49909F658A4AC7C6BC7D_209_E18DAE76971. html。

[198] 李长萍、尤完、刘春：《中外高校产学研协同创新模式比较研究》，载于《中国高校科技》2017 年第 8 期。

[199] 李常明：《透明度 2.1 米！5 年来洱海全湖水质实现 32 个月 II 类》，2021 年 1 月 19 日，https：//baijiahao. baidu. com/s？id = 1689296287527562117 &wfr = spider&for = pc。

[200] 李春英、张巍巍、高琴、刘春艳、马晓庆、殷蜀梅、谢志耘：《"双一流"建设背景下的学科竞争力评价研究——以中国药学二级学科竞争力评价为例》，载于《大学图书馆学报》2018 年第 2 期。

[201] 李海超、张赟、陈雪静：《我国高科技产业原始创新能力评价研究》，载于《科技进步与对策》2015 年第 7 期。

[202] 李海燕、周增桓、王斌会：《新形势下医学科技成果评价指标体系的构建及综合评价研究》，载于《中华医学科研管理杂志》2003 年第 4 期。

[203] 李佳哲、胡咏梅：《世界一流经济学科建设：概念、指标与实现路径》，载于《清华大学教育研究》2019 年第 4 期。

[204] 李健：《一流大学必须拥有一流软实力》，载于《中国教育报》2019 年 1 月 1 日。

[205] 李军：《一切为了高原明珠——记国家水专项"十一五"洱海项目负责》，2013 年 4 月 18 日，http：//roll. sohu. com/20130418/n373132950. shtml。

[206] 李克强：《我们到了要大声疾呼加强基础研究的关键时刻》，中国政府网，2022 年 2 月 26 日，http：//www. gov. cn/xinwen/2021 - 07/20/content_5626166. htm。

[207] 李克武、胡中波、郑伦楚：《以学科交叉路径培养本科拔尖创新人才的探讨》，载于《中国高等教育》2011 年第 7 期。

[208] 李立国：《"双一流"高校的内涵式发展道路》，载于《国家教育行政学院学报》2018 年第 9 期。

[209] 李妮、王建伟、董淑霞、孙志伟：《理工类高校人文社科竞争力评价体系的构建》，载于《理论导刊》2010 年第 4 期。

[210] 李三虎：《"热带丛林"苦旅：李比希学派》，武汉出版社 2002 年版。

[211] 李松林、刘伟：《试析孔子学院文化软实力作用》，载于《思想教育

研究》2010年第4期。

［212］李文平：《我国世界一流大学建设政策的特征与发展——基于"985工程"与"双一流"建设的政策文本比较》，载于《现代教育管理》2020年第3期。

［213］李文鑫、陈学敏：《孕育基础科学人才的沃土，培养基础科学人才的摇篮——国家理科基地建设回顾与总结》，载于《高等理科教育》2007年第2期。

［214］李向森、杨华：《基于ESI数据库的环境与生态学领域研究影响力分析》，载于《预防医学情报杂志》2017年第10期。

［215］李晓华、郑美丹：《提升大学人才培养质量的根本出路——构建大学三大职能的共生系统》，载于《江苏高教》2020年第11期。

［216］李晓璐：《上海交大帮扶云南洱源县 聚焦农业、教育、生态、医疗卫生等多领域》，2020年10月25日，https：//news. dayoo. com/gzrbyc/202010/26/158752_53621911. htm。

［217］李兴国：《普通高校获国家级科技三大奖励的分布特征——基于2002—2014年通用获奖项目的分析》，载于《石家庄铁道大学学报》（社会科学版）2015年第4期。

［218］李雪梅、王秉中、甘国龙：《博士生导师人才培养质量评价体系研究——基于理工科博士生学术成果质量的视角》，载于《学位与研究生教育》2017年第5期。

［219］李艳艳：《基于品牌管理的薄弱学校转变策略研究》，西南大学硕士学位论文，2013年。

［220］李燕：《世界一流学科评价及建设研究》，中国科学技术大学博士学位论文，2018年。

［221］李叶、刘婷婷：《习近平：在哲学社会科学工作座谈会上的讲话》，中国共产党新闻网，2020年9月12日，http：//www. nopss. gov. cn/n1/2016/0519/c219468-28361739. html。

［222］李奕赢、朱军文：《经济学国际学术奖项的类别，相互关系及影响力高低的图谱分析》，载于《情报杂志》2017年第36卷第5期。

［223］李应博、吕春燕、何建坤：《基于创新型国家战略目标下的我国大学技术转移模式》，载于《研究与发展管理》2007年第1期。

［224］李颖：《国家水体污染控制与治理科技重大专项攻关纪实》，2016年3月10日，http：//m. haiwainet. cn/middle/348231/2016/0310/content_29716348_1. html。

［225］李玉琼、邹树梁、孟娟：《我国高校原始创新能力评价指标体系设计》，载于《南华大学学报》（社会科学版）2007 年第 3 期。

［226］李韵婷、曾慧君、张日新：《协同创新视角下高校科技成果转化研究——基于广东和江苏 166 家高等院校的实证分析》，载于《科技管理研究》2019 年第 8 期。

［227］李志民：《如何理解"双一流"建设的战略意义？》，中国教育在线，2020 年 3 月 18 日，http：//www. edu. cn/ke_yan_yu_fa_zhan/special_topic/zbwjt/201709/t20170925_1556603. shtml。

［228］李志民：《"双一流"建设的目标和思路如何分解？》，中国教育在线，2020 年 5 月 25 日，http：//www. edu. cn/rd/special_topic/zbwjt/201709/t20170925_1556605. shtml。

［229］李志巧：《中国特色社会主义大学文化选择研究》，华南理工大学出版社 2017 年版。

［230］梁葆朱、穆俊霞、刘松卓：《2010 - 2014 年山西中医学院基础与临床学科期刊发表论文统计与分析》，载于《山西中医学院学报》2015 年第 3 期。

［231］梁尤能：《清华大学科技成果转化的问题和对策》，载于《中国科技产业》1998 年第 1 期。

［232］廖鹏、乔冠华、金鑫、王志锋、贾金忠：《"双一流"高校医学学科科研竞争力分析》，载于《科技管理研究》2020 年第 10 期。

［233］廖思琴、周宇：《基于 InCites 的高校单学科科研绩效分析——以西南科技大学材料科学为例》，载于《农业图书情报学刊》2016 年第 6 期。

［234］林健：《面向未来的中国新工科建设》，载于《清华大学教育研究》2017 年第 2 期。

［235］刘宝存、张伟：《国际比较视野下的创建世界一流大学政策研究》，载于《比较教育研究》2016 年第 6 期。

［236］刘承波：《从国家战略高度加快建设世界一流大学》，载于《清华大学教育研究》2005 年第 6 期。

［237］刘承波：《十九大对"双一流"建设的新要求新期望》，载于《中国科学报》2017 年 12 月 19 日。

［238］刘大椿：《人文社会科学评价的限制与超越》，载于《中国人民大学学报》2007 年第 2 期。

［239］刘得斌：《从国家战略角度构建中国新型大学——从美国一流大学的培育谈起》，载于《郑州大学学报》（哲学社会科学版）2004 年第 6 期。

［240］刘恩允：《高校科研评价的问题与对策》，载于《高等工程教育研究》

2004 年第 1 期。

[241] 刘峰:《英国创业教育的历史经验及其启示》,载于《教育评论》2014 年第 12 期。

[242] 刘凤军、李敬强、李辉:《企业社会责任与品牌影响力关系的实证研究》,载于《中国软科学》2012 年第 1 期。

[243] 刘昊:《德国和法国建设世界一流大学政策的共性争论与启示》,载于《现代教育管理》2022 年第 2 期。

[244] 刘宏伟、丁雯怡、郑斐然、李军:《青山绿水有您守护 洱海行动久久为功一切为了高原明珠——记国家水专项"十一五"洱海项目负责》,2013 年 4 月 18 日, https: //foundation. sjtu. edu. cn/story/view/1067http: //roll. sohu. com/20130418/n373132950. shtml。

[245] 刘莉、董彦邦、岳卫平等:《一流大学原创研究的评价与比较》,载于《上海交通大学学报》(哲学社会科学版) 2019 年第 3 期。

[246] 刘莉、董彦邦、朱莉等:《科研评价:中国一流大学重大原创性成果产出少的瓶颈因素》,载于《高等教育研究》2018 年第 8 期。

[247] 刘莉、刘念才:《世界一流大学建设与中国梦》,上海交通大学出版社 2018 年版。

[248] 刘立:《从 QS 排名看"世界一流学科"建设:以化学为例》,搜狐教育,2020 年 3 月 4 日, https: //www. sohu. com/a/224827272_472886。

[249] 刘立:《科研评价要突出"唯原创性"标准》,载于《中国科学报》2019 年 3 月 20 日。

[250] 刘琳琳:《基于原始性创新的科研人员创新潜力研究》,载于《科学管理研究》2014 年第 3 期。

[251] 刘苗苗、姜华、刘盛博:《社会科学总论学科域映射评价及其对"双一流"建设的启示研究——基于 ESI 工具视角》,载于《重庆大学学报》(社会科学版) 2019 年第 6 期。

[252] 刘念才、Jan Sadlak:《世界一流大学:特征·排名·建设》,上海交通大学出版社 2007 年版。

[253] 刘念才、程莹、刘莉等:《我国名牌大学离世界一流有多远》,载于《高等教育研究》2002 年第 2 期。

[254] 刘瑞儒、何海燕:《世界一流学科建设中期绩效考核评估研究》,载于《研究生教育研究》2018 年第 2 期。

[255] 刘少雪:《大学与大师:谁成就了谁——以诺贝尔科学奖获得者的教育和工作经历为视角》,载于《高等教育研究》2012 年第 2 期。

［256］刘少雪：《我国顶尖大学创建世界一流大学的"秘诀"探析——以其在"世界大学学术排名"中的表现为例》，载于《高等教育研究》2022 年第 1 期。

［257］刘少雪、庄丽君：《研究型大学科学精英培养中的优势累积效应——基于诺贝尔奖获得者和中国科学院院士本科就读学校的分析研究》，载于《江苏高教》2011 年第 6 期。

［258］刘天星：《原始创新：建设世界科技强国之"锥"》，载于《科技前沿》2017 年 10 月 18 日。

［259］刘献君：《关于师资建设和管理的几个问题》，载于《高等教育研究》2003 年第 4 期。

［260］刘小强、聂翠云：《走出一流学科建设的误区——国家学科制度下一流学科建设的功利化及其反思》，载于《学位与研究生教育》2019 年第 12 期。

［261］刘新跃、杨丙红：《论中医学科的社会责任》，载于《江淮论坛》2011 年第 1 期。

［262］刘学之、马婧、彭洁等：《美国国家实验室成果转化路径解析与制度保障》，载于《科技进步与对策》2015 年第 11 期。

［263］刘艳春：《学科分类体系下一流学科建设的路径选择》，载于《江苏高教》2019 年第 8 期。

［264］刘益东：《论"双一流"建设中的学术文化困境》，载于《教育科学》2016 年第 3 期。

［265］刘永、张敏、刘泽政：《"双一流"建设背景下高校原始创新能力的提升路径》，载于《科学管理研究》2020 年第 38 卷第 5 期。

［266］刘振天：《高校教学评估何以回归教学生活本身》，载于《高等教育研究》2013 年第 4 期。

［267］龙宝新：《中国新文科的时代内涵与建设路向》，载于《南京社会科学》2021 年第 1 期。

［268］龙九尊：《最具中国特色的奖项——国家科学技术进步奖发展综述》，载于《中国科技奖励》2009 年第 10 期。

［269］娄雪、宋姣：《应用型高校校企合作创新创业人才培养模式研究》，载于《中国大学生就业》2021 年第 3 期。

［270］卢铁城：《为建设创新型国家培养造就拔尖创新人才》，载于《中国高教研究》2006 年第 10 期。

［271］卢文鹏：《学习、路径依赖与后发劣势：中国经济发展战略的调整》，载于《经济评论》2003 年第 1 期。

[272] 鲁明易：《在华外资法人银行经营发展动因研究——基于 Orbis 数据库的实证分析》，载于《天津大学学报》（社会科学版）2012 年第 1 期。

[273] 陆晓静、罗鹏程：《"双一流"建设高校本科人才培养与质量保障双向互动的实证研究》，载于《湖南师范大学教育科学学报》2020 年第 3 期。

[274] 陆振康：《一流学科建设是创建世界一流大学的重中之重》，载于《江苏高教》2004 年第 5 期。

[275] 吕俊杰、李煜、张旭、张见玲：《我国人文社科评价方法实践与探索——以法学学科为例》，载于《情报探索》2021 年第 6 期。

[276] [美] 罗伯特·卡尼格尔著，江载芬、闫鲜宁、张新颖译：《师从天才：一个科学王朝的崛起》，上海科技教育出版社 2012 年版。

[277] 罗凤竹：《汉语大词典》，汉语大词典出版社 1989 年版。

[278] 马建光：《论"两弹一星"科技精英群体师承效应》，载于《学位与研究生教育》2010 年第 1 期。

[279] 马节：《慕尼黑大学》，湖南教育出版社 1990 年版。

[280] 马俊杰：《百年未有之大变局下的"双一流"建设》人民论坛网，2020 年 9 月 17 日，http：//www.rmlt.com.cn/2020/0917/593594.shtml。

[281] 马康：《加拿大多伦多大学教学硕士项目研究》，西南大学硕士学位论文，2016 年。

[282] 马丽娜：《科技论文合著现象发展趋势研究——以英国〈自然〉杂志为例》，载于《情报探索》2010 年第 10 期。

[283] 马利凯、赵俊芳：《二战后哈佛大学发展战略》，载于《现代教育科学》2010 年第 3 期。

[284] 马利凯：《治理理论视阈下中国高等教育重点建设质量保障研究》，吉林大学博士学位论文，2016 年。

[285] 马陆亭：《一流学科建设的逻辑思考》，载于《高等工程教育研究》2017 年第 1 期。

[286] 马仁杰、缪凯、姚则会：《论学术大师成长规律对拔尖人才培养的启示》，载于《宁波大学学报》（教育科学版）2015 年第 5 期。

[287] 马瑞敏、张欣、郎永杰：《中国本科高校人文社科竞争力分析》，载于《重庆大学学报》（社会科学版）2017 年第 4 期。

[288] 梅伟惠：《创业人才培养新视域：全校性创业教育理论与实践》，载于《教育研究》2012 年第 6 期。

[289] 米红、吴智鹏：《我国研究型大学人才培养若干问题的实证研究》，载于《集美大学学报》（教育科学版）2006 年第 1 期。

［290］苗青：《剑桥大学创新创业教育对我国的启发》，载于《河北师范大学学报》（教育科学版）2018 年第 2 期。

［291］莫甲凤：《麻省理工学院经济系人才培养模式：特点与启示》，载于《高等教育评论》2018 年第 1 期。

［292］倪瑞、胡忠辉、燕京晶：《基于 ESI 的国内外部分高校理学学科发展比较研究》，载于《学位与研究生教育》2011 年第 5 期。

［293］年小山：《品牌学》，清华大学出版社 2003 年版。

［294］潘懋元、石慧霞：《论大学与校友的互动关系》，载于《中国高等教育》2020 年第 9 期。

［295］潘懋元：《双一流为高等教育强国建设注入强大动力》，载于《人民日报》2017 年 11 月 19 日。

［296］潘懋元：《一流大学与排行榜》，载于《求是》2002 年第 5 期。

［297］潘旭涛：《2018 年全球创新指数报告：中国首次跻身全球创新 20 强》，载于《人民日报海外版》2018 年 7 月 12 日。

［298］培养计划，北京大学定量生物学中心，2021 年 5 月 30 日，http：//cqb. pku. edu. cn/zhaosheng/news. php？class2＝96。

［299］彭拥军、刘冬旭：《世界著名实验室"盛产"诺贝尔奖得主的教育谱系》，载于《创新与创业教育》2021 年第 1 期。

［300］彭张林、张爱萍、王素凤、白羽：《综合评价指标体系的设计原则与构建流程》，载于《科研管理》2017 年第 38 卷 S1 期。

［301］澎湃新闻：《上海老教授守护洱海二十年，这里的水变清了他的头发变白了》，2020 年 9 月 11 日，https：//baijiahao. baidu. com/s？id＝1677497660487561209&wfr＝spider&for＝pc。

［302］钱国英、徐立清、应雄：《高等教育转型与应用型本科人才培养》，浙江大学出版社 2007 年版。

［303］钱露：《全球化时代"威斯康星理念"的更新与实践——以威斯康星大学麦迪逊分校为例》，载于《中国高教研究》2017 年第 4 期。

［304］钱明辉、徐志轩：《关于图书情报与档案管理学科品牌化的思考》，载于《图书与情报》2019 年第 6 期。

［305］钱伟长：《一代师表叶企孙》，上海科学技术出版社 2013 年版。

［306］秦安安：《高校高水平科研团队持续创新能力的组织模式研究及启示——基于国家科技奖励获奖团队的质性探索》，载于《北京教育》（高教）2021 年第 4 期。

［307］秦惠民、柴方圆、祝军、王小栋、涂端午：《中国大学全球影响指

数：设计、分析与启示》，载于《中国高教研究》2021 年第 9 期。

[308] 秦剑军：《知识经济时代人才强国战略研究》，华中师范大学博士学位论文，2008 年。

[309] 清华大学：《清华大学一流大学建设方案》，清华大学官网，2020 年 7 月 8 日，https：//www. tsinghua. edu. cn/publish/newthu/openness/jbxx/2017syljsfa. htm。

[310] 清华大学苏世民书院：《2023 级招生简章》，清华大学苏世民书院网站，2022 年 1 月 27 日，http：//www. sc. tsinghua. edu. cn/admissions/index. jhtml。

[311] 清华大学苏世民书院：《清华大学苏世民书院 2021 级学者名单正式公布》，清华大学苏世民书院网站，2020 年 12 月 7 日，http：//www. sc. tsinghua. edu. cn/newsletter/2528. jhtml。

[312] 清华大学苏世民书院：《清华大学苏世民书院课程设置》，清华大学苏世民书院网站，2020 年 12 月 7 日，http：//www. sc. tsinghua. edu. cn/course/index. jhtml。

[313] 清华大学苏世民书院：《清华苏世民书院学生生活》，清华大学苏世民书院网站，2021 年 1 月 29 日，http：//www. sc. tsinghua. edu. cn/student/index. jhtml。

[314] 清华大学苏世民书院：《使命愿景》，清华大学苏世民书院网站，2022 年 1 月 27 日，http：//www. sc. tsinghua. edu. cn/about/index. jhtml。

[315] 清华大学苏世民书院：《苏世民书院的故事和最好的我们》，清华大学苏世民书院网站，2019 年 5 月 31 日，http：//www. sc. tsinghua. edu. cn/newsletter/1788. jhtml。

[316] 清华大学苏世民书院：《苏世民书院简介》，清华大学苏世民书院网站，2020 年 12 月 7 日，http：//www. sc. tsinghua. edu. cn/about/index. jhtml。

[317] 清华大学苏世民书院：《苏世民学者项目创始理事苏世民宣布签署"捐赠誓言"》，清华大学苏世民书院网站，2022 年 1 月 27 日，http：//www. sc. tsinghua. edu. cn/newsletter/2292. jhtm。

[318] 清华大学苏世民书院：《学生生活》，清华大学苏世民书院网站，2019 年 5 月 31 日，http：//www. sc. tsinghua. edu. cn/student/index. jhtml。

[319] 清华大学：《自信从容迈向未来 自强创新不辱使命》，清华大学网站，2021 年 4 月 25 日，https：//2021. tsinghua. edu. cn/info/1011/2800. htm。

[320] 邱均平、杨瑞仙：《基于 ESI 数据库的材料科学领域文献计量分析研究》，载于《情报科学》2010 年第 8 期。

[321] 屈廖健、刘宝存：《芝加哥大学社会学的学科建设史考察：兴起、路径及困境》，载于《清华大学教育研究》2017 年第 4 期。

［322］瞿艳平、陈海波：《国内外品牌关系理论的演化趋势》，载于《江汉论坛》2010 年第 10 期。

［323］饶莉、廖奕：《GFG 目标管理在优化高校科研管理模式过程中的应用》，载于《管理观察》2009 年第 28 期。

［324］饶莉、廖奕：《目标管理在优化高校科研管理模式过程中的应用》，载于《管理观察》2009 年第 28 期。

［325］日本学術振興会：《中間評価結果》，日本学術振興会网站，2022 年 2 月 21 日，https：//www. jsps. go. jp/j－21coe/05_chukan/kekka. htm。

［326］日本学術振興会：《中止となった拠点の評価コメント》，日本学術振興会网站，2022 年 2 月 21 日，https：//www. jsps. go. jp/j－21coe/05_chukan/17ch_kekka. html。

［327］软科：《2020 年世界一流学科排名》，2020 年 8 月 15 日，https：//www. shanghairanking. cn/rankings/gras/2020。

［328］软科：《软科世界一流学科排名》，中国最好大学网，http：//www. zuihaodaxue. com/arwu_subject_rankings. html，2020 年 8 月 20 日。

［329］软科：《世界一流学科排名》，2020 年 12 月 11 日，http：//www. zuihaodaxue. com/arwu_subject_rankings. html。

［330］软科：《2021 世界一流学科排名》，软科网，2022 年 5 月 20 日，https：//www. shanghairanking. cn/rankings/gras/2021。

［331］软科：《想学有"中国特色"的学科，该去哪儿?》，搜狐教育，https：//www. sohu. com/a/345689577_111981，2019 年 10 月 9 日。

［332］软科：《"学术卓越调查"：软科世界一流学科排名指标揭秘》，2018 年 11 月 19 日，http：//www. zuihaodaxue. com/news/20180718－685. html。

［333］桑大伟、朱健：《以创业学院为载体推进高校创业教育的有效开展》，载于《思想理论教育》2011 年第 11 期。

［334］上观新闻：《"洱海"守护人孔海南：与水污染作战，每个人都是士兵》，2017 年 5 月 31 日，https：//www. jfdaily. com/news/detail? id=54633。

［335］《2020 上海最美科技人物孔海南：把实验室建在洱海旁农家里》，2020 年 9 月 11 日，https：//baijiahao. baidu. com/s? id=16775209265101234 75&wfr=spider&for=pc。

［336］申超：《我国重点学科建设中的科际不平衡现象》，载于《教育发展研究》2019 年第 7 期。

［337］申超、杨梦丽：《一流学科建设蓝图是如何描绘的——基于 41 所"双一流"建设高校建设方案的文本分析》，载于《高等教育研究》2018 年第

10 期。

［338］沈超、王学力：《原始性创新的影响因素及其机制与模式分析》，载于《科技管理研究》2008 年第 8 期。

［339］沈光权：《浅谈高校科研育人》，载于《煤炭高等教育》1988 年第 2 期。

［340］沈清松：《科技、人文与文化》，武汉大学出版社 2014 年版。

［341］沈云慈：《基于政校企合作的地方高校创业教育实践平台构建研究》，载于《中国高教研究》2020 年第 9 期。

［342］沈祖荣：《卡文迪许实验室——诺贝尔奖的摇篮及其启示》，载于《物理教师》2014 年第 3 期。

［343］盛军开：《芝加哥大学校长学术治理理念研究——以哈珀、赫钦斯为中心》，载于《现代教育科学》2019 年第 3 期。

［344］施一公：《顶尖科技人才依然匮乏》，2020 年 10 月 28 日，http://www.cinn.cn/headline/202010/t20201028_234892.html。

［345］石元春：《谈发展生物质产业中的几个问题》，载于《中国基础科学》2005 年第 6 期。

［346］史秋衡、陈志伟：《发达国家顶尖人才培养体系特征研究》，载于《教育研究》2016 年第 6 期。

［347］史秋衡、季玟希：《中华人民共和国成立 70 年来大学职能的演变与使命的升华》，载于《江苏高教》2019 年第 6 期。

［348］舒杨：《目标管理中的目标分解》，载于《经营与管理》2009 年第 3 期。

［349］苏屹、李柏洲：《原始创新研究文献综述》，载于《科学管理研究》2012 年第 2 期。

［350］眭依凡、李芳莹：《"学科"还是"领域"："双一流"建设背景下"一流学科"概念的理性解读》，载于《高等教育研究》2018 年第 4 期。

［351］眭依凡：《一流本科教育改革的重点与方向选择——基于人才培养的视角》，载于《现代教育管理》2019 年第 6 期。

［352］孙波：《文化软实力及其我国文化软实力建设》，载于《科学社会主义》2008 年第 2 期。

［353］孙鹤：《我国工学门类学科评价研究》，天津大学硕士学位论文，2007 年。

［354］孙冶：《中美大学学科建设的浅显对比与思考》，载于《昆明理工大学学报》（社会科学版）2007 年第 6 期。

[355] 谭春辉：《高校人文社会科学研究成果评价机理研究——基于利益相关者的视角》，载于《社会科学管理与评论》2013 年第 2 期。

[356] 汤哲远：《深刻把握"双一流"建设的时代意蕴》，载于《中国教育报》2022 年 5 月 26 日。

[357] 唐德海、李枭鹰：《复杂性思维与多学科研究：功能耦合的高等教育研究方法论》，载于《高等教育研究》2011 年第 4 期。

[358] 唐建忠：《论科学强国梦：叶企孙的教育探索》，载于《内蒙古师范大学学报》（哲学社会科学版）2017 年第 2 期。

[359] 陶凤、王晨婷：《加快"双一流"建设 动态调整建设范围》，载于《中国改革报》2021 年 3 月 31 日。

[360] 滕连帅、戴相斌：《"双一流"大学建设与文化软实力提升研究》，载于《西藏大学学报》（社会科学版）2017 年第 1 期。

[361] 田琳：《世界一流大学的功能研究》，上海交通大学博士学位论文，2020 年。

[362] 田琳：《中、美、欧一流大学职能履行差异及影响因素分析》，载于《高校教育管理》2022 年第 3 期。

[363] 万健、赵烨烨：《高校产学研合作的利益机制探析》，载于《中国高等教育》2011 年第 12 期。

[364] 汪辉、顾建民：《大科学范式下顶尖科技人才及其培养模式——基于 21 世纪日本诺贝尔奖井喷现象的分析》，载于《高等工程教育研究》2019 年第 3 期。

[365] 汪立超、强晓华、曹明等：《基于生态位理论视角的高校原始创新能力建设策略》，载于《中国电力教育》2013 年第 28 期。

[366] 汪明、贾彦琪、潘新民：《论我国高校教育智库建设的困境及其对策》，载于《江苏高教》2015 年第 4 期。

[367] 汪婷：《案例研究法的研究与发展综述——基于中国知网（CNKI）的核心期刊文献》，载于《武汉理工大学学报》（社会科学版）2014 年第 27 期。

[368] 汪寅：《从 0 到 1：科技原始创新初探》，中国经济出版社 2021 年版。

[369] 汪寅：《科技原始创新问题初探》，中国科学技术大学博士学位论文，2007 年。

[370] 王宝玺、于晴：《亚洲世界一流大学建设的特点及启示——以东京大学、新加坡国立大学和香港科技大学为例》，载于《高校教育管理》2018 年第 6 期。

[371] 王成军、方明、秦素:《基于诺贝尔科学奖的研究型大学原始性创新能力提升研究》,载于《演化与创新经济学评论》2020 年第 1 期。

[372] 王聪:《知识生产过程中的原始性创新及其在我国评价制度中的风险》,载于《自然辩证法研究》2015 年第 7 期。

[373] 王大中:《建设世界一流大学的战略思考与实践》,载于《清华大学教育研究》2003 年第 3 期。

[374] 王大中:《稳定博士生招生规模着重提高培养质量》,载于《学位与研究生教育》2005 年第 2 期。

[375] 王德清:《现代管理学原理》,西南师范大学出版社 2007 年版。

[376] 王顶明、黄葱:《新时代高校科研评价改革的思考》,载于《高校教育管理》2021 年第 2 期。

[377] 王顶明:《为什么需要适度扩大博士生培养规模》,载于《中国研究生》2019 年第 6 期。

[378] 王菲:《基于可视化技术的大学科研竞争力研究——以山东大学数学学科为例》,山东大学硕士学位论文,2018 年。

[379] 王国良:《学术大师与当代学术发展》,载于《云梦学刊》2011 年第 4 期。

[380] 王建华:《"双一流"建设中一流学科建设政策检视》,载于《苏州大学学报》(教育科学版)2020 年第 2 期。

[381] 王丽芬:《高校在"国家科技奖励"制度中获奖现象及其影响因素的研究——以教育部直属高校为数据采集对象》,华东师范大学硕士学位论文,2016 年。

[382] 王亮、孙绍荣、李世珣:《科技原创力评价指标体系研究》,载于《中国科技论坛》2005 年第 2 期。

[383] 王楠、马千淳:《基于文献计量和主题探测方法的学科评价比较研究——以中、美、英、澳四国教育学学科为例》,载于《情报学报》2020 年第 9 期。

[384] 王平祥:《世界一流大学本科人才培养目标及其价值取向审思》,载于《高等教育研究》2018 年第 3 期。

[385] 王齐国:《北京大学研究生品牌教程〈品牌学〉之五品牌影响力与品牌资产构成》,载于《中国品牌》2009 年第 5 期。

[386] 王任模、屠中华、刘惠琴、姚强、杨斌:《博士生培养质量与规模研究》,载于《研究生教育研究》2017 年第 3 期。

[387] 王树国:《关于一流大学拔尖人才培养模式的思考》,载于《中国高

等教育》2011 年第 2 期。

［388］王思齐：《国家软实力的模式建构——从传播视角进行的战略思考》，浙江大学博士学位论文，2011 年。

［389］王维朗、吕赛英、游滨等：《提升科技期刊国际显示度的途径与策略》，载于《中国科技期刊研究》2011 年第 22 卷第 5 期。

［390］王文：《中国特色新型智库的国际影响力评估与构建》，载于《新闻与写作》2018 年第 6 期。

［391］王兴：《国际学术话语权视角下的大学学科评价研究——以化学学科世界 1387 所大学为例》，载于《清华大学教育研究》2015 年第 3 期。

［392］王雁、陈锐、江波：《世界一流大学服务区域经济发展路径研究——基于 10 所大学经济影响报告的内容分析》，载于《比较教育研究》2021 年第 5 期。

［393］王尧美、谢娜：《高等教育国际化背景下的来华留学生教育》，载于《中国成人教育》2017 年第 24 期。

［394］王义遒：《提高高等教育质量——叶企孙经验的启示——纪念叶企孙先生诞辰 110 周年讲话》，载于《高等理科教育》2008 年第 6 期。

［395］王玉辛：《医学学科分类与理论医学定义的修正意见》，载于《医学与哲学》1990 年第 5 期。

［396］王战军、雷琨：《日本"全球顶级大学计划"中期评估及启示》，载于《中国高等教育》2019 年第 22 期。

［397］王战军、娄枝：《世界一流大学的社会贡献、经验及启示——以哈佛大学为例》，载于《清华大学教育研究》2020 年第 1 期。

［398］王章豹、汪立超：《我国高校原始创新能力不足的成因分析及其建设路径》，载于《辽宁教育研究》2007 年第 4 期。

［399］王震、章斐然：《李克强：必须打牢基础研究和应用基础研究这个根基》，人民网，2022 年 2 月 21 日，http：//finance. people. com. cn/n1/2021/0311/c1004 - 32049335. html。

［400］王孜丹、孙粒、杜鹏：《学科布局的思路与出路——基于"卡脖子"问题的若干思考》，载于《科学与社会》2020 年第 4 期。

［401］王梓霖：《加拿大安大略省教师教育大学化的历史考察（19 世纪 40 年代～20 世纪末）》，天津师范大学硕士学位论文，2019 年。

［402］翁铁慧：《加快推进"双一流"建设努力建设高等教育强国》，载于《中国高教研究》2019 年第 11 期。

［403］翁雪娜、林海明：《我国部分高等学校综合实力状况的评价》，载于《统计与决策》2011 年第 9 期。

［404］吴楚渔、叶企孙：《怀瑾握瑜，大师之师》，载于《思维与智慧》
2020 年第 8 期。

［405］吴冬梅：《高校教育管理目标分解探微》，载于《沿海企业与科技》
2016 年第 3 期。

［406］吴海江：《诺贝尔奖：原创性与科学积累》，载于《科学学与科学技
术管理》2002 年第 11 期。

［407］吴海江：《在聚焦国家战略中提升大学自主创新能力》，载于《科技
管理研究》2010 年第 1 期。

［408］吴洪成：《生斯长斯吾爱吾庐——清华大学校长梅贻琦》，山东教育
出版社 2004 年版。

［409］吴慧媛：《军医大学基础重点学科核心竞争力及评价研究》，第三军
医大学博士学位论文，2011 年。

［410］吴洁、牛彦飞：《创新驱动背景下高校创新创业人才培养机制》，载
于《教育与职业》2019 年第 23 期。

［411］吴伟、何秀、姜天悦、严晓莹：《多学科交叉培养研究生的困境与出
路》，载于《教育发展研究》2018 年第 21 期。

［412］吴娴、刘莉、刘念才：《中国高校科技发展指数体系的构建研究》，
载于《清华大学教育研究》2020 年第 1 期。

［413］吴越：《"洱海"守护人孔海南：与水污染作战，每个人都是士兵》，
2017 年 5 月 31 日，https：//www. jfdaily. com/news/detail？ id = 54633。

［414］吴云峰、张端鸿：《大学排名的一致性研究——以 QS、THE、US-
News、ARWU 四个排行榜为例》，载于《上海教育评估》2017 年第 3 期。

［415］吴钊、路新平：《高校品牌战略探析》，载于《 西北工业大学学报》
（社会科学版）2001 年第 1 期。

［416］吴兆飞：《在中国科学院第二十次院士大会、中国工程院第十五次院
士大会、中国科协第十次全国代表大会上的讲话》，人民网，2022 年 5 月 20 日，
http：//jhsjk. people. cn/article/32116652。

［417］武建鑫：《世界一流学科的政策指向、核心特质与建设方式》，载于
《中国高教研究》2019 年第 2 期。

［418］武学超：《模式 3 知识生产的理论阐释——内涵、情境、特质与大学
向度》，载于《科学学研究》2014 年第 9 期。

［419］武学超、薛奥：《瑞士地方大学如何走向世界一流——苏黎世大学学
术卓越的生成逻辑及启示》，载于《研究生教育研究》2019 年第 1 期。

［420］西安交通大学学科办：《西安交通大学"双一流"建设 2018 年度进

434

度报告》，2019 年 2 月 16 日，http：//xxgk. xjtu. edu. cn/content. jsp？urltype = egovinfo. EgovInfoContent&wbtreeid = 1001&indentifier = xkb% 2F2019 – 0216001。

[421]《习近平：把思想政治工作贯穿教育教学全过程》，新华社，2020 年
11 月 16 日，http：//www. xinhuanet. com//politi/2016 – 12/08/C_1120082577. htm。

[422]《习近平：高举中国特色社会主义伟大旗帜 为全面建设社会主义现代
化国家而团结奋斗——在中国共产党第二十次全国代表大会上的报告》，新华网，
2022 年 10 月 25 日，http：//www. xinhuanet. com/politics/cpc20/2022 – 10/25/c_
1129079429. htm。

[423] 习近平：《高举中国特色社会主义伟大旗帜为全面建设社会主义现代
化国家而团结奋斗》，中国政府网，2022 年 10 月 25 日，https：//www. gov. cn/
xinwen/2022 – 10/25/content_5721685. htm。

[424] 习近平：《在哲学社会科学工作座谈会上的讲话（全文）》，2016 年 5 月
19 日，http：//www. scio. gov. cn/31773/31774/31783/Document/1478145/1478145. html。

[425]《习近平致中国科学院建院 70 周年的贺信》，人民网，2019 年 11 月 2
日，http：//cpc. people. com. cn/n1/2019/1102/c64094 – 31433949. html。

[426] 郤海霞、李欣旖、王世斌：《四螺旋创新生态：研究型大学引导区域
协同创新机制探析——以苏黎世联邦理工学院为例》，载于《高等工程教育研
究》2020 年第 2 期。

[427] 夏芸、翁佳铭：《高管海外背景与企业专利国际化——基于 PCT 申请
的经验证据》，载于《工业技术经济》2021 年第 4 期。

[428] 肖港：《新文科背景下双一流大学文科影响力的测评与案例研究》，
上海交通大学硕士学位论文，2022 年。

[429] 肖焕波、单广良：《临床医学重点学科评估方法的探讨》，载于《中
国医院管理》2007 年第 5 期。

[430] 肖焕波、吕一萍、宋枚、单广良：《临床医学重点学科评估指标体系
构建》，载于《解放军医院管理杂志》2008 年第 9 期。

[431] 谢和平：《建设未来人类命运共同体，一流大学的人才培养使命》，
载于《光明日报》2016 年 5 月 24 日。

[432] 谢为群、许烁、于丽英：《创新创业人才培养质量评价与提升》，载
于《中国高校科技》2019 年第 11 期。

[433] 辛彦怀、李广：《美国大学对科学技术的贡献》，载于《外国教育研
究》2005 年第 5 期。

[434] 新华社：《坚持党的领导传承红色基因扎根中国大地 走出一条建设中
国特色世界一流大学新路》，载于《人民日报》2022 年 4 月 26 日。

[435] 新华通讯社：《清华苏世民书院：以培养未来世界领袖为目标 打造国际化人才》，新华网，2021年1月29日，http：//www.xinhuanet.com/edu/2016 - 05/10/c_128971559.htm。

[436] 邢纪红、龚惠群：《高校原始创新能力评价指标体系研究——基于南京高校的实证研究》，载于《江苏高教》2017年第3期。

[437] 邢润川：《从诺贝尔自然科学奖百年走势看名师的作用》，载于《自然辩证法通讯》2002年第2期。

[438] 邢润川、李三虎：《李比希学派及其成功原因分析》，载于《科学学研究》1989年第4期。

[439] 邢润川、闫莉：《集化学家与化学教育家于一身的一代化学大师李比希——纪念李比希诞辰200周年》，载于《化学通报》2003年第12期。

[440] 熊柴、任泽平、裴桁、王松山：《中国青年创业发展报告（2020）》，载于《中国青年研究》2021年第2期。

[441] 熊澄宇：《关于新文科建设及学科融合的相关思考》，载于《上海交通大学学报》（哲学社会科学版）2021年第2期。

[442] 徐翠华：《英美一流高校的学科建设与启示》，载于《江苏高教》2013年第6期。

[443] 徐国祥：《指数理论及指数体系研究》，厦门大学博士学位论文，1999年。

[444] 徐同文：《大学如何实施品牌战略》，载于《光明日报》2006年2月22日。

[445] 徐希元、王亚军：《从"名师出高徒"看博士生培养》，载于《学位与研究生教育》2001年第9期。

[446] 许合先：《科技诺贝尔奖领域知识创新与人才培养的传递链效应及其启示》，载于《科学管理研究》2007年第6期。

[447] 许军华、邱延峻、蒲波：《麻省理工学院国际化战略特征分析及其启示》，载于《江苏高教》2014年第2期。

[448] 宣勇：《建设世界一流学科要实现"三个转变"》，载于《中国高教研究》2016年第5期。

[449] 薛成龙、卢彩晨、李端淼：《"十二五"期间高校创新创业教育的回顾与思考——基于〈高等教育第三方评估报告〉的分析》，载于《中国高教研究》2016年第2期。

[450] 严建新：《我国原始创新能力不足的原因和对策研究》，广西大学硕士学位论文，2005年。

[451] 阎凤桥：《我国高等教育"双一流"建设的制度逻辑分析》，载于《中国高教研究》2016 年第 11 期。

[452] 阎光才：《学术系统的分化结构与学术精英的生成机制》，载于《高等教育研究》2010 年第 3 期。

[453] 阎光才：《学术影响力评价的是非争议》，载于《教育研究》2019 年第 6 期。

[454] 阎光才、岳英：《高校学术评价过程中的认可机制及其合理性——以经济学领域为个案的实证研究》，载于《教育研究》2012 年第 10 期。

[455] 阎康年：《卡文迪什实验室：现代科学革命的圣地》，河北大学出版社 1999 年版。

[456] 阎康年：《卢瑟福与现代科学的发展》，科学技术文献出版社 1987 年版。

[457] 杨九斌：《二战后美国联邦政府对研究型大学科研资助政策研究》，华东师范大学博士学位论文，2014 年。

[458] 杨丽萍：《我国高校原始创新能力的不足及发展对策研究》，长安大学硕士学位论文，2008 年。

[459] 杨琳：《中国高校院士师承效应研究》，中南大学硕士学位论文，2014 年。

[460] 杨明刚：《国际知名品牌发展规律及特征探讨》，载于《国外社会科学》2007 年第 1 期。

[461] 杨宁、王建东、冯志敏：《试论原始创新与一流大学的互动关系》，载于《高教探索》2001 年第 2 期。

[462] 杨婷、尹向毅：《大学如何构建创业支持系统——哥伦比亚大学的探索》，载于《华东师范大学学报》（教育科学版）2019 年第 1 期。

[463] 杨希、王倩、李欢：《中外一流大学对创新型经济贡献的比较：基于指标与案例分析》，载于《上海交通大学学报》（哲学社会科学版）2019 年第 3 期。

[464] 杨希：《一流大学建设的效果可持续吗？——高校经费累积效应及其对科研产出的影响研究》，载于《教育与经济》2018 年第 1 期。

[465] 杨兴林：《关于"双一流"建设的三个重要问题思考》，载于《江苏高教》2016 年第 2 期。

[466] 杨阳：《叶企孙：大师的大师》，载于《中国教师报》2020 年 9 月 16 日。

[467] 姚昆仑：《科学技术奖励综论》，科学出版社 2008 年版。

437

[468] 叶继元：《国内外人文社会科学学科体系比较研究》，载于《学术界》2008 年第 5 期。

[469] 叶继元：《人文社会科学评价体系探讨》，载于《南京大学学报》（哲学·人文科学·社会科学版）2010 年第 1 期。

[470] 叶鹰：《高品质论文被引数据及其对学术评价的启示》，载于《中国图书馆学报》2010 年第 1 期。

[471] 衣俊卿、田晓明：《文化忧思录》，载于《苏州大学学报》（哲学社会科学版）2012 年第 3 期。

[472] 易锐：《我国大学知识创新溢出效应与路径机制研究》，载于《科技进步与对策》2014 年第 5 期。

[473] 殷杰、胡敏：《全球化视域中的社会科学及其对公共政策的影响》，载于《东北大学学报》（社会科学版）2017 年第 2 期。

[474] 尤政：《建设世界一流工科 引领工程教育发展》，载于《清华大学教育研究》2019 年第 3 期。

[475] 于海燕、张海娟：《世界一流大学师资国际化过程分析》，载于《高教探索》2012 年第 3 期。

[476] 于洪良、张瑾琳：《高校品牌建设刍议》，载于《国家教育行政学院学报》2008 年第 3 期。

[477] 于绥生：《论基础研究原始创新的特点》，载于《技术与创新管理》2017 年第 4 期。

[478] 余明辉、郭锡泉：《现代职业教育体系下专业人才培养质量的测量与评价》，载于《中国高教研究》2015 年第 9 期。

[479] 余明阳、朱纪达、吴玫：《大学品牌》，广东经济出版社 2004 年版。

[480] 俞蕖：《大学评估何处去？国际评估在中国一流大学的兴起、扩散与制度化》，载于《华东师范大学学报》（教育科学版）2022 年第 1 期。

[481] 虞昊、黄延复：《中国科技的基石：叶企孙和科学大师们》，复旦大学出版社 2000 年版。

[482] 虞浩：《一代师表叶企孙》，载于《思想理论教育》2011 年第 6 期。

[483] 员荣平、孙留洋、党高飞：《科技成果转化与一流学科建设的共生关系》，载于《中国高校科技》2019 年 S1 期。

[484] 袁本涛、江崇廓：《论大学的品牌——兼论我国高校合并与创建世界一流大学的战略》，载于《科技导报》2000 年第 7 期。

[485] 袁本涛、李莞荷：《博士生培养与世界一流学科建设——基于博士生科研体验调查的实证分析》，载于《江苏高教》2017 年第 2 期。

［486］［美］约翰·S. 布鲁贝克著，王承绪等译：《高等教育哲学》，浙江教育出版社 2002 年版。

［487］［美］约翰·菲利普·琼斯著，孙连勇、李树荣译：《广告与品牌策划》，北京机械工业出版社 1999 年版。

［488］［美］约瑟夫·奈著，门洪华译：《软权力与硬权力》，北京大学出版社 2005 年版。

［489］臧玲玲、梅伟惠：《高校创业教育课程生态系统的生成逻辑与建设路径》，载于《华东师范大学学报》（教育科学版）2019 年第 1 期。

［490］曾月征、袁乐平：《创新型人才培养评价指标体系的构建》，载于《统计与决策》2016 年第 18 期。

［491］翟通、陈天凯、李文兰：《基于 InCites 平台数据挖掘和分析的中国大陆地区临床医学学术竞争态势》，载于《医学信息》2020 年第 33 卷第 7 期。

［492］詹家峰：《国家战略能力与综合国力关系浅析》，载于《现代国际关系》2005 年第 4 期。

［493］张宝君：《"精准供给"视域下高校创新创业教育的现实反思与应对策略》，载于《高校教育管理》2017 年第 1 期。

［494］张迪：《大学在国家文化软实力建设中的作用机制与路径思考》，载于《江苏高教》2018 年第 2 期。

［495］张殿军：《硬实力、软实力与中国话语权的建构》，载于《中共福建省委党校学报》2011 年第 7 期。

［496］张东明、李亚东、黄宏伟：《面向一流人才培养的研究生教育质量评价方法初探——基于层次分析与模糊综合评判的指标体系研究》，载于《研究生教育研究》2020 年第 2 期。

［497］张桂林：《中国政治学走向世界一流的若干思考》，载于《政治学研究》2018 年第 4 期。

［498］张国庆、李亦学、王泽峰等：《生物医学大数据发展的新挑战与趋势》，载于《中国科学院院刊》2018 年第 16 期。

［499］张惠、刘宝存：《法国创建世界一流大学的政策及其特征》，载于《高等教育研究》2015 年第 4 期。

［500］张惠、张梦琦：《法国创建世界一流大学的战略实践——以索邦大学为例》，载于《比较教育研究》2016 年第 6 期。

［501］张剑、朱立明：《"双一流"建设的"道"与"器"》，载于《中国高等教育》2017 年第 19 期。

［502］张瑾、田伟：《谈高校科技原始性创新》，载于《技术与创新管理》

2005 年第 2 期。

[503] 张来武：《科技创新驱动经济发展方式转变》，载于《中国软科学》2011 年第 12 期。

[504] 张璐晶：《洱海水环境治理 PPP 项目实施：社会资本方帮政府节省约6 亿元，缩短工期 6 个月》，载于《中国经济周刊》2016 年第 20 期。

[505] 张璐晶：《牢记总书记嘱托，大理洱海三年保护治理初见成效》，2018 年 3 月 5 日，https：//finance. sina. com. cn/roll/2018 – 03 – 06/doc – ifyrzinh4096728. shtml。

[506] 张梅：《基于 InCites 的机械工程学科发展分析——以北京工业大学为例》，载于《情报探索》2016 年第 7 期。

[507] 张明、钱欣平：《中国高校 Nature、Science 论文解析》，载于《中国科技期刊研究》2005 年第 3 期。

[508] 张睦楚：《"前科研化时代"的博士后研究人员培养模式研究——以加拿大安大略教育研究院（OISE）教育学科为例》，载于《教育学术月刊》2017 年第 7 期。

[509] 张南、马春晖、周晓丽等：《食品科学研究现状、热点与交叉学科竞争力的文献计量学分析》，载于《食品科学》2017 年第 3 期。

[510] 张瑞红、任晓亚、谢黎等：《ESI 高被引科学家的分布研究》，载于《世界科技研究与发展》2019 年第 3 期。

[511] 张绍文：《大学学科竞争力研究》，华东师范大学博士学位论文，2016 年。

[512] 张世洲：《提升中国文化软实力的四个维度》，载于《人民论坛》2018 年第 16 期。

[513] 张淑林、崔育宝、李金龙等：《大学排名视角下的我国"世界一流大学"建设现状、差距与路径》，载于《清华大学教育研究》2018 年第 1 期。

[514] 张似阳：《我国大学科研职能的历史考察与发展对策探究》，福建师范大学硕士学位论文，2007 年。

[515] 张涛、周琳：《国家战略需求与研究型大学的发展模式研究》，载于《南京理工大学学报》（社会科学版）2015 年第 6 期。

[516] 张天华、刘艳良：《高校创业教育研究综述及问题对策分析》，载于《中国职业技术教育》2015 年第 19 期。

[517] 张文清：《孔海南：交大版"老人与海"的故事：把论文写在祖国大地上》，2018 年 11 月 19 日，https：//news. sjtu. edu. cn/agfd/20181125/90541. html。

[518] 张武军、张唯玮、贾晨：《创业板上市公司知识产权问题研究》，载

于《会计之友》2019 年第 7 期。

[519] 张先恩：《世界生命科学格局中的中国》，载于《中国科学院院刊》2022 年第 37 卷第 5 期。

[520] 张学文、刘益东：《科教兴国视野下高等教育强国建设：内在逻辑与行动路向》，载于《教育研究》2023 年第 3 期。

[521] 张意忠：《师承效应——高校学科带头人的成长规律》，载于《高教发展与评估》2014 年第 5 期。

[522] 张应强：《人文社会科学学术评价及其治理——基于对"唯论文"及其治理的思考》，载于《西北工业大学学报》（社会科学版）2019 年第 4 期。

[523] 张永娟、张丽雯、阮梅花、毛开云、施慧琳、于建荣：《生命科学与基础医学全球科研机构产出评价 π 指数分析报告》，载于《智库理论与实践》2019 年第 4 卷第 1 期。

[524] 赵翠侠：《提升国家软实力：法国高等教育国际化改革经验及启示》，载于《理论月刊》2009 年第 11 期。

[525] 赵俊芳、车旭：《对"世界一流大学建设工程"的反思——基于中韩政策的比较》，载于《教育发展研究》2016 年第 7 期。

[526] 赵俊芳、崔鸣哲：《21 世纪智慧韩国高水平大学建设工程研究》，载于《比较教育研究》2016 年第 5 期。

[527] 赵亮：《创新创业教育与专业教育深度融合的高校课程体系重构——基于理论与实践角度的分析》，载于《江苏高教》2020 年第 6 期。

[528] 赵倩、宋永华、伍宸：《世界一流大学引领型人才培养模式创新研究——以伦敦大学学院的文理学位项目为例》，载于《高等工程教育研究》2018 年第 1 期。

[529] 赵沁平：《建设一流学科培养创新人才》，载于《中国高等教育》1999 年第 2 期。

[530] 赵婷婷、田贵平：《"高等教育强国"特征：基于高等教育中心转移的国际经验分析》，载于《国家教育行政学院学报》2019 年第 7 期。

[531] 赵婷玉：《清华有个苏世民书院》，载于《人民日报》2017 年 1 月 24 日。

[532] 郑德俊、高凤华：《高校人文社会科学科研绩效评价指标体系构建》，载于《科技进步与对策》2009 年第 7 期。

[533] 郑璐：《加拿大教师职前培养的新趋势——从教育实习到社区实践》，载于《高教探索》2020 年第 8 期。

[534] 智库中国：《北京大学国家开发研究院》，智库中国网，2019 年 1 月 8 日，http：//www. china. com. cn/opinion/think/node_7239974. htm。

[535] 中共中央、国务院：《国家创新驱动发展战略纲要》，中国政府网，2021 年 5 月 17 日，http：//www. gov. cn/gongbao/content/2016/content_5076961. htm。

[536] 中共中央、国务院：《中国教育现代化 2035》，中华人民共和国教育部门户网站，2019 年 2 月 23 日，http：//www. moe. gov. cn/jyb_xwfb/s6052/moe_838/201902/t20190223_370857. html。

[537] 中共中央、国务院：《中国教育现代化 2035》，中华人民共和国教育部政府门户网，2022 年 5 月 30 日，http：//www. moe. gov. cn/jyb_xwfb/s6052/moe_838/201902/t20190223_370857. html。

[538] 中国国际中文教育基金会：《招聘启事》，2022 年 6 月 24 日，https：//www. cief. org. cn/newsinfo/3009345. html。

[539] 中国教育网络电视台：《当代教师风采——孔海南》，2021 年 4 月 27 日，http：//www. centv. cn/p/310500. html。

[540] 中国科技论文统计与分析课题组：2020 年中国科技论文统计与分析简报，载于《中国科技期刊研究》2022 年第 33 卷第 1 期。

[541] 中国科协"第三次全国科技工作者状况调查"课题组：《呼唤平等宽容创新的科学文化——第三次全国科技工作者状况调查报告之三》，载于《光明日报》2015 年 3 月 20 日。

[542] 中国科学技术部：《文字实录》，2023 年 2 月 14 日，https：//www. most. gov. cn/xwzx/twzb/fbh23022401/twzbwzsl/202302/t20230224_184732. html。

[543] 中国科学院科技战略咨询研究院，中科院文献情报中心和科睿唯安：《2017 研究前沿》，力学所内网，2021 年 8 月 8 日，http：//swgk. imech. ac. cn/download/2017/12/7/83643. pdf。

[544] 中国科学院科技战略咨询研究院，中科院文献情报中心和科睿唯安：《2016 研究前沿》，力学所内网，2018 年 10 月 5 日，http：//swgk. imech. ac. cn/download/2016/12/23/141823. pdf。

[545] 中国科学院科技战略咨询研究院，中科院文献情报中心和科睿唯安：《2018 研究前沿》，2019 年 5 月 17 日，https：//clarivate. com. cn/blog/2018 re-searchfronts。

[546] 中国科学院：《两院院士大会中国科协第十次全国代表大会召开，习近平发表重要讲话》，新华网，2021 年 5 月 28 日，https：//www. cas. cn/zt/hyzt/ysdh20th/yw/202105/t20210528_4790362. shtml。

［547］中国科学院上海生命科学信息中心:《2018π 指数系列报告发布》,2018 年 10 月 30 日,https://www. cas. cn/yx/201810/t20181029_4667961. shtml。

［548］中国科学院文献情报中心、汤森路透知识产权与科技事业部、新兴技术未来分析联合研究中心:《2014 研究前沿》,中国科学院微生物研究所内网,2018 年 10 月 5 日,http://www. whiov. ac. cn/xwdt_105286/kydt/201411/W02014 1111411139459501. pdf。

［549］中国社会科学院:《清华大学启动苏世民学者项目》,中国社会科学网,2020 年 12 月 7 日,http://www. cssn. cn/glx/glx_xh/201403/t20140331_1051625. shtml。

［550］中国社会科学院语言研究所词典编辑室:《现代汉语词典》(第 7 版),商务印书馆 2016 年版。

［551］中国社会科学院语言研究所词典编辑室:《现代汉语词典》,汉语大词典出版社 2000 年版。

［552］中国台湾教育部:《当前教育重大政策》,中国台湾教育部网站,2019 年 1 月 10 日,https://www. edu. tw/News_Content. aspx? n = D33B55D537402 BAA&s = 333F49BA4480CC5B。

［553］中国台湾教育部:《高等教育深耕計畫審查結果公布》,中国台湾教育部网站,2019 年 1 月 10 日,https://www. edu. tw/News_Content. aspx? n = 9E7 AC85F1954DDA8&s = 8365C4C9ED53126D。

［554］中国新闻网:《“水专项”洱海项目首席科学家:治“海”还需很多个十年》,2018 年 8 月 21 日,https://www. chinanews. com. cn/gn/2018/08 - 21/8606249. shtml。

［555］中国学位与研究生教育信息网:《全国第四轮学科评估结果公布》,2017 年 12 月 29 日,http://www. cdgdc. edu. cn/xwyyjsjyxx/xkpgjg/。

［556］中国学位与研究生教育信息网:《学科目录》,中国学位与研究生教育信息网,2022 年 6 月 11 日,http://www. chinadegrees。

［557］中华人民共和国教育部:《国务院关于印发统筹推进世界一流大学和一流学科建设总体方案的通知》,中华人民共和国教育部网,2021 年 5 月 17 日,http://www. moe. gov. cn/jyb_xxgk/moe_1777/moe_1778/201511/t20151105_217823. html。

［558］中华人民共和国教育部:《教育部关于印发〈高等学校基础研究珠峰计划〉的通知》,中华人民共和国教育部,2022 年 2 月 19 日,http://www. moe. gov. cn/srcsite/A16/moe_784/201808/t20180801_344021. html。

［559］《中华人民共和国国民经济和社会发展第十四个五年规划和 2035 年远

景目标纲要》，中国政府网，2021 年 3 月 13 日，http：//www. gov. cn/xinwen/202103/13/content_5592681. htm。

[560] 中山大学：《中山大学一流大学建设方案》，科学评价网，https：//www. sciping. com/27219. html，2020 年 3 月 10 日。

[561] 钟瑶、黄龙：《当今高校品牌战略的构建》，载于《湖南工程学院学报》（社会科学版）2007 年第 3 期。

[562] 周光礼、蔡三发、徐贤春等：《世界一流大学的建设与评价：国际经验与中国探索》，载于《中国高教研究》2019 年第 19 期。

[563] 周光礼、武建鑫：《什么是世界一流学科》，载于《中国高教研究》2016 年第 1 期。

[564] 周洪：《孔海南：把实验室建在洱海旁农家里》，2020 年 10 月 16 日，https：//www. sohu. com/a/425124002_120873682。

[565] 朱邦芬、王青：《清华物理 80 年》，载于《物理》2006 年第 5 期。

[566] 朱佳妮：《追求大学科研卓越——德国"卓越计划"的实施效果与未来发展》，载于《比较教育研究》2017 年第 2 期。

[567] 朱建华：《北大原校长许智宏：中国目前无世界一流大学》，载于《长江日报》2010 年 4 月 15 日。

[568] 朱军文、刘念才：《我国研究型大学科研产出的计量学分析》，载于《高等教育研究》2009 年第 2 期。

[569] [美] 朱丽·汤普森·克莱恩著，姜智芹译：《跨越边界知识、学科、学科互涉》，南京大学出版社 2005 年版。

[570] 朱明：《基于大学排名的世界一流学科评价问题研究》，载于《研究生教育研究》2012 年第 11 期。

[571] 朱明、谢梦晴、刘宇：《近十年国内图书馆学研究热点述评：基于高被引论文的计量分析》，载于《高校图书馆工作》2019 年第 1 期。

[572] 朱前东：《多维视角下的高校科研竞争力划分研究——以暨南大学为例》，载于《图书馆学刊》2016 年第 1 期。

[573] 朱少强：《人文社会科学研究的特征及其对学术评价的影响》，载于《重庆大学学报》（社会科学版）2007 年第 5 期。

[574] 朱永新、王明洲：《论大学的核心竞争力》，载于《教育发展研究》2004 年第 21 期。

[575] 邹承鲁、陈述彭：《自然、科学、人文三大领域聚焦原始创新》，载于《中国软科学》2002 年第 8 期。

[576] 邹树梁、陈海利、王莉芬：《发挥学科优势 提升地方高校服务行业与

地方经济社会发展的能力——以南华大学为例》，载于《南华大学学报》（社会科学版）2010 年第 6 期。

［577］About L2M. Columbia Lab－to－Market（L2M）Accelerator Network，http：//columbiabiomedx. com/boot－camp，2022－06－12.

［578］About the Program. Columbia Biomedical Engineering Accelerator，http：//columbiabiomedx. com/what－we－do，2021－05－28.

［579］A. Broström. Working with distant researchers—Distance and content in university-industry interaction. *Research Policy*，2010，Vol. 39，No. 10，pp. 1311－1320.

［580］Academy of Finland. Finnish Centres of Excellence. AKA，https：//www. aka. fi/en/research－funding/programmes－and－other－funding－schemes/finnish－centres－of－excellence/，2019－10－25.

［581］Additional Funding Opportunities. Columbia Lab－to－Market Accelerator Network，https：//labtomarket. columbia. edu/content/external－resources，2022－06－12.

［582］A. Egorov，O. Leshukov，and A. Gromov. The role of universities in economic development of Russian regions. *Higher School of Economics Research Paper No. WP BRP*，2017，P. 41.

［583］American Chemical Society：Gilman Hall at the University of California，Berkeley，American Chemical Society，https：//www. acs. org/content/acs/en/education/whatischemistry/landmarks/gilman. html#gilbert－newton－lewis，2021－07－05.

［584］Amick D J. Scientific elitism and the information system of science. *Journal of the American Society for Information Science & Applied Business Research*，2011，Vol. 27，No. 1，pp. 15－39.

［585］A. M. Pettigrew. The Politics of Organizational Decisionmaking. London：Routledge，2014，pp. 195－205.

［586］A. N. Link，and D. S. Siegel. *Innovation，Entrepreneurship，and Techno Logical Change. Oxford，UK：Oxford University Press*，2007，P. 9.

［587］Asderaki，F.，Maragos，D. The internationalization of higher education：The added value of the European portals and social media pages for the national and the institutional internationalization strategies. *International Conference on Information Communication Technologies in Education*，2013，No. 13，pp. 498－510.

［588］Asian Development Bank. Viet Nam：Preparing the Higher Education Sector Development Project（HESDP）. ADB，https：//www. adb. org/sites/default/files/

project – document/63092/42079 – 01 – vie – tacr – 03. pdf，2019 – 01 – 10.

［589］ A. Stambach. *Confucius and Crisis in American University：Culture，Capital and Diplomacy in U. S. Public Higher Education.* New York and London：Routledge Publish Press，2014.

［590］ Australian Research Council. ARC Centres of Excellence. ARC，https：// www. arc. gov. au/grants/linkage – program/arc – centres – excellence，2021 – 10 – 17.

［591］ Australian Research Council. The I – CORE Program. I – CORE，http：// www. i – core. org. il/The – I – CORE – Program，2019 – 01 – 11.

［592］ BCSA Curriculum. Carnegie Mellon University，https：//www. cmu. edu/ interdisciplinary/academics/bcsa – curriculum. html，2020 – 04 – 16.

［593］ Beck C，Kosnik C. The Contribution of Faculty to Community Building in a Teacher Education Program：A Student Teacher Perspective. *Teacher Education Quarterly*，2003，Vol. 30，No. 3，pp. 99 – 114.

［594］ Bentao Y，Wanhe L. Doctoral Training and Building World – Class Disciplines：Empirical Analysis Based on a Doctoral Research Experience Survey. *Chinese Education & Society*，2018，Vol. 51，No. 3，pp. 184 – 198.

［595］ Biomedical Engineering Technology Accelerator （BioMedX）. Columbia Lab – to – Market Accelerator Network，https：//labtomarket. columbia. edu/biomedx，2021 – 05 – 27.

［596］ Braun T，Diospatonyi I. The counting of core journal gatekeepers as science indicators really counts. *Scientometrics*，2005，Vol. 62，No. 23，pp. 297 – 319.

［597］ Braun T，I Dióspatonyi，E Zádor，et al，Journal gatekeepers indicator – based top universities of the world，of Europe and of 29 countries —— A pilot study. *Scientometrics*，2007，Vol. 71，No. 2，pp. 155 – 178.

［598］ Britannica：Glenn T. Seaborg，Britannica，https：//www. britannica. com/biography/Glenn – T – Seaborg，2022 – 07 – 05.

［599］ B. S. in Artificial Intelligence. Carnegie Mellon University，https：//www. cs. cmu. edu/bs – in – artificial – intelligence，2020 – 04 – 16.

［600］ BXA Intercollege Degree Programs. Carnegie Mellon University，https：// www. cmu. edu/interdisciplinary/programs/index. html，2020 – 04 – 16.

［601］ BXA Programs. Carnegie Mellon University，https：//www. cmu. edu/interdisciplinary/programs/index. html，2020 – 04 – 16.

［602］ *Cambridge.* MA：Harvard University Press，1934，P. 81.

［603］ Cao，C. *Chinese Scientific Elite：A Test of the Universalism of Scientific*

Elite Formation. Diss, Columbia University, 1997.

［604］Carnegie Mellon Launches Undergraduate Degree in Artificial Intelligence. Carnegie Mellon University, https：//www. cmu. edu/news/stories/archives/2018/may/ai – undergraduate – degee. html, 2020 – 04 – 16.

［605］C. Chamberlain and D. Mackenzie. Understanding Contemporary Homeless-ness：Issues of Definition and Meaning. *Australian Journal of Social Issues*, 1992, Vol. 27, No. 4, pp. 274 – 297.

［606］Chalmers M. Review of Australian and international performance indicators and measures of quality of teaching and learning in higher education. *Carrick Institute for Learning and Teaching in High Education*, 2007, P. 72.

［607］Chan, K. C. , and Fok, R. C. Membership on editorial boards and fi-nance department rankings. *Journal of Financial Research*, 2003, Vol. 26, No. 3, pp. 405 – 420.

［608］CMU AI, Carnegie Mellon University, https：//ai. cs. cmu. edu/about, 2021 – 04 – 16.

［609］Cole J. R. *Fair Science*：*Women in the Scientific Community.* New York：The Free Press, 1979, pp. 181 – 183.

［610］Cole S. , Cole J. R. , Visibility and the Structural Bases of Awareness of Scientific Research. *American Sociological Review*, 1968, Vol. 33, No. 3, pp. 397 – 413.

［611］College of Chemistry：About the Chemistry Ph. D. Program, College of Chemistry, https：//chemistry. berkeley.

［612］Columbia Entrepreneurship, Innovation, and Design. Classes, https：//entrepreneurship. columbia. edu/, 2022 – 06 – 12.

［613］Columbia Lab – to – Market Accelerator Network. Columbia Technology Ventures, https：//techventures. columbia. edu/inventors/columbia – lab – market – accelerator – network, 2021 – 05 – 28.

［614］Coutts, J. B. Disciplinary principles for cadastral surveyors：a case study in Australia and New Zealand. *Journal of Spatial Science*, 2011, Vol. 56, No. 1, pp. 3 – 13.

［615］D. A. Aaker, and A. L. Biel, Biel A. *Brand Equity & Advertising*：*Advertising's Role in Building Strong Brands.* Psychology Press, 2013, pp. 67 – 81.

［616］Danish National Research Foundation. , Self – Assessment Report (2013). DNRF, https：//dg. dk/en/evaluations – of – the – foundation/, 2022 – 02 – 21.

［617］ D. C. Mowery， R. R. Nelson， B. N. Sampat， and A. A. Ziedonis. *Ivory Tower and Industrial Innovation*. Stanford University Press， 2020， P. 78.

［618］ Department of Chemical Engineering and Biotechnology. Mphil Bioscience Enterprise program Admission， https：//www. ceb. cam. ac. uk/postgraduates – tab/mphil – mbe/Admissions， 2021 – 01 – 18.

［619］ Department of Linguistics and Philosophy， About the MIT Linguistics Program， https：//linguistics. mit. edu/about/， 2021 – 03 – 20.

［620］ D. Gomez， E. Gonzalez – Aranguena， C. Manuel， et al. ， Centrality and power in social networks：a game theoretic approach. *Mathematical Social Sciences*， 2003， Vol. 46， No. 1， pp. 27 – 54.

［621］ Education at the University of Toronto. *International Indigenous Policy Journal*， 2013， Vol. 4， No. 4， pp. 1 – 21.

［622］ Education. Columbia Biomedical Engineering Accelerator， http：//columbiabiomedx. com/boot – camp， 2021 – 05 – 26.

［623］ Education. *International Journal of Higher Education*， 2013， Vol. 2， No. 4， pp. 1 – 14.

［624］ Entrepreneurs Roundtable Accelerator. Columbia Lab – to – Market Accelerator Network， https：//labtomarket. columbia. edu/content/external – resources， 2022 – 06 – 12.

［625］ E. R. Brown. Public Health in Imperialism：Early Rockefeller Programs at Home and Abroad. *American Journal of Public Health*， 1976， Vol. 66， No. 9， pp. 897 – 903.

［626］ ETH Energy Science Center. Research Overview， https：//esc. ethz. ch/research. html， 2021 – 04 – 18.

［627］ ETH Energy Science Center. Vision and Mission， https：//esc. ethz. ch/about/vision – and – mission. html， 2021 – 04 – 18.

［628］ ETH Zurich. Competence Centres， https：//ethz. ch/en/research/interdisciplinary – structures/competence – centres. html， 2021 – 04 – 15.

［629］ ETH Zurich. Equality Monitoring 2019/2020， https：//ethz. ch/content/dam/ethz/associates/services/Anstellung – Arbeiten/chancengleichheit/Strategie_und_Zahlen/monitoring – und – studien/2019 – 2020/Equality_Monitoring_general_report 19 – 20_engl. pdf， 2021 – 04 – 18.

［630］ ETH Zurich， ETH in figures， https：//ethz. ch/en/the – eth – zurich/portrait/eth – zurich – in – figures. html， 2021 – 10 – 21.

〔631〕 ETH Zurich. Gender Strategy on the Professorial Level, https：//ethz. ch/content/dam/ethz/main/eth – zurich/ArbeitenLehrenundForschen/professuren/berufungen/en/ETH_Zurich_Gender_Strategy_Professorial_Level_11. 02. 2021. pdf，2021 – 04 – 15.

〔632〕 ETH Zurich. Maksym Kovalenko receives Rössler Prize，https：//ethz. ch/en/news – und – veranstaltungen/eth – news/news/2019/06/roessler – prize – 2019. html，2019 – 06.

〔633〕 ETH Zurich. Mission，https：//ethz. ch/en/the – eth – zurich/portrait/self – image – and – values/mission – statement. html，2021 – 05 – 27.

〔634〕 ETH Zurich. National Centres of Competence in Research，https：//ethz. ch/en/research/interdisciplinary – structures/nccrs. html，2021 – 04 – 18.

〔635〕 ETH Zurich. Nicola Spaldin becomes member of the ERC Science Council，https：//ethz. ch/en/news – and – events/eth – news/news/2020/12/nicola – spaldin – member – erc – science – council. html，2021 – 04 – 15.

〔636〕 ETH Zurich. Portrait 2019，https：//ethz. ch/content/dam/ethz/common/docs/publications/info/ETH_Infobroschuere_Portraet – EN. pdf，2021 – 02 – 25.

〔637〕 ETH Zurich. Pritzker Prize awarded to ETH professor Anne Lacaton，https：//ethz. ch/en/news – and – events/eth – news/news/2021/03/pritzker – preis – fuer – eth – professorin. html，2021 – 04 – 05.

〔638〕 ETH Zurich. Richtlinien für Kompetenzzentren der ETH Zürich，https：//rechtssammlung. sp. ethz. ch/Dokumente/419. pdf，2021 – 04 – 08.

〔639〕 ETH Zurich. Strategy，https：//ethz. ch/content/dam/ethz/main/eth – zurich/portraet/Strategie/ETH_SEP_21 – 24_EN_Web. pdf，2021 – 05 – 27.

〔640〕 ETH Zurich. Sustainability Report 2019/2020，https：//ethz. ch/content/dam/ethz/main/eth – zurich/nachhaltigkeit/Berichte/Nachhaltigkeitsbericht/ETHzurich_Sustainability_Report_2019_2020_web. pdf#page = 80，2021 – 05 – 20.

〔641〕 ETH Zurich. University alliances，https：//ethz. ch/en/the – eth – zurich/global/network/university – alliances. html，2021 – 04 – 08.

〔642〕 Europe Commission. A new bioeconomy strategy for a sustainable Europe，https：//ec. europa. eu/commission/presscorner/detail/en/IP_18_6067，2022 – 07 – 05.

〔643〕 Evaluation Criteria. Columbia Biomedical Engineering Accelerator，http：//columbiabiomedx. com/evaluation – criteria，2021 – 05 – 28.

〔644〕 External Accelerator Programs. Columbia Lab – to – Market Accelerator Network，https：//labtomarket. columbia. edu/content/external – resources，2022 – 06 –

参考文献

12.

［645］ External Resources. Columbia Biomedical Engineering Accelerator, https：//labtomarket. columbia. edu/content/external－resources，2022－06－14.

［646］ Frey B S，Giving and Receiving Awards. *Perspectives on Psychological Science*，2006，Vol. 1，No. 4，pp. 377－388.

［647］ Frey B S，Neckermann S. Awards：A view from economics. *The Economics of Ethics*，2009，pp. 73－88.

［648］ F. X. Sutton，R. B. Fosdick，S. C. Wheatley，et al. The Story of the Rockefeller Foundation. *Contemporary Sociology*，1990，Vol. 19，No. 4，P. 593.

［649］ Gaston J，The Reward System in British Science. *American Sociological Review*，1970，Vol. 35，No. 4，pp. 718－730.

［650］ Gautam P. ，An overview of the Web of Science record of scientific publications （2004－2013） from Nepal：focus on disciplinary diversity and international collaboration. *Scientometrics*，1993，Vol. 113，No. 2，pp. 199－215.

［651］ G. Drori，Branding universities：Trends and strategies. *International Higher Education*，2015，Vol. 21，No. 71，pp. 3－5.

［652］ German Research Found. Excellence Initiative （2005－2017）. DFG，http：//www. dfg. de/en/research _ funding/programmes/excellence _ initiative/index. html，2019－01－10.

［653］ German Research Found. Excellence Strategy. DFG，http：//www. dfg. de/en/research_funding/programmes/excellence_strategy/index. html，2019－01－10.

［654］ German Research Found. Review Process for Clusters of Excellence in the Excellence Strategy 2018 Reviewer Survey. DFG，https：//www. dfg. de/download/pdf. /dfg _ im _ profil/geschaeftsstelle/publikationen/studien/bericht _ infas _ exstra _ gutachterbefragung_en. pdf，2019－05－24.

［655］ German Research Found. Review Process for Clusters of Excellence in the Excellence Strategy 2018－Reviewer Survey. Zenodo，https：//zenodo. org/record/3077603，2020－02－11.

［656］ Gibbons，J. D. and FISH，M. Rankings of economics faculties and representation on editorial boards of top journals. Journal of Government of Canada. ，Centres of Excellence for Commercialization and Research Program. Networks of Centres of Excellence，http：//www. nce－rce. gc. ca/Programs－Programmes/CECR－CECR/Index_eng. asp，2019－10－25.

［657］ Government of Canada. Networks of Centres of Excellence Program. Networks of Centres of Excellence, http：//www. nce – rce. gc. ca/Programs – Programmes/ NCE – RCE/Index_eng. asp, 2019 – 01 – 11.

［658］ Government Relations. *Research Policy*, 2000, Vol. 29, No. 2, pp. 109 – 123.

［659］ Henry R. *The University*：*An Owner's Manual.* New York：W · W · W Norton & company, 1990, pp. 229 – 230.

［660］ H. Etzkowitz, and L. Leydesdorff, The dynamics of innovation：from national systems and "mode2" to a Triple Helix of university-industry-government relations. *Research Policy*, 2000, Vol. 29, No. 2, pp. 109 – 123.

［661］ Highly Cited Researcher. Web of Science Group, https：//recognition. webofsciencegroup. com/awards/highly – cited/2020/, 2021 – 02 – 20.

［662］ Howe E R. Alternatives to a master's degree as the new gold standard in teaching：a narrative inquiry of global citizenship teacher.

［663］ H. Vossensteyn, Fiscal Stress：Worldwide Trends in Higher Education Finance. *Journal of Student Financial Aid*, 2004, Vol. 34, No. 1, pp. 39 – 55.

［664］ I. Lendel, and H. Qian, Inside the great recession：University products and regional economic development. *Growth and Change*, 2017, Vol. 48, No. 1, pp. 153 – 173.

［665］ Interdisciplinary Programs. Carnegie Mellon University, https：//www. cmu. edu/academics/interdisciplinary – programs. html, 2020 – 04 – 16.

［666］ Inwood H. Emerging Praxis of Environmental and Sustainability Education in Teacher Education in Canada. *Journal of Philosophy of Education*, 2020, Vol. 54, No. 4, pp. 825 – 831.

［667］ Jalbert T, Furumo K, Jalbert M . Does Educational Background Affect CEO Compensation And Firm Performance? *Journal of James Rohr.* Strategic Plan 2025. Carnegie Mellon University, https：//www. cmu. edu/strategic – plan/, 2020 – 04 – 16.

［668］ Jamil Salmi. *The Challenge of Establishing World – Class Universities.* Washington, DC：The World Bank, 2009, P. 8.

［669］ Japan Society for the Promotion of Science. World Premier International Research Center Initiative（WPI）. JSPS, https：//www. jsps. go. jp/english/e – toplevel/, 2021 – 10 – 17.

［670］ J. A. Schumpeter, The Theory of Economic Development：An Inquiry into Profits, Capital, Credit, Interest, and the Business Cycle.

［671］ J. Bruneel, T. Ratinho, B. Clarysse, and A. Groen, The Evolution of Business Incubators: Comparing demand and supply of business incubation services across different incubator generations. *Technovation*, 2012, Vol. 32, No. 2, pp. 110 – 121.

［672］ J. G. Thursby, and M. C. Thursby, Are faculty critical? Their role in university-industry licensing. *Contemporary Economic Policy*, 2004, Vol. 22, No. 2, pp. 162 – 178.

［673］ Johns Hopkins Bloomberg School of Public Health. About, https: //publichealth. jhu. edu/about, 2022 – 07 – 05.

［674］ Johns Hopkins Bloomberg School of Public Health. COVID – 19 Events and Briefings, https: //publichealth. jhu. edu/events/covid – 19 – events – and – briefings, 2022 – 05 – 12.

［675］ Johns Hopkins Bloomberg School of Public Health. COVID – 19 Projects and Initiatives, https: //publichealth. jhu. edu/headlines/covid – 19 – projects – and – initiatives#research, 2022 – 05 – 12.

［676］ Johns Hopkins Bloomberg School of Public Health. Curriculum, https: // publichealth. jhu. edu/academics/mph, 2022 – 05 – 12.

［677］ Johns Hopkins Bloomberg School of Public Health. 100 Hours Practicum Experience, https: //publichealth. jhu. edu/academics/mph, 2022 – 05 – 12.

［678］ Johns Hopkins Bloomberg School of Public Health. Master of Public Health (MPH), https: //publichealth. jhu. edu/academics/mph, 2022 – 05 – 12.

［679］ Johns Hopkins Bloomberg School of Public Health. Mission, Vision, and Values, https: //publichealth. jhu. edu/about/at – a – glance/mission – vision – and – values, 2022 – 05 – 12.

［680］ Johns Hopkins Bloomberg School of Public Health. Program Overview, https: //e – catalogue. jhu. edu/public – health/departments/master – public – health/, 2022 – 05 – 12.

［681］ Johns Hopkins Bloomberg School of Public Health. Requirements, https: //publichealth. jhu. edu/academics/mph/requirements, 2022 – 05 – 12.

［682］ Johns Hopkins Bloomberg School of Public Health. Student Groups, https: //publichealth. jhu. edu/about/leadership/student – assembly/student – groups, 2022 – 05 – 12.

［683］ Johns Hopkins Center for Health Security. Mission, https: //www. centerforhealthsecurity. org/who – we – are/history/, 2022 – 05 – 12.

［684］ Johns Hopkins Center for Health Security. Public-private Cooperation for

Pandemic Preparedness and Response, https：//www. centerforhealthsecurity. org/ event201/recommendations. html, 2022 – 05 – 12.

[685] Johns Hopkins Coronavirus Resource Center. About Us, https：//coronavirus. jhu. edu/, 2022 – 05 – 12.

[686] J. R. Abel, and R. Deitz, Do colleges and universities increase their region's human capital? *Journal of Economic Geography*, 2012, Vol. 12, No. 3, pp. 667 – 691.

[687] J. S. Nye, Soft power. *Foreign Policy*, 1990, No. 80, pp. 153 – 171.

[688] J. W. Payne, et al. *The Adaptive Decision Maker.* Cambridge：Cambridge University Press, 1993, pp. 1 – 15.

[689] Kathryn Mohrman, Wanhua Ma, David Baker. The Research University in Transition：The Emerging Global Model. *Higher Education Policy*, 2008, Vol. 21, No. 4, P. 527.

[690] Kaufman, G. G, Rankings of finance department by faculty representation on editorial boards of professional journal：A note. *Journal of Financial Research*, 1984, Vol. 39, No. 4, pp. 1189 – 1195.

[691] K. L. Keller, Conceptualizing, Measuring, and Managing Customer – Based Brand Equity. *Journal of Marketing*, 1993, Vol. 57, No. 1, pp. 1 – 29.

[692] Kuhn T. S. *The Structure of Scientific Revolutions*. Chicago：Chicago University Press, 1970, pp. 55 – 66.

[693] Lab-to-market：Accelerating biomedical innovation. Columbia Biomedical Engineering Accelerator, http：//columbiabiomedx. com/boot – camp, 2021 – 05 – 27.

[694] L. Anselin, A. Varga, and Z. Acs, Local geographic spillovers between university research and high technology innovations. *Journal of Urban Economics*, 1997, Vol. 42, No. 3, pp. 422 – 448.

[695] Leydesdorff L. Caveats for the use of citation indicators in research and journal evaluations. *Journal of the Association for Information Science & Technology*, 2010, Vol. 59, No. 2, pp. 278 – 287.

[696] Liu W. China's SCI – Indexed Publications：Facts, Feelings, and Future Directions. *ECNU Review of Education*, 2020, No. 3, pp. 562 – 569.

[697] Luxembourg National Research Fund. Launch of National Centre of Excellence in Research in Parkinson's Disease. FNR, https：//www. fnr. lu/launch – national – centre – excellence – research – parkinsons – disease, 2019 – 10 – 25.

[698] Mashford – Pringle A, Nardozi A G. Aboriginal knowledge infusion in Ini-

453

tial Teacher Education at the Ontario Institute for Studies in Massachusetts Institute of Technology. 2020 MIT Facts, https：//web. mit. edu/facts/research. html, 2020 – 01 – 05.

［699］Massachusetts Institute of Technology. MIT Policies. Special Professorial Appointments, https：//policies. mit. edu/policies – procedures/20 – faculty – and – other – academic – appointments/22 – special – professorial – appointments, 2021 – 03 – 07.

［700］M. Carree, A. D. Malva, and E. Santarelli. The contribution of universities to growth：Empirical evidence for Italy. *The Journal of Technology Transfer*, 2014, Vol. 39, pp. 393 – 414.

［701］M. Dewey（Eds）. *Abridged Dewey Decimal Classification and Relative Index*. London：Forest Press, 1971, P. 68.

［702］Merton R K, The Matthew effect in science. *Science*, 1968, Vol. 159, No. 3810, pp. 56 – 63.

［703］M. Guerrero, D. Urbano, and A. Fayolle, Entrepreneurial activity and regional competitiveness：evidence from European entrepreneurial universities. *The Journal of Technology Transfer*, 2016, Vol. 41, pp. 105 – 131.

［704］Michael, Mulkay, The Mediating Role of the Scientific Elite. *Social Studies of Science*, 1976, Vol. 6, No. 3/4, pp. 445 – 470.

［705］Miller P, Bound K. The Startup Factories The rise of accelerator programmes to support new technology ventures, http：//www. nesta. org. uk/library/documents/StartupFactories. pdf, 2021 – 05 – 27.

［706］Ministry of Education and Science of the Russian Federation. , Постановление Правительства России от 16 марта 2013 г. № 211 "О мерах государственной поддержки ведущих университетов Российской Федерации в целях повышения их конкурентоспособности среди ведущих мировых научно – образоват ельных центров". MOE, 2019 – 01 – 10, https：//xn – – 80abucjiibhv 9a. xn – – p1ai/% D0% B4% D0% BE% D0% BA% D1% 83% D0% BC% D0% B5% D0% BD% D1% 82% D1% 8B/3208.

［707］Ministry of Education and Science of the Russian Federation. , World – Class Russian Education. Project 5 – 100, https：//5top100. ru/en/about/more – about/, 2019 – 01 – 10.

［708］Ministry of Education. 사업소개 . BrainKorea 21, https：//bkplus. nrf. re. kr/sub01/sub101/list. do, 2019 – 01 – 10.

［709］ Ministry of Education. Brain Korea 21 Phase Ⅱ A New Evaluation Model. RAND, https：//www. rand. org/content/dam/rand/pubs/monographs/2008/RAND _ MG711. pdf, 2019 － 01 － 10.

［710］ Ministry of Education. Centres of Research Excellence. Tertiary Education Commission, https：//www. tec. govt. nz/funding/funding － and － performance/funding/fund － finder/centres － of － research － excellence/, 2022 － 02 － 21.

［711］ Ministry of Education. CoREs and effect. Education Counts, https：// www. educationcounts. govt. nz/__data/assets/pdf. _file/0005/115853/CoREs － and － effect － Feb － 2013. pdf, 2019 － 01 － 11.

［712］ Ministry of Education, Culture, Sports, Science and Technology. Top Global University Projec. MEXT, http：//www. mext. go. jp/b_menu/houdou/26/09/__ icsFiles/afieldfile/2014/10/07/1352218_02. pdf, 2020 － 02 － 11.

［713］ Ministry of Education, Culture, Sports, Science and Technology. Top Global University Project（2014 － 2023）. MEXT, https：//tgu. mext. go. jp/en/downloads/pdf/sgu. pdf, 2019 － 01 － 10.

［714］ Ministry of Education. Future investment：Excellence Initiative. Republic French, http：//www. enseignementsup － recherche. gouv. fr/, 2019 － 01 － 10.

［715］ Ministry of Education. Investments for the Future Programme. France in the United Kingdom, https：//uk. ambafrance. org/Investments － for － the － Future － Programme, 2019 － 01 － 10.

［716］ Ministry of Education. Remise du rapport "Sensibiliser et former aux enjeux de la transition écologique et du développement durable dans l'enseignement supérieur" de Jean Jouzel. Republic French, https：//www. enseignementsup － recherche. gouv. fr/ cid116366/pia － 1 － initiatives － d － excellence － idex. html, 2022 － 02 － 21.

［717］ Ministry of Education. Second Programme D'Investissements D'Avenir. The French National Research Agency, https：//anr. fr/fileadmin/aap/2014/ia － idex － isite － 2014. pdf, 2020 － 02 － 11.

［718］ Ministry of Higher Education. The National Higher Education Strategic Plan Beyond 2020. The International Labour Organization, http：//www. ilo. org/dyn/youthpol/en/equest. fileutils. docHandle？p_uploaded_file_id ＝477, 2019 － 10 － 25.

［719］ MIT. About MIT, https：//www. mit. edu/about/, 2022 － 05 － 03.

［720］ MIT Economics：About The Department, http：//economics. mit. edu/ about/, 2021 － 06 － 12.

［721］ MIT Economics：Department Brochure. Events and Seminars, https：//

economics. mit. edu/about/brochure, 2021 – 06 – 12.

〔722〕 MIT Economics: Economics at MIT 2021/2021, http: //economics. mit. edu/files/6123, 2021 – 06 – 12.

〔723〕 MIT Economics: Independent Activities Period, http: //catalog. mit. edu/mit/undergraduate – education/academic – research – options/independent – activities – period/, 2021 – 06 – 12.

〔724〕 MIT Economics: MIT Economics. Events and Seminars, https: //economics. mit. edu/events, 2021 – 06 – 12.

〔725〕 MIT Economics: MIT Undergraduate Research Opportunities Program, https: //economics. mit. edu/under, 2021 – 06 – 12.

〔726〕 MIT Economics: New Orleans and HCED, https: //dusp. mit. edu/hced/project/new – orleans – and – hced, 2021 – 06 – 12.

〔727〕 MIT Economics: Organizational Economics Lunch Series, https: //sloangroups. mit. edu/saas/organizational – MIT Economics: Undergraduate Program, https: //economics. mit. edu/under/majors, 2021 – 06 – 12.

〔728〕 MIT. Global MIT, https: //global. mit. edu/mits – global – strategy/, 2022 – 05 – 24.

〔729〕 MIT Offices & Services Directory. Institute Professors, https: //officesdirectory. mit. edu/institute – professors, 2022 – 05 – 24.

〔730〕 MIT. Our Programs, https: //global. mit. edu/programs/, 2022 – 05 – 24.

〔731〕 MIT Policies. Special Professional Appointments, https: //policies. mit. edu/policies – procedures/20 – faculty – and – other – academic – appointments/22 – special – professorial – appointments, 2021 – 03 – 15.

〔732〕 MIT School of Humanities, Arts, and Social Sciences. About, https: //shass. mit. edu/about/brief – history, 2021 – 03 – 15.

〔733〕 MIT. The President's Report 1961, https: //libraries. mit. edu/archives/mithistory/presidents – reports/1961. pdf, 2021 – 03 – 29.

〔734〕 MITx Online: Microeconomics, https: //mitxonline. mit. edu/courses/course – v1: MITxT + 14. 100x/, 2021 – 06 – 12.

〔735〕 Miyairi N. Chang H. Bibliometric characteristics of highly cited papers from Taiwan (2000 – 2009). *Scientometrics*, 2012, Vol. 92, No. 1, pp. 197 – 205.

〔736〕 M. Jacob, M. Lundqvist, and H. Hellsmark, Entrepreneurial transformations in the Swedish University system: the case of Chalmers University of Technology. *Research Policy*, 2003, Vol. 32, No. 9, pp. 1555 – 1568.

〔737〕 M. Lundqvist, and K. Williams. *Promoting and Measuring University-based Innovation and Entrepreneurship*. Regional Frontiers of Entrepreneurship Research. Sweden, Chalmers Higher institution of Technology, 2006, pp. 573 – 592.

〔738〕 M. M. Betsill, and E. Corell, NGO Influence in International Environmental Negotiations: A Framework for Analysis. *Global Environmental Politics*, 2001, Vol. 4, No. 1, pp. 65 – 85.

〔739〕 Moh F Y, Lu H P, Lin B H. Contributions to financial crisis research: An assessment of the literature in Social Science Citation Index journals from 1990 to 2008. Applied Economics, 2012, No. 36, pp. 4689 – 4700.

〔740〕 Mphil Bioscience Enterprise program admissions. Department of Chemical Engineering and Biotechnology Mphil Bioscience Enterprise program information, https://www. ceb. cam. ac. uk/postgraduates – tab/mphil – mbe/programme – information, 2021 – 01 – 18.

〔741〕 Mphil Bioscience Enterprise program environment. Department of Chemical Engineering and Biotechnology, https://www. ceb. cam. ac. uk/postgraduates – tab/mphil – mbe, 2022 – 06 – 12.

〔742〕 Mphil Bioscience Enterprise program information. Department of Chemical Engineering and Biotechnology, https://www. ceb. cam. ac. uk/postgraduates – tab/mphil – mbe/programme – information, 2022 – 06 – 13.

〔743〕 Mphil Bioscience Enterprise program overview. Department of Chemical Engineering and Biotechnology, https://www. ceb. cam. ac. uk/postgraduates – tab/mphil – mbe, 2022 – 06 – 14.

〔744〕 Mphil Bioscience Enterprise program Syllabus. Department of Chemical Engineering and Biotechnology, https://www. ceb. cam. ac. uk/postgraduates – tab/mphil – mbe/programme – information/syllabus, 2022 – 06 – 14.

〔745〕 MPhil in Bioscience Enterprise Accessment. Postgraduate Admissions, https://www. postgraduate. study. cam. ac. uk/courses/directory/egcempbse, 2022 – 06 – 14.

〔746〕 MPhil in Bioscience Enterprise. Department of Chemical Engineering and Biotechnology, https://www. ceb. cam. ac. uk/postgraduates – tab/mphil – mbe, 2021 – 07 – 23.

〔747〕 MPhil in Bioscience Enterprise Funding. Postgraduate Admissions, https://www. postgraduate. study. cam. ac. uk/funding, 2022 – 06 – 14.

〔748〕 MPhil in Bioscience Enterprise Overview. Postgraduate Admissions,

https：//www. postgraduate. study. cam. ac. uk/courses/directory/egcempbse，2022 –
06 – 14.

［749］MPhil in Bioscience Enterprise Requirement. Postgraduate Admissions，
https：//www. postgraduate. study. cam. ac. uk/courses/directory/egcempbse/requirements，
2022 – 06 – 14.

［750］Musambira，G. W.，and Hastings，S. O. Editorial board membership as
scholarly Productivity：An analysis of selected ICA and NCA National Center for Educa-
tion Statistics of the US：Classification of Instructional Programs，2000，https：//nc-
es. ed. gov/pubs2002/cip2000/。

［751］Nobel Prizes and Laureate. The Nobel Prize，https：//www. nobelprize.
org/prizes/，2021 – 05 – 16.

［752］Nordic Institute for Studies in Innovation，Research and Education.，Cen-
tres of Excellence in the Nordic. NoveBojeZnanja，http：//novebojeznanja. hr/User-
DocsImages/Dokumenti% 20i% 20publikacije/Novi% 20i% 20dodani% 20dokumenti%
20i% 20publikacije/（2d）% 20Visoko% 20obrazovanje，% 20znanost% 20i% 20teh nologi-
ja/Vozt% 20Centres% 20of% 20Excellence% 20in% 20the% 20Nordic% 20countries. pdf，
2022 – 02 – 21.

［753］Nuffield Department of Medicine. About，https：//www. ndm. ox. ac. uk/
about，2022 – 05 – 12.

［754］Nuffield Department of Medicine. About – the – DPhil，https：//www.
ndm. ox. ac. uk/study/about – the – dphil，2022 – 05 – 12.

［755］Nuffield Department of Medicine. International Qualifications，https：//
www. ox. ac. uk/admissions/graduate/international – applicants/international – qualifi-
cations? source = coursepage，2022 – 05 – 12.

［756］Nuffield Department of Medicine. Nuffield Department of Population
Health，https：//en. wikipedia. org/wiki/Nuffield_Department_of_Population_Health，
2022 – 05 – 12.

［757］Nuffield Department of Medicine. Pandemic Sciences Institute，https：//
www. psi. ox. ac. uk/，2022 – 05 – 12.

［758］Nuffield Department of Medicine. Peer Supporters，https：//canvas. ox.
ac. uk/courses/22105/pages/peer – supporters? module _ item _ id = 234075，2022 –
05 – 12.

［759］Nuffield Department of Medicine. Public Engagement，https：//www.
ndm. ox. ac. uk/about/public – involvement/public – engagement，2022 – 05 – 12.

［760］Nuffield Department of Medicine. Some of Our Contributions during the Pandemic, https：//www. ndm. ox. ac. uk/about, 2022 - 05 - 12.

［761］Nuffield Department of Medicine. Study, https：//www. ndm. ox. ac. uk/study, 2022 - 05 - 12.

［762］Nuffield Department of Medicine. What to Expect during Your DPhil, https：//www. medsci. ox. ac. uk/about/the - division, 2022 - 05 - 12.

［763］Nuffield Department of Medicine. What to Expect during Your DPhil, https：//www. ndm. ox. ac. uk/study/what - to - expect - during - your - dphil, 2022 - 05 - 12.

［764］NUS Register Office. National University of Singapore, https：//www. nus. edu. sg/registrar/academic - information - policies/undergraduate - students/general - education/five - pillars, 2021 - 04 - 16.

［765］NUS SPS. National University of Singapore, http：//sps. nus. edu. sg/academic - programme/, 2021 - 04 - 16.

［766］NUS SPS. National University of Singapore, http：//sps. nus. edu. sg/faq, 2021 - 04 - 16.

［767］Office of Research and National Laboratories of the University of Chicago, Develop Your Idea, https：//researchinnovation. uchicago. edu/develop - your - idea, 2021 - 03 - 06.

［768］Office of the Provost. Data Browser, https：//ir. mit. edu/data - browser, 2021 - 03 - 29.

［769］Office of the Provost. Institutional Research, https：//ir. mit. edu/about, 2021 - 03 - 07.

［770］OISE University of Toronto：About OISE, https：//www. oise. utoronto. ca/oise/About_OISE/Academic_Plan_

［771］OISE University of Toronto：Collaborative Specializations, hhttps：//www. oise. utoronto. ca/oise/Programs/Collaborative _ Specializations. html, 2020 - 05 - 12.

［772］OISE University of Toronto：Events and Programs, https：//www. oise. utoronto. ca/oise/Alumni_Friends/Events. html, 2020 - 05 - 12.

［773］OISE University of Toronto：International, https：//www. oise. utoronto. ca/research/International1. html, 2020 - 05 - 12.

［774］OISE University of Toronto：International Research Projects, https：//www. oise. utoronto. ca/research/International_Research_Projects. html, 2020 - 05 - 12.

［775］OISE University of Toronto：OISE Centres，https：//www. oise. utoronto. ca/research/Centres. html，2020 - 05 - 12.

［776］OISE University of Toronto：Web Knowledge Forum User Instruction Manual，https：//www. oise. utoronto. ca/online/UserFiles/File/ToolboxFiles/WebKF2/manual-stu-eng. pdf，2020 - 05 - 12.

［777］Olssen * M，Peters M A. Neoliberalism，Higher Education and the Knowledge Economy：From the Free Market to Knowledge Capitalism. Journal of Education Policy，2005，Vol. 20，No. 3，pp. 313 - 345.

［778］Philip G. Altbach，Jamil Salmi.（Eds）. The Road to Academic Excellence：Emerging Research Universities in Developing and Transition Countries. Washington，D. C. ：The World Bank，2011，P. 10.

［779］Philip G. Altbach. Peripheries and Centers：Research Universities in Developing Countries. *Asia Pacific Education Review*，2009，Vol. 10，No. 1，P. 1527.

［780］Philip G. Altbach. The Costs and Benefits of World - Class Universities. *International Higher Education*，2003，Vol. 1，pp. 5 - 8.

［781］Pinar M，Trapp P，Girard T，et al. University Brand Equity：An Empirical Investigation of Its Dimensions. *International Journal of Educational Management*，2014，pp. 616 - 634.

［782］Planning and Budget Committee. The I - CORE Program. I - CORE，http：//www. i - core. org. il/The - I - CORE - Program，2019 - 01 - 11.

［783］P. M. Romer. Increasing returns and long - run growth. *Journal of Political Economy*，1986，Vol. 94，No. 5，pp. 1002 - 1037.

［784］Program Alumni. Columbia Biomedical Engineering Accelerator，https：//labtomarket. columbia. edu/companyportfolio，2022 - 06 - 14.

［785］Project Management & Reporting. Columbia Biomedical Engineering Accelerator，http：//columbiabiomedx. com/project - management - and - reporting. ps：//www. ntu. edu. sg/eee，2022 - 07 - 05，2021 - 05 - 28.

［786］QS. QS World University Rankings by Subject，Top Universities，https：//www. topuniversities. com/subject - rankings/2019，2020 - 08 - 20.

［787］QS Ranking. QS World University Rankings by Subject，https：//www. qschina. cn/subject - rankings/2022，2022 - 05 - 12.

［788］QS：《2020 年 QS 世界大学学科排名》，https：//www. qschina. cn/subject - rankings - 2020，2020 - 03 - 15。

［789］QS：《2021 世界大学学科排名》，https：//www. qschina. cn/subject -

rankings/2021，2022 - 05 - 20。

［790］Q. Wang，Y. Cheng，and N. C. Liu. *Building World - class Universities*：*Different Approaches to A Shared Goal*. Brill Sense，2012，P. 2.

［791］Resources at Columbia University. Columbia Biomedical Engineering Accelerator，http：//columbiabiomedx. com/resources - internal，2021 - 05 - 28.

［792］R. Neumann. Disciplinary Differences and University Teaching. *Studies in Higher Education*，2001，Vol. 26，No. 2，pp. 135 - 146.

［793］Rousseau R. New developments related to the Hirsch index. *Science Focus*，2006，Vol. 1，No. 4，pp. 23 - 25.

［794］R. P. O'Shea，H. Chugh，and T. J. Allen. Determinants and consequences of university spinoff activity：a conceptual framework. *The Journal of Technology Transfer*，2008，Vol. 33，pp. 653 - 666.

［795］School of Electrical and Electronic Engineering：About Us，School of Electricaland Electronic Engineering，https：//www. ntu. edu. sg/eee，2022 - 07 - 05.

［796］School of Electrical and Electronic Engineering：Mr Duan Jiafei，School of Electrical and Electronic Engineering，https：//www. ntu. edu. sg/eee/student - life/mr - duan - jiafei，2022 - 07 - 05.

［797］School of Electrical and Electronic Engineering：Mr Prawira Genestonlia，School of Electrical and Electronic Engineering，https：//www. ntu. edu. sg/eee/student - life/mr - prawira - genestonlia，2022 - 07 - 05.

［798］School of Electrical and Electronic Engineering；Research - areas，School of Electrical and Electronic Engineering，https：//www. ntu. edu. sg/eee/research/research - areas/core - strengths - and - strong - competitive - research - areas，2022 - 07 - 05.

［799］School of Electrical and Electronic Engineering：Research，School of Electricaland Electronic Engineering，https：//www. ntu. edu. sg/eee，2022 - 07 - 05.

［800］School of Electrical and Electronic Engineering：Study at EEE，School of Electrical and Electronic Engineering，https：//www. ntu. edu. sg/eee/admissions/study - at - eee，2022 - 07 - 05.

［801］Science Foundation Ireland. Agenda 2020 Excellence and Impact. SFI，https：//www. sfi. ie/，2019 - 01 - 17.

［802］Science. Information for authors. Science，http：//www. sciencemag. org/authors/science - information - authors，2021 - 08 - 08.

［803］Scott P. *The Globalization of Higher Education*. Buckingham：Open University Press，1998，pp. 108 – 129.

［804］Shanghai Ranking. Academic Ranking of World Universities. ARWU，http：//www. shanghairanking. com/ARWU – Statistics – 2019. html，2019 – 10 – 25.

［805］Swiss National Science Foundation. Guide 2018 National Centres of Competence in Research. SNSF，http：//www. snf. ch/Seiten/PageNotFoundError. aspx？requestUrl = http：//www. snf. ch/SiteCollectionDocuments/nfs/nccr＿guide＿2018. pdf，2019 – 01 – 11.

［806］Swiss National Science Foundation. Swiss National Centres of Competence in Research（NCCR）. SNSF，https：//www. snf. ch/SiteCollectionDocuments/NIFU＿Final_Report. pdf，2019 – 10 – 25.

［807］Swiss National Science Foundation. The National Centres of Competence in Research NCCRs. SNSF，http：//www. snf. ch/Seiten/PageNotFoundError. aspx？request Url = http：//www. snf. ch/SiteCollectionDocuments/nfs/nccr_guide_2018. pdf，2019 – 10 – 25.

［808］Swiss National Science Foundation. The National Centres of Competence in Research NCCRs. SNSF，http：//www. snf. ch/SiteCollectionDocuments/nccr＿brochure_e. pdf，2019 – 01 – 11.

［809］Table 1 – HE student enrolments by HE provider 2014/15 to 2019/20. HESA，https：//www. hesa. ac. uk/data – and – analysis/students/table – 1，2021 – 02 – 16.

［810］Tang C W，Wu C T. Obtaining a picture of undergraduate education quality：a voice from inside the university. *Higher Education*，2010，Vol. 60，No. 3，pp. 269 – 286.

［811］The National Research Foundation. Research Centres of Excellence. NRF，https：//www. nrf. gov. sg/programmes/resea – rch – centres – of – excellence，2019 – 10 – 25.

［812］The Nobel Prize：William F. Giauque Biographical，The Nobel Prize，https：//www. nobelprize. org/prizes/chestry/1949/giauque/biographical/，2022 – 07 – 05.

［813］THE. Rankings，https：//www. timeshighereducation. com/world – university – rankings，2022 – 05 – 23.

［814］The Research Council of Norway. ，Centres of Excellence in the Nordic countries. NoveBojeZnanja，http：//novebojeznanja. hr/UserDocsImages/Dokumenti% 20i% 20publikacije/Novi% 20i% 20dodani% 20dokumenti% 20i% 20publikacije/（2d）%

20Visoko% 20obrazovanje,% 20znanost% 20i% 20tehnologija/Vozt% 20 Centres% 20of% 20Excellence% 20in% 20the% 20Nordic% 20countries. pdf，2019 – 01 – 11.

[815] The Research Council of Norway. Evaluation of the Norwegian Centres of Excellence (SFF) Funding Scheme. Forskningsradet，https：//www. forskningsradet. no/en/about – the – research – council/programmes/sff – – – – sentre – for – fremragende – forskning/? _t_id = 1B2M2Y8AsgTpgAmY7PhCfg% 3d% 3d&_t_q = SFF&_t_tags = language% 3aen% 2csiteid% 3a2e417c3c – 802e – 4045 – 9140 – af21d072afb7&_t_ip = 202. 120. 43. 89&_t_hit. id = Forskningsradet_Core_Models_ContentModels_Pages_ContentAreaPage/_c71e76c7 – be28 – 443c – 9c73 – baf6806b703a_en&_t_hit. pos = 1，2022 – 02 – 21.

[816] The Research Council of Norway. Information for applicants for the funding announcement for Centres for Research-based Innovation (SFI – IV) Final funding announcement (June 2019). Forskningsradet，https：//www. forskningsradet. no/contentassets/0cf6015a8bb2411b80850b1fd82cfe1c/information – for – applicants – for – the – funding – announcement – for – centres – for – research – based – innovation – sfi – iv – – final – funding – announcement – june – 2019. pdf，2022 – 02 – 21.

[817] The Research Council of Norway. Norwegian Centre of Excellence. Forskningsradet，https：//www. forskningsradet. no/en/call – for – proposals/2021/sff – v – phase – 2/，2022 – 05 – 20.

[818] The Research Council of Norway. Norwegian Centres of Excellence scheme. Forskningsradet，https：//www. forskningsradet. no/en/apply – for – funding/funding – from – the – research – council/sff/，2019 – 10 – 25.

[819] The Research Council of Norway. Norwegian Centres of Excellence – SFF – V – Phase 1. Forskningsradet，https：//www. forskningsradet. no/en/call – for – proposals/2020/sentre – for – fremragende – forskning – – sff – v – – trinn – 1/，2022 – 02 – 21.

[820] The Research Council of Norway. Nove Boje Znanja. NoveBojeZnanja，http：//novebojeznanja. hr/，2019 – 10 – 25.

[821] The Research Council of Norway. White Paper，St. meld. nr 39 (1998 – 1999) Forskning ved et tidsskille. Government. no，https：//www. regjeringen. no/no/dokumenter/stmeld – nr – 39 – 1999 – /id192405/? ch = 1，2022 – 05 – 20.

[822] The University Grants Committee. Areas of Excellence (AoE) Scheme 2018/19 (Eighth Round) Funding Results. UGC，https：//www. ugc. edu. hk/doc/eng/ugc/publication/press/2018/pr31122018. pdf，2019 – 01 – 11.

463

[823] The University of Chicago. Annual Report, https：//annualreport. uchicago. edu/, 2021 - 04 - 02.

[824] The University of Chicago. Faculty Development Program. Scholarship, Promotion, and Tenure, https：//facultydevelopment. uchicago. edu/about/programming - areas/scholarship/, 2021 - 03 - 05.

[825] The University of Chicago, Final Report of the Diversity Advisory Council, https：//provost. uchicago. edu/sites/default/files/documents/reports/ReportDiversityAdvisoryCouncilJanuary2017_0. pdf, 2021 - 03 - 06.

[826] The University of Chicago：History, https：//www. uchicago. edu/about/history/, 2021 - 03 - 27.

[827] The University of Chicago. Nobel Laureates, https：//www. uchicago. edu/who - we - are/global - impact/accolades/nobel - laureates, 2023 - 12 - 04.

[828] Tijssen R, Visser M, van Leeuwen T. Benchmarking International Scientific Excellence：Are Highly Cited Research Papers an Appropriate Frame of Reference? *Scientometrics*, 2002, Vol. 54, No. 3, pp 381 - 397.

[829] Toledo E G. Research assessment in Humanities and Social Sciences in review. *Revista española de Documentación Científica*, 2018, Vol. 41, No. 3, pp. 1 - 14.

[830] Tom G, Elmer L. Alumni Willingness to Give and Contribution Behavior. *Journal of Services Marketing*, 1994, pp. 31 - 90.

[831] Uchicago News, Academic Communicators Network, https：//news. uchicago. *edu/faculty*, 2021 - 03 - 05.

[832] University Grants Commission. Guidelines For Universities With Potential For Excellence During the XI plan Period (2007 - 2012). UGC, https：//www. ugc. ac. in/oldpdf/xiplanpdf/upe290409. pdf, 2019 - 01 - 10.

[833] University Grants Commission. University Grants Commission New Delhi. UGC, https：//www. ugc. ac. in/pdfnews/2758219_guideline - CPEPA. pdf, 2019 - 01 - 11.

[834] University of California. Berkeley：About The Microlab, University of California, Berkeley, https：//microlab. b - erkeley. edu/text/overview. html, 2021 - 07 - 05.

[835] University of Oxford. Oxford's contribution to the fight against COVID - 19, https：//staff. admin. ox. ac. uk/article/how - oxford - has - contributed - to - the - global - fight - against - covid - 19, 2022 - 05 - 12.

[836] University World News, Vietnam：US $400 million to build world-class

universities. the VietNamNet Bridge site, https：//www. universityworldnews. com/post. php? story =20090618184936629, 2019 – 01 – 10.

［837］ Use the Data. IPEDS, https：//nces. ed. gov/ipeds/use – the – data, 2021 – 02 – 16.

［838］ Web of Science Group：Highly Cited Researchers, Web of Science Group, https：//recognition. webofscience. com/awards/highly – cited/2020/, 2020 – 04 – 19.

［839］ Welcome to the new Orbis interface. Orbis, https：//orbis. bvdinfo. com, 2021 – 05 – 16.

［840］ Whitehouse. gov, National Bioeconomy Blueprint Released, https：// obamawhitehouse. archives. gov/blog/2012/04/26/national – bioeconomy – blueprint – released, 2012 – 05 – 12.

［841］ WIPO. The PCT now has 153 countracting states. 2020 – 08 – 01, https：//www. wipo. int/pct contracting states. html.

［842］ W. W. Powell, K. Snwllman. The knowledge economy. *Annual Review of Sociology*, 2004, Vol. 30, pp. 199 – 220.

［843］ W. Wu, Managing and incentivizing research commercialization in Chinese Universities. *The Journal of Technology Transfer*, 2010, Vol. 35, pp. 203 – 224.

［844］ X. Yang, and Y. You. How the world-class university project affects scientific productivity？Evidence from a survey of faculty members in China. *Higher Education Policy*, 2018, Vol. 31, pp. 583 – 605.

［845］ X. Zong, and W. Zhang. Establishing world-class universities in China： deploying a quasi-experimental design to evaluate the net effects of Project 985. *Studies in Higher Education*, 2019, Vol. 44, No. 3, pp. 417 – 431.

［846］ Zuckerman H. The proliferation of prizes：Nobel complements and Nobel surrogates in the reward system of science. *Theoretical Medicine*, 1992, Vol. 13, No. 2, pp. 217 – 231.

后 记

随着"双一流"建设的首期收官和第二轮建设的开启,我国高等教育重点建设进入新的历史时期。在新的时代背景下,如何深入推进"双一流"高质量建设、如何评价建设成效成为理论和实践共同关注的焦点。正是在这样的背景下,上海交通大学世界一流大学研究中心承担了教育部哲学社会科学研究重大课题攻关项目"我国高校'双一流'建设推进机制与成效评估研究"(以下简称"攻关项目")。攻关项目于2019年3月开题,经过三年多的努力,课题组完成了预期的各项研究任务并顺利结题,本书为这一重大课题的研究成果之一。

攻关项目首席专家是上海交通大学世界一流大学研究中心主任刘念才教授,子课题/专题负责人包括上海交通大学世界一流大学研究中心的刘莉教授、冯倬琳教授、杨希副教授、陈丽媛副教授、田琳博士、姜凡博士、博士生林婕等。课题的顺利完成是上海交通大学世界一流大学研究中心团队作战传统的继承与发扬,研究成果不仅凝聚了课题组首席专家和所有子课题/专题负责人的智慧和心血,而且包含了世界一流大学研究中心科研助理、研究生们的辛勤汗水。刘莉教授具体协调了项目研究推进的全过程以及全书的统稿工作,科研助理李玉洁参与了书稿统稿工作以及各种研讨会的组织工作。

各章节的研究与撰写任务分工如下:绪论、第四章、第十二章由冯倬琳教授负责,博士研究生高露阳、郭鑫、赵丽文及硕士研究生肖港参与;第一章、第三章由刘莉教授负责,董彦邦博士及硕士研究生赵一玮、徐一情、李珺婷参与;第二章、第五章由陈丽媛副教授负责,硕士研究生李雯、黄优参与;第六章、第七章由杨希副教授负责,博士研究生李亭松及硕士研究生马斯塔力·古海尔、蔡心兰、彭丹秋参与;第八章由田琳助理教授负责,助理研究员吴燕参与;第九章、第十章由姜凡博士负责;第十一章由博士研究生林婕负责,博士后吴娴参与。

感谢百忙之中拨冗参加攻关项目开题的东华大学原校长徐明稚教授、南京师范大学教育科学学院胡建华教授、复旦大学高等教育研究所原所长熊庆年教授、南京大学教育研究院张红霞教授、浙江大学教育学院原院长顾建民教授、浙江大学教育学院张应强教授、华东师范大学高等教育研究所所长阎光才教授和上海交通大学规划发展处原处长陈建平教授。专家们的真知灼见为课题的顺利进行提供了有力的支持。

感谢上海交通大学环境科学与工程学院讲席教授孔海南老师接受课题组的专题访谈，为洱海案例研究提供了宝贵的一手资料；感谢上海交通大学环境科学与工程学院党委书记胡薇薇老师对洱海案例的宝贵修改意见；感谢中南大学资源加工与生物工程学院、资源与安全工程学院以及南京大学—赫尔辛基大学大气与地球系统科学教育部国际合作联合实验室等对本课题案例研究提供的支持；感谢汤姆森路透公司岳卫平博士等提供的数据支持；感谢南京大学信息管理学院李刚教授等在本研究访谈过程中提供的帮助。

日本广岛大学高等教育研究开发中心黄福涛教授、上海交通大学医学院党委副书记赵文华教授、上海交通大学教育学院学生发展与人才成长研究中心主任刘少雪教授、上海交通大学教务处处长杨颉研究员、华东师范大学人文与社会科学研究院院长朱军文教授以多种形式参与、支持和关心课题研究，在此一并感谢。感谢上海交通大学教育学院学科与科研办吴燕老师、马春梅老师在开题、中期等环节提供的热心支持；感谢上海交通大学文科处高延坤、何屹峰、高伟伟等老师在项目进展过程中给予的支持。

由于时间与水平所限，课题研究工作与书稿可能存在许多不足或需要提高之处，个别疏漏也在所难免，我们将在今后的研究工作中继续完善。

教育部战略研究基地"上海交通大学世界一流大学研究中心"

2023 年 6 月 20 日

教育部哲学社会科学研究重大课题攻关项目
成果出版列表

序号	书　名	首席专家
1	《马克思主义基础理论若干重大问题研究》	陈先达
2	《马克思主义理论学科体系建构与建设研究》	张雷声
3	《马克思主义整体性研究》	逄锦聚
4	《改革开放以来马克思主义在中国的发展》	顾钰民
5	《新时期　新探索　新征程 ——当代资本主义国家共产党的理论与实践研究》	聂运麟
6	《坚持马克思主义在意识形态领域指导地位研究》	陈先达
7	《当代资本主义新变化的批判性解读》	唐正东
8	《当代中国人精神生活研究》	童世骏
9	《弘扬与培育民族精神研究》	杨叔子
10	《当代科学哲学的发展趋势》	郭贵春
11	《服务型政府建设规律研究》	朱光磊
12	《地方政府改革与深化行政管理体制改革研究》	沈荣华
13	《面向知识表示与推理的自然语言逻辑》	鞠实儿
14	《当代宗教冲突与对话研究》	张志刚
15	《马克思主义文艺理论中国化研究》	朱立元
16	《历史题材文学创作重大问题研究》	童庆炳
17	《现代中西高校公共艺术教育比较研究》	曾繁仁
18	《西方文论中国化与中国文论建设》	王一川
19	《中华民族音乐文化的国际传播与推广》	王耀华
20	《楚地出土戰國簡册［十四種］》	陈　伟
21	《近代中国的知识与制度转型》	桑　兵
22	《中国抗战在世界反法西斯战争中的历史地位》	胡德坤
23	《近代以来日本对华认识及其行动选择研究》	杨栋梁
24	《京津冀都市圈的崛起与中国经济发展》	周立群
25	《金融市场全球化下的中国监管体系研究》	曹凤岐
26	《中国市场经济发展研究》	刘　伟
27	《全球经济调整中的中国经济增长与宏观调控体系研究》	黄　达
28	《中国特大都市圈与世界制造业中心研究》	李廉水

序号	书　名	首席专家
29	《中国产业竞争力研究》	赵彦云
30	《东北老工业基地资源型城市发展可持续产业问题研究》	宋冬林
31	《转型时期消费需求升级与产业发展研究》	臧旭恒
32	《中国金融国际化中的风险防范与金融安全研究》	刘锡良
33	《全球新型金融危机与中国的外汇储备战略》	陈雨露
34	《全球金融危机与新常态下的中国产业发展》	段文斌
35	《中国民营经济制度创新与发展》	李维安
36	《中国现代服务经济理论与发展战略研究》	陈　宪
37	《中国转型期的社会风险及公共危机管理研究》	丁烈云
38	《人文社会科学研究成果评价体系研究》	刘大椿
39	《中国工业化、城镇化进程中的农村土地问题研究》	曲福田
40	《中国农村社区建设研究》	项继权
41	《东北老工业基地改造与振兴研究》	程　伟
42	《全面建设小康社会进程中的我国就业发展战略研究》	曾湘泉
43	《自主创新战略与国际竞争力研究》	吴贵生
44	《转轨经济中的反行政性垄断与促进竞争政策研究》	于良春
45	《面向公共服务的电子政务管理体系研究》	孙宝文
46	《产权理论比较与中国产权制度变革》	黄少安
47	《中国企业集团成长与重组研究》	蓝海林
48	《我国资源、环境、人口与经济承载能力研究》	邱　东
49	《"病有所医"——目标、路径与战略选择》	高建民
50	《税收对国民收入分配调控作用研究》	郭庆旺
51	《多党合作与中国共产党执政能力建设研究》	周淑真
52	《规范收入分配秩序研究》	杨灿明
53	《中国社会转型中的政府治理模式研究》	娄成武
54	《中国加入区域经济一体化研究》	黄卫平
55	《金融体制改革和货币问题研究》	王广谦
56	《人民币均衡汇率问题研究》	姜波克
57	《我国土地制度与社会经济协调发展研究》	黄祖辉
58	《南水北调工程与中部地区经济社会可持续发展研究》	杨云彦
59	《产业集聚与区域经济协调发展研究》	王　珺

序号	书 名	首席专家
60	《我国货币政策体系与传导机制研究》	刘 伟
61	《我国民法典体系问题研究》	王利明
62	《中国司法制度的基础理论问题研究》	陈光中
63	《多元化纠纷解决机制与和谐社会的构建》	范 愉
64	《中国和平发展的重大前沿国际法律问题研究》	曾令良
65	《中国法制现代化的理论与实践》	徐显明
66	《农村土地问题立法研究》	陈小君
67	《知识产权制度变革与发展研究》	吴汉东
68	《中国能源安全若干法律与政策问题研究》	黄 进
69	《城乡统筹视角下我国城乡双向商贸流通体系研究》	任保平
70	《产权强度、土地流转与农民权益保护》	罗必良
71	《我国建设用地总量控制与差别化管理政策研究》	欧名豪
72	《矿产资源有偿使用制度与生态补偿机制》	李国平
73	《巨灾风险管理制度创新研究》	卓 志
74	《国有资产法律保护机制研究》	李曙光
75	《中国与全球油气资源重点区域合作研究》	王 震
76	《可持续发展的中国新型农村社会养老保险制度研究》	邓大松
77	《农民工权益保护理论与实践研究》	刘林平
78	《大学生就业创业教育研究》	杨晓慧
79	《新能源与可再生能源法律与政策研究》	李艳芳
80	《中国海外投资的风险防范与管控体系研究》	陈菲琼
81	《生活质量的指标构建与现状评价》	周长城
82	《中国公民人文素质研究》	石亚军
83	《城市化进程中的重大社会问题及其对策研究》	李 强
84	《中国农村与农民问题前沿研究》	徐 勇
85	《西部开发中的人口流动与族际交往研究》	马 戎
86	《现代农业发展战略研究》	周应恒
87	《综合交通运输体系研究——认知与建构》	荣朝和
88	《中国独生子女问题研究》	风笑天
89	《我国粮食安全保障体系研究》	胡小平
90	《我国食品安全风险防控研究》	王 硕

序号	书 名	首席专家
91	《城市新移民问题及其对策研究》	周大鸣
92	《新农村建设与城镇化推进中农村教育布局调整研究》	史宁中
93	《农村公共产品供给与农村和谐社会建设》	王国华
94	《中国大城市户籍制度改革研究》	彭希哲
95	《国家惠农政策的成效评价与完善研究》	邓大才
96	《以民主促进和谐——和谐社会构建中的基层民主政治建设研究》	徐 勇
97	《城市文化与国家治理——当代中国城市建设理论内涵与发展模式建构》	皇甫晓涛
98	《中国边疆治理研究》	周 平
99	《边疆多民族地区构建社会主义和谐社会研究》	张先亮
100	《新疆民族文化、民族心理与社会长治久安》	高静文
101	《中国大众媒介的传播效果与公信力研究》	喻国明
102	《媒介素养：理念、认知、参与》	陆 晔
103	《创新型国家的知识信息服务体系研究》	胡昌平
104	《数字信息资源规划、管理与利用研究》	马费成
105	《新闻传媒发展与建构和谐社会关系研究》	罗以澄
106	《数字传播技术与媒体产业发展研究》	黄升民
107	《互联网等新媒体对社会舆论影响与利用研究》	谢新洲
108	《网络舆论监测与安全研究》	黄永林
109	《中国文化产业发展战略论》	胡惠林
110	《20世纪中国古代文化经典在域外的传播与影响研究》	张西平
111	《国际传播的理论、现状和发展趋势研究》	吴 飞
112	《教育投入、资源配置与人力资本收益》	闵维方
113	《创新人才与教育创新研究》	林崇德
114	《中国农村教育发展指标体系研究》	袁桂林
115	《高校思想政治理论课程建设研究》	顾海良
116	《网络思想政治教育研究》	张再兴
117	《高校招生考试制度改革研究》	刘海峰
118	《基础教育改革与中国教育学理论重建研究》	叶 澜
119	《我国研究生教育结构调整问题研究》	袁本涛 王传毅
120	《公共财政框架下公共教育财政制度研究》	王善迈

序号	书 名	首席专家
121	《农民工子女问题研究》	袁振国
122	《当代大学生诚信制度建设及加强大学生思想政治工作研究》	黄蓉生
123	《从失衡走向平衡：素质教育课程评价体系研究》	钟启泉 崔允漷
124	《构建城乡一体化的教育体制机制研究》	李 玲
125	《高校思想政治理论课教育教学质量监测体系研究》	张耀灿
126	《处境不利儿童的心理发展现状与教育对策研究》	申继亮
127	《学习过程与机制研究》	莫 雷
128	《青少年心理健康素质调查研究》	沈德立
129	《灾后中小学生心理疏导研究》	林崇德
130	《民族地区教育优先发展研究》	张诗亚
131	《WTO主要成员贸易政策体系与对策研究》	张汉林
132	《中国和平发展的国际环境分析》	叶自成
133	《冷战时期美国重大外交政策案例研究》	沈志华
134	《新时期中非合作关系研究》	刘鸿武
135	《我国的地缘政治及其战略研究》	倪世雄
136	《中国海洋发展战略研究》	徐祥民
137	《深化医药卫生体制改革研究》	孟庆跃
138	《华侨华人在中国软实力建设中的作用研究》	黄 平
139	《我国地方法制建设理论与实践研究》	葛洪义
140	《城市化理论重构与城市化战略研究》	张鸿雁
141	《境外宗教渗透论》	段德智
142	《中部崛起过程中的新型工业化研究》	陈晓红
143	《农村社会保障制度研究》	赵 曼
144	《中国艺术学学科体系建设研究》	黄会林
145	《人工耳蜗术后儿童康复教育的原理与方法》	黄昭鸣
146	《我国少数民族音乐资源的保护与开发研究》	樊祖荫
147	《中国道德文化的传统理念与现代践行研究》	李建华
148	《低碳经济转型下的中国排放权交易体系》	齐绍洲
149	《中国东北亚战略与政策研究》	刘清才
150	《促进经济发展方式转变的地方财税体制改革研究》	钟晓敏
151	《中国—东盟区域经济一体化》	范祚军

序号	书　名	首席专家
152	《非传统安全合作与中俄关系》	冯绍雷
153	《外资并购与我国产业安全研究》	李善民
154	《近代汉字术语的生成演变与中西日文化互动研究》	冯天瑜
155	《新时期加强社会组织建设研究》	李友梅
156	《民办学校分类管理政策研究》	周海涛
157	《我国城市住房制度改革研究》	高　波
158	《新媒体环境下的危机传播及舆论引导研究》	喻国明
159	《法治国家建设中的司法判例制度研究》	何家弘
160	《中国女性高层次人才发展规律及发展对策研究》	佟　新
161	《国际金融中心法制环境研究》	周仲飞
162	《居民收入占国民收入比重统计指标体系研究》	刘　扬
163	《中国历代边疆治理研究》	程妮娜
164	《性别视角下的中国文学与文化》	乔以钢
165	《我国公共财政风险评估及其防范对策研究》	吴俊培
166	《中国历代民歌史论》	陈书录
167	《大学生村官成长成才机制研究》	马抗美
168	《完善学校突发事件应急管理机制研究》	马怀德
169	《秦简牍整理与研究》	陈　伟
170	《出土简帛与古史再建》	李学勤
171	《民间借贷与非法集资风险防范的法律机制研究》	岳彩申
172	《新时期社会治安防控体系建设研究》	宫志刚
173	《加快发展我国生产服务业研究》	李江帆
174	《基本公共服务均等化研究》	张贤明
175	《职业教育质量评价体系研究》	周志刚
176	《中国大学校长管理专业化研究》	宣　勇
177	《"两型社会"建设标准及指标体系研究》	陈晓红
178	《中国与中亚地区国家关系研究》	潘志平
179	《保障我国海上通道安全研究》	吕　靖
180	《世界主要国家安全体制机制研究》	刘胜湘
181	《中国流动人口的城市逐梦》	杨菊华
182	《建设人口均衡型社会研究》	刘渝琳
183	《农产品流通体系建设的机制创新与政策体系研究》	夏春玉

序号	书　名	首席专家
184	《区域经济一体化中府际合作的法律问题研究》	石佑启
185	《城乡劳动力平等就业研究》	姚先国
186	《20 世纪朱子学研究精华集成——从学术思想史的视角》	乐爱国
187	《拔尖创新人才成长规律与培养模式研究》	林崇德
188	《生态文明制度建设研究》	陈晓红
189	《我国城镇住房保障体系及运行机制研究》	虞晓芬
190	《中国战略性新兴产业国际化战略研究》	汪　涛
191	《证据科学论纲》	张保生
192	《要素成本上升背景下我国外贸中长期发展趋势研究》	黄建忠
193	《中国历代长城研究》	段清波
194	《当代技术哲学的发展趋势研究》	吴国林
195	《20 世纪中国社会思潮研究》	高瑞泉
196	《中国社会保障制度整合与体系完善重大问题研究》	丁建定
197	《民族地区特殊类型贫困与反贫困研究》	李俊杰
198	《扩大消费需求的长效机制研究》	臧旭恒
199	《我国土地出让制度改革及收益共享机制研究》	石晓平
200	《高等学校分类体系及其设置标准研究》	史秋衡
201	《全面加强学校德育体系建设研究》	杜时忠
202	《生态环境公益诉讼机制研究》	颜运秋
203	《科学研究与高等教育深度融合的知识创新体系建设研究》	杜德斌
204	《女性高层次人才成长规律与发展对策研究》	罗瑾琏
205	《岳麓秦简与秦代法律制度研究》	陈松长
206	《民办教育分类管理政策实施跟踪与评估研究》	周海涛
207	《建立城乡统一的建设用地市场研究》	张安录
208	《迈向高质量发展的经济结构转变研究》	郭熙保
209	《中国社会福利理论与制度构建——以适度普惠社会福利制度为例》	彭华民
210	《提高教育系统廉政文化建设实效性和针对性研究》	罗国振
211	《毒品成瘾及其复吸行为——心理学的研究视角》	沈模卫
212	《英语世界的中国文学译介与研究》	曹顺庆
213	《建立公开规范的住房公积金制度研究》	王先柱

序号	书　名	首席专家
214	《现代归纳逻辑理论及其应用研究》	何向东
215	《时代变迁、技术扩散与教育变革：信息化教育的理论与实践探索》	杨　浩
216	《城镇化进程中新生代农民工职业教育与社会融合问题研究》	褚宏启 薛二勇
217	《我国先进制造业发展战略研究》	唐晓华
218	《融合与修正：跨文化交流的逻辑与认知研究》	鞠实儿
219	《中国新生代农民工收入状况与消费行为研究》	金晓彤
220	《高校少数民族应用型人才培养模式综合改革研究》	张学敏
221	《中国的立法体制研究》	陈　俊
222	《教师社会经济地位问题：现实与选择》	劳凯声
223	《中国现代职业教育质量保障体系研究》	赵志群
224	《欧洲农村城镇化进程及其借鉴意义》	刘景华
225	《国际金融危机后全球需求结构变化及其对中国的影响》	陈万灵
226	《创新法治人才培养机制》	杜承铭
227	《法治中国建设背景下警察权研究》	余凌云
228	《高校财务管理创新与财务风险防范机制研究》	徐明稚
229	《义务教育学校布局问题研究》	雷万鹏
230	《高校党员领导干部清正、党政领导班子清廉的长效机制研究》	汪　曣
231	《二十国集团与全球经济治理研究》	黄茂兴
232	《高校内部权力运行制约与监督体系研究》	张德祥
233	《职业教育办学模式改革研究》	石伟平
234	《职业教育现代学徒制理论研究与实践探索》	徐国庆
235	《全球化背景下国际秩序重构与中国国家安全战略研究》	张汉林
236	《进一步扩大服务业开放的模式和路径研究》	申明浩
237	《自然资源管理体制研究》	宋马林
238	《高考改革试点方案跟踪与评估研究》	钟秉林
239	《全面提高党的建设科学化水平》	齐卫平
240	《"绿色化"的重大意义及实现途径研究》	张俊飚
241	《利率市场化背景下的金融风险研究》	田利辉
242	《经济全球化背景下中国反垄断战略研究》	王先林